反戈一击

亚际文化研究读本

罗小茗——编

热风

热风 讲义与读本
主编 王晓明

上海书店出版社
SHANGHAI BOOKSTORE PUBLISHING HOUSE

序

> 在进化的链子上，一切都是中间物。……他的任务，是在有些警觉之后，喊出一种新声；又因为从旧垒中来，情形看得较为分明，反戈一击，易制强敌的死命。但仍应该和光阴偕逝，逐渐消亡，至多不过是桥梁中的一木一石，并非什么前途的目标，范本。跟着起来便该不同了，倘非天纵之圣，积习当然也不能顿然荡除，但总得更有新气象。
>
> 鲁迅：《坟·写在〈坟〉后面》

一、活生生的“亚际”

最初听闻“亚际”（Inter-Asia），是在华东师范大学文科大楼的一间小会议室里。那个时候，21世纪刚刚开始，“9·11”还没有发生，大学还不知道自己会搬迁到郊区，中文系的学生们，仍徜徉在鲁迅振臂一呼过的礼堂和《子夜》描述过的丽娃河之间，固守着自己的“鄙视链”；计量与考核的制度，还没有来得及在大学里招募大批的信徒，大学和每一个人都必须国际化的意识，也没有那么炽烈。就在这种散漫、自由也因此不知道应该做点什么才好的气氛中，一位叫做陈光兴的台湾教授，突然出现在那间小小的、因堆满书柜而显得杂乱而拥挤的会议室里。那是一个略显阴沉的下午。因为不是教室，也就没有什么黑板，唯一有的是一块临时搞来的小白板。这位教授，以他特有的手舞足蹈，画出勉强能看明白的台北、上海、北京、香港、东京、首尔、加尔各答……然后告诉我们说，这些地方应该串联起来，成为“亚际”。地图成型的那一刻，已是黄昏时分，却突然有了太阳。于是，一抹淡淡的阳光打在“地图”上。想来那一天，他一定讲了更多的什么是“亚际”，为什么要“以亚洲为方法”之类的事吧。然而，对我来说，记忆里最鲜明的，不是那些道理，而是这样的一个场景：阳光打在一张奇怪的“地图”上，“地图”旁站着一位精力旺盛、踌躇满志的“怪叔叔”。

这便是我和“亚际”最初的遭遇。或许这样一个具体而形象的开始预示着，此后十多年，在中国大陆文化研究以及对此感到兴味的年轻人的生长过程中，“亚际”将以这一特别的方式在场。因为自那之后，陆续便有来自新竹、香港、冲绳、首尔、东京和加尔各答的朋友，讲他们的思考和那个他们眼中正在起变化的世界；有专为年轻学生举办的各类暑期班和联合课程，拉着大家在亚洲的地界上跑东跑西，“在地”一把；又有定期的刊物、会议和工作坊，把人拢到一起，碰撞、“吵架”，喝酒、“和解”。以此面目出现的“亚际”，既非绕口的字句、抽象的概念，也非课堂里的正襟危坐、暗暗较劲，而是充满了情感的个体、场景、事件、论争，以及由此而来的相互“看见”与彼此“惦记”。

于是，对我来说，“亚际”是白元淡老师宽厚的肩膀，哭泣时最好的依靠；是梅根（墨美姬）永远的兴致勃勃；是 Grace 的高效干练、以一当十；是 Ashish 令人眩晕的印度英语；是慢悠悠的陈清侨茂密的大胡子；也是专心致志的池上胡乱扣起的衣扣。“亚际”是 2007 年的圣勋说“小茗，明天的发言，我好紧张”，是 2015 年的圣勋，在商量“热风学术”会议前，自告奋勇弹唱的那一首歌。“亚际”是新竹的小酒摊，是花枝丸和空酒瓶，是光兴老师对老板大声说，“她，上海来的”，老板则回答，“我的女儿在上海工作噢!”“亚际”是一群马来人和中国大陆、台湾、香港的人开会，现场忽然用粤语热烈争论起来，听不懂粤语的我，感到的满满的错愕与惊讶。“亚际”是最初亚洲其他城市让人咋舌的物价，大陆学生的囊中羞涩，也是越来越多的朋友，开始抱怨上海的物价，觉得“来不起上海”。“亚际”是亚洲各地的文化研究者跑来向中国大陆的同行“讨债”，提出我们无法回答的问题，“嫌弃”我们对于历史和现实的检讨工作，大大落后；也是我们对于那些“想当然”的批评予以反击，在焦虑和反思的夹击中，还之以一个我们理解的“中国”。

几乎同一时段，中国的大学开始了“争创一流”的国际化征程。回顾起来，彼时懵懵懂懂，只想“更好玩一点”的我们，正是被这些里里外外的力量推动着，忙碌起来，却并不十分清楚，自己正在加入和经历的，实际上是活生生的“亚际”与由官方校准的“国际化”之间那一场漫长的较量。

二、“看见”之后

过分美化这个磕磕绊绊地“相互看见”，终于“彼此惦记”的过程，并没有太大的意义。毕竟，亚洲各地的经济、历史、文化政治状况与连带关系，与人心一样，凹凸不平，起起伏伏。至今记得，2006年的冬天，博士论文写到一半，正是艰难的时候，却被王晓明老师派去首尔开会。那时，恰逢第二年亚际文化研究年会在上海大学召开，“亚际”的老师们别出心裁，在大会之前设置了为期一天的“青年场”(pre-conference)，让我们自己玩。具体的做法，是研究生们组成委员会，共同决定“青年场”稿件的取舍，组织这一日的学术活动。于是，为了实现这个目标，天南地北，新竹的Emma（纯瑀），香港的小岛，东京的小泉，上海的小茗，以及本应是东道主，却因在日本掉了护照只能临时找朋友代为出席的韩国同学，大家挤在光州的一间小旅馆里，像模像样地“工作”起来。在决定一组中国大陆的投稿时，有人提出拒收，理由是这样的城市空间议题已经过时了。而我只能用蹩脚的英语据理力争，强调城市化和空间生产的问题，对中国大陆来说正当其时。就这样，彼此争执了好一会儿，方才决定录取。那个panel的内容，没多久便忘记了。念念不忘的，是这个争执的场景和当时心里的复杂感受。

彼时的世界图景，还不是2008年之后的模样。对中国大陆而言，无论是日本，还是亚洲四小龙，仍是有待接轨的一部分。中国大陆的文化研究，也刚刚开始。尽管“亚际”的野心，是要通过亚洲各地区彼此之间的“看见”，以及由此而来的相互参照和自我理解，打破“先进”与“落后”的桎梏，打掉由欧美学界遥控垄断的判断标准，但要实现这一点，却远没有那么容易。这是因为，理念与行动之间的转换，仍有待时日，参与者自身要破除惯性，理解对方的“想当然”，更有很长一段路有待摸索。更多的时候，即便是自认为揣满了友爱和善意，彼此真正“看见”的瞬间，却也可能是忽然降临的疏离、轻慢、自满、大惊小怪，乃至过分自尊。

对我来说，光州小旅馆里的争论，正是这样一个忽然“看见”的瞬间。自晚清以来，中国人勉力趋新，在骨子里认为“新的总是更好的”，且以这样的心思去打量世界，判断高下，既有害怕落后于世界潮流的卑微，又由此生出对更“落后”者的轻视与冷淡。文化研究，在很大程度上，也不例外。也许，只有在“亚际”的框架内，这样彼此“看见”过，才会意识到，去正视这一类新/旧的说辞以及潜藏其后的卑微与轻视，替之以相对中正的态度——既非理所当然，也非刻意反其道而行之，对大家来说，都是这么的不容易。并且，这样的遭遇，也不会立即诞生一种所谓的“正确”态度。更多的，倒是一份情感上的警惕。比如，等到之后看到越南来的投稿，发现自己的第一反应居然也是“这样的研究有点过时吧”，此时生出的，就是对自己的不满意和对这个反应的大大的怀疑了。

在我的理解中，这就是“亚际”创造的彼此看见与相互参照。它从不担保友谊与美好，离很多人担心/憧憬的“大同”，更是遥远得很。许多时候，“亚际”是在这个纷乱下坠的世界中，把青年人之间展开思想交流的现实基础，努力夯实，以便每一代的后来者，在除却幻象之后，果断地去承担自己的那一部分历史责任。这一夯实的过程，既不“高大上”，也无从保证结局的圆满。然而，通过彼此看见而意识到的自身位置与身心结构，对此展开反思和厘清，却是“亚际”夯实与站稳的第一步。如果说，一开始，身处其中的年轻人难免将信将疑，在这些不够圆满的过程中徜徉或抱怨的话，那么，慢慢地，便会发现，越来越多的身体感觉、个人情感和思考意识，已不知不觉卷入其中，被这一过程重新编码。

比如，就在前几天，一位认识了很久的台湾朋友告诉我，2007 年她们因亚际的“青年场”来大陆时，最大的感受是，“原来大陆人长这个样子”。在今天听来，这个遭遇的起点，还真是有点“low”，一点都不学术。这或许是因为，那个时候世界还不是平的，彼此间仍有缝隙，让人继续怀揣对他人的奇异想象。然而，也就是这几位前一年还在讶异“大陆人面目”的台湾同学，在上海参加过暑期班后，隔年便在台北“自食其力”，把大家组织去一个废弃的游乐园参加夏令营，邀请年轻的研究者和研究生们参加。他们自己写提案，自己找钱，自己安排议程，也自己跑“外事”。也是在这个过程中，大家开始发现，要让“彼此看见”得以发生，原来要经过那么多科层化的手续与人事，这背后是满满的曲折的“政治”。即便是拿到了所有的公文，也还会出现意想不到的状况。本来，受邀前去的大陆同学不少。可在申请手续的道道关卡之下，如约前去的人越来越少。等到最后，只剩下了三位。更没想到的是，最先要入台的那位同学，在香港机场转机时被告知，必须等到通关文件上所有人员到齐，方能过关。于是，他只能在机场板凳上过了一夜，静候其余两位的到来。当时，这位同学，年纪轻轻，却意外地留着一大把络腮胡子。等我第二天在候机大厅找到他的时候，第一眼的反应是，“这些胡子不会是一夜之间愁出来的吧”？

多年之后，我们会时不时地怀念这场游乐园里的夏令营，感叹当时彼此之间的“无知”、“相敬如宾”和“大惊小怪”。也是因为这样的经历，我们很难再把“亚际”视为安排好的理所当然。显然，在与官方校准过的“国际化”的这场较量之中，除了老师们的鼓励、年轻人对“别样之地”、“他乡之人”的好奇与热情之外，“亚际”没有其他保驾护航的法器。政策、行政、官僚、人事、财务，总是有各种理由跳出来捣乱添堵，而我们自身的自以为是、理论崇拜、知识（特别是书本知识以外的其他类型的知识）匮乏、“优等生”心理，以及抗压能力不足，也常常会对它发起突袭。然而，这些不足，又恰恰是亚际继续充满活力的缘由。在磕磕绊绊、远远不那么美好的遭遇中，给了青年人无处不在的机缘，去锻炼一种更加稳定和健康的精神状态。

三、“旧垒”与“新气象”

在某种意义上说，亚际文化研究读本既是这个活生生的“亚际”的一部分，也是为这一类“遭遇”更鲜活持续地发生而准备的知识上的条件。

自2008年以来，两年一届的暑期班（summer school），由参加亚际机构联合体的大学轮流主办，已经进行了六期。在此过程中，发现的一大问题是，亚洲各地的学生，往往“自带”西方学界的理论资源、话语方式和对本地经验的兴趣。然而，在此之外，对其他社会中既有的思想文化脉络，以及正在发生的研究状况，则普遍缺少了解和学习的路径。这一状况，显然是受制于当前全球范围内的知识图景和可能的交流语言。不同语言和版本的亚际文化研究读本，则是针对这一状况，为建立一个亚洲不同社会之间可以分享与“对视”的知识谱系，做最初步的工作。

2015年，受亚际文化研究机构联合体的委托，由特贾斯维莉·尼南贾娜教授和王晓明老师主编的《Genealogies of the Asian Present：Situating Inter-Asia Cultural Studies》，作为亚际文化研究读本的英文版出版了。《反戈一击：亚际文化研究读本》同样是这一委托的产物。不过，中文版的读本，并非英文版的照搬翻译，而是根据中国大陆文化研究的需要，重新挑选和组织的结果。在这里，也就有必要说明一下，什么是编者研判的中国大陆文化研究的需要。

首先，对中国大陆的思想界和新兴的文化研究领域而言，“亚洲”，乃至在此基础上推进一步的“亚际”，并非一个深入人心的概念。整体而言，在世界格局正迅速发生变化的时间节点上，比照框架的改变，知识谱系的调整乃至“国际视野”的重新调校，正变得越来越举足轻重。近年来，随着孙歌、陈光兴等老师的推介，竹内好、沟口雄三、新崎盛晖、陈映真、白乐晴、查特基等思想者，也正被越来越多的人了解和阅读。然而，随着中国崛起，这些改变的发生，是将更加自觉从容，还是越发局促困难，这一点却远不是那么清晰的。如何思考何谓“亚洲”，不仅急需了解在被动现代化的过程中，早期思想者对于文明和国家的态度，也需要洞悉进入21世纪以来，亚洲各地正在遭遇的变化。不仅需要从受侮辱和受损害的角度去理解“国际”，也需要从那些似乎富强起来或富强过了的国家与地区的现状，去把握中国当前的位置。或许只有如此，方能回答在中国最贫弱的时候，孙中山提出的问题——“中国对于世界究竟要负什么责任”。因此，读本中的第一辑和第二辑的内容，便明确围绕这一需求展开。

其二，在此过程中，什么是文化的作用？或者说，在社会文化的巨变过程中，文化是如何积极/消极地参与和推动这一重构的？对于文化研究来说，这无疑是最核心的问题，却很难说在中国大陆得到了持续的关注。这或许与文化研究在20世纪90年代中期被引进、推介和就此展开批判的现实脉络相关。从早期的符号学操作，到对政治经济学的强调，再到对于社会学、人类学方法的青睐/“嫌弃”，作为一个不断检讨，因而极有动力趋新的研究领域而言，文化研究总是希望找到更合适的理论工具和思考方法，去思考和介入当代思想文化的生产。然而，这一心急火燎的过程，也往往使得“文化”如何在社会巨变中发挥作用，这一问题失去准心。更多的时候，“文化”看起来像是在思考开始之前就已经被设定完毕的武器，以便研究者拿来跃入现实阵仗，挥舞一番。于是，在这场看起来很热闹，而且恐怕会越来越热闹的战事之中，作为武器的“文化”，到底如何在这个社会里生成和成立？为什么偏偏是武器而不是桎梏？它被审视、珍惜或摒弃的缘由是什么？它究竟如何在这个过程中篡改或创造？对于这些问题的思考和追问，常常阙如。第三辑“文化的力量”，便提供了“亚际”范围内，这一部分的相关思考。而其他各辑中，也不乏可以从这一角度获得借鉴的文章。比如，南迪的《确信的曙光》、莎拉·雷蒙的《在全球经济的子宫里》、阿西什·拉加德夏沙的《何时宝莱坞？文本分歧与历史分歧》等。

其三，如何摆脱过于厚此薄彼的“文本”选择？对中国大陆文化研究而言，从中国现当代文学和文艺学开始的这一研究思路，存在着一个先天的不平衡。那就是，过于重视狭义的符号化的文本——文学、影视作品、广告，等等，而对于实际的城市空间、社会事件、市场机制、认同模式等广义的社会文本，既缺乏兴趣，也缺乏观察、分析和把握的能力。这种先天的不平衡，既导致由对符号学的批评而来的“政治经济学”调整，常常变成了相对简单粗暴的阶级划分，文化在这一划分中被取消了位置；也使得原本应该是看家本领的符号分析，在失去了广义的社会文本支持的情况下，难以维系其应有的政治维度，退化成了学院式的技术操演。当前，随着越来越多不同学科背景的青年学人的加入，这一状况得到了明显的改善。然而，如何更好地协调不同的文本类型，使之相互支撑，形成更为整体性和有生产性的思考，这一问题仍然十分紧迫。针对这一状况，读本既编选了一组将城市作为一种媒介/文本展开讨论的文章，也提供了对诸如“世界杯的女性化”（《2002世界杯足球赛的“女性化”和女性“粉丝”》）、日本临工运动（《让我们活！日本临工运动的培力和生活修辞》）等广义的社会文本展开考察与研究的范例。

其四，与第三类问题相伴随的一个表现，是中国大陆文化研究对于制度、政策的忽视。尽管在研究“过去”时，把制度、政策、法律法规等文件纳入视野，已经蔚然成风，但在研究“现在”时，这样的习惯，还远没有形成。其中的缘由，大概是两个。一个是，中国社会的现实，虽无一不受制于这些官方文件，被其指导或规整，但“名实不副”的大量存在，往往让生活于其中的研究者，对之产生轻慢之心。另一个是，事关制度政策的文献，大多枯燥，越是当代，越是官气十足，阅读和视听起来，自然没有小说、电影那样令人愉悦，容易产生兴味。而在这之后，实际上是所谓的“兴味”和文化研究所欲正视和勾勒的“现实”之间，究竟应该是何种关系的问题。至此，当我们鼓励学生，要按照自己在日常生活中的兴趣，去发现和思考现实的时候，一个绕不开的话题恐怕是，当依据兴味的探索，终于挖到了制度和政策的高墙之下的时候，下一步的突围，应该如何进行？对此，读本选择了一些侧重于制度、机制和法律条文的研究，以供参考。比如，项飚对跨国家之间劳动力流动机制的讨论（《劳工移植：东亚的跨国劳动力流动和“点对点”式的全球化》）、何春蕤对台湾的立法和媒体何以生成娇贵化主体的回顾与批判（《公民情感的娇贵化与新兴民主的治理》），以及王晓明对文化研究在中国大陆高校体制内遭遇的建制问题的思考（《文化研究的三道难题》）等。

其五，如何展开对于文化的流动性的研究？自20世纪90年代以来，亚洲各个国家和地区之间的文化流动，无疑是一个令人瞩目的现象。无论是早先的“哈日”“哈韩”、如今印度电影在中国院线的傲人战绩，还是中国游戏业对亚洲其他地区的渗透，不同社会之间的文化流动以及由此形成的资本与文化之间相互牵制、彼此支援的关系，已经越来越使得当代的文化，特别是流行文化的生产和消费，不再是一国之内的事业，而势必隶属于不同国家与地区之间基于既有的体制磨合而成的一套文化生产、流通和消费的庞大的国际机制。正是这一机制，一方面使得“丧”和“小确幸”这样的命名，通畅地流动在亚洲文化圈内，引发新一轮的商机；另一方面，这些命名也经由这一机制，在流通过程中被持续地填充、改写和进一步传递扩散，引导不同社会状况里的年轻人对于自己的状况，做出判断和思考，遥相呼应。至此，如何把握在此过程中，文化的流动性赋予年轻人的力量、视野和新的可能？对于这一点，“亚际”的“彼此看见”提供了什么样的新的解释框架？显然，这一部分的工作刚刚开始。目前看来，也是文化研究所能提供的整体性理解中，最落后于现实的部分。就此而言，《K-pop的亚洲化：在泰国青年中的生产、消费与认同模式》、《印度二线市场中的香港动作电影》等文章，做了别具意义的尝试。

最后，是中国大陆文化研究对于表达形式的“不假思索”。在越来越多的青年学人的手中，一板一眼、注释规范的学术论文，似乎正在成为文化研究最自然的表达形式。然而，不得不指出，这一变化，既是学术体制变革的一个结果，也是文化研究需要定睛思考的越来越铁板一块的现实的组成部分。这一变化的利弊是非，此处无法展开详细的讨论。只想通过几篇选文，比如，《学做工：研究所的论文指导与学术工作》等，提示文化研究理应具备的对表达形式的更为深入的思考。希望这一类模样特别的选文的存在，可以为今后更多的文化研究式的表达，埋下一点伏笔。

眼前的这一读本，是根据以上六类需要，选编而成。凡没有注明出处的文章，都是来自读本的英文版。其余的文章，则是中文版读本特有的内容。整个读本分九大专辑，每一辑旨在提出一个值得文化研究特别关注的核心议题。这些专辑，有些和上述“需要”彼此重叠，有些则同时肩负回应几种不同“需要”的职责。

细心的读者会发现，在这个读本中，性别研究并未成就一个专门的议题，而是被分散到了不同的问题之下。这并不意味着，性别议题不重要，而是说明，按照专辑来读，实际上只是对读本的一种使用方法。我们更希望看到的，是使用者在此之外，通过自己的问题——既可以是对文化研究的理解，也可以是对自身学习的设定，将读本内的选文，重新排列组合，使它们在被阅读和学习的过程中，不断呈现出新的结盟方式。

四、历史的“一页”

如今，那些经由“亚际”而认识的朋友们，彼此聊天时，一个经常出现的话题便是，对于成长于斯的“亚际”，我们这一辈人究竟可以做些什么？在此背后，一个更大的问题是：尽管各地的状况不尽相同，但总体而言，经由上一辈人的努力，文化研究在亚洲经历了将近20年的引介、推动与建制的兴盛。在此之后，特别是当社会形势普遍右转、各种体制内外的可能性一再紧缩之时，各地的文化研究可能选择什么样的道路，如何彼此合作与遥相呼应？

2018 年 8 月，由 ACS 和上海大学合作举办的第 12 届世界文化研究双年会 Crossroads 将在上海召开。一个令人欣喜的现象是，从大会收取稿件和招募志愿者的状况来看，文化研究在中国大陆的传播和扩散程度，大大超出了主办者的预期，越来越多不同学科背景的研究者和青年学生正汇聚于此。然而，与此同时，同样可以鲜明感觉到的，是近十年来，在国家大力推动文化产业和热衷于智库建设的大潮之下，研究"文化"正在成为一桩热门生意。如果说，文化研究在大陆初兴之时，彼时的政府正疏于对文化议题的兴趣和理解，一门心思搞经济的话，那么现在，政府越过资本，直接干预和争夺对于文化的定义，已成定势。

于是，一方面，跨学科的研究被积极倡导，以"问题"为导向的研究，日益吃香，另一方面，却是理论和研究思路越发趋同，学术科层化越来越严重。在这样一个学术环境再次急速变动的时代里，保持一种批判的思想特质，赋予其有效的传递和扩散形式，正变得越来越艰难。在这一新形势下，"亚际"的联合，对于中国大陆文化研究的意义，便不仅指向一种另类的"国际化"，意在锻造不同寻常的国际视野，同时也指向依靠不同社会间的对视和联动，持续制造一种无从驯服的气质的组织方式。在这一意义上说，如何保持"亚际"既有的知识生产和组织方式，乃至创造出更新的积极形式，也就成为后一代人的任务。

大概两三年前，尽管大多数选文还未确定，我便早早定下了亚际文化研究读本的书名——"反戈一击"。正如鲁迅先生所说的那样，在进化的链条上，所有人都不过是中间物。而文化研究者，大概算得上是这个变动的时代制造出来的半新半旧、无所适从的中间物中一类特殊的物种。然而，真正的致命一击，却也只能在这半新半旧之中酝酿和发生。就此而言，在读本内外、"亚际"周遭，所发生的一切阅读、思考、研究乃至组织工作，既是半新半旧者们书写的历史，也是为反戈一击做着绵延的身体、情感、思想和心力上的准备。

显然，较量远没有完结。"亚际"的这一页，还有待我们定神书写。

在此，特别感谢诸位作者的慷慨授权。感谢在繁忙的工作和学习任务之外，承担读本翻译和校对工作的朋友：金莉、沈清、陈密、郑圣勋、刘洁莹、谷李、王福艳、吕霞飞、高允实、王欣然、章玉萍、杨骏骁、张淳、许多、张潇潇、李辉、刘杰尘、毕文灏，是他们让读本最终成型，让知识的流通更为顺畅。感谢在编选过程中，提出建议和意见的各位师友，上海的王晓明老师、新竹的刘雅芳、台北的王智明、北京的张淳和姜亚筑、首尔的延光锡和曹铜元，没有他们的帮助，读本不会以现在的面目出现。

最后，读本的疏漏和错误，由编者负责，期待读者的批评指正。

2018 年 3 月 20 日初稿

2018 年 5 月 15 日修改

目　录

一 何谓“文明”

印度自治（节选）

● 莫罕达斯·卡拉姆昌德·甘地①

致读者

对辛勤阅读我作品的读者，以及对它们感兴趣的人，我想说我完全没有在意要使我的观点看起来前后一致。在寻求真理的过程中，我抛弃很多想法，也学到很多新东西。虽然在年纪上我很老了，我一点儿都不觉得我在内心停止生长或我的成长将随着肉体的消解而终止。我关心的是每时每刻准备听从真理——我的上帝——的召唤，因此，如果任何人在我的任意两个作品之间发现了什么不一致的地方——如果他仍然坚信我理智健全——那么，请他选择两者中更晚出的那个，这样他会安然无恙。

莫罕达斯·卡拉姆昌德·甘地

HARIJAN，1933年4月29日，第2页

这本小册子得到广泛关注是我的幸运。原文是用古吉拉特语写的。它命运多舛，最先发表在南非《印度观点》的专栏里，写于1908年我从伦敦回南非的海轮上，当时是为了回应印度主张暴力反抗的派别，以及它在南非的雏

---

① 莫罕达斯·卡拉姆昌德·甘地（1869—1948）是领导印度从英国统治下解放的主要领袖之一。他也是一个作家和政治思想家，编辑了多种报纸，比如古吉拉特语、印地语和英语的*HARIJAN*，英语的《印度观点》，以及古吉特拉语的*NAVAJIVAN*。除了《印度自治》，他的主要著作还包括《有关我对真理所做实验的故事》（最早以每周专栏的形式自1925年到1929年连载发表于*NAVAJIVAN*）和《在南非的非暴力不合作主义》，两本书都是自传体。他的政治理念，包括民事上的不服从和作为抵抗形式（ahimsa）的非暴力不合作，以及向乡村经济自给自足的转化，这是回归印度人之为印度人的核心的重要组成部分。在这个文本中，甘地运用一种问答体；这帮助他达到一种效果，那就是迫使读者疏离有关文明、进步、技术发展，以及民族主义的规范理念。他先是挑战这些理念，然后提出他本人对这些理念的理解；在这个过程中，他在西方/现代文明和印度文明之间画了一条明显的分隔线。接着，他思考得出行为模式这个理念，用以解释这种区别，由此，一种对道德和责任的实践成了他关于未来愿景的核心。在他的著作中，知识，尤其自我认知，是与实践相联系的。“如此行动，我们认识自己”——这个观点构架了他对想象中的提问者所做的全部回应。

形。我跟伦敦每个知名的印度无政府主义者都有接触。他们的英勇给我留下很深的印象，但我感到暴力不能疗救印度，为了自我保全，她的文明要求我们运用一种与此不同的、更高尚的武器。南非的非暴力不合作主义尚在襁褓中，生发不到两年。但它发展壮大得足够使我有一定的信心把它作为写作题材。我所写的引起人们很大兴趣，它发表成了一本小册子。在印度，它引起一些关注。孟买政府查禁它，我就出版了它的译本。我想这应归功于我的英国朋友，他们知道它的内容。

在我看来，它是一本能够放在小孩子手中的书。它教导爱的福音来替代宣扬恨。它用自我牺牲来替代暴力。它用灵魂的力量来对抗野蛮的强力。它有几个版本，我把它推荐给有心的读者。遵从一个女性朋友的意见，我不收回我在其中所说的任何一句话，只除了一个词。

这本小册子是对“现代文明”的严厉谴责，写于1908年。我的信仰比任何时候都更深入我心。我觉得，如果印度摒弃“现代文明”，她只会从中受益。

但我要警示读者，请不要认为我眼前的目标是小册子中描述的自治(Swaraj)，我知道印度还没有成熟到施行自治的程度。这么说也许听起来很鲁莽。但这就是我所坚信的。我正在一个人实践小册子中描述的自治。但毫无疑问，现在我跟很多人共同从事的工作，是致力于取得遵从印度人民意愿的国会自治。我的目标不是摧毁铁路或医院，虽然我肯定会非常欢迎它们自然消亡。铁路和医院都不是评价一个崇高、纯洁文明的基础。它们最多是一种在一定情势下成为必需的坏东西。它们对一个国家的道德状况没有做出哪怕一丁点儿贡献。我的目的也不是要取得一种永久解决，虽然这是大家诚心希望的。我更不是想要摧毁所有机械和工厂。这需要一种更周至、完善的简朴天真和克己功夫，人们目前还没有为此做好准备。

目前，这个事业唯一在进行中的部分是非暴力不合作。但我不得不遗憾地说，即使这个部分也不是按照这本小册子中所阐述的精神在进行。如果它是按照这种精神在进行，那么印度会在一天之内取得自治。如果印度把关于爱的信条作为她宗教的一个活跃部分来付诸实践，并且把它运用到政治中，自治会从天而降。但我痛苦地意识到，这还是如此遥遥无期。

我表达如上意见是因为我看到这本小册子中的很多话被引用来质疑现在正在进行中的运动。我甚至还看到一些人写东西暗示我在处心积虑操纵别人，我在利用目前动乱把我的怪念头强加于印度，我在不惜牺牲印度的利益来从事宗教实验。我只能回答说，非暴力不合作主义是由更加坚定、不妥协的东西造就的。其中没有什么是为我个人保留的，其中没有什么是秘而不宣的。《印度自治》阐述的有关生活的整个原理，其中一部分毫无疑问在被付诸实践。把整个原理付诸实践不会有任何危险。但引用我写作中那些与当前印度问题无关的段落来把人们吓跑，这样做不对。

莫罕达斯·卡拉姆昌德·甘地

《年轻的印度》，1921 年 1 月

* *

4. 什么是自治（Swaraj）？

读者：我已经知道，为了使印度成为一个民族国家，国会做了很多事，分治[①]已经唤起一种觉醒，不满情绪和动荡不安已经蔓延印度全境。我想知道你对自治的看法。恐怕我们对自治的解释跟你的不同。

编辑：很可能我们给这个词赋予的意思是不同的。你和我，还有所有印度人都急不可耐想取得自治，但我们肯定还没做出决定自治［到底］是什么。从很多人嘴里都听到把英国人赶出印度这个想法，但好像很多人并没有真的好好思考为什么应该这样。我必须问你一个问题。如果我们取得了所有我们想要的，你是不是还认为把英国人赶走是必需的？

读者：我只会请求他们一件事，那就是："请离开我们的国家。"如果在接受这个请求之后，他们离开印度意味着他们仍然还在印度。我对此没有什么反对意见。然后，我们就会懂得，在他们的语言中，"离开"这个词跟"继续留下"是一样的。

编辑：那么，让我们假设英国人已经走了。这时你会做什么？

读者：在目前阶段，这个问题无法回答。英国人走后的情形将在很大程度上取决于他们是怎么走的。如果如你假设的，他们走了，在我看来，我们似乎应该仍然保留他们的宪法，仍然保留他们的政府。如果他们走只是因为我们要求在手头上拥有军

① 甘地在此指的是 1905 年的孟加拉分治——校者注。

队等等。所以，保留他们在的时候就有的政府应该没什么问题。

编辑：你可以这么想，但我不。可是我现在不会讨论这个问题。我必须回答你的问题，要很好地回答你的问题，我可以先问你几个问题。你为什么想把英国人赶走？

读者：因为他们执政让印度变得非常穷。他们年复一年把我们的钱拿走。最重要的职位都保留给他们自己人。我们处于一种奴隶制状态。他们对我们举止傲慢无礼，而且无视我们的感情。

编辑：如果他们不把我们的钱拿走，变得很和善，把有担当的职位给了我们，你还会认为他们留在印度是有害的吗？

读者：这个问题没有意义。这就像在问如果老虎改变了它的本性，跟老虎做伴会不会有害一样。这样的问题纯粹是浪费时间。只有老虎改变了它的本性，英国人才会改变他们的本性。这是不可能的；如果相信这是可能的，我们就违背了人类的经验。

编辑：假设我们取得了跟加拿大和南非相似的政府自治，那是否就很可以了？

读者：这个问题也毫无意义。等到我们有了跟他们一样的实力，我们也许能够取得政府自治；那时我们应该升我们自己的国旗。就像日本，印度也必须这样。我们必须有自己的海军，自己的军队，我们必须拥有属于我们自己的荣耀，到那时，印度的声音将响彻全球。

编辑：你描画得很好。在效果上，这意味着我们想要的是没有英国人的英国统治。你要的是老虎的天性，而不是老虎；也就是说，你将会使印度英国化。当它变得英国化了，它将不会被叫做印度而是英吉利。

这不是我想要的政府自治。

读者：我已经把我所认为的政府自治应该怎样的理念摆在你面前。如果我们所接受的教育有任何用处，如果斯宾塞、穆勒和其他人的思想还有任何重要性，如果英国国会是所有国会的母体，我肯定认为我们应该模仿英国人，这种模仿可以达到如下程度——就像他们不允许别人在他们国家立足，我们也不应该允许他们或者其他人在我们国家立足。他们在他们自己国家做了的事还没有在任何其他国家做过。因此，我们输入他们的国家机构很恰当。但现在我想知道你的看法。

编辑：这里需要耐性。我的看法在对话过程中会自己发展出来。对我来说，要理解自治的真实特性很难，而对你来说，这似乎很容易。因此，在目前，我应该只满足于向你表明，你所谓的自治（Swaraj）不是真正的自治（Swaraj）。

……

6. 文明

读者：现在，我请你解释一下你赋予文明这个词什么意义？

编辑：问题不在于我赋予文明这个词什么意义。几个英国作家都拒绝把那些以文明之名呈现的东西称之为文明。很多书已经讨论过这个问题。为了治愈文明在英国导致的祸害，很多社团形成了。一个伟大的英国作家写了一本书，叫做《文明：它的缘起和疗救》。在那本书里，他把文明称作是一种疾病。

读者：为什么我们大多都不知道这件事？

编辑：答案很简单。我们很少见到人们对自己的观点提出反论。那些陶醉于现代文明的人不太可能会写东西反对它。他们关心的是找到支持它的事实和论断，在这么做的时候，他们是无意识的，相信它是真的。一个做梦的人相信他的梦；只有当从睡梦中醒来，他才知道被骗了。一个在文明毒害下苦做的人就像一个做梦的人。我们通常读到的都是卫护现代文明的人写的东西，毫无疑问，现代文明拥有很多虔信的追随者，其中有很聪明的人，甚至一些很良善的人。他们写的东西对我们有催眠作用。就这样，一个接一个，我们被拽进这个涡旋中去了。

读者：这好像非常有可能。现在你能否谈谈有关这个文明你读过什么，还有关于它，你有什么想法？

编辑：让我们首先考虑"文明"这个词所描述的状态是什么。在文明中生活的人把取得身体的福祉作为生活的目标，这是评价文明的基础。我们能举几个例子。今天生活在欧洲的人们住的房子比一百年前好。这被看作是一个文明的表征，这也是一项促进身体快乐的事。从前，他们穿动物皮，把矛作为武器使用。现在，他们穿长裤，而且为了装饰身体，他们穿种类繁多的衣服；代替矛的是他们随身携带、有四五个弹膛的左轮手枪。如果一个国家的人民原先没有穿很多衣服、靴子之类的习惯，现在穿起欧式衣服，他们就被认为是从野蛮状态开化到了文明状态。从前，在欧洲，人们主要靠手工犁地。现在，一个人能够用蒸汽机犁很大一块地，由此能发大财。这被称之为一个文明的迹象。从前呢，只有很少几个人写下有价值的书。现在，随便什么人都能随心所欲写东西和印东西，毒害人们的头脑。从前，旅行是坐马车。现在，他们坐着火车风驰电掣，日行四百英里或者更多。这被认为是文明的高峰。有人说过，随着人类进步，他们应该能够坐着飞船旅行，随便到世界上的哪里都只用几个小时。人们将用不着手和脚。他们将只用按一下按钮，衣服就出现在他们身旁。他们将只用按一下另一个按钮，他们手上就是报纸。按第三个按钮，一辆汽车就在等着他们。他们会享用种类繁多、精心烹调的食物。每件事都是机器来做。从前，当人们想彼此争斗，他们估量彼此身体的力量；现在，一个人在山上用一杆枪就可能取成千人的性命。这是文明。从前，人们在露天劳作，想多长时间就多长时间。现在，成千上万的工人聚在一起，为了生计在工厂或矿山做工。他们的生存条件比野兽都不如。他们必须干活，冒着生命危险，从事最危险的职业，为的是那些百万富翁。从前，人们在身体上被强迫成为奴隶。现在，他们被金钱和金钱所能购买的奢侈品诱惑而变成了奴隶。现在很多疾病从前人们做梦都梦不见，一大帮医生忙着找到治疗它们的药方，于是医院增多了。这是一个评价文明的基础。从前，寄信需要特别的信使，得花很多钱；今天，随便谁都可以花一个便士寄一封信把人痛骂一顿。花同样多的钱，一个人也可以传达他的谢意，这是真的。从前，人们一天吃两三顿，吃的是家产的面包和蔬菜；现在，他们每两个小时就要吃东西，由此，他们几乎没有空闲做别的事。我还需要说更多吗？所有这些，你都能从几本权威著作中找到确证。那儿提供了所有对文明进行评估的真实基础。如果谁说的与之相反，大家就认为他无知。这个文明既不留意道德，也不留意宗教。它虔信的追随者平静地说，他们的事务不是传授宗教。有些人甚至把宗教看作是一种迷信的增长。其他人穿上宗教外衣，喋喋不休絮叨道德。但有了二十年的经验之后，我已经得出这样的结论——不道德的种种常常以道德之名被传授。甚至连小孩子都能明白，我以上描述的文明没有什么促生道德。文明想要增强身体的舒适，它在这个方面都可怜地失败了。

这个文明是非宗教的，它控制欧洲人民达到这样一种程度——他们看上去都半疯了。他们缺乏真正生理上的力量和勇气。他们靠酒精或药物维持能量水平。他们孤身一人的时候几乎不能感到快乐。应该是家庭中的女皇的女人在街上游荡，或者在工厂做奴隶。为了微薄的薪水，只在英国就有五十万妇女在艰苦条件下在工厂或类似的地方做苦工。这个糟糕的事实是日渐增长的妇女参政权运动的一个契因。这种文明处于如此状态——你只要有耐性，就能等到它自我毁灭。按照伊斯兰教的教诲，这会被看作是一种撒旦的文明。印度教称之为黑暗世纪。我无法给出一个能满足你要求的、有关这个文明的概念。它正在腐蚀英国之为一个国家的生命力。我们必须远离它。各国国会其实是奴隶制的表征。如果你对这个问题有足够的思考，你会持跟我相同的意见，不再把罪责归于英国人。相反，他们应该得到我们的同情。他们是一个精明的民族，因此，我相信他们会祛除这样的邪恶。他们富于冒险精神，也很勤劳，他们的思维模式不是天生就不道德，也不是他们心坏。所以我尊敬他们。文明是一个不治之症，但我们不应该忘记，目前英国人民正深受其苦。

7. 印度的状况：医生

读者：现在我理解律师了；他们也许能做的好事都是偶然的。我感觉这个职业肯定充满了仇恨。可是你也想把医生拽进来，为什么这样？

编辑：我告诉你的观点是我从别处取用的，它们不是我本来就有的观点。西方作家对律师和医生有更强烈的意见。一个作家把整个现代体制同分泌毒汁的树联系起来。它的枝干代表寄生性职业，包括那些跟法律和医药有关的职业，在主干上砍掉了真正的宗教。不道德是树根。由此，你看到这些观点不是从我头脑中直接生成，而是表现了很多人的共同经验。有一阵子，我对医生这个职业有着强烈的爱好。我的想法是为了国家利益成为一个医生。我不再持有这样的想法。现在我懂得了，为什么那些从医的人（梵文中称“vaids”）在我们中间没有占据一个很受尊崇的位置。

千真万确，英国人有效地运用与医药有关的职业控制了我们。英国医生已经把他们的职业运用于几个亚洲君主制国家，目的是在政治上有所得。

医生差不多让我们快疯了。有时我觉得江湖郎中强过特别有资格的医生。让我们考虑一下：医生该做的事是照料身体，或者确切地说，连那都不是。他们要做的事其实是祛除使身体受苦的疾病。这些病因何而起呢？肯定是因为我们的疏忽或者放任。我过量饮食，我得了消化不良。我去看医生，他给我药吃，我被治好了。我又过度饮食，我又吃他的药。如果我第一次不吃他给我的药，我将会受到我应得的惩罚，我不会再过度饮食。医生插手进来，让我更容易放任自己。我的身体由此肯定觉得更舒服了，但我的头脑变得软弱了。因此，不停地吃药这个过程一定会导致丧失对头脑的控制。

我放任自己的淫欲，我染上一种病，医生把我治好了，更可能发生的情况是我会再重新犯罪。如果医生不插手，自然就会完成它该做的工作，我就会获得自律，我就会从淫欲的羁勒下解放，我就会变得快乐。

医院是传播罪恶的机构。人们较前更不照顾他们的身体，不道德现象增多了。欧洲医生是所有医生中最坏的。为了照料人类的身体——他们对这种照料的看法是错误的——他们每年杀死成千上万的动物。为了研究，他们肢解活物。没有任何宗教允许这么做。说到底，没必要为了我们的身体夺去这么许多生命。

这些医生侵犯了我们的宗教本能。他们的药物大部分都要么包含动物脂肪要么有酒精；印度教徒和穆斯林把两者都看作禁忌。我们可以假装被教化得文明了，把宗教所禁止的称为迷信，然后过分放任地享用我们喜欢的东西。事实依然如此——医生使我们更放任自己，结果我们丧失自律，变得女性化。在这种情形下，我们不适合为国家服务。学习欧洲医学更加深了我们为奴隶的状态。值得考虑的是为什么我们从事医药这个职业。我们从事这个职业肯定不是为了服务于人类。我们成为医生是为了取得荣誉和财富。我已经努力向你显示了这个职业没有给人类提供真正的服务，它对人类是伤害性的。医生炫耀他们的知识，收取高昂的费用。他们的药物本身值几个便士，我们要付几先令。由于人们轻信，又希望摆脱某种疾病，他们就变得情绪激动。我们认识的江湖郎中难道不好过那些摆出一副仁慈面孔的医生？

8. 什么是真正的文明？

读者：你已经主张废除铁路，谴责了律师和医生。我能看出你将摒弃所有机械。那么，什么是文明呢？

编辑：回答这个问题不难。我相信印度进化发展的文明在这个世界上无可匹敌。没有什么能跟我们祖先洒下的种子相提并论，罗马消亡了，希腊遭受了同样的命运；埃及法老的威权垮掉了；日本已经西方化；关于中国，什么也不能说；但以某种未可知的方式，印度在基础上仍然坚不可摧。欧洲人从希腊人或者罗马人写的著作里学到教训，这些不再存在于他们早先的辉煌中。靠着从他们那儿学习，欧洲人想象他们将不再犯希腊和罗马的错误。这就是他们的可怜境地。

在所有这些中间，印度岿然不动，这是它的荣耀。有人指责印度，说她的人民如此不开化、无知和麻木，不可能促使他们接受任何变化。这指责其实针对的是我们的德行。我们在经验的铁砧上试练，发现它们是真实的，我们不敢对它们有所改变。很多人劈头盖脸地教导印度，她岿然不动。这是她的美：这是我们希望所拥有的、以应不时之需的铁锚。

文明是一种行为举止的模式，它把人导向履行职责的路径。履行职责和遵从道德是互换的两个词。遵从道德是获取掌控我们的头脑和激情的能力。这么做，我们了解我们自己。在古吉拉特语中，与“文明”对等的词是“好的行为举止”。

如果这个对文明的定义是正确的，那么，就像那么多作家已经表明了的，印度不需要从任何别国学习任何东西，它现在就是它应该是的样子。我们注意到，人的头脑是一只永不安分的鸟儿；它得到的越多，它想要的就越多，还是不满足。我们越是放任我们的激情，它们就越是变得不受羁勒。所以，我们的祖先对我们的放任自主定下了一个界限。他们认识到幸福大多是一种精神状态。一个人不一定因为有钱就幸福。成百万的人将一直处于贫穷状态。把这一切看在眼里，我们的祖先劝我们不要耽溺于奢侈品和感官快感。我们靠着使用存在了千百年的犁头过到今天，我们仍然住着很多世纪以前我们就有的小屋，我们印度本土的教育跟原来一模一样。我们没有侵蚀生命的竞争体制。

每个人从事他自己的职业或者贸易，收取一定薪资。并不是我们不知道怎样发明机械，但我们的祖先知道，如果把心思放在追求这些东西上头，我们会变成奴隶，失掉我们的道德天性。于是，经过适当考量，他们坚决认为我们应该只做那些靠手和脚就能完成的事。他们看到，我们真正的幸福和健康是适当运用我们的手和脚。他们进一步论证说，大都市是陷阱，一个无用的负担，人们在那儿不会幸福，那儿会有拉帮结伙的偷东西和抢东西的人，卖淫和罪恶在其中活跃，富人抢夺穷人的东西。因此，他们在小村庄感到心满意足。

他们看出，君王和他们的剑比不上伦理道德的剑，因此，他们和对世界的统御都比不上印度教的圣人和苦行的僧侣。一个有这样一种立法的国家更适于教导别的国家，而不是向别的国家学习。这个国家有法庭、律师和医生，但他们都受到了适当的限制。每个人都知道这些职业并不是特别高贵、优越；另外，印度土产的律师（梵文中 vakil）和医生（梵文中 vaid）不抢夺他人财物；他们被看作是仰赖人们生活的人，而不是人们的主子。公正是让人能够接受的公平。普通律法是避免把事情闹到法庭上去。没有人像招徕顾客似地要把人们引诱到法庭上去。这种邪恶的事也只在大都市或大都市的周边才明显到看得出来。普通民众独立自主地生活，从事务农的职业。

他们快活地享受真正的“自治”（Swaraj / Home Rule）。

在被诅咒的现代文明没有到达的地方，印度还跟从前一样。那些地方的居民会嘲笑你们新潮的想法。英国人没能凌驾于他们，你们也永远不能凌驾于他们。我们以他们的名义讲话，我们不认识他们，他们也不认识我们。我一定要建议你和像你一样的爱祖国的人到印度内地去，那个还没被铁路玷污的地方，你们在那儿住六个月；到那时，你或许变成爱国主义者，会谈起“自治”。

现在，你知道我认为真正文明是什么了。那些想要改变我所描述状况的人是这个国家的敌人，是罪人。

读者：如果印度一毫不差像你所描述的，那么一切都没问题，但印度也是这样一个地方——有成百的孩子成了寡妇；有两岁的孩子结婚；有十二岁的女孩成了母亲和家庭主妇；有女人过着一妻多夫的生活。你是不是把这些也看作是你所描述文明的象征？

编辑：你犯了一个错误。你所展示的缺陷是缺陷。没有谁会把它们混同于古老的文明。置古老文明于不顾，它们继续存在。消除它们的努力一直就有，将来也要努力消除它们。我们可以运用在我们内心生成的、新的精神力量来祛除这些邪恶。但我向你描述的现代文明的表征，已被它虔信的追随者这样接受。如我所描述的印度文明，也已经被它虔信的追随者这样描述。在世界上任何地方，在任何文明中，没有谁取得了完美。印度文明倾向于提升道德存在，西方文明倾向于传播不道德。后者是没有上帝的，前者基于对上帝的信仰。如此这般理解，如此这般相信，每个热爱印度的人都必须紧紧握住古老的印度文明，就像一个孩子紧紧握住母亲的乳房。

（翻译：金莉　校对：罗小茗）

俱分进化论[①]

● 章太炎[②]

近世言进化论者，盖昉于海格尔氏。虽无进化之明文，而所谓世界之发展，即理性之发展者，进化之说，已蘖芽其间矣。达尔文、斯宾塞尔辈应用其说，一举生物现象为证，一举社会现象为证。如彼所执，终局目的，必达于尽美醇善之区，而进化论始成。同时即有赫衰黎氏与之反对。赫氏持论，徒以世运日进，生齿日繁，一切有情，皆依食住，所以给其欲求者，既有不足，则相争相杀，必不可已，沾沾焉以贫乏失职为忧，而痛心于彗星之不能拂地，以埽万物而剿绝之。此其为说，亦未为定论也。当海格尔始倡"发展论"时，索宾霍尔已与相抗，以世界之成立，由于意欲盲动，而知识为之仆隶。盲动者，不识道途，惟以求乐为目的，追求无已。如捷足者之逐日月，乐不可得，而苦反因以愈多。然后此智识者，又为意欲之诤臣，止其昌狂妄行，与之息影于荫下也。则厌世观始起，而稍稍得望涅槃之门矣。其说略取佛家，亦与僧佉论师相近，持论固高，则又苦无证据。虽然，吾不谓进化之说非也。即索氏之所谓追求者，亦未尝不可称为进化。若云进化终极，必能达于尽美醇善之区，则随举一事，无不可以反唇相稽。彼不悟进化之所以为进化者，非由一方直进，而必由双方并进，专举一方，惟言智识进化可尔。若以道德言，则善亦进化，恶亦进化；若以生计言，则乐亦进化，苦亦进化。双方并进，如影之随形，如罔两之逐影，非有他也。智识愈高，虽欲举一废一而不可得。曩时之善恶为小，而今之善恶为大；曩时之苦乐为小，而今之苦乐为大。然则以求善、求乐为目的者，果以进化为最幸耶？其抑以进化为最不幸耶？进化之实不可非，而进化之用无所取，自标吾论曰"俱分进化论"。

善恶苦乐之并进也，且无以社会明之，而专以生物明之。今夫有机物界以乳哺动物为最高，在乳哺动物中，又以裸形而两足者为最高，无爪牙而能御患，无鳞毛而能

---

① 本文来源：《民报》第七号（1906年9月）。

② 章太炎（1869—1936），清末民初民主革命家、思想家、著名学者。

御寒，无羽翼而能日驰千里，此非人之智识，比于他物为进化欤？以道德言，彼虽亦有父子兄弟之爱，顾其爱不能持久，又不知桄充其爱，组织团体以求自卫，聚麀之丑，争食之情，又无时或息也。人于前者能扩张之，于后者能禁防之，是故他物唯有小善，而人之为善稍大。虽然，人与百兽，其恶之比较为小乎？抑为大乎？虎豹以人为易与而啖食之，人亦以牛羊为易与而啖食之。牛羊之视人，必无异于人之视虎豹，是则人类之残暴，固与虎豹同尔。虎豹虽食人，犹不自残其同类，而人有自残其同类者！太古草昧之世，以争巢窟、竞水草而相杀者，盖不可计，犹以手足之能，土丸之用，相抵相射而止。国家未立，社会未形，其杀伤犹不能甚大也。既而团体成矣，浸为戈矛剑戟矣，浸为火器矣，一战而伏尸百万，喋血千里，则杀伤已甚于太古。纵令地球统一，弭兵不用，其以智谋攻取者，必尤甚于畴昔。何者？杀人以刃，固不如杀人以术，与接为构，日以心斗，则驱其同类，使至于悲愤失望而死者，其数又多于战，其心又憯于战，此固虎豹所无，而人所独有也。由是以观，则知由下级之乳哺动物，以至人类，其善为进，其恶亦为进也。以生计言，他物所以养欲给求者少，惟人为多。最初生物，若阿米巴，若毛柰伦，期于得食而止耳。视觉、听觉、嗅觉皆未形成，则所以取乐者少，鱼亦期于得水而止，鸟亦期于得木而止耳。供鳝以毛嫱、西施，乐鹍以钧天、九韶，彼固无所于乐也。乳哺动物愈进化矣，幼眇之音，姝丽之色，芳泽之气，至于猿狙而能乐之，其所乐者，亦几微也。一昔而得之，而不为甚乐，一昔而失之，而亦不为甚苦，故苦乐之量必小。若人则非独有五官之乐也，其乐固可以恒久，自五官而外，其乐又有可以恒久者，于是摄受之念始成，衽席之情，床笫之乐，刍豢之味，裘帛之温，无不可以常住。其始徒以形质现前为乐，其后则又出于形质以外，由饱暖妃匹而思土地，由土地而思钱帛，由钱帛而思高官厚禄。土地欤？钱帛欤？高官厚禄欤？此固不可直接以求乐者，而求乐之方便，必自此始。有此而后饱暖妃匹之欲，可以无往不遂也。虽然，其始之乐此者，为间接以得饱暖妃匹之欲，其卒则遂以此为可乐，而饱暖妃匹之欲，亦或因此而牺牲之。又其甚者，则以名誉为乐，而土地钱帛、高官厚禄亦或因此而牺牲之。此其为乐，岂他动物所敢望者？然而求此乐者，必非可以一蹴获也，将有所营画而后获之。下者奔走喘息，面目黎黑，以求达其五官之欲，其苦犹未甚也。求土地者，求钱帛者，求高官厚禄者，非直奔走喘息、面目黎黑而已，非含垢忍辱则不可得。今夫动物之情虽异，而其喜自尊贵，不欲为外物所陵藉者，则动物之同情也。必不得已，而至于含垢忍辱，笞我詈我，蹍我践我，以主人臧获之分而待我，我犹鞠躬磬折以承受之，此其为苦，盖一切生物所未有也。虽求名誉者，宁或异此？于世俗之名誉，求之之道，固无以愈于前矣。道德、功业、学问之名誉，于名誉为最高，其求之亦愈艰苦。有时而求此道德、功业、学问之名，乃不得不举此道德、功业、学问之实而丧之。有时而求此道德、功业、学问之名，乃不得不举此可以受用道德、功业、学问之名者而亦丧之，杀身灭种，所不恤矣！此其为苦，则又有甚于前者，以彼其苦而求是乐，其得之者犹可以自喜也，而不得者十犹八九。藉令得之，犹未知可以摄受否也？藉令可以摄受，受之愈乐，则舍之也愈苦。佛说诸天终时，现五衰相，其苦甚于人类。今观富贵利达之士，易箦告终，其苦必甚于贫子；贫子之死，其苦必甚于牛马，牛马之死，其苦必甚于鱼鳖。下至腔肠、囊状、桑葚诸物，而死时受苦之剂量，亦愈减矣。是不亦乐之愈进者，其苦亦愈进乎？

上来所说，善恶苦乐同时并进，唯举一二事证，今更求其原理，并举例以明之。

善恶何以并进？一者由熏习性。生物本性，无善无恶，而其作用，可以为善为恶。是故阿赖邪识，惟是无覆无记；无记者，即无善无恶之谓。其末那识，惟是有覆无记；至于意识，而始兼有善恶无记。纯无记者，名为本有种子；杂善恶者，名为始起种子。一切生物，无不从于进化之法而行，故必不能限于无记，而必有善恶种子与之杂糅；不杂糅者，惟最初之阿米巴尔。自尔以来，由有覆故，种种善恶，渐现渐行，熏习本识，成为种子。是故阿赖邪识亦有善恶种子伏藏其间，如清流水杂有鱼草等物。就轮回言，善恶种子，名为羯磨业识，此不可为常人道者。就生理言，善恶种子，则亦祖父遗传之业识已。种子不能有善而无恶，故现行亦不能有善而无恶。生物之程度愈进而为善，为恶之力亦因以愈进，此最易了解者。二者由我慢心，由有末那执此阿赖邪识，以为自我，念念不舍，于是生四种心。希腊古德以为人之所好，曰真、曰善、曰美。好善之念，惟是善性；好美之念，是无记性；好真之念，半是善性，半无记性。虽然，人之所好，止于三者而已乎？若惟三者，则人必无恶性，此其缺略可知也。今检人性好真、好善、好美而外，复有一好胜心。好胜有二：一、有目的之好胜，二、无目的之好胜。凡为追求五欲财产、权位、名誉而起竞争者，此其求胜非以胜为限界，而亦在其事、其物之可成，是为有目的之好胜；若不为追求五欲财产、权位、名誉而起竞争者，如鸡、如蟋蟀等，天性喜斗，乃至人类亦有其情，如好弈棋与角力者，不必为求博赆，亦不必为求名誉，惟欲得胜而止，是为无目的之好胜。此好胜者，由于执我而起，名我慢心，则纯是恶性矣。是故真、善、美、胜四好，有兼善、恶、无记三性，其所好者，不能有善而无恶，故其所行者，亦不能有善而无恶。生物之程度愈进，而为善为恶之力，亦因以愈进，此亦易了解者。若在一人，善云恶云，其力皆强，互相抵抗，甲者必为乙者征服而止，固非善恶兼进。而就一社会、一国家中多数人类言之，则必善恶兼进，于下举例：

一、如欧洲各国，自斯巴达、雅典时代，以至今日，贵族平民之阶级，君臣男女之崇卑，日渐铲削，则人人皆有平等之观，此诚社会道德之进善者。然以物质文明之故，人所尊崇，不在爵位，而在货殖。富商大贾之与贫民，不共席而坐，共车而出，诸佣雇者之事其主人，竭忠尽瘁，犹必以佞媚济之。虽无稽首折腰之礼，而其佞媚有甚于是者。东方诸国，诚人人趋附势利矣，犹以此为必不应为之事。独欧洲则举此以为天经地义（除少数之持社会主义者）。此非其进于恶耶？往者旧教盛行，迫人以必不愿从之事，自宗教改良，而人人有信教之自由，此诚社会道德之进善者。虽然，基督教未行以前，如琐格拉底辈，以身殉道，蹈死不顾；基督教既行以后，奉教者以舍身救人为志，则殉道者尤不可以更仆数。乃至路德之倡新教，其风亦未尝绝也。今日之以身殉道者，犹有其人乎？其在中国与非、澳诸洲者，或以智穷力竭，无所复之，而不得不就菹醢，其同类则相高以以身殉道之名，究其实际，怯懦畏葸之尤也。非直宗教，今之欧人，强毅敢死之风，已渐消灭，而吝惜身命，希于苟安而止者，所在皆是。风教陵迟，志节颓丧，其进于恶也，盖已甚矣！

二、如日本人言：日本维新以后，以新道德与旧道德相参，其奉法守节，胜于往古。曩者轻果好斗之风，渐转而为国家死难，此固社会道德之进善者。虽然，国势渐隆，法律渐备，纳其臣民于轨范之中，诸公卿间，求其刚严直大如西乡隆盛者，盖不可复睹矣！往者虽轻侠自喜，而士人之倜傥非常者，亦往往而有，若中江笃介、福泽谕吉诸公，诚可为东方师表也。今其学术虽胜于前，然有不为政府效用者乎？有不为富贵利禄而动者乎？日本维新才四十年，而其善之进如此，其恶之进，亦既如此矣。

三、如中国。中国自宋以后，有退化而无进化，善亦愈退，恶亦愈退，此亦可为反比例也。论者或谓周、秦以上，戕杀蒸报之事，记于《春秋》者，不可偻指。常疑前世道德，必无以愈于今，此大误也。春秋之世，戕杀蒸报，不以为忌，常在世家贵族。若乃尾生之信，沮、溺丈人之节，亦为后代所无。虽至战国，士人习以游说为事，然豫让、聂政、荆轲之徒，其侠烈有足多者。墨翟之仁，庄周之高，陈仲子之廉介，自汉以后，可复得乎？东汉风俗，二千年中为殊胜，而奸雄亦出其间，互相争竞而不可已。唐世风烈，稍近战国矣，急科名、趋利禄者日多，而高洁者亦因以愈多。阳城、元德秀，特其最著者也。自宋以后，渐益退化，至满洲为甚。程、朱、陆、王之徒，才能自保，而艰苦卓绝，与夫遁世而无闷者，竟不可见，此则善之退化矣。矫称蜂出，誓盟不信，官常之堕败，士风之庸猥，党见之狭陋，工商之狙诈，此诚可谓恶也。夫善恶虽殊，而其资于伟大雄奇之气则一。然观今日为篡者，惟能为石敬瑭、吴三桂，而必不能为桓温、刘裕；为奸者，惟能为贾似道、史弥远，而必不能为元载、蔡京。朝有谀佞，而乏奸雄；野有穿窬，而鲜大盗；士有败行，而无邪执；官有两可，而少顽嚚。方略不足以济其奸，威信不足以和其众，此亦恶之退化也。

苦乐何以并进？凡苦有三：一曰怨憎会苦，二曰求不得苦，三曰爱别离苦。乐者反是。苦又有二：一曰苦受，苦事现前，逼夺身心，不能暂舍，是为苦受。二曰忧受，苦事未来，豫为愁戚，苦事已去，追为痛悼，是为忧受。乐亦有二：一曰乐受，乐事现前，瞑瞒耽溺，若忘余事，是为乐受。二曰喜受，乐事未来，豫为掉动，乐事已去，追为顾恋，是为喜受。世界愈进，相杀相伤之事渐少，而阴相排挤之事亦多。彼时怨憎会苦，惟在忧受，不在苦受。惟此一苦，或少减于畴昔，需求日繁，供给不逮，求不得苦，较前为甚。所求既得，其乐胜前，一旦死亡，舍此他去，爱别离苦，则较前为最甚。非直如是而已，一、感官愈敏，应时触发，其感乐则愈切，其感苦亦愈切。例如犬羊娩乳，熙怡自得，人间妇女，则以娩乳为最苦。以文明人较野蛮人，则娩乳为尤苦也。二、卫生愈善，无少毁伤，其感乐则愈久，其感苦亦愈久。例如蛙失其肢，守宫丧尾，习为故常，则补缺力亦易发达，丧失未久，完具如故。高等动物无常失肢体之事，偶尔丧失，则补缺力亦无所用。又如野蛮人众，刀剑创痍，应时完好；文明人众，则无此事，虽有药物，而伤甚者，必难骤复也。三、思想愈精，利害较著，其思未来之乐愈审，其虑未来之苦亦愈审。例如火将焚栋，燕雀处堂，颜色不变；若在小儿，亦鲜危怖；其在成人，则望气而矍然也。四、资具愈多，悉为己有，其得乐之处愈广，其得苦之处亦愈广。例如贫子家中，徒四壁立，一身以外，无所受乐，亦复无所受苦；若在富人，田园金帛，围绕形躯，多得一物，即有余欢，略失一物，亦有余憾也。五、好尚愈高，执著不舍，其器所引之乐愈深，其器所引之苦亦愈深。例如狎客冶游，所遇既广，无所缠绵，顺之不为甚乐，逆之不为甚苦；若笃于伉俪者，稍有乖违，其苦已甚。又如学究鄙儒，恣意记录，不劳心力，得失之间，亦无苦乐；若耽于撰述者，略有残损，苦亦随之。六、夭殇愈少，各保上龄，其受乐之时愈永，其受苦之时亦愈永。例如蟪蛄、朝菌，一瞬已亡，其苦其乐，亦云暂矣；若在牛羊，其寿稍永，常得豢养之乐，亦常受鞭箠之苦也。如上所举，苦乐相资，必不得有乐无苦，善恶并进，犹云泛指全体；苦乐并进，则非特遍于全体，而亦局于一人。其并进之功能，盖较善恶为甚矣。

上来所述，善恶、苦乐二端，必有并进兼行之事。世之渴想于进化者，其亦可以少息欤？抑吾尝读赫尔图门之《宗教哲学》矣，其说曰："有恶根在，必有善根，若恬憺无为者，其善根亦必断绝。"此谓恶尚可为，而厌世观念，则必不可生也。不悟厌世观念，亦有二派：其一，决然引去，惟以出此世界为利，亦无余念及于众生，此佛家所谓钝性声闻，无有菩提种子者也。其一，以世界为沉浊，而欲求一清净殊胜之区，引彼众生，爰得其所，则不惮以身入此世界，以为接引众生之用，此其志在厌世，而其作用则不必纯为厌世。若是，则何不可厌世之有？抑吾又读羯通哥斯之《社会学》矣，其说曰："凡彼乐受，先由轧轹，第一轧轹，惟是苦观，第二轧轹，始有乐观。"此谓苦不可厌，于苦受后，得有乐受继之而起也。不悟人之追求，固无穷极，方其乐时，虽知有乐，久之而其乐亦可厌矣，则必求一新乐以代其已谢者。于是第一轧轹之新苦，又必先于新乐而生，求乐无已，其得苦亦无已，后得之乐，果足与先受之苦相庚偿乎？况其所谓乐者，同时必有苦受与之方轨丽骖而进，是先受之苦为纯苦，而后得之乐，惟是苦乐相参也。然则进化之乐，又曷足欣羡也哉？或曰："今之世未为究竟进化，善恶、苦乐，犹未达于顶点，故人之希望者多，而厌弃者犹少，无宁任其进化，使人人知有世界极恶、自身最苦之时，则必有憬然反顾者。当尔所时，厌世之说，于是昌矣！"此其为说，亦本赫尔图门调和进化、厌世二主义者，世有勇猛大心之士，不远而复，吾宁使之早弃斯世，而求之于视听言思之外，以济众生而灭度之。纵令入世，以行善为途径，必不应如功利论者，沾沾于公德、私德之分。康德所云"道德有对内之价值，非有对外之价值"者，庶几近于"无漏善"哉！何以故？尽欲度脱等众生界，而亦不取众生相，以一切众生，及与己身，真如平等无别异故。既无别异，则惟有对内之价值，而何公德、私德之分乎？其次，无勇猛大心者，则惟随顺进化，渐令厌弃。夫以进化之力，使斯世趋于为鬼为魅，则自厄穷而知所返，此法尔无可遁者。然随顺进化者，必不可以为鬼为魅、为期望于进化诸事类中，亦惟择其最合者而倡行之，此则社会主义，其法近于平等，亦不得已而思其次也。

论爱国心（节选）[1]

● 幸德秋水[2]

第一节

膨胀我国民，扩张我版图，建设大帝国，发扬我国威，光荣我国旗，是所谓帝国主义之喊声也；彼等之爱国家之心亦深矣！英国之伐南阿，美国之占菲律宾，德国之取胶州，俄国之夺满洲，法国之征呼亚锁达，意国之战马皋亚尼亚，是近日帝国主义推行较著之现象也。帝国主义之所向者惟军备；为军备之后援者，则外交伴之。其见于发展之迹者，非以“所谓爱国心”为之经，以“所谓军国主义”为之纬，以织成之政策乎？名为爱国心，实则纯为军国主义者，非现时列国之帝国主义通有之条件乎？吾故曰：欲断帝国主义之是非利害，不可不先向其所谓“爱国心”所谓“军国主义”加一番之检穷也。然则今之所谓爱国心，若亦知爱国主义为何物？所谓“巴多尼阿斯姆”为何物？吾人何故而择一地而认为我之国家？若国土者，果可爱耶？不可爱耶？

第二节

夫孺子堕井，匍匐往救，不问其远与近也，不问其亲与疏也，子舆氏之言，不我欺矣！若真爱国心者，则救此孺子于井底之“洗木哈西”也，恻隐之念与慈善之心，油然而并茂。美哉爱国心！纯乎不杂一私者也。惟其然也，果有真正高洁恻隐之心与慈善之心者，决不以一己之远近亲疏而异之；亦犹人之救孺子，决不以己子人子而异之也。故世界万邦之仁人义士，必为支兰士瓦路而祈复活之胜利，必为菲律宾而祈其独立之成功，其视英人若敌国然者，其视美人若敌国然者，所谓爱国心者，果能如此

---

① 本文来源：《帝国主义》第二章“论爱国心”，曹聚仁译，梁溪图书馆，1925 年。

② 幸德秋水（1871—1911），日本社会主义运动活动家。

否乎？

今之名为爱国心，实则纯为军国主义者。英人则必不为支兰士瓦路而祈胜利以损其爱国心，美人则必不为菲律宾而祈独立以损其爱国心，故谓彼等无爱国心则不可，然彼等究无高洁之恻隐心，慈善心；则其所谓爱国心，何其与救孺子之热念竟不一致也？然则前之所谓爱国心者，醇乎与恻隐之心，慈善之心相背也。彼之所爱者，自家之国土限之也，自家之国人限之也；爱他国不若爱其自国，爱他人不若爱其自身也。爱浮华之名誉也，爱垄断之利益也，其果公乎？其果私乎？

爱国心者，又与爱故乡之心相似也。爱故乡之心虽可贵，然其原因，实有卑不足道者：垂髫之时，骑竹马，舞泥龙，果解故乡某山某水之可爱乎？既而远适异国，只影无俦，于是怀土望乡之念渐次而生，则以外感之激刺之也。夫东西篷飘，南船北马，热心壮志，几许蹉跎；世态炎凉，人情冷暖，无不躬焉历之；回忆惨绿少年，斗鸡走马，昔日之愉快，时复影现于其脑质中，故邱首之慕愈切。行旅艰难，风恶土异，停杯投箸，不能下咽，万人海里，无半面交，父母妻子之爱恋，不禁其发达无极矣。故彼等之爱故乡，实由其嫌恶他乡而起；其对故乡非真有同情之恻隐与慈善，不过因对他乡有憎恶也，故惟失意逆境之人，此情最甚；彼等之憎恶他乡愈甚，故其爱恋故乡之念亦独切。虽然，爱恋故乡之念，亦不独失意逆境人也；得意顺境之人亦有之。然细察其所以然，得意人之思慕故乡，其心事更卑不足道。彼等不过欲炫其得意之事于其乡党之父老故旧耳，其对乡里果有同情之恻隐与慈爱乎？不过为其一身之私意而已！虚荣也，虚夸也，竞争心也，是私意之所专注也。古人之言曰：“富贵不归故乡，如衣锦夜行。”是语也，揭其秘密之隐衷，破其污秽之鄙念，已烛照而洞然矣。

今之爱恋故乡者曰：学校必立于吾之里，铁道必出于吾之郡，是犹可也。其甚者且曰：总务之委员必出于吾县，总务之大臣必出于吾州。彼等一身之利益，必不出于虚荣之外，其对里乡，果有同情之恻隐与慈爱乎？故有识之士，洞幽徹微，所不能不仰天而叹息者也！

惟其然也，故彼之爱国心，其原因动机，皆与其爱恋故乡之心而一辙；则彼虞芮之争，真爱国者之好标本哉！彼蛮触之战，真爱国者之好譬喻哉！呜呼！噫嘻！真天下之可怜虫哉！

……

第三节

“何须分党派，惟知有国家。”

“Then none was for a party，Then all were for the State.”

此古之罗马诗人之所夸扬赞美者也。何以知之？彼盖利用党派之智，非真知有所谓国家。彼之所谓国家者，为敌国敌人耳，为迷信而憎恶敌国敌人耳。

吾非无所见而云然也，当时罗马之多数贫困农夫，养少数之富人，或从其富人赴其所谓国家之战事。吾又见其临战之时，勇猛奋进，冒矢石，躬兵革，而不顾身，其忠义感天地而泣鬼神。吾又见其彼等而战捷，全身归国时，其因从军而负之债务，积不能偿，遂自身陷于奴隶之域。吾且见其当战役之间，富者之田亩，常属其臣属其奴仆任其耕耘灌溉，而贫者之田，全委于荒废靡芜，而债务由是而生，而自卖为奴隶。呜呼！果谁之罪欤？

彼罗马国之所谓敌国敌人而憎恶之者，彼敌国敌人纵为彼等之祸害，未必出于其同胞富者之上也。彼等为其憎恶敌国敌人之故，夺其自由，夺其财产，而陷于奴隶，果孰使彼等而至于此乎？实由于其同胞之所谓爱国心而使之然者，此非彼等思想之所及也。

富者因战而益富，因臣属奴仆之日益加多之故也；而贫者亦因之而益贫，诘其何以故，谁曰为国家之战事耳。彼等为国家之战事而沉沦奴隶之境，而犹追想讨伐敌人过去之虚荣，以夸扬其勋业，以铭记其功名。呜呼，是何等之痴愚也！古罗马之爱国心，其实如此！

于古希腊，吾又见有所谓耶罗德之奴隶者，既事于兵，又事于奴隶，而犹虑彼等身体强健之过度，彼等人口增殖之过度，为其主者任意摧折而杀戮之；而彼等为其主而出战，勇敢实无比，忠义实无比，而会不知一倒戈而恢复其天赋自主之权。悲夫！悲夫！彼等之所以然者何也？其于外国外人，即彼等之所谓敌国敌人，以为憎恶而讨伐之，误信为彼等之义务也，误信为无上之名誉也，误信为无上之光荣也，而不知其为虚夸也，而不悟其为虚荣也。呜呼！此等之迷信，彼等用以为虚夸虚荣；爱国心实不过饮腐败之神水之天理教徒也；而其毒害更有过之者。然而彼等憎恶敌人之甚，亦不足怪也。盖人生当未开化之时，其智识去禽兽不远，无所谓同仁，无所谓博爱，自原始以来，爱憎之两念如纠绳之相缠，如环锁之相连也。不见夫禽兽之在原野者乎：爪搏牙噬，同类相残。而一旦与夙未相见者遇，忽而畏惧震恐；由畏惧震恐，即生猜忌憎恶，由猜忌憎恶，于是而咆哮，而争斗，而结其相残之同类，而抗争其公共之敌。彼等当其抗争公共之敌之时，其同类互相亲睦之状，怡然可掬，油然相亲。若彼等之禽兽，而谓其爱国心，是耶？非耶？古代人类，蛮野之生活，非若是哉！

蛮野人类之生活，同类相结，以其自然之战以战其异种族，彼等之所谓爱国心也。然其灼然可见者，彼等之团体，忽结亲睦之同情者，由其所遇之敌而生也；唯其对敌人有憎恶之反动，因其同病而始有相怜之心。惟其如此，则所谓爱国心者，即讨伐外国外人之荣誉之好战心也。其好战心者，即动物的天性也。而此动物的天性，即好战的爱国心也。是非释迦基督之所排，而文明理想之目的所不能容者欤？

哀哉！世界人民，尚能于此动物的天性之竞争场里，送过十九世纪也；近更依然无涯无埃以处二十世纪之新天地！

社会之公理，从“适者生存”之法则，进化日渐发达，其统一之境域，交通之范围，亦随之而扩大焉。于是公共之敌，异种族异部落者，亦渐减少，彼等憎恶之目的亦失；憎恶之目的既失，其所以结合亲睦之目的亦失，于是乎彼等之爱一国一社会一部落之心，变而为爱一身一家一朋党之心。其于种族间部落间野蛮之好战的天性，亦变而为个人间之争斗，朋党间之轧轹，阶级间之战斗。呜呼！当此纯洁理想高尚道德盛行之间，动物的天性，尚不能除却，而是时之世界人民，既无所敌，无所憎恶，无所战争，而惟竞争于无形，而名之曰爱国心，而称之为美誉之行，不其惑欤！

呜呼，欧美十九世纪之文明，果文明乎？一则自由竞争之激烈，人类不胜其惨酷之祸；一则高尚正义之理想信仰亦全堕地。我文明之前途，洵可寒心！而姑息之政治家，好功名之冒险家，趁奇利之资本家，有鉴于此，于是大声疾呼曰：“四境之外，大敌日迫；凡我国民，非亟止其个人之争斗而进而为国家之结合不可。”彼等遂移其个人间憎恶之心，转而向于外敌，以自遂其私图。苟有不应之者，即责之曰：“非爱国者也，是国贼也。”吾人而知所谓帝国主义之流行，实以若是之手段为之滥觞也。所谓国民之爱国之心者，质而言之：即动物的天性之所挑拨而出者也。

第四节

爱自家可，憎他人不可；爱同乡人可，憎异乡人不可；爱本国可，憎外人不可；为其所爱者而讨其所憎者，是可谓之为爱国心乎？

然则爱国主义者，其最可怜者，非彼等迷信之咎乎？非迷信也，实好战之心也；非好战之心也，实为虚夸虚荣所卖也。而此主义之推行，实专制政治家欲达其野心用为争夺之利器也。

希腊，罗马之旧迹，姑勿言之。而近代爱国主义之流行，较之上古中古而更甚矣。

昧昧我思之，昔森田思轩氏尝著一文，《黄海之是所谓灵应者非灵说》，天下汹淘，皆以国贼责彼。久米邦武氏著《神道者祭天之古俗也论》而教授之职以免，西园奇侯欲行其所谓世界主义的教育，其文相之地位几殆，内村鉴三氏拒礼拜之勅语，亦免其教授之职。彼等皆以大不敬詈之，以非爱国者罪之，是明治圣代日本国民爱国心之所发现也。

国民之爱国心者，一旦忤其所好，可以箝人之口也，可以掣人之肘也，可以束缚人之思想也，可以干涉人之信仰也。历史之论评得禁之也，圣书之讲究得妨之也，科学的基础得破碎之也，译文明之道义则耻辱之；而是等之爱国心，可以邀荣誉博功名也。

不独日本之爱国心为然也。英国者近代极称自由之国也，极称博爱之国也，极称平和之国也。以如此之英国而当其爱国心激越之时，而唱自由者，请愿改革者，主张普通选举者，非皆问以叛逆之罪乎？非皆责以国贼之名乎？

英国人之爱国心，其大发扬最近之事例，莫如彼等与法国战争之时。此战争当一千七百七十三年大革命之际，自后虽经多少断续，延至一千八百十五年拿破仑之覆没，其大假落始成。彼等昔日之思想与今日之思想，其相距岂远乎？彼等之所谓爱国心者与今日之爱国主义，其流行之事情与方法，所无甚异也。

英法战争时，英国之人民，惟此一事耳，惟此一语耳，其原因如何勿问也，其结果如何勿议也，其利害如何勿计也，其是非如何勿论也。苟有言者，必以非爱国者责之。改革之精神，抗争之热念，批评之宏议，一旦休止归于无何有之乡矣。而国内之党争，亦遂消减。如彼哥鲁利志其人者，当战争之初年，亦颇非议之。既而国民结合一致，亦遂转其方针。又若呼阿志士一辈，以平和支持自由之大义，已久不渝；既知议会之大势不可挽回，亦不能守其宗旨。虽或有所表见，不能抵制议场中党派之攻讦。呜呼！当时之英国，实举国一致，我日本政治家策士口头称道而不质者也。“举国一致”者，即罗马诗人所谓“惟知有国家耳”，盛矣哉！然吾思之，是举英国之名，其胸中果知何者为理想乎？何者为道义乎？何者为同情乎？何者为国家乎？当此之时，彼英国之名，举国若狂，叩其宗旨所在，惟对法国之憎恶耳，惟对革命之憎恶耳，惟对拿破仑之憎恶耳。果具有一毫之革命的精神，与法人之理想有关联之思想者，则彼等不但嫌忌之，且必竞相侮辱之；不但侮辱之，且必群起注全力而攻击之，而非难之。于是乎如对外国之爱国主义之最高潮者，即其对内治罪恶之最高潮也；而彼等所谓爱国之狂热者，但于战争间以大发越其爱国心，至于战后之何状，非所计及也。

试观战后之英国，其对法国憎恶之狂热，已觉稍冷；军费之支出者，亦遂停止。大陆诸国之在战役中者，其工业界之扰乱，仰于英国之需用亦绝焉。英国之工业及农业，亦随之而现一大衰颓之景象；而下等人民之穷乏饥饿者，遍于国中。至于此时，彼之富豪资本家，果有一丝之爱国心犹存乎？果有一丝慈悲同情之念犹存乎？果有举国一致的结合亲睦之心犹存乎？彼等坐视其同胞之穷乏困饿，辗转于沟者，漠然淡然，非如昔日憎恶仇敌之一辙乎？彼等憎恶下等之贫民，与其憎恶法国革命及拿破仑之念果有轻重乎？

……

第五节

英吉利之事，姑勿论之。谁更具慧眼一察德意志之情状乎？彼俾斯麦者，实爱国心之权威也。德意志帝国者，实爱国神垂迹之灵场也。爱国宗之灵验，其如何赫然灼然，世有欲睹其威灵者乎？试一诣此灵场也可。

我日本之贵族军人之初学者，凡世界万国之爱国主义帝国主义，无不随喜渴仰而不能措，而尤注意于德意志之爱国心。彼德意志之爱国心者，古代之希腊与罗马及近代之英国，皆无其比。果不迷信者谁乎？果不惑其虚夸虚荣者谁乎？

故俾斯麦者实历代之人豪也。彼当未起之先，早已灼见北部日耳曼诸邦，纷纷分立，同一言语之国民，必非结合之不可；是故以帝国主义注射之，而竟能联合诸邦以成一致；俾斯麦之大业，诚光辉千载哉！然而不可不知者：彼等奉帝国主义以结合统一诸邦之目的，必非欲保护诸邦实际之利益以冀其平和，惟生于武备之必要有断然者。在彼之早已咀嚼自由平等之义理，希望法国革命之壮观之人士，亦幸其暂止蛮触之争，而想协同平和之福利，且备外敌之侵寇，以企望日耳曼之结合统一，亦明甚矣。是可希望也，孰不可希望也？试观实际之历史，决无副此之企望者也，奈何？

若日耳曼统一者，果为北部日耳曼诸邦之利益，则彼等何不以多数之德意志而语结合奥大利乎？彼之所以不为此者，俾斯麦一辈之理想，决不在一般德意志人也，决不在诸邦共同平和之福利，惟在普鲁士与彼自身之权势与荣光耳。夫彼之徹始徹终，以好战之心而旋其满足之手段以求结合提携者，是人之常性也。甲吾所亲昵，乙吾所仇敌也，爱彼者必憎此故也。彼为外国之故，终日扰扰而无安宁，盖欲夸扬其霸权也。俊才如俾斯麦者，是等之情态，讵不知之？故其利用此国民之动物的天性以试其手腕。质而言之：无非煽扬彼之国民之爱国心，而与敌国挑战，藉以压伏与己反对之义理评论，其希望则在创建其爱国宗，而因之以挑发无用之战争而已矣。故彼日耳曼之统一者，实由其兽力之"亚波士德路"铁血政策之祖师，其深谋远计之第一著手，恣与最弱之邻邦苦战而大捷之；于是国民中迷信虚荣而喜兽力之徒，竞附于彼之党羽，是为新德意志帝国之结合；是为新德意志帝国主义之发程。其第二策，彼与其余之邻邦而挑战，则此邻邦必较前之邻邦而强者，然彼必乘敌备之不完也。而所谓爱国心，所谓结合之精神，油然而生，而新战场之兴隆日盛，而其运动一以俾斯麦自身之国及同国国王之膨胀为之主，而独巧于利用妙于指挥也。

彼绝非纯乎正义之意味以企化日耳曼之统一者，彼亦非欲普鲁士于结合之后镕化而没残者，彼之所在，惟在普鲁士王国为统一之盟主，普鲁士王为统一德意志皇帝之荣光。故识者断之曰：普鲁士之统一者，国民的运动也。彼等国民以虚夸与迷信之结果之爱国心，而全为一人之野心于功名者而利用之，不其然欤？

俾斯麦之理想，实不免中古时代未开化人之理想。而彼之陈腐野蛮之计划竟能成功者，则以社会之多数之道德的心理的，尚未脱出中古时代之境遇也。故多数国民之道德，犹中古之道德也；彼等之心性，尚未开化之心性也；唯彼等自欺而欺人，不过仅借近世科学之外相以自掩蔽耳。故彼起无用之师者，已二次矣，幸能成功。而其第三次之起师，孜孜养锐，眈眈以待其机，其机既至，则彼再乘他强国之不备而猛击之。呜呼！普法之大战争，尤为危道之尤危者，凶器之尤凶者，而俾斯麦竟幸而成大功。

普法战争之捷后，北日耳曼诸邦皆拜跪于普鲁士之足下；其余诸邦遂奉祝普鲁士国王而为德意志之皇帝；此其结果，孰非为普鲁士之国王乎？故彼俾斯麦之眼中，岂知有同盟国民之福利哉！

故自吾而断之，德意志之结合，非由正义之好意同情也。德意志之国民，积尸踰山，流血成海，如鸷鸟，如猛兽，以成其统一之业者，果何由也？由其煽扬彼国民对敌国之憎恶心，由其醉于战胜之虚荣。世之大人君子，能无痛心疾首乎？而彼等国民之多数辄举此以自夸，以为我德意志国民享上天之宠灵，世界各国，孰有能企及之者？世界各国民之多数，亦从而惊叹曰："伟矣哉！为国者宜如是而后可也。"日本之大勋位侯爵亦随喜曰：我亦东洋之俾斯麦公也。于是变其自来英国之立宪政治之有世界之光荣者，忽焉而移为普鲁士军队之剑梢，悲夫！

国民之醉于国威国光之虚荣，亦犹夫己氏之醉于俾斯麦也。彼既醉心于此，耳为之热，目为之眯，意气蓬勃，直往无前，积尸踰山，不见其惨也，流血成海，不知其秽也，而徒昂昂然自鸣其得意也。国民之欲以优武力长战斗而弋声名者，亦如柔术家与力士，唯欲殪其敌手耳，技止此也。若非吾之敌手者，果有何利益乎？果有何名誉乎？德意志国民之所以自夸者，惟败敌国耳；若非敌国，果有何利益乎？果有何名誉乎？柔术家与力士之醉于呼兰德，不过欲夸其技能力量耳；至于彼等之才智学识德行，谁复尊而敬之乎？国民之醉战争之虚荣者，不过欲夸其名誉与功绩耳，至于彼等之政治经济教育，凡文明之福利，谁复研究之乎？不尊崇德意志之哲学，不尊崇德意志之文学，而独尊崇德意志之所谓爱国心，吾不能从而赞美之也。

彼俾斯麦辅佐之皇帝，与彼俾斯麦之一身，皆将为过去之人矣。然彼之铁血主义犹印于其皇帝之脑质中，爱国的呼兰德犹醉于其皇帝之脑筋内，而彼皇帝之好战争，好虚名，好压制，不让于拿破仑一世，不让于拿破仑三世。而彼庞然之大国民者，犹诩诩然夸其以血轮之结合，统一之美名，而甘为此少年压制家所驱使。而所谓爱国心者，依然犹甚炽也；然而是岂永远之现象哉？

爱国心之弊毒，既已达其极点，则马克曰士之暴虐，亦达其极点之时，则反动之力，突然而起，吾恐其强敌，将有卷土而来之势矣。然吾之所谓强敌者，非迷信的，实义理的也；非中古的，实近世的也；非狂热的，实组织的也；而其目的，则在尽破坏其爱国宗及爱国的所为之事业而后已。是即近世名为社会主义云。

古代之野蛮的与狂颠的之爱国主义，将为近代高远之文明道义与理想所压伏。今日而后，犹欲如俾斯麦之时，不可再得矣。道义理想之制胜，即在现世纪之中业，可决而待也。故德意志之社会主义，隆然而勃兴，将与爱国主义而为激烈之抵抗；则彼惑于战胜之虚荣与憎恶敌国之爱国心，不复能煽诱其国民，断可知也。

呜呼！以极哲理的国民，具各政治的理想，而演极非哲理的事态，此俾斯麦之大罪也。若无俾斯麦，岂独德意志，凡宗德意志之欧洲列国，其文学，美术，哲学，道德，其进步何如，其高尚何如，何至而为狺狺相噬豺狼之态，尚存于二十世纪之今日也。

第六节

日本之皇帝与德意志之年少皇帝，本大异者也。不好争战而重和平，不好压制而重自由，不为一国而喜野蛮之虚荣，为世界而希文明之福利，决不知今之所谓爱国主义者即野蛮之帝国主义也。何以我日本之国民知所谓爱国者，寥寥如晨星也？

吾鉴夫古今东西之爱国主义，唯以憎恶敌人为目的而讨伐之，是即爱国心之所发扬也，吾所不敢赞美者也。则日本人民之爱国心，亦不能不排斥之也。故后藤伯者曾一试煽扬日本国民之爱国心，以"国家当存亡危急之秋"大声而疾呼之，天下爱国之士，翕然而趋，如风偃草。而后藤伯突然而忽曳裾廊庙，当时所谓大同团结者，倏然如春梦之无痕也。当时日本人之所谓爱国心，其实为"爱伯心"，是耶？非耶？否则非爱后藤伯也，憎藩阀政府也。彼等之爱国心，直憎恶之心也。同舟遇风，虽吴越如兄弟，此兄弟者，岂值一赞叹者乎！

日本人之爱国心者，至中日之战，其发越奋勇，振古所未曾有。彼等之憎恶中国人，侮蔑嫉视之状，非言设所能形容。自白发之翁媪至三尺之婴孩，咸有歼杀中国四亿生灵而后甘心之慨。静言思之，宁非类狂？如饿虎然，如野兽然？宁不悲哉！彼等果希日本之国家及国民全体之利益幸福，真个抱同情相怜之念而然乎？否则惟多杀敌人之为快，多夺敌财之为快，多割敌地之为快，以我国兽力之卓越夸于世界乎？

我皇上出师之初，洵古人所谓荆舒是膺戎狄是惩也，真为世界之平和也，为人道也，为正义也；岂知与彼等等煽起爱国心之本质，殊相反对也，憎恶而已矣，蔑侮而已矣，虚夸而已矣。至于东征之功果如何，与全般国民有形无形之利，未尝一毫计及也。故于是役之结果，一面收恤兵部之重资于富豪，一面则兵士混砂砾而贩罐诘，一面促军人之死期，一面索商人之贿赂，以是而名为爱国心，诚的怪也！野兽的杀伐之天性，其狂热至极之时，必有贯盈之罪恶，亦必至之势也，是岂皇上出师之初心哉？

日本之军人，富于尊王忠义之性，诚可掬也！然彼等尊王忠义之性，于文明之进步，福利之增加，究有几何之贡献？是亦一问题也。

义和国之乱，自大沽至天津道路险恶，军行甚艰，一兵卒泣曰："为我皇上而经此万苦，曾不如死！"闻者堕泪，我亦为之堕泪。[1]

呜呼！彼兵士之言，诚可泣哉！为我皇上之言，为正义乎？为人道乎？为同胞国民乎？言者不足深责，彼生平其于家庭学校兵营，彼一身惟奉皇上之教训命令，不知其他。

斯巴路德之奴隶，不知自由，不知权利，不知幸福，为真主驱使鞭挞而赴战死，战而不死，即为其主所杀戮，自夸以为为国家也。吾读史而常为彼等泣，今本此心亦为我兵士泣!

然而今日非斯巴路德之时代也，我皇上既重自由平和人道，岂其臣子犹希夫耶罗德乎？吾不信之。我兵士为皇上之言，不进而为为人道为正义之言以冀皇上之嘉纳，合于尊王忠义之目的耶？

为救其父母兄弟之困厄，或为盗贼，或为娼妓老，身危名污，延累其父母兄弟之家门，于中古以前，是所赞美也；然而以文明之道德律之，惟悲其心事而悯其想，决不恕其非行也。忠义之心善，为皇上亦善，而于正义人道非彼所知也，是野蛮的爱国心也，迷信的忠义也，何异于彼孝子的盗贼娼妓哉？

吾哀夫我军人忠义之情爱国之心未合于文明高尚之理想也，犹未脱中古以前之思想也。彼等军人，其忠义之情爱国之心虽炽，而于同胞人类则绝无同情之感。即以待遇新闻记者之一事而可见之：北清之役，彼等遇从军之记者，极其冷酷。记者之食不加省，记者之宿不加省，记者之病不加省，其生命危险亦不加省，曰："是非我之所关也。"而嘲骂之叱斥之，如奴仆然，如敌人然。军人者，为国家之战而设者也；彼从军之记者，非亦我国家之一人乎？非同胞之一人乎？而爱护之念如此其薄也。彼之所谓国家者，唯皇上耳，唯军人之自身耳，其他非所知也。我四千万众之国民，引领而望我军之安慰何如、翘足而待我军之胜败何如，从军之记者，冒矢石，出入死生之途者，岂但在其新闻纸之加倍销售哉？彼等实欲慰我四千万众之渴想，偿其满足之愿也。而军人以之为无用，对其四千万国民，无一点之同情，亦可知矣！

封建时代之武士，国家以为武士之国家，政治以为武士之政治，农工商人民，绝不与其权利及其义务焉。今之军人者，亦以国家为皇上及军人之国家也，彼等虽曰爱国家，其目中绝无军人以外之国民。故知爱国心之发扬者，其对敌人既加憎恶，其对同胞亦决非稍加爱情者也。绞国民之膏血以扩张军备，散生产的资本以消糜于不生产的，激成物价之腾昂，而来输入之超过，曰为国家也；爱国心发扬之结果，真无赖之母哉！绝无数敌人之生命，破无数敌人之财利，而政府之岁计，亦因之而二倍三倍焉，曰为国家也；爱国心发扬之结果，真无赖之母哉！

第七节

吾以上所述，所谓"巴多尼阿士母"即爱国主义者。而爱国心果为何物，则亦略为解释之。质而言之曰："彼野兽的天性也，迷信也，狂热也，虚夸也，好战之心也，如此而已矣。"

然而所以然者，是亦人间自然之性情所不得已者也，而欲防遏自然发生诸种之毒弊，非赖人类之进步不可。不见夫水乎；洋洋浩浩，天然流动之物也，停滞而不动，腐败随之矣，是自然也；流动之，疏通之所以防其腐败也，而可咎其忤自然之性乎？人之衰老罹疾病，亦自然也；投之药以救之，而可咎其忤自然之性乎？禽兽也，鱼介也，草木也，其生委诸自然也，其死委诸自然也；若进化若退步，无不委诸自然也；若人而随自然，以为能事已毕，直禽兽鱼介草木而已矣！而可谓之为人乎哉？所贵乎人者，能奋然而矫正自然之弊害，而进步也；故能压制自然情欲之人民，则必为道德的进步之人民；能加人工于天然物之人民，则必为物质的进步之人民。享文明之福利者，万不能盲从夫自然者也！故知去迷信而就智议，去狂热而就义理，去虚夸而就真实，去好战之念而就博爱之心，是人类进步之大道也！

不能脱逸彼野兽的天性，而谓今之所谓爱国心所驱使之国民，其品性之污下陋劣，日甚一日，更安有称为高尚文明国民之一日乎？是知以政治为爱国心之牺牲，以教育为爱国心之牺牲，以工商业为爱国心之牺牲者，是文明之贼也！是进步之敌也！是世界人类之罪人也！彼等于十九世纪之中叶，不能脱出奴隶之域，而率多数之人类，而隶于谬妄无理之爱国心之名词下，以再沉沦于奴隶之域，陷入于野兽之境，其罪上通于天矣！

自吾而断之：欲维持文明世界之正义人道者，必制其爱国心之跋扈而后可，且必芟除净尽而后可。果如何而后能达其目的，此不易言也。且今日此种卑污之爱国心，又发而为军国主义，又发而为帝国主义，以流行于全世界。悲夫！悲夫！吾将运广长之舌，仪秦之口，以发军国主义之罪恶，则其戕贼世界之文明，阻害人类之幸福，昭然若揭矣！

注释：

[1] 译者译至前节我皇上等语，窃怪日本人之奴隶性质，何其重也？既而译至此节，乃恍然曰："著者之意深哉！"

二 | 何谓“亚洲”

“亚洲”作为方法（节选）

东亚视角的认识论意义

“亚洲”作为方法[1]（节选）

● 陈光兴①

相对于战后台湾知识生产不断深化“脱亚入美”的走向，本文提出“亚洲作为方法”的命题，其目的在于自我转化，同时转变既有的知识结构。它根本上的意涵在于：透过亚洲视野的想象与中介，处于亚洲的各个社会能够重新开始相互看见，彼此成为参照点，转化对于自身的认识；在此基础上，能够更进一步，从亚洲的多元历史经验出发，提出一种重新理解世界史的视野。

本文论辩从日常生活到学术的主要参考点、参考坐标及认同对象移转的必要性，将既有的“西方”、“美国”多元化，移转到“第三世界”，及邻近的“亚洲”，否则我们不只没有跳出殖民主义以降的殖民认同逻辑，也没有办法清楚透过坐标的移转与比较来辨识“我们”的“自我”，永远活在我们的想象认同对象之中。

在问题意识提出后，本文分成三大部分，由三组对话组成。第一部分首先处理长期存在的所谓“西方问题”，透过近期后殖民论述中面对西方的论述姿态及策略，点出向亚洲转向是偏执于批判西方的出路。第二部分，企图透过具体的问题，与帕特·查特吉在印度脉络中提出第三世界所浮现的新的“政治社会”空间对照，寻找新的理论起点，重新发现“民间”的概念并转化成分析概念；这个部分的目的在于透过实际参照，初步地展示对话对象的移转会产生什么样的新问题与新的可能性，以作为提出亚洲/第三世界作为一种方法实际操作的例子。第三部分展开亚洲作为方法的讨论，主要在方法及理论的层次操作，通过与沟口雄三“作为方法的中国”为对话的起点，将讨论集中在沟口所谓的基体论上，提出要掌握历史变动中的基体，必须能够让亚

---

① 陈光兴，台湾交通大学社会与文化研究所。

洲中不同的基体得以相互参照，在参照过程中相互成主体性的一部分，来自我转化。因此，"亚洲作为方法"不再只是将亚洲当成分析的对象，而意味着知识生产转化的媒介，同时也是"自身"再发现/转化的动力。

* *

对于民族主义思想的批判性分析，也必然会是对于我们当下政治论述的介入。透过反思前一个时代民族主义作家在知识上的斗争，我们认知到如何将理论联系到实践的方式；判断他们如何评估政治的可能性，我们得以开始去思索今天对我们开启的可能性又在哪里。因此，分析便成为政治；诠释也必然具有争议的暗流。在这样的状态下，假装以历史"客观"的声音来发言，会是欺瞒/掩饰。借着创造自己有战斗意义的文本，我们期待跨出一小步，走向更为开放而且有自省性的论述。

——帕特·查特吉《民族主义思想与殖民世界》，页52。

以中国为方法，就是以世界为目的。

一经思考便可发现，以往……以中国为"目的"的中国学是以世界为方法来看中国的……换言之，以世界为基准来衡量中国，这个世界就因此而成为一个完全被当成基准的"世界"，只不过是个作为既成方法的"世界"。以"世界"历史发展的普遍规律为例，这种"世界"即是欧洲……。

以中国为方法的世界必定是不同的世界。

以中国为方法的世界是一个多元化的世界。中国是它的组成要素之一。换言之，欧洲也是其组成要素之一……。

——沟口雄三，《日本人视野中的中国学》，页94。

1. 问题意识——"脱亚入美"

2000年民进党上台，不但打破了国民党五十年长期执政的局面，也意味着总体的社会权力，正在透过政权的移转快速地重新结构。然而，政权的移转不代表民主在台湾社会已经是完成式，如何能够透过检讨当下所承接的过去的问题，以持续推动民主的深化其实是当务之急。

《台湾社会研究季刊》以"后威权"表述台湾当前的政治状况[2]，即是在指出过去与现在之间的连续，特别是从学术界思想的领域来看，台湾的知识结构依然承续了冷战时期的基本格局——亲美，所谓的民主化运动与政权的移转，不但没有改变反倒深化对于美国在政治及文化层次的依赖。政治上，从威权时期的亲美反共，到民粹威权时代亲美的深化、反共的软化，在后威权阶段除了加速恐共外，亲美较以往更为强化；在学术上，近来体制大力推动的出版评鉴 SCI 及 SSCI 方案，其象征意义是将台湾学术正式宣告纳入/从属于美国，以美国商业体制的发明作为丈量台湾学术的标准[3]。当然，相对于台湾学界在战后全面师法美国的总体状况而言，最近的发展并不足为奇，仅是更为急切重力加速度的表现[4]。

面对台湾二次战后“脱亚入美”的长期历史效应，本文企图提出“亚洲作为方法”的命题，其目的在于自我转化，同时转变既有的知识结构。它根本上的意涵在于：透过亚洲视野的想象与中介，处于亚洲的各个社会能够重新开始相互看见，彼此成为参照点，转化对于自身的认识；在此基础上，能够更进一步，从亚洲的多元历史经验出发，提出一种重新理解世界史的视野。

这个命题的提出是为了突破既有知识结构及实践的限制，在“去殖民、去帝国与去冷战三位一体”的历史结构性问题意识中，寻求解套的方向。简单地说，殖民化、帝国化与冷战化的交叉历史过程，已经形成相互纠结的结构，制约了今天知识的生产与实践，对此，或许可以经由“亚洲作为方法”，移转不具生产性的“负面”焦虑，使亚洲社会可以透过彼此的对照，看到自身的困境，相互启发突围的方式，更为积极地走出新的可能性。当然，从当下的历史条件提出通过亚洲/第三世界作为一种参考坐标多元移转以达成自我转化的方法，这种朴素而又复杂的心情状态显然必须被问题化。这个命题的提出不但需要将亚洲联系到全球及区域性历史的进程，也企图在进程的基体上面对正在转变的世界，构筑新的想象[5]。所以，“亚洲作为方法”不是凭空创造，而是在承续既有的论述上，开展新的可能性。在接下来几节的思辨后，本文结论部分将回到台湾，提出“亚洲作为方法”对于重新思考台湾主体性在当前局势中可能的新方向。

“亚洲作为方法”这个问题意识的提出，对于生活在亚洲的人来说并非自明的。在过去的半个世纪中，一直到 90 年代，大部分亚洲的知识分子在思想上都直接联系到北美洲或是欧洲，但是彼此之间基本上没有接触，如果亚洲的知识分子会碰面，大多数也是在纽约、伦敦或是巴黎。因此，“亚洲作为方法”最为简单的理解就是将大家碰面的场合多元地去包括亚洲城市，如首尔、北京、新加坡、班加罗尔及中国台北。当然，故事不是那样简单。作为一个理论命题，“亚洲作为方法”其实来自具体的知识实践。过去几年笔者参与组织、编辑 *Inter-Asia Cultural Studies: Movements* 国际刊物，“亚洲作为方法"可以说是从实作经验中所生产的阶段性省思，许多在本文提出的问题都是在这个过程中发生而必须面对的。一九九七年跨国出版公司 Routledge 提出了开办一个以亚洲为基地的国际学术刊物的想法[6]，透过两年多的准备，刊物在 2000 年正式发行，至今已经出版五卷十五期，有了初步的积累。对当时参与组织工作的编委同仁们而言，接受跨国资本的邀约其实心情也很复杂，一方面我们看到全球资本主义的变动，跨国公司为开发亚洲市场的潜力，希望借由出版刊物来探路，而我们的工作无法避免会受到是服务于资本、为跨国公司开路等指责，但是另一方面，我们也认知到一个简单的事实：在全球，特别是在亚洲各地，搭建起来发行网络的知名跨国学术出版社只有牛津及 Routledge，亚洲本身并没有出版社在各地建立发行网[7]，所以要在亚洲形成连结、流通批判性的出版品，运用既有的生产结构开始去扭转不均衡的知识流动方向，Routledge 的邀约是一个契机及可能性。这么说吧，别人搭了高速公路，你在上面跑；跨国公司为了赚钱，你为了批判性的知识可以流通。事实证明，出版社相当尊重知识专业，迄今从未介入刊物的编辑决策过程。

因而，从一开始，我们就非常天真地设想了刊物的基本任务：1. 以亚洲地区为核心，生产及流通批判性的知识；2. 逐渐地去连结亚洲（及其之外）原本不相联系的批判性知识社群，同时促进彼此之间的对话[8]；3. 提供一个知识分子的平台，使学术生产与社会运动之间可以产生互动。我们的设想确实天真，这些目标说来容易做来难。上述的目标我们都在有限的范围内做了一部分，由于出版社有相当严格的截稿及出版日期，刊物必须每期按时交稿，出版的文字也就逐步开始出现及累积。也就是说，刊物虽然出版量不大，但是至少强制地产出了直接由亚洲为核心生产出来的知识；同时因为有严格的评审制度，也就能保持一定的水准，很快地就在国际文化研究学界受到重视。你想想看，过去要找到直接从亚洲生产出来的知识其实很困难，如果有也大多夹杂在英美的刊物当中，文章基本上受限于英语世界学院的问题意识[9]，这个刊物的出现至少慢慢使得以不同地方为主体的问题意识得以出现，因此，如果有人想要在研究所开设以亚洲为主体的文化研究课程，变得越发可能。然而，我们是否对于这样小小的成果感到满意了呢？其实不然。深层来看，我们从来不敢宣称但是却长远期待着的是：如果有更多时间的积累，当亚洲不同的地方能够成为彼此的参考点，当不同的知识圈开始去互动，新的另类知识生产或许能够在实验中逐渐出现。我们走得还不够久、不够远、更不够深；同时，从一开始我们就很有自我意识地认知到亚洲其实不具有统合性，也因此才以"亚际"来标示出多元异质性[10]。为了要能认真理解生产出来的知识，我们必须跨过论述生产的表层，能够掌握知识生产者存在的物质环境，这些差异往往造就了不同形式的知识生产，必须很小心不能平头式地进行轻易的评价，而该让各地之所长能够被看到。在过去的六七年中，我们企图将这些想法付诸实践，所有参与编务过程的同仁们，虽然学术背景、所处环境有相当大的差异[11]，但都感觉到在此高密度的对话过程中，个人的学术关切正在发生变化，而本文的写作动力也正来自企图在论述上掌握自己身上的变化到底意味着什么。

游走在亚洲批判圈的朋友，企图在前辈们所努力的基础上[12]，持续推动不同的圈子之间形成对话、连结，或者至少能相互看到，但其实是相当困难的，即便批判圈的朋友具有相对充分的反省力与敏感度，但是在具体的互动中，我们必然无法脱离许多长期存在的历史问题："大国与小国"（或是我称之为"大文明与小主体"之间）的问题——印度之于南亚诸国、印尼之于东南亚诸国、中国之于东北亚诸国，这些次区域性内部的所谓国际关系问题先于现代民族国家的建立，但是历史过程继续深化了原有的问题，以民族主义的形式来出现；所谓"民族间及内部的历史仇恨"问题——日本之于东亚各地、印尼1965年清共的大屠杀及东帝汶问题、印度与巴基斯坦的分裂、新加坡及马来西亚的分离、朝鲜半岛及国共之间的战争；南与北问题、第一世界与第三世界的贫富差异问题；特定地区长期受到殖民的灾祸反而更是受到歧视的问题，语言问题就是其中最明显的例子，英文被当成是殖民语言，而使用各种形式英文作为沟通语言的国家却被认为是被殖民太深……都是在批判圈互动之中浮现的问题。同时，许多批判圈的友人大都忙于在地立即的事务，分身乏术，造成亚洲之间的互动无法有延展性。同样的状况碰多了，我们逐渐被迫认识到阻绝欲望的结构性力量部分来自"西方问题"。以往总认为这是个老问题，不必要再花时间处理，可以绕过它，但是在实际的实践过程中常常绕不过去[13]，有必要去直接冲撞，在当下提出新的可能。这股结构性力量有其深厚的历史基础，在面对全球新情势的今天，它在思想与知识生产上发挥了庞大的阻绝作用，拦截了亚洲批判圈相互看见、互为参考点的可能性，因而也很难在互动中共同面对区域内的历史问题。这是本文下一节主要要讨论的问题。

互动的经验中，我们也发现，由于历史的制约及确实的多元差异，普遍性的心情状况反映的是，"亚洲"作为情绪性的符号没有召唤统合的力量，以简单的认同政治来建构"亚洲认同"、寻求团结的历史条件并不存在。但是另一方面，资本全球化中形成经济、文化生产区域化，所带动的90年代中"亚洲崛起"的感觉结构，又确实造就了新亚洲想象的历史条件与情绪的基础。"亚洲崛起"作为能见度极高的论述，其实不仅意味着以资本为主导的经济逻辑，同时也混杂了几组相当强烈的历史情绪。首先，放在全球格局中，欧盟的出现、拉美统合组织（Latin-American Integration Association）的形成，乃至于近期非洲五十三个国家结盟形成的非洲联盟（African Union），对于美国在全球权力的均衡在象征意义上产生制约作用，但是相对来看，亚洲除了东协及东协加三外，并未形成相对应的板块，亚洲共同市场与亚元统合的呼声反映了这样的情绪，这些情绪的共同性之一就是要制衡美国国家的全球霸权[14]，特别是2003年英美联军攻打伊拉克事件之后，我们认识到虽然伊拉克位居亚洲，但是却没有区域性的机制来维护和平与安全，显示出某种以民间为基础的亚洲联盟之存在确实有其必要[15]。第二，亚洲内部不同民族国家基于不同的内在状况，在20世纪90年代后开始创造与“亚洲”连结的方式。举例来说，日本的亚洲论述最为长远，从1850年起逐渐形成的“大东亚共同圈”想象，而当下主要在寻求与亚洲国家战前侵略所造成之伤害的和解[16]；韩国90年代中期之后出现的东亚论述，根据崔元植的讲法，其中一个切面在于提出朝鲜韩国问题无法在韩半岛内部解决，因而诉诸东亚区域问题，必须靠着邻国协助来共同处理[17]；中国作为亚洲版块中的大国，为消解中国威胁论的疑虑，也必须展开敦亲睦邻的亚洲政策；相对来说，新加坡作为东南亚的小国不能脱离亚洲生存，蔡明发即指出，“亚洲可能不需要新加坡，但是新加坡需要亚洲”[18]。简单地说，各个社会与“亚洲”的关系都在以自己的方式不断地进展当中，虽然提出较为正式的亚洲统合问题或许还为时尚早。

在这样胶着、矛盾的历史环境中，亚洲批判圈的成员较有条件走出民族国家的限制、创造贴切于当前新情势的论述，至少能创造新的论述气氛，在原有的基础上面对现在、想象未来。而如何理解亚洲的概念，往往成为关键的问题。在20世纪历史的过程及当下的知识环境中，亚洲这个语汇一直充斥着多重的焦虑，诚如汪晖在《亚洲想象的谱系》这篇长文中指出，亚洲这一概念“是殖民主义的，也是反殖民主义的；是保守的，也是革命的；是民族主义的，也是国际主义的；是欧洲的，也反过来塑造了欧洲的自我理解；是和民族-国家问题密切相关的，也是与帝国视野相互重叠的；是一个相对于欧洲的文明概念，也是一个建立在地缘政治关系中的地理范畴”（2002：204）。这些焦虑环环相扣、纠缠复杂，不仅关乎所谓“西方问题”的真实存在，也关乎区域中的历史记忆，一方面牵扯到民族国家体系建构后的所谓代表性或是指称问题——例如在日本及韩国的知识圈内，亚洲被符号化后，它基本的指向是中国，偶尔提及印度。以“文明体”在历史进程中的作用为基点来指称，也就是以自我所处的地理位置为中心的在地历史来想象亚洲，东南亚、南亚、中亚、西亚、太平洋群岛，甚至澳洲、新西兰等，因而被挤压至边缘地带，或是不进入想象视野；放在东北亚的区块中来看，这类偏见的修正或许能够展开更为开阔的参照坐标，换句话说，东北亚内部的互动，因为它特定的区域历史，确实有其必要性[19]，但是不能以东北亚来置换亚洲。另一方面，亚洲被视为西方殖民帝国主义史的地理想象与发明，或是日本军国主义“大东亚共荣圈”的建构，亚洲论述的正当性就被消解掉了，如同民族国家是殖民主义的建构所以没有存在的正当性，亚洲也是一样地没有存在的合法性。这样的论述效果是：如果亚洲具有分析上的意义，那只能摆在所谓世界史的框架中来理解，亦即剥夺了亚洲存在的主体性及能动性，再次回到东/西的对立中来处理，亚洲的多元异质丰富性又再次地被遮盖。常常让人不解的是，在亚洲内互动需要自我正当化，跟欧美互动反而不需要，谈亚洲就是排除欧美。也有论者会说，文化本来就是会动的，欧亚相互渗透是历史的事实，但是他们却忽略互动深度的不同，不能用简单的亚洲也内在于欧洲来消解差异；更为严重的是，在这样反历史的理论性推演中，二战后第三世界主义所展开的亚、非、拉，相对于欧、美的想象并未成为批判性的思考资源，一切回归起源论，剥夺了历史结构关系性思考的可能，也丢弃了亚、非、拉具有革命主体性的历史，如此理解亚洲是反历史的，也是错误的，欧亚相互渗透的深度不同，不能一厢情愿简单地以亚洲也内在于欧洲的讲法来消解差异。

因此，“亚洲作为方法”不以道德性论述中所谓正当性问题为前提，在分析上承认亚洲正像第三世界与民族国家一样，对其保持批判距离，视其为历史的产物，确实在历史过程中产生作用，即便是新的想象也不能凭空杜撰，必须在历史的真实状态中来提炼。

本文主要由三组对话所构成，第一部分首先处理长期存在的所谓“西方问题”，透过近期后殖民论述中面对西方的论述姿态及策略，点出向亚洲转向乃是偏执于对于西方不断批判的出路之一。第二部分，企图透过具体的问题，以台湾的历史、社会经验与帕特·查特吉在印度脉络中提出第三世界所浮现的新的“政治社会”空间来对照，寻找新的理论起点，重新发现“民间”的概念并转化成分析概念，这个部分的目的在透过实际对照，初步地展示对话对象的移转会产生什么样的新问题与新的可能性，以作为提出亚洲/第三世界作为一种方法的实际操作。第三部分展开亚洲作为方法的讨论，主要在方法及理论的层次运作，通过与沟口雄三“作为方法的中国”为对话的起点，将讨论集中在沟口所谓的基体论上，对照笔者以前提出的“殖民-地理-历史唯物论”[20]，指出要掌握历史变动中的基体，必须能够让亚洲内不同的基体得以相互参照，在参照过程中相互形成主体性的一部分，以自我转化。因此，“亚洲作为方法”不再只是将亚洲当成分析的对象，而意味着知识生产转化的媒介，同时也是“自身”再发现/转化的动力。在以上论辩的前提下，本文的结论提出台湾主体性定位的再思考。

2.“西方”问题（略）

3. 参考点的移转：与帕特·查特吉对话——民间与政治社会

在亚洲/第三世界的民族主义运动中，为了要能进行现代化的工程，以自由主义为旗帜的社会科学，乃至于马克思主义的分析，已广成学术圈的重要思想资源，是现代化方案的主要构成。换句话说，学术分析早已成为民族主义现代化运动的重要环节，这样的前意识所形成的共识也就制约了知识生产的底层心情状态，成为主导性的知识结构。虽然历经所谓本土化的过程（其本身也是现代化历程必然的一环），但是分析方式其实继承了欧陆普遍主义的理论命题及相关概念，于是诸多仍在社会形构中运转的概念——更精准地说，在日常生活中经常使用的语汇——可以被提炼成分析性的概念，却吊诡地被各种形式的社会科学本土化运动所消灭，无法成为理解我们自身社会的主要理论范畴。在欧美主流社会思潮的深刻影响下，这些知识实践不仅仅复制了新殖民主义知识生产的体系，同时也挪用了资本主义先发地区的分析范畴，以之理解我们的社会空间，“国家 vs.公民社会”（state vs. civil society）这对 18 世纪后在欧洲发展出来的语汇是其中最具代表性的例子；这个充满了自由主义民主想象的规范性模式逐步被引用在分析层次后，好像总体的社会构造就只是由这两个场域所组成，其他的场域都变得不重要或是根本不再进入分析的视野。重新挖掘不同分析层次的历史社会空间，甚至是先于殖民帝国所带来的碰撞之前就已经存在，而且至今仍然还在社会基体中操作的因子，是相当迫切性的工作，否则我们不但是将活着的历史抹去，同时也不能对我们生存的社会提出贴切的分析性解释。使这种再发现成为可能的方法之一，就是透过亚洲/第三世界内部的**对照/比较**来移转参考点。这样的提案其实暗示了这些地区现代化历史经验的近似性，它们在殖民帝国主义史的转动过程中被迫自我转化，因此，重新检验现代性的构成，必得触及前一个时期社会运作的机制，以及与现代化工程遭遇过程中有机的转化与接合。

2000 年 6 月初，台湾新成立的文化研究学会请来印度重要的政治理论家，也是 *Subaltern Studies* 的核心成员帕特·查特吉来台湾发表三场演讲。他的三场公开演说环绕着“发现政治社会：现代性、国家暴力与后殖民民主”的主题进行[21]。在阅读、翻译与聆听帕特三篇以印度经验为焦点的论文中所指涉的例子时，台湾近来极为类似的事件与画面不断在脑中出现：台北市1997年十四/十五号公园违建户激烈的抗争、1997至1999年间公娼团体与当时台北市长陈水扁长达两年的对抗、警察/当局对于同性恋群体的暴力骚扰、1999年九二一大地震后社区重建工作中所表现出的当局与民间的互动关系、台中市长张温鹰以怪手对性产业强行拆除的暴力画面、新兴主体/群如外籍劳工与援助交际的出现、社会以扫除迷信之名对于所谓宗教行为与实践的歧视。这些事件与帕特所提及的违建社区、宗教教派领袖死后所引发的社会震荡、19世纪末有关葬礼公共追悼仪式的辩论，遥相呼应。除了这些具体的特定历史事件外，两个如此不同的社会空间似乎又分享着一般性的议题：民族主义、现代性、暴力、民主等等。由于这些共通性的出现并不偶然，那么我们可以说这些事件所引发的问题是亚洲/第三世界现代性形成中所特有的吗？我不认为如此，类似的事件在第三世界以外的地区也发生过，但是亚洲/第三世界的结构性位置使得这些现象发生的频率与能见度更为提高。呼应尼南贾娜（Tejaswini Niranjana）的重要论点：“随着新的全球化趋势，通往第一世界的途径将会较过去更为清楚地被界定，也更容易跨越，而地图上其他的地点看来将会越发模糊，越发难以到达。但是一个关于当代政治文化认同的新的批判性视野却更必须将这些**其他的旅途**放入我们的议程当中”（2000：106）。当前迫切的企求是能够对第三世界空间中所出现的历史经验进行比较研究，或是对照研究，如果我们根本的前提在于：适切的自我理解。将大门关闭起来，拒绝将其他地区作为参照点，将无益于我们自我理解；通过比较与对照，新的理论化工作或许可以发展出策略上更为有用的分析架构。

然而，需要被厘清的是，比较与对照不再是以所谓“先进-落后”的道德、价值标准来丈量分析对象的好坏、优劣，我们虽然无法丢开既有意识形态立场所暗示的价值判断，但是必须搁置、超越规范性论述的枷锁，进入分析及解释的层次，才可能逐渐透过对照，掌握历史基体中的具体社会实践。举例来说，在我们的脉络中，任何关乎底层或是边缘弱势主体在社会空间出现时，不论是违建户、槟榔西施或是性工作者，我们惯于快速地以道德判断加诸这些主体群，简单地用“好/坏”、“同情/否定”的立场站队、相互制约，马上就分化成不同的集团。基本上，社会争议经常是被化约到规范性层次来讨论，先行关闭了分析、解释的可能性，也因而丧失了在具体事件中理解社会真实状态的契机：作为台湾特有的现象，或称之为“台湾‘国宝’”[22]，槟榔西施的美学表现形式是如何生产的？是在什么样的在地历史关系中演变出来？很显然，槟槟西施不是台湾社会中的孤岛，她之所以能够出现，其更为宽广的历史条件是什么？与其将后殖民社会中的争议性现象立即地道德化，我们必须开始学习放慢脚步，透过比较来进行细致的分析。但是另一方面我们可以这么问，为什么这样的比较分析不常发生？要如何解释？要如何才能开始转变参考对照点？纵使移转的欲望确实存在，在什么样的基础上，比较是可能的，或至少是具有生产性的？

这些问题显示出批判圈有太多的工作得做，必须慢慢来填补起巨大的鸿沟。前文已然提及，亚洲各地的情况大致类似，在知识上相互认识的可能性大都被结构性地流向北美洲及欧洲的欲望所拦截，亚际之间并没有适当的知识互动与流通。事实上，知识的状态远远落后于结构性情势的转变，资本与流行文化的流通早已在亚洲各地渗透。香港的功夫、搞笑电影从20世纪80年代初起，即大量地进入东北亚及东南亚各地，更在90年代输入南亚地区；香港、台湾的流行音乐从80年代开始就透过非正式管道，对中国大陆造成关键性的影响，今天北京、上海各地的卡拉OK以港台歌曲居多，足见文化上的作用；新一波的“哈日风”从80年代末90年代初，就横扫中国台湾、香港地区，乃至于中国大陆与韩国；90年代后期，“韩流”进入越南，中国台湾、香港地区及大陆；2000年后，台湾又刮起“上海热”。这些流行的浪潮在一定的层次上多元化了好莱坞及美国Top 40所主宰的文化单一地景。在这样的风潮下，知识分子在亚际之间的互动却是极其有限。长久以来，我们其实一直都在进行“比较”研究：以欧美理论对照在地经验。这种长期的比较已经形成耳熟能详的抱怨：西方具有普遍性的理论，我们有的是特殊的实证资料，在书写的呈现上，“我们”变成支持或是否定这些理论命题的脚注，也就是有理论基础的研究者（theoretically minded researcher）与本土情报员（native informant）的关系。这里暗示的理论崇拜其实是我们自己的问题，所谓理论在心情上被窄化成“高级的”知识，而实际上很多这些所谓理论的论述经常是在回应在地具体的问题，福柯对于性的论述与实践的历史分析隐含了具体社会中的知识构造，只是被我们当成是具有普遍的知识，称之为理论，运用它来理解我们自身的性史。这种方式的“比较”在近来已经被挑战，其中部分的动力来自以民族自尊为重的知识分子，终究认识到如果还是以这样的架构来操作，我们永远无法“迎头赶上”，更不可能发展出“属于我们自己”、具有“韩国或是中国特色”的理论。除此情绪之外，这种“比较”被质疑的主要原因在于，如此操作的结果并非那么有助于理解我们社会的具体实践，而我认为，部分的原因正来自参照点出了问题。事实上，如果我们对照中国台湾与韩国消费社会的形成、印度与中国农民的处境，或是中国香港与新加坡城市国家的形式，很可能更具意义，更可能提出新的问题，因为这些地方的现代化历史经验、基体大小以及在全球资本主义中的位置等等都是较为接近的。

的确，这类在亚洲“内部”盛行的比较研究，是假欧美学术体系中的区域研究进行，但是，这些研究的发言位置与理论性的问题意识却也都是从欧美学院空间中所产生的，所以提出的问题经常不是外在于亚洲社会，就是无法贴近于真实的历史矛盾。然而，一旦比较及对话对象开始移转到新的方向，移转至亚洲或是第三世界，新的问题群就会出现；原本存在于“有理论基础的研究者与本土情报员”对立间的焦虑，突然就消失了：当我们面对印尼、韩国或是印度的朋友解释中国台湾族群政治时，我们还是本土情报员吗？原本纵向阶序化的位置——迎头赶上——立即被转化成横向的水平关系，在此关系中，我们发现我们被并置，对相互的社会是一样的无知[23]。要迎头赶上的反而是如何加速补课，以深入理解能够相互对照的社会。

这种移转的呼吁很容易被理解成是所谓“反西方”的姿态，但是就像前文所提出的，真实状况是“西方”早已内在于我们的主体性，因此没有什么反不反的。其实，在真实的互动实践中，“西方资源”恰好提供了我们相互认识的**起点**，比方：英语或是来自马克思主义、结构主义、女性主义等等的批判语汇；西方社会的经验，例如英国工人阶级的形成等等，都是我们能够重新开始相互讨论的共同参考点，但是，这并不意味着所有的区域都被西方的历史宇宙所覆盖，没有其他可以参照的地层，正是在破冰、打开表层的遭遇中，所有溢出所谓西方层次的东西才能在深水中浮出。也正是在这样的碰撞下，我们能够开始去质疑并且转换原先所熟悉的理论命题之基础。

我愿意在这样的环节上来看待以下与帕特·查特吉的对话[24]，对话所指向的场域不在理论或是规范性论述，而是作为研究者/书写者，我们所处的历史社会条件中的具体社会实践。

查特吉的三场演讲环绕着他企图发展的新概念——“政治社会”，以印度为参考点，来捕捉许多第三世界国家在独立建国之后的后殖民时期所浮现的新的民主抗争空间与形式。在我的阅读中，他的核心论点是：既有的“国家 vs.公民社会”分析架构，并不足以描绘与解释第三世界地区的下层弱势人民是如何在实际的社会关系中创造另类的政治民主空间。这些人民不是国家的主体，也不是公民社会的主体，她/他们的存在甚至被认定为非法的，或是要在现代化过程中被清除的，也因此基本上被排除在正轨的政治参与过程之外，最多不过成为社会精英动员的对象，在权力分配完成后，继续被统治；但是，在许多状况中，这些底层人民为了生存而必须与这两造——国家及以中产阶级为主体的公民社会——在所谓的公共领域中周旋，在这个周旋过程中，他们的目的在求生存，不在夺取国家机器，也不在于取得公民社会的领导权，因而开启了一个中介于两者之间极为不稳定的暂时性空间，查特吉称为"政治社会"。这个概念是因应印度状况对葛兰西的修正，查特吉是这样界定的："民主化的政治因此不是在传统上所理解的国家与公民社会交涉往来的层次上操作，而是在定义较为不明、法律规范暧昧、在相当脉络化及策略上区隔出来的政治社会这个场域中来实践。"（2000：56）他进一步解释：我"企图勾勒出一个概念场域……就是思考在国家机构与公民社会之间，建立某种中介的实践场域……所谓'政治社会'是一个盘踞于国家与布尔乔亚公民社会之间的地带"（2000：93－94）；"我所谓的'政治社会'是一个机构与活动的场域，在此场域中有些中介行为（mediation）得以进行"（页157）。正是在这个协商的中介过程中，民主化的欲望与民主的实践得以出场。

查特吉在三场演讲中引用了三个具体事件作为他的分析对象。在《社群在东方》一文中，他以在加尔各答地区铁道附近居住五十年之久的违建户为例，这个社群在1990年起面临被拆除的危机，而居民提出了生存道德权利的论述来动员公民社会团体与其合作，和国家机构进行协商。这个例子挑战西方自由主义与社群主义之间辩论的贫乏，并同时指出非西方的民族主义精英如何与翻转的东方主义共谋，本质化西方（物质主义、个人主义、忽视传统）与东方（精神文明、社群团结、尊重传统），完全复制原有的西方自由主义与社群主义的辩论框架。然而，这些论述都无法解释这些（所谓违法的）居民团体，如何能够以社群的形式出现，动员公民社会的非官方组织与国家所属的社会福利部门来取得生存的权利。

《民主与国家暴力：一个死亡的政治交涉》以一个20世纪90年代加尔各答小宗教教派领袖之"死"为分析焦点，探究现代性中的国家暴力。这个宗教团体的信众认为他们的领导人是在灵修，只是肉身暂时停止作用，随时会醒来，而社会精英及媒体以现代化工程代言人自居，以迷信与非理性指责，迫使国家以卫生为由来介入，最后以五千警力强行抓走还在"灵修"的教主，造成大规模暴动。事后信众以现代语汇指控国家的威权主义与反民主，剥夺他们的宗教信仰自由与公民权。查特吉的细密解剖所呈现的分析策略，并非将宗教当作迷信看待、以道德问题来处理，而是透过事件看到宗教实践如何与其他的政治或社会力量对立、结盟、交涉，如何在开启的政治社会场域中操作，进而他观察到印度社会不同的作用者——国家、媒体、精英、信徒——在政治社会中的互动所展现的性质。

《论后殖民民主中的公民与政治社会》则把分析对象摆在 19 世纪末时，青年诗人泰戈尔与名作家纳宾（Nabinchandra Sen）之间的论辩，针对是否该为现代派作家班吉姆（Bankimchandra Chattopadhyay）之死举行（西式）追悼会一事，透过与 19 世纪末历史与当代实践的对照，查特吉分析了殖民现代性之多重矛盾如何延续、转化至后殖民情境。

他认为这些事件不是孤立的个案，事实上，这是后殖民时期底层弱势阶级抗争的主导形式，只是处于国家与公民社会的精英不以“政治”来对待他们的存在，将其视为“前政治的”，由此也就没有严肃对待这些抗争。但正因为如此，查特吉的政治任务就在于将这些由新的政治社会所开启的可能性带入分析，企图创造新的理论概念来点出这个新政治空间的重要性。透过具体的分析，他提出了非西方现代性浮现的三个理论命题：

> （1）在殖民时期，最显著之社会转变的场域是公民社会；后殖民时期最显著的转变场域则发生在政治社会；
>
> （2）关于殖民时期社会转型的辩论框架，主要是环绕在现代性的问题；在后殖民时期的政治社会中，其辩论框架主要则是民主的问题；
>
> （3）在近来资本全球化的阶段脉络中，我们或许可能见证现代性与民主之间乍现的对立局面，也就是公民社会与政治社会之间的对立。
>
> （查特吉，2000：98）

这一组命题颇具理论上的挑战性。或许它们可以捕捉到印度及南亚现代史的运作逻辑，但是并不能切得很整齐地使用在东亚的区域史中，例如，从韩国及台湾地区的经验来看，在所谓后殖民时期，威权统治直到 90 年代依然存在，从战后起公民社会一直是推动社会转变的主要作用空间，同时现代性与民主也一直是政治辩论的主要框架，只有到了 90 年代中期以后所谓民主过渡之后，政治社会才逐渐成为重要的场域，而现代性与民主依然是辩论的主轴，虽然第三个命题似乎是对当前的社会矛盾提出了较为准确的描绘。然而，这些差异性并不表示这一组命题无助于我们思考问题，恰恰相反，在理论上这些命题推翻了诸多对于当代政治现实的认识，不但直接挑战主流自由主义的理论以及马克思主义的认识论前提，也为当下的“政治”与“民主”开启了新的思考方向，更提供了社会运动更为宽广的策略性空间，更为精准地掌握到不同群体所处的战略位置。让我透过陈述台湾经验中不同的故事，对查特吉的命题提出进一步的修正。

查特吉对于公民社会的质疑也再度勾起20世纪80年代末90年代初台湾知识圈有关民间社会vs.人民民主的辩论，或许我们可以重新将查特吉所划出的政治社会空间看待成人民民主操作的场域。

80年代末90年代初期，台湾发生了一场规模不算太小的论辩，也就是所谓民间社会与人民民主的论争[25]，我个人所属的阵营是所谓的人民民主派，主要的论述生产者是卡维波、何春蕤、吴永毅、王苹、丁乃非，还有在香港提供论述资源的丘延亮等人；其中卡维波放弃他写作博士论文的宝贵时间，花了两年完成今天早已绝版但相当有原创力的五百多页大书：《台湾的新反对运动——新民主之路："边缘癫ㄈㄨㄟ中心"的战斗与游戏》（机器战警编，台北：唐山，1991），有系统地汇聚了人民民主的整体论述。

我们对于民间社会论的讨战有几个直接的目的。第一，民间社会论提出，为了要推翻国民党统治，从党外演化出来的反对党——民进党——应该在民间社会扮演火车头的角色，统合不同群体的利益，为了夺权，不同的社会运动路线都应该统摄在民进党的领导权之下。相对于此，我们最为直接目的就是在发展一套讲法，为保留社会运动以及边缘团体的相对自主性空间来辩护，使其在台湾社会这个批判厚度薄弱的地方有自我深化的可能性，而不是快速地被吸纳到政党政治的空间里。换句话说，我们认为在威权体制长期塑造出来的右翼法西斯意识形态，终于出现了缝隙，台湾进步的社会力量才刚找到机会来拓展空间，马上被收编到主流政治是不智的做法，有损台湾长期的民主动力。直到今天，民进党在取得领导权的过程中，这样的问题不断地出现，许多运动的团体已经和平过渡，转变成为NGO，与官方携手合作，甚至成为其外围机构，快速进入体制，共同打造新台湾，根本上放弃民主运动的路线。从此刻民进党主导台湾民主政治所面临的严重问题之视角来看，仍然在野的民间社会论的提倡者要如何看待自己当初的论述呢？第二个目的则在于使社会文化运动能够摆开僵硬的民族主义空间，也就是说，不需在统独问题上表态并以之切割，或是在族群省籍问题上站边，我们认为这些问题有碍社运自主性的建立，更有害台湾文化主体性的批判性建构。同样的，十年的历史证明批判力不足的运动团体，被主导性统独及省籍认同的问题制约，使得运动被切割得支离破碎，特别是经过政治选举的高度族群动员所造成的冲突矛盾，裂痕之深很难在新政权时期有多元结盟的可能。第三，我们认为state vs. civil society的化约主义模型不能解释台湾复杂的社会形构中的民主抗争，特别是两者之间相互穿透的现实在台湾社会处处可见，所以，在受到拉克劳（Ernesto Laclau）前期对于拉丁美洲的分析与霍尔（Stuart Hall）对于撒切尔威权民粹主义剖析的启发下，我们以更为动态的“人民”（以不同范畴的社运为主体）与“权力集团”（包括国家、资本、媒体及主流民间团体在不同状况中的结盟）的对立，来揭示新兴的社会矛盾、敌意与紧张关系——这是人民民主论述的理论核心，它不仅在消解对于国家的欲望，不以政党作为多元主体统合的中心，也点出了民间抗争必须在动态的历史过程中，不断地转换与重新再定位的永久必然性。

在20世纪90年代初期，人民民主的立场确实开启了些许的政治想象空间，不仅与国家主义的民间社会论保持距离，同时打破了反对运动既有的想象架构。十年以后，从现在的观点来看，当时讨论的问题到今天还有意义，并不是假问题，因此在恭贺民进党夺权成功的同时，我们还是得面对当初提出的问题，诸如社会运动（在政权移转后）与政权的关系是什么？民进党的夺权成功是否意味着弱势社会群体的生存状态因而改善？透过阅读查特吉的这几篇文章[26]，特别是有关“政治社会”之理论概念的论辩，让我们看到其实人民民主的论点确实有其效应，至今许多的运动团体，不论是否身处所谓公民社会，还是坚持自主的路线，保留了台湾社会继续争取多元民主的空间。由此来看，在企图面对真实的社会斗争中，“政治社会”的提纲与“人民民主”的立场与精神是一致、也是相互呼应的，只是政治社会的提法更进一步地划出了人民民主操作的场域，给予人民民主一个较为可以准确想象的战略空间。同时，查特吉让我们看到重新保留 civil society 概念的重要战略意涵，我们太被民间社会的立场所制约，导致将 civil society 作为分析范畴的重要性一起抛出，例如，在特定状态中，civil society 成为权力集团的一部分，甚至成为国家的一份子，少了这个概念反而看不清楚整个战略空间的变化。也就是说，如果把公民社会从规范性范畴转化成分析性范畴，我们可以更清楚地区分出社会力作用的场域：知识分子所盘踞的社会位置确实是在公民社会机构的内部，因此当抗争展开时，我们可以更有意识地决定将资源投入结盟的底层群体，而不只是在强化公民社会的力量。至于是否该努力将被排除的群体吸纳进公民社会，以扩大公民社会的包容性，是可以讨论的问题，但那会是抗争主体群的政治判断，规范性的论断不一定有很大的意义。

另一方面，我们与查特吉的重大差异是立场的内部差异，其主要来自对 civil society 的认识与**翻译**，这个关键差异的对照或许能够让我们重新认识台湾社会的基本构造。以下是我讨论的焦点。

查特吉之所以会提出政治社会，以之作为一种新的理论概念与政治策略，绝非突如其来的，我认为它的想象性资源来自他前期的思想以及 *Subaltern Studies* 的早期关切，特别是关乎印度的历史实践。这可以从两个方向来理解。

在他的成名作《民族主义思想与殖民世界》（*Nationalist Thought and the Colonial World: A Derivative Discourse*，1986）一书中，查特吉企图推翻既有对民族主义只是从欧陆散布到第三世界的化约讲法及其所衍生出的相关修正性论辩，认为这种论调根植于英美社会科学的文化本质主义："文化本质主义与西方至少是十九世纪初、后启蒙时期有关社会的科学发展之方式息息相关。这种本质主义较之殖民人类学在文化上的自大，或是新韦伯现代化理论在政策上开药方的愚昧做法，来得更为深层。"（页 94）他进一步指出，第三世界的民族问题与殖民问题是融在一起的，然而唤起传统文化来对抗殖民剥削，又经常与其所对抗又承接的启蒙之线性"进步"观相互矛盾，其结果经常是由具体的历史条件所决定，但是在传统与现代的对决中，最后获胜的是现代化的西化因子（页 18）。问题在这个争战过程中，民族主义的现代化方案一直是难以质疑的共识，就算在独立建国后，知识的生产、历史的书写始终在这样的架构下进行。直到 20 世纪 70 年代，印度民族史学家才开始反思马克思主义学派所建构的知识史，然而，有趣的是，史家的批判与修正仍然不能脱离欧洲史作为其根本的参考架构，这也正是查特吉整本书所要介入的核心。借用了意大利革命理论家葛兰西（Gramsci）的分析方法：conjunctural analysis，查特吉提出了以印度民族主义思想转折为焦点的分析架构，从历史变化的轴线来整理民族主义的重要阶段。第一个阶段以 19 世纪中期之后，班吉姆（Bankimchandra Chattopadhyay）的文化本质主义思想为代表，他称之为启航期（moment of departure）；第二个时期以 20 世纪初期之后，甘地的人民运动为代表，为民族主义的操演期（moment of manoeuvre）；第三个阶段则是 20 世纪中期印度独立建国前后，以尼赫鲁（Jawaharalal Nehru）的现代主义思想为代表，称为抵达着陆期（moment of arrival）（页 50 - 51）。

启航期所指称的是民族主义意识与欧陆后启蒙理性主义知识架构的遭遇，在此初期的对峙中，文化本质主义被抬出来区分"东 / 西"差异，西方文化被赋予能够取得权力与进步的特质，东方落后的传统文化则因为缺乏这些因子，所以是贫穷及被宰制的。要能改变这种情势，人民必须被集体的动员起来取得西方进步的因子，但是，这个共识中存在着一个关键的自我定位与认识："西方的优越性在于它的物质文化，表现在它的科学、科技与乐于进步，而东方的优越性则在于其文化的精神面。因而非欧陆国家真正的现代性应该结合西方文化物质层面的优越与东方伟大的精神文化。"（页 51）从查特吉对于早期民族主义论述的描绘，我们可以看到这种论法与中体西用极为类似，罗荣渠（1990）在《中国近百年来现代化思潮演变的反思》中，总结性地指出："从自强运动到五四运动是中国现代化运动的初期阶段。在这一阶段中，居于领导地位的士大夫阶层应付'三千年来未有之大变局'而提出的最早的现代化口号是'中学为体，西学为用'。用中国传统哲学的框架把中学与西学的关系称之为'体'与'用'的关系，或称之为'道'与'器'的关系，'本'与'末'的关系，'主'与'辅'的关系，基本思想是一致的。从哲学上来看，这种两分法可能是谬误的。但中体西用的基本精神是以西学来补中学之不足，承认中学不是完美无缺而有可补之处，这毕竟是鸦片战争以后中国思想界的一个进步"（页3）。中印知识精英进一步的共通性在保留精神文化的优越性，使得可以在"精神"层次暂时忍受"物质"上的被宰制，这种防卫性机制所暗示的是，最终重要的还是精神。

操演期的来临基本上是对前期的反思与深化。查特吉指出上述的精神物质论是精英主义的方案，想要融合两者只可能在知识阶层进行，相对而言，老百姓在几个世纪的生活一直处于迷信的非理性状态中，是不可能达到理想的境界，非得透过全面性的运动才能改造。解决这个问题的方法是透过"消极的革命"（passive revolution），从实际的反殖民斗争中全面性地启动。这个过程具有两种近乎矛盾的战略：一方面要暂时贬抑"现代"来形成历史上民族的内聚力，另一方面又要透过反资本主义的意识形态来扩大资本主义的生产。甘地有关人民运动的思想就是透过这种双重动员的策略来进行。相对来看，中国的五四运动开启了全面性的民族主义运动，沈松侨概括地指出："在近代中国民族主义的发展史上，五四运动无疑是一座具有典范意义的里程碑。中国境内无以计数、大大小小的学生民族主义运动，莫不祖述五四，以之为证成自身正当性的象征资源。五四因而可以说是中国近代民族主义运动最为耀眼的精神标志。"（2002：14）

着陆期所指的是民族主义思想已经取得了最为完整的发展，在眼见取得国家政权的同时，整套论述必须由抗争转向"秩序与权力理性的组织"（页51）。在此一时刻，之前的矛盾性论述已经被消解，民族主义思想的统合性企图在国家的操作中来体现，国家理性是最高的指标。查特吉如是总结："民族主义论述在抵达期正是消极革命宣告其自身生命史的完成"（页51），而尼赫鲁的执政是这一个阶段的体现。

查特吉的分析架构在第三世界的历史实践中到底是否具有普遍性，还待比较研究来检证，但是中文/华语世界的历史经验确实相仿。沈松侨（2002）在《近代中国民族主义的发展：兼论民族主义的两个问题》一文中，即曾经使用查特吉的分期，更为精准地指出，1895年到1918年是启航期，1919年到1949年是操作期，1949年以后为着陆期。而最大的差异则似乎在于民族主义在中国不似在印度具有清晰的稳定性，而是依然处于随着历史不断变动的状态之中。沈松侨如此论断："在经过一个世纪挣扎奋斗的艰苦努力之后，中国民族主义其实尚未能成功地抟塑凝聚成一个同质的中国'民族'。'民族'在中国，一如其发端之初，始终还是一个各类论述、各种想象相互交锋的场域。"（2002：19－20）

在民族主义思想的历史轨迹背景之下，公民社会的位置又何在？查特吉在第四章对于民族主义的操作期以"甘地与公民社会的批判"为副标，便已经标示出公民社会的相关位置。查特吉论证的焦点是企图提出甘地式人民运动的基础，其实就是建立对于西欧公民社会概念的批判，以甘地1909年的*Hind Swaraj*为分析对象，查特吉点出他阅读的方向："我认为这个文本最好被读成在揭示甘地与民族主义的关系是奠基于对公民社会最为根本的批判。"（页85）与前期民族主义思想最大的不同点在于，甘地认为印度之所以受到英国的统治，原因不在于印度的落后或是缺乏现代性因子，而正是印度受殖民主义之惠的精英人口为西方现代文明所蛊惑，才会造成接受英国统治，就算这些精英能够将英人逐出，情况依然会是"没有英国人的英国统治"（页86），因为真正使印度受支配的不是英国人而是其文明。于是甘地进一步从根本上攻击所谓现代性与进步的概念，以及工具理性机械文明所造成对人类的剥削与病态，因此必须彻底抛弃工业主义与资本主义所带来的"消费欲望"。甘地认为印度没有条件搞西欧式的公民社会，在印度只有极少数的人可以进入公民社会的场域，他甚至更进一步反对选举式的议会民主，因为它是社会精英才玩得起的政治游戏；如果只是在公民社会的层次操作，是没有办法把广大的农民群众动员起来改造社会的。在这样的分析下，甘地选择了更为宽广的人民运动。

这里牵涉到第二个思想资源，亦即*Subaltern Studies*最为基本的关切。《民主与国家暴力》一文中，查特吉提到早期*Subaltern Studies*的主要问题意识之一是：当甘地成功地把以农民阶级为主力的庞大社会力动员起来，完成了反殖民运动后，为什么在后殖民时期，下层阶级并未成为统治集团，或被充分代言，反而与国家机器的距离愈来愈远？为了解释这个历史事实，他们提出下层阶级与精英阶级是在不同政治场域操作的说法，认为两种场域的政治逻辑不同，底层的各种阶级不是以夺取国家机器为其终极目标，由于以不同的逻辑来操作，他们不可能成为国家与公民社会的接合主体，这两种政治形式是由现代化民族主义精英所垄断的结果。因此，在后殖民时期，底层阶级成为被划在公民社会与国家之外的大多数，而 *Subaltern Studies* 的主要问题意识就是在重新思考与解释底层阶级的政治空间与实践。查特吉如此解释：

> 各位或许会记得，在早期 *Subaltern Studies* 的方案中曾出现一个分析架构，其中，我们讨论到两种政治场域之间的分裂，一个存在于有组织化的精英场域与非组织化的下层场域之间的分裂关系。这种分裂概念的提出，主要为了标示出民族主义政治空间里的一条分割线。在独立前的三十年间，印度群众——特别是农民——被吸纳到有组织化的政治运动当中，但是在成型的后殖民国家形式中，印度群众却一直被排拒于一定距离之外。提出政治场域上存在一个“分裂”，其实是为了抗拒一个普遍存在于自由主义以及马克思主义式史学中的观念，认为农民还活在集体行动的“前政治”阶段。我们要指出的是，农民在他们的集体行动中亦是政治的，只是他们的政治方式与精英不同。因为早期在反殖民运动的脉络下，精英与下层阶级政治搭叠的经验，使得印度的民主过程在将下层阶级的生活纳入其影响范围之上，有相当进展。正是为了了解这些相对来说，较近来的，精英与基层政治之间的纠结形式，我才会提出政治社会的概念。(2000：94－5)

在这段引文中，政治社会的策略性意涵被具体地提出。为了了解这两个场域之间的政治，传统精英与群众的上下阶序关系被抛弃，代之以一种水平关系来理解；在各自的场域中，存在着其各自的内在运作逻辑，我们熟悉精英场域的逻辑，但是对下层的逻辑没有认识。精英的场域至少由两个空间所构成：国家与公民社会，而这并不意味着下层人口与这两个空间没有任何关系，流动确实产生，只是接合主体的领导位置由精英所盘踞，游戏规则符合他们的想象，操作逻辑一旦形成，下层的“政治”逻辑无法运转。政治社会概念的提出就是为了要捕捉这两个场域间的协商逻辑。

在这两个意义下，查特吉对于 civil society 的批判性认识，继承了甘地的传统，而后在 *Subaltern Studies* 的集体研究中展开，亦即对于 civil society 能够成为民主的主要运作空间保持着相当质疑的立场。问题是：如果 civil society 是具有高度排他性的空间，那么是否有其他的可能性能够让下层阶级开创出不同于布尔乔亚的政治空间？查特吉的新政治社会，从此观点看来，是企图回应自甘地以降的批判性需求。

从以上的讨论中，我们可以看到，civil society 在帕特·查特吉的体系中承续了黑格尔的传统，非常准确地指称了布尔乔亚的公民社会[27]，而政治社会在抗争群体启动的过程里，中介了公民社会、国家与抗争主体，所以它是一个动态的概念，不具先验性，它只有在协商、斡旋、交涉的过程中才存在，因此这种民主过程超越了代议制政治。他进一步界定：

> 那么，统摄政治社会的原则又是什么？在群众动员、选举政治、族群政治等文献中，曾以许多方式讨论过这个问题。为了关照上述人口、公民社会、政治社会和国家等概念上的区分起见，我们必须更集中焦点，清楚看到人口这一方面、以及在另一方面在政治社会和国家的中介。在这里，后殖民时期最主要的工具形式就是发展主义国家（developmental state），亦即透过国家福利的统治功能，与不同部门的人口建立起联系关系。相对应的是，政治社会（政党、运动、非政党的政治力量）为了试图对发展主义国家建立管道来提出人民的需要，而采用某些主要动员形式，如果我们想要命名这些形式，就该称之为民主。（2000：161－2）

与帕特·查特吉的论述相对照，我们会发现在华文的语境中（包括新加坡及马来西亚华文书写传统）以及日本与韩国的一些论述脉络中，civil society 被译成民间社会、市民社会，香港译成市井社会，就是不太译成较为精准的公民社会，虽然这个词同时也存在这些语言中，这到底意味着什么？公民是法权观念，与国家在同一个层次被概念化，因此 civil 译为公民是贴切于法权意涵。在台湾地区，民间社会是最常被用的语汇，市民的用法在指涉 20 世纪 90 年代以后出现的都市社会运动及都市中的社区运动，是对都市居民的召唤，而民间与市民二者都不涉及宪法权利。香港提出的市井社会一方面承续前现代城市住民的想象，同时对应于香港的 city state。在中国大陆，民间指涉“官方”之外的范畴[28]，在许多学术论述中市民社会是主要的译法[29]。在韩国，我的理解是，市民是 90 年代以后市民运动的自我指称，用来区隔与 80 年代的民众运动的不同[30]。在日本，市民是主要的译法。无论如何，在各地公民都不是主要的译法，译成民间与市民那又意味着什么？让我尝试以台湾地区的经验来理解，这种尝试只有在未来靠着进一步的研究来支撑。

我认为在台湾的语境中，翻译上的暧昧性其实透露出些许我们社会运作的机制。也就是说，翻译的概念如公民社会或是公民权，在半强制的现代化过程中，并没有很顺利地被接合到政治生活的文化当中，在我们的语境里，无论民族主义者花了多大的努力来现代化个人主义的法权观念，其结果大部分是失败的。原来所谓的公民概念被国民所置换，公民，诚如沈松侨（2000）所说的，变成了国家的子民，为了民族能够被现代化，它唯一的接合主体就是国家机器，而人民是被国家动员起来接受现代化。从公民到国民，在这个极其微妙的翻译转化中，其实继承/延续了帝国封建时期既有的“官”“民”这一组不必然对立的社会关系；国家（官）有权力来统治人民，但是同时也有义务来照顾“百姓”生活，这就是类似查特吉所谓的国家的 pastoral functions，或是我们称为家/户长制。家/户长制并不等同于父权体制，而是一种大家长制，家长在大家庭（而非核心家庭）中具有权威来处理纷争，同时照顾家庭中成员的生计。在国家的层次上，就是皇帝与子民的关系。这个系统及体制能够运作的基础不在于法律上个人所让渡的契约关系，而在于家长或是皇帝能够运用、统合资源以及所积累的社会资本来处理外部问题及协调内部矛盾。或许正因此，至今在华人社会，法权依然不具有优先性，所谓的“情”、“理”经常优先于所谓的“法”，而这里的“法”往往不是权利概念，而是官方进行吓阻、惩罚的武器。承续了这个传统，所谓“官方与民间”成为人们想象“国家与社会”这组关系的主要基调，也才会在碰上西方所谓现代民族国家内部 state vs. civil society 的分析架构时，civil society 无法被直接地翻译成既有的对应语汇，而在我们的语境中就被平行移转为国家 vs.民间社会。

在此，我们必须认识到国家的道德性义务正是它统治之正当性的基础，特别是在社会危机状况出现时，就会展现查特吉所说的“照顾”作用。台湾九二一大地震后，许多灾区的住屋倒塌，从法律上来说，拥有住屋的“个人”要投保意外灾害险，而事实上，中下阶层不是没有投保，就是根本不知道这些保险机制的存在，许多人在灾区丧失了工作而无法继续负担已经倒塌之房屋的贷款。当局介入的方式是召集这些相关的贷款银行，要它们自行“消化”尚未支付的贷款，而这些应该独立的银行居然也就接受官方“命令”，在这个过程中并没有看到有人站出来挑战这种做法，与此同时，自由主义经济学家也都暂时封口。再者，灾难发生的几天后就显示出危机可以被适当地处理掉，除了在都会区居住的家人回到灾区去帮忙，或是将亲人带到城市中暂住之外，民间团体快速地进入灾区协助灾民，食物、饮水、衣服、睡袋很快地被运到灾区，帐篷、组合屋很有效地搭建起来，开怪手（挖掘机）的司机捐出他们的时间及机器来找寻潜在的生还者。总之，在其中，我们看到了官方的照顾功能与民间的活力。

从这样的轨迹来摸索，我们可以清楚地看到民间未在所谓现代化的过程中消失，恰恰相反，它的力量甚至是威权统治阶层都必须小心应对的。我以为最具指标意义的是，相对于日本，农历或是阴历在亚洲的许多社会并没有在现代化过程中被铲除掉，事实上，一直到今天，社会构造中仍然有一群庞大的人口以阴历为生活的主调（民间宗教、节庆、市集、摊贩等等）[31]，其中许多牵扯到所谓的非正式经济的活动，也就是说“非法”经营、逃漏税，根本在税收的管制之外。在台湾，十几年前，非正式部门所占总体经济的比率高达百分之四五十。在韩国，九七年金融危机之后，非正式部门的人口大量出现，在首尔市，各个形式的路边摊覆盖了消费区的人行道。在现代国家权力最为强大的地方，例如中国大陆，20 世纪 90 年代后庞大的农民工进入城镇地区打工，这些流动人口经常形成自助团体，透过所有非正式经济的方式取得收入，以之存活及贴补贫穷的农家家用，民间自助的传统提供了处理失业问题的方法。

从这些例子中，我认为民间这个空间构成了社会形构重要的历史连续，使得一般老百姓可以在企图**现代化**的国家及公民社会所带来的暴力中存活，同时使得现代化过程没有造成急遽的社会断裂。我并不是主张民间在本质上是进步的，所以要重新发觉它的力量，更不是在美化民间，我要强调的是，相对于现代国家与公民社会，民间一直都存在，并没有在现代化过程中消失。虽然企图现代化的国家力量曾经尝试以迷信、封建、老旧、不良风俗、奢侈、浪费等辞令来正当化它对民间社会的压制及收编（如宗教、妓院等），但是民间所积累的历史厚度似乎足以阻挡现代性中的国家暴力以及来自公民社会的压力。举例来说，在国民党时期压抑类似妈祖行走的民间宗教活动，不但没有消失，反而在近年来越发复苏，每年都有大量的信众加入七天行走的活动。在一个层次上，这些活动可以说是相当“政治”的，信众企图穿透障碍，直接将台湾与大陆东南沿海的信众连结起来，2000 年六七月间掀起了相当大的争议，信众们声称他们护送妈祖的船只应该可以直航大陆，因为宗教的实践不关乎政治，而且新当选的领导人在选举期间曾经公开支持他们的诉求，该是兑现承诺的时候了。这所展现的难道是所谓现代公民社会的力量？当然不是，因为民间宗教活动往往被公民社会看成是落后的迷信。真实状况是民间力量也在重新自我形塑，现在有机地被接合到现代生活当中，而且不断地在自我调适，维持了一定的相对自主性。再举一个例子，最近一个民间团体的宗教祭祀花了六千万台币烧了一条祭祀船，上面载有现代化的用品如大哥大、计算机、传真机等等。

由是，我们可以问：如果民间（社会）没有成为所谓的“遗产”，反而运作得越来越有力量，那么它与公民社会的关系又是什么？

在许多近期的案例中我们都可以观察到，其实往往是现代化欲望强烈的公民社会成员与团体动员起来打击所谓落后、需要被淘汰的民间团体/行业，他们往往与国家结盟来执行这种所谓现代化的暴力任务，这也正是查特吉所说的现代性暴力。在这里民间与公民社会的差异是很清楚的，在具体的实践中，国家与公民社会的成员之间有高度的流通性，只要政权一换，不是民间而是很多原属公民社会的精英成员就会取得国家机器的战略位置；如金大中的政权所揭示的国家与公民社会之间的关系：公民社会变成了国家，原先的公民社会的部分成为国家机器的主体！事与愿违，公民社会并不是一个平衡的力量，具有资源的公民社会所欲望的其实是国家，也就是国家与公民社会是可以互换的，反倒是民间在变动中仍然是民间，而不是拥有权力的分配者。

从这样的推演下，我想要说清楚的是，在使用查特吉的新分析架构来面对我们社会的真实状况时，我认为政治社会是要被提出的重要概念，但同时我们要提出修正来重新置放它的关系位置：政治社会所中介的经常不只是国家与公民社会，同时还有两块重要的、有历史基础的地层切面，亦即民间（或是民间社会），以及80年代起逐渐兴起形成的消费社会——这块空间以媒体为对象，以消费阶层为主体，形成了具有关键作用的结构性力量，不仅影响国家，也影响到公民社会的基本运作，如NGO的工作重点之一变成是不断发新闻稿的媒体战。开启暂时性空间政治社会的主体群，如公娼，往往必须使用民间所熟悉的语汇与符号，来与公民社会的代表NGO团体周旋，它必须与官方/国家协商，最后还得透过媒体面对躲在后面的消费阶级，取得他们的同情或认可——她们以粉红帽子及碎花布遮面的形象在两年的街头抗争中已经成为民众熟悉的符号。是在这样复杂的多元协商过程中她们取得了缓冲两年的生存权利，也正是在这些片刻中她们书写了历史，人民民主的历史。下层人民可以自我发言吗？她们其实一直在摄影机前面发言，让人记忆最深的是1998年台北市政府为展现陈水扁的施政成果所召开的年度记者会，为了表示他的亲民形象，记者会是放在市府一楼大厅的开放空间举行，同时精心设计了许多图表准备向民众说明他的政绩。他万万没有想到，正当他面对现场实况转播的摄影机开始发言时，突然之间闹声四起，从天而降大量如雪花一般的纸片，原来是早先溜进市政府的公娼及运动分子撒下他们抗议的传单，彻底干扰了记者会的进行，市长当然相当地恼怒，但是也只能假装没有任何事情发生，在一派吵闹声中继续他的政绩报告，而此时摄影机早已放弃将镜头指向市长的说明，满场追逐被警力驱离的抗争主体。这整个场景都被现场播出，通过媒体消费铭刻在人民记忆当中。

这是我从人民民主的论述立场，对查特吉提出架构的内部修正：在人民民主的运作形式中，政治社会不仅中介了国家与公民社会，同时它是在与国家、公民社会、民间、资本与消费社会的动态政治斡旋过程中浮现，它是暂时性的民主操作过程，但是很可能造成长远的民主效应。我们可以用简单的图示来理解这种修正：

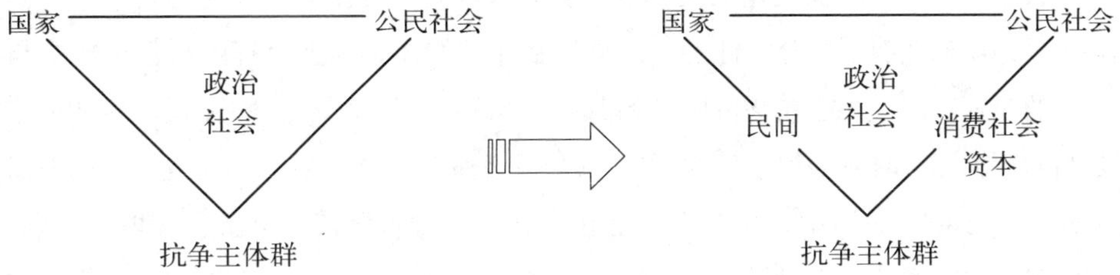

查特吉的文章补白了许多当初人民民主论述的缝隙与空缺；更重要的是他让我们在翻译的比较过程中看到了台湾这个社会的性质，使人民民主的分析可以更细致、更具战略的能动性。之所以能够导致这样的结论，我以为这或许正是第三世界与亚洲内部对话的重要启发，一旦对话对象开始移转，新的契机与可能性于是浮现。

行文至此，希望读者能够有较为具体的感受，比较清楚地理解到我自己在亚洲互动过程中所学到与看到的新可能性，虽然在目前还只能够以相当粗糙的方式来呈现。了解我们社会的新可能性还无法被打开的主因在于我们是通过欧美公民社会为参考点来自我理解，造成的效果是我们的民族主义精英不断地耳提面命，告诉大家我们的公民社会不如欧美先进国家，还要继续迎头赶上，于是潜在上丰富的比较工作，被转化成在打分数、评断成绩高低。查特吉这么说：

> 这正是我所建议的政治理论在今天的主要任务：提供一个概念性的地图，来描绘东方新的政治社会里逐渐浮现的实践。西方政治理论的规范性模型往往只会将非西方的操作实践视为落后或是偏离。我们需要的是一种不同的政治实践主体的概念——既不是抽象而不受拘束的个体自我，也不是统治政策可以操弄的对象，而是具体的（concrete）自我，其必定是在集体义务与团结的多重网络中运作，为自身的利益来发展出面对、抗拒或是运用的策略，以对抗现代国家所运用的各种权力技术。（查特吉，1998；中译陈光兴编，2000：56－7）

问题在于，如果不将参考架构移转，有可能绘制另类的地图吗？如果参考点仍然在既有的框架中，那么“翻译”的过程并不能迫使我们去问到底还有哪些力量是在国家与公民社会之外运作。一旦对话对象移转了，之前没有注意到的“翻译”问题就必须被直接面对。与查特吉的对话让我认识到，在我们这个区块的世界中，“翻译”在所有的层次上——分析语言、机构形式，或是像“民主”这样的规范性概念——都受制于至少长达一个世纪的现代化动力：知识生产基本上是民族主义现代化动力的主要构成，所以是规范性而不是分析性的。但是被翻译的客体必须在过程中与在地历史与社会力量的厚度协商，才能在基体中开始其生命历程。经历了漫长的过程，其结果绝对不是当初“翻译”时所主观想象的[32]，其结果必然是剪贴、混合、变造，有机地以新的形式来接合到生活当中。我认为这是我们该保持批判距离，重新思考现代“翻译”过程中**实践与效果**的关键时候，“翻译”的实践已经至少进行了一个世纪，在流通的过程中，它被有机地镶入历史社会空间，转变成我们历史基体的一部分。

我认为这正是理解什么是现代性的关键。现代性不是一般所理解的规范性概念，企求、学习成为“现代”，而是在现代化过程中，与在地历史与文化相遭遇、协商、混合的总体“效果”。具有厚度的、多样的在地历史**保证**了近来流行的所谓多样现代性（multiple maternities）——这其实是废话，现代性必然是多元异质的。重要的是：“翻译”提供我们一种重新思考问题的方法，让不同社会有机的形状、特性及其现代性得以出现。在此意义下，“翻译”不仅仅只是语言学式的操作，而必然是社会政治语言学。它告诉我们在历史进程中，什么东西存活下来，有机地被接合到具体的社会形构当中。是的，公民社会确实被翻译及注入我们的社会当中，但是是相当有限的，更是以不同的方式在存活、发展与自我呈现。与此同时，民间并没有在过程中被消灭，依然在持续运作，有机地自我转化于所谓现代社会当中。因此，在查特吉所称为绘制概念的地图中，我们不仅要发明像“政治社会”这样“新的”分析范畴，同时也要重新接合到“旧的”分析范畴，如“民间”，因为“民间”不仅在现代化的挑战中活了下来，并且还在积极运作，依然为国家、媒体、老百姓所称呼、使用。但是，在现代主义分子的眼里，“民间”作为活着的概念及范畴，不拥有理论价值，没有分析的精准性，更被视为是“特殊主义的”。在此，我们必须搁置普遍主义与特殊主义这个思考框架骄傲的虚假性，特别是如果“民间”能够提供给我们掌握在地社会形构特定性的切入工具——掌握分析对象的特定性，我认为正是所有批判性研究，不仅仅是文化研究的基本前提。普遍主义不是认识论的给定物，更不该是用来监视分析的夹杠，而是我们或许在遥远的未来能够迈向的境界（horizon）或是视野，它的前提在于：如果我们能够相互分享分析有据的在地知识。从当下的历史条件来看，普遍主义的傲慢，因其只准许被接受的分析语言进入对话过程，所以只会遏阻新可能性的出现。

我曾经在其他的文章中指出，当后殖民研究已经有效地拆解了欧洲中心主义或是美国中心主义的同时，我们的阅读、参考书目及参考框架仍然是相当地欧美中心[33]。到亚洲任何地方，纵使不懂当地的语言，只要翻阅参考书目就会发现，除了引用在地的资源以及与在地相关"区域研究"的欧美资料文献外，其他所引的所谓"理论"其实一致性相当高，福柯、德里远、萨义德等等，一直到现在流行内格里与哈特的《帝国》，但是很少能看到参考书目中出现直接来自亚洲及第三世界的研究与讨论[34]。这样的"后殖民"知识结构必须被转换，最直接的方法就是想法子去找直接从亚洲/第三世界生产的东西来阅读，即便这些是透过英文的翻译。再次强调，这样的论调不是反西方的陈述，或是妒恨的表现，而是在批判研究及文化研究的场域中的自我批判。我们必须多元化我们的阅读及参考框架，才能开展新的可能性，真正困难的工作在于如何自我转化，如何多样化我们认同的场域及参考架构。

4. 亚洲作为方法：与沟口雄三对话（略）

5. 全球化下台湾主体性的多重位置（略）

注释：

[1] 发表于《台湾社会研究季刊》，57期，2005年3月：139－218。标题"'亚洲'作为方法"是受到沟口雄三《作为"方法"的中国》一书的启发，这里只是将"亚洲"定位为主体，并将意义暧昧的"亚洲"问题化。定题后，精通日语的朋友孙歌告知，20世纪60年代竹内好曾经发表过一篇文章，题为《作为方法的亚洲》。这里讨论问题的脉络及历史情境相当不同，但是不无联系，见本文第四节中的讨论。

本文对于"亚洲"的认知是经过问题化过程的，基本上指向多层次的开放性想象空间，或者说是一种视野，通过它，不同的联系可以形成，新的可能性能够被接合出来。而"方法"的概念在此并不承载过多工具理性的重量，相反的，方法被想象为中介过程，走出既有的限制与框架，走向更具生产力的开放空间。本文前一稿在2003年发表于《台湾社会研究季刊》（以下简称"台社"）十五周年会议。本文为科技管理机构辅助计划（NSC92－2412－H－007－003）的部分研究成果。

[2] 详见台社十五周年基调论文：《迈向公共化、超克后威权——民主左派论述的初构》，台社编委会，2004年。

[3] SCI（Science Citation Index）与SSCI（Social Science Citation Index）是美国私人公司

Thomson提供商业服务，收集了很多学术期刊的资料库，便于顾客找寻资料。在国际学界它不具有学术评价的权威性，但是在第三世界地区或是资本主义后发地区，却被当成是文量品质的客观指标。有关学术国际化的问题，请参考文化研究学会所主办的座谈，特别是张茂桂有关SSCI的讨论，见http：//hermes.hrc.ntu.edu.tw/csa/journal/24/forum_18.htm。

[4] 更进一步的讨论，参见陈光兴，钱永祥《新自由主义全球化下的学术生产》，发表于"反思台湾的（人文及社会）高教学术评鉴研讨会"，2004年9月25、26日。

[5] 首尔的朋友赵惠净提出必须有"新的亚洲想象"来面对当前世界变动的情势；汪晖(2002)则企图厘清"新亚洲想象"的历史条件。这些呼声都敏锐地触及到当下政经前导所带动的知识感觉结构的转化。

[6] 当时清大亚太/文化研究室于1992年及1995年所主办的两次国际会议的部分论文正在集结成书，由Routledge出版（见*Trajectories: Inter-Asia Cultural Studies*，1998）的编辑过程，这样的因缘促成了日后刊物的计划。刊物至今已经出版五年，总计五卷十五期，见www.inter-asia.org。

[7] 像日本的纪伊国屋书店或是新加坡的Page One在亚洲各地开始慢慢出现，但是这些本身都不是出版社。另外，在亚洲对学界影响很深的美国大学出版社，其实都没有布点的发行网。

[8] 我们初步做到的是将亚洲一些批判性刊物连结起来，以互免翻译权的方式，希望能够透过翻译，将各地生产出来的知识，多元、自主地扩散开来。例如，在2000年于福冈举办的第二次国际会议中，我们邀集了部分刊物编辑组成panel，报告各个刊物的历史与处境，参见*Inter-Asia Cultural Studies 2*（*3*），Journal Alliance的部分。

[9] 这是个复杂的问题，在此无法展开讨论，特别在文化研究的领域中，问题意识的在地性很强，编委会在实际操作的过程中所发现的是，许多文章的原创性其实来自面对着在地的问题，因此问题意识是否内在于在地社会本身是基本的编辑原则。

[10] 到目前为止，我们能够连结到的区块仍然局限在南亚、东南亚及东北亚，希望在未来能够慢慢延伸到中亚及西亚。

[11] 编委会的二十三位成员来自十五个国家地区，二十个不同的城市；学术背景包括人类学、文学、传播、社会学、历史、性别、同志、电影等等。

[12] 如果要指名道姓地列出这些广受亚洲批判圈尊敬的前辈会有点怪，但是没有他/她们在过去三四十年间连结各地进步圈的努力，后辈们大概很难继续前进，我以为必须看到他/她们的重大贡献：武藤一羊、徐胜、陈映真、滨下武志，以及2003年过世的松井やより（Matsui Yayori）。

[13] 在2002年8月东京知识共同体会议中，有位日籍的历史学家坦白地说，他在美国很容易找到讨论学术问题的对象，但是在亚洲邻近地区他找不到，差距很大。

[14] 与欧洲友人的互动中，他们很明显地指出，欧洲内部充满了差异与历史上积累的怨恨，欧盟统合的部分可能性在于面对共同的他者：美国。

[15] 进一步的讨论，参见陈光兴(2003)、Chen(2003)。

[16] 日本首相小泉对于朝鲜提出上百亿美元的援助，具有极为强烈的象征意义。在过去十几年间，日本外务省下设的交流基金会相当主动地成立亚洲中心，推动亚洲内部各地之间的互动。

[17] 《创作与批评》主编崔元植教授2002年在圣公会大学主办东亚文化论坛的总结发言。

[18] 参见Chua Beng Huat(1998：198)。

[19] 根据个人的观察，推动东北亚内互动的力量有很多来自韩国的民间团体。

[20] 参见陈光兴(1996)。

[21] 有关这三场演讲全文及台湾学者的回应，参见陈光兴编(2000)。

[22] 参见陈光兴(2003)。

[23] 参见*Inter-Asia Cultural Studies*的"The challenge of critical academia"专号，Allen Chuan和A.B. Shamsul编，特别是Shamsul(2001)、Dwspande(2001)、Sun(2001)。

[24] 以下的文字的初稿曾经在会议中宣读，部分文字出现于陈光兴编(2000)。

[25] 本来在90年代中期，现在在《中国时报》工作的蔡其达要将论争的主要文字编成书，在唐山书店的"战争机器"丛刊来发，但是大家都忙也就耽搁了。

[26] 查特吉2000年6月初来台期间，三篇讨论文章的中译及台湾参与讨论人的回应与共同对话，参见陈光兴编(2000)一书。其他有关政治社会的讨论，参见查特吉著作目录。

[27] 参见陈光兴编(2000：156－7)，查特吉是这样说的："为了理论目的，我甚至发现黑格尔与马克思对公民社会的用法十分受用，他们将公民社会视为布尔乔亚社会。"

[28] 参见陈思和(1997)有关民间文学的讨论。

[29] 参见邓正来编(1998)。

[30] 从民众运动向市民运动的过渡，参见Cho Heeyeon(2000b)、Cho and Park(2002)。

[31] 根据我的理解，泰国的佛历也依然在普遍地运作。而日本的作法极为有趣，把原来阴历的日子由阳历所取代，如阴历8月15日的节庆改成阳历8月15日。同时，民间节庆仍旧相当活泼地持续着。

[32] 参见Niranjana(1993)。

[33] 参见Kuan-Hsing Chen(2001a)。

[34] 有趣的是，其实在亚洲各地也有许多对于这些所谓理论的讨论，例如Negri及Hardt的《帝国》在首尔、东京，北京、台北等地的知识圈都引起了讨论，但是我们并不关心彼此讨论问题的方向。

参考文献：

丁伟志、陈崧(1995)，《中西体用之间》，中国社会科学出版社。

白永瑞(2000)，《在中国有亚洲吗？韩国人的视觉》，《东方文化》第4期：99—106。

史思虹(1989)，《人民主义：超越国家/民间社会的新焦点》，《中国论坛》第623期：34—42。

台社编委会（2004），《迈向公共化、超克后威权——民主左派论述的初构》，《台湾社会研究季刊》，第 53 期：1—28。

竹内好（1999），《中国的近代与日本的近代》，张京媛编，《后殖民文化理论》，北京大学出版社。

竹内好（1966/1993），《作为方法的亚洲》，《日本与亚细亚》，筑摩书房，442—470。

汪晖（2002），《亚洲想象的谱系》，《视界》第 8 期，144—208。

沈松侨（2002），《近代中国民族主义的发展：兼论民族主义的两个问题》，《政治与社会哲学评论》，第 3 期。

沈松侨（2000），《国族主义运动与国家形态及性质：印度与中国的历史经验》，陈光兴编，《帕特·查特吉讲座——发现政治社会：现代性、国家暴力与后殖民民主》，巨流图书公司，123—130。

吴平非（1989），《人民民主是什么?》，《自立早报》6 月 20 日。

吴叡人（1999），《认同的重量：〈想象的共同体〉导读》，吴叡人译，《想象的共同体：民族主义的起源与散布》，时报文化出版公司。

酒井直树（1998），白培德译，《现代性与其批判：普遍主义与特殊主义的问题》，《台湾社会研究季刊》第 30 期；译自 Naoki Sakai (1989), "Modernity and Its Critique: The Problem of Universalism and Particularism," in Masao Miyoshi and H. D. Harootunian (eds.) *Postmodernism and Japan*, Durham: Duke University Press。

沟口雄三（1999），《作为"方法"的中国》，林右崇译，（台湾）"国立"编译馆。

沟口雄三（1996），《日本人视野中的中国学》（原书名《作为"方法"的中国》），李甦平、龚颖、徐滔译，中国人民大学出版社。

沟口雄三（1995），《中国的思想》，赵士林译，中国社会科学出版社。

孙歌（1999），《亚洲意味着什么?》，《台湾社会研究季刊》第 33 期。

陈光兴（2003），《在全球反战声浪下反思台湾主体性中的美国》，冯建三编，《战争没有发生? 2003 年美英出兵伊拉克评论与纪实》，唐山出版社，页 195—202。

陈光兴（2003），《台湾"国宝"》（序），陈敬宝摄影，《片刻浓妆：槟榔西施影像辑》，台北：桂冠图书公司，页 6—12。

陈光兴（2001a），《美国想象的转化》，《读书》第 11 期。

陈光兴（2001b），《为什么大和解不/可能?》，《台湾社会研究季刊》第 43 期。

陈光兴编（2000），《帕特·查特吉讲座——发现政治社会：现代性、国家暴力与后殖民民主》，巨流图书公司。

陈光兴（1996），《去殖民的文化研究》，《台湾社会研究季刊》21 期：73—140。

陈光兴（1992），《媒体/文化批判的人民民主主逃逸路线》，战争机器丛刊，唐山出版社。

陈思和（1997），《陈思和自选集》，广西师范大学出版社。

赵刚（1998），《告别妒恨：民主危机与出路的探索》，《台湾社会研究丛刊 06》，唐山出版社。

邓正来编（1999），《国家与市民市社会：一种社会理论的研究路径》，中央编译出版社。

机器战警编，何方、王大卫、无向、林威、蔡普共同协力（1991），《台湾的新反对运动——新民主之路：“边缘癫ㄈㄨㄟ中心”的战斗与游戏》，唐山出版社。

萧新煌、王振寰、卡维波、南方朔（1989），《座谈会：如何看待民间社会》，《中国论坛》，民间社会与台湾发展专号，336期：7—22。

罗志田（1988），《民族主义与近代中国思想》，东大图书公司。

罗荣渠（1990），《中国近百年来现代化思潮演变的反思》，罗荣渠编，《从“西化”到现代化——五四以来有关中国的文化趋向与发展道路争论文选》，北京大学出版社。

钱永祥（2000），《现代性业已耗尽了批判意义吗？汪晖论现代性读后有感》，《台湾社会研究季刊》第37期：75—90。

Arrighi, Giovanni, Takeshi Hamashita and Mark Selden (eds.) (2003), *The Resurgence of East Asia: 500, 150, 50 year perspective*, London: Routledge.

Arrighi, Giovanni, Po-Keung, Ho-fung Hung and Mark Selden (2003), “Historical capitalism, East and West”, in Arrighi, Giovanni, Takeshi Hamashita and Mark Selden (eds.), *The Resurgence of East Asia: 500, 150, 50 year perspective*, London: Routledge, pp.259 - 333.

Baik, Young-seo (2002), “China's Asia: A Korean Perspective”, *Inter-Asia Cultural Studies: Movements* 3 (2).

Chakrabarty, Dipesh (1992), “Provincializing Europe: Postcoloniality and the Critique of History,” *Cultural Studies*, 6 (3): 337 - 357.

Chakrabarty, Dipesh (2000a), *Provincializing Europe: Postcolonial Thought and Historical Difference*, Princeton: Princeton University Press.

Chakrabarty, Dipesh (2000b), “‘Asia’ and the Twentieth Century: What is ‘Asian Modernity’ ”, in “*We Asians*”*: between Past and Future — A Millennium Regional Conference*, Singapore: Singapore Heritage Society.

Chatterjee, Partha (2004), *The Politics of the Governed: Reflections on Popular Politics in most of the World*, Delhi: Permanent Black.

—— (2001), “Democracy and the Violence of the State: a Political Negotiation of Death”, *Inter-Asia Cultural Studies: Movements*, 2 (1): 7 - 22.

—— (2000), “On Civil and Political Society in Postcolonial Democracies”, in seminar booklet, “Locating Political Society: Modernity, State Violence and Postcolonial Democracies”, June 4th, Taipei, pp.80 - 98.

—— (1999), “Introduction”, in Partha Chatterjee (Ed.), *Wages of Freedom: Fifty Years of the Indian Nation-State*, New Delhi: Oxford University Press, pp.1 - 22.

—— (1998), “Community in the East”, *Economic and Political Weekly*, 33 (6): 277 - 282.

—— (1993), *Nationalist Thought and the Colonial World: A Derivative Discourse*, Minneapolis:

University of Minnesota Press.

—— (1984), "Gandhi and the Critique of Civil Society", in Ranajit Guha (Ed.), *Subaltern Studies III: Writings on South Asian History and Society*, Delhi: Oxford University Press.

Chen, Kuan-Hsing (2003), "Anti-Communism and Pro-Americanism: Notes towards an 'Asia Union' ", International Conference on Peace after Fifty Years of the Armistice of the Korean War: From the Armistice to the Peace Regime, organized by Korean Progressive Academy Council and Munhwa Daily News, Seoul.

—— (2001a), "America in East Asia: The Club 51 Syndrome," *New Left Review*, 12 (November-December): 73 - 87.

—— (2001b) "Intellectual/Political Commitments: an Interview with Partha Chatterjee", *Inter-Asia Cultural Studies: Movements*, 2 (1): 23 - 34.

—— (1994), "Positioning positions: A New Internationalist Localism", in *Positions: East Asia Cultures Critiques* 3 (3): 680 - 710.

Cho, Han Haejoang (2000), "You are entrapped in an imaginary well: the Formation of Subjectivity within Compressed Development — A Feminist Critique of Modernity and Korean Culture", *Inter-Asia Cultural Studies: Movements*, 1 (1): 49 - 70.

Cho, Hee-yeon (2000a), "The structure of the South Korean developmental regime and its transformation: statist mobilization and authoritarian integration in the anticommunist regimentation," *Inter-Asia Cultural Studies: Movements*, 1 (3): 408 - 426.

—— (2000b), "Democratic Transition and Social Movement Change in South Korea", *The Journal of Sungkonghoe University*, 15: 9 - 48.

Cho, Hee-yeon and Park Won-soon (2002), "Democratic Reform and Civic Movements in South Korea", *Joint U.S. — Korea Academic Studies*, 12 (2): 81 - 102.

Chua, Beng Huat (1998), "Culture, Multiracialism, and National Identity in Singapore", Kuan-Hsing Chen (ed.), *Trajectories: Inter-Asia Cultural Studies*, London: Routledge, pp.186 - 205.

Chun, Allen and A.B. Shamsul (2001), "Other 'routes': The critical challenges for Asian academia", *Inter-Asia Cultural Studies: Movements*, 2 (2): 167 - 176.

Desphande, Satish (2001), "Disciplinary predicaments: sociology and anthropology in post-colonial India", *Inter-Asia Cultural Studies: Movements*, 2 (2): 247 - 260.

Vivek Dhareshwar (1998), "India: Theorizing the Present," "Valorizing the Present: Orientalism, Postcoloniality and the Human Sciences", Cultural Dynamics, 10 (2): 99 - 100, 211 - 232.

Ding, Naifei (2000), "Prostitutes, parasites and the house of state feminism", *Inter-Asia Cultural Studies: Movements*, 1 (2): 97 - 108.

Dhareshwar, Vivek (1998), "India: Theorizing the Present," "Valorizing the Present:

Orientalism, Postcoloniality and the Human Sciences”, *Cultural Dynamics*, 10 (2): 99 - 100, 211 - 232.

Dirlik, Arif (1997), “Eurocentrism, The Fatal Distraction? Globalism, Postcolonialism and the Disavowal of History,” paper presented in “Colonialism and Its Discontents Conference”, Taipei: Academia Sinica.

Garcia, Neil (1996), *The Philippines Gay Culture: the Past 30 Years — binabae to bakla, silahis to MSM*, Diliman, Quezon City: University of the Philippines Press.

Hall, Stuart (1992), “The West and the Rest: Discourse and Power”, in Stuart Hall and Bram Gieben (1992), *Formations of Modernity*, Polity Press and Open University, pp.275 - 332.

Hamashita, Takeshi (2003), “Tribute and treaties: maritime Asia and treaty port networks in the era of negotiation, 1800 - 1900”, in Arrighi, Giovanni, Takeshi Hamashita and Mark Selden (eds.), *The Resurgence of East Asia: 500, 150, 50 year perspective*, London: Routledge, pp.17 - 50.

Hamilton, Gary G., and Wei-An Chang (2003), “The importance of commerce in the organization of China's imperial economy”, in Arrighi, Giovanni, Takeshi Hamashita and Mark Selden (eds.), *The Resurgence of East Asia: 500, 150, 50 year perspective*, London: Routledge, pp.173 - 213.

Ho, Josephine (2000), “Professionalization and self-empowerment: conversations with Taiwanese sex workers” *Inter-Asia Cultural Studies: Movements*, 1 (2): 97 - 108.

Liu, Lydia H. (1994), *Translingual Practices*, Stanford University Press.

Nandy, Ashis (1983), *The Intimate Enemy: Loss and Recovery of Self Under Colonialism*, Delhi: Oxford University Press.

Niranjana, Tejaswini (2000), “Alternative Frames? Questions for Comparative Research in the Third World”, *Inter-Asia Cultural Studies: Movements*, 1 (1): 97 - 108.

Niranjana, Tejaswini (1992), *Siting Translation: History, Post-structuralism and the Colonial Context*, Berkeley: University of California Press.

Sakai, Noaki (1997), *Translation and Subjectivity: On “Japan” and Cultural Nationalism*, University of Minnesota Press.

Shamsul A.B. (1999), “Cultural Nationalism and the ‘Modernization Project’ in Postcolonial Malaysia,” paper presented at the State Fictions, Postnational Realities: Cultural Perspectives on Institutions and Violence Conference, Academia Sinica.

Shamsul, A.B. (2001), “Social science in Southeast Asia observed: a Malaysian viewpoint”, *Inter-Asia Cultural Studies: Movements*, 2 (2): 177 - 198.

Shen, Sung-chiao and Chien Yung-xiang (1999), “Delimiting China: Discourse of ‘Guomin’ and the Construction of Chinese Nationality in Late Qing”, paper presented at the Conference on

Nationalism: East Asia Experience, May, Taipei, Academia Sinica.

Shin, Gi-wook (2002), "Marxism, Anti-Americanism and Democracy in South Korea: An Examination of Nationalist Intellectual Discourse", in Tani Barlow (ed.), *Asian Marxisms*, Durham: Duke University Press, pp.359 - 384.

Sun, Ge (2001), "Globalization and cultural difference: thoughts on the situation of trans-cultural knowledge", *Inter-Asia Cultural Studies: Movements*, 2 (2): 261 - 276.

Yoo, Sun-young (2001), "Embodiment of American modernity in colonial Korea", trans. By Francis Lee Dae Hoon, *Inter-Asia Cultural Studies: Movements*, 2 (3): 423 - 442.

东亚视角的认识论意义

●孙 歌①

一、 中国社会既定的东亚视角及其问题性

关于东亚的讨论，到今天已经有了相当的积累，以至于一提到“东亚”，人们就会无意识地感受到某种既定的对象。可是，追究起来，这对象却有些含糊：它是指中国、日本、韩国，还是指中、日、韩加上朝鲜，抑或再加上越南，或者再加上东南亚？我们到底把中、日、韩这个最常见的框架称为东北亚，还是语焉不详地称其为“东亚”？

比起这些地理性的问题来，更难于回答的是在今天中、日、韩三国知识分子交流的时候那个常常逼到面前的问题：中国社会为什么缺少亚洲意识？这是否与中国中心的大国意识有关？

中国从事国际关系研究的知识分子常常觉得，与其进行所谓“东亚论述”，不如直接进行东西方对话；或者建立其他的视野更具有现实的紧迫性，比如中国、俄罗斯、印度三个国家的知识分子对话，大概要比东亚对话更具有现实性。这是因为，作为一个与东亚、南亚、西亚和很少被作为单位提及的“北亚”地区都接壤的国家，中国很难完全地塞进东亚这个框架中去。“为什么一定要谈东亚？”

确实，如果我们追踪一下东亚论述在中国的兴起，可以发现它其实并不是从我们的知识土壤里“自然地”生长出来的，毋宁说它有很大的移植色彩。这移植主要来自两个方面：一个是改革开放之后的现代化意识形态，它使得日本还有韩国（或者说是“亚洲四小龙”）进入了中国社会舆论的视野，并借助于经济一体化的趋势把冷战时期并不一体化的东亚视为一个整体；而日本和韩国积累至今的东亚研究，以及日本与韩国的各种基金会推动的东亚研究项目，都对中国的东亚论述发生了很大的影响。另一个方面是来自美国的地域研究框架，“亚太地区”的视野与美国大学里的东亚系框架，都使得东亚变成了一个相对独立的地区。可以说，为了回应国际上的种种新的趋势，

---

① 孙歌，中国社会科学院文学研究所。

中国的言论界也把东亚作为一个话题，并且越来越觉得它顺理成章地原来就在我们的意识当中。

但是，仔细观察一下有关东亚的论述，我们可以发现，在中国形成的东亚视角是相对薄弱的。这种薄弱并不意味着东亚话语不流行，也不意味着把东亚作为一个有机整体的研究成果积累不足，而是意味着，关于东亚的研究在中国知识界并没有获得认识论上的相应位置，它并没有把上述种种问题作为需要回应的问题，也几乎没有进行回应；同时，由于东亚研究基本上停留在经验层面，这种经验性研究的本体论对象很少受到质疑，因此，在中国的思想与知识生产的层面上，东亚研究的定位是不清晰不自觉的。在这一基本状况之下，我们可以大致把当下构成了某种共识的关于东亚的视角做一个简单的勾勒。

比较通行的东亚视角，是传统儒学的视角。这种视角以高度抽象的方式把中国、朝鲜半岛和日本通过“儒学”的框架统一为一个整体，并且力求论证儒学中最基本的抽象价值观念（例如“仁”、“中庸”）在上述地区的普遍性。这种方式的有效性很有限。即使在直观意义上，我们也很难断言儒教在东亚地区具有同一功能，因为我们无从解释为什么同样受到儒学影响，日本走上资本主义的道路，而中国选择了社会主义；更无从解释朝鲜半岛在被迫分为两个部分之后，它的“儒学”到底如何在不同的社会系统中起作用。假如我们把儒学视为已经过去的某个历史阶段的产物，那么下面这个问题将是不可回避的：儒学在东亚的不同国家里具有不同的历史形态，即使在儒学的鼎盛时期，作为一种意识形态的儒学也不能够毫无媒介地涵盖三个国家。在不同的国家里，儒学具有相当不同的内涵，它受那个社会本身的历史制约，不可能是抽象孤立的。在近代之后，儒学在东亚不同社会中的潜在功能更加不同，对此，已经有大量的个案研究可以证实。因此，假如儒学视角是观察东亚的出发点，那么，我们不得不从儒学在各个社会的差异性而不是类似性出发，需要调动的不是直观经验而是对于历史结构的想象力。即使是试图以“传播学”的思路来确认儒学在这个区域内的走向，目标也很难设计为到底谁是“始祖”谁是“后继者”，而应该更多地关注在传播过程中的流变：因为，在这个过程中，最基本的问题在于不同的政治共同体对于儒学的“再塑造”功能，儒学从来不可能脱离政治环境以真空状态去“旅行”。如果以儒学为视角建立东亚论述同时又以直观的态度把东亚各国的儒学视为同一个东西，这样的东亚视角将会由于缺少历史和现实性格而变成一纸空论。

其实，在严格意义上说，儒学视角并不必然地等同于东亚视角，这是后来附会的历史叙述，并不能等同于历史逻辑本身。对于儒学而言，东亚的框架并不是必要的，但是对于东亚这个后来形成的历史叙述框架而言，儒学却是一个必要的粘合剂。因此，儒学作为“今天的视角”，其功能不在于认识“东亚的历史”，而在于力图论证当下存在着一个有着内在结合力的“东亚”。观察一下现有的“东亚儒学”论述，我们可以发现，这种论述的功能在于通过“儒学”来消解东亚（而且基本上是中、日、韩）的内在差异，以求建立一个统一的相关叙事结构。

第二种关于东亚的视角其实是受到日本影响的。这就是“现代化”视角。把东亚视为一个赶超和对抗西方以求实现现代化的区域，是日本在明治之后一直以曲折方式追求的思路。这个思路潜在地规定着日本知识分子思考东亚时的视角。在今天日本的东亚论述里面，也仍然再生产着这样的思路。在这个思路里，中国、日本和朝鲜半岛与其说是对抗西方的盟友，毋宁说是赶超西方的竞争对手。[1]谁代表东亚，一直是个潜在的问题。在中国改革开放以后，现代化成为某种社会公认的意识形态，日本的这种东亚论述也就随之获得了进入中国的可能。通过论述东亚，为现代化在东亚的形态找到某种表现方式，从而也就形成了潜在的共识：这将是东亚成为某个相对整合的系统的基础。但是，作为现代化视角的东亚论述暗含了一个方向性的误区：东亚地区的现代化程度将按照时间的先后顺序被加以纵向排列，而各国乃至地区所谓“现代化”的内容差异则被一笔勾掉，“西方模式”以一种同样整合的形式被抽象为某种既定的现代化样板，似乎现代化只有一种形态，那就是以工业化和后工业化来完成“福利社会”的建设。在这个视角之下，我们可以观察到的东亚论述暗含着一个进化论的逻辑：处于社会发展不同阶段的东亚地区，最终将一同走向同一个现代化目标。因此，先发达的国家必然地把后发达国家的现状视为自己的“昨天”，相反，后发达国家则把先发达国家的今天看作自己的“明天”。

还有第三种视角，这就是关于战争的创伤记忆视角。东亚地区之所以可以构成一个整体论述的框架，有一个沉痛的因素是不可无视的，这就是战争记忆。在二战之前就开始伺机侵略中国大陆并在其后把战火燃向东南亚国家、强化对朝鲜半岛和台湾的殖民统治的日本，是东亚的一个残酷的“粘合剂”。到目前为止，在战争记忆的层面使得东亚社会获得相对深入共识的，主要是东北亚地区，而特别需要指出的是，日本的进步势力在追究战争责任和正确传承战争记忆方面的努力是不可低估的要素，它使得东亚受害国的战争记忆有可能转化为日本社会变动的外在压力，同时也使得受害国民众的创伤记忆有可能得到某种回应。近年来关于教科书事件、靖国神社参拜事件、慰安妇诉讼、细菌战诉讼、日军遗留化学武器被害者索赔等等一系列事件，使得日本的战争处理问题不得不“国际化”了。这个过程带来了一个并非预设之中的收获，就是东亚的民间社会开始发生了某种程度的融合。使得东亚的相关人士跨越国界站在一起，形成了一些共识，这是非常重要的进展。不过，我们也可以观察到，这种进展伴随着相当深刻的内在紧张，而这种内在紧张暗示着调整认识论的客观需求。第一，在讨论战争创伤记忆的时候，个人的记忆只有被整合进国家框架论述中去的时候才能获得历史记忆的形态，而在此种情况下，“国家利益”将构成绝对的前提。于是，在一国框架内不会成为问题的视角，在进入“东亚”的时候就有可能出现问题。编写“三国历史教科书”作为一种可贵的探索，提供了这方面的信息：在有关历史事件的评价问题上，三国的执笔者需要进行非常困难的协调才能形成相对统一的论述，原因在于“国家利益”是一个很难简单跨越的制掣。问题在于，如果战争这一现代性最核心的事件是以国家为单位进行的，同时战争又分为加害国与受害国，战败国与战胜国，那么问题就不太容易简化为一视同仁的“批判和超越国民国家”。因为一视同仁的批判将混淆上述这些具体状况中的种种历史脉络，在客观上为加害国免罪；但是同时，如果不把批判和否定国民国家作为既定的视角，那么，是否意味着历史书写必须认同于受害国和战胜国一方的国家利益？特别是当受害国（战胜国）不止一个，相互之间又有着利益冲突的时候，在整体上使用二分法来处理战争历史，会遇到巨大的认识论困难：这导致人们避开那些纠缠不清的关键性分歧，而抽象地使用“赞成还是反对”这样的粗疏判断来回避问题。这些涉及到国际政治学基本原理的问题原本就非常复杂，再加上日本政府在战后受到美国掌控，与台湾签订了单方面和约，从而使得与中国大陆之间的战后处理工作拖延到了20世纪70年代才开始进行，这就留下了大量的遗留问题。在这种情况下，作为受害国的中国面对了太多的历史头绪，这也就使得中国大陆的社会舆论很难在认同国家框架之外找到处理战争的视角。这在客观上形成了对于东亚视角的一个挑战。第二，在如何处理战争记忆的问题上，其实各国的有识之士基本上受制于本国的历史脉络和社会思潮，他们的问题意识和思想态度并不可能一蹴而就地“东亚化”，这也就意味着东亚不同区域的有识之士并没有进入可以一致行动并且建立相互深度理解的阶段。事实上，在很多重大的问题上，东亚的进步人士之间并没有建立共识，特别是在当下冷战意识形态并未真正解体的情况下，曾经分属于冷战两大阵营的中国与日本、韩国之间，进步知识分子和运动人士还没有真正跨越冷战想象达成思想上的共识。一个典型的例子是关于南京大屠杀的数字问题。尽管日本的很多有识之士已经对左派史学家考证死亡者数字的做法不以为然，但是在很长一个时期内，日本的左翼人士考证死亡者数字的动力不仅仅是为了回击右翼的“南京大屠杀虚构论”，也暗含了对于“集权主义的中国”缺少言论和学术自由的想象。在另一方面，中国的社会舆论对于日本左翼的这种考证方式也缺少历史性的分析和同情之理解，有时会用极其简化的二分法将其归为“右翼”。

如上种种，作为战争记忆的东亚视角至今仍有着生命力，但是它却缺少一些基本的要素，那就是对日本的侵略战争以及第二次世界大战乃至战后冷战格局这一历史流动性的关注。特别是在经历了半个多世纪之后，20世纪40年代的国际政治势力的组合关系已经完全变为另一种结构，而这另外一种结构恰恰是从二战之中发展出来的，因此，在当下讨论中日之间的战争历史，就不能无视其后的国际局势发展，追究战争责任的工作与关注历史流动性的工作不能截然分开。否则，单纯切断历史很难清理历史逻辑本身；而如果要把战后的历史也纳入历史视野，我们就不得不重新设定问题：东亚（在此，姑且把东亚先等同于东北亚）是否可以简单地视为中国大陆和台湾、朝鲜和韩国、日本的集合体呢？

事实上，上述三种论述东亚的视角，所指涉的对象本来是有所不同的：儒学视角可以涵盖儒学实际发生功能的地域，因此东南亚的一部分区域例如越南、新加坡等应该进入这个视野；而现代化视角则容易把韩国视为朝鲜半岛的代表，甚至导致朝鲜的缺席，同时，这个视角可以涵盖中日朝鲜半岛的时期是比较短的，在国家之间的动态平衡被打破之后，它不得不被战争视角所取代。至于战争记忆的视角，如果历史性地设定，则很难把东亚想象成为一个封闭的独立视角，因为这段历史无法把美国、苏联等排除在东亚之外，更何况美国的军事基地至今仍然还存在于日本与韩国的领土之上，而朝鲜半岛南北之间至今也不过是“休战”状态，“停战”还没有真正实现！至于中国大陆与台湾的关系，至今也仍然具有“牵一发动全身”的性格，对于整个亚太地区的和平具有不可小视的影响力。

但是当我们讨论东亚的时候，这种种差异却基本上被忽略，从而导致了一个抽象的“东亚框架”的形成。加以日本与韩国的东亚论述暗含了“中、日、韩（有时候是中日朝鲜半岛）”这一框架，它强化了东亚论述的固定意象，且进一步把其建构成三个国民国家的组合。恰恰是这个东亚视角的抽象性，使得本来与我们的历史最为贴近的“东亚”在我们的精神与思想世界中无法找到确切的位置，从而也使得大量有价值的个案研究缺少有效地转化为中国知识界思想资源的媒介。

建构东亚论述的视角，是一个历史性很强的论题。换言之，这是一个流动的、无法固定化的视角，因而，具有很强的变化形态。透过东亚视角，我们可以观察的不是某些固定的意象，而是这些意象在历史沿革过程中的流动状态。恰恰在这样的流动状态中，我们可以发现我们自身主体形成的某些关键环节，讨论其可能变革的方式。

为了建构这样的历史性视角，我希望以今天我们身处其中的“东亚”作为出发点，构想可以相对有效地观察战后至今的东亚视角。这样做并不是为了否定前述已经形成的那些既定框架，而是相反，我希望在既定的东亚分析框架中增添一个新的构想，以面对在上述视角中被忽略和回避的那些问题。作为初步的探索，我希望下述讨论可以激活已有的亚洲或者东亚讨论一直不能面对的一个基本困惑：我们为什么非得谈东亚不可？这个视野是否有独立存在的必要？

二、 现代历史过程中东亚内部的不均衡状态

为了建立东亚视角，有一个基本的思维前提是不可否定的，这就是东亚必须是一个可以相对独立的对象。作为一个论述单位，东亚应该是相对自足的，至少是可以按照某种思维逻辑加以整合的。这也正是“东亚共同体”作为一个命题得以存在的原因。尽管当今东亚地区的内在紧张尚未缓解，但是“共同体”的设想却在顽强地表达着一个主观意志：不能成为一个组合整体，东亚还有什么资格作为一个独立的范畴存在?!

一个基本上不需要援引萨依德就可以确认的事实是，东亚的成立是由于西方的命名。但是当我们提到这个命题的“出身问题”时，其实问题并未到位。因为，这里面潜在着需要进一步拓展的两个问题：第一，假如东亚是西欧的反命题，或者说是为了西欧建立自我意识而作为媒介被制造出来，那么东亚的一体性是否也是来自西欧命题的延伸？换言之，我们今天强调东亚这个范畴的“西欧出身”，仅仅是为了打破所谓东亚的“非西欧本质主义”想象，还是为了进一步追究它的认识论特征？假如是前者，那么这个问题基本上没有讨论的前景，作为结论，它已经有了足够的正当性；但假如是后者，那么问题就需要澄清了。对于东亚人来说，这个范畴并不仅仅是在西方强加的意义上存在，它包含了东亚人自身的认同欲望，但是由于被作为对抗西方近代的代名词，更由于日本曾经把东亚想象转换为“大东亚共荣圈”这样的以日本为中心且伴随战争暴力的血腥过程，因此，东亚的命题就不再能够仅仅以“西欧的远东想象”作为主轴，因为它反倒会模糊我们历史中那些最沉重的部分。第二，与上一个命题互为表

里，东亚地区对于西欧的想象也同样具有“整合性”的特征。正如西欧人（包括欧盟成员国的知识分子）并不倾向于接受把他们视为一个整体的看法、而东亚人的西欧想象却是整体性的一样，外在的视角总是倾向于把对方整合起来，而内在的视角却更倾向于关注其中的差异性。在这个意义上，东亚是谁的概念或许并不重要，重要的是这个视角的历史沿革带来了什么样的自我确认。

在近代之前，东亚这样的范畴不具有真实的意义。作为地缘政治的范畴，东亚的存在与西方近代的入侵和渗透有着直接的关联。但是，当这个范畴一旦形成，它的功能就脱离了它所由形成的原因，具有了单独的意义。值得注意的是，在历史过程中，其实把东亚论述为一个有机的整体是困难的。特别是经历了日本以“亚细亚主义”开始以“大东亚共荣圈”告终的悲剧性插曲之后，把东亚作为一个整体论述变得更困难了。而且我们可以观察到，在东亚论述中，其实一直隐含着一个根本性的难题，这就是谁来代表东亚的问题。当年，孙中山的“大亚洲主义”明显地表达了“王道”的意图，与其说这是一种国家中心的论述，毋宁说它是一种文明观的论述；但是，无论现实中的孙中山政治处境如何，更无论当时的中国作为一个国家究竟是否获得了真正的自觉，孙中山的“大亚洲主义”毕竟不是一种多元主义的国际政治论述。这也就难免会引起对于“大国中心主义”的联想和批判。这中间，特别是来自韩国的批评，有助于理清这一论述在今天的定位问题。[2]其实，问题不在于孙中山是不是一个中华中心主义者，而是在于，当我们论述东亚的时候，是否有可能不去设定一个中心。孙中山的“大亚洲主义”因为其乌托邦的性格，因此避免了与日本的亚洲主义相提并论；而日本的亚洲主义由于其乌托邦的性质并未占据主导，滑进了“大东亚共荣”的泥坑，使得亚洲论述遭遇了尴尬。孙中山所憧憬的不诉诸武力而诉诸道德力量的亚洲论述，被他所批评的与王道相对立的“霸道”所压抑以至于最终消退，这是历史的悲剧，但是平心而论，如果不去论及内容而仅仅把关注点集中于思维方式上的话，那么王道与霸道在结构上是相似的，它们都设定了一个中心，并且都以中心自居。这也正是为什么孙中山的大亚洲主义会受到韩国学人批评的原因。

在孙中山逝世之后，中国的亚洲主义并没有发展出具有同样鲜明性格的、新的论述维度，相反，在后来的战争状态和战后处理过程中，对于亚洲的论述被包含进了焦点别有所在的其他论述。在此情境之下，东亚作为一个视角，在中国的现代史上基本上不具有重要的功能。至于把东亚整合起来作为一个统一体，在认识论上就有更大的难度了。由于二战之后东亚本身成为冷战的一个缩影，随着朝鲜战争的酝酿与爆发，铁幕在朝鲜半岛正式拉开，处在铁幕两端的韩国、日本、中国台湾与苏联、中国大陆、朝鲜、蒙古人民共和国，一直处在无法共享同样意识形态的社会对立以及精神隔绝的状态之中。在这样的历史进程中，谈论“东亚”并将其视为一个整体，缺少最基本的条件。柏林墙倒塌带来的一个意识形态后果，是社会主义阵营内部对于资本主义阵营的某些意识形态（特别是“市场经济”这一看似非政治性的意识形态）的相对宽容，这使得两种意识形态的干燥对立被打破，甚至有时候看上去是西方自由主义意识形态占据了主导位置。在此状态下，“东亚共同体”作为一个新的构想（而且首先是作为经济体制构想），开始找到了建立整体论述的土壤。这个土壤，就是现代化和现代性理论。

但是，当东亚论述在东亚的一些地区有所推进的时候，一个无法避开的问题浮现出来了。这就是如何看待中国“东亚意识薄弱”的现状问题。应该承认，中国社会虽然不缺少东亚论述，但是只有在经济共同体的意义上，“东亚”这一范畴才在中国的舆论和思想乃至理论空间中找到了自己的位置，而且这一经济视角中的东亚，也并没有涵盖东亚整个地域，它以现代化程度作为指标，有“嫌贫爱富”的嫌疑；至于其他论述，特别是“东亚”在当下的思想功能问题，其实是悬置在空中的。换言之，尽管关于东亚的研究和讨论一直在进行，但是它们与中国思想界和知识界的关系却是不清楚的。就中国知识分子而言，一个似乎是自明的问题一直却是一个悬案：我们为什么必须讨论东亚？而对于东亚邻国的知识分子而言，中国知识分子的这种暧昧态度则被视为“中国中心主义”。“中西对话”这样一个语焉不详的框架，一直就是批判中国的大国中心主义的靶子。时至今日，即使中国的知识分子已经在努力地进行东亚对话了，这种状况也并没有根本性的改观。其实，是否进行东亚地域之间的论述，并不意味着中国知识分子是否放下身段，而是意味着，它象征着东亚意识在中国的思想空间中是否具有位置。如果不具有相应的位置，我们需要追问的是，其原因是否仅仅在于大国中心意识？它是否还有着更基本的历史原因？

回顾中国作为独立的主权国家建立主体性叙事以来的历史，我们可以看到，在冷战结构解体之前，主要的区域性视角有两个，一个是1955年周恩来总理参加万隆会议时所认同的“亚非”视角和后来的亚非拉视角（随着不结盟运动的兴起和中苏关系的破裂，毛泽东改变了一边倒的政策，他在20世纪60年代初期提出了“争取两个中间地带”的策略，将亚非视角改变为“亚非拉”视角[3]）；另一个是70年代初期开始采用的“第三世界”的说法。值得关注的问题是，这两个视角在中国的语境里都服从于一个目标，就是与冷战结构带来的美苏对立格局保持必要的距离，从而获得摆脱殖民危机的独立自主权利。亚非拉民族解放运动和第三世界运动，作为冷战结构中的缓冲地带，完成了它的国际政治功能，同时也把“远东”这个国际政治术语的定位问题推到了我们的面前[4]。很难设想，这样一段经历了近半个世纪的历史，会在柏林墙倒塌之后一夜间消失，更何况历史地看，冷战结构本身并不能真正涵盖“亚非拉”和“第三世界”这样的历史过程。

由于这样的历史不可能在一夜之间消失，在中国社会的思想积累过程中无法产生强有力的东亚论述就带有了某种必然性。即使改革开放带来了迫切的经济需求，东亚作为一个相对独立的区域，完成内部的政治互动和思想共享，也还是需要相当的准备。如果使用“亚非拉”或者“第三世界”的论述范畴，对于中国的思想界来说，这些范畴可以在某些历史脉络中找到位置，但是如果谈到东亚，作为一个相对自足的单位，它的历史脉络是不清楚的；今天，在清理现代史特别是战争史的意义上，东亚构成了一个论述单位，但是这个论述单位尚未发展到反思主体认同方式的阶段，因此，它是相当有限的。与此同时，我们还可以看到另一个视角与东亚视角并行，这就是“发展中国家”的视角。这个发展了“第三世界”思想的视角，具有一个强有力的功能：一方面，它暗示着今天的中国社会与毛泽东时代的连续性，另一方面，它也制约了东亚视角在中国思想建设中的功能：它要求东亚论述在中国当代精神生活中必须回应上述跨越东亚视野乃至使之失效的历史视野所涵盖的问题，而这也正是东亚论述在当今的中国思想界尚未找到有效定位的主要原因所在。

就日本而言，东亚一直是一个切肤的视野，它曾经代表了日本对抗西方的文化建构单位（只是，如同冈仓天心的论述所表达的那样，作为文化单位，“亚洲”是更常用的视角），也曾经体现了在特定历史时期内对于东亚邻国的失望（如同福泽渝吉的“脱亚论”所显示的那样）；它表达过日本取代中国成为东亚乃至亚洲中心的野心，也催生了清算日本军国主义的思想。可以说“东亚”或者“亚洲”是近代以来日本思想史的基本母题之一。尽管“大东亚共荣圈”使得日本的东亚论述罩上了阴影，但是作为主体认同的一个关键性问题，日本与亚洲特别是东亚的关系，进而言之，日本在亚洲的自我定位问题，一直是其近代思想史认识论的核心。在这个意义上，可以说从“大亚洲主义”到“大东亚共荣圈”再到作为对于大东亚共荣意识形态的反命题的“日本回归东亚”的论述，尽管在内涵和功能上不能归类于同一个范畴，但是作为一种历史认识论的形态，它们之间存在着某种相互紧张的一致性：无论是出于何种动机并朝向何种目标，东亚作为一个论述单位，在这些历史阶段里都具有强大的制约性，而这一点与中国把亚非拉和第三世界以及发展中国家作为论述单位的制约性是相当不同的。日本思想界所面临的，不是有没有东亚的问题，而是如何处理东亚与自身关系的问题。因此，东亚论述是否成立不是问题，问题在于东亚到底应该如何论述，包括从地理范围到论述理念，都构成日本思想界争论的焦点，而这些问题在中国却基本上还不具有意义。

关于朝鲜半岛的东亚意识，我缺少直接的了解，无法进行准确的判断，但是至少，即使不追溯朝鲜半岛前近代的历史状况，仅就二战后期才形成并在朝鲜战争后被定型化了的韩国而言，似乎也可以指出这样的事实：东亚意识的兴起与韩国的"后冷战思维"有直接的关系。尽管朝鲜半岛的战后处理工作并没有真正完成，美军基地也没有撤离韩国，但是韩国社会的民主化进程使得东亚认同变成了一个切肤的问题。对于韩国社会而言，认同美国还是认同东亚是关系到主体建构的重要问题，更何况韩国在东亚的定位是一个不同于日本、中国以及其他地域的主体确认方式：在东有美国（其实美国也在韩国的内部）、西有中国、南有日本、北有俄罗斯的国际政治环境中，韩国社会或者韩国的知识界（当然，这不等同于韩国政府）建立东亚认同，就意味着它进行战略性的选择。更何况下文将要涉及的、二战之后东亚铁幕的形成是以朝鲜半岛为中心的这一历史状况，使得韩国思想界关注东亚的姿态具有了特定的历史内涵。因此，可以想见的是，韩国的思想界在认同东亚还是认同西方（美国和西欧在此应该代表了不同的取向）的问题上必然存在深刻的分歧，这种分歧的定位恐怕很难在日本和中国思想界得到内在的理解。还有一个极其微妙的问题，就是韩国思想界对中国的态度。在韩国的东亚论述里，中国所占的位置是相当重要的。从汉字的一度被废除到汉城改名为首尔以及高句丽问题引起的社会反响，可以很清楚地观察到韩国社会内部对于中国所感受到的压迫感。可是与韩日关系不同，韩国社会对于中国的态度既非单纯的对抗，又非同情之理解，我们可以在中韩两个社会之间感受到比韩日之间更深的隔膜。这种隔膜的根源在于双方视野的不对称。它使得中韩社会在同一个问题上的态度之间存在相当大的落差，为建立思想上的互动造成了很大的障碍。

还有另一个经常被中国大陆的学术界遗漏的区域是台湾。在二战之后的台湾，建立亚洲论述毋宁说是一个困难的课题。这不仅因为它与大陆的关系带来了认同问题的复杂性，而且还因为它也曾是冷战在东亚的一个重要的结节点。台海关系与中美关系的交错，朝鲜战争中台湾的位置，还有历史上与现实中台湾与日本的关系，都使得台湾难以把东亚作为一个可以整合的视角加以认识。就中，反倒是东亚内部的区域性紧张构成了台湾的思想课题。由于大陆知识界对台湾的这些复杂课题很少进行内在理解，关注的热点基本上集中在统独问题上，致使台湾在东亚的特殊定位被忽略，也使得大陆知识界很少关注台湾如何建立（或者为何难以建立）东亚视角这样的问题。

以上种种，仅仅是东亚地域的一部分状况。仅就上述状况而言，我们可以观察到东亚论述在东亚部分地区的不均衡状态和它所包含的内在紧张。其实，在今天盛行的东亚论述中，我们尚忽略了另一些部分的状况：朝鲜，蒙古人民共和国，越南以及东南亚的某些国家……恐怕随着时间的推移，这些社会必将进入东亚论述的视野，但是另一个问题也将同时凸现：由于种种原因，这些今天并不就东亚论述发出声音的区域或许拥有自己的东亚想象，但也许相反，有些社会并不迫切地需要东亚论述。换言之，并非所有地处东亚的国家和社会都必然地追求东亚论述，这取决于该社会和该国家的历史脉络。即使追求东亚论述，那些使其成为自身建构主体认同方式的不同社会，其东亚论述的内在逻辑也是大相径庭的。因此，我们在认识论上不得不面对一个基本的困境：在直观的或者逻辑的层面上建立一个统一的东亚，这种不均衡状态将不得不被故意无视；而人为地建立起来的均衡的东亚视角，在理论上而不是实践上（就国际政治实践而言，求同存异仅仅是国家间的政治策略，它并不回避国家之间政治立场的差异）奉行的“求同存异”思路，将有可能最大限度地抹煞历史差异的重要制约功能，以至于难以面对现实当中那些必然性的分歧，并把问题导向“东亚到底是否有可能成为一体”这样的抽象设定上去。

三、 冷战历史与东亚的关系

在认识论层面，东亚是否可以成为独立的论述单位成为一个问题。但是，这个疑问导源于逻辑上的预设，却并不能够直接导向对于历史的解释。事实上，无论是“远东”也好，“东亚”也好，在历史上都构成了一个独立的对象，但是它的存在方式却并非是逻辑的，亦即它并不以排除掉外在于东亚的国际政治关系为前提，相反，它把东亚外部的政治势力作为自己运动过程的一个必要的因素。

造成这种局面的，是冷战的历史。

关于冷战，中文世界里已经有了相当优秀的研究成果，这使得我们对这段历史的回顾有了可以参照的轮廓。本文也由此得以省略对于这段历史的描述。[5]在此基础上，有如下三个问题需要加以事先说明，因为它们与下文需要展开的分析有关。

首先，冷战的实际历史过程与冷战的意识形态必须加以区分。就前者而言，它指的是二战结束之后英美特别是美国针对苏联所代表的共产主义势力采取的敌对性封锁政策，并且在朝鲜战争的时候达到了白热化程度，但是在其后，冷战的内涵随着不同阶段的国际政治局势变化不断变动，而支撑了冷战结构的美苏对立也并非是一成不变的；就后者而言，1946 年丘吉尔演说时使用的“铁幕”和 1947 年美国传媒炒作的“冷战”构成了意识形态想象的关键词，它是冷战的一种固定化意象，与不断变动的冷战现实并不真正对称；即使在冷战结构事实上已经解体的情况下，冷战意识形态也仍然相对独立地保持着不变的形态，并且越来越简化和固化。由于它被简化为对于集权政治（这通常被视为共产党国家的别名）的抽象批判和对于自由主义民主政治的高度神话化，使其直接与新自由主义的意识形态发生了连接。特别需要指出的是，冷战的意识形态主要是由西方资本主义阵营生产的，由于它是对共产党国家进行攻击的意识形态，社会主义阵营对于它的态度毋宁说是冷淡的。但是同时，为了对抗来自西方的冷战意识形态，社会主义阵营的国家也同样生产了简化和丑化西方阵营的“共产主义意识形态”。意识形态战争，是冷战时期非常重要的组成部分，它以水火不相容的姿态为复杂的历史过程打造了一个简单明了的轮廓。意味深长的是，在冷战结构解体之后，来自西方阵营的冷战意识形态以极为简化的形态“全球化”了：它被转化为一种关于民主和自由的乌托邦描述，为不同社会体制下的知识精英所共有。

其次，虽然冷战被视为从丘吉尔 1946 年的“铁幕”演说到 1989 年柏林墙倒塌之间的一整段历史，但是在这个过程中冷战并非是一个均质的过程。由于冷战就其本质而言是西方资本主义世界对以苏联为首的社会主义国家的经济贸易封锁，它以制掣苏联为主要目标，而对于中国这样的有可能独立于苏联控制的大国则采取拉拉打打的策略，这使得两大阵营的划分很难以社会制度这一单一标准来衡量；同时，不仅西方阵营在冷战策略上存在着深刻的分歧，共产党国家之间也存在着紧张和冲突关系。其中，例如中苏之间在 20 世纪 50 年代后期开始的分歧乃至冲突，使得冷战结构相对化甚至失衡。而在 70 年代开始之际，苏联与西德建交、中美开始实质性接触，这些都使得冷战在内容上发生了相当大的甚至是本质性的变化。

第三，“冷战”实际上并不能概括二战之后的世界格局。所谓“第三世界”和“亚非拉”视角，都是在强调冷战结构之外广大区域的主体性这一意义上产生的。二战期间亚洲的很多国家尚未获得独立和民族解放，战后英美的冷战构想只是针对二战中唯

—对其具有抗衡力量的苏联而发的[6]；而二战之后亚洲局势发生了巨大变化，中国成为共产党执政的国家，同时在摆脱苏联控制和构想世界革命前景的意义上，中国很快就在事实上与冷战结构保持了距离；而例如印度这样的大国和东南亚诸国在国际事务中所扮演的角色也愈来愈重要，例如在朝鲜战争时期印度在联合国的发言和万隆会议上尼赫鲁的态度等等，都在缓冲紧张局势维护世界和平的意义上起到了重要的作用。这一切都使得冷战视角成为观察战后世界格局的众多视角之一，而不应该成为唯一的视角。

以上述三个问题为前提，我希望进而讨论冷战结构中的东亚视角，特别希望关注东亚视角的历史特征，而不是它的意识形态功能。

1972年，苏联科学院远东研究所创办了季刊杂志《远东的诸种问题》，并且同时翻译为日语和英语（1980年开始增加了西班牙文版）发行。这个刊物直到1990年因经费问题停止出版日文版为止，一直面对日本大学发行（据说有些大学一直得到苏联大使馆的寄赠），在日本的很多大学里都可以找到，但有趣的是，尽管这套杂志并非历史久远的文献，却似乎没有一个大学的图书馆有成套的藏书。我能够找到的最早的杂志是1974年6月出版的第三卷第二期，前面两年的杂志并不见于图书馆系统的电脑索引。僵硬的文体和教条的论述，使得这份杂志阅读起来味同嚼蜡，而且，从借阅情况看，这套杂志似乎并没有得到广泛的关注。但是时过境迁，通过这些并不完整的文献和被冷落的说教性论文，仍然可以获得相当重要的信息。

《远东的诸种问题》的功能显然超过了一个学术机构机关刊物的权限。它不仅经常在头条位置刊登苏共领导人的讲话、文章甚至声明，而且其中相当一部分文章的写法是官方发言的口气，而无法视其为纯粹的学术论文。[7]因此，虽然它不是苏联政府对外的喉舌，但把它在某种程度上看作是苏联官方的“学术态度”，应该不至于离开事实太远。

在这份杂志里，有几个称呼是互换使用的——“东亚”，“亚洲”，“远东”，“亚太地区”。它们之间有着微妙的差别，但是也存在着某些重叠之处。

“东亚”基本上是指地理上的东北亚地区，因为在有些论文里，“东亚”与“东南亚”（或者东盟）被并列起来使用。但是这份杂志中的“东亚”比“中、日、韩”这样一个现今流行的框架涵盖面要宽。在苏联的“东亚”范畴里，包含着苏联和蒙古人民共和国、中国、朝鲜、越南，而且这些区域在“社会主义阵营”（在杂志出版的1970年代到90年代，其中除了中国之外，其他国家受苏联掌控的程度相对都比较高）的意义上，构成了“东亚”主要的部分。与此相对，日本和韩国在这样的划分方式中并不被视为东亚的代表性或者先进的区域。换言之，在“现代化”视野中几乎不被质疑的“中、日、韩”视角，在这里是不能成立的。日本和韩国被作为美国的同盟乃至走狗，在东亚被定位为对和平和地区安全具有破坏性的区域（特别值得一提的是，直到1988年为止，这份杂志一直拒绝使用“韩国”这个称呼而把它称为“南朝鲜”，坚持认为把南朝鲜视为两个国家是美国出于对远东的战略考虑而推行的阴谋；而台湾则没有被作为独立的区域加以论述）。而且，在日本和韩国拥有军事基地的意义上，《远东的诸种问题》在谈到东亚问题的时候，从来没有让美国缺席过。

在使用“亚洲”这一范畴的时候，其实在具体对象上基本是指东北亚、东南亚以及南亚诸国的统合。比较主要的是印度与苏联的关系在“亚洲”这样的范畴中被处理。除在少数行文中涉及到中近东例如两伊战争和巴以冲突问题（例如，1983年3月出版的第12卷1期刊载的《苏联-印度共同宣言》中提到了中近东局势）之外，并没有关于中近东国际关系的专门著述。这大概是由于远东研究所的任务是研究远东问题，与西亚没有直接关联性的原因。而“远东”这个概念，显然更具有战略性的色彩。在地理上，它既包括了东亚地区，也包括了苏联内部的“远东地区”[8]同时，不能不指出的一个基本事实是，“东亚”这一概念虽然并不是东亚人自己创造的，但是它毕竟暗示了一个置于东亚地区的视角，而“远东”视角的设定则明显是以欧洲（自然其中也包括前苏联）和美国为基准的，它的“外部性”要远远胜过“东亚”视角。成立于1967年的“远东研究所”本身，虽然已经过了冷战最激烈的时期，但是仍然充分体现着“远东战略”的国际政治意图，尽管《远东的诸种问题》也包含了相当学术化的文学和文化研究，但是基本上局限于苏联的“中国学”领域，与“远东”乃至“东亚”等范畴无关。

除上述范畴之外，还有一个概念是“亚太地区”。它的使用与“远东”有相近之处，亦即它也是一个二战之后的国际政治关系术语。它的使用对象见于通行意义上的“环太平洋地区”，而且重点在于对美国远东政策的批判。

尽管上述几个概念有着相当重要的区别，但是对这几个范畴进行区分其实并不像想象中的那么重要。在这份创刊于70年代初期而在1990年停止出版日文版的苏联刊物中，我们可以观察到在这近二十年里苏联的一个一贯性的视角，那就是以美国作为对立面的东亚想象。针对这个战略上的敌人，苏联把东亚乃至南亚建构成为一个有机整体。在此，东亚并不是一个自然的地域，而是一个由国际政治的力学关系组成的“张力之网”。而关于东亚的论述，也并非立足于“追求共同”这样一个直观意义上的整体感，恰恰相反，如果没有内在的对抗性紧张与外在的压力，对于苏联而言，东亚（远东）论述的框架或许是无法建构的。

最为引人注目的，是这份杂志近二十年内的意识形态表述。这在很大程度上可以折射苏联政府和苏联社会东亚想象的历史沿革状况。就中，最显眼的是关于中国的叙事。在创刊之后最初十年里，该杂志对中国采取了极为敌对的态度，每期有相当数量的论文是针对中国的意识形态批判，而且其中必有对毛泽东个人和“毛主义”的批判。特别值得一提的是，在这份杂志里有一个专栏，名为“意识形态”，它的绝大部分内容是对“毛主义”的批判。但是与此同时，这个专栏也刊登少量正面论述马克思列宁主义作为“意识形态”在苏联之外国家（例如蒙古）影响力的宣传文章，换言之，这份杂志的“意识形态”专栏肩负着批判论敌的意识形态和宣传自己的意识形态这样两种功能。与“意识形态”基本上被作为指控论敌“脱离现实”的罪名这一常识性用法不同，《远东的诸种问题》提供了另外的理解，那就是把意识形态作为一种思想斗争的手段，赋予其合法性与正当性。

如果说《远东的诸种问题》以学术的方式传达了一种始自20世纪70年代截至20世纪90年代的苏联高层关于东亚地区的意识形态的话，那么，最值得关注的是这一意识形态在二十年剧烈变动的时期内的迅速调整。这一意识形态在前十年可以归纳为：把社会体制与政治理念作为衡量现实的最高标准。在这一标准之下，这个以政治经济和社会研究为主、以文化研究为辅的杂志，一直坚持到底的是它对冷战的最大敌人——美国的一贯性对抗态度。但是，对于东亚各个国家，包括被它斥为美国在东亚的帮凶的日本，它的态度都是有很大调整的。这个调整集中地表现在80年代中期以后，最为显著的是80年代末期。杂志开始讨论苏联与日本进行经济合作的可行性，并且强调苏联是日本最合适的经济伙伴。在80年代中期，《远东的诸种问题》开始把关注的重点从社会体制和政治理念转向经济结构调整，讨论远东地区经济合作的论文开始增加，而相对而言，讨论远东地区如何抵制美国的渗透和如何维护社会主义成果的论文则开始减少。最为显著的变化是对中国的态度，在1988年前后，这个杂志虽然继续刊登少量批判中国的文章，但是主调已经发生了明显变化，它把中国的改革，包括改革中的失败，视为社会主义阵营内部改革的一种尝试，并且试图共享其中的经验和教训，苏中友谊和苏中关系的改善开始得到强调。这些变化显然与1985年戈尔巴乔夫上台有关，他在苏联推行的改革政策导致了苏联与东亚各国关系的改变。虽然意识形态话语并未发生明显的变化，但是使用的频率与偏重点的变化则暗示了此前的以社会制度和政治理念为基准的表述转向了对于经济需求与社会生活的表述，特别是进入1989年之后，苏中关系得到了明显的改善，不仅两国的文化交往恢复了，而且久违了的“苏中友谊”之类的说法也开始在杂志上登场。而这在意味着中苏关系在外交方面发生变化的同时，也意味着“远东”对于苏联而言，已经变成了其内部改革的一个重要的外延。当然，这种定位本身显示了苏联依然试图充当社会主义阵营的首脑这一意图，但是同时，这种主体性的姿态则使得它的叙事有可能提供不同于西方冷战意识形态的另一种解读[9]。

因为无法了解1991年以后这份杂志的情况，有些推论无法得到证实。但是，从90年代以来东亚的国际政治关系看来，可以说冷战结构的解体和前苏联的解体并没有导致俄罗斯退出东亚，相反，它在更深的层面上介入了东亚事务，成为东亚的有机组成部分。围绕朝鲜核问题的“六方会谈”，不仅把东亚现代化叙事所排除掉了的朝鲜推进了东亚视野，也同时把俄罗斯作为东亚的一员确认了下来。值得指出的是，在现有的通行于中、日、韩的“东亚视角”里，朝鲜核问题并没有被与东亚框架联系起来加以认识，它被视为一个暂时性的国际政治问题，而不是东亚论述的一种模式；这是因为在本文开头指出的三种东亚视角里，并不包含冷战的形成与解体为东亚带来的国际变动这样一个历史视野。但是，假如我们借助于《远东的诸种问题》建立另外一个观察视角的话，那么，不仅朝鲜核问题导致的六方会谈属于“东亚”问题，就连上海合作组织也将会进入东亚论述。

因为僵化的意识形态表述已经逐步失去了主导社会的功能，今天看来，《远东的诸种问题》很难直接被视为历史过程本身；但是，正因为它纯粹的意识形态形式，我们反倒可以比较容易地辨认那些基本的框架性预设。假如对于前苏联而言，东亚是冷战的一个重要的阵地，那么，当今天我们讨论东亚是否可以一体化的时候，冷战这一页就无法简单地翻过去，不仅在东亚拥有军事基地的美国无法从东亚论述中去掉，即使是前苏联和今天的俄罗斯也很难从东亚视野中排除出去。但是就问题的另一方面而言，正因为冷战是苏美两国对立的历史过程，在这个过程中东北亚某些国家的功能恰恰与这个结构存在着不对称乃至对抗关系，例如中国的战后历史；于是在这个意义上，我们又无法把战后的东亚历史简单地归结为“冷战对抗的历史”——亦即不能简单地把苏美象征的意识形态对抗结构简单地套用到战后的东亚历史中去。

进而言之，在东亚视野里处理的冷战历史，与作为国际关系对象的冷战历史又是不同的，因为它与冷战之前的漫长历史过程有关，不是一个自足的研究对象。作为东亚历史叙述的一页，冷战意识形态以及冷战和后冷战时期历史的真实结构关系，与东亚的整个近代过程有着密切的关联性。因此，东亚研究中的冷战历史，应该是原理性的而不是时事性的。东亚研究的着眼点并不在于冷战历史的来龙去脉本身，而在于它背后的结构转变过程。在此意义上，对于战后东亚冷战过程的分析，必将会与本文开头所指出的三种东亚视角发生关联性，借助于冷战视角的剧烈流动状态，我们可以比较容易辨认出，已经建立的关于东亚的论述是静态的而不是动态的；是描述性的而不是思辨性的；是抽象性的而不是历史性的。由于上述种种原因，东亚论述尚不能产生自己的原理性价值，仅仅停留在直观意义上的“地区认同”程度。特别是在中国改革开放、柏林墙倒塌、苏联解体之后，“中、日、韩”这样一个以现代化为潜在逻辑的论述框架被迅速地建构和强化，以至于关于东亚的其他想象均被视为这个框架的衍生物。这种论述有它自己的历史正当性，但是把它绝对化为东亚论述的先在前提却是有问题的。当我们不加思索地把这个框架视为东亚历史过程基本结构的时候，我们会遇到一些困难：台海问题和朝鲜半岛的对立问题，基本上被归结为“中、日、韩”框架之下附带的问题，它们不会被作为东亚现代史中的主要环节加以对待；至于东南亚，由于对于东南亚的论述同样依赖于现代化叙事，因此，它的功能似乎更多地在于扩大中、日、韩框架的外延，而不是把这个框架最大限度地相对化。而与此相应，“中日”这样一个维度则经常被视为东亚框架中的主要部分。当这样的东亚视角被默认为相对固定的持续性视角的时候，很难把历史的复杂性带进东亚论述里面来，于是，我们将要面对一个困境：讨论东亚，是为了制造一种相对于东亚以外地区（例如欧盟或者美国）的意识形态，还是为了正视这个区域的历史？假如是后者，我们如何把两次大战和战后的冷战事实纳入历史视野，而不是把它仅仅看作“国际关系研究”的对象？

四、 后冷战时期的历史视野与东亚叙事的思想品格

后冷战时期刚刚开始，但它不意味着冷战意识形态的结束。例如西方媒体对中国和俄罗斯的描述，基本上没有超出冷战时期的想象。而在冷战时期业已开始的西方阵营对于共产党国家的经济军事控制，在后冷战时期则伴随资本全球化的过程进一步渗透到东亚地区的经济和金融结构内部，并进而引起一系列的内在紧张。冷战意识形态在东亚社会内部所起的作用，在社会制度之间表面上的对抗格局消解之后，显示了相当大的变化：一方面，对于西方资本主义体制的理想化，使得作为发展中国家的共产党国家内部产生“市场民主化”的幻觉；另一方面，西方世界的经济与制度危机反过来

使得发达国家内部的思想者转而在转型中的东亚后发达国家中寻找新的可能性并且将其理想化。但是，这种寻找与认可依然是以冷战视野为框架的，亦即把冷战时期的社会制度对立束之高阁，以冷战时期的意识形态“西方市场经济模式”作为认识论前提。东亚国际关系中冷战结构的解体，使得冷战意识形态在东亚进一步内在化，而不是相反，促使东亚摆脱冷战格局从而形成新的国际秩序。

在现实层面，由于东亚的区域整合从根本上来说是无法排除美国的内在化的，因此，在现阶段把东亚视为一个可以独立存在的整体面临着很大的认识论困境。不仅如此，随着朝鲜的出场和俄罗斯的进入，东亚正在面临重新整合的框架性课题。在日新月异的时局变动中，既定的“中、日、韩”框架不仅在历史上是难以绝对化的，在现实中也正在迅速失掉它的绝对有效性。

由传媒主导的现实认知模式随着东亚国际关系的迅速变化在不断调整，可以说，在这个每天都面临新局势的现代世界里面，对于现实的追认与预测几乎都失掉了认识论本身的意义，仅仅变成了一种类似于快餐文化的消费行为。东亚论述也正是在这个意义上面临着一个严峻的考验：它是否可以承担思想的重任，在纷纭复杂变幻莫测的东亚国际关系场域里提炼出原理性的思考？

关于东亚的思想原理，迄今为止并非是东亚各国共同生产的。换言之，并非东亚的所有地域都需要“东亚”这个认识论视角。例如，就东北亚而言，日本是最早和最执著于东亚乃至亚洲叙事的，但是，由于这个视角和日本近代化过程中的侵略战争纠缠在一起，使得日本近代以来积累的关于东亚的思想资源也一并被束之高阁。反过来，当人们试图发掘这些资源的时候，只能以非历史的方式进行抽象的讨论。例如冈仓天心这种以抽象方式强调亚洲价值观象征意味的思想家，会被抽离他所处的那段历史，他所倡导的“爱”的哲学会被直接普遍化为亚洲认同的模式；这本身就造成了非常大的认识论误区。当日本关于东亚的思想资源被完全与近代日本的侵略意识形态割裂开来的时候，我们很难把握那段历史的真实状态，以至于仅仅从侵略意识形态出发否定性地对待日本的现代历史，而把解释历史的权力拱手让给靖国神社的游就馆。

如本文第二节所讨论的那样，中国近代史里缺少持续性的“东亚”意识。这也使得中国现代思想的积累里缺少东亚思考这一维度。当近二十年以来日本与韩国社会的东亚叙事影响到了中国，同时市场和资本的运作机制也使得东亚相对被整合；加以来自欧美的东亚视角对于中国知识界的影响，使得中国的东亚叙事不得不仓促上阵。在这种情况下，可以调动的思想资源只有“儒学”这个已经被高度非历史化了的符号。

这个符号比日本的冈仓天心更具有普遍性，因为至少在中国日本和朝鲜半岛，儒学曾经直接充当了社会制度与文化形成的媒介，近代以后又具有某种间接的社会功能（哪怕并非都是积极的或主要的）。因此，如果在中国寻找东亚论述的资源，儒学似乎具有最大的可能性。

然而不得不承认，无论是日本的亚洲主义还是中国的儒学，以其“纯粹”的形式直接充当今天的“亚洲原理”有着很大的困难，因为它们都无法构成社会结构的基本轴线，更无法充当认识论意义上的原理，它们充其量仅仅是学术会场上的良好愿望而已。可以说，这些思想资源如果要转化为亚洲论述的原理，它们需要一个相当复杂的转化过程，并且不得不与那些异质性的要素结合。

这些异质性的要素，就是并非本土所产但是已经在近代过程中被“本土化”的所谓“西方”原理。

在今天，把东亚与西方直观对立起来的命题，其虚假性几乎是不攻自破了。而所谓“中学为体西学为用”（日本人的说法是“和魂洋才”）的假设也需要重新审视。当伴随着欧美的军事和经济掠夺而产生的近代世界认识被东亚社会（首先是生产认识论的东亚知识精英阶层）所接受的时候，一个“西学为体中学为用”的认识论乃至政治和社会实践过程早就在如火如荼的“民族主义叙事”的底层悄然展开了。当东亚的“民族主义”被肯定或者被否定的时候，它们只不过是在西欧和北美的认识论框架里塞进了东亚的材料而已。西化与民族化的共谋关系，正如资本全球化与民族国家的共谋关系一样，是一个看似费解却无可回避的事实。这意味着我们的世界认识必须随之调整，也意味着从一个极端跳到另一个极端的已有认知模式必须被破除。具体而言，当实体性的“东亚原理”并不能真正完成认识东亚历史与现状的任务时，并不意味着我们必须放弃对于东亚原理的探求而简单地断言“东亚”作为一个认识论视角没有意义。当伴随着西欧老牌殖民国家的殖民过程所发生的“近代认识”和美国的全球战略所造就的“世界图景”越来越暴露了其单极化想象的弊端的时候，一个非常紧迫的课题已经摆在我们面前：如果要把这些源自先发达起来的区域、伴随着暴力推向全球的认识论资源最大限度地变为人类的思想遗产，仅仅依靠现有的理论框架把它们直接视为“普遍性叙述”是不够的，它们必须先被“特殊化”，被视为一种区域性的思想资源，只有通过这个必要的程序，“西方”才能够真正属于全人类。

正是在此种意义上，东亚认识在下述两个方面将是不可或缺的：

一，它将在认知层面创造一种开放性的统合模式。迄今为止的关于主体问题的认识论，包括来自西方的“东亚（远东）认识”，无不内含一种以排他性为前提的认识论预设。因此，“他者”总是存在于外部的异己性，它与自我的关系是对抗的，因而不可能内在于自我。对于生活在通过殖民手段征服过世界的西方社会中的思想家而言，创造一种面对东方的彻底的自我否定方式（它不仅意味着“他者”在主体的自我否定过程中具有摧毁性的功能，而且意味着这种摧毁性功能同时拒绝“自我”成为“他者”）是缺少理由的。因此，对于西方思想家而言，东亚（亚洲）的意义就在于它不同于西方。虽然西方思想者在破除本质主义想象的意义上已经为东亚定义了它的开放性和“普遍性”，但是东亚之为东亚，在西方的视野里仍然需要仰赖它相对于西方世界的“异己性格”。对于东亚知识分子而言，思想课题并不仅仅在于回应西方知识分子的这一复杂的要求，我们更需要正视东亚的历史过程本身，正视它统合他者与主体的艰难过程。这个痛苦的开放过程，将要求一种无法从西方理论中直接获得的认识论视角，它只能源自东亚的历史本身。而把它原理化，是东亚认识的思想课题。

今天，我们其实已经拥有了这样的思想资源，在中国，例如鲁迅留下的关于主体存在方式的思考，在日本，例如竹内好清理日本主体性问题的工作。但是，这些思想资源由于没有采取西方通行的理论方式，它们往往会被忽视。或者相反，被“折合”成西方理论某些问题点的东方解释版本。这样的知识生产方式，其实是我们不能创造原理性思考的一个旁证。而东亚认识如果要具有自己的存在理由，它却必须具备原理性的认知能力。

但是，在认识论层面创造开放性的统合模式，面临着一些基本的困境。首先是国际关系论述中伦理与政治这两种认知对象之间的关联方式不明确，它会带来视角的混乱和论述上的以偏概全。其次是对于“统合”的暴力性格和东亚在这一过程中的主体存在方式缺少整体性的想象。

就第一点而言，以中国为例，一个普遍存在于中国社会的思维定势是把政治和伦理同样抽象化。这种思维把政治视为权谋之术，把道德视为裁断政治的根据。它导致人们把政治从日常经验中剥离出去，使其外化于社会生活本身，仅仅被归结为“国家权力之争”，并且被抽象为与己无关的事物。而道德则被视为先在的和绝对的“正义”的化身，它同样是抽象的。正是在这一意义上，中国社会仍然信任以非历史状态被抽象化的儒教价值观可以打造为政之道。这种思维模式被应用于国际政治分析的时候，我们能够看到的就是那种就事论事的分析。因为同样抽象的政治与道德都无法解释东亚的国际关系历史和现状，尤其无法面对这样一个基本事实：不仅东亚，整个世界的国际政治格局都是通过两次世界大战被打造出来的，这个基本格局是西方强国占有世界的大部分资源，同时享有解释世界的话语权力，这也就意味着国际政治这个领域内的伦理道德标准是由西方强国自身的利益所决定的，它不是先在的和绝对的。同时，战后的亚非拉国家主体意识的觉醒，必然伴随着对于国际政治伦理基准的重新解释，这种重新解释意味着不断地质问“正义”与“和平”等一系列观念的内涵，意味着亚非拉发展中国家参与到制定国际正义标准的过程中来。无论是伊拉克战争、朝鲜与伊朗的核试验，还是科索沃独立引发的对立，都使得西方世界独占道德解释权的局面发生了动摇。这是一个动态的政治对抗过程，而且将不断进行调整，但是这个过程并不意味着伦理与政治的关系有了新的变化，当今世界国际政治的“伦理标准”，仍然受制于国家实力之间的力学逻辑。而亚非拉后发展国家的“国家利益”，也同样服从于民族国家的自我中心逻辑，它同样无法从伦理意义上推导政治决策，而只能是相反，从政治的角度制造伦理标准。不同的只是两次大战之间资本全球化的潜在功能并未推上前台，而今天它已经具有了不可逆转的优势。这使得“国际关系”并不仅仅存在于国与国之间，也存在于国家内部，因此，今天国际政治领域中的道德标准问题受制于更多的方面，甚至不能仅仅依靠国家视角加以认知。

在此情况下，我们无法把东亚看成是一个道德性的“统合体”，自然是顺理成章的。东亚统合方式的政治性格，需要一个新的认知逻辑加以表述，尤其需要建立一个可以处理历史状况又不追认现实的原理视角，它将不得不重新处理政治与道德的关系。

就第二点而言，对于以战争为首的现代性事件，至今已经得到了相当多的讨论，尤其是来自日本进步知识界的“民族国家批判”和“民族主义批判”，为东亚知识界认识这种暴力性的统合过程提供了有价值的视点。但是，这种批判通常仅仅以一个维度为出发点，这使得它不免有顾此失彼之嫌。例如对于日本在东亚内部的暴力性统合企图——它具体化为大东亚共荣圈的口号——的批判通常只能故意无视美国在太平洋战争后期对日本乃至东北亚的暴力性“统合”欲望和苏联控制日本的企图；反过来，对于美国远东政策的批判则很难与日本的侵略战争结合起来讨论。进一步而言，对于日本在战后利用美国的占领政策以求国内重建的复杂过程，还缺少有效的视角加以处理。事实上，可以观察到的一个基本事实是，为了处理东亚内部与外部通过暴力达成的复杂统合过程，现有的分析要么是抹煞暴力性格而仅仅强调统合的结果，要么是强调一方的暴力“不得已而为之”的性格，以求暗示统合的不稳定性。就前者而言，如小林善纪关于日本殖民地给台湾等地带来的现代化结果的解释可以视为代表，就后者而言，日本社会的右翼保守势力不断再生产的日本对抗西方的“近代模式”，通过例如靖国神社游就馆的历史解释转化为意识形态。由于这种基本的状况，对于东亚在两次世界大战以来的不断再整合需要建立一个新的有效的分析视野。事实上是，仅仅依靠对于小林善纪的《台湾论》和靖国神社的历史解释进行就事论事的批判基本上无法清除这些意识形态的负面影响，只有提供新的历史解释模式，上述对抗和批判才可能在此前提下奏效。

二，它将不可避免地要求重新清理我们已经习以为常的价值判断体系。就中国剧烈变动的现代历史而言，已然形成的政治的和社会的价值判断主要依赖于不同历史时期的意识形态整合功能，但是，无论内容如何，就中，对于历史过程的二元对立判断却是一贯性的。特别是近代以来对于传统社会的激烈否定，使得现代认识论日益趋向于二元对立的价值判断。一次次思想界的论战，以强化这种二元对立为结果，这使得“对号入座”的思维方式代替了准确的分析和判断，也使得价值体系变得粗疏和简化。在这种情况下，认识论的粗疏常常会使我们远离历史的丰富性，从而失掉进入历史的机会。

当东亚视角被确立的时候，我们必须追问，这个视角与国别视角究竟有什么不同？在本文的讨论里，东亚视角不能等同于国别视角的集合体，这一点已在第一节讨论战争记忆视角的时候有所涉及。在此，我希望继续深化这个问题意识。由于日本的侵华战争和中国在二战之后的内战，也由于战后的冷战以及朝鲜战争，使得东亚无法摆脱战争记忆这一最能够破坏统合功能的历史阴翳。如果我们试图以国家为单位建立价值判断（而且尤其是道德性的判断）的框架，那么，我们将不得不割裂历史。例如在第二次世界大战结束之前，日本是中国的敌人，美国是中国的盟国。为此，中国的现代历史著述以无保留肯定的态度记录东京审判；但是，在国共内战结束，共产党获得全国政权之后，占领了日本的美国成为中国的敌人。当朝鲜战争爆发的时候，台海关系在这个时期也构成了大陆政权与美国之间紧张关系的一个结节点。从这个时间点上回溯历史，我们才能看清楚从东京审判开始的东亚战后历史是如何与美国一步步深入东亚内部的过程相重合的。可是在这种情况下审视美国在战后进入东亚的过程，我们就需要重新讨论它在东京审判中建立霸权的野心；这样，毫无保留地肯定这个并没有真正尊重东亚受害国意志的审判就是自相矛盾的。但是反过来，毫无保留地否定这个审判也违反历史的逻辑，因为这就意味着肯定日本侵略战争的正当性。如果再往后追溯，则可以看到从日美安保条约的缔结到冲绳的回归日本，从美国在战后设计日本的和平宪法到变相地武装日本使其绑在自己的战车上，不仅奠定了美国与日本的共谋关系从而巩固了其在东亚的军事基地，也提供了美国利用军事手段控制世界的有效立足点。另一方面，中国与苏联的关系也是不断变动的，在俄罗斯日益进入东亚的今天，如何评估中国与苏联坎坷的历史关系，并不比处理中日关系更容易。在这半个多世纪的历史里，中国与美国、苏联（俄罗斯）和日本、朝鲜半岛的关系，不断地在“国家利益”的意义上发生变化，每一次变化都可能意味着对此前某些判断的否定。执着于某一历史横断面，可以得出的判断是清楚的，但是如果纵向地审视历史，这些变化就不能回避。那么，这一切变化是否能够仅仅归结为“国际外交战略”？事实上，思想界在处理上述问题的时候，思想史研究基本上是缺席的。这是因为，如果在思想原理的意义上讨论这样的历史过程，必须有一个大于国别关系亦不同于复数国别总和的视角，于是，与被绝对化的“国家视角”如何协调，就将成为一个问题。更何况迄今为止各种意义上的“国际联合组织”，其实通常只是体现少数实力国家的意志而已。高于国家的“跨国视角”，如果建立在国家组合的基础上，很难避免现有的少数国家控制局面的格局，但是如果以乌托邦的方式寻求超越国家的可能性，这种努力必须直面现有的困境，否则，它很难具有真正的思想潜能。

迄今为止，中国的东亚研究基本上很少处理上述两个方面的问题。这使得它不得不停留在某种似是而非的不自觉状态。这当然致使一些中国知识分子对于东亚论述的必要性发生怀疑，东亚论述的思想品格也因此难于定位。在后冷战时期，我们面对的问题越发无法使用现成的价值判断加以处理，于是，打造可以面对复杂状况的思想认识论成为紧迫的课题。

但是，问题在于，即使我们可以在开放的统合模式中对于既定的简单化价值判断进行清理，并且具备了针对历史状况的多元价值观念，也并不等于我们已经建立了东亚的认识论原理。可以说，我们尚处在建立自我认知的初级阶段，目前的任务在于清理，不在于建构。当对于问题的清理获得了某种程度的共识之后，我们才能避免对于伪问题的纠缠。在认识论层面对东亚视角进行追问，目的就在于此。或许，东亚视角在今天的意义，就在于它在知识混乱状态中把我们引向认识论的自觉。虽然要达到这种自觉状态，我们尚且需要其他的媒介，但是东亚视角的不可替代性，却是由它的特定历史过程所决定的。毕竟，有一些重要的历史转折事件，只有置于“东亚”这个特定的视野，才能进行综合性的分析，而随着历史过程的不断呈现，作为认识论视角的“东亚”，也必将贡献新的思考维度和思想资源。

注释：

［1］ 代表这个思路最高水准的力作当推山室信一的《作为思想课题的亚细亚——基轴·连锁·推动》，岩波书店，2001年。此书占有大量资料，集中讨论了日本乃至东北亚在近代转型期的“近代化焦虑”问题，把东北亚地区各国视为回应西方近代的挑战，相互争夺近代化主导权的竞争对手。该书指出，亚细亚主义是东北亚地区在遭遇了17世纪以来西方的世界认识之后发生的关于自身认知方式的变化，它带来了一系列的思想观念文化习俗乃至政治实践的连锁反应。该书提供了很多精彩的分析和资料的线索，特别是充分考虑到了“国家利益”与思想意识形态之间的关系，是一部了解日本亚洲主义脉络的重要著作。但是，该书在结构意识上完全忽略了在亚洲主义问题上中国、日本、朝鲜之间的非均质特征，并且把近代转型期东北亚地区的近代化焦虑放大为亚洲主义的绝对前提，从而在客观上简化了这个思想课题在跨越国界时的历史复杂性。尽管如此，在理解日本近代以来关于亚洲主义见解的意义上，此书仍然具有高水准的代表性。

［2］ 参照白永瑞：《世纪之交再思东亚》，《读书》1999年8期。

［3］ 参见毛泽东：《中间地带有两个》（1964年1月5日）；载《毛泽东外交文选》，中央文献出版社、世界知识出版社1994年版，第508页。亚非视角与亚非拉视角，一个与20世纪50年代的万隆会议直接相关，一个则与60年代的中苏关系破裂和反美斗争的需要相关。这两个视角的最大差异在于对苏联的态度不同。亚非拉视角包含了与苏联的霸权相抗衡的含义，而亚非视角并不强调这一点。1956年12月8日，毛泽东在全国工商联第二届会员代表大会各省市代表团负责人座谈会上发表讲话《“一边倒”对不对?》，强调中国在当时的国际环境中无法在美苏之间保持中立，只能采取对苏联一边倒的策略，但是同时他强调这种一边倒是平等的。尽管在50年代毛也使用亚非拉美的说法，但是作为一个独立的视角，特别是在相对于亚非视角不与苏联对立的意义上，亚非拉这一视角似乎可以视为60年代初期的产物。而其后在1974年毛泽东提出三个世界理论的时候，他已经明确地把美苏归为第一世界，把包括中国在内的后发达国家归为第三世界，而包括日本在内的发达国家则被归入第二世界。

［4］ 根据吴建民记述，周恩来总理在万隆会议上发言的时候，谈到东亚局势时使用的也是“远东”而不是“东亚”这个词。周恩来在出席8国代表团团长会议的时候声明：“中国政府愿意同美国政府坐下来谈判，讨论和缓远东紧张局势问题，特别是和缓台湾地区的紧张局势。”参见《外交案例》（中国人民大学出版社，2007年12月出版），第52页。

［5］ 在此仅举出笔者阅读的极其有限的著作：沈志华主编《冷战时期苏联与东欧的关系》；牛军主编《冷战时期的美苏关系》；杨奎松《冷战时期的中国对外关系》（以上均为北京大学出版社，2006年出版）。沈志华、李丹慧著《战后中苏关系若干问题研究》（人民出版社，2006年）；沈志华著《毛泽东、斯大林与朝鲜战争》（广东人民出版社，2003年）；

孔寒冰著《中苏关系及其对中国社会发展的影响》（中国国际广播出版社，2004 年），等等。

[6] 参见 D.F. Fleming，*The Cold War and Its Origins*，1961（日译本书名改为《现代国际政治史》，岩波书店，1966）。这部深入剖析了冷战起源的出色著作对此进行了充分的揭示。在第一部《敌与友》中，作者指出，在第二次世界大战中，英、法对于苏联的恐惧胜过其对于德国的恐惧，对于共产主义的防范胜过了对于法西斯主义的抵抗。由于希望借助于希特勒削弱乃至消灭苏联的力量，使得欧洲战场上的反法西斯战争坐失良机，导致了希特勒在东欧战场上长驱直入，并且不断推进其战线；美国则在 1917 年俄国革命之后展开反共宣传，同时在美国国内对议会内部的社会主义者进行清洗，直到 16 年后的 1933 年，迫于石油危机和希特勒的攻势，罗斯福政府才不得不承认了苏维埃政府的合法性。Fleming 写作此书的目的，在于揭示冷战历史是如何从西方世界对于共产主义的恐惧中孕育而成的，在冷战格局曾经有过转机的 1960 年代初期，他通过对于第二次大战以来的历史回顾，呼吁西方社会对于共产主义阵营进行“内在理解”，尽早结束由偏见和盲目自大造成的敌对局面。

[7] 例如，1975 年第 2 号发表勃列日涅夫总书记对于亚洲和平安全国际会议所做的讲话；1983 年 4 号发表安东罗波夫总书记对美国的声明；1987 年第 2 号发表戈尔巴乔夫总书记在列宁勋章授奖大会上的演讲；1988 年 4 号发表戈尔巴乔夫回答中国《瞭望》杂志的访谈记录；1989 年 2 号发表戈尔巴乔夫在库拉斯诺雅尔斯库发表的演讲；同年 3 号发表戈尔巴乔夫在乌拉基尔国际会议上的讲话，等等。此外，该杂志还发表苏联印度共同宣言（1983.1）等苏联在亚洲的外交文献以及苏共第 25 次、26 次、27 次代表大会有关东亚的政策。此外，还有相当数量的关于这些政府文献的解释文章或者与此相关的文章。

[8] 例如 1975 年 3 月出版的 4 卷 1 期所载苏共中央政治局候补委员梭罗门契耶夫的《为国民做出贡献的西伯利亚和远东资源》、1988 年 8 月出版的第 17 卷第 4 期所载苏联国家计划委员会地域计划总局副议长斯科罗霍多夫的《苏联的远东——问题与展望》，讨论的完全是苏联内部的地域资源问题。

[9] 戈尔巴乔夫上台之后，这份杂志开始陆续刊登关于中国改革的研究，而从 1989 年开始，开设了《中国的改革之路》专栏，对中国的改革进行了持续性的关注和研究。1990 年第 3 号发表 V.佐托夫的论文《中国政治危机的原因与结局》，对 1989 年的事件进行了相当深入的经济与社会角度的剖析，并不像西方传媒那样把这个事件简化为“镇压民主”的意识形态符号。值得注意的是该文的主体性姿态：它把中国改革的困境视为社会主义阵营进行改革过程中的一个实验，并没有采取隔岸观火的态度。事实上，在该杂志发表的关于中国改革的研究中，这种主体性姿态是贯通的基调。

三 “文化” 的力量

文化为何重要：对女性主义政治语言的反思

● 特贾斯维莉·尼南贾娜①

自20世纪80年代参与印度妇女运动的斗争和其他活动以来，我就一直对女性主义中的文化问题抱有兴趣。作为同样对殖民社会下知识生产感兴趣的学者，我好奇的是，在殖民话语及对此话语的反应中，女性与“文化”的主位化（thematisation）的关系。在我早先的论著中，无论是关于性别、印度电影还是关于当代女性主义，我都在试图梳理出其中的文化-女性关联。这种关联在亚际网络所组织的小组讨论和会议中得到确认和探讨，在其他亚洲环境中亦然。本文写于2009年粉红查滴运动（the Pink Chaddi Campaign）之后，以此重新确认我对女性与文化问题的全盘思考，并同时强调，在女性主义政治语言似乎正在发生改变的时候，注意这个问题是更为必要的。

* *

亚际项目，尤其是它在亚际文化研究（IACS）杂志所展示的，在整个亚洲引发了诸多激动人心的对话。其中一个与“亚洲的”问题相关且富有成效的方面是女性主义。虽然这个地区的许多国家都有强大的妇女运动，但这些运动总是不可避免地频繁涉及一些当地的问题（除了跨境方面的相关问题，如性交易、移民等），故而要想找到一个切入点来理解各女性主义之间如何交流就并非易事。我认为也许有必要超越对女性主义政治的实时问题的关注，代之以对问题缘起的更为仔细的检讨。我想，这样的检讨必将聚焦于为何文化对女性主义如此重要。有了这些讨论后，我们再来反思印度女性主义的新进展。

如我在近来的文章中所说，“亚洲的女性主义与文化研究”取代了女性主义，中断了固有的批判性研究文化的方式（如在20世纪70年代的英国），就文化研究新领域的

---

① 特贾斯维莉·尼南贾娜（Tejaswini Niranjana），香港岭南大学文化研究系。

出现而言，这是最基本的（Niranjana，2007）。所谓基本，是因为这是女性主义者在非西方社会对文化问题业已（不得不）采取的方式。

对亚洲女性主义的一个标准批评源于这样一个指控，即认为它与“我们的文化”毫无关联或疏离已久。对我们的其他那些政治框架却鲜有这种指控，而这些框架更谈不上拥有一个清晰可辨的“本土”资源。我曾另文详细解释过为什么文化问题——特别是在原殖民语境中——无法与女性如何被定义的问题分开。在本文中，我将以印度为例对此问题详加说明。

然而，这首先涉及亚际语境。自 2000 年起，我有机会在亚洲各地举办的亚际文化研究会议中参与了一系列的女性主义讨论。2000 年 12 月，在福冈的首次女性主义小组讨论，将常有争议的妇女与国家的关系作为核心问题提出，很多人谈到了通过已经固化的那些词汇，比如阶级，将妇女问题和性别问题理论化的难度。2001 年 10 月，在班加罗尔，我所在的工作单位 CSCS 主办了亚洲女性主义会议，聚集在此的亚洲女性讨论的问题有：妇女与国家（在伊朗与新加坡）、参与内战的妇女（在斯里兰卡）、女性主义与宗教身份（印度、马来西亚）、少数民族（印度）、酷儿身份（在中国大陆和台湾地区）、妇女与法律（孟加拉、印度）。一个重要的总结讨论探讨了亚洲女性主义惯用的批判词汇，及因其翻译自西方语境而来的张力。在很多方面，文化问题都居于这一状况中各个不同环节的核心位置。不久之后，2001 年 12 月在班加罗尔，IACS 替代方案研讨会另辟论坛讨论了女性主义问题。这个研讨会紧接着亚洲女性主义会议召开，主要是照顾那些因 9·11 事件后的旅行公告无法与会的学者。这个研讨会旨在评估我们所持有的政治理论立场。在一个重要场次中，我们探讨了女性主义者在当代的政治主动性中的当下困境，也研究了文化实践和女性主义分析的问题。在后来的会议上（2005 年首尔、2007 年上海），亚际女性主义者提出的理论问题包括流行文化、伊斯兰化及其对女性的影响、性工作者运动及其新主体性的生产。

再次强调，如我在上述文章中所说，将女性主义议题纳入亚际文化研究框架之中，这就凸显了所有亚洲妇女，特别是女权主义者所承担的文化问题和具体协商；拓展了如何思考亚洲现代性这一问题；促进了关乎社会批评词汇生成的翻译问题的研究；促使我们反思政治。（什么变化中的政治语汇？政治能否以过往的方式识别？）女性主义似乎成了反思在亚洲展开时最多变的领域之一。

对亚洲的女性主义而言，文化问题的重要性可从下面的对比中得到说明。西方的女性主义学者认为自然与文化是二元关系。“（西方女性主义史上）最常见的一对备受争议的术语是自然与文化”(John 1998：203)。通过分析自然-文化二元论，西方女性主义者对知识结构和制度（如家庭）给予了重要的批判。雪莉·奥特纳（Sherry Ortner）在其《女性与男性是自然与文化的关系吗?》一文中强调，“每一种文化都隐含承认并坚持自然运作与文化操作（人类意识及其产物）之间的区别，进而认为文化特性正在于这样一个事实，即它在大多数情形下都会优于自然条件并能将之用于自己的目的。这样，文化（即每一种文化）在不同程度的意识上都宣称自己不但不同于而且优于自然，其独特性和优越性正在于能够将自然社会化与人文化的转化能力”。(Ortner 1974：72－73)

据她所说，正是“女人所特有的身体和自然生殖机能”导致了这种传统，认为女人更接近自然，并因此从属于文化。然而，在非西方社会中，女性被历史地看作是文化的一部分。例如，印度的女性主义研究已能说明，印度的文化概念的构成在诸多方面都与女性息息相关。这就提示我们注意殖民统治下文化问题的重要性。随着文化在这里被认为是不同于西方殖民的优越性的标志，我们可以深入了解一个历史上思考印度妇女的具体方式是如何被自然化或变得明显起来的。[1]

对印度性别理论中的文化的讨论乃是基于对独立前后阶段的民族主义计划的批判。女性主义者着眼于反殖民斗争时期，在对抗殖民者看待本土民众的观点时，一个自我建构起来的印度身份是如何产生的。他们也继而关注后独立时期的理论建构，这一时期的努力在于重新将印度想象为一个不再臣服于英国统治的独立国家。这种对印度的想象在诸多领域中产生了一系列的表征。在一组跨越一系列学科（历史、社会学、文学研究、艺术史、电影研究、政治学）的、惊人多样化的著作中，女性主义学者分析了规范性的女性气质的成因，它正是在对印度性和印度文化的讨论的语境中形成的。

文化问题的出现

“我们”是如何与“他们”区别开的？这个问题是作为殖民论争的一部分，在第三世界或更广大的非西方社会中提出的。即是说，这是一场殖民者与被殖民者之间就各自文化的相对价值的争论。与抨击西方18世纪末至19世纪初对印度殖民相伴的，是被殖民的印度人以维护自身文化优越性的方式作出反应。只要看看“文化”一词在现代印度语中是如何出现的，我们就会注意到，*sanskriti* 这一最常用的词汇实际上就是英语“文化”一词的翻译。

这里的关键在于，并非是英国人引进之前没有文化的概念，而是19世纪后我们在文化中注入了不同的意指。文化在此代表了本土的一切，包括特属于我们的，与殖民者世界中所能发现的都不一样的东西。我们既然已经是现代印度人，而且即将成为一个独立国家的公民，那么我们就该坚持“我们的文化”的理念，好让我们与众不同。

虽然文化问题是我们现代身份形成的一个紧密部分，但在现代性中，文化仍被视为某种现代的剩余之物。这意味着，在什么是“现代”的讨论/描述中，就什么是非现代的，什么是传统的外在于西方化进程（进而替代现代性）的，文化提供了可供参照的例子。文化与现代性之间的这种扎根于殖民语境之中的关系，可能会给我们一些启示，即为何在对非西方的文化的讨论中，女性占据着这样一个中心位置。

印度的环境与亚洲其他社会有诸多相似之处。库马里·贾亚瓦迪那（Kumari Jayawardena）在其经典著作《女权主义与第三世界的民族主义》（1986）中论证说，非西方世界的这两个运动——争取妇女权利运动和民族解放运动——有着紧密的联系。与此相应，“文化问题”也变成了“民族文化问题”，对女性而言，这意味深长。虽然反抗殖民者的民族主义运动使女性的政治性参与成为可能，但同时也为她们制造了一个显然是静止不变的民族象征意义的身份。由此，女性愈益被视作“传统”与“文化”的宝库。

亚洲女性主义者面对的一个常见批评是，他们抹去或疏离了“我们的文化”，女性主义源自西方，代表的只是一套外来的思想观念。有趣的是，这种指责却并不会同样地针对我们任何一个其他的政治框架（如马克思主义、自由主义），这些政治框架可能同样没有任何明显的本土资源。那么为什么女性主义会遭此责难？女性主义的诉求据称是源于“现代化”的诉求，是一种抹去了“我们的”文化，代之以西方价值和生活方式的诉求。这种廉价的批评随处可见，但它却没有考虑到文化概念自身是如何被植入我们的语境中的。

我们的一个出发点仍有待领会：(1) 在声称与西方存在文化差异的基础上，如何创生出民族本质（“我们”是如何与“他们”不同的）；(2) 女性是如何被普遍地视为那种差异的化身（正是女性的身体、生活展现了这种差异）。当非西方世界的民族主义者在彰显现代性与文化间的冲突关系时，这正暗示着，女性是文化的，从而是原生的那一部分。因此，女性不是现代的一部分，或者更通俗地说，她们与现代性只能是一种高度的调解关系。所以，当女性以与现代性相关的方式行动时（比如看上去果断、个性化、有抱负等），她们就被视为在挑战她们在印度文化中的地位，就是在破坏文化本身。如我们所见，文化成了反“现代性”之所在——如果二者在殖民地的印度同时存在，他们就会分别被性别化为男性和女性。在19世纪城市化和移民潮的推动下，社会变动迅速而深远，在此背景下，妇女被当作一切习俗和传统的守护者，而男人却在这个殖民社会工作，并处处模仿英国人的衣着打扮和言行举止。[2]

在印度，女性-文化这个对子就这样构成并积淀为常识的一部分，即便在妇女运动中，这也一直是个悬而未决的问题。不时爆发的事件就在提醒我们注意这个尚未解决的问题：2009年初，这样的事就发生了。

粉红查滴运动

2009年1月下旬，一个新近成立的，名为主罗摩军（Sri Ram Sene，SRS）的右翼印度教组织在卡纳塔克邦的沿海城市芒格洛尔宣称，其成员将在情人节那天攻击一块出现的年轻情侣。该组织首领普拉莫德-穆塔拉克声称，“我们的成员将在2月14号那天带着祭司、姜黄根和项链四处查看。如果遇到情侣公开示爱，我们就会把他们带到附近的寺庙，给他们办婚礼”。（The Hindu，2009）[3]印度的情人节庆祝活动虽然主要是贺卡公司来发起，但在过去几年里，这个节日已吸引了大量的关注，其中甚至包括了非城市地区和不讲英语的人群。这也自然引起右翼政党的攻击，他们谴责这是西方文化堕落的表现。在发表声明后，穆塔拉克的人袭击了芒格洛尔的一家酒吧，殴打并驱赶在那里发现的妇女。[4]这件事在全国范围内登上了电子和印刷媒体的头条。在卡纳塔克邦，掌权的是右翼的印度人民党（Bharatiya Janata Party，BJP），人权组织团体声称该党默许纵容了主罗摩军的行为。整个卡纳塔克邦的沿海地区，特别是芒格洛尔，多年来已成为印度教徒、基督徒和穆斯林的新的紧张地带，而所有这些人已在此地区共享文化政治空间数十年。[5]

在芒格洛尔酒吧袭击后数天，泡吧、纵情与前卫妇女联合会在社交网站Facebook上成立。这个组织发起了一个在当年情人节给主罗摩军寄送粉红内裤的运动。这种抗议风格在印度女权政治史上是前所未有的。正如该运动的一位主要组织者所述：“我们只是想用一种方式来显示这个愈益庞大的内裤人（chaddiwala）组织的荒谬。”（Susan，2009）内裤人指的是穿宽大卡其色短裤（在许多印度语中叫做查滴）的人，这种短裤是民族卫队组织（Rashtriya Swayamsevak Sangh）制服的一部分，该组织是右翼党派团体（统称为联合家庭或组织家庭）的母组织。

妮莎·苏珊（Nisha Susan）历数了运动的壮大：“运动开始一天，我们已有500名成员，一星期后达到40 000。从波多黎各到新加坡，从金奈到艾哈迈达巴德，从古瓦哈蒂到阿姆利则，人们写信给我们询问，怎样寄出我的查滴？但那时这个运动已经下线了。比哈尔的中老年人、学生、中年家庭主妇、声音沙哑的壮汉，这些原本不大愿意大声说查滴这个词的人都来联系我们。”（Susan，2009）

大量的收集中心在印度涌现，在这些地方，人们被鼓励脱下短裤寄给芒格洛尔的主罗摩军总部。抗议活动虽然也在线下开展，但粉红查滴运动（PCC）之所以能够出名，或许在于它是印度妇女运动的首个网络运动。正因如此，在一些城市组织一系列街道游行和示威活动时，抗议者数量远少于那些通常是因为“侵犯人权”而受到鼓动参与的人数。即便是三八国际妇女节，在芒格洛尔的集会也只有300人参加。

针对PCC的批评很多：有来自同行组织的，他们只认同激进的女权政治，视PCC为精英主义且无足轻重（当然还有远为重要的妇女问题要处理）；有来自印度教团体的，他们声称PCC反对的是印度教文化，冒犯了印度教观念等等。对抗议者的攻击性反应不仅来自中产阶级下层的“原教旨主义者”，也来自攻击“世俗”“进步派”的谙熟网络的保守主义者，还有来自大学男生。这个讨论抛出了一连串的相关概念：世俗的、西方的、现代的（自然也是反对“我们的文化”的）——这串关联轻而易举地被组织起来，以反对质疑主罗摩军主张的妇女。大多数女权组织，甚至包括那些极力反对1994年芒格洛尔世界小姐选美大赛的组织，以及那些对包括《火》在内的迪帕·梅赫塔极具争议的电影保持审慎沉默的组织（这两者代表了近来性别、文化、全球化的另类结合）（Niranjana and John 1999），都很支持PCC和情人节集会。而实际上，那些从不认同、庆祝情人节的人在2009年2月14日这天也以粉红穿着现身。

主流媒体对抗议与反抗议的报道，反映出了他们在这一问题上的阶级分化。事实上，线上和线下的抗议表明了参与人群的惊人的多样化。有人将酒吧袭击视为一种反全球化的姿态，但这种解读却没有对印度内部针对妇女的家庭暴力、监管暴力（通过军队和警察）以及其他公开敌意的展现的漫长历史做出解释。同样，把PCC看作是亲全球化力量的判断也不对，正如不可将早先的妇女运动活动轻易斥之为“西方”的鼓动。

在那些抗议主罗摩军袭击的团体之中似乎还存在着另一个有趣的分别。支持情人节运动引发了许多当地团体的参与（包括卡纳达语民族主义者、一个农民运动以及一个前黑社会人物领导的“世俗”政党），但同样这些团体却并未在3月8日现身庆祝妇女节。他们似乎支持的是异性恋情侣的表达自由权利（他们在情人节那天派出爱情车辆巡逻保护情侣，防范受到主罗摩军的威胁袭击），而不像女权主义者所阐明的那样特别关心妇女权利。

当印度的女权组织谴责公然针对妇女的酒吧袭击及随后的个人攻击时，并没有多少人公开谈及 PCC。或许是运动的风格有些令人不适，因为其中同时包含了性羞怯和性挑衅。为什么粉红查滴是一个有力的凝聚物，一个汇聚着各种不同利益的形象？大众文化的庸俗粗鄙与 Web 2.0 的强词夺理，二者的混合似乎是这种凝聚运作的方式之一。对女权主义者而言，当事关跨阶层、跨信仰的婚姻或关系时，批评“道德警察”总是相对容易的；但若更明确涉及性行为，就像在情人节或情侣在公园的 PDA（public display of affection 公开表露情感——年轻人的一个新词），那就比较难了。

一些女权主义者在博客中认为 PCC 反抗不具成效。你们寄查滴，他们送粉色莎丽，“有什么用呢？”他们问道。这一评论似乎没有考虑到这一事实，即 PCC 现在已进入流行词汇中，出现在广告和普通新闻一类的文章里了。虽然在酒吧袭击这个例子当中（受害女性多是年轻人、城市及中产阶层），“受害者群体”内部有一定的凝聚力，这或许能让部分人打消此抗议为精英主义的念头，但 PCC 很可能会标志着印度女权政治语言的一个转变，即印度女权运动原有的为底层妇女“发声”的舒适感由此遭到挑战，代表性问题自身也遭到质疑。如果女权主义者不明白 PCC 这一前所未有的性质，就无法看清它在性行为和女性欲望问题与印度当前政治世界的交叉中起到多么关键的作用。PCC 考虑到了印度民族主义者酒吧袭击和行凶者的男权辩辞中的性别潜台词，并将它公之于众，但不是以批评的方式吸引对此潜台词的注意，而是将它嵌入到运动的象征意义中来引起关注。

从理论上阐明性活动的兴趣已割裂了非西方世界的不同地区，或许因为对女性主义而言，在已有的一段时间里，性活动只是个有限的例证——是观念和政治介入的最为模糊的地带，无论它是关于权力如何进入异性恋关系，还是关于为争取一致的性别行为所做的努力，即使是在其他的性关系中。对翻译/词汇问题而言，性是关于文化差异争论展开的一个关键地带，正如它是有关现代性问题思考的核心一样。PCC 将翻译、现代性、文化以及政治等议题集中在一个引人注目的性别化的形象中，在很多方面，它对我们当中那些有志于重塑女性主义语言及其目标和策略的人来说是一个挑战。

（翻译：陈密　校对：罗小茗）

注释：

[1] 《重塑女人》(Sangari and Vaid，1989) 这一具有里程碑意义的文集中有不少文章对这段历史有许多深刻的描述。

[2] 对公共和私人领域新感觉的出现和转变的有影响的论述，参见 Partha Chatterjee，《国家及其碎片》，1993 年。

[3] 作为印度婚姻的象征，幸运项链是佩戴在妻子的脖子上；姜黄根通常用来表示吉祥。

[4] 这里有一个相关的视频链接列表：

http：//www.youtube.com/watch? v=lEbD2aXs-XU (pub attack)；

http：// www.youtube.com/watch? v=tnbYYwOvAFo&feature=related (campaign steps)；

http：//www.youtube.com /watch? v = THITp1E _ onU&feature = related (pile of pink chaddis)；

http：//www. youtube. com /watch? v = Pgrk9YG6Nq0&feature = related (debate on NDTV)；

http：//www.youtube.com /watch? v = 5EQ7NS6jelU&feature = related (latest eapon in culture clashes).

[5] 对这一地区复杂政治的简明介绍，参见 Sumi Krishna (2009)。

参考文献：

Chatterjee，Partha (1993)，*The Nation and its Fragments: Colonial and Postcolonial Histories*，Princeton，NJ，USA：Princeton University Press.

Jayawardena，Kumari (1986)，*Feminism and Nationalism in the Third World*，London：Zed Books.

John，Mary E. (1998)，"Feminism in India and the West：recasting a relationship"，*Cultural Dynamics* 10 (2)，July：197 - 210.

Krishna，Sumi (2009)，"Understanding and responding to the Mangalore assaults"，unpublished piece，11 February，Bangalore.

Niranjana，Tejaswini (2007)，"Feminism and cultural studies in Asia"，*Interventions* 9 (2)：209 - 218.

Niranjana Tejaswini and John，Mary E. (1999)，"Mirror politics：'Fire'，Hindutva and Indian culture"，*Economic and Political Weekly* XXXIV，6 - 13 March：581 - 584.

Ortner，Sherry (1974)，"Is female to male as nature is to culture?" In M.Z. Rosaldo and L. Lamphere (eds) *Woman*，*Culture and Society*，Stanford，CA，USA：Stanford University Press.

Sangari Kumkum and Vaid，Sudesh (eds) (1989)，*Recasting Women: Essays in Colonial History*，

New Delhi：Kali for Women.

Susan, Nisha (2009), "Valentine's warriors：the Pink Chaddi Campaign：why it began and how", *Tehelka* 6 (8), 28 February, http：//www.tehelka.com/story_main41.asp? filename = Op280209valentine_warrior.asp, accessed 28 December 2009.

The Hindu (2009), "We'll not spare dating couples on Valentine's Day：Muthalik", 6 February, http：//www. hindu. com /2009 /02 /06 /stories /2009020657590100. htm, accessed 28 December 2009.

地方狭隘主义的未来：全球化、《古惑仔之四》以及屯门的电影研究[①]

● 墨美姬[②]

这篇文章的副标题把一个概念（“全球化”）和一部电影，一种学科和香港的一个地点结合起来，标示知识的各色类型——植根于地方经验，文本细读和教学实践的文化理论，揭示出地方狭隘主义及其在全球化时代的未来。地方狭隘主义这个词，是2004年我在准备爱尔兰研究生电影研究研讨班的演讲时，持续出现在脑海中的。当时，我既感荣幸，也感到不安。将爱尔兰的学生纳入这一议题，我是否会表现得过于地方化而眼界狭隘？又或者，他们是否限于地方观念的偏狭，而对此不感兴趣？就在这时，我看过的一部电影跳了出来。《古惑仔之四》是一部讲述发生在香港半农村地区的地方狭隘主义之间的帮派打斗的电影，该地区也是我居住和教书的地方。这让我得以检讨文化理论和媒介话语，追问什么是（“坏的”）地方狭隘主义，如果我们把地方性知识视作为好的话？前者何以幻灭，以及我们如何构想它的未来？

* *

在当今的文化批评的各种各样的词汇里面，有很多表示空间架构或者空间区别的词，对这些词，我们常常会觉得很费解。我们不仅要去正确地理解地方、地区、国家以及国际等表达，还要理解什么“跨地区”、“跨国家”、“地区内部”、“国家内部”以及什么“地区以下”、“国家以下”等拗口的说法。比如说在澳大利亚，“国家内部”指的是澳大利亚的农村，而“超国家地区”呢，常常指的是东亚和太平洋地区。“边境”或者“分界线”可以指任何地方，虽然在专业的文化地理学中，它们通常意味着跨越障

① 本篇译文正文来自《当代东亚城市》，王晓明编，上海书店出版社，2008年。

② 墨美姬（Meaghen Morris），香港岭南大学文化研究系。

碍的桥梁而不是障碍本身。之所以会出现这么多拗口而又令人费解的词，始作俑者就是那个“全球化”，因为正是全球化动摇了旧的殖民地理的格局。比如我离开我的家乡澳大利亚，到香港谋生，现在又来到爱尔兰，也是全球化冲击的一个结果。这一点我就不多说了。

我想说的是一种对于土地的执着的依恋，或者说一种由土地带来的约束力，一种对于“海岛的”（insular）这个词的焦虑。其实也就是题目里面提到的“地方狭隘主义”。“地方狭隘主义”在《麦考瑞字典》里面被极为简单地定义为“兴趣或者观点上的狭隘”。这个词实际上是来源于基督教，意思是“依附于教区的”。我的那些中国学生是没有关于教区的经验的，但是参照着乡村或者居民区什么的，他们也能很容易地理解这个词的含义。消极地讲，地方狭隘主义总是和下面这些东西是相联系的：宣讲福音的余孽啦，官僚政治的现代主义啦，一个农民的生活里头那些黑暗的东西啦，对于乡下异教徒的竭力排斥啦，以及对于自己的教区的一种极端的不安，等等。确实，想象地方狭隘主义的能力总是属于那些有着广阔视野的人物。

地方狭隘主义是一种情感崩溃的状态，在这一点上，它和“岛国心态”（insularity）不一样，“岛国心态”也是认识和把握世界的一种方式。就认识论而言，岛国心态是很有力量的，甚至能在一定程度上让人肃然起敬。以前在悉尼，我曾看到过一支橄榄球队被人怀着钦佩的心情，描绘成“骄傲而自得的（insular）斗牛犬”。然而，当一位教练从悉尼的一家顶级俱乐部调到北昆士兰小镇的时候，为了表达那种降尊屈贵的意思，这个本来挺适合这位教练的小镇，被描绘成了“友好的然而荒僻的（parochialism）”。最近在澳大利亚足球联合会（它是标准足球的修正形式的发起者，总部在维多利亚）中发生了一次口角，布里斯班狮队的教练用“粗野，褊狭”（home — town parochialism）来抨击墨尔本的国家队的组织者，也能表明人们对于 parochialism 这个词的态度。在这儿，我并没有任何褒贬的意思，但在这个变动不居的世界上，确实，岛国心态意味着有一个可以依靠的基础，而地方狭隘主义则往往意味着随波逐流，或者不断后退的情绪。

在今天，空间上的老死不相往来以及文化上的不能交流，会限制资本的流动，这一点会导致社会的倒退，也就是说，这个社会是要为此付出经济上的代价的。这也就是为什么地方狭隘主义常常会让人感到担心，尤其是在竞争中还要面对那些无法克服的劣势的时候，这一担心就显得更为突出。除非我们也变成粗暴的地方狭隘主义者，这种粗暴会使得学术的交流变得越来越令人难以接受。老师们都担心同学们身上会出现这种态度，因为它会限制他们对于未来和当下的看法。我在香港的时候就曾感受过这种简单粗暴的态度。在香港，我有一次去购置整套的新的日用品，在一家获得了代理权的大型电子商店里，我发现每次我说要买什么东西的时候，售货员都要很费劲地使用英语来和我交流。亨利·列斐伏尔曾观察到，在19世纪60年代就开始出现了一种服务型经济和一种以消费者为导向的文化，今天，伴随着全球化时代的到来，这种文化所带来的压力越来越走向了它的极端。当然，这种走向极端的现象首先出现在所谓的全球城市或者一些中心都市，但是，逐渐地，随着资本和劳动力的流动，这种现象也蔓延到了农村和以前看来很偏僻的地方。

然而，就像我上面所举的那个足球的例子所暗示的那样，大部分人还是生活在所谓封闭的地方的圈子里面的：家庭啊，体育活动啊，还有职业选择，等等，都是这样。职业选择之所以也是这样，是因为贸易上的机构或者职位什么的都可以通过一种地方的方式来设置。我自己就是一个例子，在澳大利亚生活的大半生里，我一直都是一个地方狭隘主义者，真的，我绝不想假装成是一个世界主义者。我主要生活在悉尼和南威尔士东北地区，它们能使我产生一种族群归属的感觉。除了这些地方，我常常视澳大利亚的其他地方为异乡，去那些地方旅游还不错，要是一直生活在那里就不可思议了。我的地方狭隘主义是在一个家庭关系很亲密很稳固的文化环境中培育形成的，外来的移民们——农民、工人等——就过着这种亲亲热热的生活。在过去的三十年里面，这种生活被极大地腐蚀了，对此很多过来人都感到非常伤心。奇怪的是，在澳大利亚的一些主要城市中，在精英文化的关于生活的空想的热衷里面，这种强调紧密关系的生活又重新复苏了。就像那些生活在“二等城市”里的人都心知肚明的那样，大都市里面的地方狭隘主义根本意识不到它自身的局限性，在这一点上，巴黎和纽约都是明证。

从一开始，就很清楚，我并不是将地方狭隘主义全盘否定，或者是打算除之而后快。我想大概它也是很难根除的。我是把地方狭隘主义当作一个复杂的、有着丰富的含义的东西来看待的。我觉得地方狭隘主义能够给我们提供一个视角，通过这个视角，我们可以来具体地考虑全球化背景下文化冲突和变革的问题。地方狭隘主义既能顾及到定居者的心理也能顾及到移民们的心理，既能记录下文化的积淀也能记录下文化的嬗变。并且我们还要记住，在今天这样一个多元文化的社会中，价值冲突随处可见。就文化而言，“汝之药，吾之毒；汝之毒，吾之药”的现象比比皆是，而地方狭隘主义恰是一种很方便的生活方式。然而，我在这里所要集中讨论的问题是在大学和别的文化工业中所出现的较低水平的问题。比如说电影，它往往不得不去应付向外出口的命令。作为一个电影老师，这些问题能吸引我，是因为我把教育看作是建构希望的方式，把电影看作是能普及唐纳德·霍恩所说的“存在的假定”的一个很有效的手段。因为我们看电影的时候，能保持一个比较随意的状态，不太在乎电影到底讲了什么内容，这样可以比较轻松愉快地获得一些启迪。

失控的全球化

很多年以前，我离开悉尼来到香港的岭南大学。岭南大学是一个很小的文科学校，它不是在香港岛，也不是在九龙，而是坐落在屯门。在媒体的笔下，香港岛和九龙这两个地方代表了香港作为一个全球性大都市的形象；而屯门，则不过是在香港特区新开发的土地上所出现的一个正在迅速都市化，但仍然算是半农村的地方而已，它和大陆边境相去不过十五分钟的车程。我曾经在亚洲文化研究学会工作多年，来到香港，是希望能躲开充斥在澳大利亚的大学体制内触目可见的疲惫和幻灭：除了一些人过度工作不算，还要再请一些人来临时帮工，文书打理极其繁杂，本科生的教学让人充满着挫折感。然而，来香港之后几年的工夫里，我发现自己其实是绕了一个圈子又回到了起点：当香港大学教育资助委员会于2002年发行《高等教育在香港》的萨瑟兰郡报告的时候，它的那些所谓的了不起的规定让我不由自主地想起了1987年澳大利亚的道金斯改革方案。今天我们常怀着进化论的想法，但实际上，那些所谓更新的循环往往只是复制了过去的殖民格局而已：萨瑟兰郡的领主就是爱丁堡大学的副校长，而约翰·道金斯（在工党执政时期曾担任澳大利亚的教育部长）竟然借鉴撒切尔时代英国的教育理念。

当然，由于语境的影响，同一个方案在不同的地方实施往往会有一些变形。但坦白地说，这种变形并不必然总是可取的。以“国际学术期刊”为例，这类杂志的专断是我以前避之唯恐不及的。当我还在澳大利亚的时候，研究资金的分配是以所谓学术工作者绞尽脑汁写作所谓学术论文（称之为产品或许更合适）的能力为准绳的。资金的分配当然又会直接决定老师们的生活质量，以及学生们以后的工作机会和生活上的希望。而这些所谓的学术论文都必须是发表在那些基本上没人去读的刊物上，这些刊物的主编有时候是英国人，但通常是美国人，无一例外地，他们都持有地方狭隘主义的观点，睁眼说瞎话是他们一贯的做法。在文化领域当中，让“国际学术期刊”来承担质量监督的责任根本就是勉为其难，不仅是因为这个杂志的评论家们常常不具备评估异文化意义的能力（这也是跨文化阅读中常会遇到的问题，我相信那些希望超克地方狭隘主义观点的作家能够处理这一点），而且也因为他们根本没有能力来回答通常应当回答的问题，就是“该文的作者在写作时是否参考了相关的文献?”

就“什么才是合适的”这个问题下判断的时候，我们大部分人在某种程度上都会面临“观点太狭隘，或者兴趣太狭窄”等指责，但一个睁眼说瞎话的评论家还会有另外一个劣势，就是他根本不知道在一个陌生的语境里头，对写作者们来说哪些原材料才是更有意义的。自20世纪90年代以来，在美国的学院作品的出版当中关于政治正确的更极端的例子，也应该在这个语境中才能理解。这种例子其实也是全球化的出版工业自身所存在的不平等现象的表现之一。所有那些因为无视女性和少数族裔的作家们的工作而被厌弃的作品，都证明了我们的一个“公共认识”，就是所谓相关文献其实有着很强的内在的规定性，它所要达到的目的不是鼓励多样性，更不是要树立一个能经得起考验的较高水平的学术标准，而是造成一个有很强排他性的圈子化的东西。比如英语出版物虽然是面向全世界征求稿件，但它却又规定这些稿件必须得主要引用北美学院的各种成果，这就在全世界范围内制造了一种英美特色唱主角的社会政治。很少为人所注意的是，这种规定最终导致了教材的制作和销售成了一项有利可图的生意。总之，他们的所谓全球化的产品根本和该产品的质量无关，他们所关心的只是那些永远待在自己的学术世界里的英美评论家的评价，以及全球范围内的出版商能创造多少市场价值而已。

这种经授权并最终形成了制度的地方狭隘主义是非常有害的，它滋生了一个后果，就是说新一代的学者据此都会想当然地觉得，要想发表作品，最要紧的就是先到英美学术界去搜集各种资料和规范。目前，英美学术规范一手遮天的势头还没有笼罩所有的使用英语的地区：爱尔兰和印度的学术出版在一定程度上还能保持一点独立性，还有一些自己的模式。然而，就整体而言，学术上的大西洋模式的确在非常迅速地使我们丧失直接代表自己的社会群体发言的能力——当借着预算紧张和教育改革的名义，减少我们一年当中本来就不多的自由支配学术研究的时间的时候就更是如此。为“国际学术期刊”写文章的时候，语言本身就会变成一个让人产生很长距离感的媒介，这一点对于澳大利亚人（他们通常还能操持大学水平的英语）来说也是如此。在大西洋模式的支配下，澳大利亚本来挺丰富的文化事实会被弄得特别单一，澳大利亚的一些地方特色常常被目为怪诞，从而免不了要被那些所谓温和的全球化的词汇、美国味的表达或者一些理论的行话来涂脂抹粉，弄得面目全非。

然后，想象一下在香港的那些讲广东话的中国学者的处境吧。他们同样必须要面对这些问题，就是用第二习得的语言也就是英语（记住，英语并不像传说的那样被普通的香港人广泛地使用）来写作学术论文。《萨瑟兰郡报告》出台以后，“国际学术期刊”对人文学科做了非常严格的规定：重新签订合同，按照业绩表现来决定擢升与否，提高研究评估训练的强度，使之与英国本土的训练强度处于同一个水平。这些严格的规定，导致了我那些在大学里谋生的同事们，整日都是埋头在那些令人望而生畏的语言和文化翻译等问题当中，而不胜其累。然而，中文的这种结构性的边缘化和不受关注，并非是由种族的或者民族的二元式的做法所导致的，而是因为香港的商业界和社会科学界都对中文期刊非常不屑，也几乎不大引用中文期刊上面的东西，而别的系科的中国人对于中文的人文学科也几乎没有任何同情之类的表示。中文系的文学学者日子可能会好过一点，但是他们在用广东话或者普通话来写作剧本或者电视剧并准备在香港上映的时候，如果他们还算明智，他们一定得首先考虑西方那些说英语的读者们的需要，也就是投西方人之所好，而这些人可能是从来都不关心作者真正想提出什么问题的。

永远没完没了地用英语来为那些遥远的纯专业读者写作的规定，激起了那些真正的学者们情感上的一个强劲的转变。这个转变正出现在文化研究领域，它主张保存当地的习惯和社群关系，并且在香港，这个主张也的确吸引了一些富有经验的社会活动者。然而，仍然还是有一些没有被撼动的制裁措施，尤其是在那些推行定期合同的工业文化中，这些措施对于大部分学院教工来说是没有什么商量的余地的。一个比较可行的改革方案是更多的中文参考刊物的创办。然而，在这个改革的关头，那些所谓的全球化语境中专业概念限制了研究性的出版物中的语言多元化，在“国际学术期刊制度”（这真是一个制度，那些准编辑们很快就会承认这一点）的规约下，所谓的“全球化”，只是意味着北盎格鲁化而已。

这又让我想起了澳大利亚。当我离开的时候，澳大利亚的出版物被看作是地方性的、次一等的，而英国和美国的出版物却被看作是国际化的、更高一等的。按照这种思路，一个必然的推论就是，一个作品哪怕再粗糙，再小圈子化，视野再狭窄，只要它是由一个英国学者写的，那么它无论在哪儿，毫无疑问都会被看作是一个国际性的作品。我现在在香港，经常被邀请去劝说我的同事们不仅不要在香港的刊物上写文章，也不要在大陆或者台湾的那些“身份模糊”的期刊上写文章。尽管那些刊物其实很有名，而且有成千上万的读者。我逃开了，我发现我被当作了全球化的化身；我比以前更加深刻全面地认识到，做一个帝国主义的代理人意味着什么了，因为现在，去说服我的同事们把他们的作品提交给“国际学术期刊”成了我的工作。

地方狭隘主义的力量

我来香港的另一个原因现在看起来是有些天真的，我本来以为生活在亚洲社会，会更好地理解澳大利亚文化。然而这一想法在1992年的时候，却遭遇了一个很尴尬的时刻。那次是我提交了一份论文给台北，在论文中，我非常谨慎地解释了一种极端化的审美状态，具体意思就是说在当时的语境中，作为一个外来的白种澳大利亚人，我感到一种被亚洲的庞大人口所淹没的恐惧。但结果呢，我却被委婉地告知，台湾人同样也有自己的极端化的体验，那就是来自大陆的压力以及来自当地的长达数百年的历史的压力。一种对于想象力匮乏的疑惧一下子涌上了我的心头，我对地方狭隘主义产生了一种非常复杂的感觉，我感觉地方狭隘主义会阻碍我们对于外面世界的亲切的体认，地方狭隘主义所包含的情感越强烈，就越会限制我们的认识能力。

尽管有上述种种弊端，作为一种情感投资，地方狭隘主义如果能够适当地发挥作用的话，还是有积极意义的。许多的地方狭隘主义都表现出好斗的一面，但是，比较微妙的是，当一种地方狭隘主义和另一种地方狭隘主义相遇的时候，地方狭隘主义往往会出现一些情感上的转变。也就是说，当此一种地方狭隘主义和彼一种地方狭隘主义狭路相逢的时候，暴力冲突并不必然就是唯一可能的结果，有时候很可能只是导致一场喜剧。如从17世纪欧洲以歹徒为题材的小说和18世纪思想旅行家的哲理故事（比如说1972年被改编成电视连续剧的大卫·卡拉丁主演的《功夫》），到反映受到外来文化冲击的农民形象的通俗电影（比如李小龙主演的《龙的传人》），或者是反映“乡巴佬”的通俗电影（比如说由保罗·霍根主演的《鳄鱼邓迪》），或者是反映误入荒野的都市人形象的电影（比如说成龙主演的《我是谁?》），可以论证的是，由这些通俗的叙事作品所激发的认同过程，实际上是给我们提供了一种感受：如体会别人的地方狭隘主义的丰富的机会，即使这些通俗的叙事作品所提供的是一种错误的地方文化，我们也能获得一些有益的启示。真的，那些常演不衰的反映地方特色的电视剧——比如说美国的《飞越情海》、《比佛力山庄90210》、《橘子郡男孩》，英国的《加冕街》、《东伦敦人》，澳大利亚的《96号》、《铃鸟》、《邻居》，中国香港的《狮子山下》，以及中国台湾的《流星花园》，等等，都是一些比较经典的例子——其实都隐含着这样一个意思，就是地方的经验是可以被广泛地进行阐释的，从而能够帮助我们开放性地来认识原本是限于一隅的日常生活，这些经验可以借助电视的传播力量让我们获得一种超现实主义的愉悦。

现在对于地方性的生活最为集中的反映是由城市犯罪小说和匪帮小说来提供的。除了众所周知的犯罪之城，比如说伦敦、洛杉矶、芝加哥、东京、上海以及香港以外，在最近的几十年里，别的城市也都有了自己的小说家、自己的电视剧或者电影创作者来向外面的世界讲述他们自己的故事，有反映黑帮与黑帮之间争夺地盘的，有反映黑帮势力内部争夺统治权的，有反映连环杀手和绑匪的，也有反映杀手们的日常生活的，不一而足。犯罪小说反映了所谓全球化光环之外的城市生活的阴暗的一面，比如说丹尼斯·拉罕尼笔下的波士顿，伊恩·兰金笔下的爱丁堡或者凯丝·莱克斯笔下的蒙特利尔，以及《女高音》中表现的新泽西的多功能的地下室、密室和郊区的办事处，等等。可以说，在今天，没有别样的流行文化能比犯罪小说更清晰地反映全球化对于城市社会经济和一般社会生活的强大的控制力量的了。

刘伟强所执导的《97古惑仔战无不胜》（香港，1997）能获得好评，是因为他用令人振奋的浓缩的方式表现了"地方"的力量，肯定了"地方"所具有的坚韧和才能。这部电影运用了"地方的视角"来洞察那些由所谓全球化所制定的规则。1996年，古惑仔系列的前三部出品。2000年，后三部以及十三个副产品包括一个"前篇"也出品了。作为制作于1996年到2000年的香港古惑仔系列六部中的第四部，《古惑仔之四》能为当地的观众所熟知，不仅因为它的布景，也因为它的演员。就像一家网站所评论的那样，在这些演员身上，你几乎能发现任何一个香港人的影子。电影一开场是一群人正沿着一个居民区的电梯外边的走廊匆匆走过，他们看上去野心勃勃，迈着大步好像自己就是这个地儿的主人。

这个片段在拍摄的时候遵循的是合成的原则。我们看到那群人在走路的时候不是虚张声势耀武扬威地，而是非常克制地，他们的动作配合着该剧主题歌的节奏和脉动——这首主题歌是由剧中的两名男演员郑伊健和陈小春演唱的——在一段由最佳拍档公司提供的合唱之后，接着是一段四秒钟的低沉的金属声，有点类似米高梅电影公司曾录制的狮子的咆哮声，然后是插入一段小鼓和低音乐器所表演的前奏，之后是一个突然的特写，这时我们可以瞥见一群迅速移动的身影，他们沿着走廊的外墙，飞快地掠过那些废弃的管子。我们几乎没有时间来记住那些闪闪发亮的鞋子和有笔挺的褶子的裤子，再过一小会儿，屏幕上出现了黑底红白字的字幕："制片人：邹文怀"。

接着我们能看到一个倒转的镜头，这是用手提式摄像机从那群人的一个领头的人的位置拍摄的，这个镜头显示的是一条局促狭窄的人行道，在人行道的左边是一道栏杆，人行道的右边是装修小公寓所用的一些格子形的防盗窗和下水管道。在我们前面偏左的位置，若隐若现的是另一堵挤满阳台和窗子的墙，它拔地而起，感觉好像是把我们整个圈在这个居民区里面。从这儿开始，镜头就按照 2∶2∶2 的韵律和 4∶4 的节拍来转换。当字幕上出现了"监制文隽"的字样，音乐声变成了尖锐的和弦，紧接着是一段很悦耳的音乐，而画面也转换成近距离拍摄的一些不动声色的、正在逼近的脚步。接着是一段强劲的摇滚二重奏，我们看到画面上出现了一些象征着生命的栩栩如生的东西：搭在栏杆上的漂亮的毛巾，门上红色的饰物。然后镜头又投向人群的后面，我们看到一些正合着拍子轻轻晃动的头和肩。很明显，这个人口稠密的居民区正是上文曾说过的所谓"地盘"，接下来的镜头集中展现了这个"地盘"的特点；有潜在的危险（那些鞋子几乎是在踩着我们的脸走），有藏在屋子里面的人（镜头定格在这座公寓里面的那个穿红裙子的女人身上），有相互的邻里关系（最后一个镜头是从对面邻居的角度拍摄的）。

在不到两分钟的时间里面，人行道的镜头简要勾勒了"生命的全部历程"，这个历程是围绕着"限制和突破限制"这二者所形成的动力而组织的。电影中对空间的表现代表了那个限制，而对音乐和动作的表现则代表了突破限制的冲动。限制和突破限制之间是一种紧张的状态，这也就是欲望和秩序之间的紧张。这一紧张在随后关于争夺洪兴家族的统治地位的情节中得以表现。然而，在这个片段里面最主要的情感还是对于生命力和荣誉的一种确信。从各个角度所拍摄的那些摇摆不定的并不显示剧中人物脸部的镜头，在音乐的配合下，赋予了剧中人物一种特殊的"地方特色"以及男子汉的内省气质，一种团结的气氛。不管这些人是匪徒还是警察，他们在这个环境里称王称霸，但是他们不是为了表演给外界看的，他们是自足的。

当镜头再次转换的时候，我们看到洪兴仔们正欢快地陪着新郎开始结婚典礼。新郎名叫 DaiTin-yee（谢天华饰）。他们在一幢公寓楼门前碰到了新娘"KK"（张文慈饰），她正和家人以及朋友在那儿等候。婚礼上每个人物的脸都非常清楚。单单这些镜头当然还不足以让我们知道影片上出现的好多人物其实都是古惑仔，也不足以让我们知道这个居民区其实是靠近在港粤人日常生活的中心地带，而只是让我们熟悉一下在以前的系列影片中所曾经出现的人物和情节，从而获得一种开放的历史感。这是一段让人揪心的历史：不久，Tin-Yee 就会被杀害，而 KK 会被作为对手的东升家族的一个恶棍欺骗并强奸，并且一场争夺继承权的残酷的武斗会就此展开，从泰国一直蔓延到屯门，并把在铜锣湾的这个极小的公寓和人行道之间的地方举行的这场婚礼的所有参加者的命运都牵扯进去。

在 20 世纪八九十年代，香港电影在动作片的精心打造上的确是技高一筹。在《从中英联合条约》签订的 1984 年到英国将权力移交给中国的 1997 年这段时间内，一些香港电影甚至获得了极高的国际声誉，比如由吴宇森和周润发联手推出的一些影片。在那些年里，香港的流行文化很受中英谈判前景的影响，就像陈清侨在一篇评论武侠或者说动作电影的文章里所指出的那样，某种更新的在殖民统治之后要与本地的社群保持认同的意识深刻影响了当时的香港电影。正如陈所解释的那样，在这个时期，由王家卫等人执导的影片都“包含了丰富的地方因素，而对一个外地观众来说，这些地方因素是很难理解的”。比如说，武侠剧在香港的上映，对于外地观众来说几乎就是公然的挑战（王家卫的《东邪西毒》是一个很好的例子），而对于香港本地人来说，像古惑仔这样的自足的影片却是在运用编码和分层的方式，来深刻地探索文化本土性和同一性的困境。在临近 1997 年之前的那段岁月里，这个困境强烈地困扰着香港人。

尽管这样，但至少在表面上看来，古惑仔系列电影还是比较容易理解的。这个系列的影片刚好是在中英交接这一事件之前一年半的时候拍摄的，它们在年轻人当中非常受欢迎。当然，它里面把古惑仔当英雄的夸张的描述手法，以及对校园里面也存在古惑仔的暗示，也激起了一些争议。而且，它的音乐电视的风格，它的喜剧式的灵感，它的“俗气的，肤浅的美学追求以及对于那些不务正业的油头粉面的年轻仔的刻画”也同样是存在争议的。一些评论家认为，和十年之前吴宇森所执导的那些充满磅礴的英雄气概的作品相比，古惑仔系列影片显得空洞并且有些不成熟的愤青气。在任何既定的时候，大部分的电影在考虑推出新的视觉风格或者表现年轻人或流行文化的那种对抗心态的时候，总有不能突破的一个上限（比如《发条橙》），但是《古惑仔》却能在香港的形势正处在重大转换的关键时刻准确地突破这个极限，完美地呈现出这个转变。从第一部开始，《古惑仔》就暗示了整个社会秩序正处在转变当中：洪兴就是本地社群的象征，它可以说是一个家长式的宗族。影片的主人公是陈浩南，他是一个有些克里斯玛气质的人。和他的桀骜不驯的搭档 Chicken（陈小春饰）一起，他们带领一伙朋友风里雨里，摸爬滚打，出生入死，结下了深厚的友谊。

在这个过程中，古惑仔系列电影不仅表现了实用角度的对于“交接”事实的承认，而且表现出了对于本港和整个亚洲地区的亲近。在 1997 年之后的那几年里，正是这种亲近，保证了许多以香港为大本营的电影摄制人和文化活动者以及遭受金融危机冲击的电影工业乃至整个香港经济得以幸存并复苏。确实，在《97 古惑仔战无不胜》中，洪兴家族的统治者是把 1997 年香港回归中国这一事件当作能影响他们的金融计划的因素来看待的。在后面的几部影片中，这一点就更清楚了，当陈浩南在积累财力和势力的时候，这个有上升趋势的全球化式的转变在有些评论家看来，实际上是影片的一处败笔，“地方性的感觉开始褪色了”。另一方面，古惑仔系列电影有力地创造了一个想象的“地方”、一块地方特色浓郁的“乡土”、一个内省的世界，而且描绘得是那样的栩栩如生，以至于每一个有过类似地方经验的人，无论什么地方，都能在这儿产生一种好像是生于斯活于斯的亲切的感觉。但是，在同时，他们又冷冷地质问这个世界将给予他们一个怎样的未来，以及到底要怎样他们才能在这个世界上生活下去。

只是沉湎于“地方”的温柔乡里是没有办法回答这些问题的。匪帮小说喜欢渲染短暂的生命中的那些激动人心的故事，在《古惑仔》中，由于大量暴力动作的搀入，这一点显得格外突出。《古惑仔》的内容很丰富，它描绘了一系列关于商业、家庭、政治经济的影响等等的图景。它能够把在香港发生的哪怕是再小的事情与发生在别的地区的事情联系起来。这些地区不仅包括中国澳门、中国台湾、荷兰、泰国、日本、马来西亚，也包括中国大陆。但是无论它描述的范围如何广泛，它最后总是能够把眼光转回香港。在一定程度上，这种将其他的国家也纳入拍摄视野的做法其实是为了在市场上赚取利润，也是《古惑仔》本身为了出口的一个策略。而且，这样做既能给香港本地的观众提供港外的一些新奇的经验，又可以神话香港，并把香港和其他的城市风景联系起来，从而吸引海外华人和外国观众。但是，《古惑仔》并没有停留在只是描绘岛内和岛外以及流浪者和定居者之间的关系上。它把我们带向了屯门，那个在香港却又好像不属于香港的“另一个”地方。在那里，我们会看到全球化的强盗逻辑绝不是对所有的地方狭隘主义的生活方式都一视同仁。

屯门一览

小的社群通常都有很强的把自己区别出来的能力。我本人是在只有 2 381 人（这个数字是我在学校里记住的）的乡间小镇上长大的。但在那个小镇上，作为一个小孩，我至少有三个地方从来没有去过。这三个地方没有正式的界标，它们只是借着一条街、一条小河或者一个小牧场之类的标志来和外面的世界相隔离，但是我们的确从来没有跨越这些街啊、河啊什么的到那些地方去过。隔离的一个原因是种族上的，另一个原因是宗教上的（当时修道院里的公费生常常被欺负），而现在最令我迷惑不解的是为什么那些地方要被打上“东伦敦”的烙印。我不知道为什么到生活在距离我只有一英里之遥的“那边”就是错了。一定是对于英国人的生活方式的记忆塑造了这种表达。但是问题是，在我所生活的“西伦敦”地带并非就没有贫穷、酗酒、鸡鸣狗盗、欺压良善等事情发生。

上面所讲的当然只是局部的现象，但它里面所包含的地方狭隘主义所带来的创伤是深刻的，它甚至就是一种仇恨。在这个意义上，这儿的“狭隘”又具有普遍性的，能吞噬一切的含义。我们忽略了这个小镇上其实还有希腊人和中国人。就像道伦提醒我们的那样，所有的地方都是相关的，国家内部的各种各样的隔离是由英帝国主义的全球统治秩序所造成的。这种各自为政的潮流也给那些偏僻的乡村和山区带去了仇恨的情绪，导致当地人群起蚕食他们自己的“化脓的版图”。作为一种生活方式，这种地方狭隘主义和世界主义一样，都是同一个政治经济的衍生物，它并没有什么先天的规定。健忘、冷漠、退缩、淫乱、狎昵以及今天的消费主义是另一种生活方式。但是，它们和地方狭隘主义没有什么关系。一种强有力的地方狭隘主义是无所谓外部的。对于这样的地方狭隘主义而言，当然要与外界保持联系，因为根本就不存在截然分离的所谓外界。

由于全球化的影响，地方狭隘主义现在几乎丧失了相互的文化交往中的情感联系。的确，在今天，没有足够的内省的品格，一个地方社群真是很难撑下去。探讨地方狭隘主义的未来是《97古惑仔战无不胜》的一个非常明确的主题。在这部影片中，这一主题是通过Chicken和野蛮人（Chan Chi-fai）之间的争斗来展开的。Chicken决定为夺得洪兴组织屯门分部的老大的位子，而和坐地户野蛮人展开了一场激战。从灯火辉煌的铜锣湾驾车需40分钟方能到达屯门，如果堵车的话，则甚至得超过一小时。在香港岛的大多数人看来，屯门是一个荒僻的、刚刚开发的小镇。对Chicken来说，屯门是一个完全陌生的地方。无论是那些高耸的公共楼房，还是山上的公园、古老的村庄以及环绕着村庄的那些树木，Chicken都不熟悉。Chicken是年轻一辈的古惑仔里面见识最广的一个，虽然他慢慢地改变着他身上本来具有的那种大都市的气质，并且学着大大咧咧，粗粝冷酷，但可以说，他是有点“天生丽质难自弃”。在影片开始的时候，Chicken刚从台湾流放回来，正在铜锣湾充当陈浩南的左右手。野蛮人是屯门本地的一个恶棍，他是又粗鲁又笨拙又愚蠢，让人打眼一瞧就知道是个还没洗净泥垢的落后的大陆仔。这两个人的差异还表现在他们对于政治合法性的诉求上：Chicken是一个外地人，但他既能干又有经验。而野蛮人则是凡事都力不堪任，对屯门以外的世界完全是两眼一抹黑，只知道仗着他的老板——那个名叫恐龙的杀手在屯门耀武扬威。

这种城市与乡村、中心与外围、开明的知识者与腐朽的地头蛇之间的冲突首先是存在于香港内部的，而作为回归的象征，它又是和由“1997”所激发起来的更广泛的议题在情感上是一致的（当Chicken有一次和野蛮人对峙但在人数上完全处于劣势的时候，他曾经这样怒其不争地申斥道：“野蛮人！我们是一家的！”）自从野蛮人偷偷地被癞子（Roy Cheung）——此人是洪兴的挑唆者，一个莫扎特迷，也是一个虐待狂，他杀了恐龙和Chicken的共同的朋友Tin-yee——拉拢之后，影片就明确无误地告诉了我们到底应该支持哪一方：野蛮人的无能和腐败暴露了洪兴内部的问题。这种对地方意识的落后模式的否定，很明显是由那些对立的陈述建立起来的。在屯门镇中心转悠的时候，Chicken身着优雅的黑色套装，酷酷的鞋子，黑色的无领衬衫，显得那么打眼。而屯门当地人则多穿臃肿的丝光棉或者牛仔裤，外套一件色调杂乱的廉价的运动服，更等而下之者甚至还要趿着一双橡胶鞋。当野蛮人牵着一条罗特韦尔犬出现的时候，我们首先看到的就是他在着装方面极端地没有教养。镜头上下移动给我们合盘托出了一个正在闲逛的流行的香港古惑仔的形象：污脏的牛仔裤、汗衫、金项链、油腻的垂饰，以及一丛染红了的有着妖冶的条纹的头发。

对当地的习惯有一点了解的话，我们就能更清楚刚才镜头为什么要上下移动给我们呈现那个形象。在香港，谁若是在公共场合顶着一头油腻的头发，扎着一条烂糊糊的腰带，那么他肯定会被人瞧不起，甚至会被看作是一个罪犯。我的一个同事曾在课堂上把腰带比作是拖鞋，扎一条烂糊糊的腰带是让人很难为情的，就像对一个悉尼女孩来说不能在沙滩上穿拖鞋，因为那会让她举步维艰。我觉得野蛮人有些像一个澳大利亚的运动员的装扮，当然他挂的那条金链子实在是个累赘，但是，作为一个生活在屯门的人，我又从不断重复的脚部动作里面看出一点人种上的差异，这样说可能有些好笑。鞋子标志着一个人的社会地位，也标志着一个人的素质。在影片的另一个片段里，我们看到洪兴的新老板陈先生（Alex Man）曾斥责北区的头头Fat Lai在商业谈判的时候竟然光着脚丫子，真是邋遢透了。在影片的最后，FatLai因为背叛而被发配到阿尔巴尼亚，而野蛮人也落了个很惨的下场，可以说是FatLai的光脚和野蛮人的烂腰带预示了他们最终的命运。屯门本是野蛮人的家乡，他完全可以像影片开头时穿着体面的鞋子的 Chicken 一样不卑不亢，但是他没有这个能力，褊狭的地方视角和缺乏教养的草根风格完全不足以把荒僻的、落后的屯门带进一个繁荣的未来。

如果不深入地研究这部让人着迷的影片，贸然地想要解决所有的文化冲突是不会有什么结果的。基本上，我觉得那些文化冲突，包括言谈举止上的、时尚风格上的，也包括 Chicken 初次见到野蛮人的时候的过敏反应，以及举办一次宴会需要准备多少橘子汁，等等，都是废话。我不懂得中国的社交礼节，包括怎样穿衣戴帽才算合适（开始在 KK 的公寓里，古惑仔们也是相互揶揄，不知道该如何打扮自己参加婚礼）。我观察到女孩子们的校服都是中规中矩的，甚至袜子该有多长，位于踝关节以上多少毫米才合适，上衣的下摆该和骨盆、大腿，包括膝盖保持怎样的距离，等等，都有规定。真是够残忍的。如果说这种优雅的打扮是女性化的，那么野蛮人的装扮则是典型男性化的。当然，除了 Chicken 和野蛮人之间这种牵扯到地方狭隘主义的充满好斗的男子汉味道的冲突以外，影片中还贯穿着另外一种关于流行时尚的地方狭隘主义，这不仅是关于自身的，也是关于整个香港的。

帮派之间的你争我夺、打打杀杀总会有让人感到残忍并且厌烦的时候，但是时尚潮流则和帮派火拼不同，它是每天都能够花样翻新的。时尚当然和消费有关系，在香港，消费也的确是流行文化的基本特点，但是时尚却不能简单化约为消费，时尚也可以通过交流、幽默、诙谐等来表现。它能超越任何既定一律的认识，随时注意充实自己，乐于吸收别的观点，并把它们加以重塑，来适应自己的目的和口味。这样的地方狭隘主义其实同时也有着世界主义的特点，它既能保持自己深刻的独立性又能广泛吸收别的观点。在这部影片中，具有这样的地方狭隘主义意识的一个关键人物就是 Lam Suk-fan（莫文蔚饰）。她是 Chicken 的女朋友，在英国读过书，父亲是一位牧师。和 Lam Suk-fan 相比，野蛮人显得过于僵化和排外，他除了出乖露丑，别的什么也不懂。Chicken 嘲笑他的发型和橘子汁，而他却只会用谩骂和动粗来回应。

《97 古惑仔之战无不胜》所呈现的这种新的地方狭隘主义是围绕着获取一种社会文化知识而展开的。只有这种知识才能在不违背家族网络的原则下扩大生意。而家族网络原则的一个核心意思就是“立足本土，面向全球”。能迅速学习新事物的能力最终证明了 Chicken 是领导屯门的最佳人选。在屯门期间，他广泛走访了杂货店、鱼龙混杂的镇中心，每到一处，他都会去咨询很多问题，比如说经济、色情业以及当地人赖以为生的走私、人口贩卖和汽车盗窃，等等。与之相反，当野蛮人被带到镇中心来考察那所谓“繁华的一面”的时候，他只会抱怨路途遥远，而当 Fat Lai 向他介绍这儿的一些基本的投资情况（不同的公司在同一时间同一地点赚钱）的时候，他根本就是一窍不通，只会咧着嘴傻笑。影片的大结局非常精彩，所有的古惑仔们都集中在当地的一个会堂里进行公开辩论，分成两方，你来我往，唇枪舌剑。野蛮人诉诸一种土著意识，试图唤起人们对过去的“没有外地人”的美好回忆；而Chicken则以为当地人谋求利益为基点，论述了要治理屯门应该掌握哪些知识。在演讲中，他面对台上和台下的观众，侃侃而谈，细数了屯门有4家医院、34所学校、3个警察局以及超过60万的人口。

而当野蛮人又被揭穿有叛逆行为时，情绪激昂的听众们的支持就愈加倾向于Chicken一边。最终，Chicken赢得了胜利，但不是通过公众投票来赢得的，而是由陈先生指定的。Chicken终于成了洪兴新一届的头目。作为洪兴家族享有世袭权力的领导者，陈先生算得上是一个颇有才华的人物。他曾在泰国经商二十五年，之后又返回香港。他能将不同的地方狭隘主义诉求协调一致，比如说把传统的情感权威和世俗的实用权威结合起来，带有理想而又乐观的风格。然而，陈先生只是因为叙事的需要而设置的一个并不重要、比较僵硬的角色，而且用这种淡化的政治寓言来收尾也实在并不是影片引人注目的地方。我个人觉得，影片更有活力的地方在于它所表现的那些烙有地方狭隘主义印记的情感和生活，这些情感和生活无论对本港的观众还是港外的观众来说都是最具吸引力的。

周边环境

岭南大学设有住宿学院，大部分的学生一年到头主要都是在校园里生活。学生中有一些是屯门本地人，他们在这里生活自然觉得没有什么不方便，但是对于那些从九龙市区来的学生而言，初到屯门简直有被发配到天涯海角的感觉。不过，作为一个外国人，我倒是觉得生活在屯门是挺快乐的。屯门那美丽的沙滩、蔚蓝的海水以及绿油油的草地都能让我产生一种宾至如归的感觉。但是，在屯门，我却不能够理解随时随地都能碰到的文化区隔。我在屯门待的时间越长，越不知道该如何处理课堂上由文化差异所引起的分歧。而这些分歧是我在澳洲和美国都很少碰到的。不过，在经过了无数次的被作为一个“西方人”而郑重其事地质询之后，我的困惑开始慢慢化解，我也一边开始怀疑到底什么是所谓“新”，到底什么又是所谓“旧”。

一方面，这比一般的文化差异概念要模糊得多，另一方面，它又受到全球化媒体的影响和引导。有时候，我会忍不住把我的学生称作是“后媒体”的一代。因为，他们初到岭南的时候，基本上不看电视也不上影院。于是我就介绍他们看戏剧或者观画展，这些活动也是我以前上大学的时候常参加的。几乎没有学生能从阅读中获得乐趣。我小时候也是这样不喜欢学习，但是，在那时，我不喜欢学习就会被视为怪人。学生中手机的使用非常普遍，但是除了使用ICQ之外，并不是所有文化研究系的学生都可以被称作是网虫。ICQ是一个交友网络，它连同播放VCD一起构成个人电脑的基本功能。这些功能尚未被学校教育殖民化。当被问到空余时间都有什么消遣的时候，大部分学生的回答是“与家人或者朋友逛街”或者“唱卡拉0K”。假如我也是个学生的话，那我的回答也会跟他们一样，只不过事实上我当时玩的是看手势猜字谜和爬树。尽管有人说在这里人们也收听广东话的广播节目，阅读大陆的报纸，但那只是道听途说，实际上我从来没有看到学生们那样做过。这里的人们最感兴趣的是看日剧和台湾剧，最近是看韩剧。他们对好莱坞和西方的流行文化几乎一无所知，这其中部分原因在于，在香港，电影的流通渠道极为狭窄，而且价格昂贵；另外一个原因在于，在香港，即使有线台或者卫星台也几乎不怎么推广英语节目，那些整天搬弄流言蜚语的媒体对此更是漠不关心。相反，为大部分学生所津津乐道甚至痴迷的，是充斥在东亚娱乐界的那些鲜艳、离奇，以制造丑闻为能事的花边新闻，以及由疯长的流行文化产业所催生的所谓“偶像”。

不过，在课堂上关于影片质量的讨论却总是和好莱坞密切相关的。并且每一场讨论都会以同学们对香港电影的激烈抨击来开场。在绝大部分学生看来，香港电影无论过去还是现在都非常糟糕。我也时常和我的同事们探讨这个问题。对这些学生而言，他们对于香港电影的批评在某种程度上标识着代沟的存在。我也经常向同学们解释香港电影的种种优点，但他们却对一个连广东话都听不懂的外国人所表现出的热情迷惑不解（屯门的商店营业员也总是温和地一再劝我不要买“中国电影”，好像我这样一个外国人去买“中国电影”是犯了什么错似的）。这种对于本土电影的排斥，对于我这样一个在20世纪50年代恶劣的澳大利亚文化环境中成长的人来说真是离奇。现在，随着澳大利亚本土电影的萧条和许多澳大利亚影星转向好莱坞发展，这种恶劣的文化环境正在死灰复燃。但是，这种排斥并不需要所谓后殖民主义等来点缀一番，港人也同样看不上香港本地的导演所制作的好莱坞电影，并且他们的鄙弃还有着美学上的理由。与澳大利亚人常将“我们的谢霆锋”挂在嘴边而引以为荣不同，港人决不会去念叨“我们的成龙”之类。并且，澳大利亚的国产电影早就不受公众欢迎了，而香港观众对于本港平庸之作的不满还是相对晚近的事情。

这些乱糟糟的事情成了我们餐桌和部门会议上的最好谈资，在饭后茶余，人们都喜欢去谈论教育上的那些或成功或失败的奇闻轶事，并在交谈中，形成紧密的团体生活。比如这样的讨论就常见于那些热衷于讨论“兴趣和观点”的小得恰到好处的大学社团。然而，这样的讨论却和真正的“电影研究”相去甚远。作为实践的电影研究不仅应该具备一整套的相关知识，而且应该对数据的重要性有统一的认识。而这恰恰是我在课堂上难以和学生们沟通的，他们也常常会因为这些知识的贫乏而使整堂课卡壳。我希望能够鼓励学生们发挥想象力去思考电影的经济和政策，但又发现他们根本不能理解作品，他们不仅不能就文本的研究方法获得一致的认识，也不能理解文本里面所出现的讽刺。于是我就去寻找文本，提一些有点难度的跨文化问题，以启发他们形成复杂、有趣的回答。（比如我常喜欢问：“为什么美国女大兵热爱美国海军?”）学生们的回答纷纭且充满模仿的痕迹（“因为她是父权制的受害者”不能够回答这个问题）。不过有时候，对于从阅读中寻找乐趣，我也会感到厌烦。这时，我就会去顺手翻阅60年代以来的那些书，这些书多是貌似公正但实际上是西方中心论的。特纳的《作为社会实践的电影》往往是我最后要浏览的书，这本书既能让人觉得受益，又不让人感觉枯燥。

与地方社团研究相关的学术项目，就如同充满活力的教区和住宅区一样，有着强烈的地方色彩和文化特性。不论研究哪个地区，我们都能发现这一点。我想许多本科生的老师都会对我具有讽刺意味的挑选教材的过程表示认可，并且体谅我在精心设计一门课程的时候所遭受到的挫折感，因为要结合当地的特点并达到理解上的便利，我需要花大力气去选择进口教材中那些有用的部分。而且有时候当我看到学生们能以非常奇妙的方式把事情做得井井有条，我又会感到由衷的快乐。在香港这样一个以英语为母语的环境里做电影研究真是苦乐兼备啊。以前我是在社会文化更具多样性的澳大利亚任教，现在是在香港，但是作为一个老师，我觉得我和我所从事的学科之间的关系前后并未发生太大的变化。当然，不同之处总是存在，比如学生们在学习过程中所产生的焦虑和竞争就是这样。类似的焦虑竞争通常是在美国式的研究生院里存在的。一般认为，这种学习的过程是学术写作的必由之路，但是实际上按照这个过程来练习学术写作，其学术成果往往是视野狭窄，文气不畅。

伴随着繁重的本科教学和研究训练之间的距离越拉越大（一些原本需要在本科阶段完成的任务现在都积压在研究生身上），重新界定学科传承及其对于实践的意义这一创造性的任务，在我看来，仍是遥遥无期。在香港的语境里，借用《古惑仔》里面的说法，岭南大学可以说是具备了一种都市味的地方狭隘主义特征。它在学术上向学生们提供一种具有香港特色的文科通识教育。我们认为这种香港特色既包括了一种国际性的视野，也包括了他们对于自己置身其中的中国民族构成的理解。从维多利亚湾的角度来看，屯门或者可以说是世界的尽头，但同时它也是一个独特的教育实验的基地，因为它有着华语世界里面独一无二的文化研究系。并且，岭南大学还坚持用英语向那些英语基础薄弱的人授课，而随着这一做法在亚洲和许多后殖民地区的大学的推广，屯门的教学状况正在成为一种全球性的标准。

对这种状况的未来发展，我持乐观态度，并且在阅读弗里德曼的近作时，我进一步获得了理论上的支持。在其作品里，弗里德曼建议我们通过“人们使用语言的数量以及这些语言的用途”来定义文化。她所说的语言并不仅仅是“自然的”语言，尽管她在澳大利亚教法语。她批评那种认为学会了一种语言，也就同时能够掌握一种文化的观点（比如，有人就认为，学了法语，就会做小甜饼了），她说只有那些“文化贩子”才会这么去想。通过指出一种语言（比如英语或者汉语）可能包含多种文化、文化有很强的地域性以及使用同一语言的人在文化上可能极度相互排斥等，她认为，“所有的文化都是由于相互区别而产生的，每一种文化的形成有赖于它周边的多元文化的界定”。我很赞同她的观点，的确，首先应解决的关键问题并非简单地超越（或者不超越）边界，而是去理解那些生活在特定环境中的人们是如何依赖于各种形形色色的边界来生活的。我这样来强调多元文化界定的作用，绝不是出于一种“为多元而多元”的理论动机，因为的确在地方狭隘主义的知识体系内，文化界定的社会模式和它所阐释的社会中的各种等级关系几乎就是常识。当那两只刚刚在激动人心的2004年NRL总理杯大赛上联袂获胜的“骄傲的小岛斗牛犬”，没几天又在澳大利亚和新西兰的国际锦标赛上互为敌手、狭路相逢的时候，没有一个关心足球的人会不理解“小宝贝与操蛋之战（It's Sonny v Willie）”这样的新闻标题是什么意思，而且他们保证会马上对从“国内”到“国际”比赛的转换心领神会。作为一名老师，我想我们应该努力地去激发学生的这种意识，提高他们“转换”和接触更多周边文化的能力。

将文化构成从语言转移到日常实践中那些有条理的，但是又相互联结的领域的看法，使弗里德曼进一步将自己对教育的反思置于“某个文化内部的各种区别之上”，而不是文化和语言的夹缝之间，而后者正是我们习惯的做法，举例而言，所有的外来文化都会利用开玩笑或者滑稽模仿的方式来表现自己，父母也经常会采用讲故事的方式来熟悉一种新的文化。对于弗里德曼来说，教学也就是讲故事，它的作用就是向学生提供一种理解陌生文化的方法。

从这种面向未来的教育模式中，我得出的结论是：课程的设计或者主要应依据于增强学生们对于本地域的了解，而不是要求学生也包括老师，通过放弃地方狭隘主义观点来换取所谓“国际主义视角”，不管这些学生是在屯门还是在香港岛，是在澳大利亚、英国或者爱尔兰。而且，如果所谓国际主义视角并不是可以通过一纸由“地方”匆忙草就的进口协议就轻松搞定的话，那么，当务之急反而应该是进一步深化对地方狭隘主义的认识，使其边界和内部的复杂性都清晰可见，然后以此为起点向前发展。

（翻译：周展安）

从文化产业到创意产业及回归？廓清理论与政策再思考[①]

● 江莉莉[②]

本文的写作缘起于我受邀为一个期刊的特刊撰文，题目是有关在英国的“酷英国”运动与文化传媒体育部（DCMS）致力于将“创意”而非“文化”产业推向世界发生十年之后，创意产业及其话语发生了怎样的变化。面对“创意产业”、“创意经济”的种种新概念，以及各种与之相关的“创意”现象，在最初的“欣喜”消失之后，我开始对于其中的混乱，或者是缺乏明确性感到不满，这些概念为什么要与“文化工业”和“文化经济”区分开，又应该如何区分。我想到了在一次会议上与已故的西蒙·鲁德豪斯教授（Simon Roodhouse，在他的众多成就中，有一项便是与伦敦艺术大学合作，创办了《创意产业期刊》，同时他也是《文化营地：原则与实践》（*Cultural Quarters: Principles and Practice*）的作者）讨论，在何时、为何、如何相对于“文化”使用“创意”方面需要进一步明确。与此同时，我正在与克里斯·吉普森教授（Chris Gibson，当时在新南威尔士大学）一起撰写一篇文章，跟踪“创意经济”的知识是如何扩散并在亚洲被改写的；关系地理学方面的研究使我意识到不同国家在其政策文件中使用了不同的措辞，有的用“创意产业”，有的用“文化创意产业”。同时，在2005年及接下来的几年间，很多来自世界不同地区的学生，特别是亚洲学生，都希望以创意产业、创意簇群、创意工业政策等作为自己博士论文的选题，我收到很多电子邮件询问我的意见或者希望我做指导。我担心年轻一代的学者们忙于追赶时尚，但并未搞清楚这些说法的概念基础，而我希望能够尽微薄之力厘清一些想法。因此，当我受邀在

---

① 本文来源：*Inter-asia Cultural Studies*，2014，Vol.15，No.4，593－607。
② 江莉莉（Lily Kong），新加坡国立大学地理系。

2013 年亚洲文化研究国际大会上作主旨发言时，我感到这是讨论这个话题的恰当时机。此文来自那次发言。

绪论

创意产业承诺会成为增长来源并创造财富，因而被赞誉为新经济的核心驱动力。过去的二十年间，创意产业话语在很多方面主导了学术和政策话语，取代了之前常常被提到的文化产业。很多政府在制定经济战略时都转向创意产业，而此领域的学术兴趣也在增加。然而，在创意产业的热潮中，有批判者已经指出了大量概念方面的复杂性和问题，首先需要搞清楚概念——此为迫切的要求——之后政策制定者们才能实施创意产业的相关政策。在没有厘清概念并缺乏认真研究的时候，政策领域应采取一种更为谨慎的方法。

本文回溯了从“文化工业”（cultural industry）到“文化产业”（cultural industries）再到“创意产业”（creative industries）的话语与实践。第二部分向读者介绍对于“文化工业”进行学术阐释的开端，及其如何开始被理解为复数形式的“文化产业”，之后随着政策领域的话语变化，如何相当突然地转为“创意产业”。第三部分检视这一“创意转向”所面临的挑战，提出七大议题：1. 如何定义并界定创意产业；2. 如何测量创意产业所带来的经济效益；3. 创意产业忽略真正的创意/文化而具有的风险；4.“创意劳动”的乌托邦化；5. 在建立“创意产业”的过程中，强调并推动外来专业知识，而忽视地区性的中小型企业；6. 对于创意产业抱有过高期待，希望其服务于创意和经济，以及文化和社会公平；7. 认为“创意城市”可以被设计的谬论。通过分析与“创意转向”相关的各种问题，在本文的第四部分，我认为创意产业话语的发展趋势表明了一种理论倒退，并提出重新回到“文化产业”这一概念可能更加有利于廓清对于文化行业及其创意工作的理论理解，以及使得更好的政策制定成为可能。

从“文化工业”到“文化产业”再到“创意产业”

“文化工业”一词出自法兰克福学派的批判理论，其背景是马克思主义意识形态理论和社会批判理论（Baker 2004a，46）。众所周知，这个概念由阿多诺和霍克海默提出，他们的文章《文化工业：作为大众欺骗的启蒙》（Adorno and Horkheimer 1944）建立了对于文化工业的理解，即文化工业中的文化商品通过标准化的生产，为权力所有者获取金钱利益而存在（Adorno and Horkheimer 1944，120－121）。事实上，他们认为“文化现在将一切事物刻上相同的印记”（Adorno and Horkheimer 1944，120）。阿多诺和霍克海默指出了，生产标准化文化商品的具体工业，包括电影、音乐和杂志。面临着公众约束、对于企业资金/赞助依赖、竞争，这些产业投身于一种竞赛，努力找到形成公众吸引力的最低公分母，在此过程中牺牲了才华、个性和创造力（Adorno and Horkheimer 1944，121）。阿多诺和霍克海默尤其关注流行文化的商品化，他们抨击文化工业的产品是充斥着市场需求和资本目标的虚假产品（Witkin 2003，2）。而且，阿多诺认为文化工业的那些标准化的统一产品非常易于消费，因而创生了不质疑、不批判而且同样标准统一的大众。换句话说，通过将导致其生产和消费标准化的文化商品化，以及将文化生产制度化为一种“工业”，文化变得越来越不是一种个性化的独特表达形式，而更加是一种批量生产的商品，强化了现存的状态（Barker 2004b，3）。因此，文化工业没有摆脱压制，反而强化了当前的意识形态，甚至会扼杀真正创造力的勃发。

阿多诺和霍克海默对于文化工业的负面看法源于他们认为文化与艺术和人类的创造力相关，这种相关性应该反映生活、批判社会现状、为生活提供一种想象乌托邦生活的方式（Hesmondhalgh 2013，24）。而随着文化商品化，特别是流行文化的大众特质，文化和艺术没能起到引导社会通向乌托邦状态的作用。

之后对于文化工业的多种理解都采纳了阿多诺对于文化工业组成部分的观念。此外，文化工业也被认为还包括那些“生产社会意义”的机构（包括营利性的、非营利性的和政府组织）。他们都致力于向观众们传达某种观念。因而，自 20 世纪 60 年代以来，对于文化工业的悲观理解有所减弱。一些思想家，如本雅明（Walter Benjamin，1969）和贝尔纳·米耶热（Bernard Miege，1989），认为将文化纳入资本主义的框架中可被视为斗争与竞争的场所（与阿多诺和霍克海默认为文化迷失于资本主义之中的悲观论点相反）。事实上，资本主义借助其丰富的资源和技术有助于创意过程的进一步发展和创新（Hesmondhalgh 2013，25）。同时，单数形式的文化工业（cultural industry）变为其复数形式（文化产业，cultural industries），承认了文化生产不同领域存在的复杂性和相互联系，以及每一具体领域的独特性（Hesmondhalgh 2013，24）。

从“文化工业”到“文化产业”之后，很快就出现了一个新的概念“创意产业”，这是由文化到创意产业的政策性改变。引领了创意产业时代的关键时刻是 1997 年英国政府创造出的“创意产业”一词，它指称英国的一个主要政策领域，代替了之前使用的“文化工业”（Mommaas 2009，51；O'Connor 2011，38）。此变化反映了文化产业政策范围的拓宽，为新型的创意产业发展提供空间，以区别于现有的文化产业政策。比如，创意产业的定义包括了娱乐和休闲商业，这在过去通常不被认为属于文化产业的一部分。20 世纪 90 年代以及 21 世纪初，创意产业作为一种城市发展策略特别受到重视，创意被有意识地整合入了经济政策和社会政策以及艺术和创意活动的高度的商品化。受到英国的财政收入和就业人数不断增长的支持，创意产业因其有利于经济，得到了大力的推广（Banks and O'Connor 2009，365）。鉴于他们的成功，英国的政策制定者们得以将创意产业的观念推广至其他国家（Cunningham 2003）。创意产业出现在整个亚太地区的国家及城市政策议程中，包括新加坡、中国大陆及台湾香港地区、韩国、澳大利亚、印度和菲律宾（Tschang 2009，30；Kong and O'Connor 2009，1；Banks and O'Connor 2009，365）。

从文化产业到创意产业的政策转变伴随着学术书写中相应的话语转变——从“文化经济”到“创意经济”，从“文化簇群”到“创意簇群”（cultural clusters），从“文化工作者”到“创意工作者”。比如，“文化经济”指的是文化产品和服务的投资、生产、分配和消费，现在这个词已经被“创意经济”所取代，后者的相关研究关注这些经济的工业构成，将创意作为投入，内容即知识产权作为产出（Potts and Cummingham 2008，233）。这就解释了对四个特定领域的兴趣，Howkins（2001）指出这四个领域分别是——版权、专利、商标和设计产业。这一变迁还伴随着“创意城市”这一观念的流行：根据谷歌学术的统计，从 1990 年到 2012 年，“创意城市”这一术语的年引用量剧增，反映出对于这一新兴概念的不断增长的关注（Scott 2013）。“创意城市”提供了一个环境，使人们能够有想象力地思考，规划和行动，以利用机会或解决城市问题。“创意城市”拥有可以提供基础设施的硬件（高水准的设施，如博物馆、美术馆、大剧院、绿地和其他能够吸引创意人才来到城市的设施），也拥有熟练、灵活且充满活力的劳动力作为软件（Landry 2008）。创意城市的一个典型特征，是对土地集约化使用的审美化，包括老旧建筑的再循环使用，强调生活方式、文化、遗产以及城市可提供的其他方面的城市品牌化（Scott 2013）。创意城市的承诺非常具有吸引力，全世界已有超过 60 个城市自称为“创意城市”，比如毕尔巴鄂、达尔文、迪拜、花莲、哈德斯菲尔德、密尔沃基、西雅图、萨德伯里、台东、武汉和横滨（Scott 2013）。总的来看，过去几十年间，对于创意产业、创意经济、创意城市的重视体现了对创意及其驱动经济作用的突出强调。地理学家杰米·派克（Jamie Peck）在总结理查德·佛罗里达（Richard

Florida）的《创意阶层的崛起》（*The Rise of the Creative Class*）时发现："我们已经进入了创意时代，这是一个资本主义发展的全新且特别的阶段，经济发展的驱动力不仅仅来自技术和组织，而是人。"（Peck 2005，742－743，原文强调）

"创意转向"的问题

"创意转向"将焦点转移至创意产业、创意经济、创意劳动、发展创意城市，在很多国家，受到城市级和国家级的政策制定者的极大欢迎。然而，一些重要的基本问题仍需得到重视，需要厘清。以下即一些需要考虑的问题。

"创意产业"的定义与界定：歧义与含混

要让"创意产业"得到一种普遍接受的定义非常困难，原因在于对那些子行业的归属很难达成一致。对于创意产业而言并不存在国际通用的分类体系。因此，"创意产业"一词在不同的国际语境中有不同的理解，这些定义由于地方政治的影响、历史和地理条件等的不同存在很大差异（Banks and O'Connor 2009，366）。比如，在欧洲，与艺术相关的活动被认为是创意产业的"核心"，而广告、设计、建筑和媒体产业等领域则是创意产业较为次要的组成部分（Throsby 2001；European Commission 2006；Work Foundation 2007）。相反，亚洲与澳大利亚对于创意产业的定义则更为宽泛，还包括了在线游戏甚至婚庆产业等（Creative Asia 2013）。如何对于创意产业进行定义、测量、分类的讨论仍在继续（Banks and O'Connor 2009，366），这个讨论其实在创意产业这个概念出现的时候就已经开始了（Cunningham 2009，18）。特别是英国的文化传媒体育部（DCMS）[1]对于创意产业的分类因其排除了娱乐、文化遗产和旅游业而饱受质疑（Hesmondhalgh 2007）。

还有一些人也认为，基于创意产业的概念，其他一些目前被排除在外的领域应该被涵盖进来。文化产业依赖于创意生产创意产品，从而可以用来产生知识产权和经济效益。按照这一逻辑推理，认为创意产业应该包括文化活动而排除科学和研发领域是没有道理的（Howkins 2001；Jurisson 2007，1）。很明显，很多创意产业的很多话语和分析都聚焦于纯粹的文化和美学方面，而不是科学技术方面（Scott 2013）。另一个问题在于，创意不仅限于那些所谓从事创意行业的人们，任何行业要有所发展都需要创意（Morgan and Ren 2012）。而且，创意本身就是个充满歧义的概念，创意由何构成，众说纷纭。这也导致了问题的复杂性，即如何决定哪些产业应该被归为创意产业。颇具争议的分类和定义使得人们很难收集有关创意产业的准确数据（Cunningham 2009，18），也使得我们需要考虑下一个问题，即如何精确测量“创意产业”的经济贡献。

预估经济效益：挑战与不确定性

政策圈内对于创意产业的很多热情，主要是因为大家相信创意产业能够产生巨大的经济效益，能够成为经济增长的关键驱动力。因为据报道，创意产业对于经济的贡献在很多方面都很高，数据乍一看非常优异。比如，一份来自DCMS的刊物强调了创意产业出色的表现体现在创意产业在欧洲的出口额已明显超过了汽车制造与化工业的总和（Pratt 2008）。与之类似，不同国家的机构收集的数据显示创意产业极大地促进了财政收入和就业（European Commission 2006）。其中一份报告指出，经合组织（OECD）国家创意经济的年增长要比制造业以及服务行业高几倍（Howkins 2001，xvi）。

然而，这些支持所谓创意产业经济效益的数据必须受到认真的质询。由于创意产业的不同定义（Banks and O'Connor 2009），上文的那些统计数据或许有些误导。创意产业缺乏统一的定义和分类，在哪些子行业应该被纳入、哪些应该被排除上还存在着混乱与分歧，因此很难就创意产业在一段时期内以及跨经济体的表现收集准确的、具有可比性的统计数据。事实上，有人认为那些对于实施创意产业政策非常感兴趣的政策制定者们急于制造证据，来支持那些有关创意产业的经济效益（Banks and O'Connor 2009，365），他们影响了报告过程中数据的选择性收录，因而使得创意产业的表现比实际上更好。比如，有批评者指出，DCMS的创意产业名录上包括了软件、电脑游戏、电子出版产业，这扩充了行业规模，使得创意产业显得比实际情况更具经济重要性（Flew and Cunningham 2010，114）。

除此之外，一些被认为属于创意产业的领域也在发生持续的动态变化，比如电脑、文化和内容产业的融合，持续的动态变化为测量创意产业对经济贡献的准确价值提出了进一步的挑战。另一方面的复杂性在于，可以被纳入创意产业的新兴产业部门不断出现，却未被及时地增补入现有的创意产业分类当中。这意味着有关创意产业的数据可能不是最新的，也并不完全准确。同时，创意产出的特质和形式决定了要测量创意产业的产出也并非易事。创意产出更多的时候以创意服务的形式出现，而不是具体的产品。相较具体产品，服务更加不易测量，收集诸如数字媒体这类创意产业服务的准确数量和价值是很困难的（Cunningham 2009，18）。

考虑到潜在的大量不准确性和不兼容性，创意产业的价值到底是被夸大了还是被低估了，还无法给出定论。事实是，用来说明创意产业对于经济贡献的数据并不可靠，要收集有关创意产业的规模、增长、产出的准确数据仍然是一个挑战（Cunningham 2009，19）。

培育文化与创造力：疏忽与遗漏

艺术/文化与经济之间的重要关联由来已久，这并非最近的发展，也不是社会科学日程上一种新奇的增补。在佐金（Zukin）的《阁楼生活》（*Loft Living*，1988）的序言中，哈维（Harvey）指出，艺术家无论是作为手工艺者，还是作为"满足霸权阶层利益需要的文化生产者"，一直以来都作为文化阶层的"代表"在市场体系中拥有自己的位置。如果认识到文化产业是创意产业的一部分或同义词，那么问题就在于，为什么还要反对创意产业这个想法以及它利用创意获得经济效益的行为呢？对创意产业这一概念的抵制，来自对这一行业发展背后纯粹经济原理的担忧。令人不安的不是艺术文化的生产和消费中引入经济动因——这种做法古已有之，而是创意产业话语试图忽略文化，将焦点完全集中于经济议程（Kong and O'Connor 2009）。评论者们无法接受的是所有的框架、政策目标和对于成功的评测都基于经济分析与经济条件。文化与艺术的价值仅限于经济增长的驱动力。从文化到经济的侧重点的转移继而鼓励了那些能够获得最大经济效益的文化生产，而不考虑文化方面的回报（Banks and O'Connor 2009，367－368）。由于普遍地对于经济目标的强调，文化失去了其重要性。过度强化文化商品化，是创意产业政策的另一个重要后果，其原因在于政府试图开发文化行业中更具营利性的机会（Hesmondhalgh 2007，1）。文化商品化意味着将文化活动和产品变为商品来"出售"，即为了商业利益而交易。例如，艺术和文化空间的建立只是为了城市振兴，鼓励经济发展。实际上，文化产品的生产和设计都是为了地区、国家、国际市场的消费（Kratke 2011，130），从而实现创造财富的目标。

对出于经济利益的文化商品化的担忧不无道理。文化活动和产品的价值在于其原创性，然而商品化和大规模的发行使其丧失了独特性与差异性这些重要特征。它们曾经是艺术创造力的产品，如今沦落为大规模的复制品。因此，经济议程与创意实践相抵牾，使得创意产业承受压力，只考虑根据商业需求来开发产品（Kratke 2011，134）。这一经济动力可见于英国文化传媒体育部（DCMS）对于"创意产业"最初的定义之中。此定义明确提出其商业导向，认为创意和创意产业的重要性在于它能够产生知识产权，创造经济利益。具体来说，这一定义指出创意产业指的是“那些源于个人创意、技术和才华，通过知识产权的生产和利用，具有创造财富和就业机会潜能的产业”（DCMS 1998；Flew and Cunningham 2010，114）。对于创意和创意产业的重视仅仅是出于其在生产知识产权、创造经济利益的作用的考量，这样的想法确实令人担忧（Flew and Cunningham 2010，114；Hesmondhalgh 2008），因为只关注知识产权的经济利益鼓励了一种偏狭的观点，只重视生产“新奇的”且具有商业价值的东西。其危险在于文化不是由其内在的价值而得到承认，而仅仅以其能够产生经济价值的能力决定。这一熟悉的批判回到了阿多诺和霍克海默对于“文化工业”的批判，体现出一种理论倒退。其后由本雅明和米耶热所提出的“文化产业”的概念早已超越了“文化工业”的概念。如前所述，这些概念将文化置于资本主义框架中，作为斗争和竞争的场所。资本主义获得了更加正面的看法，因为人们承认它能够为创意过程的发展和革新提供必要的资源和技术。我们需要一种更为精致的概念来分析创意产业及其文化发展潜能，而不是简单地回归至阿多诺和霍克海默的悲观认识，认为在资本主义面前文化被完全忽略了。

“创意劳工”的乌托邦化：过度稳定，供给不足

发展出由“自由”且充满创意的工作者所组成的劳动力是创意经济话语的核心之一，它使大家相信创意经济能够促进更灵活、掌握更多元技术、更具流动性的劳动力的出现。创意劳工的特征指向主要由自雇的个体所构成的劳动力，他们从事自由职业，同时为多个雇主服务，或是加入半固定的工作团队（Gollmitzer and Murray 2008，3）。他们被称为“创业雇员”（entreployees）（Pongratez and Bob 2003），也被称为多专长的自由职业者（portfolio careers）（Hesmondhalgh and Baker 2013）。配合创意产业的发展而培养自由且充满创意的劳动力通常得到正面的描述，与之相关的灵活性被认为有助于创意的发展（Gollmitzer and Murray 2008，18）。

批评者认识到，“创意劳工”或“创意阶层”等概念的发展及其积极正面的特征，其实过度肯定并乌托邦化了创意工作者的生活和工作。现实中，拥有弹性工作安排的创意工作者们要面临很多艰难的挑战（Deuze 2006；Cunningham 2009；Bankds and O’Connor 2009）。工作的临时性是一个关键问题，很多创意工作者都经历过工作的不安全性、不确定性、由工作的临时性造成的焦虑感及孤独感（Hesmondhaglgh and Baker 2010）。由于临时雇佣关系成为常态，雇主与雇员之间的关系弱化，同事之间的关系也弱化了。他们的工作性质决定了他们可以在家做自由职业，同事之间

甚至没有机会见面（Rossiter 2003；McKercher and Mosco 2007；McRobbie 2005）。缺乏共同的工作场所意味着，此类创意劳工没有机会聚在一起交流沟通。创意劳工在工作中更大的自主性与灵活性也会影响他们的收入稳定性。比如，同时为不同的雇主做项目，使得创意工作者们很难获得公司退休金计划（Gollmitzer and Murray 2008，18－19）。因此，创意劳动所承诺的自由与自主是一把双刃剑，有可能导致创意劳工经历不利的劳动条件。

考虑到创意劳工的工作条件，在全然接受创意产业的观念之前，我们需要仔细考虑这一群劳动者的需求。改善创意工作者工作条件的政策非常缺乏，部分原因正是有关创意劳动的乌托邦话语。为了有更好的机会获得政策干预，我们需要提醒自己“文化工作者”这个概念。这种说法要早于广受欢迎的“创意阶层”，且更多地指称“穷困潦倒的艺术家”。在某些方面，需要形成一种理论的中间地带，将对“创意工作者”这一乌托邦概念的颂扬问题化，同时将“文化工作者”从灰心丧气的概念重塑为多种可能性之一。只有针对这一工作群体的经历做更为概念化的澄清，才能产生更加有效的政策，在利用他们潜力的同时改善其工作条件。

吸引国际巨头还是发展本土中小型企业？

尽管很多城市和/或国家政府制定并实行了一些政策来支持创意产业的发展，批评者仍不无道理地质疑，这些创意工业政策是服务于大型公司（和外围专业技术）还是支持了中小型企业（和本土文化）。批评者认为那些倾向于吸引外国公司的政策并不恰当，尤其是在希望促进本地创意工业发展的时候。他们认为本土中小型企业牺牲了本土文化和习俗的发展，很难与大型的外国公司展开竞争。他们还认为这些大型的外国公司由海外的专才领导控制，使得本土的创意工作者们只能就职于较低的岗位，没有获得领导地位的机会。批评者们认为这种状况抑制了本土创意工作者的薪资水平。

这些批评在新加坡都有所表现，进一步的分析可以提供有关这些问题的更深层洞见。新加坡的创意工业政策因其倾向于外来企业而饱受批评。近年来，新加坡政府欢迎越来越多的海外公司来到本国——比如卢卡斯影业（Lucas Film），Tecom Koei[①]，国际室内建筑师/设计师联合会（the International Federation of Interior Architects/

① 光荣（KOEI）与TECMO是拥有多款著名游戏的公司，2009年4月1日两家公司正式合并为“KOEI TECMO Holdings株式会社”，简称KT——编者注。

Designers)，MEC（一家媒体机构），美国艺电公司（Electronic Arts）和联合影业（United International Pictures）——这使得中小型企业处于非常脆弱的地位。此类政策包括帮助外来媒体公司进行基础设施建设、员工招聘，以及降低外国公司增量收入的税率（EDB 2014）。国际公司的涌入引起那些无法在同等条件下与之竞争的中小型公司的焦虑。本土员工同样担心失去工作，因为国际大公司带来了自己的高层雇员，然而在较低的职位上，新加坡的“崇商”（pro-business）策略使得企业能够获得更为廉价的外国员工。这迫使新加坡人或者提高自己的技术水平或者降低自己的薪资水平，后者是多数情况。（值得一提的是，获得廉价外国员工的便捷方式，由于本土人口的阻力已经在去年发生了变化。）

国际与地区利益发生潜在的负面相互作用的另一个例子出现在澳大利亚。O'Connor 和 Xin（2010，125）认为澳大利亚的政策制定者们在设计创意工业政策的时候，没有考虑到地区历史和文化差异。相反，他们选择输入在其他地方设计的（成功的）政策。在开发创意城市政策的时候，外国“专家”被当作顾问，他们忽略当地的殖民、本土及移民历史，没能认识到西澳煤炭工业的重要性（Brabazon 2012，182）。这些有名气的演讲者和顾问（一些来自学界），他们巡视工作，访问城市，作为高价聘请的顾问给出建议，有时仅在访问这个城市一两天之后，这助长了政策不恰当的旅行。

创意是为了革新与经济，还是为了文化与社会平等/素质（social [e] quality?)?

虽然创意阶层/工业策略因其对于革新与经济发展的贡献而受到赞扬，它们也因其加剧社会与文化不平等的潜在可能性而受到批评。派克（Peck 2007，10）认为创意阶层策略对于重振正在衰落的城市并不合适，因为这些策略推进了而非挑战了现有的新自由主义城市议程，其目的在于与城市社会经济问题或社会空间问题“共存”而不是要解决这些问题。他认为创意策略并不是要解决“那些根深蒂固的问题，比如结构性的失业、住宅不平等、工作贫穷以及种族化的排斥”（Peck 2007，10）。相反，这些策略加大了收入差距，导致低收入的服务底层的出现，通过中产阶级化促成剥夺。其结果是一个阶层的工作者挣扎着去寻找稳定的工作、可负担的住房以及社会支持（Leslie and Rantisi 2012，466）。帕克进一步指出佛罗里达（Florida）的“进步”创意阶层观点包含了明显的性别化的种族化的预设，再生产出社会经济不平等，并且保持了“霸权性的男性气质”（Parker 2008，202）。女性、少数人群和家庭在创意阶层的对话中是被遮蔽的，因为他们不被认为是主要的“创意场所”（Parker 2008，210）。低收入个体和家庭则更被忽视。理想的创意工作者很少被描绘为女性或母亲，而是一位超负荷工作的个体，其劳动不会因是否在家而分裂（Parker 2008，211）。所有这些批评的累积效应形成了一种观点，即基于创意的策略是有问题的，因为它们“忽略了区隔、贫困等社会问题，希望改变中心城区的形象而不是现实”（Peck 2007，10）。

但另一方面，我们也对于创意产业抱有一些错误的期待、施加了过度的压力，希望它们在解决大量经济问题的同时，还要实现社会平等。除了经济发展之外，旨在发展创意产业的城市政策还肩负着多重目标，包括社会融入、社会资本发展和社区文化设计（Foord 2008）。这么多期待是不切实际的。而且，事实上，目前并没有证据显示创意产业在实现社会融入或是促进更大的社区参与方面有任何作用（Oakley 2004，71）。这就意味着创意产业不需要也不应该被认为是消除一切灾病的灵丹妙药。相反，我们应该反思理论与政策，区别为了革新和经济的创意，与为了文化与社会平等/素质的创意。虽然通过一个政策达到多重目的是一种非常理想的情况，但我们需要认识到这样的事情并不经常发生，也并非是切实可行能够达到的。

创建“创意城市”：一种谬论？

要培养创意并从其工业潜力中获益的愿望催生了将“创意城市”作为一种城市规划概念，其根本目的在于建立适合的环境，促进创意的发展并成为经济推动力。虽然“创意城市”的概念在20世纪80年代出现，但它真正获得动力并流行起来要到21世纪，部分得益于理查德·佛罗里达的写作，继而成为一种全球性的运动。创意城市指的是创意、知识与创新蓬勃发展的城市区域，有多元族群的大量存在，他们通过分享与互动激发创意（Hospers and Pen 2008，259－264）。

争论的焦点在于“创意城市”是否能够被特意建设出来。佛罗里达相信只要构成合理，创意城市是可以被建设出来的。他还提供了一些政府可以采纳的策略来吸引创意方面的专业人才（Long 2009，212）。希望成为创意城市的城市得到了将投资集中于开发拥有丰富文化设施和能够吸引创意人才的便利设施的建议，比如绿地、艺术和音乐场所、农夫集市等（Scott 2006，11；Peck 2005，745）。这些城市还需要欢迎多元性，有较高的包容性，比如包容一些另类的生活方式，这样才能鼓励创意个体在那里聚集。

但是也有人认为“创意城市”无法被有意地设计建造。他们认为即便满足了以上所提到的各种条件也无法确保能够吸引到创意个体，更无法保证他们会长期定居。更重要的是，创意城市并不仅仅来自创意个体的聚集，当然，创意人群的聚集也不足以保证提供持续的创造力（Scott 2006）。而且，创意的自发性和不可预测性都意味着，通过制定政策以获得创意来增加一个城市的竞争力并不可行。本土政府或许可以通过创造特定条件和投资等方式提高创意产出的可能性，但即便这样，也无法确保其产出（Hospers 2009，373）。另外，因为创意具有“相对性和条件性，不具有普遍性和独立性”，政策制定者们必须意识到创意城市的政策需要根据本土条件量身定制，不能依照某一标准模式（Pratt 2011，129）。

对于“创意城市”是否真能够刺激经济发展仍存在很多疑问。“创意城市”被认为在重振社会经济增长方面更具竞争力和有效性。然而并非所有的实证证据都能说明创意城市可以带来大家吹嘘的那些效益。曼哈顿学院的史蒂文·马兰加（Steven Malanga）指出，根据就业以及高成长公司形成率等数据来看，美国许多经济表现优异的城市并不是旧金山和纽约那样的创意城市，而是孟菲斯和拉斯维加斯那样的地方，那里税收较低，政策有利于商业发展（Malanga 2004；Peck 2005，755）。与之类似，科特金（Kotkin）与西格尔（Siegel）指出经济增长已经转向郊区，比如加利福尼亚的河滨市、纽约的罗克兰县，这和佛罗里达对于时尚、自由的城市的预测不符（Peck 2005，756）。Kratke 也呼吁用一种更具批判性的眼光看待“创意城市”这个想法，主张经济发展并不依赖于那些试图增加城市吸引力的城市开发项目（Kratke 2010，850）。相反，真正重要的决定性因素是人们最终会被吸引到能够提供工作的地方，而不考虑城市有哪些方便设施。因此，城市应该着重提供高水平的工作项目，而不是成为一个很“酷”的地方，这就意味着“增加经济基础；提升技术、各种联系和进入市场的渠道；确保当地居民能够得到各种新的机会；改进公共服务”（Nathan 2007，447）。教育和技术发展则是另外两个应该得到支持的领域（引自 Sands and Reese 2008，10）。

厘清理论

政策圈从文化产业到创意产业的先行转变也引导了学术界类似的导向变化。相应地，这样的学术热情又加剧并导致政策层面对于创意产业的兴趣的扩展。政府——地方的或全国的——已经积极接受了这个概念，并主动推行支持创意产业的政策，但是很多政策忽略了创意产业的“黑暗面”，没有能够注意到由此带来的问题。

这些问题的根本原因在于“创意产业”本身是一个并不十分稳健的范畴。无论是在学理上，还是在实践中，它都未得到充分的认识。而缺乏清晰性连贯性会产生怎样的影响也没有得到充分的讨论。

如前所述，缺乏清晰性会带来很多实践方面的影响。目前创意产业的定义通常只承认文化、美学、情感等方面的创意工作，因此排除了很多能够产生创意产出的重要领域。而且，“创意产业”的范畴过宽，难于分析。它包括了极多的领域和产业，从广告、设计、建筑、电影、电视、音乐、时尚、电子出版、软件、在线游戏、艺术和手工艺，到娱乐业和休闲商业。创意产业涵盖了多元的领域和产业，而要设计并实行覆盖全部行业的有效经济社会政策，要么缺乏针对性、过于碎片化，要么在多元的领域内用同样的政策和工具而过于钝化。围绕“创意产业”这一范畴缺乏清晰性会带来另一个问题，即产生误导政策的危险，或者至少会影响恰当的政策。夸大了创意产业经济价值的那些令人误导的增长数据，会促使政府制定政策，将资源和资金流向一些并不能产生预期效益的项目。政策制定者们可能盲目推行一些政策，鼓励吸引培养“创意工作者”，但与此同时却没有讨论解决前文提到的有关创意劳工的问题，进而导致负面结果的出现。同时，政策在导向发展“创意簇群”的时候，并没有充分的证据表明这些项目能够产生重大的经济利益。

在学理方面，“创意工业”概念的持续使用使其面临一个挑战，即其演进、使用，特别是对其的批评都表明了一种从本雅明和米耶热理论的倒退。特别是那些批评这一概念用法的人们回到了一种老旧的文化工业的论点，他们认为因为创意产业，文化和创意都丧失于资本主义。但是本雅明和米耶热早已超越了这种论点，他们意识到资本主义的注入可以带来资源和技术，从而提升创意过程。从此看来，在理论方面“创意工业”这一范畴的工作并未得到更为有益的理论发展。因此，我建议回到“文化产业”，提出以下四个方面的有效理论途径。

首先，我提出回到“文化产业”的原因如下。这一概念将焦点明确地集中于文化、审美和情感产业，也是这个概念事实上所涵盖的内容。它也避免了科学、研究和发展活动为什么被排除的问题，因此将（已经很大的）活动范围限定在一个更连贯一致的范围之内。第二，在免除了重新建构一种争议较少的“创意产业”概念的负担后，我们可以把精力更多地投入于更有成效的理论工作。在此方面我提供四种路径：涉及人、地点、经济和创意。

“人”这方面，不用再去区分“创意阶层”、“创意劳动者”、“创意劳工”究竟代表了什么，我们可以更深入地分析该如何理解临时工作的动力原理，也能更好地理解灵活的流动劳动力可能面临的挑战。理解工作安排中自由与临时性之间、确定性与风险性之间的平衡，有可能让我们在理解文化工作者如何在工作的临时性与风险面前仍继续自己的工作上获得突破。其他因素处于怎样的位置？包括自由与自我表达的吸引力，及其他实际的因素，比如灵活的工作管理体制和恶劣的经济条件。就**“地点”**而言，这样的再理论化近年来已经取得一些成果，吸收了簇群的概念，认识到工业、商业、文化簇群的独特性（参见 Kong 2009）。文化工作在很多方面与工业和商业相异，外部性与信任、合作与默会的知识，它们之间的逻辑关系远弱于声誉、成本与环境之间的逻辑关系。就**“经济”**而言，需要更进一步地理解大型企业与小型本土公司之间的动力关系。除了抱怨大公司——特别是跨国企业的出现——清除本土惯例，剥削本土员工，是否还有证据表明，这些大公司可以培养本土专业人才，形成互惠互利的合作活动？对于商业关系的进一步分析，以及本土文化工作者在不同类型的文化工业机构的深入调查将会产生针对不同商业环境更为清晰的观点，了解能够获得成功的商业关系与那些没能成功的情况，以及个体工作者在更大计划中的体验。最后，“文化产业”的研究将推动**“创意”**的进一步理论化。创意总是因其能产生新想法、推动革新发生而受到拥护，然而创意过程的本质并未被充分理解。因此，要有效地利用创意，我们需要更多去探索这个概念，包括创意的社会性，及其涉及的精神病学和心理学知识。从这方面来看，这包括了社会学家、心理学家、神经科学家等其他学科的专家，跨学科的工作会是相当有成效的。

政策再思考

正如理论亟待厘清与（重新）塑造，政策方面认真的再思考与再制定也同样必要。我提供三种重新思考文化工业政策的干预手段。第一，要避免简单无效的政策制定，厘清重点是重要的第一步（Watson and Taylor 2013）。政策的再思考需要考虑创意生产的各种复杂层面，明确重点。如果我们同意“文化产业”而不是“创意产业”能够在理论方面形成一个更优、更明确的重点的话，那么也就可以接受政策导向前者而非后者的话会更清晰、更高效。举“创意产业”其他形式的两个例子，针对生物医药产业或资讯通信产业的政策并非不应存在。相反，区分对待这些产业，承认差异，避免因为我们使用的范畴造成的混合，它们会更好地发挥作用。即使从更基本的角度看，也有必要认识到文化产业中各个领域（比如艺术、媒体和设计产业）的差异性。了解它们面临的具体挑战，进而才能为这些产业量身定制政策。独立地评估每个工业部门，而不是在“创意产业”或是“文化产业”的范畴内进行整体评估，可以使得政策制定者规避混合数据与政策工具的危险。

第二，政府需要有清晰的政策目的，这样法律文件与干预措施就都会有清晰具体的目的。很重要的是认识到，同样的政策和法律文件很难同时适用于文化艺术政策和社会经济政策。没有什么万能药。多数情况下，城市政策将各种目标捆绑在一起，造成目标不明确，目的无法达成。

第三，好政策必须明确其目的是要到达平衡，还是要对特定团体或目标有所倾斜和保护。缺乏明确性和确定性，通常会导致政策之间的矛盾。我举三个例子。就如何支持适当的商业模式而言，政策目标的明确性尤为关键：是要采取一种平衡的方式同时支持大型跨国/国际公司和本土的中小型企业呢，还是要向前者倾斜，或是保护后者？一种方法是有目的地被采用，还是仅仅是一个盲点，恰好说明了另一方的缺席或被忽略？就硬件（文化基础设施）和软件（人才发展，包括文化工作者和管理艺术文化事业的地方当局）而言，目标是资助文化硬件的发展，以期软件会有机地发展演进，还是应该采取行动在硬件投资到位之前就发展软件？或者二者可以同时进行？这一点在重新思考政策方面也同样重要：政策所包含的明确立场，是要保护本土的历史与文化，还是要把文化产业当作可以在不同地点被复制兜售的全球通货？近年来，在某一地区实行的政策常常会被借鉴，继而在若干其他地区推行，忽视地区差异、历史和具体环境。如此“复制”政策（Pratt 2009）的后果是以一种破坏性或不现实的方式，将政策强加到本土语境之中（Kong 2000）。从一开始就明确这些，并在政策实施的过程中始终坚持，是政策能够成功制定与实施的重要条件。可惜的是，这种情况并不常见。

结论

从 20 世纪 40 年代到 21 世纪最初十年的大约 70 年间，学术的关注点从“文化工业”转向“文化产业”再到“创意产业”。虽然“文化工业”概念是由意识到了不同文化生产领域的复杂性与独特性而演变为“文化产业”的概念，但随政策修辞而出现“创意产业”，却因同样缺乏清晰性而困扰着学术和政策话语。“创意转向”还带来了一些相关概念的出现，如创意经济、创意簇群、创意城市。而“创意转向”已被证明问题重重。本文力图说明“创意转向”所带来的各种学理方面与实践方面的挑战。我还试图提出理论方面亟待明确的几个问题，认为我们需要将注意力集中于理论问题，而不是仅仅注意在使用“创意产业”这个概念时面临的挑战。我相信如果学术圈放下包袱，不再想方设法地定义“创意产业”，将其与“文化产业”相区别，不再焦虑为什么一些依赖于创意的产业没有被纳入创意产业，那么我们会获得更有成效的理论见解。为了摆脱这种尴尬处境，我提出我们需要从根本上回归到“文化产业”的概念，将其作为一种恰切的范畴，将学术精力集中于探讨文化产业的本质，可从以下四个维度进行——人（文化工作者）、地点（文化空间与地点）、经济（商业模式与关系）、文化活动中的创意（精神、社会、心理的活动）。

除了理论的重构与理论化活动的重新定向，我提出通过加强概念的明确性与理论深度，对政策进行再思考。要获得有效的政策构成，则涉及对于“文化产业”范畴的基本分析。这要求政策制定者们分析宽泛范畴之内的个体产业，将其作为具有独特特点和需求的差异性产业，在恰当地认识到异同点的同时，采用合适的政策工具对待它们。另外，明确的政策来自明确的政策目标——衡量经济、社会和共同体各个目标的相对紧迫性，并明确认识到不存在什么“万能药”。明确具体目标之间的相对平衡，也会带来更有效的政策；仅以三组张力为例：大型国际公司与小型本土企业之间的平衡；硬件发展与软件发展之间的平衡；与国际文化流通接轨与发展本土文化习俗之间的平衡。

理论与政策并非常见的伙伴关系。但是，通过明确概念与理论可以形成更好的政策。如若本文能够作为一种干预最终获得二者的达成，则不枉此言。

（翻译：刘洁莹　校对：毕文灏）

注释：

[1] 其中包括很多工业子部门，比如电影、电视、软件、电子出版、艺术和手工艺、音乐（Flew and Cunningham 2010，114），但彼此之间缺乏明晰的联系而显得混杂。

参考文献：

Theodor Adorno and Max Horkheimer（1944），“The Culture Industry：Enlightenment as Mass

Deception", In *Dialectic of Enlightenment*, translated by John Cumming, New York: Seabury, 120－167.

Mark Banks and Justin O'Connor (2009), "Introduction: After the Creative Industries", *International Journal of Cultural Policy* 15 (4): 365－373.

Chris Barker (2004a), "Culture Industry", in *The Sage Dictionary of Cultural Studies*, London, Thousand Oaks and New Delhi: Sage, 46－47.

Chris Barker (2004b), "Adorno, Theodor (1903－1969)", in *The Sage Dictionary of Cultural Studies*, 3. London, Thousand Oaks and New Delhi: Sage.

Walter Benjamin (1969), *Illuminations*. New York: Shocken.

Tara Brabazon (2012), "A Wide Open Road? The Strange Story of Creative Industries in Western Australia", *Creative Industries Journal* 4 (2): 171－193.

Creative Asia (2013), "Statistics and Definitions", http://www.creativeasia.co.uk/cluster-evaluation/statistics-and-definitions/.

Stuart Cunningham (2003), "The Evolving Creative Industries", http://core.kmi.open.ac.uk/download/pdf/10875750.pdf.

Stuart Cunningham (2009), "Creative Industries as a Globally Contestable Policy Field", *Chinese Journal of Communication* 2 (1): 13－24.

DCMS (Department of Culture, Media and Sport) (1998), *Creative Industries Mapping Document*. London: DCMS. http://webarchive.nationalarchives.gov.uk/20121204113822/http://www.culture.gov.uk/reference_library/publications/4740.aspx.

Mark Deuze (2006), *Media Work*. Cambridge, MA: Polity Press.

EDB (Economic Development Board of Singapore) (2014), "Incentives for Businesses", http://www.edb.gov.sg/content/edb/en/why-singapore/ready-to-invest/incentives-for-businesses.html.

European Commission (2006), "The Economy of Culture in Europe. Study prepared for European Commission", http://ec.europa.eu/culture/library/studies/cultural-economy_en.pdf.

Terry Flew and Stuart Cunningham (2010), "Creative Industries after the First Decade of Debate", *The Information Society: An International Journal* 26 (2): 113－123.

Jo Foord (2008), "Strategies for Creative Industries: An International Review", *Creative Industries Journal* 1 (2): 91－113.

Mirjam Gollmitzer and Catherine Murray (2008), "From Economy to Ecology: A Policy Framework for Creative Labour", in *Report prepared for the Canadian Conference of the Arts*, Burnaby, BC: Simon Fraser University, 1－70.

David Hesmondhalgh (2007), *The Cultural Industries*. 2nd ed. London: Sage.

David Hesmondhalgh (2008), "Cultural and Creative Industries", In *The Sage Handbook of*

Cultural Analysis, edited by Tony Bennett and John Frow, London: Sage, 552－569.

David Hesmondhalgh (2013), *The Cultural Industries*. 3rd Ed. London and Thousand Oaks: Sage.

David Hesmondhalgh and Sarah Baker (2010), "'A Very Complicated Version of Freedom': Conditions and Experiences of Creative Labour in Three Cultural Industries", *Poetics* 38 (1): 4－20.

David Hesmondhalgh and Sarah Baker (2013), *Creative Labour: Media Work in Three Cultural Industries*. London: Routledge.

Gert-Jan Hospers (2009), "What is The City but the People? Creative Cities beyond the Hype", in *Creative Urban Milieus: Historical Perspectives on Culture, Economy, and the City*, edited by Martina Hessler and Clemens Zimmermann, Chicago: University of Chicago Press, 353－378.

Gert-Jan Hospers and Cess-Jan Pen (2008), "A View on Creative Cities beyond the Hype", *Creativity and Innovation Management* 17 (4): 259－270.

John Howkins (2001), *The Creative Economy: How People Make Money from Ideas*. London: Allen Lane.

Veiko Jürisson (2007), "The Creative Economy and Offside in Cultural Policy: An Economies in Transition Perspective", Paper presented at the VII Annual Conference of Estonian Social Sciences, Tartu, November. 28－29.

Lily Kong (2000), "Cultural Policy in Singapore: Negotiating Economic and Socio-cultural Agendas", *Geoforum* 31 (4): 409－424.

Lily Kong (2009), "Beyond Networks and Relations: Towards Rethinking Creative Cluster Theory", in *Creative Economies, Creative Cities: Asian-European Perspectives*, edited by Lily Kong and Justin O'Connor, Dordrecht: Springer, 61－75.

Lily Kong and Justin O'Connor (2009), *Creative Economies, Creative Cities: Asian-European perspective*. Dordrecht: Springer.

Stefan Krätke (2010), "'Creative Cities' and the Rise of the Dealer Class: A Critique of Richard Florida's Approach to Urban Theory", *International Journal of Urban and Regional Research* 34 (4): 835－853.

Stefan Krätke (2011), *The Creative Capital of Cities: Interactive Knowledge Creation and the Urbanization Economies of Innovation*. Malden, MA: Wiley-Blackwell.

Charles Landry (2008), *The Creative City: A Toolkit for Urban Innovators*. London: Routledge.

Deborah Leslie and Norma M. Rantisi (2012), "The Rise of a New Knowledge /Creative Economy: Prospects and Challenges for Economic Development, Class Inequality and Work", in *The Wiley-Blackwell Companion to Economic Geography*, edited by Trevor J. Barnes, Jamie Peck and Eric Sheppard, West Sussex, UK: Wiley, 458－471.

Joshua Long (2009), "Sustaining Creativity in the Creative Archetype: The Case of Austin,

Texas", *Cities* 26 (4): 210 - 219.

Steven Malanga (2004), "The Curse of the Creative Class", *City Journal* (Winter): 36 - 45.

Catherine McKercher and Vincent Mosco (2007) "Introduction: Theorizing Knowledge Labour and the Information Society", in *Knowledge Workers in the Information Society*, edited by Catherine McKercher and Vincent Mosco, Toronto: Rowman & Littlefield, vii - xxiv.

Angela McRobbie (2005), "Clubs to Companies", in *Creative Industries*, edited by John Hartley, Malden, MA: Blackwell, 375 - 391.

Bernard Miège (1989), *The Capitalization of Cultural Production*. New York: International General.

Hans Mommaas (2009), "Spaces of Culture and Economy: Mapping the Cultural-Creative Cluster Landscape", in *Creative Economies*, *Creative Cities: Asian-European Perspective*, edited by Lily Kong and Justin O' Connor, 45 - 59. Dordrecht: Springer.

George Morgan and Xuefei Ren (2012), "The Creative Underclass: Culture, Subculture, and Urban Renewal", *Journal of Urban Affairs* 34: 127 - 130.

Max Nathan (2007), "The Wrong Stuff? Creative Class Theory and Economic Performance in UK Cities", *Canadian Journal of Regional Science* 30 (3): 433 - 450.

Kate Oakley (2004), "Not So Cool Britannia: The Role of the Creative Industries in Economic Development", *International Journal of Cultural Studies* 7 (1): 67 - 77.

Justin O'Connor (2011), "The Cultural and Creative Industries: A Critical History", *Ekonomiaz* 78 (3): 24 - 47.

Justin O'Connor and Gu Xin (2010), "Developing a Creative Cluster in a Postindustrial City: CIDS and Manchester", *The Information Society: An International Journal* 26 (2): 124 - 136.

Brenda Parker (2008), "Beyond the Class Act: Gender and Race in the 'Creative City' Discourse", in *Gender in an Urban World*, edited by Judith. N. DeSena, Research in Urban Sociology, Volume 9. Bradford, UK: Emerald Group Publishing, 201 - 232.

Jamie Peck (2005), "Struggling with the Creative Class", *International Journal of Urban and Regional Research* 29 (4): 740 - 770.

Jamie Peck (2007), "The Creativity Fix", *Eurozine*. http://www.eurozine.com/pdf/2007-06-28-peck-en.pdf.

Hans J. Pongratz and Günter Voß (2003), "From Employee to 'Entreployee': Towards a 'Selfentrepreneurial' Work Force?", *Concepts and Transformation* 8: 239 - 254.

Jason Potts and Stuart Cunningham (2008), "Four Models of the Creative Industries", *International Journal of Culture Policy* 14 (3): 233 - 247.

Andy C.Pratt (2008), "Creative Cities", *Urban Design* 106: 35. http://eprints.lse.ac.uk/20730/1/Creative_cities_(LSERO).pdf.

Andy C. Pratt (2009), "Policy Transfer and the Field of Cultural and Creative Industries: What Can Be Learned from Europe?", in *Creative Economies*, *Creative Cities: Asian-European Perspectives*, edited by Lily Kong and Justin O'Connor, Dordrecht: Springer Press, 9–24.

Andy C. Pratt (2011), "The Cultural Contradictions of the Creative City", *City*, *Culture and Society* 2 (3): 123–130.

Ned Rossiter (2003), "Creative Labour and the Role of Intellectual Property", *Fibreculture* 1. http://journal.fibreculture.org/issue1/issue1_rossiter.html.

Gary Sands and Laura A. Reese (2008), "Cultivating the Creative Class: and What about Nanaimo?", *Economic Development Quarterly* 22 (1): 8–23.

Allen J. Scott (2006), "Creative Cities: Conceptual Issues and Policy Questions", *Journal of Urban Affairs* 28 (1): 1–17.

Allen J Scott (2013), "Regional Studies Association Annual Lecture", paper presented at AAG 2013, Beyond the Creative City: Cognitive-cultural Capitalism and the New Urbanism, Los Angeles, April 9–13.

David Throsby (2001), *Economics and Culture*. Cambridge: Cambridge University Press.

Ted Tschang (2009), "Creative Industries across Cultural Borders: the Case of Video Games in Asia", In *Creative Economies*, *Creative Cities: Asian-European Perspective*, edited by Lily Kong and Justin O'Connor, Dordrecht: Springer, 25–42.

Allan Watson and Calvin Taylor (2013), "Invisible Agents and Hidden Protagonists: Rethinking Creative Cities Policy", *European Planning Studies*. DOI: 10.1080/09654313.2013.790586.

Robert W Witkin (2003), *Adorno on Popular Culture*. London: Routledge.

Work Foundation (2007), *Staying Ahead: The Economic Performance of the UK's Creative Industries*. London: Department for Culture Media and Sport.

Sharon Zukin (1988), *Loft Living: Culture and Capital in Urban Change*. London: Radius.

四 民族主义与现代性

确信的曙光：世俗主义、印度教民族主义以及其他去文化的面具

围困下的解放：美国的军事占领与日本的妇女解放

确信的曙光：世俗主义、印度教民族主义以及其他去文化的面具

● 阿希斯·南迪①

本文重申，世俗主义只是实现跨国家、跨种族和跨社区友好的一种手段；它本身并不是一种目的。而作为一种工具，这种世俗主义在亚非环境中变得越来越效率低下、适得其反。实证研究表明，对种族、宗教暴力的底层抵抗是根植于宗教理念的，与主导着学界与政界的世俗化世界观几乎没有什么关系。这种世界观只会听任种族、宗教情感被高度世俗化的、政治的和成本的计算驱使下的非信徒无情利用。这一进程是以这样的方式进一步加强的：南半球的世俗主义语言成为新的社会政治等级与知识等级的标志，并且导致了对文化遗产潜力和文化特色伦理框架的低估。

* * * * * * * * * * * * * * * * * * * *

以下基本上是一系列主张。它的目的不是为了那些抓住民族与宗教的暴力问题，将其视为认知难题的学者们，而是为了——用古斯塔沃·埃斯特瓦（Gustavo Esteva）的话来说——试图“革新人们的空间”的知识分子和草根活动家[1]。它的目标有三个层次：(1) 从将社群主义与世俗主义视作失散的联系体——而不是不共戴天的仇敌——这一视点出发，将现有的关于南亚种族与社区暴力问题的见解系统化；(2) 作为同一活动的一部分，认识到印度教民族主义和其他类似的种族民族主义一样，并非印度教的“极端”形式，而是一种现代信条，代表全球民族国家体系，寻求重组印度教，使之成为一种国家意识形态，使印度成为一个“恰当的”国家；(3) 提示在一个民主政体中实现宗教宽容的方式，这一民主政体不会对生活方式、语言、非正式的社会模式和公民的政治分析（即便他们对此不甚熟悉或格格不入）——世俗主义的意识形态不屑一顾。

---

① 阿希斯·南迪（Ashis Nandy），墨尔本后殖民研究所。

在文章伊始，我必须对前述文字提出一个限制条件。这篇文章是关于世俗主义的一系列论文中的第三篇，在这些论文中，我的主要关注点之一在于探究世俗主义意识形态的政治和文化心理的可行性，并论证南亚政治的脆弱状态在文化上是“自然的”，却也并非毫无抵抗的灾难。因为，在该地域的文化与宗教积贮中，还存在其他一些可能更有效且更有弹力的理念——即便说没有创造性的跨信仰接触，这些理念能够保证宗教与种族共同生存。在对这些论文的学术回应中——其中有些怀有歇斯底里的敌意——几乎没有批评争论或者探讨这一部分内容，而这一部分恰恰是我一度愚蠢地以为即便是对虔诚的世俗主义者来说也会是有趣的。我试图确定世俗主义意识形态的时空位置或局限的尝试，更使他们不安。显然，对有些学者来说，世俗主义意识形态优先于它本应为之服务的目标。那些与宗教或种族冲突有过直接接触的人权活动家、实地考察者或者受害者则远没有那么气恼，而这些论文在一开始就是为他们而写的。即便对M.K.甘地“政治脱离宗教会变得低下”[2]的信念感到不适，他们似乎还是直观地衡量了雷曼多·帕尼卡（Raimundo Panikkar）的隽语的力量：“宗教与政治的分离是致命的，而对它们的鉴别则是自取灭亡。”[3]

世俗主义悖论

世俗主义作为一种意识形态，只有在一个主要是非世俗化的社会里才能蓬勃发展。一旦一个社会开始世俗化——或者一旦人们开始感觉到他们所处的社会正在从宗教和超验理念中净化出来——世俗主义的政治地位就变了。[4]在这样一个社会中，人们焦虑地意识到，他们生活在一个日渐世俗化的世界里，开始寻求信仰以赋予其生活意义，并维持依旧是一个传统社区的一部分的错觉。如果信仰衰退，他们就开始寻求与信仰相联结的意识形态，企图回到传统的、将会否定或公然反抗他们所处的世界的道德共同体的形式中。如果他们找到这样的意识形态，他们将会防御性地紧紧抓住它们——用萨拉·苏勒里（Sara Suleri）的话来说，其“绝望热情”犹如“试图逆转已然完结的爱情”。不时发生在社区里的事情也会发生在社区的某些部分或者个人身上。因此，近年来，许多生活在西方的南亚侨民变得更加极端地传统，文化排外和沙文主义。随着他们珍视的世界越来越难以维系，随着他们的孩子以及他们自己身上开始显现出与他们所生活的社会融为一体的症状，他们对自己所认为的自己的信仰与文化更加保护心切。

一些国家侵略性地把世俗主义强加给其人民的热情，加重了这些对脱离传统的担忧。许多公民本已对信仰流失十分敏感，高层强加的世俗化议程更是激怒了他们，因为这一议程始终带有在这个时代对信徒的一丝轻蔑。这样的世俗主义是：

> 从本质上来说，宗教意识形态不是建立在任何科学实证命题之上的……它是一种神化特定类型的人类理性的宗教，使得批判理性成为最终主宰。这种宗教意识形态在学校里被强加给我们的孩子——在那里，所有其他宗教都是被禁止的。……这种宗教曾在英国和美国流传了两代。主日学校建立。新宗教的教义发表。但随着纳粹主义的兴起和世界第二次大战的爆发，它虎头蛇尾地结束了，并与现代自由主义融为一体，而后者亦是如今席卷欧洲的新文明的宗教……世俗主义之所以导致社区冲突，是因为它假装宽容各种宗教的同时却残酷地攻击宗教认同。[5]

当印度的公众生活压倒性地非现代化时，世俗主义作为一种意识形态便有机可乘。因为宗教地区看上去完好无损，而世俗主义看起来就像一个平衡原则、一种合法地持有异见的形式。为了跟上时代，也因为世俗主义听起来似乎不错，甚至许多信奉宗教的公民也声称自己是世俗化的。既然印度政治的世俗化已经十分深远，世俗主义作为一种信条的余地也有所下降。世俗化的标志如今随处可见，人们不再需要为之论争。相反，世俗化已经走得太远的担忧在增长，这个国家公德的沦丧被归咎于全面的宗教情感丧失。许多在现代化或半现代化的印度流传的歪曲或曲解的宗教版本就来源于人们以为世俗化大获全胜，而不是来源于传统的延续。

作为同一进程中的一部分，许多“非世俗化”意识形态和运动在风格和内容上已经变得更加世俗化。为了赢得追随者，他们的确试图看上去合乎宗教，但在一个世俗化政体中，他们唯有通过世俗化的政治、世俗化的组织和世俗化的计划来角逐政治权力。他们越来越像阔气富裕的大师和圣人，一边指责“西方赤裸裸的物质享乐主义”一边却不得不时时依赖西方技术、西方媒体和西方追随者来进行活动。在印度，对此的一种流行认知是断言政客滥用了宗教。但是，这种断言通常不承认一个人或一个团体只有至少部分地否定了宗教的神圣性，才能够“滥用”或者仅仅工具性地“使用”宗教。[6]从这个意义上来说，尽管被称为原教旨主义，印度人民党（Bharatiya Janata Party）和湿婆神军党（the Shiv Sena）是印度最世俗化政党中的两个，因为他们最为忠实地代表着虔诚的丧失和一部分都市化、现代化过程中的印度的文化自我怀疑。即使在默认情况下，其他各政党也都注意到了对宗教的工具性使用中的一些限制，然而，在印度人民党和湿婆神军党中却似乎没有这些约束。在这些政党中，人们有时或许是被虔诚动员起来的——就湿婆神军党而言，即便这一点也值得怀疑——但是，他们的领袖仅仅将这种虔诚视作他们政治武器的一部分。

在南亚，甚至宗教暴乱或屠杀都在变得世俗化。那些在竞争性的民主政体中组织集会或罢工的方式，被用来组织宗教暴乱或迫害，通常出于同样的原因，也被用来搞垮一个政权或者诋毁一位首席部长或者帮助竞选活动或某一派别。今天，印度一些政党有"专业人士"来专门从事这种暴力活动，而且，就像真正的专业人士一样，他们是做这方面工作的专家。尽管属于敌对的宗教或种族社区，这些专业人士之间却往往保持着良好的个人、社会和政治关系。他们显然认为，狂热只属于平头百姓而不属于这些操纵种族政治游戏的严肃政客。[7]如今，查明各种暴乱的价码、暴徒如何寻求政治保护、暴乱之后怎样从中获得政治优势都并不困难。

在一些重要政客、官僚制度与法律体系之间甚至达成了应该如何对待这些专家的模糊共识。在印度乃至整个南亚，尽管有数百名证人与详尽的信息，却几乎没有任何人因合谋或参与暴乱而被起诉。1984 年在德里爆发的反锡克教徒暴乱，只不过是该共识的一个更戏剧化的证明。尽管超过 3 000 名锡克教徒在为时三天的暴乱中在印度首都被杀害，然而，近 20 年来，这场暴乱的煽动者和积极参与者不但免于起诉，反而在官场中得到高升。至少两人进入联邦内阁，另外三人成为首都的国大党议员。不需要多少政治敏锐就能预测到，同样的命运在等待着 1993 年 1 月发生在孟买、2002 年发生在古吉拉特邦的反穆斯林暴力活动的公然自称的策划者与作恶者。

在另一方面，到目前为止，尽管人权活动家和研究社区暴力的学生已经提供了足够的数据表明暴乱是有组织，但是他们却很少由此推及逻辑结论。暴乱必须被组织，因为普通公民——"不识字的"、"迷信的"、不加批判地拥护他们的原生身份的南亚人——很难被唤醒去参加暴动。为了达成目标，你需要详尽的计划与辛勤的工作。把普通公民转换为喷火的狂热分子和杀人凶手并不容易，他们或许并非道德模范，但也不是令人毛骨悚然的恶魔崇拜者。即使援用了诸如历史、国家、民族主义的高尚的现代价值。[8]南亚的所爱与所恨通常是以社区为基础的，都是小规模的。就社区暴力而言，至多能指责他们的是某种对暴动前的流言的不加批判的开放态度，这种开放态度使得他们能够与自己的良知以及抵抗暴力的无能达成和解。

然而，他们的确抵抗暴力。每次暴动中都涌现出人们冒着可能危及自身及家人的巨大危险保护他们的邻居，展现了莫大勇气的例子。[9]通常，整个家庭和社区都参与到抵抗暴力的决定中来。没有什么实证依据可以一方面用个性来解释这种勇气，而又与此同时将其抵抗的暴力当作一种文化产物。在南亚和在纳粹德国差不多，在底层抵制这些暴力行径的人们的价值框架根源于他们的宗教信仰。[10]我自孩提时代就听说了大分裂暴乱中的受害者们的数以百计的刻薄故事——关于他们在 1946—1947 年间所经受的苦难。在大部分事例中，这些经历使得他们悻悻地反穆斯林、反锡克教或者反印度教。然而，除却苦难，在大部分讲述中都包含一个关于某个来自其他社区的人向这个家庭伸出援手的故事。日常生活中的爱与恨，其中通常含有种族或宗教偏见，可能是小规模的，但是它们并不总是微不足道的。

在那些社区还未分裂成原子化的个人的地方，抵抗更加强烈。暴动不仅仅在城市发生得更为频繁，而且在乡村更难被组织起来。全世界的乡村社区都在被打破，但是，在南亚它并没有完全破裂。在南亚，甚至小一点儿的城镇往往都躲过了大众化。尽管一些印度教民族主义者声称，在过去 400 年间，35 万印度教徒已经死于解放罗摩诞生地 Ramjanmabhumi 的抗争中，但是直至 20 世纪 80 年代后期，阿约提亚的居民们一直生活在一种合理的友好关系中却并非偶然。联合家庭（The Sangh Parivar）觉察到这一点；直到 20 世纪 80 年代中期，在阿约提亚发生的拆毁巴布里清真寺的行动并不是由 V. D. Savarkar、Balkrishna Munje 和 Keshav Hedgewar 以及 Bal Thackeray、Lal Krishna Advani 和 Murli Manohar Joshi 这些知名印度教民族主义者发起的。在印度的城市中产阶级达到一定规模、印度现代化达到一定阶段之后，巴布里清真寺才演变成一个政治问题。[11]

圣城阿约提亚的第一起严重暴动发生于 1992 年 12 月 6 日至 7 日。尽管在此前七年里，为了动员当地人参加暴动耗费大量心血，但是暴动仍然没有发生。[12]这一次暴动是由外来者组织、由不说印地语的暴徒执行的，当地人无法与这些暴徒进行沟通。这些外来者不是传统村民，而是城市化的、受过点儿教育的、部分西方化的男性和少量女性。他们闯入市内一百多处穆斯林宗教场所来庆祝毫无防范的巴布里清真寺的“陷落”。[13]

最终，1992 年巴布里清真寺的拆毁证明，印度的世俗主义一直在沿着可预见的路线前进。

世俗主义政治

在过去大约 50 年里，世俗主义的概念不无建树。在虽然尚小但不断扩张的印度现代化地区，世俗主义概念作为一种重要的公共价值，也作为一种人们献身少数族裔保护事业的指标而发挥着作用。现在，这一概念越来越少被传达。按照大多数标准，制度化的世俗主义已经失败了。社区暴乱已经增长了不止十倍，而且开始向现代化、半现代化的印度边缘地区扩张。[14]与此同时，以现代化和世俗化为主的印度主流文化，已经丧失了它对传统文化与反对社区暴力的心理制约的信念——以及实现这两者的途径。

在这方面，有人尝试拿世俗主义的政治地位与印度的现代医学进行对比。传统上，印度人使用若干本土治疗体系，并对此抱有一定的信心与质疑。这些体系被视作大杂烩，它们时而有效时而无效。但它们并不是完整的体系；它们并不要求人们对其全心全意忠诚，而是予以人们充分的自主权去体验其他体系，包括现代体系。慢慢地，好心的改革者们打破了他们的无知同胞对这一类本土迷信的信心。在19世纪的后半期，现代医学不仅仅是作为一种先进科学，也是作为一种本国人对传统治疗体系的不合理信念的解药，被大张旗鼓地引入印度，这背后往往有来自国家的支持，有时甚至伴以国家强制机制。[15]人们被传统体系是虚假的，或者最好说是无效的这一信息持续轰炸；因此，他们应该转向现代的、“真正普适的”医学体系。

一旦相当一部分印度人对于旧的、更容易获得的治疗体系的信心被摧毁，不可避免的事情就会发生。转向现代医学的大部分人发现，现代医疗昂贵异常、更加排外，通常不人道且淡漠。他们也发现，相较于为他们提供便捷的现代医疗途径，改变他们的信念的人有其他优先事项。同时，这些现代医学皈依者也早已失去了他们对传统治疗体系的部分信心。传统体系中的许多行医者也失去了对自己的职业技能的自信，而开始冒充自己是现代医学的离经叛道者；他们开始在形式上抄袭对抗疗法，更悄悄地运用到实际医疗实践中。

同样地，世俗主义被部分社会改革者、知识分子和公众人物引入南亚公共生活——他们被民族灭绝的、殖民的社会进化和历史理论引诱或洗脑——以颠覆或破坏宗教间相互理解与宽容的传统观念，这种宗教理解与宽容已经使生活在南亚次大陆的成千上万个社群得以在合理的和睦中共同生存。这种共存并不完美，当然也并非无痛的。就如同在任何“混合地区”一样，社区之间往往会发生暴力冲突。但是这种暴力从未牵涉如此巨大的人群、如此之多族群（印度教徒、穆斯林、锡克教徒、泰米尔族或僧伽罗族）。这些冲突是地方化的、局部的，并几乎总是被视作跨越宗教界限的，因为这些界限大都不甚明了。[16]更重要的是，冲突及其解决都是通过对当地大部分人来说清楚易懂的语言来解释和协商的。[17]对改革者、思想家和政治家们来说——他们提出将印度这个殖民地国家的分类变为欧洲式的宗教大类——这个“活着的过去”看起来就像是一个不合时宜、难堪而又确定的解决种族与宗教冲突的处方。在他们看来，前几个世纪里的教派、宗派和种族团体之间的部分冲突，现在看起来就像是整个宗教社区之间的冲突。与此同时，维系着宗教之间相互适应与宽容的范畴——或者，谦虚地说，使社群之间的敌意维系在一个可以容忍的范围内的范畴——被系统性地低估、被攻击和被嘲弄为非理性与自欺的巨大结构的一部分，以及返祖退化的生活方式的标志。

世俗主义的概念取代这些类别，被视作消除宗教冲突与狂热的良方推而广之，认为世俗主义可以解决传闻中自远古以来形塑了该地区的持续的宗教暴力和流血事件。在这里使用“传闻中”这一字眼儿，是因为没有哪怕一丁点儿实证证据来证明，这些冲突大规模存在且有如其目前所指的宗教社群牵涉其中。[18]但这并不妨害受过良好教育的南亚自由主义者和进步人士的行事风格。他们似乎坚信，数据不存在是因为他们的社会缺乏历史感；倘若有一个正确的、科学的、客观的历史存在，那么它将表明前现代（pre-modern）南亚是一个充满了宗教偏见的嗜血的蛇坑。

天真的社会进化论者对当下的解读支离破碎。然而，世俗主义意识形态在宗教友好种族多元的公共话语领域的统治仍在继续。为什么呢？为什么甚至印度教种族主义者也都不维护宗教反而支持真正的世俗主义（与他们所称的政治对手的伪世俗主义相对）呢？最重要的是，谁能够从世俗主义中得到什么以及为什么？任何哪怕只是提出这个问题的尝试，都会触发深刻的焦虑；它似乎触及了印度资产阶级中的某些非常原始的东西——仿佛世俗主义是一个神圣的超历史概念，仿佛它不受时间和空间的限制，而任何对它的时空限制的探究都是对其死亡的提醒；仿佛被这个问题困扰的人其实清楚它的答案，但是却不喜欢想起它们来。在这里，我要冒着政治不正确的风险，硬是要转向这些问题。

首先，一旦制度化为一种官方意识形态，世俗主义概念有助于识别现代化的印度人并将其确立为一个原本非理性的社会的理性原则，同时赋予他们看似应得、实则并不相称的获取国家权力的机会。毕竟，他们据说是从宗教种族偏见、成见中解放出来的人，他们甚至能够决定，在大多数不使用世俗主义语言的印度人之中，谁是“客观地”世俗化了的。世俗主义对他们来说，往往是一个排他的原则。它划分出一个使用国家语言的阶级，无论意见异同。在这个层面上，世俗主义标志着，一个个人或团体乐意接受印度国家意识形态的两种推论：那些不说世俗主义语言的人不适合完整的公民权；唯独说世俗主义语言的人才拥有决定什么是真正的民主原则、国家治理与宗教宽容的权利。[19]在这里，世俗主义意识形态的主要功能，是将公民的主动权转移到一群使用一种专门语言的专家团体中。

为了对这一部门和为其提供全球主流文化学术指导的导师们更加慷慨，世俗主义已经成为现代印度"理解"现代印度以外尚存的宗教宽容的主要方式。世俗主义已成为一种为无法解释的一切命名的概念，在这个意义上，它变得更加可以理解。它的必要性取决于现代印度与印度传统失去联系，取决于对宗教宽容传统规范的自信缺失，尽管这种传统规范为在民主政体中进行政治干预提供了另一种有利地形。现代印度对世俗主义观念崩溃所致的真空的恐惧可能因此产生。

许多世俗主义者在意识形态方面或道德立场上是世俗化的。他们认为他们的意识形态与激进的或者左派的政治学说兼容，而似乎没有注意到它的殖民联系与阶级偏见。显然，对他们来说，阶级分析不同于慈善活动，不会从家里开始。他们中有些人亲自为宗教或种族少数群体而斗争，但是现在面临的事实是，随着参与式大众政治的扩散，他们正被缩减为这一部分中的极少数，尽管他们期待获得后者最大程度的支持——西化的、有媒体曝光率的城市中产阶级。他们既不能放弃他们对世俗主义的信仰，因为那将意味着剥离其自我界定的重要部分，也不能摆脱掉世俗主义注定失败的意识，至少在实际政治层面。[20]这种政治已经过于世俗化而无力维系世俗主义为一种流行的意识形态。

其次，世俗主义意识形态不仅符合印度国家文化，它还邀请政府利用其强制力量来实现该意识形态投射的社会模型。在印度，世俗主义和国家主义相伴而生——或许，以国家主义者为核心的印度教民族主义尚未放弃世俗主义语言的原因正在于此。[21]这两者的目标是重组普通公民，这样一来，他或她尽管被赋予了民主权利，但除非是在南亚的西方化精英们所设的政治限制之内，否则就不会去行使这些权利，从而构成该地区"外国佬"帝国（Wog empires）的钢铁框架。世俗主义也有其阶级背景，它也要处理一个政体中谁得到什么以及何时得到的问题。塔里克·巴努里（Tariq Banuri）将弗洛伊德心理学中自我的主导地位与当代政治发展思想中的民族国家的主导地位进行比较。[22]为了完全理解他这一令人寻味的比喻，人们必须将世俗主义视作自我的至关重要的防御机制。

巴努里的隐喻还提供了一条理解印度许多世俗主义者的狂热的线索，他们渴望为世俗主义事业战斗直至最后一个穆斯林或锡克教徒倒下。这是他们充满激情的对利益的献身，或者，如果你喜欢的话，不理智的对理性的献身（19 世纪至 20 世纪的一种典型的精神病态，其中对一种意识形态的忠诚比这种意识形态的目标受益者的福利更加重要）。这样的浪漫现实主义是巴努里所称的“对民族融合过分热情的追求”的底面。[23]在南亚次大陆的帝国消亡之后，忧心忡忡地背负着白人的负担，这些世俗主义者对南亚在内化世俗主义意识形态的心理特质与社会技能上的失败尤其不快。然而，在这种不快之下，是某种对持续的宗教交战的幸灾乐祸。这证明了普通南亚人获取完整公民权的实习尚未完成，也证明了推迟平民“合法地”主张其完整民主权利并发挥人数的力量的正当性。

由于某些原因，即便是对政治分析家、记者和思想家们来说，世俗主义作为印度公共生活中的一种重要意识形态类别得以幸存的第三个原因也是不易得知的。尽管文化无根者仅占人口的一小部分，或许是有话语权的一小部分，但是对他们中的许多人来说，世俗主义是一种与现代世界、与努力进入这个世界的同胞们交流的方式。这些新皈依者与“世俗主义”这个词的欧洲渊源和文化包袱没有多少关联，但是出于自己的目的，他们已经拓宽了这个词，并且改编它用以与不得不很不情愿地应对印度的现实的其他人进行交流。[24]世俗主义打破了由种姓制度、宗教派别、社区设置的社会障碍，帮助人们不仅与政治、社会精英交谈，也与大都市的知识分子和专业人士交谈，他们似乎对此心满意足。对他们而言，世俗主义是世界主义的一个标志。许多印度政治家——当他们口头上承认标准的、通用的世俗主义观念时——一边留心国家媒体的反应，一边注意着已从世俗化语言中获益的精明竞争对手。

最后，自称“真正的世俗主义者”——政治行动者与理论家对世俗主义持工具概念。他们部分地将世俗主义视作向传统的世俗主义者发动攻击的手段，也部分地将它视作多数主义政治的辩护理由。（这种多数主义仅对城市里的背井离乡的少数人具有吸引力的这一事实，是一个令人沮丧的经历，它对南亚有组织的针对结构化“他者”的暴力贡献显著。）不基于信仰而基于世俗化政治成本计算的考量，这些人经常利用、参与或者煽动社区狂热。偶尔，除了政治私利，他们也会被政治意识形态所激励，而这种意识形态可能看起来是基于信仰的。但是，仔细推敲的话，会发现它只不过是信仰的世俗化版本或者是从被包装成政治意识形态的信仰中任意选择出来的某些元素。[25]我接受真正的世俗主义者的自我界定，仅仅因为他们的世界是完全世俗化的。他们理智地、不动感情地、工具性地利用宗教，不为超然存在论所动。他们不会也不在其追随者的信仰中掺杂任何内在的神圣。

一度，世俗主义为印度的公共生活做出了贡献。那时的背景包含政治化水平低、集体暴力及其表达与执行中的个人化和激情特质。[26]随着种族与宗教暴力变得更加客观、组织有序、理性和精明，[27]它开始使用并改进陈腔滥调，更近似理性的而不是非理性病态。作为同一进程的一部分，世俗主义意识形态也变得倾向于种族（文化）灭绝，乞怜于国家的控制者或试图控制者。长久以来，它已经变得易被政治野心家笼络或劫持。自然而然，作为南亚社区存在的文化基础，宗教日渐变成虚弱、贫穷与粗野的标志。

因此，为印度国家文化定调的现代印度现在恐惧宗教。这种对宗教的恐惧，是更加无处不在的对人民与民主（它赋能予笃信宗教的印度大多数人）的恐惧的一部分，对居住在城镇化、现代化的南亚的疏离的南亚人——巴努里称他们为巴基斯坦-撒克逊人（Paki-Saxons）——而言，它抛弃了各种现成的、包装好的信仰形式。[28]在另一方面，对这些被惧怕的、隐形的大多数来说，宗教的生活方式继续保有一种内在的合理性。因为那些大多数人似乎和汉斯-乔治·伽达默尔一样，相信“道德的真正力量……是根植于传统的。它们可以被自由袭用，但绝不可能由基于理智的自由观念所创造。”[29]如果那种宗教生活方式不能在公共生活中正常发挥，它就会在原教旨主义、信仰复兴运动和仇外主义中寻求扭曲的表达。有时，在顶层政治中还仅仅是权谋的，却会在底层获得非暴力不合作、宗教战争、圣战的特征。

我不是要把世俗主义当作南亚的女巫魔法药水。或许，在该地区的有些地方，政治参与尚未超越民族国家的合法性，世俗主义在这些地区仍然扮演着政治角色，正如它在印度独立早期发挥了创造性作用一样。但是，它现在的主要意涵是民族灭绝的和国家主义的，而且它放弃——事实上，主动移交——围绕宗教组织起来的社会里的整个宗教领域，给真正的世俗主义者——后者将之作为世俗化的、包装成信仰的政治工具加以经营、贩卖和利用。今天的世俗主义有可能成为针对少数族裔的成功阴谋。

在意识的历史化和个体化都尚不充分的南方世界，世俗主义注定政治无能吗？那些献身社群和平与少数族裔权利的世俗主义者的命运是什么？对这些问题还没有可靠的答案，但我想，有些世俗主义者**会**在南亚的政治兴衰中幸存下来。他们不持有终有一天他们能够消除印度教徒、穆斯林、佛教徒、锡克教徒等种种类别及其细分差异并享受与诸如印度人、斯里兰卡人或者是巴基斯坦人等新的合成范畴共事这样的轻而易举、鼓舞人心的设想。他们做他们所做的——通过保卫少数族裔的人权与文化权利——这不是一个从意识形态和认知出发的深思熟虑的抉择，而是对加诸其同胞公民的不公与残酷的模糊反叛感的道德回应。对这些世俗主义者而言，社会进化议程无足轻重。他们并不真的期待世界随着时间推移完全世俗化。他们也不期待现代科学的“理性”逐渐代替宗教的“非理性”。（这多少有些像西格蒙德·弗洛伊德，在启蒙运动的乐观主义和对生活的悲剧看法的同时影响下，既希望人类的自我能够逐渐从本我那里赢得更多的领地，也不完全放弃自我、本我二者之间是永恒的辩证这一信念。我肯定，巴努里会接受这种对他的比喻的限定。）

它不太是份可以带着进入下一个千禧年的遗产。然而，我认为，这份遗产也并非微不足道，因为，它牵扯到我们人性的最核心，也牵扯到将这一部分与世界区别开来的关键文化范畴。它不能被当作道德无意义或者政治失败而一笔勾销。

我已经说过，绝大多数南亚人既不知道“世俗主义”这个词的字面含义，也不清楚它源于中世纪后欧洲政教分离的言外之意；而且，可悲的是，在一个开放的政体中，这些大多数人的选择十分重要。我也已指出，大部分受过良好教育的印度人倾向于认为，在殖民时期前的印度，生命肮脏、野蛮而又短暂；在帝国对这些好战的野蛮人加以律令约束前，社区暴力是生活常态。奇怪的是，许多世俗化了的南亚人对那段“历史”也深感不安。他们觉得有必要提醒我们，往往是通过一些自哀自怜的细节，在宗教狂热完全毁掉它之前，印度是如何壮丽地统一融合。[30]只是他们并不停下来质问，那种融合是以世俗主义还是以某种“原始的原世俗主义”为基础的，以及那些没有世俗主义也做得不错的人现在是否需要它。

这些世俗主义者似乎浑然不觉，在一个开放政体中，大众政治需要易于理解的政治语言，即便这种语言看起来粗鄙不文，与现代国家的尊严不相宜：或者看起来就像是一个深藏不露的回归这个国家粗野残破的过去的乞求。那正是为什么社区与种族暴力发生之际，当国家机器和埋首报纸的中产阶级对世俗主义念叨不休，而基层生存危在旦夕之时，能起作用的是传统准则，即使它们看起来残破不堪。[31]

最后，我冒昧提出两个构想。第一，主要对弱者、穷人和农民而言，宗教作为社会生活的基础是真实的。为印度国家文化定调的现代印度却恐惧这种宗教。第二，宗教与种族偏狭的对立面不是世俗主义，而是宗教与种族宽容。世俗主义仅仅是确保这种宽容的一种途径。然而，在大部分公民都已完全被从传统生活方式中连根拔起的社会中，世俗主义**可以**成为宗教沙文主义的反调，因为这两者都开始竞逐去文化的、原子化的、大众化的社会中的忠诚。在其他社会，宗教狂热主要与本身也是宗教传统自身的一部分的宽容较量。

正因如此，在南亚，世俗主义能够成为文化无产者与政治无根者的信仰并对他们有所用处。在有利的情况下，它甚至能够为大城市不断增长的贫民窟中的大众接受，却绝不可能被其生活与民族国家的文化紧密联系的大多数接受。诚然，当这样的世俗主义观念被国家与精英们打上值得赞同的标签——光是口惠而实不至地谈论这一理念就获利颇丰时——许多人开始使用它，不是按照它的本来意义，而是把它当作宗教宽容的简单而无可争议的同义词。倘若这样的奖励机制在一个社会中运行得足够长久，政治机构可能甚至会开始保护这种观点：就其本质而言，宗教是公民社会的累赘。届时，世俗主义的首要功能将变成管理对宗教的及与宗教有关的事物的恐惧。

为了发生如此作用，世俗主义意识形态必须假定：个人必须根据现有的统计分类界定他或她的宗教信仰，而不能将宗教与教派、种姓、家族传统、戒律、文化、礼仪、地方观念或者地区风俗相混淆。也就是说，这一意识形态需要假定一个相对清晰、界限分明的自我界定以与后 17 世纪的个人理念兼容，这样的个人能在没有人情味的、契约关系主导的社会里从容自得。这样的假设并没什么大错，事实上，许多人也许希望生活在这样一个个人主义社会里，并视之为获得真正自由的机会。只是，他们需要将意见相左的两种政治发展纳入考量。

一方面，现在，不为官方世俗主义意识形态所动的大多数获得**一些**通往政治权力的途径。并且，随着世界这一隅政治化的加快以及政党和各种运动赋权给新加入的这部分人的大规模努力，此类途径可能还会增加。因此，在未来，世俗主义意识形态与民主进程的矛盾可能进一步激化。到时候，世俗项目或许会不得不更加依赖国家强制力来实施。不仅是为了保持对世俗主义的敌人的控制，也是为了思想-监管（thought-police）历史（涵括官方历史的生产、历史教科书、时间胶囊以及印度左派知识分子和自由主义者也熟知的其他各种伎俩）。[32] 这不应太出乎印度世俗主义者的意料。世俗主义也总是与国家主义相联系，即使在西方亦是如此，在南亚大部特别是印度，世俗主义者是坚定的国家主义者。随着国家作为道德存在的合法性下跌，这种联系或许会在世俗主义意识形态内产生新的压力。

另一方面，现在有一股强大的力量或许会在世俗主义者的世界观里找到意义。现代印度——我指的是西化的、媒体曝光的、被城市-工业视野所奴役的印度——不再是主要由乡村构成、深受传统束缚的大社会中微不足道的小绿洲。印度的四分之一是很大的部分。按绝对价值估算，现代印度是其昔日殖民宗主国英国的近四倍大的社会。

它——不管托马斯·麦考莱（Thomas Macaulay）这位殖民时期无畏且浪漫的理论家怎么说——不再是统治者与被统治者之间的缓冲地带。它自身就是世界第四大国家。

这个印度与国家意识形态有充分的接触，能够内化世俗主义观念，它的一些部分愿意采取任何手段来确保这一观念不被质疑。但是，这本身并不特别令人惊奇。现在，很多印度人愿意为了印度理念牺牲难以管理、混乱无序而又实实在在的印度人民。印度民主允许他们每五年选择一套新的政治领导人，却不允许他们偶尔选择合适的人来居于其中，这令他们苦不堪言。相反，他们必须应对同样无法忍受的9.5亿印度大众——他们不堪造就、杂乱无章、吵吵嚷嚷，最重要的是，像臭虫一样快速繁殖。根据许多学者的说法，被赋权的印度人的印度性是这个国家主要问题的根源。

印度教民族主义与印度教的未来

当一个世俗化中的社会放弃它自己极端的或其他版本的宗教，以迎合公民不断变化的心理与文化需要时，这些版本与激励他们的信仰之间的联系是什么？印度教徒主义（Hindutva）——激励印度所有印度教民族主义运动的广泛意识形态——与印度教（Hinduism）之间的关系看似提供了一个答案。

如果从悲观的视角来看，印度教徒主义将是印度教的终结。印度教是大部分印度人仍然照以生活的方式。印度教徒主义则是婆罗门、中产阶级、城市化、西化的印度人对他们文化、地理上连根拔起的回应。根据创造了印度教徒主义这个词的，公开的不可知论者、西化的民族主义者V.D.萨维卡的观点，印度教徒主义不仅是将政体印度教化的方式，也是将柔弱而又混乱的印度教徒军事化的方式。它是对大部分印度人所知道的印度教的一种批判，也是对这种批判的回应，也是在印度教内试图保护有可能被民主进程边缘化的少数意识的诸侧面。[33]

尽管我之前强调过这一少数派意识的病态理性特征，但这其中还包括失控的愤怒的元素。这是属于将自己去文化了的、为现代性的承诺所诱惑，但现在觉得被抛弃的印度人的愤怒。随着帝国主义灭亡，印度现代主义——尤其是它以发展为名的亚类——并没能兑现其诺言。因此，印度教徒主义的矛盾地位，既是身份焦虑的表达也是对合法性的要求。在一个方面，它是中下阶级试图闯入现代印度的上层阶级的印度史诗（savarna purana），而另一方面，它是对他们可能会被上层阶级不基于资产而基于“风格”推到城市无产阶级的行列的恐惧的表达。对他们而言，“伪世俗主义者”象征着这个野心；而穆斯林（在印度，大部分工匠社区越来越无产阶级化）则代表了他们的恐惧。因此，他们对两者都满怀仇恨。

这个故事的另一部分是，流行的大众文化形式中的印度教徒主义，代表着与世俗主义相联系的世界观的基本信条和对穆斯林的世俗建构。建立在殖民时期宗教改革运动信条之上的印度教徒主义，不得不认为印度教逊于犹太教条——后者庞大统一、组织有序，能充任一个专横国家的可持续意识形态。而且，作为一种大众文化意识形态，它能对印度教做世俗主义者一直以来想做的事。在这个层面，印度教徒主义是一种信条，即，它成功了的话，最终或许会使尼泊尔成为世界上最大的印度教国家。届时，印度教不会作为大多数印度人的信仰幸存下来，而会在远离那些声称遵循着它生活的大多数的区域——或许，直接地，在巴厘岛；间接地，在泰国的、斯里兰卡的和藏传佛教，甚至，令许多印度教民族主义者失望地，在南亚和东南亚伊斯兰教。印度教的死亡将被印度教主义信徒庆祝。因为一直以来他们都感觉被当今的印度教难堪与羞辱。因此，印度教徒主义中可怜的、反恐惧的重点强调印度教徒必须为自己是印度教徒感到自豪。印度教徒主义为那些印度教信仰已经消逝的人而生。它为全球大众文化的超市而生，在那里所有宗教都被以消费品的形式整整齐齐地为消费者打包好了，无不触手可及。不难预见，这个世界的印度教侨民的身影将会出现在它最忠实的消费者中。

我再一次回到许多年前 H.R.特雷弗-鲁帕在欧洲猎巫行动背景下提出的那个著名问题：是宗教法庭审判官在异教徒的信仰之下发现了，还是他们捏造了，新的“异端”?[34]他结论说，总体而言，女巫狂潮并不是从中世纪欧洲的社会与宗教进程中产生的；它从现代化进程中的欧洲内部“凭借自己的势头增长”。[35]印度教徒主义的增长，严重依赖围绕印度教神学中没有立足之地的主题，凭空捏造异端邪说，这些主题包括：现代国家、民族主义和民族认同。在它的非印度教建构中，它几乎没有从现存的印度教神学中借鉴任何东西，它遵循的是自己的轨迹。这是印度教徒主义与印度教之间的又一重要区别。很遗憾，在一定程度上，对印度教徒主义在现代部门一些较为狂热的对手也能这样说。这种狂热来自心照不宣的认知：在实质上，他们互为彼此的双身。只是，当印度教徒主义思想家已然找到印度的《锡安长老会纪要》时，印度教徒主义的一些对手们还在拼命四处寻找。[36]

乐观地说，印度教民族主义有自身的领域范围。它不可能轻易在城镇化和西方化的印度以外传播。也不可能轻易进入那些印度教更加有弹性而印度教徒不太倾向于将自身恐惧的、难以接受的自我部分投射到穆斯林身上的地区。印度教徒主义不可能在公民尚未被大众化且被迫只使用国家语言的地方幸存。

对那些活在印度教中的人来说，印度教徒主义是那些周期性折磨信仰的病症之一。几个世纪以来，印度教已经解决了许多这样的病症；或许有些过于乐观了，但他们觉得它依旧保有这种能力，还能再解决掉一个。他们希望，当相当大一部分印度教徒找到另一个抵抗市场、国家和城镇工业视野的侵入的心理防御，印度教将吸收印度教徒主义。

无论你是一个悲观主义者还是乐观主义者，选择都是明确的。它既不存在于操着国家语言的巧舌如簧的世俗主义中，也不存在于试图挤压在南亚爆发的日渐流行的各种民族主义的战前的国家主义版本之中。它存在于联合各种在针对催生了印度教徒主义的社会势力以及主导意识形态的反抗中崛起的力量。随着19世纪帝国主义建构的世界分崩离析，印度教徒主义或许也会自然死亡。但是，较寒冷气候中会在冬天死亡的事物，到了热带地区能活上几年。斯大林主义在印度甚至比在苏联活得还好，因此，帝国主义迷途的孩子——印度教徒主义或许也能活得好好的。或许，它的死亡不会像其他意识形态的死亡那样自然。或许，后甘地印度教——加上一个温和、谦逊的，阿里·马兹鲁伊（Ali Mazrui）称之为普世教会主义的国家——将会不得不利用民主进程来帮助印度教徒主义以略不自然的方式死亡。或许这种安乐死将被称为政治。

（翻译：谷李　校对：王福艳）

注释：

[1] Gustavo Esteva，“Regenerating people's space”，*Alternatives*，1987，12（1），pp. 125－152.

[2] M.K. Gandhi，in *The Moral and Political Writings of Mahatma Gandhi*，Raghavan Iyer（ed），Oxford：Clarendon Press，1986，pp. 374.

[3] Raimundo Panikkar，“The challenge of modernity”，*India International Centre Quarterly*，20（1/2），1993，pp. 183－192；see pp. 189.

[4] 我在这里所说的信仰的衰退在以下关于信仰侵蚀的不同文本中都有其粗糙对应：Mattei Dogan“Decline of religious beliefs in Western Europe”，*International Social Science Journal*，47（3），1995，pp. 405－417；Ronald Inglehart，“Changing values，economic development and political change”，ibid.，pp. 379－403. Ronald Inglehart，*Culture Shift in Advanced Societies*，Princeton：Princeton University，1991.

[5] Paulos Mar Gtegorios, "Speaking of Tolerance and intolerance", *Indian International Centre Quarterly*, Spring 1995, 22 (1), pp.22 - 34; see pp.24 - 5, 27.关于对深藏于世俗主义中的对信徒的蔑视以及这种蔑视对合法化西方对传统社会的统治的功能的论述，参见 Ziauddin Sardar and Merryl Wyn Davies, *Distorted Imagination: Lessons from the Rushdie Affair*, London: Grey Seal, and Kuala Lumpur: Berita, 1990。

[6] 已经被频繁指出，欧洲猎巫事件并不是在欧洲基督教国家和教会统治的稳固时期达到巅峰的，而是在现代化动摇了宗教统治根基之时。说到十六十七世纪的女巫信仰，H.R.特雷弗-鲁帕说过："它并不是进步倡导者们或许会认为的阴魂不散、等待消解的古老迷信，而是一种新的爆破力，并会随着时间推移不断扩散。"详情请参：H.R. Trevor-Roper, "The European Witch-craze in the Sixteenth and Seventeenth Centuries", in *The European Witch-Hunt in the Sixteenth and Seventeenth Centuries and the Other Essays*, New York: Harper, 1967, pp. 90 - 192. See also Norman Cohn, *Europe's Inner Demons*, New York: Basic, 1975.

[7] 在讨论伍迪·艾伦的电影的文本中，芭芭拉·夏皮罗（Barbara Schapiro）谈及："艾伦试图通过演示对其自身潜在弱点的认识来控制他的批评者们的聪明而又操纵人心的技术……在每一个出现问题的场景中，剧中人物展现出对其问题的清楚认识，当然，这种自我认识制造了幽默。"参见：Barbara Schapiro, "Woody Allen's search for self", *Journal of Popular Culture*, 18, 1986, pp. 47 - 62.而我在这里说的是制造了数百万人的悲剧而非幽默的相似过程。然而，在这些悲剧中，如果没有幽默的话，尚有讽刺的空间。近来，当印度人民党——印度教民族主义者诸组织的强大前锋——的政治领袖国会议员 Brijbhushan Sharan Singh 被指窝藏与恐怖分子有联系的罪犯且保护其免于法律制裁时，这些罪犯被发现与臭名昭著的达乌德·易卜拉欣有联系。同样，印度人民党主席阿德瓦尼被指卷入犯罪洗钱时，据说他的主要收入来源是一个穆斯林贵人兄弟。该党已经强硬地树立了自己的世俗化威信！

[8] 或许，个人化大众社会的理法价值观念尚未侵入到南亚个性的间隙之中，而大部分南亚人据以生活的价值观念与信仰也不能为跨教派集体行动所轻易调用。城市化与大众化正在改变这种局面，但是这种改变还只影响到少数人。

[9] 例如：Tariq Hasan, "How does it matter who is the victim?", *The Times of India*, 3 April 1995.以及 Ashis Nandy, Shikha Trivedy, Shail Mayaram & Achyut Yagnik, *Creating a Nationality: The Ramjanmabhumi Movement and Fear of the Self*, New Delhi: Oxford University Press, 1995。

[10] 参考 Eva Fogelman, "Victims, perpetrators, bystanders, and rescuers in the face of genocide and its aftermath", in *Genocide, War and Human Survival*, Charles B. Strozier & Michael Flynn (eds), New York: Rowman & Littlefield, 1996, pp. 87 - 98; see pp. 91 - 92。

[11] Nandy et al., *Creating a Nationality*.

[12] 在克什米尔和旁遮普邦的例子中，尽管武装分子和国家机构制造了大量苦难，尽管有人百般努力促生暴动，但直至现在都没有社区暴乱发生。

[13] Nandy et al., *Creating a Nationality*.

[14] Ibid., Ch 1.

[15] 参见 Frédérique Apffel Marglin, "Smallpox in two systems of knowledge", in *Dominating Knowledge: Development, Culture and Resistance*, Frédérique Apffel Marglin & Stephen A. Marglin (eds), Oxford: Clarendon Press, 1990, pp. 145 - 184。

[16] 参见 Kumar Suresh Singh, *People of India: An Introduction*, New Delhi: The Anthropological Survey of India, 1992, Vol.1，这个大规模权威调查几乎偶然地表明，即使在 20 世纪 90 年代，时隔印度教-穆斯林分裂成为次大陆上最危险的鸿沟近 50 年，2 800个社区被界定为印度教徒和穆斯林的，其中将近 400 个社区无法排他地界定。在南亚，大约 600 个这样的社区并非生活在多元文化主义之外，而是生活在多元文化中。在私人通信中，辛格估计类似界限模糊的社区的比例在早些时候要高得多。案例研究参见以下文献：Frédérique Apffel Margiin, "On Pirs and Pandits", *Manushi: A Journal about Women and Society*, 1995, (91), pp.17 - 26；以及 Shail Mayaram, *Representing the Hindu-Muslim Civilizational Encounter: The Mahabharata of Community of Muslims*, Jaipur: Institute of Development Studies, 1996；以及 "Ethnic Co-Existence in Ajmer", Project on Culture and Identity, Colombo: Centre for Ethnic Studies, and Delhi: Committee for Cultural Choices, 1995。

[17] Ashis Nandy, "Time Travel to Another Self: Searching for the Alternative Cosmopolitanism of Cochin", *Japanese Journal of Political Science*, 2000, 1 (2), pp.295 - 327.

[18] 对此的简洁却不置可否的著述，参见 C.A. Bailey, "The Pre-History of 'Communalism'? Religious Conflict in India, 1700 - 1860", *Modern Asian Studies*, 1985, 19 (2), pp.177 - 203.

[19] Sumanta Bannerji, "Sangh Parivar and Democratic Rights", *Economic and Political Weekly*, 1993, 28 (34), pp.1715 - 1718 是一个显然无害但令人寒心的例子。

[20] 关于西方化的媒体曝光的城市化印度作为世俗主义者与印度教民族主义者的争夺之地的简况，见 Nandy et al., *Creating a Nationality*.

[21] 神学家 Jyoti Sahi 声称，现代国家和世俗主义的源起都应归于犹太-基督教世界观，在基督教之外，世俗主义尤其没有神学地位。"一神论创造了它自己对国家及其与民族的关系的理解……民族国家的概念是以从犹太基督教背景中起源的宗教认同为基础的，但是现在已经被其他信仰系统所接受，并衍生出像印度教民族国家这样的全新理念……世俗化国家的概念也来自教会与国家关系的基督徒辩论……印度教和佛教从来没有讨论或者界定过这种区别；事实上，神圣与亵渎是相互交织的……甚至在伊斯兰

教中，神圣与亵渎或者宗教与世俗之间也没有明确的界限。”详见 Jyoti Sahi，“Response to Asghar Ali Engineer's ‘Imaging and Imagining Religious Symbolism in Mass Media’ ”，Paper presented at the conference on Globalization of Mass Media：Consequences for Indian Cultural values.United Theological College，Bangalore，29 June－1 July 1998。

[22] Tariq Banuri，“Official Nationalism，Ethnic Conflict and Collective Violence”，Islamabad：Sustainable Development Policy Institute，1993，pp.8.

[23] Ibid.

[24] 从这一点看，恐怕近来对世俗主义的学术抗辩中很多都与南亚政治生活完全无关，尽管它们表达精巧，例如 Akeel Bilgrami，*Secularism*，*Nationalism and Modernity*，New Delhi：Rajiv Gandhi Institute for Contemporary Studies，1995，paper no.29，pp.1－29；以及 Amartya Sen，“Secularism and its Discontent”，in Kaushik Basu and Sanjay Subramanyam（ed），*Unravelling the Nation: Sectarian Conflict and India's Secular Identity*，New Delhi：Penguin，1996，pp.11－43。很遗憾主流全球大学文化中的许多理念的学术活力不能保证它们在热带地区的政治生存。

[25] 我在这篇以及其他关于这一论题的文章中对信仰与意识形态的区别令一些人感到不适。在本文中就很明显，我对意识形态这个概念的使用既不是马克思主义的，也不是曼海姆式的（Mannheimian），而是常见的社会心理学和文化人类学意义上的。然而，我现在发现至少一位令人尊敬的学者-活动家和宗教历史学家从完全不同的关注点出发，却达到了同一个二分（dichotomy）。Abdolkarim Soroush 声称：“如果把伊斯兰教或者任何其他宗教确立为意识形态，那么它将会变成极权主义的，因为那是意识形态的天性。”引自 *Communalism Combat*，October 1997，(37)，p.24。在 Julius J. Lipner 的文章中可以看到同样的区分，*Brahmabandhab Upadhyay: The Life and Thought of a Revolutionary*，Delhi：Oxford University Press，1999。这种区别与当代印度的区别的联系在以下文献中也有所反映：Pratap Bhanu Mehta，“Hollow Hinduism：The VHP's Self-Defeating Vision”，*The Times of India*，18 February 1999，以及 Sukla Sen et al.，“Savarkar Memorial”（letter to the editor），*Economic and Political Weekly*，26 December 1998，pp.3286。

在这里我需要澄清，紧随当代社会心理学规范，我不对信仰或意识形态之下的意识真实或虚假作任何假定：我只是强调两种不同意识形态的心理组织原则，其中一种包含超验理论，另一种则不包含或者不应当包含。这一区别反映了我们这一时代的集体暴力与前几个世纪里更加满怀恨意的宗教暴力的情感基调的差别。种族清洗携带着现代农民对害虫防治的态度而非十字军东征或者圣战的心理印记（见下文）。其他人，如 Hannah Arendt 和 Robert Lifton，也让我们注意这一差异。参见“Introduction：Science as a Reason of State”，in Ashis Nandy（ed.），*Science*，*Hegemony and Violence: A Requiem for Modernity*，Tokyo：UN University Press and New Delhi：Oxford University

Press，1990，pp.1 - 16。

[26] 参见 Ashis Nandy，"The Politics of Secularism and the Recovery of Religious Tolerance"，*Alternatives*，1998，13（3），pp.177 - 194。

[27] 根据鲍曼（Zygmunt Bauman）的观点，"从通往奥斯维辛的曲折道路的分析中得到的最令人震惊的教训是——万不得已时——选择物理灭绝作为完成任务正确方式是常规官僚程序的产物：手段-目的、微积分、预算平衡、普适规则运用……这种'最终解决方案'与对高效最佳目标实现的理性追求没有任何冲突。相反，它是从真正的理性的关注中产生的，其形式和目的都源于彻底的官僚主义"。引自：Akbar S. Ahmed，"Ethnic Cleansing：A Metaphor for Our Time"，*Ethnic and Racial Studies*，1995，18（1），pp.1 - 25。

[28] 这些包装形式与宗教的各种驯化版本相似，都只是为了轻松消费。在印度以及在西方去文化的、背井离乡侨居国外的印度人和印度爱好者中，这些版本都是书卷气、高文化、泛印度的，并且与现代邪教（cult）、政治欺骗、时尚又富有的大师们相处甚欢。献身于这一现代版宗教的人们发现所有其他的精神体验都是低俗的、堕落的，因此也是毫无意义的、无法控制的、令人生畏的。这种对无法控制的宗教的恐惧（对此各个宗教的大多数印度人忠诚地信仰着）是对方言、民主与多元的恐惧的一部分。它是对大多数印度人笃信宗教的恐惧，而这种对宗教的虔诚在某种程度上是难以集中控制的，且无法在当今时代构成一个"适当"的宗教。

[29] Hans-Georg Gadamer，引自 Arindam Chakrabarti，"Rationality in Indian Philosophy"，Lecture given at the Devahuti-Damodar Library，13 July 1996，mimeo，pp.15。当然，Gadamer 和 Chakrabarti 似乎都没有意识到这也是一种典型的甘地的构想。

[30] 一个随机案例，参见赛义德·纳克维（Saeed Naqvi）执导的于 1992 年至 1994 年间在全印电视台播出的制作精良的电视剧。

[31] Nandy et al.，*Creating a Nationality*.

[32] 这是印度人民党意识形态上致力于绝对的国家主义但却不能摆脱这一语言的部分原因。它必须界定它忠实于"真"世俗主义的立场，以与其他依赖少数派票仓的"伪世俗主义"相对峙。

[33] 对印度教的这一批判，往往伪装成对印度教徒的个人批判，对印度教徒主义十分重要。对这个故事的一个有用讨论，参见 Chaturvedi Badrinath，*Dharma*，*India and the World Order: Twenty Essays*，New Delhi：Centre for Policy Research，1991。关于产生印度教徒主义的知识与文化氛围的风味，可参考 Dhananjay Keer，*Veer Savarkar*，Bombay：Popular Prakashan，1966。关于民族志工组织作为对印度教徒主义意识形态及其与印度教的关系的中下阶级政治表达的一条简洁评论，请参：Parsa Venkateshwar Rao Jr，"The Real RSS：Not Hindu，Cultural or Nationalist"，*The Times of India*，8 July 1998.印度乡村地区（rural India）的社区尚未完全解体，印度教徒主义意识形态在这些地区面

临着印度教的抵抗，当社区暴力扩散到这些地区或者在这里爆发时，印度教与印度教徒主义之间的界线基本上是可见的。有人对这种分离持学术反对意见，但是我怀疑那些提出了这种抵抗的人将不会对此感到担忧。他们要么会争取底层的日常生活的印度教的支持（参见 Marglin，“On Pirs and Pandits”；以及 Mayaram，“Representing the Hindu-Muslim Civilizational Encounter”），要么会争取婆罗门/经典理论的支持，例如 Shankaracharya Chandrasekharendra Saraswati Swami，*Hindu Dharma: The Universal Way of Life*，Bombay：Bharatiya Vidya Bhavan，1996。

[34] Trevor-Roper，*The European Witch-Craze*，pp.115－127.

[35] Ibid.，p.119.

[36] 他们在 M.S. Golwalkar 的著作 We or Our Nationhood Defined（Nagpur：Bharat Publications，1939）中找到了它，当他的信徒离弃它并称 Golwalkar 也已否定了它时，事情变得有些复杂。那可不是自重的法西斯分子应该做的，印度左派的重要派别几乎将它视作背叛。

围困下的解放：美国的军事占领与日本的妇女解放

● 米山丽莎①

本文认为关于日本妇女在二战后美国占领下的解放形成了一种美国大众记忆，这种记忆使一种信念自然化，即美国的海外军事干预是为了解救和复兴被压迫的其他人民，时至今日这种信念仍在以自由、解放和人权普及的名义为美国军事暴力进行辩护。然而，美国公众记忆强调道格拉斯·麦克阿瑟“解放”了日本妇女，事实上忽略了日本妇女是在一个无自由、无权利的空间中获得她们的公民权利的，这个例外的空间通过剥夺和授予被围困者权利，让美国的宰制权（sovereignty）得以伸张。为了证明这一点，本文将目光转移到美国主流媒体和其他媒体的再现上，以探索关于美国占领下的日本妇女如何获得法律和其他权利的最初知识的构成。依托后殖民主义的、跨国主义的和其他女性主义理论，本文认为那些掩盖军事占领事实，不加以批判地颂扬美国对日本妇女解放的学说掩盖了一个事实，成为一种可称为冷战女性主义的意识形态的成因。要求妇女平等的机会，但无视种族、阶级、殖民和其他社会关系，这种女性主义最终允许美国将自己作为被击败敌人的解放者和复兴者而掩盖了暴力和仁慈的同时性悖论。批判的女权主义对美国媒体再现的分析的有效性，在于揭示对日本妇女解放的理解与美国观众的主体性的紧密联系：通过这一知识的跨太平洋的旅行，“日本女性”的存在在将“美国女性”安置在冷战全球政治的中心的同时，也使其被异性恋——父权（heteropatriarchal）所牵制。“围困下的解放”由此提供了一例批判的跨太平洋女性主义研究，该研究致力于探讨发生在美国冷战帝国边缘的历史是其中心历史的一部分。

① 米山丽莎（Lisa Youneyama），加利福尼亚大学圣地亚哥分校文学系。

＊＊＊＊＊＊＊＊＊＊＊＊＊＊＊＊＊＊＊＊

美国袭击阿富汗一年后，《纽约时报》一篇标题为《官员称美国计划占领伊拉克》的文章告知读者，布什政府正在制定一种“仿日本战后占领”的伊拉克战后计划。[1]诚然，占领日本不是在这个应急期间被援引的唯一美国军事干预的实例。在9·11事件后的不同阶段，美国文化机器调动了关于过去在不同时间地点与不同敌人作战的各种记忆。事实上，2003年9月前，白宫记者报道说，就针对美国占领部队的军事对抗比政府让人们预期的要可怕得多而言，布什政府认为伊拉克局势其实更接近于战后德国而不是日本。此外，2003年10月小布什访菲律宾期间，他在菲律宾国会演讲并提示说1898年的美西战争（Spanish-American War）应该被当作战后伊拉克重建的模型。为了挑战这种选择性失忆和对历史的扭曲，艾米·卡普兰尖锐地援引马克·吐温，指出：“布什所谓的解放，是马克·吐温笔下血腥的反菲律宾独立运动，这个运动后来导致美国占领菲律宾五十年。”[2]在2004年总统大选前及大选期间，看似无穷无尽的袭击美国军队、道路爆炸、绑架人质以及情报模糊都不可避免地唤醒了关于越南战争的困境和游击战的危险的记忆。

因此，华盛顿政策制定者是否真的以日本模式考虑战后占领伊拉克并不十分重要。当全世界上百万民众戒备地抗议战争的违法性时，华盛顿官员关于美国的日本占领和伊拉克战后计划的类比适时地发表。事后表明，在开战前回忆占领日本这样一个“成功”先例，有效地使国内外公众为美国先发制人地攻打伊拉克做好准备，是十分重要的。

这一时间错乱，使美国公众在战争开始前就预见到战后美国占领伊拉克的“成功”，有力地说明了关于美日战争及其余波的主导记忆对“正义之战”叙事的巨大话语影响力。这个主流记忆不仅仅将美国攻打日本铭记为解放亚洲人民的“好战争”，包括将日本人民解救于日本的军事狂热、帝国宗教崇拜以及封建主义，而以上的所有都有助于将美国的现代性、民主定义为他们的对立面。同时，这个主流记忆也强调美国解放的这些人民被改造成战后民主世界中自由、先进的公民。

坚称战争的使命是解救和复兴，这样的记忆形塑和滋养了一种美国神话，后者让人们条件反射地期望和辩解通过美国的军事介入和地方接管可以使敌人得到解放与改造。在计划摧毁伊拉克的同时预见其战后的成功复兴的能力，正是源于这种神话的强大力量——这个神话允许暴力和恢复的并举。

在这个神话及其支持的“正义战争”背后是“妇女问题”。在停火后伊拉克困难和暴力事件不断增加的情况下，布什政府继续将“反恐战争”与终结集权主义政体和实现“妇女自由”的二战使命相提并论。[3]早前，为了对抗欧洲和其他国家对美国“单边主义”的挑战，乔治·F.威尔为布什政府废除《京都协议书》和联合国的《消除对妇女一切形式歧视公约》等政策进行辩护，声称美国民主是“独一无二地完善”的，而且超出了国际监管标准。为了证明这一独特性，威尔提醒我们“日本妇女最重要的解救者是道格拉斯·麦克阿瑟将军，他使妇女们拥有政治选举权。阿富汗妇女的解放者穿着美国军装。”[4]日本妇女在占领区这个美国帝国边疆获得宪法权利从而成为“美国例外论”的组成部分。[5]正如卡普兰敏锐指出那样，如果说布什政府混淆占领和解放的含义从而为美国驻军伊拉克进行辩解，那么美国公众记忆中日本妇女在占领下的解放则是使这样的混淆持续的关键。

正如我在其他地方所表达过的，日本女性既体现和展示了美国领导的军事占领所带来的改变，也成为这个政体的总体更新的标志。日本政体从一个战时的好战国到战后废除军备和爱好和平国家的转变，是一个高度性别化的过程。[6]特别是战后宪法给予日本妇女充分的公民权利，是这一根本性转变的重要组成部分。此外，正如政治学者苏珊·法尔曾经指出的，美国人将日本妇女越来越多地出现在正式的政治舞台上看作是占领改革总体上“提升妇女地位”的程度的有力证明。[7]军事占领，特别是美国的军事占领，将日本妇女的选举权和妇女在全国大选中的能见度看作测量在占领下生活水平提高的标志。因此日本妇女的政治解放向国际社会展示出占领政策的成功。

然而，如果宣扬日本妇女解放和她们地位提高对美国那个时候的战后/冷战宣传十分重要，又如果妇女解放和其他民主化问题确实有助于为美国持续占领日本进行辩护，那么这个论述是如何变得拥有如此强大的力量以至于它甚至暗含了几乎六十年后对美国大众思想的操控？各种日本妇女解放的再现是怎样为关于敌人重建的可能性提供了十足的信心——这种信心多到让他们无视各种强有力的反对军事干预的意见？关于日本妇女解放的记忆怎样为解救和重建的神话提供实际的可信度？

作为回答这些问题的一个尝试，本文分析美国媒体对占领下的日本的报道。通过调查美国公众如何获知日本妇女解放和她们在法律及其他方面地位的提高，它勾勒出在知识体系形成的初期出现的美国对日本的民主化与美国例外论的勾连。换句话说，本文着眼于米歇尔·福柯曾称的“当下的历史”。本文试图揭示这样一个结合点：在此，关于美国20世纪中期民主化和改革的帝国事业的记忆得以形成，并对冷战后美国扩张军事、法政、道德疆域予以有效支持，甚至帮助这一帝国事业在 21 世纪的侵略性的重新地域化。近年来已有一些关于华盛顿和盟军最高司令部（SCAP）如何在日方主动参与下进行改革的细致而优秀的考证，但几乎没有关于对日占领怎样被呈现和传递给美国大众的研究。[8]美国媒体对日本女性的报道和占领下的日本现实一样不稳定不统一。本文的主要目的不是重溯占领日本的历史现实，而是审视具有经久不衰的意识形态影响的话语过程，通过这个过程，关于日本妇女解放的知识在其从美国帝国的边缘到中心的旅行中形成。

近年来许多学者研究了宰制权是如何在一个禁闭的空间里形成的，比如集中营。吉奥乔·阿甘本指出在纳粹政权下的集中营，法律的暂时性失效被正常化为法治本身。跟随其后，女权主义政治学家珍妮·艾德金斯发现科索沃战争期间，北约部队通过建立难民集中营强有力地显示了他们的宰制权。[9]纳粹和北约的宰制权都建立在这样一种空间的创造，这个空间中人被回归到为裸命（bare life），处于人类与非人类无区别的状态，作为政治存在所被赋予的政治权利、尊严、道德以及各种其他关系认同都被暂时剥夺。阿甘本把纳粹统治下的宰制权状态描述为“令生（make live）的生命权力的前所未有的绝对化与令死（make die）的最高权力的绝对泛化相交叉；如此一来，生命政治就等同于死亡政治”[10]。纳粹集中营即是纳粹通过生产那些可排除和可消灭的他者而宣称宰制权的空间。北约难民集中营提供人道主义援助，但是也粗暴地监管逃离暴力的难民，艾约瑟认为，北约也许原本就应该为这样的暴力负责。正是通过创造这样一种生物生命和社会死亡的阈值空间，宰制权就例外做出决断。

军事占领的空间同这些集中营相似，尽管情况有明显区别。军事占领被规定为例外状态。在这里法律、社会和政治权利，各种基于公民权、领土、国籍的想象的归属感被暂时没收。因此，在其占领下的日本，美国可以伸张自己的宰制权：通过断然悬置那些原本从属于日本帝国的人民——包括中国台湾人、韩国人、冲绳人等——所拥有的权利和身份，同时又单方面将重新定义的权利、能动性以及主体身份赋予被选中的人群（如日本妇女、保守的民族主义者、亲美的反共产主义者等）。美国占领下的日本是一个法律的边境，一个在被围困的人民中生产美国占领政策的新主体以及作为这一政策之一部分的战后/冷战治理理性的阈值空间。坚称美国赋予了日本妇女宪法权利，掩盖了美国将其作为一个不自由空间、无权利地区进行侵占的事实，从而掩盖了暴力和仁慈同时存在的悖论。如此，日本妇女解放的历史对于美国人民理解国家自我形象、国家军事和政治诉求以及它赋予自己的政治和道德的优越感仍然是十分重要的。

最后，通过阐明日本妇女解放的某些故事是如何获得显著的一致性和主导性，本文也试图追问那些与主导性故事相矛盾，但仍由相同的知识轨道所构成的其他故事被压抑的状况。我将主要讨论的是，在牵制激进的社会变革愿望同时，美国媒体对被占领的日本妇女的再现如何帮助将美国大众归化为解救和自由主义民主的主体。这是占领下的日本作为美国法律边境的另一维度。美国占领下的日本处于一种例外状态，日本妇女是不自由的但被美国赋予了宪法权利。被占领的日本既外在于又内在于美国，这种阈限的临界点有助于将美国大陆定义为自由和权利承载主体的主要空间，包括美国妇女。然而，第三世界的、反帝国主义的、后殖民主义的、后结构主义的以及其他有色人种女权主义告诉我们，将美国和其他西方国家假定为民主权利的标准地区的文化逻辑已经与普世女性主义密不可分地联系起来。这样的女性主义仅仅通过性别关系衡量妇女地位，却忽视了其他同样的构成性力量网络。[11]通过批判不考虑权力的交叉性的女性解放思想，批判的女性主义审视了“女性”这一身份概念，拆穿了将女性假定为男权的普遍受害者的二元性别理念。

通过审视美国对占领下的日本妇女的再现以及其催生的记忆（和压抑），我希望在批判的女性主义视角基础上展示美国关于日本妇女的权利和民主化的话语是如何在这个法律边境上，一边建立起一个标准化的冷战主体，一边边缘化和压迫许多其他女权主义的模式和诉求。

从“女勇士”到“世界上最不幸福的女性”

1944年7月，当许多人开始隐约预见二战的结束时，《星期六晚邮报》刊载了一篇名为《世界上最不幸福的女人们》的文章。[12]这位欧洲白人女作者显然在陪同她的波兰部长丈夫访日时积累了关于日本女性的权威知识。文章讲述在日本居住三年后，她如何发现“优雅的、笑意盈盈的日本妇女是（她）所知的最不幸福的女性”。日本妇女被当作“要求绝对服从”的男性的“仆从或可爱玩具”。

根据日本的法律，她们“不被当作人”，并且“除非成为一名艺妓，否则婚姻便是她唯一的职业”。在日本，即使是皇后也只是“胆小的、怯弱的、卑微的”人，她“不能突破羞怯和自卑的墙”。作者结论说，无论财富的多少和阶级的高贵，“日本妇女几乎没有愉悦”，而“她们唯一可以期待的乐趣就是成为婆婆的满足感”，她对媳妇的虐待又成为“日本合法化的施虐传统的另一例子”。[13]在痛惜日本妇女屈从于她们的丈夫时，文章的作者忘记了她也是其丈夫访日的附属品。这样一种再现中的不对等和闭塞，更多地暴露了作者的思想立场而不是被观察的对象。然而我在此关注的并不是文章对日本两性关系表述的准确性，也不是这位白人女性作者的主观性。我希望强调的是这篇文章发表的时机过于唐突——因为战争开始后，媒体对于日本妇女的大部分报道都是“女勇士”而不是怯弱胆小的“最不幸福的女性”。

对《纽约时报》刊登的从美日战争爆发到占领日本期间的文章进行的简单调查显示，媒体较少关注日本女性的自卑与传统服从性，而是更多关注她们的现代进步性与与众不同。珍珠港袭击前夕刊登的一篇文章，介绍了自20世纪20年代出现“摩登女孩”以来日本妇女的现代转型，以及她们以工业工人、白领和消费者的身份四处活跃。文章还指出自从20世纪30年代民族危机以来，随着她们开始代替被送往海外服兵役的男性，妇女受到越来越多的重视。[14]

日本发动全面侵华战争后一直到美日战争期间，新闻报道重复强调战时国家政策动员日本妇女向非传统的性别角色转变。美日交战不到三个月，有报道指出，政府要求日本妇女为了战时活动穿着中性的裤装。[15]一篇名为《狂热的日本妇女》的征集战时美国女性志愿者的文章，描述了前驻日大使约瑟夫·格鲁在红十字护士集会上的演讲。格鲁告诉主要由妇女构成的大众听众，日本女性是如何“用同样狂热的忠诚与勇敢支持她们的丈夫”，以及“在日本，女性也是用强壮材料做成的”。[16]在谈到日本女性被动员为国家的战争服务以外，文中也时常地、一贯地提到愿意“为国而战”的女勇士。1942—1944年，日本女性的媒介形象之所以被强调，是出于对着“戎装”的，甚至武装起来和“战死”的女性的恐惧。[17]鉴于直到1945年，日本女性才被正式动员起来，我们有理由认为对日本“女勇士”的这种描绘，与其说是反映了任何真实的动员女性的政策，不如说是为了激励和动员美国妇女加入国家战争行动。[18]与此同时，跨性别的强硬“女勇士”形象有力地暗示美国人，他们正在同非传统敌人作战，敌人混淆了战场和家庭的边界，美国需要采取非传统的军事战略。[19]

《星期六晚邮报》刊载的“世界上最不幸福的女人”打破这类早期日本女战士的印象，它的出现开启了另一种表述，试图把自己同那些把敌人描述为种族统一、意识形态铁板一块的报道区别开来。刊登在1943年发行的流行杂志《女性家庭伴侣》上的一篇文章《日本的女奴》进行了相似的讨论，将富有美德的、自谦的日本女性和邪恶、残暴的日本男性区别开。文章指出虽然上百万的女性进入工厂上班、独立地管理农场，在日本生活水准的剧烈滑坡中做出了巨大牺牲，但是她们几乎没有得到公众认同。文章预言“鉴于她们自己为战后百废待兴的社会做出了不可或缺的贡献，日本女性将变得更加自主”，文章结论进一步称“如果这样，那么日本将变成一个好得多的国家。日本男性与日本女性来自不同的种族——男性是残忍狂热的，而女性是善良和通情达理的”。[20]

就种族主义对美国对日战争的形塑，约翰·道尔一针见血地指出尽管欧洲敌人的罪恶被限定在特定个人或者组织中，比如希特勒、墨索里尼或者是纳粹，但战前和战后的反日种族主义集体性地诋毁整个日本群体，将他们再现为一大群毫无人性的爬虫或成群结队的低于人类的生物。[21]尽管对煽动好战情绪有效，这样的以偏概全的再现，对任何超出敌意的关系都没有实际意义，如果不是毫无用处的话。为了确保胜利者和败北者之间、占领者和被占领者之间稳定的关系，罪恶的要素必须通过话语的手段拆解开来。

日本妇女是男权军国主义下的牺牲者，这种表述出现在华盛顿政策制定者预见到日本战败临近的时候。日本国家地位从战前到战后的转变是被性别化的，这部分地因为需要将日本女性与日本男性差异化，让日本男性被单拎出来承担罪恶的重负。对日本人二元性别化的表述，一直作为战后民主化日本的报道框架。正如占领开始后半年出版的《生活》杂志文章中指出的，“美国可以因给予日本学校、出版社、广播、剧院较高的自由而获得好评……小日本正在为自己做事。妇女正在第一次进行选举。如果她们能摆脱洋娃娃和奴隶的身份地位，那么日本妇女也许能抑制军国主义”。[22]占领当局不仅鼓励有时还积极传播日本女性是日本男性和传统性别规范的牺牲者的看法。

在这个过程中，“日本妇女”被话语地建构为男权军国主义和战争的被动受害者，以及作为国家战败和战后占领的结果而获得解放者。正如我们将看到的，性别二元化将女性设定为父权制和男权主导下的普遍受害者——无论种族、阶级、年龄和其他社会关系，它促成了将日本妇女表述成在美国占领下被解放的客体和美国自由主义女权主义教义的接受者。

美国占领下的日本妇女解放之再现

麦克阿瑟将军作为盟军力量的最高指挥官，领导了六年半的占领日本，将妇女解放列为他的五大改革之首。尽管众所周知，麦克阿瑟并不是特别热衷于妇女平权和女权主义，但是美国媒体将日本妇女解放和平权当作他的功绩。早在 1945 年 10 月 12 日，

《纽约时报》列出了五大改革和SCAP使日本宪法自由化的计划。在十分讽刺的标题《日本奉命民主治理》下，文章强调麦克阿瑟指导日本首相币原喜重郎“给予妇女选举权并且鼓励工会运动”。[23]两天后紧接着发表的另一篇文章宣称为了应对SCAP的指示，日本内阁投票修订日本选举法以期授予妇女选举权。《日本内阁支持妇女选举权》这个标题再一次强调了妇女解放。[24]正如我们所看到的，这些在美国占领日本前期广泛传播的故事在“伊拉克自由行动”之前和期间突然出现，将麦克阿瑟铭记为“日本妇女最伟大的救星”。

日本人热情地欢迎美国军队这一理念，总是以日本妇女与白人士兵之间亲密身体关系的形象传达给美国大众。关于日本妇女获得公民权利的新闻，也伴随着这样的再现。例如，《日本内阁支持妇女选举权》包括了两张照片，照片中都是一个微笑的白人男性士兵与一位笑得更加愉快的亚洲女性相伴。其中一张照片的说明是，“鲍勃·约翰逊，马萨诸塞州雷丁人，在艺妓小姐陪伴下选择他们下一支舞的音乐”；另一张照片的说明是，“奥威尔·斯通排长正在和艺妓照子小姐跳华尔兹，日本首都”。10月22日的《新闻周刊》的军事服务栏目中，这两幅照片和别的相似的照片一起出现，标题说明：“军人正在东京教艺妓们关于美国牛仔和舞蹈的知识。”[25]

有趣的是，这些搭配日本女性和白人男性士兵的影像没有强调身高差别。虽然这是个琐碎的发现，但是与麦克阿瑟与裕仁天皇一起拍的流传甚广的双人照比较之下，身体形象的影响是十分惊人的。在后者中，两个人在高度和体格上的差距是惊人的，它令人震撼的视觉效果据说为许多日本人留下了新的对美国的从属地位的深刻印象。相反，前面的图片（士兵与艺妓的图片）不仅仅调低了身高差的影响，他们与麦克阿瑟-裕仁天皇照片的不同，还在于日本妇女和美国白人男性没有面对镜头，而是望着彼此。文章和图片都将日本妇女刻画成即将从麦克阿瑟那里接受完全公民权利的“艺伎女孩”。不用说，“艺妓女孩”与真正的“艺妓”没什么关系。她们只是诞生于19世纪西方对顺从又放纵的“东方女性”幻想中的人物，并且这种想象持续到20世纪和21世纪。然而通过唤起“艺妓”，这些文本暗示，新的被赋予选举权的日本女性，就像西方男性幻想的“艺妓女孩”一样，是微不足道和渺小的。同时，这个修辞也意味着，与日本男性不同，占领下的日本解放的女性不仅仅“拥抱”白人男性以及这些男性所代表的美国和战后国际社会，而且也能够真正地与后者“面对面”，或者“肩并肩”站在一起。

关于美国领导的日本妇女解放的宣传总是被“东方女性”的性活动所困扰。通过日本妇女与美国白人男性之间跨种族的亲密接触直观地表现新生的、重建的日本的形象，同时又引出了对异族通婚的恐惧。关于日本妇女历史性地第一次投票选举的报道被辅以评论，评论警告驻日美军与当地妇女之间的“淫乱关系”。[26]

美国报纸和杂志文章反映了华盛顿和SCAP的整体宣传政策，即强调妇女解放是占领“成功”的主要指标之一。它们大量地报道了日本妇女解放和法律地位的整体提高，以及1946年战后第一次普选中高得令人惊奇的女性选民参与率，后者导致了大量的女性候选人的当选。一些例子足以让我们了解这些事件是怎样报道给美国大众的。一篇《新闻周刊》的外交事务专栏的文章《自由的蝴蝶》介绍了日本妇女解放：“无数世纪以来谦虚的、单调乏味的娇小女性安静地小步跟随高傲的日本男性的步伐。但是上周，日本女性创造了她们自己的历史。在申请4月10日普选认证的2 500多个候选者中，有七十五位是女性。”[27]在紧接着的4月大选报道中，《纽约时报》也发表了多篇关于占领下妇女地位正在改变的文章。它们强调了女性选民参与率远远超出预期，在一些地区女性选民在数量上超过了男性选民。[28]在另一篇文章《使日本妇女自由的新法律》中，报道了占领方改革日本民法典，结束长子继承权的古老传统，使女性成为“她们丈夫平等的经济伙伴”的举措。[29]

法律改革使日本妇女可以加入警察行列，媒体对此狂热的报道不仅进一步证明日本妇女在占领下的媒体报道中的高可视度，同时也反映了对战时日本女战士恐惧感的突然失忆。[30]一篇高级学术文章《日本的旭日》指出，“日本的未来很大程度上取决于现在——我们对日本民众在民主的、和平的生活方式上的再教育能有多么成功”，同时指出“日本妇女第一次被允许参与选举并且大规模参加选举”是占领成功的第一个标志。[31]该文章包含了一幅照片，照片中一位日本女警察正扼住男同事的脖子。标题写道：“日本警方为联军占领下的女性打开了行业大门。女警官正在学习柔道。”

同样，以一个女警官的形象传达日本女性的新的合法地位，《基督教科学箴言报》发表了一篇文章《日本女性的新世界》，“世世代代都跟在可敬的丈夫后面，恭恭敬敬地行走的妇女今天走到前面”。以这样一种熟悉的压迫性叙事开始，文章介绍了中尉埃塞尔·B·韦德——一位低阶但在性别改革中担任核心任务者——的活动，他通过公民信息和教育局促进性别改革。它强调美国占领区政策制定者的政策与日本妇女进步的兼容性：“经过几个世纪的压抑和卑躬屈膝的顺从后，日本妇女突然发现，她们不仅仅享受着和男性平等的权利，还被给予政治和社会特权。那些制定占领策略的人在极大程度上考虑了日本妇女并且自信将赢得她们的合作。授予日本女性平等的权利和选举权是占领的最初措施之一。"[32]"世界上最不幸福的女性"由此被推定重构为占领下被解放的主体。对于美国大众来说，日本妇女作为一个被解放和重建的日本的高可视度的符号，她们同时被设定为证明并欢迎跨太平洋的冷战美国政权。

当然，并不是所有的美国媒体报道都将美国妇女解放呈现为一个简单的自上而下的成果。《纽约时报》的东京主编林赛·帕洛特发表了一系列文章，研究占领下的殖民空间是如何在日本妇女的地位上造成革命性变化的。帕洛特的文章《日本妇女脱离封建主义》以熟悉的被压迫的日本妇女开头："在日升之国，黎明破晓，日本最底层阶级——包括耐心、单调乏味的日本妇女——慢慢迎来初升的太阳。千百年来，日本妇女跟在她们的夫君后面沿着泥泞小路走着。数个世纪以来，她们被不断叮嘱要服从，质朴是日本女性的美德。"同时，通过采访"资深女权主义者"市川房枝，帕洛特介绍了战前日本妇女选举运动的漫长历史以及日本女权主义者寻求平等权利的现状。[33]在采访中，市川明显地表明就算没有占领，鉴于她们在战争事务中的积极参与，日本妇女迟早会获得选举权。一年后，在《纽约时报杂志》报道1946年选举的文章中，帕洛特以一名女性警官、一位女性劳动者和一个女性政治家作为占领改革带给日本妇女的三种职业的代表。但是她也警告一种对她们简单的泛化和刻板成见："日本妇女从来不是一些人所说的那样，要么是一个愚人要么是一个奴隶……我十分了解千叶县的一个小村庄，我曾听过这些人的谈话。如果以识汉字的能力为标准，那么毫无疑问她们是'文盲'……然而，我总能发现她们的'聪明'之处，正如一个英格兰农场的妇女可以被称为'聪明'的那样。"[34]

在日本女性和美国女性之间进行类比并不常见。此外，帕洛特的叙事没有排斥SCAP推广的自由主义的女权主义。事实上，通过为战前和战时日本贴上"封建"的标签以及将女性选举权和其他宪法权利呈现为日本妇女一直渴望，但是没有麦克阿瑟的干预就不能实现的权利，帕洛特的叙事重新证明了占领政策。同时，文章指出日本妇女解放的再现不禁成为一面镜子，将妇女问题带回了家，即便它无疑将美国妇女构建为女权主义先驱——她们会教会日本妇女对于性别、平等和自由民主的正确理解。

冷战女权主义

正如许多学者指出的，盟军占领日本是美国冷战政策的有力构成。[35]在后1947的"逆转过程"开始后，很难忽视美国媒体对于日本妇女政治参与报道的大规模缩减；

“逆转过程”就是占领当局采取了一系列反动政策来遏制激进民主的传播，包括“红色清洗”、重新武装、武装镇压朝鲜族学校、释放甲级战犯以及禁止大规模罢工。媒体报道了对于民法典改革的争论——尽管报道量很少，但却几乎对1947年上议院选举中女性的重要地位置之不理。

1947年5月《新闻周刊》专栏的一篇文章，虽然与妇女问题不是十分相关，但尖锐地指出了关于占领时期日本民主化的知识的形成如何与对美国观众的意识规训紧密联系起来：“日本对民主的理解是肤浅的……一个日本人问一个美国人：‘你上一次参与罢工是什么时候?’美国人回答说他至今为止的生命中并没有参与过罢工。困惑的日本人说道：‘如果不参与罢工，你们又怎么是民主的呢?’这个日本人对于民主的误解很大程度基于美国官员的行为，包括在战争结束后允许日本共产党回归日本或从监狱里释放出来。美国人完全没有预见到日本人对这一行为的误解。”[36]《公益》杂志发表的一篇文章为使日本民主化的占领总体政策进行辩护，但是最终提出反劳工、反共的美国式民主的优越性，同时把日本的激进民主运动解释为政治不成熟的影响：“日本人借民主之名行放纵之实有罪。工人们以民主为幌子占领了工厂。共产党公开领导的群众游行变得越来越难以控制……然而，这些越轨行为是例外而不是规则。它是一个新近解放的人民的过激行为，向自由和平等的建立跨出了摇摆不定的、不确定的第一步。”[37]

作为对美国国内外冷战期间民主激进主义的普遍收缩的反映，在日本妇女的媒体再现中，“逆转过程”对性别、解放、民主采取去政治化和去社会化的理解。[38]格特鲁德·彭罗斯的文章《一位独立的女性》雄辩地揭示了这种转变。这篇文章解释了多里斯·科克伦的一些活动，她是国务院的一位联络官，曾为了帮助SCAP的公民信息和教育部门推进妇女问题而访日：“科克伦表示，从占领开始时，麦克阿瑟将军就鼓励妇女解放运动，公民信息和教育部门制定了一个项目向日本女性展示其他国家的女性是如何通过民主进程组织和推动她们事业的。”文章试图说明科克伦走访各种乡村和城镇如何成功动员和鼓舞许多妇女，以及日本妇女是美国妇女引导下最真诚和精力充沛的追随者。同时，通过强调日本妇女自己感觉她们参与公共事务的主要障碍是“男性对女性传统的态度”，报道暗示妇女解放对她们而言意味着男性和女性个人关系的改善，同时也意味着在自我治理和在女性的社区组织中她们的自发参与。[39]与此类似，《纽约时报》刊登的韦德对日本妇女选举权三周年庆的肤浅的评论文章，对如何确保新制定的妇女权利和合法地位保持沉默，而纠缠于占领方在“建立自信”，增加女性在各种文化和组织中领导力和参与率方面的努力。[40]这样的再现，与上述帕洛特的文章尤可对比，后者将一位日本劳工运动者介绍为妇女解放和民主化的一个实例，这个日本女性致力于组织煤矿工人，其中大约三分之一是前朝鲜殖民地人民。

在这里我们可以辨认“冷战女权主义”。[41]由于强调两性平等、自治权、个人选择和自发性，冷战女权主义可以被理解为一种自由和激进女权主义的变形。通过否认种族、阶级和其他社会关系来坚持一种纯粹的性别概念，它在给定的自由主义公共领域里规定了女性与男性平等的权利，以及性别障碍和不平等的消解。在被占领的日本，其自由和民主化的概念没收了用于讨论植根于日本殖民主义和种族主义历史中经济和政治从属地位以及言论自由的语言，否则这些语言也许可能用来提倡替代性的政治形态，比如共产主义，或者用来批评占领军的存在。冷战女权主义从而压制和去合法化同样渴望反种族主义、反殖民主义，或反资本主义的其他形式的女权主义形态。简言之，美国媒体的冷战女权主义通过将日本妇女解放的故事置于日本女性和日本男性性别关系的二元逻辑框架下，正如《独立女性》文章和韦德的评论所做的，遏制了对社会多方面变革的欲望。在占领趋于结束时，冷战女权主义已挪用了自由与民主对于日本妇女的意义，并将它们重新塑造为在资产阶级家庭生活内部实现夫妻关系的平等和自由。

更重要的是，冷战女权主义关于日本妇女解放的再现与对美国大众的规训紧密联系起来。当然，许多学者发现在其他地方的美国帝国主义有类似的过程——关于种族化的殖民地女性的话语，帮助将美国中产阶级白人妇女构建为现代化和进步性的所有者。[42]然而，每一个案例都应在特定的地缘-历史时刻下和跟不同全球与国家构成的具体关系中进行审视。有关日本妇女及其在美国占领下解放运动的大众知识，与美国对冷战的全球霸权冲动和现代性、平等、权利及民主的意识形态有构成性联系。这些是20世纪中叶的特有的背景条件，其中后殖民独立和否认种族隔离已经势在必行。

历史学家和批评家指出在战后和冷战期间，美国妇女受到资产阶级异性恋标准家庭的牵制不亚于她们的日本同仁。战后美国政府的官方政策，或明或暗地鼓励妇女们放弃因战时男性劳动力短缺而获得的工作。[43]其中，伊莲·泰勒·梅指出遏制共产主义的冷战意识形态和致力于管理和规训资产阶级家庭生活中的性别和性的话语实践之间的明确联系。[44]然而，冷战对抗要求遏制进程在美国形象不被破坏的情况下继续进行，这种美国形象就是它作为解放、民主权利、平等的主要保护人的形象。其中，玛丽·杜齐亚克、彭妮·埃申和克莉丝汀·克莱因展示了，美国在冷战宣传中对种族平等和宽容的理念的推行，在国内导致了“安全与自由”之间的矛盾，其结果既推进了也削弱了民权运动。[45]此外，在关于20世纪下半叶“中东”的意义和再现如何塑造美国的分析中，梅拉尼·麦卡斯利特认为，在20世纪50年代早期，对社会变革的渴望——无意中被美国反苏的独立自由宣传释放出来——被异性恋性化的资产阶级性别关系的调动所牵制。麦卡利斯特在20世纪50年代的好莱坞电影中发现了一个这样的例子，“勇敢、独立的女性却选择了婚姻关系中的从属地位”。[46]

解放、权利和民主化的修辞对于冷战时期美国统治世界是十分重要的。同时，这样一种解放和社会变革的修辞所释放的希望和欲望，为了管理全球以及国内安全，必须得到控制。同样，占领下日本妇女解放的故事以这样一种特定的方式呈现出来，通过一种特定的阶级和性而被正常化的性别关系，遏制和管理了妇女解放和自治这样难以束缚的概念。然而，它们也揭示出，这个遏制过程也需要“日本女性”的在场才能将“美国女性”置于全球冷战政治的中心。换句话说，性别平等和性独立的话语遏制是种族斡旋的结果（racially mediated）。

《纽约时报》一篇报道麦克阿瑟夫人的文章说明了日本女性的在场是如何内在于构成了冷战的性别遏制过程的。文章标题《麦克阿瑟夫人拒绝任职：选择成为家庭主妇赢得了日本人的喝彩》，文章对美国读者报道：“麦克阿瑟夫人通过避免关注成为日本名人。作为最高指挥官的妻子，她本可以成为女王。但她依然选择成为家庭主妇。日本人赞许她的决定……麦克阿瑟将军善于作战。但是一天结束后，当他从战场或办公室回到家中做的第一件事便是拥抱他的妻子。她总是会说：‘你好，我的老板。’”[47]通过描述“日本办公室女郎和高管”对麦克阿瑟夫人慷慨给予的热爱与赞许，文章暗示，一个可能领导日本人或世界上其他人的美国妇女的值得尊敬的生活道路，就是选择留在家中，做一个好妻子和好母亲。

在占领结束前以及结束后不久，一个可怕的预言开始充斥在媒体中：无论占领当局做出多大努力，日本妇女解放似乎都注定失败。确实，占领正式结束后，强调日本男权至上的文化和传统劣根性的报道增长了。[48]这些故事预告说，占领军队离开后，日本妇女新近获得的自由和合法权利将让步于悠久的日本传统文化。日本恢复主权两年后，《纽约时报》采访了1948年至1954年间首相吉田茂的女儿，吉田茂通过保留亲美政策使日本脱离了占领。[49]作为一个可靠的当地信息来源，报纸引用吉田的女儿来指出日本妇女新的地位“还没有被完全消化就被热情地接受了……因为你不能改变深深植根于日本传统文化的概念……日本本质上是一个男性的国家，大部分男性更希望他们的女性留在家中”。她预计需要一代人的时间才能“创造一个新的趋势”，因为“日本没有一个西方意义上的社会”。

值得注意的是，与麦克阿瑟夫人“依旧选择成为家庭妇女”相对照，这个叙事认为“旧习俗”和“日本传统”在剥夺日本妇女的意愿和独立性。尽管是同样从属于丈夫或者父亲，美国妇女的情况被认为是自发选择的结果，而日本妇女的情况则被认为是源于古老的封建性别传统强加于她们的束缚。正如莱蒂·沃尔普关于美国针对有色人种妇女的家庭暴力的批评文章尖锐指出的，这样一种“文化的不对称归属”不止建立在一种设定之上，即非西方文化比美国主流文化更加固有地带有性别歧视。通过掩盖主流、美国白人妇女承受的同样深厚的文化上的限制，它将她们确立为自由意志、能动性和选择的主体，而将有色人种的、非美国的妇女当作她们解救的客体。[50]冷战女性主义否认种族间和文化间的差异：它坚持将性别当作不被其他任何力量阻碍的纯粹、普适的范畴，而同时通过将否认掉的种族和文化差异铭刻在他者身上建立自己的标准化主体。在这个意义上，日本妇女在冷战话语遏制时期以“其他女性”存在。[51]通过对比日本妇女和美国白人妇女，同时通过把后者描述为自由意志的主体，不被传统束缚而是自发选择异性恋标准化的资产阶级家庭的人，美国媒体对日本妇女解放的再现——或者准确来说，对其失败之再现，尽管在美国占领下的法律制度上男女平等——帮助将美国白人中产阶级妇女构建为冷战美国女权主义的真正实践者。

总结

冷战女权主义的遗产在美国帝国主义的性别化动态方面是显而易见的，它不仅仅将当前的美国反恐战争合法化，还在其他方面有作用。通过以旧翻新的方式，这种女权主义也扩大了美国权力的边界。2003 年 4 月，在导致美国军事占领巴格达的“伊拉克自由行动”之后不久，《洛基山新闻报》发表了一篇文章，报道了贝雅特·希洛塔·戈登在科罗拉多州进行的一次演讲。文章写道：“经历过二战后日本重建的日本妇女可能会有助于美国重建伊拉克和阿富汗，帮助道格拉斯·麦克阿瑟编写了日本宪法的这位女性如是说。”

美国占领日本期间，二十二岁的戈登加入了日本宪法起草委员会，致力于关于妇女权利的条款。根据报纸的说法，戈登认为在新宪法前“没有权利”的日本妇女今天在“政治和商业”方面取得成功，而作为有色人种，她们能通过表明美国军事占领

"并未使日本成为殖民地"而"提高美国在伊拉克人和阿富汗人心中的地位"。[52]关于美国占领下的日本妇女解放的记忆因此持续萦绕在美国"正义战争"的叙事周围。

值得重视的是，战后话语将"日本妇女"构建为仅仅是男权军国主义的牺牲者，她们被解放和获得力量仅仅是战后占领的结果，这有助于遗忘日本妇女积极参与殖民主义和侵略战争的事迹。[53]自从20世纪70年代以来，女权主义历史学家审视了对帝国主义中日本妇女共犯的反思的缺失。但是，眼下伊拉克战争对这些日本妇女的调遣暗示，这个叙事引出另一种值得警醒的记忆效应。将日本女性仅仅铭记为麦克阿瑟及其顾问拯救的性别受害者——即按照冷战女性主义的方式记住日本女性——很可能带来的后果是美帝国的拯救和复兴想象将她们作为代理人召集起来。

尽管有内在差异，批判女权主义质问了抹杀构成"女性"这一范畴的重叠的力量关系以及蕴含转变可能性的种族化历史、全球资本主义、殖民主义和军事占领。批判女权主义质疑了在统一的、真实的、原始的主体基础上追求女权主义政治的姿态，而更有其他学者认为美国白人激进女权主义关于妇女是男性暴力下普遍的牺牲者这一观点没能把握"压迫的同时性"以及她们自己本身在其中的协同。[54]此外，那些研究殖民主义的话语维度和全球资本主义的不均衡历史的学者指出，西方（化）的女权主义关于种族主义、非西方女性的话语的普适和进步的意识形态使她们有一个家长式的、传教士般的姿态。[55]特别是钱德拉·泰普德·莫汉蒂是最早为我们展示"女性"的同质范畴的学者之一，它从社会关系网络中被抽象出来，呈现为父权制和男权主导下的普遍牺牲者，投射出一个整齐划一的、进步的妇女解放进程。[56]一旦女性解放被设想为这样单一、线性的轨迹，那么它就根据女性进步的一元阶梯在或多或少的进步女性中创造出层级。这些批判的女权主义的洞见认为，仅在两性关系中寻求普遍的妇女解放很容易导致某些女性主义立场的原则向能够通过解放、自由和民主权利的修辞扩大美国霸权的实践投降。

日本妇女在美国占领下获得了选举权。宪法保证平等对待所有国家主体，无论其差异，包括性别差异。新的民法典规定了男性和女性继承者的平等继承权，合法化女性的主动离婚权利。可以肯定的是，占领改革旨在保障妇女权利，消除法律上和其他社会生活方面的性别歧视，并且差一点儿就实现了其目的。占领改革者关于日本"现实"的东方主义设定，加上保守的男性官员和立法者固执的运作，阻碍了这些不平等的消解。[57]例如，家庭登记法至今仍在通过婚姻、夫妻、一夫一妻制、异性恋制维持家族和民族的异性恋标准化构成。直到在1985年废除国籍法前，它都一直维持着父系制。历史学家普遍认为“逆转过程”应为美国占领下日本短暂的民主化负责。一些学者指出妇女和未成年人办公室最终“在解决就业和社会事实平等问题上是如何变得毫无效力的”。该办公室是美国占领下由社会党政府在 1947 年建立的，主要负责妇女问题，但冷战时期 SCAP 政策不仅剥夺了它的执法权，还使它疏离于大多数寻求更激进改革方式的妇女协会。[58]

正如我此前强调的，占领下日本妇女解放的超高可视度的实现是有代价的，代价就是日本前殖民地人民的权利被悄然剥夺，包括被认为是日本国民的权利。[59]美国媒体没有报道居住在日本的成年韩国人和中国台湾人的政治权利被剥夺。在战前和战时法律下，只要他们能在都城建立自己的住所，这些人就有选举权，就能在政府担任公职。然而，在新的例外状态下这些权利立刻被否认，剥夺了他们任何在正式政治舞台上代表后殖民主义少数民族利益的能力。为了了解这些压迫的完整意义，我们应该注意到，在美国开启反苏冷战之前，它一直和日本帝国就世界解放和种族平等的承诺进行竞争。更为迫切的是，随着美国力量的不断扩大，特别是在亚洲和太平洋地区，它不得不否定战争结束前日本着力宣扬的民族解放。[60]这一点经常被一些美国学者忽略，他们倾向于将美国对多民族化、多元文化化的自我形象的利用定位于冷战对抗中晚得多的时刻。

尽管日本妇女获得新权利的宣传增强了美国作为平等、自由、民主化推动者的形象，关于日本前殖民地人民权利被剥夺的知识与对多民族和多种族的赞扬相矛盾，因此只能保持沉默。当今占领伊拉克和占领日本的类比忽视了一个事实，即当日本被当作美国帝国改革和重建项目“成功”的标志时，这种观点是局限于广阔的战前日本帝国的都市圈核心的。最重要的是，日本/伊拉克的类比遗忘了韩国及日本的其他前殖民地区可以说是作为死亡空间出现的，激烈的暴动和血腥抵抗新占领军，以及内战爆发，与媒介上和平的“占领下的日本”作为权利和自由主体的改革空间形成鲜明的对比。最后，否认这些历史知识也有排除多元关系和能动性的风险。韩国的和中国台湾的以及其他殖民地的女性也许拥有挑战日本帝国统治的能力，以及在后殖民和后独立时代与美国进行对抗和协商的能力。

在最后把改革失败的错误归结于日本种族和文化的不同而不是冷战遏制的同时，媒体将占领下的日本如此再现传达给了美国大众：美国政策通过给予日本妇女平等权和执行各种法律改革而解放了她们。如果在民主程序的有限意义上，确保权利和平等毫无疑问就是“解放”的话，这未必在其他的力量场域中解放了妇女，特别是在阶级、种族/族裔、殖民地关系和其他与婚姻、与生育相关的生命政治差异方面。因此我们必须提出疑问，美国的占领为哪些妇女、在哪种权力关系面前以及在哪些方面带来了解放和进步？

批判女权主义的诸模式将我们的注意力吸引到权利的交叉性，它挑战压迫、牺牲和解放的普适和一元概念。随着占领日本的记忆被援引和动员以许可美国在 21 世纪的战争与军事占领，从这样一种批判的视角来看待过去，以及剖析 20 世纪中期帝国版图扩展的故事如何被讲述并且取得统治地位，是十分迫切的。从批判的女权主义的视角记住日本妇女解放，提醒我们小心解放的诱人修辞，也有助于我们挑战以女性解放的一元概念为燃料和庇护的美国力量的单边膨胀。这督促我们反思彼此冲突的解放愿景，以及美国力量和统治理性下规训和同化的暴力进程。

（翻译：谷李　校对：吕霞飞）

注释：

[1] David E. Sanger and Eric Schmitt，"U.S. Has a Plan to Occupy Iraq，Officials Report，" *New York Times*，October 11，2002.

[2] Amy Kaplan，"Confusing Occupation with Liberation，" *Los Angeles Times*，October 24，2003.

[3] "Bush Says War on Terror Led to Women's Freedom，" *Los Angeles Times*，March 13，2004；"Bush Likens War on Terror to WWII，" *Los Angeles Times*，June 3，2004.

[4] "Another Pose of Rectitude，" *Newsweek*，September 2，2002，70.

[5] 关于美国例外论，见 Amy Kaplan，*The Anarchy of Empire in the Making of U.S. Culture*，Cambridge，Mass.：Harvard University Press，2002。

[6] Lisa Yoneyama，"Postwar Peace and Feminization of Memory"，*Hiroshima Traces：Time，Space，and Dialectics of Memory*，Berkeley：University of California Press，1999：190-191.

[7] Susan J. Phar，*Political Women in Japan：The Search for a Place in Political Life*，Berkeley：University of California Press，1981，30-31.

[8] 如 Robert E. Ward and Yoshikazu Sakamoto，eds.，*Democratizing Japan：The Allied Occupation*，Honolulu：University of Hawai'i Press，1987；John W. Dower，*Embracing Defeat：Japan in the Wake of World War II*，New York：W. W. Norton，1999；Eiji

Takemae, *The Allied Occupation of Japan*, New York: Continuum, 2002。聚焦于占领政策对日本女性地位以及日本女性在SCAP项目中主动参与的影响的开创性研究有：Yasuko Ichibangase, Kyōdōtōgi sengo fujin mondaishi, Tokyo: Domesu Shuppan, 1971; Kiyoko Nishi, Senryōka no Nihon fujin seisaku: sono rekishi to shōgen, Tokyo: Domesu Shuppan, 1985; and Susan Pharr, "Politics of Women's Rights," in *Democratizing Japan*.

[9] Jenny Edkins, *Trauma and the Memory of Politics*, Cambridge: Cambridge University Press, 2003, 179.

[10] Giorgio Agamben, *Remnants of Auschwitz: The Witness and the Archive*, New York: Zone Books, 1999, 83.

[11] 批判的女性主义著述包括但不限于：Cherríe Moraga and Gloria Anzaldúa, eds., *This Bridge Called My Back: Writings by Radical Women of Color*, New York: Kitchen Table, 1981, 1983; Teresa de Lauretis, ed., *Feminist Studies / Critical Studies*, Bloomington: Indiana University Press, 1986; Judith Butler and Joan W. Scott, eds., *Feminists Theorize the Political*, New York: Routledge, 1992; Inderpal Grewal and Caren Kaplan, eds., *Scattered Hegemonies: Postmodernity and Transnational Feminist Practices*, Minneapolis: University of Minnesota Press, 1994; M. Jacqui Alexander and Chandra Talpade Mohanty, eds., *Feminist Genealogies, Colonial Legacies, Democratic Futures*, New York: Routledge, 1997; and Gabriela F. Arredondo et al., eds., *Chicana Feminisms: A Critical Reader*, Durham, N.C.: Duke University Press, 2003。

[12] Helen Moscicki, "The Unhappiest Women in the World," *Saturday Evening Post*, July 8, 1944, 19, 37.

[13] 日本女性顺从的、被压迫的形象如今不仅在美国，也在日本现代主义精英中占据主流。然而，在19世纪晚期的现代化和西化以前，诸如贞洁、顺从、听命于男性等还只是社会中一小部分精英眼中的理想女性气质。例见 Robert J. Smith and Ella Lury Wiswell, *Women of Suye Mura*, Chicago: University of Chicago Press, 1989。

[14] *New York Times*, December 7, 1941.

[15] "Japan's Kimono Eclipsed by 'Uniform' for Women," *New York Times*, February 21, 1942. 类似的大众杂志报道例如 Bataviaasch Nieuwsblad, "An End to the Flippant Kimono", *The Living Age*, April 1941, 112; "Japanese 'Girls in Uniform' ", *Asia*, May 1941。后来，"Japan Mobilizes Women" 报道称日本首相东条英机就"动员女性之必要性"发表讲话。*New York Times*, November 12, 1943.

[16] *New York Times*, September 23, 1942.

[17] 引言摘自"2 Japanese Women Die in Action," *New York Times*, May 18, 1944。类似的关于对武装日本女战士的恐惧的强调，亦见于"Japanese Women Get War Duty in Burma", May 19, 1942; "Japanese Women Snipers Reported at Guadalcanal", December

1，1942；“Japanese Women Are Told to Fight,” June 17，1945。

［18］ 就官方将日本女性作为“战士”定论，见 Sasaki Yōko，1945，*Sōryokusen to josei*，Tokyo：Seikyksha，2001，124。

［19］ 本文作者感谢 Shelley Streeby 使我注意到日本女性战士再现的这一个方面。

［20］ Robert Bellaire，“Slave Women of Japan,” *Woman's Home Companion*，February 1943，29，62，64.

［21］ John Dower，*War Without Mercy: Race and Power in the Pacific War*，New York：Pantheon，1986.

［22］ “U.S. in Japan,” *Life*，February 18，1946.

［23］ *New York Times*，October 12，1945.

［24］ *New York Times*，October 14，1945.

［25］ *Newsweek*，October 22，1945，64.

［26］ 例如 “Chaplain's Aid Asked to End Fraternizing,” *New York Times*，April 3，1946。

［27］ *Newsweek*，March 25，1946，51.

［28］ *New York Times*，April 11，1946；June 2，1946；August 23，1946.

［29］ *New York Times*，August 23，1946.

［30］ Lindesay Parrott，“Now a Japanese Woman Can Be a Cop,” *New York Times Magazine*，June 2，1946，18，56.

［31］ “The Rising Sun of Democracy,” *Senior Scholastic* 48，May 13，1946：12－13.

［32］ Marion May Dilts，“New World for Japanese Women：Elevation to Eminence Offers Opportunities and Makes Problems,” *Christian Science Monitor*，August 23，1947，1－2.

［33］ Lindesay Parrott，“Out of Feudalism：Japan's Women,” *New York Times Magazine*，October 28，1945，10，44，46.

［34］ Parrott，“Now a Japanese Woman,” 18，56. 1946 年，Mary R. Beard 私下就美国女性的优越感问题向 Ethel B.Weed 传达了类似的规劝。Chikako Uemura，“Nihon ni okeru senryō seisaku to josei Kaihō：rōdoshō fujin shōnenkyoku no seiritsu kate wo chūshin toshite,” *Josegaku kenkyū 2*.

［35］ 例如 *John Dower*，*Empire and Aftermath: Yoshida Shigeru and the Japanese Experience*，*1878－1954*，Cambridge，Mass.：Council on East Asian Studies，Harvard University，1988 和他的 “Occupied Japan and the American Lake，1945－1950”，收在 *America's Asia: Dissenting Essays on Asia-American Relations*，ed. Edward Friedman and Mark Selden，New York：Random House，1969－1971。

［36］ “Japan：Fumbling Toward Democracy,” *Newsweek*，May 12，1947，38，40.

［37］ 引文摘自 Lafe Franklin Allen，“Democracy in Japan,” *The Commonweal*，September 1947，542－546；546。关于 CIO 压制冷战下的工人直接行动和零星罢工所造成的长期影

响，见 George Lipsitz，*Rainbow at Midnight: Labor and Culture in the 1940s*，Urbana：University of Illinois Press，1994。女性 CIO 成员也活跃于占领下的日本。

[38] 在其关于对占领下的日本的女性问题的美国官方政策的分析中，Mire Koikari 指出美方从一开始就推行“一种白人、中产阶级的进步母性”。引言摘自“Rethinking Gender and Power in the U.S. Occupation of Japan，1945－1952”，*Gender and History*，July 1999，11.2：313－335；319。在很大程度上，美国媒介再现忠实地反映了这一官方政策，尽管并非毫无矛盾或重心转移。

[39] Gertrude Penrose，“Reporting on Japan's Women，” *Independent Woman*，November 1948，322－324.

[40] *New York Times*，April 9，1949.

[41] 见作者另文：“Hihanteki feminizumu no keifu kara miru Nihon senryō”，Shisō，November 2003，60－84。

[42] Vicente L. Rafael，“Colonial Domesticity：White Women and United States Rule in the Philippines，” *American Literature*，December 1995 67.4：639－666；Amy Kaplan，“Manifest Domesticity，” *American Literature* September 1998 70.3：581－606；Shelley Streeby，*American Sensations: Class，Empire，and the Production of Popular Culture*，Berkeley：University of California，2002；Mari Yoshihara，*Embracing the East: White Women and American Orientalism*，New York：Oxford University Press，2003；Yu-Fang Cho，“Narrative of Coupling in the Shadow of Manifest Domesticity：Transnational Politics of U.S. Cultures of Benevolence，1890s－1910s”，Ph.D. diss.，University of California，San Diego，2004.

[43] Miriam Frank et al.，*The Life and Times of Rosie the Riveter: The Story of Three Million Working Women During World War II*，Emeryville，Calif.：Clarity Educational Publication，1982.

[44] Elaine Tyler May，*Homeward Bound: American Families in the Cold War Era*，New York：Basic Books，1988.关于性别、性和其他形式的冷战期间家庭内部牵制，见 Caroline Chung Simpson，*An Absent Presence: Japanese Americans in Postwar American Culture，1945－1960*，Durham：Duke University Press，2001；Joanne Meyerowitz，“Sex，Gender，and the Cold War Language of Reform”，及 Jane Sherron De Hart，“Containment at Home：Gender，Sexuality，and National Identity in Cold War America”，收在 *Rethinking Cold War Culture*，ed. Peter J. Kuznick and James Gilbert，Washington，D.C.：Smithsonian Institution，2001；John D'Emilio，“The Homosexual Menace：The Politics of Sexuality in Cold War America”，收在 *Making Trouble: Essays on Gay History，Politics，and the University*，ed. John D'Emilio，New York：Routledge，1993。

[45] Mary L. Dudziak，*Cold War Civil Rights: Race and the Image of American Democracy*，

Princeton, N.J.: Princeton University Press, 2000; Penny M. Von Eschen, *Race Against Empire: Black Americans and Anticolonialism, 1937 - 1957*, Ithaca, N. Y.: Cornell University Press, 1997; Christina Klein, *Cold War Orientalism: Asia in the Middlebrow Imagination, 1945 - 1961*, Berkeley: University of California Press, 2003; Thomas Borstelmann, *The Cold War and the Color Line: American Race Relations in the Global Arena*, Cambridge, Mass.: Harvard University Press, 2001; Eric Foner, *The Story of American Freedom*, New York: W. W. Norton, 1998.

[46] Melani McAlister, *Epic Encounters: Culture, Media, and U.S. Interest in the Middle East, 1945 - 2000*, Berkeley: University of California Press, 2001, 76.

[47] *New York Times*, April 15, 1951.

[48] 例如"Japan's 'Second-Class Citizens' ", *New York Times*, August 22, 1954; "Japan: The Women", *Time*, April 26, 1954, 37 - 38; Beryl Kent, "Is Democracy Making Japanese Women Neurotic?" *The American Mercury*, June 1954, 139 - 140。

[49] *New York Times*, November 7, 1954.

[50] Leti Volpp, "Feminism Versus Multiculturalism," *Columbia Law Review* 101.5 (June 2001): 1181 - 1218.此外，经由呼吁跨越多重差异的另类联合，Volpp也将她对主流美国女性无视自身在少数族群女性所受压迫中的合谋所构成的"脱责"的批评延伸至时常践行"一种以为西方的就是最好的传教士式的女性主义努力"的那种跨国女性平权范式。

[51] Gayatri Chakravorty Spivak, "Three Women's Texts and a Critique of Imperialism," in "*Race*," *Writing, and Difference*, ed. Henry Louis Gates Jr. and Kwame Anthony Appiah, Chicago: University of Chicago Press, 1985; 1986. 262 - 280.当然，美国种族化女性在此话语进程中的参与使这一简单二分复杂化。见 Caroline Chung Simpson 对 Yuri Kochiyama 参与美国试图恢复一些原子弹爆炸重伤者的身体健康的尝试的观察：Simpson, *An Absent Presence*.

[52] "Japan's Women Could Be Model in Postwar Iraq," *Rocky Mountain News*, April 16, 2003. 数月后，戈登致信纽约时报编辑并重申她的观点。见 *New York Times*, October 1, 2003。

[53] 关于女性在帝国主义中的合谋与将日本女性刻画为受害者的话语之间的关系的更完整的讨论超出了本文范畴，作者在 Hiroshima Traces 中进行了进一步的讨论。

[54] 关于女性主义理论怎样遮蔽了非白人女性作者的声音，Norma Alarcon 精辟地指出："追求纯粹基于性别的'统一政治'预先排斥了跨越不同政治构成的'团结'以及对意识主体的另类理论的探索。""The Theoretical Subject(s) of This Bridge Called My Back and Anglo-American Feminism," in *Making Face, Making Soul / Haciendo Caras: Creative and Critical Perspectives by Feminists of Color*, ed. Gloria Anzaldúa, San Francisco: Aunt

Lute Books，1990. Alarcon 关于在非白人女性主义中探索非单一的、多声音的主体性和去同一化的进程的洞见与 Judith Butler 等人提出的后结构主义性别表述相应和。见 Butler 的 *Bodies That Matter: On the Discursive Limits of "Sex"*，New York：Routledge，1993；Lisa Lowe，*Immigrant Acts: On Asian American Cultural Politics*，Durham，N.C.：Duke University Press，1996；Angela Y. Davis，*Women*，*Race*，*and Class*，New York：Random House，1981；Cherríe Moraga，"From a Long Line of Vendidas：Chicanas and Feminism"，收在 *Feminist Studies*，*Critical Studies*，ed. Teresa de Lauretis，Bloomington：Indiana University Press，1986。关于压迫的同时性的理论成果，可参看 Biddy Martin 和 Chandra Talpade Mohanty，"Feminist Politics：What's Home Got to Do with It?"

[55] Gayatri Chakravorty Spivak，"Can the Subaltern Speak?" in *Marxism and the Interpretation of Culture*，ed. Cary Nelson and Lawrence Grossberg，Urbana：University of Illinois Press，1988；Inderpal Grewal，*Home and Harem: Nation*，*Gender*，*Empire*，*and the Cultures of Travel*，Durham，N.C.：Duke University Press，1996.

[56] Chandra Talpade Mohanty，"Under Western Eyes：Feminist Scholarship and Colonial Discourses，" *Boundary* 2 spring/fall 1984 12.3/13.1：338－358.重刊于 *Feminist Review 30*，1988：65－88.

[57] Kurt Steiner，"The Occupation and the Reform of the Japanese Civil Code，" in *Democratizing Japan*，188－220.

[58] 例如 Yoshie Kobayashi，"A Path toward Gender Equality：State Feminism in Japan"，Ph.D. dissertation，University of Hawai'i，2002，52－82；引文摘自 81 页。

[59] 见 Hiroshima Traces，191。

[60] 更多细节见 Takashi Fujitani，"The Reischauer Memo：Mr. Moto，Hirohito，and Japanese American Soldiers，" *Critical Asian Studies* 2001，33.3：379－402。

五 主体性的生成

2002世界杯足球赛的“女性化”和女性“粉丝”

公民情感的娇贵化与新兴民主的治理

在全球经济的子宫里：《孩子》和跨国想象的建构

让我们活！日本临工运动的培力和生活修辞

2002 世界杯足球赛的“女性化”和女性“粉丝”

● 金贤美①

2002 年，韩国和日本共同主办了世界杯足球赛，本文内容即涉及此次全球性赛事中韩国女性的激情与反应。传统上，足球一般被视作男性运动，但作为全球性事件，它已经转化成一种大众文化，韩国女性作为消费者、观赏者、助威者和文化建构者参与到世界杯之中。韩国女性热情地参与到球赛当中，并直截了当地对男球员表达性欲望，这种现象对韩国男性来说，可谓相当陌生，并颇具威胁性。此次世界杯足球赛成为韩国女性投射自己压抑性欲的实验场域。另一方面，韩国已经能够主办世界杯，国际地位处于上升之中，韩国女性的热忱也是对这一点感到欣喜，表达出一种“新爱国主义”。从而，就这一点来说，女性的粉丝圈文化展现了女性的个性化自由和传统民族主义的某种暧昧联合。本论文着意凸显女性经由此次世界杯事件中各式各样的媒介所表现出的持续结构——即便韩国社会表现出全球性的开放，强势的民族主义情绪却始终深刻根植。

本论文聚焦于女性主义文化研究的关键理论，即将女性视为能动“受众”的女性粉丝圈文化。大众文化研究曾认为消费者和粉丝群体对资本主义逆来顺受。然而，在女性主义文化研究中，存在这样一种趋向，即把女性视为能动的生产者，将关注点转移到女性消费者如何介入到文化文本或文化现象中去生产意义，并在现实关系中获得快感。女性对大众文化的消费业已被谴责为是对其所处残酷现实的“逃避”，或是社交性的无意义行为，对这种处理方式我们应当敬而远之。换言之，我们应当关注的是为什么女性在特定的社会文本中消费大众文化，以及她们如何建构自己的身份。作为消费大众文化的

---

① 金贤美（Kim Hyun Mee），延世大学社会学系。

能动者，女性是富于“阐释能力”的，这种观点将此与社会变革的可能性相关联，同时这种观点也致力于消解男性中心的视角。女性主义文化研究是文化研究的一块重要领域，它对女性的另类表达，以及女性的享乐——曾被视为内在于男性中心主义知识及话语体系之下“他者”，作出了积极的阐释。

* *

足球的历史总是向我们展示出男性和民族主义之间的紧密联系。然而，到了2002年的世界杯足球赛，至少在韩国社会中，足球的一些典型男性符号却暂时失效，并似乎转变成了一个“女性化”的事件。笔者认为，当年于韩国举办的世界杯足球赛，之所以带有“女性化”特点，是基于两种原因。第一，作为消费者和积极的支持者，韩国女性以前所未有的数量参与了比赛。据悉，在那些为比赛而欢呼呐喊的人群中，女性占了二分之一甚或三分之二。女性的参与一扫从前球赛给人的那些刻板印象：“廉价酒精”、“喝彩中隐藏的污言秽语”，以及“足球流氓”，一种被浪漫化的集体暴力。取而代之的，则是充盈在街头和赛场的时尚气息和生动活力。第二，女性参与足球比赛，打破了男性选手与男性球迷之间那种男子汉式的粗暴、紧密的结合，从而将赛场转化为投射女性自身性欲望的空间。啦啦队不再是独享两队男性的唯一女性角色，在球场、街头，以及客厅的电视机前面，女性享受着同男性选手亲密接触的幻想，以及异性爱恋的浪漫快感。总之，女性给足球带来了崭新的世界，将原本充满男性专利且具有排他性的足球带到了富于浪漫色彩和梦幻气息的开放国度。

一般来说，韩国女性被认为最讨厌听到“男性服兵役时无聊的足球往事”，但她们却能够认真参与观看和支持足球活动，从而以“女性风采”、“女性力量”、“欢呼的女战士”成为新闻头条。女性摆脱了太极旗的严肃和国家主义的浓厚气息，用它重新创造新的时尚，如以红、白、蓝、黑为主色调的运动胸衣、围巾、吊带背心、裙子等。每年夏天，年轻女性追逐时尚的行为多被批评为“过度浪费”和“卖弄性感”，然而此时，论调却摇身一变，年轻女性成为足球比赛现场的原创时尚先锋，备受关注。随着足球赛的热度升温，参与街头狂欢的新一代女性越来越多，就连家庭主妇也加入其中，她们不再只是呆在家里，摆放好啤酒，等待丈夫回来看电视，而是带着她们的孩子一起来到广场参与活动。不同肤色的外国友人齐聚街头狂欢，不再担心无从预测的群体暴力。伴随着女性成为街头狂欢的主力军，比赛现场和街头巷尾开始远离骚乱和暴力，重新焕发生机，成为开放的文化活动空间。此一期间，全国各地纷纷开始成立女子足球队，同时出现了呼吁关心女足发展的声音。

在2002年世界杯足球赛中，女性的参与是最为突出的“意外事件”，作为一个切入点，它使得世界杯的“全球化”和韩国女性的“本土性”之间得以协商。尽管足球只是一个比赛项目，但世界杯却是被全球化媒体和各种商业广告所催生的全球性文化产物。2002年世界杯了满足韩国新生代的文化趣味，正是这一代人支配了20世纪90年代的消费模式。世界杯通过对足球运动员的视觉意象，快节奏的摇滚乐，现场欢呼喝彩以及最新潮流的文化挖掘，成功地重新建构了以女性和年轻一代为主体的观众群体。正如马丁内茨在分析流行文化时所言，2002年世界杯足球赛已经成为一个不断协商的空间：传统与现代，此刻与未来，民族国家身份与性别身份、阶级身份等不同因素都在这一空间碰撞反应、彼此胁迫、瓦解、缔造与重构。事实正是如此，人们正通过各自不同的方式，在街头的电子大屏幕或在家通过电视直播“消费”世界杯。在此过程中，不乏大量的混杂消费与挪用。有些女性观看球赛时会聚焦于球队的战术，而另一些女性可能只是在看球时投射自己的情绪和欲望，就像观看音乐录像带（MV）一样。

韩国女性对于世界杯足球赛的热忱，一方面是公共空间中女性粉丝文化的典型表现，而另一方面，这其中集合了某种新的、集体性的愉悦体验，女性不再只是男性目光凝视下的客体，而是转变为男性身体的观赏者。从这一角度出发，用性别观点去解析韩国的世界杯，就是要尝试展现韩国女性刚刚被激发出的诸种欲望与她们所在的社会结构位置之间的矛盾，同时，这也意味着在全球化的时代讨论韩国社会的性别政治时应当拓展历史性的想象。韩国社会习惯于将女性视为无性别的，或履行固定性别角色的存在，而2002年的世界杯则是一个契机，一个令人深切地意识到韩国社会中“性别动荡”的历史性时刻。2002年世界杯的女性化应该被置于这样一种语境中来理解，即在韩国，那些被界定为“私有的”问题——如性能力或性关系——已经在社会运动中越来越被政治化了。本论文中，笔者试图解读女性带来的一些新的变化，同时试图介入后世界杯时代离散政治学的讨论。

“欧巴部队”（青少年女性粉丝团）和“被规训”的粉丝圈[1]

世界媒体为韩国球赛现场没有出现足球流氓而感到好奇。韩国媒体则自豪地宣称韩国国民已经能够将激情纳入“秩序”。2002年的世界杯上，正是韩国的啦啦队“红魔”，引起了世界舆论的瞩目。红魔把上千万市民组织为一丝不乱的球迷，为韩国足球队进入世界足球四强做出了贡献，因而被誉为韩国足球队的“第十二个选手”。对于这种“红魔现象”，洪成泰（Hong Sung-Tae）说：“10 年前，‘粉丝文化’出现于明星 Seo Tae-ji 的流行，而当下，它重现于全体国民热爱的足球比赛。作为足球支持者，红魔是新一代的自主球迷队伍，它拒绝国家动员体制，同时也排除过度的商业主义。”[2] 红魔通过互联网组织而广泛流行，它是网络时代的社会环境和价值体系的产物。红魔的官方网站上不断地更新啦啦队的演习和赛场相关信息，它的成员们由各个不同的族群组成，从小学生到老年人一应俱全，彰显着这个组织的灵活性和开放性。据悉，红魔成员有百分之四十以上是女性。尽管大家都一样热爱足球赛和球员，但是因为男女性别以及年龄层次的差异，每个人的表现都各不相同。比如，男生如果喜欢足球的话，原因会是“喜欢足球本身的乐趣”，并且表现出“我们是韩国人，我们韩国必胜”；而如果是女生喜欢足球，则会回答“虽然不懂足球规则，但就是喜欢足球运动员”等。笔者的一个女性熟人曾说，她非常热爱足球，会亲自去赛场观看球赛，她支持意大利队，因为她认为意大利队的球技比韩国好。一般来说，很多通过互联网主动参与足球俱乐部活动的女性球迷们，都是长时间欣赏足球的。尽管作为个体的女性球迷对足球产生热情的原因十分多样化，但是世界杯的“女性化”是一个需要更深层解析的现象。

参与街头助威的人群中有三分之二以上都是女性球迷，其中大部分年龄层次在十五岁到二十几岁之间，对于这一现象早已有了大量解读。比如，有评论指出“这源于年轻一代女性的特征，她们忠实于自己的欲望”，“这是在日常生活中受到压抑的女性爆发出的离奇能量”；抑或“足球的规则比较简单，女性容易看懂球赛内容”。不过这其中占支配地位的分析是，女性球迷之所以迷恋世界杯，是由于她们喜欢足球明星。正是由于这样的言论，女性球迷极易遭人冷眼，她们因为像欧巴部队一样热烈地追求男性球员而被称为“欧巴女（轻蔑女性追星族的词）”。新闻媒体经常把所谓欧巴部队的女性粉丝描写为“被娱乐公司利用的商业对象”，但是，就这些女性的意识和行为表现之间的关系而言，媒体对此的评价无疑是过度简化的。并不能仅仅因为这些女性对于男性娱乐明星的态度过分狂热，就表示女性是盲从的跟班，并且，许多女粉丝和男明星之间的权力关系并非是固定的，而是多样的和动态的。如果对粉丝文化的政治性一无所知，仅凭韩国媒体所塑造出的形象来看的话，那些十几、二十岁的女性粉丝可谓是不可理喻的追星族。不过，这次的世界杯向人们提供了更新这一解释的机会，借此，我们需要重新阐释她们的经验，摘下她们的“欧巴女”的帽子。其实，对于女性粉丝来说，异性恋欲望和社会运动是密不可分的。歌手 Seo Tae-ji 的粉丝团中已有女性主义组织，歌手李承焕（Lee Seung-Hwan）的粉丝团曾经跟几个 NGO 团体合作过抗议歌手排行榜的运动。Hip-hop/R&B 男子组合 GOD 的女粉丝们带头组织了大规模的抗议活动，以便使这些明星不再遭受公司合同的过分要求，同时又能确保他们在文化工业体系中的地位不受影响。如此这般，她们作为大众文化的消费者和明星的粉丝，努力组织粉丝团行动，根据自身的社会地位和条件来展开"市民运动"。即使她们是因为喜欢足球选手的外貌才成为球迷的，但是女性粉丝在建构自身身份认同的过程中创造规则并改造了文化。

一般来说，流行明星的粉丝会行使集体"权力"去帮助明星从"演员"攀升至"明星"，而这种集体力量是通过特定的规则和协商而形成的。因此，作为粉丝要形成自己的认同，这意味着她们之间需要特定的"行为仪式"。"欧巴部队"作为"部队"，为了发挥自己的力量，每个粉丝都需要训练自己的言行举止以形成某种高度组织并自成体系的范式。比如，她们一定要穿同款的服装，喊同样的口号，并且表现出克制的热情。因此，标志着粉丝身份认同的"粉丝圈"并非一蹴而就。粉丝们制作标语牌，购买团队 T 恤，制作头巾、毛巾、雨衣等个性产品，并且规训自身，以便在公开场合能够针对对手粉丝团形成道德压力。这种粉丝行为符号的习得不可能脱离"集体与组织"活动，比如她们要一起唱出歌曲的某一部分，一起喊口号。当意识到其他粉丝团存在时，她们必须要尽可能地展示自身的道德优越性。当自己的偶像被竞争对手的粉丝团攻击时，她们试图保持与自己偶像地位相匹配的"优雅"，绝不进行不妥当的回击，保持秩序和冷静，并且在演出结束后清理现场卫生。正是通过这样的过程，她们相信自己能够建构真正的粉丝文化。

在红魔的街头啦啦队和支持者当中，不少人在青春期或二十出头的年纪有过追星经验，她们为了表达对足球明星的支持，在给他们加油助威的时候，很可能会复制和实践以往的基本行动仪式。投身这样的支持行动需要时间和金钱，粉丝们并不是单纯消费明星的形象，而是在粉丝文化形成的具体过程中收获了特定的"市民意识"。红魔成员组织街头活动时，"她们提前准备和检查助威工具，很早聚集在东亚日报楼大屏幕前面，安排找位置"。她们会运用各种不同的方法动员人群加油喝彩，并且主动清理垃圾，打扫街道，这些行为也都可以归结于模仿早期的实践经验。

自青少年时期到二十几岁以来，女性粉丝一直受训并习惯于的这样的行为模式，现在这种模式被注入到红魔的助威文化中，发挥出了容纳异质集体的文化包容力。无论她们是出于何种原因爱上足球——喜爱健壮的帅哥球员，抑或沉迷于足球本身的乐趣，女性“粉丝圈文化”一直被视为亚文化，但在举办世界杯的期间，却由于创造了一个“先进国家”的形象，从而逐渐成为主流文化。我认为，正是由于女性粉丝们在青少年及青年时期积累了各式各样的粉丝活动经验，“红魔”的宗旨才能够得以彰显，并同时表现出符合国际标准的“公共秩序”和“市民意识”。

足球的性欲化

就在短短的一个月内，过去年薪 2 400 万韩币的普通韩国球员突然一跃成为身价百倍的“国际运动明星”，如果这背后的推动力是女性观众的话，那么，她们欲望和力量的根源到底来自哪里？自从世界杯以来，韩国队每次胜利，运动员的奖金和年薪都会得到飞升，但这并不足以使他们成为“明星”。他们本来是依靠自己的体力和运动技术的运动员，那么，是什么力量让他们成为 21 世纪文化明星？是消费他们的形象和欲望吗？为了使跑在操场上的运动员换骨脱胎，重新成为有风格和趣味的文化形象，需要发现和挖掘他们“魅力和气质”的消费者。伴随着足球运动员不断地重复美化和夸张他们家庭的动人故事，以及日渐增长的奖金，粉丝对他们的关心和热情也日益高涨。但是，女粉丝的“造星”力量并不限于此，而是更为积极。粉丝圈文化可以说是异性恋欲望的产物，但它并不以父权社会为原型。芭芭拉·埃伦赖希曾经解释过，少女粉丝对明星着迷并投入热情，是希望借此得到更充分的机会，以便向公众公开地表达她们内在的性能量。其实，在韩国社会，一直把青少年期的少女们看成“无性别的存在”和要保护的对象，尽管她们的身体已经发育成熟。由于受到这样持续的监视，十几岁到二十几岁的女性难以在日常生活中自然地实现自己的异性恋欲望。对她们来说，对男明星的痴迷和热情，是“安全”地表达被压抑欲望的一种途径，同时，对年轻女性而言，把对男性客体萌生的性幻想投射到这种热情之中，是一种非常“兴奋”的体验。

在一条名为《世界杯花美男出现，女性原始本能已觉醒》的报道中，女记者杨松熙（Yang Sung-hee）指出，“对女性而言，原本的足球形象是在强烈的太阳下，晒黑的运动员殊死踢球，是一种‘头脑简单’的运动”，但这种形象被世界杯中的美男子球员完全颠覆了，这一点激励了韩国女性去解放被压抑的性幻想（《文化日报》，2002 年 6 月 21 日）。她同时也说到，女性球迷们看完球赛后细细品评运动员的魅力，这种表现并不是单方向的追求明星，而是“颠覆明星地位”。在此意义上，世界杯球赛犹如一场表演秀，诸种类型的美男子在女性面前展示自己的魅力以求被消费。比起简单的、类型化的男性乐队，一百多个世界各地的美男子在球场上踢球，无疑更能满足女性粉丝的诉求。从富于双性恋复杂性的贝克汉姆、天真的罗纳尔多·德·阿西斯·莫雷拉，到比较严肃、冷血的汉奥利佛·卡恩、羞涩的宋钟国，女性球迷们品评运动员的身材，并在其中投射自己的欲望，就像观看展会时的潜在购买者一样，在有限的瞬间体验"视觉"的愉悦。对韩国男性来说，女性细致描摹男性的身材和长相，同时表达自己对其的想法，这是前所未有的尴尬状况。足球运动员被誉为"性感男神""帅哥"，而外表平平的"现实中普通男性"则通过嘲笑和贬低女性的欲望来弥补受伤的自尊心。这种情况在某种程度上，可以算作是女性的复仇了——韩国男性常以非现实的美女标准来衡量"现实中普通女性"的身材和外貌。女性的性爱欲望成为"公共话语"的一部分，并带有很强烈的感染力，不管是否已婚，年龄大小，抑或定居何方，韩国女性都共享了集体性爱化的经验。女性开始作为对男性身体的"观看者"而存在，摆脱了曾经熟悉的"被观看"立场，透过凝视的移位，男性与女性之间的权力关系开始断裂。

女性偏爱的男性形象并非是固定的，这次的世界杯也显示出女性对男性形象的偏好不断趋于多样。对"花样美男"的偏好也需要新的解读。台湾的女权主义者何春蕤指出，最近广受青少年女性喜欢的男性偶像并非肌肉健壮的"男人"，而是颇富自怜气息的"女性化的男性"，她认为，"在富有强烈能量的青春期少女和相对软弱的偶像形象之间存在着清晰的对比"。这说明女性在其青春期已经摆脱了浪漫异性恋的典型框架——女性渴望得到男性的照顾并献身于他，现在的女性已经开始以一种更积极的方式来表达自己的性欲望。曾经，能力与个性兼顾，并能够挣钱养家的男性是最受欢迎的，但如今情况发生了变化。

"金南一，赤裸裸的!"这条挑逗性的新闻报道分析过金南一现象（韩国足球运动员）。在她的文章中，该记者认为，金南一所展示出的肉体性，与90年代以来主流的"正派的花样美男"的形象相比，带有明显的"差异性"。据她所言，少女们喜欢金南一所拥有的"狂野的形象，一种难以愚弄的粗糙气息"，会因为看到他"毫无修饰的外貌"、"脱光的上身"而感到快乐。这种形象同宋钟国"皮肤光滑，行事正派，教养良好的形象"产生出强烈的对比。金南一看上去更像是那种"派对男孩"，女性可以大胆的，毫无顾忌地进行挑逗，比如"南一，给我关灯"、"给我生三个孩子"。世界杯足球赛给了女性一次机会，使她们得以用"健康的方式"来展示自己的性能量，这显示出女性对男明星的热情并不能简单地被视作某种浪漫幻想，或者某种集体性狂热。

金南一、安正焕、宋钟国等足球运动员经历过成为“明星”整套典型流程，其背后少不了少女粉丝热情支持。他们开始参与电视节目和各种表演，拍商业广告，举行粉丝签名会。展现他们完美身材的写真集出版了，基于他们个性形象的各种文化商品也在被不断生产。另外，一些足球运动员的粉丝和粉丝团，活动原本是分散的，现在也开始通过互联网组织聚会和粉丝圈，为保持自己“偶像”的长期人气采取各种战略措施。随着粉丝成为“组织”，他们开始生产话语并在各种媒体上频繁传播，追星族日益增多。最近横扫韩国足球界的“金南一现象”，就是这样运作的典型。当下，他的粉丝俱乐部网站有一千多个，Daum 俱乐部的官方网站“最棒的 MF 金南一”注册会员数已达 47 万人。此外，以他为主人公的粉丝原创同人小说每天更新。在网上，他早期的照片以一张 700 韩币的价格出售，他戴过的同款帽子极其流行乃至供不应求。女性所展现出异性恋力量使普通的韩国足球运动员拥有了足以同国际明星媲美的资源和支持。正是因为这些明星的文化现象不断持续生产，他们才能在世界杯结束后也一直保持人气。

女性的性爱欲望和“新爱国主义”的幸福结合

安硕民（Ahn Min-Seok）指出，支配韩国运动界的范式，与其说是生活体育，不如说是精英体育。换言之，体育运动之所以受到国家的大力援助和支持，不仅仅因为它是提高国家形象、声扬国威、团结国民的运作机制，同时它也在与朝鲜的竞争中显示出了韩国体制的优越性。这也是要求短时间内达成一定的目标，采取以“成果”为中心的政策背后的原因，精英运动也正是以此为基础。2002 年世界杯比赛中，韩国队之所以获得了比预期中更好的成果，既是运动员作为“太极战士”充分发挥水平，又是这种运动体制运转的结果。那些为运动员助威的女性粉丝，她们的国家身份认同并不单一。笔者认为，女性粉丝圈文化是性爱欲望和新爱国主义之间顺利结合的成果。对韩国女性而言，要完全接受国际化的身份认同很难，韩国的民族主义似乎仍然对其产生着强烈的控制力。

在过去 30 年间的韩国现代化过程当中，韩国人决不允许除了国家认同之外的任何个人身份认同。但是现在，“韩国国民制造工程”的动员策略已经丧失其影响力，民族主义和爱国主义与其说是韩国国民的首选身份认同，不如说是每个个体身份认同的一部分，根据具体条件来重构和变化。世界杯，即国家之间在足球上的战场，在我们自己的家门口举办了，这提供给我们一个考验自己能力的契机，看我们能否机动地在国际社会的种族、民族、阶层的多样性之间进行协商。事实上，韩国人虽然如同过节一般欢度了六月份的世界杯比赛，但是却对那些“他者”的历史性经验全然漠视，而正是这些“他者”给世界杯作为一个国际性的文化节庆“赋予意义”。在此期间，2002 年世界杯的官方歌曲几乎没怎么听到过——据说制作成本很高，而吉祥物“Atmo”则很快消散于人们的记忆之中。对于那些在日本举行的，和日本队对战的比赛，韩国的电视直播少得可怜，尤其考虑到日本还是本次世界杯的协办方。这种情形在韩国队持续胜利时更为夸张，所有的电视台都不断地回放韩国队获胜的比赛。韩国人听了整整一个月的 YUNDOHYEON BAND 歌唱的“噢！必胜韩国”和“阿里郎”，以及 JOSUMI 演唱的“VICTORY”。在韩国队赢球的时候，作为举办国的风度逐渐消失了。参与街头助威的人数越来越多，波兰赛 50 万人、美国赛 77 万人、葡萄牙赛 279 万人、意大利赛 420 万人、西班牙赛 500 万人、德国赛 700 万人、土耳其赛 210 万人，媒体报道日益一边倒，就像一个人把爱全部倾注于自己的孩子身上那样，韩国人对自己球队的偏爱似乎漫无边际。对于韩国人来说，2002 年的世界杯是一种陌生的历史经验，在没有国家动员的情况下出现了大规模的自发参与。但即便如此，这个国家的旧习依然，全体国民反复上演着一出自恋的集体性表演，玷污了这种经验的新颖性。

韩国人为何对足球这么入迷？红魔会长曾经回答过这个问题：“足球本身有强烈的民族主义色彩，也许这种特点非常符合韩国人的口味。”韩国女性也毫不犹豫地被集合于“民族”、“国家”等符号之中。女性在观看每个球赛的时候，把对不同韩国球员的欲望简单地“转化”为“爱国主义”以及“对这个国家的爱”。女球迷再也无需担心韩国男性，或者严厉的女权主义者如何看待自己对男选手的狂热。当她们欢呼和大声喊“帅哥”、“我爱你”时，没有人会将其视作肤浅和庸俗的行为而加以谴责。从前，女性因为喜爱明星而持续地陷入道德负罪感中，而此时这种行为却被集合在“爱国主义”的象征中获得了接纳。女性在高呼“大韩民国”时，感受到了强烈的情感冲击，泪水夺眶而出，这个过程中，她们开始将自我认知同国家捆绑起来。

在韩国的悠久历史中，民族主义和国家主义一直是以男性为中心，女性被轻易判断为有强烈的个人主义倾向，缺乏民族精神。在韩国男性的精英历史观中，民族主义和爱国主义只有在公共领域通过政治组织运动才能被认知。韩国女性受到潜移默化的影响，有了以国民、民族、国家为主的概念，通过这些建构出唯一的“爱国”思想方式。只要民族主义和爱国主义被定义为男性的概念，韩国女性的爱国经验只得就以异质的、非延续性的形式来表现。按照这种说法，女球迷对世界杯中的男选手着迷，这种实践爱国主义的方式依然该被轻视为个人主义的、小资的、短暂且不切实际的。但是，新世代弘扬新民族主义的方式，并非采取排他的和集体主义的民族优越感，他们会直接表现出自己的国家认同感，不带任何自卑感。他们既标榜“主义”，又重视“风格”，但不再牵扯到清高的民族主义概念。韩国队跟土耳其队举行 4 强比赛的时候，韩国红魔和助威团的包容是一种新爱国主义的表现。新爱国主义是所谓“开放的爱国精神，灵活的民族主义”，在 2002 年世界杯期间，正是借助于此，韩国女性跟国家的关系有了新的框架。

但是，如果韩国女性大多追随英俊的西方足球运动员的话，比如英国的贝克汉姆或欧文，葡萄牙的菲戈、意大利的托蒂、西班牙的莫伦特斯等，情况就和现在完全不同了。女性粉丝热情地支持韩国队的老外教练希丁克，因为希丁克对她们而言更像是“父亲”而非性欲投射对象，同时她们喜欢金南一、宋钟国、安正焕等韩国运动员，他们是我们所熟悉的英俊的韩国人，而这一点恐怕是韩国社会对女性粉丝能够积极认可的首要原因。很多人说起喜欢上金南一的原因，就是因为他“固守于自己的土地”，金南一一人对抗九位美国选手的故事常被提起，这个故事被认为展现了韩国本土居民对西方的健康态度——不再害怕，也不再妄自菲薄。日本女性由于表达了对贝克汉姆的狂热而被韩国媒体鄙视，并将其描述为“欧巴女”，韩国媒体的这种态度清晰地标明了韩国女性的行为界限。这次的世界杯，韩国女性的支持和喜爱的对象归结为 23 个“太极战士”，这显示出对女性欲望主体的限制。韩国社会依然保留着强烈的保守信念——性结合是应该在韩国同族之间的行为，对于女性而言，集体为罗纳尔多或莫伦特斯加油，依然需要冒很大风险。比起喜欢“黑皮肤和白皮肤”，还是高呼喜欢“黄皮肤”更容易点，因为这是我们自己的种族。由此，2002 年世界杯足球赛给韩国女性提供了性爱欲望和新爱国主义顺利结合的切入点。

全球时代的“女性”符号

一个月后，同“性别、地域、年纪歧视”等障碍的短暂告别结束了，韩国的足球运动员依然被称为“太极战士”。那么，韩国的女性呢？达不到太极战士的位置，还要满足于继续充当“热血助威战士”吗？韩国女性真正需要的，是社会能够把她们当作独立个体去承认和肯定，而不是得到“大韩女儿”或“太极战士”这样的称谓。其实，关于世界杯足球赛和女性的话语，为我们理解这个时代如何介入女性主体性的建构，提供了绝佳的示例。

全球化时代是一个这样的时代：形象和欲望持续地流动和跨界，被传播和消费，从而不断创造出新的意义。世界杯并不仅是国家之间的比赛竞争，而且是典型的全球化时代的文化商品。女性作为这些文化商品积极的消费者和购买者，建构了具体的“性别经验”。女性获取了国际化的身份认同，积极接受新的形象和机遇，日益摆脱限制自己生活基础的狭隘的地方性。在世界杯期间，女性积极地表达自己的热情和欲望，摆脱了她们自父权制规训体系所习得的自我监督和自我控制。

2002 年的世界杯比赛创造了一个“能动的韩国”，以往死板严肃的国际形象被年轻人的生动热情所取代。有些学者和意见领袖极力支持应趁此良机，将女性劳动力的利用率提升到国际水准，达成“男女平等进入世界四强”的目标。有些人则接着批评说，作为先进国家的指标之一，韩国的性别权力测度值（GEM，Gender Empowerment Measure）总是徘徊在低水平上。这显示，尽管韩国女性对平等的渴望足够强烈，但却始终因为没有政治和经济地位而无法获得社会认可的主体身份。最近，一个韩国政府官员声称，他将通过实施政策措施来支持“女性劳动力”的发展，确保女性在助威行动中所展现出的热情和潜力能够得到充分的发挥空间。

所有这些讨论给以下这些问题提供了解答，即为何韩国女性的潜力和能量不得不以“性能量”来表现？从早到晚，那些穿梭在市厅、光化门、蚕室（地名）等街头上，多得难以计数的女性是谁？她们有没有可归的职场？在劳动力市场、政治界等公共领域里，性别歧视仍然发挥着强大作用，韩国女性已经认识到了改变现状的艰难，因而时常感到无助。这种挫折在“私人领域”，比如恋爱和性方面，以抵抗性和颠覆性的形式表现出来。只有在性爱、亲密关系等隐私领域，她们才感到可以通过自己的意志力和感情去做出改变，发挥影响。在这个意义上，韩国女性迅速的性别主体化包含着两种含义：一方面，她们是革新的力量，而另一方面，这也象征着一种集体的无奈感。韩国社会的经济正以令人难以置信的速度高度发展着——韩国已经成为亚洲第一个能够举办世界杯足球比赛的国家，然而身处此结构性条件下的韩国女性却只能通过美容健身、教育、实验性性爱等方式来表达自己的主体性。这种情况下，韩国女性确切地感受到了韩国现代化“革命”的空虚。如果韩国社会无法为认可每个女性的个体身份做出努力，那么作为变革资源的女性性别进步就依旧是历史惯例的重复而已。

如果说韩国女性通过 2002 世界杯显示出了自己的热情和市民精神，同时提升了国家形象，那么，国家以什么来回报她们？难道女性依然要被当作“符号”和“形象”而加以利用和动员？当整个世界都对韩国世界杯期间的无暴力、没有足球流氓赞不绝口时，我们是否就满足于此了？难道我们不应该对整个狂欢过程中女性所做出的努力给予恰当的评价和反思？2002 年的世界杯不仅仅是女性和青年人暂时得以解放的空间——它不应止步于成为一个历史事件。它应当成为全球化市民社会建构的一部分，使得女性和青年一代有可能真正主宰自己的工作空间和生活空间。

（翻译：高允实　校对：王欣然）

注释：

［1］ 在韩国通常说的“欧巴部队”是指以男明星为主要追求对象的女性追星族，其年龄段 10 岁以上 20 岁以下。她们经常出没在男明星表演的地方，大声喊“欧巴”而表示热情和支持。80 年代，从男明星 Cho yongpil 的流行开起，韩国女粉丝圈的雏形形成了。“粉丝圈（fandom）”是与明星（stardom）对应的词，指粉丝力量的影响范围。

［2］ 足球俱乐部的原来名称为大韩国助威团（Great Hankuk Supporters Club），后来一年半后，改名为“红魔 Red Devils”。（Suyu Ko，2002：17，31）

公民情感的娇贵化与新兴民主的治理[1]

● 何春蕤①

“台湾最美的风景就是那里的人”，可是这样傲视世界的文明礼貌秩序是怎样形成、怎样维系的呢？自动自发展现文明礼貌守秩序的主体又是怎样被生产出来的呢？这种主体的日常生活实践有着怎样的效应呢？这些问题的答案直指当代治理模式的核心问题，也显示社会变迁不只是经济生产模式、政治组织结构的变化而已，它总是需要承担并执行这个体制的主体也同时被调教进入一种适合这个体制的情感状态，这个情感状态也是体制得以延续自我的重要因素。本文尝试显示台湾公民政治温和而暴烈的情感底蕴凝聚了哪些历史的、社会的、文化的、情感的操作与沉淀。

* *

这篇文章想要指出，在当代新兴民主政体中，政府的权力模式与人民的情感结构有个时而明显、时而隐晦的磨合过程。经济上的发展带来人民生活逐渐小康甚至富裕，加上国际政治催动的文明形象竞逐，两相配合体现为越来越多公民认定自身尊贵，其情感则透过持续的文明化而趋于娇贵[2]，积极要求严厉的法治维持整体秩序，以保护这种尊严/娇贵感不受到搅扰，也因此赋予政府更多监督和管理的正当性。过去20年在台湾，这种公民情感的积极整编构成了社会控制的主要形式。

公民情感的娇贵化是当代所谓“治理”（governance）——简单说就是政府与民间共治——较少为人关注的重要层面，不过，哪些民间团体能够入局共治，她们主要会专注于哪些议题，这倒是有脉络可循的。1987年台湾解严后释放出大量社会力，各种民间团体和社会运动纷纷就各自的议题集结群众，企图推动社会改变。有些（例如工人运动）因为触及根本的经济利益结构，很快就被政府的高压政策打压摆平[3]；有些

① 何春蕤，台湾“中央”大学性/别研究室。

（例如政治运动）则组成反对党加入政局角逐，并于2000年透过选举达成政权转移，开启两党竞争轮流执政的局面。然而还有一些主要出身基督教背景但是积极入世的民间团体，她们在解严后社会转变的过程里巧妙地接合新社会运动的进步修辞和议题，透过宗教事业提供的慈善服务来累积自身的社会形象[4]。在媒体渲染特定伤害案件挑动公众情绪的时刻，这些团体总是义正词严地积极组织公众的性焦虑与性成见，推动一波接一波的立法修法；在公众论述中也将性别议题的文化想象从原先的“性别取向”（gender-oriented）转向“年龄取向”（age-oriented）[5]，以儿少的人身安全和身心健康作为关切核心，煽动激情的社会恐慌[6]，以此紧缩台湾的社会空间。

在过去20年里，针对保护妇幼主体设置并且不断修订的各种法律包括：《儿童及少年性交易防治条例》（1995）[7]、《性侵害犯罪防治法》（1997）、《家庭暴力防治法》（1998）、《儿童福利法》（2003）[8]、《性别平等教育法》（2004）、《性骚扰防治法》（2005）、《校园性侵害性骚扰或性霸凌防治准则》（2012），等等。这些以“极端保护主义”为本的立法[9]，很绵密地构成了“性”的“法制化”，用清纯脆弱的受害者形象垄断大众对妇幼主体的认知和情感[10]，虽然严重侵犯台湾引以为傲的自由和人权，然而公众对此不但不抗拒，反而积极动员予以支持。本文将以公民情感的“娇贵化”来说明个中源由。

尊贵的新公民主体

1949年，国民党政府作为美国冷战布局的一环迁台，在政治正当性与国际外交上的双重困境经年累月使人民感到局促不安，其自身则以反共堡垒、自由灯塔等自我想象，作为鼓舞民气的核心情操。20世纪六七十年代，台湾被整合进入资本主义全球加工体系内，人民的生活与财富随着台湾的工业发展与经济成长，对生存环境和自我定位的期许也开始变化提升。

1987年，台湾解除了施行40年的军事戒严，这个历史分水岭不但标记了经济和工业生产模式得以借着政治松绑而升级转型，调整台湾在全球资本主义市场中的位置和角色，舒缓当时已经出现的发展瓶颈；同时也在其后持续发展的政治民主化震荡过程中逐渐形成民间与政府携手的治理局势。在另外一个层次上，台湾经济的蓬勃实力逐渐被用来对照族群定位不明的焦虑和挫折，解严所释放出来的大量社会力则在民主化过程中被积极动员去直接挑战统治权威，两者交互运作，一点一滴地烘托出自满自豪的公民身份想象。90 年代中期台湾机车广告台词自诩是“尊贵的世界公民”，正补偿性地表达了这个新的自我定位和自傲。

不过“尊贵的世界公民”并非空泛的自我感觉良好而已，它其实包含了公民对自身的强烈期许，体现为随时自动自发的自我监控和自我规训，以便在日常生活中活出符合“世界”水平的文明高度，落实“尊贵”之名，这也构成了“治理”的群众基础。

解严之前并非没有对人民日常生活的规训。延续 1934 年至 1949 年“新生活运动”的现代公民教育传统，“中华文化复兴协会”于 1968 年推出《国民生活须知》，提供了从言谈说话到食衣住行育乐等方面的基本礼节规范[11]，架构起日常生活人际互动的基本经纬。1971 年台湾退出联合国之时，为配合蒋中正对于“庄敬自强”的指示，台湾地区教育部门也于次年以《国民生活须知》、《国民礼仪范例》、《勤俭节约储蓄运动》等生活规范作为国民教育的重要内涵[12]。不过，这些项目主要是要求公民主体在日常生活中实践基本的礼貌秩序和卫生规条，强调的是一致性而无个别性，其主导情操则是糅合了传统礼节与现代化秩序的行为分寸，是所有公民都应该达到的基本指标表现，无关阶级排斥，也无关主体自傲。

然而在蓬勃的经济成长信心烘托之下，台湾解严后伴随尊贵世界公民身份而浮现的新规训，在内涵上至少有两个与前期很不一样的结构性发展，使得公民身份的“尊贵性”趋向清晰，并且在日常生活实践中稳固下来，不但形成阶级排斥，也认可了主体的自傲。

这个新的公民身份的尊贵性，首先意味着华人社会本来以长幼辈分及远近亲疏为基础的传统人际关系阶序必须被松动，好让尊贵的自豪自信得以越过这些差异位置所包含的举止规范和情感限制，而成为所有主体都可以近用的现代情感特质。在这方面，第一个重要的结构性发展就是台湾产业结构剧变后的服务业人际互动模式，以及随之在日常生活中不断重复的互动消费实践，它们都使得新规训不再只是外加的强制和要求，而得以彻底融入主体的生活活动与内在自我情感。80 年代开始，台湾经济的转型已经有迹象可循，1984 年麦当劳快餐集团进入台湾，开创了青少年开始打工接受服务业规训的先河，也全面示范了新的服务态度和模式，间接形成了新的人际以礼相待的互动质感。服务业的产值在 1988 年首度超过了生产毛额的 50%，产值的持续成长，意味着越来越多人经历了服务业所带动的细致互动，逐步养成自信自持但是也自我检视、自我克制的人格，更同时在日复一日的资本主义消费实践中反复认定自我拥有独立自主的选择能力。服务和消费的双重操练和相互印证，促进了自持而独立的新人格气质，淡化了华人传统社会辈分阶层伦理，进一步烘托出坚强自傲的主体气势，提供了尊贵自我的自律自持基础[13]。

第二个结构因素则是台湾本土发展与全球化过程交互作用所形成的新阶层政治，它不但巩固了尊贵世界公民心态，也提供了主体具体挥洒的空间。1979 年台湾开放人民出境观光，次年开放大陆探亲及旅行社执照，1989 年万客隆、家乐福等大型卖场在台开业，旅游业的猛爆成长与全球商品的涌入，使得台湾民众在以全球为脉络的日常消费和休闲活动中亲身体验台湾经济实力的优越。1992 年台湾首度订定政策，引入外来劳动力进入低阶劳动力市场，布满各种制造业、营造业、照顾、看护的工作职场和家庭空间[14]，90 年代中期以后更有来自东南亚和大陆的大量女性婚姻移民落脚台湾，加入许多家庭的日常生活[15]。第三世界移住人口的存在具现了台湾的优势和可欲，也印证了台湾已经形成的经济与文化优势，族群差异和阶级位阶于是在朝野政治竞逐过程里所撩拨的本土意识之下转化，成为台湾特有的公民尊贵感，深信自身已经脱出第三世界，跻身先进的行列。

如前所述，尊贵公民的想象在经济文化等层面得到操练和认肯，在政治上又持续受到逐渐高涨的本土认同所鼓舞，期待被尊崇、被尊重，对自我边界的维护也相应地转为严峻。这个自我边界的形成过程可以从以下这个例子来理解。近年台湾民众对羞辱挫折大幅降低了容忍度，对文明化的行为举止形成高度要求，不但公众人物在公共空间里爆粗口、讲脏话立刻会引起强烈的反感、会被全民肉搜围剿[16]，就连一般人也越来越不容忍任何言语侮辱。2010 年大陆三鹿牌毒奶粉事件时，台中市一位男子因土地纠纷而骂邻居“比毒奶还毒”，对方认为贬损了社会地位而提告，高等法院很不寻常地依公然侮辱罪判处拘役 20 天[17]。同年，有中学老师在操场当着全校学生面透过麦克风训诫一名常迟到的学生说，“你是迟到大王，可以列入吉尼斯世界纪录”，结果被学生家长提告，判拘役 40 天[18]。一些十分常见的骂人用语现在都因为官司判刑的案例而转化成为具有法律后果的语词：骂人“看门狗”，罚台币 5 000 元[19]；骂人“王八蛋”，判赔台币 1 万元[20]；大学助教骂不会选课的学生是“猪”，罚台币 1 万元[21]；邻居吵架顺口而出的“疯女人”，视情况判罚台币 1 000 到 45 000 元不等；骂人“土匪”，判拘役 25 天[22]；骂人“无聊的查某（女人）”“思维有问题”，判拘役 30 天[23]；补习班老板骂班主任“胖胖丑丑像猪”，判赔台币 10 万[24]。一位陆军上尉公开辱骂女兵与其长官是“奸夫淫妇”，女兵提告，高等军事法院判决公然侮辱，处有期徒刑 6 个月[25]。

当面骂人，会导致“公然侮辱”罪，在网络上留下负面评语泄愤，也可能致祸。

有人生意失败后在网络上说合伙人是“贪婪的恶魔”、“披羊皮的狼露出狰狞面孔”，判拘役30天[26]。男选手三度在网络上留言说女选手“精神有问题”、“保持安全距离，以免被告性骚扰”，被判拘役40天[27]。教授在网络上骂系主任“黑帮成员”，遭判拘役20天，系主任余怒未消，回文骂教授“居心歹毒、恶性重大、实罪无可赦”，判赔台币100万[28]。有老师连续18天在学校网站以学生身份留言说同事是“疯母狗”、“黑心老师”、“不知收了家长多少钱”，被判赔台币50万[29]。有女大学生以不同的语气在别人的部落格留言“骚货、贱女人”、“同意楼上说的，她超贱的”、“哇，好多人留言，这女人好恶心”等，营造不同人留言的印象，被判拘役59天，外加罚款台币10万元[30]。

值得注意的是，这些话语其实都是一般人在日常生活中常常遇到甚至自己也使用的，过去觉得没什么，就只是发泄情绪、发表评论而已，但是现在越来越多人把这种话语拉上法院，而法院也相应做出惩罚的判决。这些案例在过去几年内显著倍增，更得到媒体持续聚光报导[31]，在在都反映了尊贵公民的自我维护不断转向严厉，尊贵公民的阶级特质和权力取向则可分析如下：

第一，台湾的尊贵公民拥有越来越不能挫折、不能羞辱的自我，表面礼貌和善，但是情绪敏锐紧绷，对人际互动的分寸严厉看守，强烈要求“温良恭俭让”的社会氛围。最值得注意的是，尊贵公民不会自行协商处理人际的不和，有人出言不逊就打官司，由司法来追究到底。这种看似文明（也就是不正面冲突）的处理方式，把更多权力让渡给法院，藉由司法体系的权力来制裁那些不文明的主体。法院的权威仲裁则逐渐建立起“文明语言”“文明互动”的“绝对”标准，“公然侮辱”和“毁谤名誉”成为人际互动的禁区，越来越多语词用字以及背后的侵略、侮辱、争战等欲望冲动都被放逐到压抑之地，再也不能流露出来。那些欲望冲动所源出的社会矛盾和个人冲突不但没有得到处理，在官司风潮影响之下，原本可以用对话、论辩、笔战来斡旋的人际关系现在都改为由法律仲裁。尊贵主体因此是文明化的强势主体，不但己身不表达冲动情绪，也构成惩治其他冲动主体的正当性。

第二，尊贵公民不但要求他人以礼相待，遵守秩序，同时也对自我严厉要求，不只为了避免触法，更为了尊贵公民的阶级再生产。毕竟，要养成下一代的尊贵小孩，就需要纯净的生活环境，杜绝一切不当恶行，而既然一切不良示范或不良材料都不能进入孩子的生活，那么所有成人也都必须严谨克制自我，以便打造这个纯净环境。面对一个少子化越来越严重、代间关系急剧恶化、教养越来越难执行的时代，“教坏小孩”的罪名也越来越沉重，成人于是被要求学会自惭于许多过去做得很上手的成人行为（从喝酒到吸烟到色情到性爱到吵架到动手）。公民主体的尊贵性因此包含了极为强大的自制自律要求，更因为与当下以保护儿童之名所推动的净化社会运动合流，也形成了对成人言行的自我监控和自惭克制。

第三，尊贵公民主体的个人尊严和情感往往站稳了主流位置，在台湾民粹主义的手里进一步延伸扩大成为“民众观感”、“民众期望”，成了左右司法的利器。过去几年，越来越多保守团体联手针对特定案件提出严厉的道德判决，高调地要求案子应该怎么怎么判才“合乎民众的期望”，媒体所配合的聚光报导则使得法院越来越感觉需要呼应隐约的社会义愤，做出符合民粹意见的判决，否则就会被骂成过时的“恐龙”法官，或者会被新设立的法官评鉴制度挑出来检视。在这种民粹压力下，司法很难坚持“依法”判决，而必须“参考”民意以及舆论所表达出来的所谓文明标准和正义规范，然而这些民意和舆论反映的也只不过是保守团体所煽动的报复型道德正义感或是面对新兴现象而生的焦虑恐惧而已。尊贵公民主体所投射的道德正义因此深刻地搅扰了司法的公正[32]。

上述分析显示，“尊贵”这个词描述了台湾经济政治现实逐渐调教出来的自信主体。这种自信可以是一种积极的力量，使主体自律自许，独立自主，进而促进一个文明相待的社会；然而正如上述所见，尊贵公民主体的尊贵往往并不止于台湾历史变化过程中形成的严谨自我（道德）规训及其优越，而是也同时透过司法体系来对那些被视为不够尊贵的言行和他者施行禁制惩罚以维护良好社会环境。晚近儿少的教养模式和生活风格因着阶级差异而出现明显的所谓偏差表现时，都会有尊贵主体主动集结，动员台湾的司法体系，企图消灭这些另类的实践[33]。

这个从“自律自许”向“禁制他人”的滑动，或许标记了“尊贵”的阶级竞逐策略；不过，值得注意的是，这个竞逐的操作并不是粗暴压迫的，而往往是细致的、文明的。

犹太裔社会学家埃利亚斯（Norbert Elias）在其《文明的进程》（*The Civilizing Process*）一书中，曾经分析中世纪以降，欧洲失势的贵族阶层与新兴的资产阶层如何在逐渐稳定的宫廷社会里以新礼貌文化和娇贵气质来竞争阶级优势，也在这个过程中扩散文明化的效应，为成形中的君主统一政权预备了平和自制的公民主体。埃利亚斯指出，阶层动荡的时刻，力图维持优势的阶级会越来越表现对人际互动分寸的敏锐和警觉，“对过去无所顾忌谈论的事物、动作、行为，产生了一种羞愧和难堪的感觉”[34]。情感的娇贵化因此有其阶级内涵[35]。具体而言，以文明（civility）自居的尊贵情感使得主体一方面越来越敏锐地顾忌别人的评断目光，不断地自我检视、自我调整以展现优越；另一方面也对特定事物（特别是身体的各种自然功能以及性）表现羞耻难堪，以显示自身的感性比一般人敏锐娇贵，于是看见污秽就掩起鼻子、别过头去，面对性爱场面就表示羞耻恶心，任何不文明的景象据说都会使这样的主体受到震动惊吓。我认为这个“娇贵”的情感形构概念可以帮助我们进一步理解台湾当代尊贵公民主体的情感结构，特别是她们在面对日渐蓬勃可见的“性”议题时如何回应，如何转而促进新的立法执法，将非娇贵的主体与行为极端问题化甚至罪行化。

极端娇贵的不舒服情感

如上所述，埃利亚斯认为在新的文明化社会中，人际关系和互动的质变使得人们（特别是尊贵的公民）对他人的反应更加敏感，越来越要求顾及他人感受，不可粗暴傲慢冒犯，而要细腻的感知、自制、委婉、礼貌[36]。而在台湾，透过前述服务业氛围的调教，以及新阶层体制的自我期许，这类文明化进展目前已经广泛地深植在日常生活里，在各种生活规范习俗中，而且构成了家庭教养、学校教育、社会教育的重要内涵，更是人们自我形象和对他人评价的基准。主体之间相互施加的压力门槛不断提高，人们会主动提醒彼此要表现良好行为，这种温柔但积极的提醒比嘲笑和责罚更具有强制性，因为它是透过勾动主体的自惭来形成自觉和自制。埃利亚斯曾指出，当控制自我的强制力不断增长时，人们对人际互动的分寸会越来越警觉，越来越小心，连提到、看到、想到现在被放逐在文明礼貌之外的任何事物都会觉得尴尬。这个极为娇贵的情感状态正是文明化社会主体建构的重要面向。

值得注意的是，近年在台湾，情感的“娇贵化”很大一部分是由本地媒体生态的耸动倾向所中介的，其中最主要的操作领域则是蓬勃发展的“性”。

在“性”已然逐渐开放的台湾，身体的裸露和性活动的各种指涉都因为全球化的文化扩散和商品化风气影响所及而遍布公共领域，媒体和网络的近用则提供性主体自在现身告白的管道，使性的讨论或辩论广为散布分享。为了争取收视率和点击率，媒体及网络也在信息选择和呈现上越来越聚焦性议题或画面，采用各种露骨的图像，透过感官的描述和呈现，来吸引读者和观众。然而，由于“性”在公共空间里还是一个禁忌的议题，公开而强大的感官冲击很容易勾动读者观众，引来批评，因此媒体总要摆出自清的姿态：在语言和版面上“预设召唤/建构最保守的读者，并且从最保守的道德观点来描述呈现报导的内容”，以表示媒体是因为要“批判”所报导的现象而必须巨细靡遗[37]。另外，为了建构事件和现象的耸动程度，台湾媒体在报导这类新闻时并不止于据实报导，而往往会加上对当事人或旁观者情感反应的描述。例如报导暴露、边缘，或其他意料之外的性，主播总是会说旁观者都“吓坏了”或者“脸红心跳”[38]；遇到在民间十分常见的节庆钢管舞者与酒客贴身互动，主播就义愤填膺地说这样的景象真是“不堪入目”“败坏善良风俗”，结尾顺便提醒主管单位“真该管一管了”[39]。这类戏剧化、情绪化的描述和评语频繁而重复地出现，不但直接断言上述现象的不当和可议，强烈地“性化”“问题化”本来寻常的场景，也在在暗示群众是十分娇贵的，是容易被惊吓的，是无力处理与性相关的任何信息图像的[40]。

媒体或许是想透过投射这个脆弱娇贵的视听受众形象，以其反差来凸显新闻的耸动和惊人效果，然而这样的投射却也创造了机会，让保守的民粹团体可以利用脆弱娇贵的主体描述来作为推动严峻立法执法的正当理由。其实，在埃利亚斯的分析里，文明（civility）状态的主导情感是**羞耻**、**难堪**[41]，文明化主体的娇贵主要表现为（朝向自我的）警觉、自制、稳重、不冲动，自动回避不文明景象，以显示个人的感性状态比他人更为敏感。这样的主体虽然娇贵，但是至少只是个人作态，还不至于要求世界因应这个娇贵的状态，扫除一切骚动情感的东西。然而台湾的文明调教却往往更倾向于召唤主体针对边缘现象高调地表达讶异、惊吓、焦虑、恐惧等等强烈波动的情感，这是埃利亚斯谈文明化时完全没有碰触的新发展：在平静自持、规避露骨事物的文明化情绪下，建构了强大但自命脆弱而且随时可以恐慌发作的情绪。因此在台湾的文明化过程里，个人情感在面对“性”的时候出现一个结构性的变化：原本作为娇贵内涵的羞耻和难堪情感因着性的开放而普遍退出主导位置，代之而起的情感则是尊贵主体出于娇贵的无力感以及（针对边缘事物）相应而生的**惊恐**和**义愤**。这个情感内涵的转变当然和前述媒体操作将情感导向公开的道德表态有关，面对社会多元化的趋势，主体被媒体提醒，有越来越多不能理解或承受的性现象和性趋势出现，急切需要表态谴责；但是在台湾的特别发展是，这种娇贵易伤的感觉更被保守团体的论述和组织引导，转向要求强而有力的政府提出政策排除边缘他者，以保障娇贵主体不受搅扰或伤害。

这个总是以当局为诉求对象的主体取向，一方面反映了娇贵主体自许优势的阶级特质[42]，另方面也暴露了其“忌性”“禁色”的倾向。所谓“忌性”的态度主要来自一夫一妻婚姻与一对一关系的性，它不但对“性”抱持“顾忌”、“猜忌”、“禁忌”、“忌讳”等负面情感，也因一对一的单薄情欲状态而对他人的丰富情欲活力抱持“忌妒”情感。这个忌性还发展出一个公共行动的面向，那就是以“禁色”为主要操作，发动污名与相应的厌恶情感，集体推动严峻的立法执法，以消灭性的再现或实践。这种忌性禁色的倾向因此使得娇贵主体很容易被民粹动员起来，保守团体可以借着媒体对个案的耸动报导，扩大描绘社会危机，以民粹操作制造一次又一次的性恐慌（从广告图像太露骨、太性暗示，到新闻报导太写实、太夸大，到中学生玩性游戏太荒谬，到女童被性侵太可恶、太可怕，等等），以便激动起群众的恐惧、焦虑、愤怒、仇恨和厌恶。在性恐慌中，“集体愤怒、找替死鬼的愉悦”使得原先散漫的、混乱的信念被组织起来成为政治行动[43]，这样的民粹氛围则使得原来性的私密和低调被此刻波涛汹涌的情感盖过，也使得个人感受的公开表达，转化成为全民一致的诉求：“外显的情绪不但越来越被接受，并且被视为当代政治的必要，因为它表达了正义的有志一同，要求国家政府的介入……公众表达的情感因为有着文化权威，往往可以施压政客、检警、媒体以及其他管制者响应强烈的社群争战。”[44]原本社会不同群体之内和之间对“性”都有着差异的观点和实践，性恐慌的操作则制造出整体社会必须共同捍卫核心价值以整治乱象的态势，也就是必须立刻严厉执行“性”的法制化，才可能保护娇贵的主体不致受害。

过去15年内，这些针对“性”的公众情感和政治行动在台湾的保守民间团体操作下成功地立法修法，设置了众多所谓“保护”妇女与儿少的法律，而且在一波又一波的“性恐慌-性立法”过程中建立妇女与儿少“极端娇贵”的形象，以正当化“极端保护主义”的立法精神[45]。从1995年的《儿童及少年性交易防制条例》全面监控净化网络讯息以保护儿少不接触性交易信息；到1997年设置的《性侵害犯罪防治法》扩大把肛交、口交、异物插入都纳入性侵的范畴；到2003年合并的《儿童及少年福利法》在实务上泯灭不同年龄层儿少的不同生活现实和需求，以儿少保护和想象作为管制成人世界的正当理由；到2005年设置的《性骚扰防治法》扩大以主体的“不舒服”感作为性骚扰的判准；到净化校园的《性别平等教育法》以及2011年有关校园霸凌的修法，和仍在讨论中的性侵罪犯登记制度《台版梅根法案》——上述这些法条的基本预设都是以想象的女性气质与其柔弱易伤为原型，扩展到极端脆弱需要时时保护的儿童主体，从而将文明的情感门槛，和社会的净化要求都推至极致。而为了保护娇贵的主体，不但需要消灭各种实质的危险，也必须革除各种危险的文字或影像再现，确保可能激动情绪的任何图像、语言、举止都彻底消失[46]。反过来说，如果任何再现有可能会激动主体的性道德感情，那么就证明这些再现是会危及娇贵主体的，因此需要被法律禁止。就这样，主体的极端娇贵，性的可怕伤害，证成了性法律必须极端严厉；而性法律的极端严厉，则证成了性的可怕以及其可能对娇贵主体形成的伤害[47]。

从另一个角度来看，比起其他文明化社会形成的尊贵/娇贵主体，台湾的娇贵主体在妇女和儿少团体的操作下显得特别娇贵。美国法律学者玛莎·娜斯鲍姆（Martha Nussbaum）曾经批判当代美国的法律以羞耻和恶心等强烈情感作为立法执法的基础[48]，此刻在台湾，像《性骚扰防治法》等相关法律中作为构成要件的情感，其实更是范围很宽广、强度颇轻微、意义很模糊的“不舒服”。反性骚扰法律原本是要保障妇女在职场中的平等地位，创造对女性友善的安全环境，然而在立法过程中却被各种妇女团体和国家女性主义者（state-feminists）大力建构并强化女性及儿少的情感娇贵形象，强调她们遭遇到色情的信息、调情的眼光、有性暗示的笑话、贬抑的语言、不受欢迎的性邀约时都会受伤，而最清楚的明证就是主体“感觉了”“不舒服”。这个模糊的“不舒服”感因此成为新的立法依据，在其上建置了最强势的性骚扰防治作为保护：只要主体“觉得”“不舒服”，那就构成了对方的犯罪证据。从这个角度来看，目前快速冲高的“不舒服”感，其实是上述“忌性禁色”情结的低调强势形式：低调说明了它所选择的受害者的弱势定位，强势则说明了受害者位置所宣示的不可挑战的道德优势。

这个模糊的“不舒服”感目前已经形成了新的情感门槛，逐渐改造着主体的人格情操，征召她们成为巡逻净化社会空间的强大力量，这也是一个由法律作为后盾的力量。在这样的监控之下，过去被当成粗鲁的、没品的、不雅的、不礼貌的许多不文明语言或举止动作，现在越来越被当成触犯法律的行为，随时可以提起诉讼，而且很快就被严峻判刑。当文明与否变成了法律上场与否的判准，文明就不再只是品味、仪态、礼貌而已，而成了由法律来检视仲裁的对象。从聊天打屁时说的黄色笑话，到盯着女人上下打量欣赏，到捏小女孩的脸蛋说她可爱，到办公桌玻璃板下压着清凉照片，到无意识的胯间勃起，到不识趣地夸某女性漂亮——这些原来可能只是轻微令人不悦的举止，现在一步一步随着人们的感情趋向娇贵敏感而越来越被敌视，最后被直接纳入“违法”，由新的法规来处理。最近有一个小学六年级男学生闻了闻女同学的头发说很香，结果也被视为性骚扰，告到校方[49]。不幸落在司法之下的主体当然付上极大的代价，但是没沾到边的大多数主体也潜移默化地学会不再自在随意地与人互动，而必须时时警惕，处处自制。

情感有其直观性，很容易被引申为真实、本性、人性；而出自脆弱主体、针对边缘他者的娇贵情感就更有其引发义愤的说服力。此刻诸多展现极端保护观之立法修法执法，正是在此得到其最具正当性的理据。

文明娇贵的治理

“富而好礼”或许是一般人对族群社会富裕强大后的期许，然而“富”与“礼”显然都只适用于特定主体，而非所有群众。尊贵和娇贵作为台湾当代公民的主要情感形构，固然使得台湾显示出高度的文明化和自持的优越感，然而“公民”概念本身所富含的排他性在此是隐而未现的，例如不够公民资格的外籍配偶、外籍劳工或者公民身份存疑的性工作者、艾滋患者，等等。台湾的媒体报导常常自傲地提到台湾人对于“外人”十分友善，然而深究之下却显示，这里所谓的“外人”只限于来自先进国家的白种人；来自东南亚的外籍劳工同样是“外人”，却完全不被友善对待，反而常常被辱骂、被歧视。在这些时刻，外劳的肤色、食物、生活都在在证明他们是不文明的代表[50]，尊贵/娇贵的阶级性、族群性，在这种选择性对待时才被凸显现形。

“富而好礼”的“好”是此处思考的真正关键。公民主体对于“有礼”的追求，究竟是止于对己身的期许，主动自制自律尊重他人，还是像此刻台湾的尊贵公民一般，以极端保护观的精神不断设置新的立法，严厉要求所有人都必须依照道德主流/优势阶级的文化价值来净化社会空间？此外，极端保护观还会扩张蔓延，不断强化主体的娇贵感，渗透到社会各个领域，很多看似与性无关的事件，例如个人“虐”兔、“虐”猫、“虐”狗事件透过网络影像在媒体耸动曝光后，多半也会煽动大众情感，掀起排山倒海的批判和惩罚，也同时强化了个人的情感娇贵气质，以致对任何偏差的、违反常规的、牵涉暴力的行为举止，都越来越习惯性地觉得需要以强烈的厌恶和责难来回应，这种情感也进一步正当化法律的细密涵盖，深入社会生活的每一个层面。

公民身份的尊贵化与情感上的娇贵化，显然都倾向与最保守的道德情感唱和，也对国家的强权管理有所寄望。大众情感结构与国家管制模式于是在这个过程中两相配合，构成了当代“治理”（governance）的重要面向。从这个角度来思考当代国家在国际场域中的文明形象/名声竞逐，将可提醒我们注意族群政治下掩藏的社会控制和阶级压迫。

注释：

[1] 本文最初的概念短文于2010年12月18日上海美术馆“从西天到中土：印中社会思想对

话”系列演讲中作为对主讲人 Homi Bhabha 有关文明与野蛮的回应，现在全面改写并进一步发展为论文。2011 年 6 月 21 日于北京中国人民大学性社会研究所主办之“第四届中国性学术研讨会”中首度宣读，后出版为《情感娇贵化：变化中的台湾性布局》，《中国性研究》2011 年第六辑（总第 33 辑），黄盈盈、潘绥铭主编（性学万有文库 062），台湾高雄：万有出版社，第 262—276 页。本次收入读本又加上了不少修订，也进一步修改了论文题目。

[2] 中国大陆有一个源自一胎化社会脉络的类似用语，那就是“娇气”。但是“娇气”是在年龄轴线上批评年轻一代“意志脆弱，怕苦怕累，或经不起批评”，类似台湾说的“草莓族”；而本文中的“娇贵”则指向在台湾逐渐遍布全民的情感门槛，是在阶级的轴线上表现优势蕴涵的自豪定位。这不仅仅是个人感觉，更是与族群定位、阶级自许密切接合的集体情感。

[3] 其中最具历史意义的远东化纤劳资争议引发罢工事件遭到政府强力镇压而失败，工运人士被起诉 400 余人，自主工会运动也自此随着台湾产业持续外移而衰微。参见吴永毅，《运动在他方：一个基进知识分子的工运自传》。

[4] 这些推动（甚至主导）性立法的团体往往以民间团体的名称掩盖其基督教出身，并且把社会运动重新定义为信仰的实践领域。已经成功建立自身影响力和公众形象的团体包括：励馨基金会、善牧基金会、终止童妓协会（2010 年改名展翅协会），以及这些团体串连其他基督教团体、家长团体、社教团体陆续成立的各种联盟（包括阅听人媒体监督联盟、台湾少年权益与福利联盟、台湾儿童权益联盟，等等）。

[5] 对于这个转向的分析，可参见何春蕤，《台湾性别政治的年龄转向》一文。

[6] 日本作者对于当代社会的激情义愤趋势也有分析，参见榎本博明，《暴走社会：乡民正义、网路霸凌与媒体乱象：我们如何面对反应过度的社会》。

[7] 2015 年改名为“儿童及少年性剥削防制条例”。立法的原始立意或许是要防止儿少被性剥削，然而儿少的性活动在这个条例之下一体被定义为性剥削，反而剥夺了儿少的性自主。

[8] 这里所谓的“儿童”采用的是联合国的定义，含纳了所有 18 岁以下的人口，也以“儿童”一词的文化想象——脆弱纯真——模糊了青少年与幼儿的巨大差别，强势地对越来越活跃、溢出成人监控的青少年人口进行合法的严密管制（名为保护）。

[9] 宁应斌指出极端保护观的假设及其后果：“儿少的保护是最高价值，是整个社会的最高原则，因此可以无限上纲，不计一切代价。这个非常危险的假设破坏了整个多元社会、多元价值的存在基础，人权法治民主自由平等都沦为次要价值，也给予国家进行例外的或紧急处分的政治操作极大空间。”参见其《极端保护观：透过儿少保护的新管制国家与阶级治理》，第 279 页。

[10] 对照现实里女性与儿少越来越清晰的性开放趋势已经成为被广泛关切的“社会问题”，这些法律其实是对此一现象的保守回应（下详）。

[11] 《国民生活须知》全文可见 http://www.5doc.com/doc/459329（2011/05/27 浏览）。

[12] 原始文献请见教育厅（1972 年 2 月 28 日），“教育厅提为台北市各界加强推行生活须知、礼义范例、勤俭节约储蓄运动，函请本府转饬驻台北市各单位配合办理一案，报请裁示由”，《数字典藏联合目录》，http://catalog.digitalarchives.tw/dacs5/System/Exhibition/Detail.jsp? OID=3583123（2011/05/27 浏览）。

[13] 快餐业打工经验对主体内在自我的影响可参见何春蕤，《台湾的麦当劳化：跨国服务业资本的文化逻辑》一文。

[14] 2010 年的统计显示台湾的外劳已达 35 万人，以印度尼西亚籍最多，占百分之四十，女多于男。

[15] 2010 年的统计显示台湾的外来配偶到达 45 万人，一半以上来自大陆和港澳地区。

[16] 掀起轩然大波的公然辱骂案例包括 2008 年 3 月陈水扁政府的教育主管部门主秘庄国荣因中正纪念堂改名民主广场一事公然辱骂当时的台北市长马英九是“娘”、是“小孬孬”，以及 2010 年 11 月 7 日电视政论节目主持人郑弘仪在五都竞选的助选台上以三字经辱骂马英九。这些案例引发社会哗然，媒体的报导更聚焦“坏榜样”“教坏小孩”的说法，强化公众对辱骂言论的高度警觉与嫌恶，也促使政客更加看重“风度”——也就是“尊贵”的公开表现。

[17] 《骂人“比毒奶还毒”判拘役 20 天》，《自由时报》，2010 年 7 月 5 日。一般而言，六个月以下之拘役可易科罚金，一天折算为台币一千、两千或三千不等，缴纳完毕视同服刑完毕。

[18] 《骂学生“迟到大王”训导组长被判拘役 40 天》，《Now News》，2010 年 6 月 11 日。

[19] 《骂保全“看门狗”女罚五千元》，《苹果日报》，2010 年 6 月 22 日。

[20] 《放“请微笑，录像中”告示牌 警卫挨骂 妇人判罚》，《自由时报》，2008 年 7 月 28 日。

[21] 《助教骂学生猪 罚万元》，《苹果日报》，2007 年 10 月 25 日。

[22] 《前高市议员赵天麟骂人土匪 判刑确定》，《自由时报》，2008 年 9 月 12 日。

[23] 《骂“查某”算歧视 判拘 30 天》，《联合报》，2011 年 7 月 19 日。

[24] 《骂人像猪 判赔 10 万》，《联合报》，2008 年 2 月 26 日。

[25] 《骂女兵“奸夫淫妇”军官判刑》，《苹果日报》，2010 年 7 月 20 日。

[26] 《网络上用绰号骂人 挨罚》，《中国时报》，2006 年 9 月 18 日。

[27] 《“小心被告性骚扰”判拘役 40 天》，《联合报》，2010 年 7 月 20 日。

[28] 《不甘被骂 回呛反判赔 100 万》，《苹果日报》，2011 年 1 月 28 日。

[29] 《骂同系女老师是母狗 系主任被判赔钱登广告道歉》，《联合报》，2007 年 8 月 21 日。

[30] 《女大生部落格骂人 判 59 天拘役加赔十万元》，《中广新闻网》，2010 年 6 月 3 日。

[31] 助理邹怡平统计媒体报导这类辱骂官司，在 90 年代每年只有不到 10 件，但是从 2000 年开始逐年成长，2010 年单单上半年就已经到达 124 件。

[32] 2010 年保守团体把女童性侵案之判决视为“轻判”、放过了性侵之狼，因而发动“白玫

瑰运动”，驾驭强烈情感的正义要求，要求淘汰所谓跟不上庶民经验法则的“恐龙”法官，并且修订过时的“恐龙”法条，使得法律更容易成为道德的刽子手。可参见 http://intermargins.net/Forum/2010/2010white_Rose.html。2011 年 7 月，一位日本在台女大学生疑似被出租车司机性侵，疑犯被法官允许 5 万元保释，再度掀起恐龙法官之说，群众对性侵案的仇恨情绪也不断被导向以“民意”“民众观感”来对法律和执法施压。

[33] 例如 2006 年桃园单亲爸爸吊篮喂食留在家中幼女的报导轰动社会，县府社会局很快就依中产价值的《儿福法》把女童强制安置到托育中心，终止了底层人民在有限资源下发展出来的生活方式，见《货车司机 来去匆匆 单亲爸屋外吊食 喂二楼幼女?》，《联合报》，2006 年 8 月 28 日。高雄 10 岁男童暑假跟着爷爷打工帮忙铺柏油路，被媒体报导业主明显违反劳基法，终止了儿童自己选择的劳动生活。《10 岁童路上铺柏油　脚踩 120 度高温》，TVBS 新闻，2011 年 1 月 31 日。

[34] Elias，I：第 159 页。

[35] Elias，I：第 143—161 页；II：第 280—294 页。

[36] Elias，I：第 158 页。

[37] 对于“耸动”的媒体建构，可参看何春蕤，《一场官司的诞生》，第 282 页。

[38] 2011 年 6 月 7 日《华商网-华商报》有一则报导，标题是《女子在公交上哺乳 惊呆男乘客》http://www.tianya.cn/techforum/content/98/693493.shtml。过去妇女公开哺乳是很常见的现象，没有人觉得需要回避，然而今日人们看见妇女公开哺乳，会开始感到尴尬，媒体则用“惊呆”字眼来描述在场男性，更加使得哺乳成为不可见人的行为(连素来会趁此占便宜的男性也被惊呆)。目前许多国家在公开场所特别设置哺乳室，表面上看起来是照顾哺乳妇女的私密需求，但整体上却是使得哺乳羞耻化、性化、隐私化的文明措施。

[39] 2011 年 7 月 17 日《苹果日报》以《立委摸男乳 自 po 脸书》为头版新闻，大幅报导男性立委到旧识选民家中烤肉同欢，因夏日炎热，选民大叔褪下上衣，立委则逗弄选民大叔奶头，让大叔乐不可支。影片上网后，女性立委立刻表示“这种敏感、性暗示意味的言行不应 po 上网，这样是不良示范”；女性 NGO 秘书长则说“以性暗示手法开玩笑非常不恰当，应好好反省”。像这样的新闻报导，不但快速地将原本平实可见的男性裸胸极度“性化”、“圣化”，也再次以耸动新闻将各种性玩笑“偏差化”。(男性偶像艺人的露点照是裸胸被性化的先驱，然而一般劳动男性的裸胸就可能被视为骚扰暴露变态了。)

[40] 其实际效果就好像妇女团体积极而强力地散播性侵警语，日久也会逐渐使女性对可能的危险形成预期的、恐惧的心理，结果要不是被持续的恐惧冻结了所有力量，就是在突发事件时完全无力回应。

[41] 而那些引发这类情感的东西则应该被回避、被排斥、被放逐。台湾刑法 235 条有关猥亵色情的构成要件在大法官的解释中便是以这些负面情感作为基础：猥亵“乃指一切在客

观上，足以刺激或满足性欲，并引起普通一般人**羞耻**或**厌恶感**而侵害性的道德感情，有碍于社会风化之出版品而言”。

[42] 晚期现代中产阶级发现自己越来越无法掌握下一代，文化与阶级再生产面临了危机，在这个时刻，保守民间团体推动的政府立法执法至少看起来提供了一个似乎可以回应危机的牧养/家长权力。可参见 Josephine Ho，*Queer Existence under Global Governance: A Taiwan Exemplar*，544 – 548。

[43] Irvine，10 – 11.

[44] 同上，2。

[45] 主体的“极端娇贵”与法律的“极端严厉”之间的关联，正是在“极端保护观”的框架下建构的，这是宁应斌分析近期台湾儿少立法的趋势所提的概念，参见《极端保护观：透过儿少保护的新管制国家与阶级治理》一文。

[46] 2011 年 6 月 7 日台湾立法机构三读通过了《性别平等教育法》修正案，凡是针对他人的性别特征、性别气质、性倾向、性别认同，进行贬抑、攻击或威胁行为都列为违法，像是“娘炮”、“死 gay”、“娘娘腔”、“男人婆”这些用语都算性霸凌，最重可以退学。这个新规定再次强化了尊贵儿少的娇贵，也在性的法制化进程中划下另一个里程碑。学生反应以后连开玩笑的空间也没了。《骂“娘”性霸凌最重退学 老师：有难度》，TVBS 新闻，2011 年 6 月 7 日，http://tw.news.yahoo.com/article/url/d/a/110607/8/2sw9l.html。台湾的酷儿社群则推出“娘力四射：反抗性霸凌，娘炮真给力”专辑，指出这类立法往往同时对于“娘”等性别异类自身发展出来的抗争力量形成排斥和规训。因此真正需要的其实不是立法禁绝歧视语言，而是让诸多小娘炮们都能在校园里自在拥有也展现壮大自我、自我培力的酷儿动能。http://intermargins.net/Headline/2011_Jan-June/c_power/index.html

[47] 台湾的媒体主管单位规定平面媒体“不得刊载有害儿少身心健康的内容”，包括描述犯罪、暴力、血腥、色情、猥亵的细节文字或图片；管理电子媒体的《广电法》与《卫星广播电视法》明列播出内容不得危害儿少身心健康，使得无数画面打上雾面或马赛克，严重妨碍成人知的权利。虽说是防范模仿犯罪，但是更重要的效应则是暗示群众身心十分娇贵，不能面对这些人生现实。

[48] Nussbaum，4.

[49] 见《“头发好香喔”小六男童涉性骚扰》，TVBS 新闻，2011 年 5 月 8 日。

[50] 感谢长久研究新住民/移民的世新大学夏晓鹃教授提示这里的例子。

参考文献：

何春蕤：《一场官司的诞生》，《台湾社会研究》第 57 期，2005：275 – 287。

《台湾的麦当劳化：跨国服务业资本的文化逻辑》，《台湾社会研究》16 期，1994：1—20。收入《身份认同与公共文化：文化研究论文集》，陈清侨编，香港：牛津大学出版社，1997，页 141—160。收入《流动与根着》，黄丽玲编（台社都市与区域读本 04），台北：台湾社会研究杂志社，311—332 页。

吴永毅：《运动在他方：一个基进知识分子的工运自传》，香港理工大学应用社会科学研究所博士论文，2009。

宁应斌：《极端保护观：透过儿少保护的新管制国家与阶级治理》，《台湾社会研究》第 83 期，2011：279—293。

榎本博明：《暴走社会：乡民正义、网络霸凌与媒体乱想，我们如何面对反应过度的社会》（「過剰反応」社会の悪夢），王榆琮翻译，台北：时报文化，2016。

Elias, Norbert：《文明的进程：文明的社会起源和心理起源的研究Ⅰ》，王佩莉翻译，北京：三联书店，1998。

《文明的进程：文明的社会起源和心理起源的研究Ⅱ》，袁志英翻译，北京：三联书店，1999。

Ho, Josephine. "Queer Existence under Global Governance: A Taiwan Exemplar." *Positions: east asia cultures critique*, 18.2 (Fall 2010): 537 - 554.

Irvine, Janice M. "Transient Feelings: Sex Panics and the Politics of Emotions." *GLQ: A Journal of Lesbian and Gay Studies* 14.1 (2007): 1 - 40.

Nussbaum, Martha C. *Hiding From Humanity: Disgust, Shame and the Law*. Princeton: Princeton UP, 2004.

在全球经济的子宫里：《孩子》和跨国想象的建构[①]

● 莎拉·雷蒙[②]

新自由主义进一步增长的资本主义政治和经济的迫切需要，引发了贫困和抵抗的急剧的全球化，跨国想象的营销是其基础。在菲律宾，这涉及后马科斯时代流行文化生产的霸权实践所进行的动员、认可和传播。在“离散电影”即聚焦海外菲律宾工人（英文缩写 OFW）的电影的建构中，也许可以发现这种实践极其显著的发展。这类大众电影题材的增长，与其说是电影机构创意想象的革新，不如说是对菲律宾电影工业危机的回应，这危机本身也是菲律宾经济和全球资本危机的症候。

跨国想象是将新自由主义全球化剥削状况正常化和自然化的话语。萨德-费洛（Saad-Filho）和约翰斯顿（Johnston）认为，“所谓的全球化过程——其实际存在的程度——只不过是新自由主义的跨国面孔：由美国的统治阶级和本土垄断资本家的联盟带头推动的全球策略，一项积累与社会规训兼得的帝国主义工程”[1]。

我使用的***想象（imaginary）***这个词，遵循的是路易斯·阿尔都塞（Louis Althusser）的定义，指的是主体与意识形态的重要效果（让人们错误认识形塑他们生活的环境）之间的关系。对于阿尔都塞，想象是象征秩序的组成部分，它的畸变在实际现实的可知领域里。

在这个语境下，想象必须和它的相近词***想象力（imagination）***区分开来。国家是跨国想象营销的主要代理人，“没有想象力”。它视想象为一种“集体智慧”，是“可以用于服务的东西”，“它的产品是社会工程”。因此它只有代替想象力的投射。它“通过计划者、建议者、委员会、或这或那的专家、这里那里的部长、宪法律师、发言人、政客的观念“投射社会视野”[2]。因此，“运用想象力”和“我手写我口”[3]的作者自我

① 本章来源：*Positions: East Asia Cultures Critique*，Volume 19，Number 2，Fall 2011。

② 莎拉·雷蒙（Sarah Raymundo），菲律宾大学国际教育中心。

要求，恰好“***强化***了强加于公民之上的意识类型，而非对在此之下的生命实际状况的发现，且有可能对此撒了谎”[4]。而在戈迪默（Gordimer）公式中，对作者同样的要求，可能概念性地调换为国家对文化生产者及其维持的文化工业的要求。

后马科斯时代，以新自由主义主导的国家政策与其政策后果，以及它们为离散想象建构所形塑的经济、政治和文化为特征。要展示后马科斯时代跨国想象在菲律宾电影作品中的关联，一部关于OFW现象的经典的菲律宾电影《孩子》（*Anak*）值得我们审视。《孩子》自2000年发行后，已经成为离散电影生产中一部具有参照系意义的作品。明星电影公司（Star Cinema）是全国最大娱乐网络之一ABS－CBN所拥有的电影发行公司，罗利·托斯（Rory Quintos）是其旗下导演。在一个访谈里，托斯说，《孩子》在澳大利亚、加拿大、中东一些国家和欧洲的某些地方放映，因为电影本就为了打开海外菲律宾工人市场。当时是2000年，明星电影公司的智库认为，彼时正是应该生产一部既提高菲律宾移民关于移工现象的意识，同时也“代表菲律宾最好的价值观”的电影的时候。[5]

《孩子》是一个在香港工作的叫做乔西（Josie）的菲律宾家政工回家看孩子的故事。恪守着忘我的守寡模式，乔西承担了单亲妈妈的责任，她的孩子对于她做家政工的极度痛苦毫无察觉。随之而来的是，在全球化经济中存活的需求和艰难所致的分离，带来的母子关系的异化和对抗的具体状况。

要充分欣赏《孩子》，就需要理解资本时代视觉经济的运作。这种经济制造了新的视觉秩序，反过来“标记了之前由流水线所示范的身体与机器间的关系的转变”[6]。贝勒（Jonathan L. Beller）的电影生产模式理论认为，电影的生产模式将电影机构置于视觉经济的核心。电影观众作为人类注意力的一种形式也是一种劳动形式，当其被放在资本主义框架之内时，可以生产价值和剩余价值。

观众和资本家积累的关系必须置于贝勒所说的“对资本工业扩张的勘察之中，这一扩张通过将身体功能‘再媒介化’和再结构化，历史地形成作为影像的界面”。无论是在早期还是现在，资本主义的目标永远是“对人类身体和力量的开掘”[7]。

质询为利润驱动所形塑的电影机构的重要问题是，“你们如何让资本主义深入心灵？你们如何让心灵进入资本？”[8]古（Goux）提供了一个基本解决方案，他假定象征的或者“交换的情感模式”是资本的功能，是“交换的主导形式”[9]。作为回应，贝勒通过加入“视觉的历史”来强化古提出的关系，推导出这个命题的逻辑性结论。贝勒认为有必要假定“电影图像是这两个生产秩序（政治经济和精神-符号）的中介

（mediation）”。相比古的“社会形式神秘地互相影响或相似性的社会进化过程”[10]这种具有挑战性但过于抽象的观点，对于贝勒而言，“历史必需的意识和资本扩张的互相勾连”是更好的描述。

后面我会关注基本的电影化的中介，它给予《孩子》以强化经济生产和在全球资本主义下为符号的再生产创造视觉经济的功能。我认为，电影化的中介也是全球资本主义下移民劳工女性化的文化逻辑。电影化的中介因此也是一种参与了资本生产和再生产的文化逻辑，而不只是这一逻辑的纯粹反映。一个愈发全球化的世界如何将帝国主义叙事当做了历史？这种叙事如何赋予电影以视觉经济的特征？全球化世界里的生理性别化主体的生产如何挑战或强化主流意识形态制度规定的妇德的积累？这是在全球资本主义下，移民劳工女性化对嵌入的视觉经济的影响吗？还是相反的因果关系？

为了探究这些问题，我使用很多在全球资本主义文化和经济的矛盾中的跨国想象的修辞，并通过这些概念来展现全球资本主义文化和经济的矛盾。

《孩子》的叙事帝国主义

在《孩子》内附的卡片上有三条饶有兴趣的说明：（1）“这是关于一个母亲的痛苦和她绝望地尝试修补她破碎家庭的故事”，（2）“海外菲律宾工人全球服务”，（3）“登录http：//anak.abs.cbn.com”。

内附卡片的内容和布局无意中揭露了劳动的女性化对家庭的影响和声称“海外菲律宾工人全球服务”文化工业的中介功能这两者之间异乎寻常的关系。什么构成了这种关系，以及它将两种生产秩序（经济的和精神-符号的）问题化之后的结果，是这部分的重点。

经济、政治和文化领域是理论坚持“标识”、以示区分的争议地带。像《孩子》这样的大众电影的影院力量，显示出这些领域所具有的碎片化的和互相排斥的特征，仅是需要被评论缝合的概念性程式。

考虑到女性化的移工和电影化的中介的关系，内附卡片可以删掉所有其他句子，这样重写：“对移工的全球需求，国家全力支持之，特别是移工的女性化导致了痛苦绝望的母亲们企图修复他们破碎的家庭。但没关系，我们会制作让母亲和孩子振作起来的电影，因为那是我们的生意——海外菲律宾工人全球服务。你看，他们的悲哀是我们的利润。”[11]

然而，至少有两个原因让这样的电影介绍不可能出现。第一，媒介集团公司不需要反思性：他们不在意利润驱动的可能条件，相反，媒介实践者用媒介场域固有的幻觉[12]操作。这种幻觉是相信这样一种为人民生产优质娱乐的游戏，相信这种特殊游戏值得一玩。第二，获得了作为游戏和玩家之间中介的幻觉，代理人有意识地从海外菲律宾工人的悲哀中获取利润是“（简化）代理人和场域之间的实践关系为实用主义视角”。实用主义视角的另一面是“简化一切，以激励代理人寻求经济利益和货币收益”[13]。

因此，目前任务是说明《孩子》如何通过电影化的中介用叙事的帝国主义取代历史。在这个意义上，历史是每个文本和阐释实践中被压抑的部分[14]。生产模式的矛盾在此得到证实和承认。大都会学术界对历史叙事的特权体现在这样一种观念之上，即“历史和虚构皆话语；它们无法以真实之名被讨论和分析”[15]。

叙事（narrative）这个词，所取的不是其字面和文学的内涵，而是承担了特定的含义。在后现代框架里，“叙事”总是-已是（always-already）对历史上阶级斗争的元叙事的反叙事。它将任何既有的现象都视作“个人经验”的问题。豪（Caroline S. Hau）在对个人叙事的阅读中，这样描述文本：“它考察经验的中介作用，这种经验的观点的背后是特定的属于自我或关于自我的假设，在表征经济中——也就是说，假设系统和比喻修辞，反过来形塑和组织着［对任何既有现象］的管理或经营。”[16]

认为小说和历史是话语策略的产物，这一主张并不意味着“以真实之名讨论和分析之”就是有问题的[17]。首先，它忽略了“叙事具有社会的维度，因为写作受社会需求的形塑”[18]。其次，它没有考虑詹明信（Fredric Jameson）所说的，历史限制了文本并被写入其中。斯皮瓦克（Gayatri Spivak）的“叙事的帝国主义”适合分析电影化的中介的运作，以说明在这种情况下，该运作使得特权的个人身份和个体声音在视觉经济中持续地取代历史。这种运作涉及了对“最终让经济看起来天然可见的内向状态”[19]的探究。

《孩子》的开头是香港的商业机构和潮湿的跳蚤市场的掠影。乔西的画外音引导着倾诉对象（观众），仿佛被设定的观众是一名游客。乔西说道，“香港是那些菲律宾人蜂拥而至寻找工作的地方之一。这里有售楼小姐、服务员、音乐家以及上班族。然而，大部分是像我一样的DH［家政工］。有什么样的主人取决于你的运气。有善良的主人，也有脾气暴躁的主人。如果运气不好，你会遇到一个虐待狂……即使工作伤害身体，没关系……只要你在这里能挣到比在家乡更多的钱。我打算回家了，真好……我错过了6个圣诞节、6个新年和6个我孩子的生日。感谢上帝，我终于离开这个天堂的地狱”。

乔西的画外音警告观众，电影里没有华丽的画面，没有都市的场景可以消费。相反，倾听者被说服“接受特定的电影画面作为对他/她的主体性的准确反思”[20]。这是缝合系统的意识形态工作，一部分由叙述功能构成。叙事功能“转换电影空间为戏剧性的场所，从而提供观众一个并无优势的主体的位置”[21]。在这个场景中，观众被假定为家政工乔西。

乔西在香港的家政工作，不仅集中体现了菲律宾移工的困境，而且提示了迪莉·阿圭勒（Delia Aguilar）所说的移工如何成为全球经济的一个显著特点：“移工的招募已经被融入资本发展的历史，自由贸易、放松管制和新自由主义是全球化的路标，如今，移工妇女从边缘地区流向更富裕国家的移民潮在历史上是前所未有的。”[22]

通过描述香港和菲律宾各自的经济体状况，康斯特布尔（Constable）将菲律宾家政工人在世界各地的人口剧增的历史，追溯到由总统马科斯在20世纪70年代发起的劳务输出政策。另一边，20世纪60年代和70年代，香港制造业经济蓬勃发展。这促使之前是家政工的中国妇女离开他们的雇主，加入劳动力大军。80年代见证了香港贸易的快速自由化，鼓励中产阶级妇女在服务业雇工[23]。“核心家庭数量的增长”导致替代性家庭劳动的巨大需求[24]。菲律宾政府只能以饱满的热情回应这一需求。80年代见证了“专门从事家政工国际贸易”的招聘机构和对口安置机构在香港的建立。目前，以香港中产阶级为主的大约60万个人或10%的香港家庭雇佣移民家政工[25]。

政府这种特殊行为打破了新自由主义经济学宣称的国家是“中立的”和“纯粹的”的“经济常识”[26]。该理论假设认为“经济是由自然和普遍的规律支配的独立领域，政府不得进行不当干预造成干扰；市场是在民主社会有效地和公平地组织生产和贸易的最佳途径”[27]。劳务输出是菲律宾国家的临时解决方案和延续至今的基础政策。仅1999年一年，有2 250万至3 500万菲律宾人，约占全国人口的一半，已经直接或间接地依赖于OFW的汇款[28]。这些数字表明移民劳工的出口如何一直维持菲律宾经济运转，以及在一般意义上“政府机构［作为］宏观经济的刺激因素”，如何“扮演确保经济领域［的新自由主义逻辑］的稳定性和可预测性的角色”[29]。

与新自由主义经济价值相伴随，价值观的社会形成属于非经济的社会机制的创造。阿基诺政府第一个利用并正式承认海外菲律宾工人汇款对菲律宾经济的重要性，称他们为“新英雄”。豪（Hau）认为，“在很大程度上，这旨在压制对政府无力保护海外工人免受国外雇主的身体和性的虐待的公开批评"[30]。但是，除了"菲律宾比其他国家缺乏国家主权"[31]的压制战略，"海外菲律宾工人是新英雄"的口号产生了一种非经济的价值观，意在引起对移民工作的幻觉，即"对游戏和奖金的价值的基本信赖"[32]——在这种情况下，是对劳动力迁移本身的信赖。

《孩子》的三个场景展示了从新自由主义套话（doxa）到非经济价值或移民工作幻觉的转变。在乔西的画外音介绍香港的移民工作后，画面切换到了她和林恩（乔西的亲密朋友和打工同乡）在菲律宾机场明亮的中午一起归来的场景。乔西感叹地说："你看，有一个乐队欢迎我们，我们已经真的到了！"林恩用一种尖刻的语气回答："他们不是说过吗，我们是国家的新英雄？"听出林恩的讽刺，乔西一边匆忙地走，一边回答："你说对啦！就在这！"

在另一个场景中，乔西、林恩和默西在一个喜剧酒吧演出。在她们荒诞的歌曲表演《马尼拉　马尼拉》（关于回到特别美丽的菲律宾首都）之后，两个同性恋主持人在舞台上采访时取笑了她们。在他们交流的某个时刻，"新英雄"的话语暴露出了它的灰暗面。这两个同性恋主持人正是通过问他们是否是家政工来取笑这三个女人的。这个灰暗面，展示了赤裸裸的反 OFW、反女佣的倾向，本质上是针对家政工和 OFW 的阶级歧视。

在这个场景中，主要由国家兜售的移民工作的***幻觉*** ***（illusio）***，"作为一个明摆着的***幻想*** ***（illusion）***呈现给那些因没有加入这场游戏而无法参与它的人"[33]。所以"新英雄"的标签，只能是一个用来肯定行动的自由主义的处方，而不会以任何方式去消除产生移民家政工作的社会实践、形塑实践的社会关系和与之关联的尴尬与贬低的含义。然而主人们迅速做出反应："挣美元的人，国家的英雄！"林恩甚至加了一句："新英雄！"这个场景中值得注意的是，三个家政工在面对电影建构的令人不快的情境时的淡定态度。当玩笑变成了对玩笑者的玩笑，这表明真正的承认。如齐泽克强调，真爱的衡量标准是你可以侮辱他者[34]。真正的承认的衡量标准是一个人可以承认他者身份最尴尬的地方。随后的交流只是歇斯底里的表演——"我知道，你知道，有一些关于家政工工作的尴尬和贬损之事。但是，让我们假装没有这回事，因为我们是文明人。"这是"新英雄"的错觉上演和重申的地方。需要注意的是，林恩以前半开玩笑地使用"新英雄"的标签，在这种情况下转换为一个自信的信念。这展示了被冒犯的或被阉割的主体如何在他者面前只能肯定新自由主义秩序的政治正确话语。

展示"新英雄"幻觉的第三个场景，也是电影最后的场景，乔西在香港坐巴士去一个公园的路上读她女儿卡拉的信，画外音是女儿的声音。

亲爱的妈：

……我有事想告诉你。我鼓足了勇气去参加一个在学校里的……作文比赛。它是关于OFW的。我想起你，一直在哭，没能完成作文。妈，那是因为我如此想念你。但是我会完成作文。即使比赛已经结束，我保证把它送到学校去。最重要的是让别人能够读到它。这是你的故事，我们的故事。我只是想说，在任何人能够赞美你之前，我们，你的孩子们，以及那些像你一样的人的孩子们应该最早认识到你们是真正的英雄。

《孩子》最后的场景投射了一个移民劳工统一的主体，没有了在以前场景里对“新英雄”标签的讽刺性使用。它将言说主体定位在卡拉的主体性之上，从而我们也听到了自己正在讲述她的那套关于移民劳工的胜利者话语。《孩子》对移民家政工工作的话语，最后投射出“一种与游戏之间的着了魔道的关系，即它是在精神结构和社会空间的客观结构之间的本体论的合谋的产物”[35]。

言说主体须由卡拉对移民劳动力游戏的新感受得以确认，这显示了《孩子》如何逐步让观众作为有移民工作的国家公民达成一致。卡拉作为一个OFW之女的所有经验和移民工作现象之间的和解，传达了移民劳动力与国家之间关系真相的一个关键时刻：为经济和国家作出贡献的OFW英雄主义，是基于OFW家庭承担的成本。OFW的英雄主义是一种自我牺牲——为了更加美好的未来，为了他人的物质奖励而放弃个人的自我。它将OFW组成一个集体的主体。这便是电影为了国家而拍摄和利用的真相。

贯穿缝合系统的电影化的中介，以卡拉与母亲的缺席和解这一证词的形式出现。然而，这种个人的描述，只能在言说主体看到了集体形象——移民女工排着队或者在公园旁边坐着时，为其所见证。观看集体形象时卡拉证词的画外音便是一个例子，卡拉对游戏或幻觉的信仰是一个特殊的个案，而它对在此处被表现的所有的移民和公民而言却是普遍化的。

《孩子》叙事功能的成功依赖于电影化的中介将叙述转换为人的戏剧，其中当他或她被赋予了对游戏有所感觉或为《孩子》的幻觉有所付出的主体位置时，言说主体可能不再站在公正观察者的制高点上讲述。以《孩子》的叙事功能为依据，主体投身于主流移民劳动力话语之中。她或他对菲律宾移民劳动力的实际境况的“健忘”，是叙事帝国主义取代历史，或者是全球资本主义当下阶段移民劳动力形成条件的内在矛盾的例子。这一健忘的立场，可由历史与象征性现实的中介关系得以解释。“象征性现实［是］总是-已是虚拟的，也就是说，获取社会现实的每一个机会都必须得到一个隐含的幻想超文本的支持。”[36]电影化的中介决定了叙事功能是一个虚拟现实的产物，它总是-已是从传达历史自身的主导方式中导出内容。这就是为什么卡拉的证词——《孩子》对移民劳动力的决定性话语——毫不令人意外地颂扬菲律宾国家对移民劳动力的官方话语，尤其是将移民工人赞颂为“新英雄”，颂扬新自由主义政策，这一政策把像菲律宾这样外资主导的经济落后国家，与廉价劳动力的出口和对进口的依赖捆绑在一起的。叙事的合法性和有效性取决于个人的身份和证词。《孩子》通过其包含的真相时刻实现这种效果。问题在于这一真相时刻——电影最纯粹的过滤了的“信息”——是单独地而不是在历史的语境中得以呈现的。

内陷、象征性认同

乔西的声音——声音通过缝合系统引导我们的认同，与卡拉的声音有什么不同？在乔西的画外音里，言说主体被定位于对香港的家政工工作的一种矛盾的态度和讽刺的距离——一个“天堂地狱”，在那里如果运气不好的话，雇主便是施虐狂。

言说主体被要求去消费那些乔西履行的足以“扼杀”身体的繁重任务的电影画面。不过，所有这些都因想到在菲律宾挣钱是多么困难而得到补偿。这个说法，挑战了经常与移民工作相关的选择权的话语，并通过一个经常被错误地追溯到马克思主义的劳动力概念的能动性话语来取代其结构上的必要性。根据马克思“劳动力或劳动能力，应被理解为人类可以用于生产使用价值的身体功能和精神功能的总和”[37]。销售自己的劳动力作为一种自由的实践的概念，很好地颠覆了自由的普遍观念[38]。然而，这种自由是自相矛盾的，因为“自由是有效的自由的对立面：通过‘自由地’出售自己的劳动，工人失去了他的［或她］的自由——出售这个自由行为的真正内容是资本对工人的奴役”[39]。在这里，资产阶级自由的悖论实际上终结了自身。这种逻辑必须与新自由主义观念相结合：在地球村里，身体自由地流动，并抓住任何一个机会进行自我的再生产。

在这里必须澄清，“社会必要劳动的概念是基于生存和再生产的确认。必要劳动是在现有价格结构中，工人‘再生产’自己以维持对资本的有用价值所需的劳动量”[40]。因此劳动力不是为一个人的自我或家庭，而是为资本本身出售的。正是由于缺乏选择和劳动的不自由，资本能够使与价格结构相关的家政工得到最大限度的利用。

从这个角度看，被贬低的妇女们的家务劳动，在嵌入全球资本循环后获得了它的交换价值。回到之前引用的康斯特布尔（Constable）所说的移民工作在菲律宾和香港的交叉历史。她对劳动力迁移的历史叙述，使得在妇女工作定价上的不平等发展的作用，得以显形。家政工劳动力的交换价值不是被一个家政工出售它的自由所决定，也不是由其对全球资本的嵌入所决定，而是被国家之间不平等的发展所决定。后者大体上决定了嵌入的动力学，反过来运用将劳动女性化的逻辑。被贬低的妇女劳动力加入全球资本循环的时刻，早于建构其嵌入全球资本循环是其能动性结果的话语的生产，这是内陷（invagination）的时刻。

当作为电影中介使用时，内陷也缝合了观众，让她或他感受家政工的繁琐工作和失去控制的时间："我错过了6个圣诞节、6个新年和6个我孩子的生日。"最后，言说主体获得了暂时的慰藉，当乔西自己宣布她离开香港时的慰藉："感谢上帝，我终于离开这个天堂的地狱了。"

乔西关于香港家政工工作的证词表明了，家政工"不是自由地出售她们自己的劳动力，而是作为'劳动力的承受者（她们的家庭、她们的招募者、她们的政府以及她们的雇主）'出售，菲律宾家政工是新工业的奴隶"[41]。"全球经济体（资本）的征服让第三世界国家的穷人成为当代法律的奴隶，并给予第一世界的中产阶级以物质形式的权力来统治他们。"[42]

"塔迪亚（Tadiar）强调，阿基诺政府的'新英雄'话语建构是英雄变成奴隶的反转实例，让后者变成'牺牲的对象——先烈'，反过来让'国家的英雄化'（成为可能）。"[43]对于塔迪亚而言，这是"在幻想生产的象征领域里一个合乎逻辑的步骤"的表演[44]。

探索内陷如何在"新英雄"的标签下作为一个过程而运作是重要的。在这一点上，拉康意义上的想象投射-认同和象征性认同的区分，在于顺序。齐泽克解释，象征性认同在于认为面具是比掩藏其后的真实的面孔更加真实的存在。这个定义跟随拉康的概念，即"人的伪装是伪装本身的伪装"[45]。另一方面，象征的诡计在于呈现一个自我的真实图像，同时它"被当作一个谎言来对待"[46]。

"新英雄"的标签既是一个幻想的欺骗，也是象征性认同。在乔西和林恩抵达的第一个场景里，一个家政工能够半开玩笑地谈论"新英雄"的标签。她能和这个标签保持一个具有讽刺意味的距离，然而，在喜剧酒吧的现场，她遇到了她不得不捍卫家政工工作——她的工作——尊严的情境。突然，家政工发现，“新英雄”标签的社会面具对她而言比家政工工作之下“真实的东西”更重要。内陷，在此背景下，在于象征秩序的幻想生产和家政工对幻想的象征性认同。

民族幻想、幼儿化公民（infantilized citizenship）

说“新英雄”是一个内陷国家的内陷英雄，是描述国家东拉西扯的调用，如何生产出规范性的政治主体性和政治认同，以及更加重要的政治认同类型[47]。作为定位政治主体性和政治认同（再）生产的一种方式，塔迪亚对前菲律宾总统的“在幻想生产的象征领域里（合乎逻辑的行动的表演）”[48]的描述，打开了探索民族幻想观念的可能性。如塔迪亚论证，“民族国家的政治经济战略，是国际生产秩序的幻想世界的一部分，建立在连为一体、时常相互矛盾的民族主义和跨国资本主义的逻辑之上”[49]。接着可以说，民族幻想是指从地缘政治和经济秩序的体系中获得的民族国家政治经济战略的***化身*** (*embodiment*)。民族幻想如何掌控主体，或者更具体的，在全球化世界中性别化的主体?

劳伦·伯兰特（Lauren Berlant）的幼儿化公民权理论描述了规范的主体性的生产和政治认同的生产。她进一步指出，围绕公民权的这场斗争随着被边缘化的种族、性倾向、性别和阶级的视野而变形。反过来说，贱民的身体和认同彻底承担了表征普遍的为民族的欲望的重负。因此，她说，“一旦民族的身体从抽象的地窖中被发掘和展示出来，每个人的公民身份的故事就很容易受到强烈的修正”[50]。

伯兰特的幼儿化公民概念提供了一种描述《孩子》电影里的民族幻想的主体的丰富方式。乔西作为家政工的身体和她的女儿卡拉，毫无疑问是贱民身体的一部分，当她们努力在全球资本主义和位于劳动力迁移中心的异化、痛苦和忧郁的经验带来的矛盾中挣扎时，不得不同时处理为了民族的欲望。

政治的主体性及其在《孩子》中的中介物，提出了对三种意识形态机器展开检查的要求：电影装置、家庭和国家。这些机器是民族幻想和幼儿化公民被调用为仓促的政治认同，派定“总是-已是的可追溯的幻想（the retroactive illusion of always-already）”[51]的所在。作为意识形态认同的翻转，仓促的政治认同错认了意识形态的表演维度。这意味着，当主体在意识形态唤询（hailing）的时刻认同她自己时，她看不到正是认同行为构成了她发现自身所处的话语这一事实[52]。齐泽克称之为“象征性认同的姿态，认同自己在象征性任务里的姿态……旨在解决这个主体的僵局的行动”[53]。

乔西和卡拉对“新英雄”标签的象征性认同是仓促的认同的具体化，在其中“主体匆忙中期望”[54]承认自我可以解决他们主体的僵局（deadlock）。在卡拉和乔西激烈冲突的几小时后，卡拉用道歉和反思的语气表示，她经历了从小就没有母亲陪伴的女儿的僵局：“我很抱歉。也许是因为我不知道我是谁，我所知道的就是我独自长大。你明白吗？我没有妈妈告诉我，我是美丽的……聪明的……特别的……也许我想告诉你的是，你走后，我们失去了更多。它不能被任何东西所替代……无法用金钱交换。因为它是你，我们的母亲。”[55]这一幕说明了卡拉的无情是怎么回事，是她渴望母爱和认同感的一种症状。

卡拉有一次试图激怒乔西，指出晚餐桌子上糟糕的食物——除了茄子煎蛋没有其他。她用讥讽的口吻向她的兄弟姐妹保证，乔西回香港后，不仅会寄现金，还有T恤、香水、箱包、鞋帽。预感到冲突，乔西让更小的小孩们回他们的房间。卡拉回击道，乔西不要再叫她的兄弟姐妹们孩子，因为她反正是要走的，这只会让最小的达代（Daday）渴望她的妈妈。乔西提醒卡拉，她已经赢得了她的弟弟妹妹们的心，家里唯一拒绝承认她是他们母亲的人是卡拉。

在这部影片的绝大部分里头，乔西都是外表开朗的。这时，她第一次不得不放弃想象的认同/投射，一幕接着一幕，她被指控有那么多事情，作为一个母亲她没有做。乔西的僵局在于她与孩子的疏远和她的移民劳工经验之间的鸿沟。乔西不习惯浪漫化或美化她的家政工工作，但分隔开她与孩子的时间和距离，已经让她建构了一种和他们的想象性关系。从某种意义上说，虽然乔西不完全认同“新英雄”的标签，甚至将香港描述为“天堂的地狱”，她也拒绝承认，她的工作已经造成了她的家庭的疏离状态。也就是说，直到她和卡拉间的激烈冲突，乔西才调整了香港对于她的意义。在大多数情况下，乔西想象香港是地狱，因为不快乐的工作和残酷的雇主。而它之所以是天堂，是因为它是唯一能让她给孩子提供良好生活的方式，那种劳动也给了她对母亲话语的象征性认同。

在回忆痛苦冲突的宣泄场景里，乔西一下子放弃了她过去的冷静和耐心——这是她拼命要在孩子面前保持的母亲的美德。她现在为卡拉无法体会她做出自己的选择，以便支持她和她的兄弟姐妹的事实而痛哭。卡拉告诉乔西，“如果我有一个孩子，我会保证我们将不离不弃！我不会为了钱而放弃我的孩子！”卡拉的声明指向她自己的经验，一个没在母亲身边长大的女儿。作为一个漂亮的女大学生，卡拉是众所周知的小太妹，挥霍无度，沉溺于酗酒、药物滥用和滥交的越轨活动里，已经做了两次人工流产。离开许久的乔西，在整个电影里零敲碎打地知道了这些事情。她只能被卡拉的声明打败和伤害。对此，乔西含泪将她作为家政工的焦虑和痛苦与和孩子分离的母亲的焦虑和痛苦联系在一起："如果你希望你从来没有出生，好，我无数次希望我从来没有生你，你们所有人！所以，你再也不用忍受生活……但是，我能做些什么？我们已经在这里。无论是在这里，还是在某个被遗忘的土地上，我在承担我对你们的职责，给你们一个好生活，仅仅是因为我是你们的母亲。"但是，被遗弃的感觉压倒性地吞噬了卡拉，所以乔西的辛勤工作对她来说什么都不算："你不理解我，我从来没有想要这些。是你想要，不是我。"重获平静后，乔西回答："因为我爱你……现在告诉我……卡拉，你可曾理解我，哪怕一次？不，你只是为自己考虑。我希望你哪怕一次体谅我为你们经历的所有困难，为你们所做的所有牺牲……你每次喝酒抽烟，花的都是我寄给你的钱，我希望你意识到我得多么省吃俭用，才能给你寄上大笔的钱。当你舒服地躺在自己的床上睡觉……我希望你想想，这些年我忍受着一个人睡，渴望我爱的人的拥抱。我希望你意识到，我去照顾和我没有任何关系的孩子，却不能照顾你们，我自己的孩子，这对我而言有多痛苦。你知道那对于一个母亲有多痛苦吗？……如果你不能把我当作是你的母亲，那么至少把我当作一个人来尊重吧。"

因为她家的特殊状况——这是一个靠一个人赚钱养家，被贫穷、家长缺位、分离和隔阂所困扰的家庭，乔西对认同的需求源自于她忠于母亲做出牺牲的惯例。《孩子》处理的这些棘手议题，基于菲律宾家庭的典型经历，它们陷入在将个人生活和破碎中的全球经济结构整合起来的两难之中。这些议题被电影通过调用传统的和变化中的霸权话语，使其最终被人物有效认同得以解决。正是在观看组装起来的持续的影像流时，观看的劳动将自身转变为价值和剩余价值，为资本所剥削，并引出对资本继续统治的支持。这一点在卡拉和乔西对民族幻想和他们的焦虑和牺牲经验的仓促认同中得到了最佳阐释，反过来也就完成《孩子》对幼儿化公民的构建。

母职的焦虑和牺牲

在乔西给鲁迪上坟的一幕中，她表达了做母亲的焦虑："我一个个地失去了他们……这真的好难。我多希望你在离开我之前教我如何做孩子的母亲。你在惩罚我吗，鲁迪？"面对做母亲的责任，乔西歇斯底里了；她不知道如何在象征性网络中履行她的职能。她的问题是有道理的，现在鲁迪死了，只有通过他，她才能提出象征性秩序的大他者。所以她的问题确实是："我如何是你（大他者）说的我应该的样子?"因此乔西对认同的需求主要是对标准的母亲身份的认同，这种母亲身份的实践由于劳动力移民而搁浅。

在另一个场景中，林恩安慰乔西，告诉她只需要给自己和孩子更多的时间，因为他们不习惯对方在身边。乔西则更深入地反思了她的经验，问道："为什么我觉得我犯了一个错误？……我应该呆在这里。如果我们就此饿死，那就这样吧。只要我在身边照顾我的孩子就行了。如果他们知道我经历过什么，我生活在怎样的地狱……我为了他们承受了那一切，这就是我所得到的，我错了吗?"当她快从OFW母亲和俘获她的罪恶感的边缘坠落时，默西回答，"不，你没有错"。这时，乔西更有意识地允许自己计算她为家庭作出的牺牲。"就是这样……我做了正确的事情。如果我不这样做，我们现在会在哪里？我没有别的选择。"乔西通过大他者更接近了母亲身份的重新定义，也就是，按照全球资本主义的急切需要和相伴随的移民劳动力的女性化所重构的母性牺牲的象征秩序。一个内陷了的乔西出现在这个场景里。

雷纳塔·塞雷克（Renata Salecl）说，焦虑的"主要作用在于，对我们与**快感**（*jouissance*）的痛苦遭遇的警告。因此，如果一个人不将成功看作和谐的幸福状态，而是当作即将接近快感的话，焦虑可以视为来自快感的保护罩，以便让欲望保持活力"[56]。

在这种情况下，成功无非是家政工完全认同母亲身份的矛盾规定，一些已经被林恩和乔西否认的东西。如果在这种情境中，**快感**是乔西在香港累死累活，做个好的维持家庭生计者的既快乐又痛苦的经验的话，那么她的焦虑是她的不愿意的症候——用塞雷克（Salecl）的话说，一个关于快感的"保护罩"。这种焦虑是她渴望逃离死亡的欲望——被工作强加给家政工的那种死亡。

但乔西的焦虑也被今天的资本主义意识形态所利用。塞雷克指出："人们可以很容易观察到资本主义不断依靠的整个市场营销体系，征用欲望的逻辑，推出非其所是的'感觉'。"[57]于是，当她踏上回香港的旅程，在机场寂寞地挥手向她的孩子说再见的时候，电影展示了一个焦虑的乔西。由于过去的经历，这对于困在痛苦和疏远的恶性循环中的乔西和她的家人是一种肯定的方式。

乔西的回家和离开已经让卡拉形成对她的极度冷酷。同样的冷酷也被卡拉用于对待她的那些恋人。在一个场景里，男友做完爱后给了她一个订婚戒指，卡拉因拒绝被束缚，突然和他分手了。卡拉自己将这种态度归因于乔西经常缺席导致的遗弃情结。紧接着旅馆房间的下一个场景，是鲁迪的坟墓，以展现卡拉对乔西在他们父亲的死亡和葬礼上缺席的怨恨和她随便的男女恋爱关系之间的连续性。这种联系所提供的《孩子》的电影化的中介，是对卡拉歇斯底里来源的洞见。她仍然哀悼她父亲的死亡场景，其中乔西在喜剧酒吧里唱 Bato sa buhangin（沙里的石头）——一首关于永恒的爱的歌曲，卡拉含泪回忆，当鲁迪在卡拉 OK 酒吧唱同一首歌时，她还是一个小女孩。在鲁迪的葬礼上，卡拉遵循了相同的哀悼过程。

卡拉只在对母亲的忧郁倾向中继续哀悼父亲的死亡。根据塞雷克的说法，一个人通过哀悼来摆脱对对象的依恋和接受它的丧失。忧郁是当他或她拒绝缺失/阉割(lack/castration）的丧失（loss）时，主体自恋地认同于丧失对象的状态[58]。只有当主体让他或者她自己从误以为丧失的对象的自恋投入中脱离出来时，丧失的对象才真的丧失。卡拉实际上已经失去了她所哀悼的父亲，但她缺乏“理想的母亲”——一个父权制的建构——在其中她是忧郁的。因此忧郁是“主体给予阉割的一个特定解决方案，通过继续认同丧失对象，主体也形成了特定形式的欲望和快感。一方面，忧郁者看似放弃了欲望，在另一方面，正是在这种‘放弃’欲望的特定形式的状态中……发现一种快感的特定形式”[59]。

倾向于重复缺失的创伤——缺少一个母亲照顾她，卡拉发现她难以控制地抛弃她的恋人们。通过运用“我—不能—爱—你—除非—我—放弃—你”的真爱和亲密的公式，卡拉抛弃她的爱人，不是为了爱他们，而是为了排练“放弃”她想象出来的丧失对象。这个彩排通过一系列的越轨行为完成，正是为了了解她最珍贵的丧失对象——乔西。公式里第一个“你”（乔西）是指不辜负母亲身份的父权制建构的真正的乔西，而第二个是指卡拉自恋投射的服从规范性母亲身份建构的乔西。换句话说，卡拉对乔西的仇恨源自错误的认同——她看到的乔西不止是乔西。所以，只有当卡拉放弃她想象的“乔西”，她才能爱她的母亲。

因此，我们见证了以男权为中心的话语运作中介了母亲和女儿的关系。两者都被丧失的对象鲁迪所困扰。鲁迪无法做一个好的供养者角色，迫使乔西去承担她身上的这个角色。乔西对鲁迪不打招呼就从国外回家，记忆犹新。那是一个失败了的男人的模样：“我不能接受，我不能离开你。”在那之后，家电的贱卖象征着夫妻俩都不出国工作的话，家庭是无法生存的。

乔西不会让她的孩子们知道这些事，认为“他们像崇拜上帝一样崇拜他们的父亲”，她绝不能毁了他们对鲁迪的尊重。在一次谈话中，林恩指出这有多不合理：“别介意你的孩子们认为你是疯了还是不称职，死了的鲁迪在他们眼中永远无可指责。去他狗娘养的！”

然而，乔西并不总是服从于男性气质的统治。在政府机构安排她离开，和默西的另一场对话中，乔西抱怨，“当一个男人为他的家庭提供食物、衣服和住房，而且能够送孩子上学，人们会飞快地说，‘哦，他是个好父亲’。但对女人来说，即使你把你的一切，包括你的身心，都给了你的孩子，你仍然不能被称作好母亲。我希望我们能说，‘哎呀，够了，我的母亲身份到此为止’。因为即使是母亲也会累，对吧？”

被规定的母亲身份的自相矛盾允许乔西以一个戏剧性的更正质疑之。她不仅揭示了性别化的父母职责的双重标准构建，而且通过强调被象征秩序伤害和分裂的家政工身体的状态来论证它的不可能。这时，默西的回答表明她们的身体在全球资本主义及其矛盾的象征秩序语言中将永远无家可归：“乔西，不管我多少次用头撞墙，我也无法回答那个问题。我所知道的是，我们不能因为为了生计离开我们的家庭而被指责。如果我们能在这里体面地生活，我们为什么要在别的地方埋头苦干？”“埋头苦干”（slave away）这个短语提示，在“自由市场”中，移民家政工的新自由主义价值，在于作为身体和资本自由流动的纯粹的劳动力要素。然而，也必须强调，构成大部分移民家政工劳动的“牺牲”，就是“埋头苦干”。这一强调是必要的，尤其是因为《孩子》指出了菲律宾的社会经济现实，却忽略了对妇女工作和家政工工作特殊性的充分语境化。

与女性克己相关的牺牲的基本目标在于确保牺牲的姿态有人认领[60]。在一定意义上，乔西的牺牲是保证，当她为履行典范的妻子和母亲的角色而埋头苦干时，无论什么悲剧降临到她身上，她的选择及其后果既不是不值得的，也不是不合逻辑的，而是她通过一些他者（Other）与生活展开对话的实例。这样一来，她的选择导致的最灾难性的后果，可以被理解为一个回应，而不是盲目和无意义的按部就班的结果[61]。

以这种方式看待牺牲，就是把牺牲看作一个姿态，以否认国家新自由主义经济政策客观结构的象征秩序的虚弱无能。这一政策将发展的定义限制为全球市场的需求，从而将移民家政工降低为纯粹的必要劳动力，以引导身体和全球资本的流动。这意味着，乔西贡献她的牺牲不是为了获利，而是恰恰以“填补他者中的匮乏”[62]来维持象征秩序的全能和一致的外表，因为这是她可以确认她在世界上的位置的唯一方式。

在这里，我们看到资本可怕的超我增补功能的运作。《孩子》揭露了这一虚弱无能，看似并无隐藏。而就《孩子》暴露的移民劳动力的阴暗面而言，我们应该问齐泽克说的“不可避免的愚蠢的问题”[63]：它到底揭露了什么？也就是说，“注定为每个人”[64]的当代电影，通过将人们聚集在一个实行筛选和疏离以构成“时代意识形态指标”[65]的“共同想象”的周围，以此保证他们的认同能力，这难道不是事实吗？因此在《孩子》中，我们看到，在家庭的男性化结构和妻子/母亲为之牺牲的全球化经济中，在女性克己这一主题下，社会和生理的性别化牺牲，变得清晰可见。

从忧郁到幼儿化公民

卡拉放弃她与乔西的想象性关系，不仅让她爱她的母亲，也使她宣称乔西是民族的新英雄。通过一次作文比赛，卡拉屈从于劳动力迁移的政治认同。学校作为意识形态机器，也成为国家幻想的部署之地。也就是说，通过她的证词，经由学校系统的中介，卡拉能够认同**为了民族**的欲望。学校作为权力的场域，被描述为在建构/生产移民劳工话语的利益相关方。由学界主办的征文比赛可以被解读为合法性的不同原则的（再）生产，其中作为选手/参与者的卡拉应当思考自己作为移民劳工孩子的经验，并与之和解。学术场域显示为再生产的场所，青年人在这里被训练为有生产力的民族公民。

卡拉放弃了让她的话语与其他选手竞争的比赛。尽管如此，她还是尽力让她的文章发表在校刊上。她没有赢得比赛，但这丝毫没有降低“新英雄”话语的价值。事实上，退出比赛——因为卡拉产生的强烈的情绪——将作文作为典型话语呈现传播给更广泛的观众。

在引用托克维尔（Alexis de Tocqueville）时，伯兰特提到，“虽然市民都应该被鼓励像热爱他们的家庭和父亲一样热爱国家，民主也会产生一种暴政的特殊形式，让市民像孩子一样，幼稚、被动、过于倚重国家的巨大力量”[66]。

卡拉与劳动力迁移及其后果的妥协，是她对劳动力迁移的“理解的时间”[67]。她的理解时间“已经涉及到主体间性”[68]。这意味着，为了让她得出她的母亲应被视为民族新英雄的结论，她必须把自己调整进入从大他者和其他孩子出发的理解过程，而后者是她比较母子关系的对象。然而，也正是在这个“理解的时间”里，卡拉变成注定去爱这个国家的幼儿化的主体，就像爱母亲一样，同时去爱让这成为可能的（新）自由主义民主这个品牌。卡拉的“理解的时间”的可视化，也通过幼儿化公民的话语，征召言说主体，使之将自己计算为民族身体的一部分。所以一封给母亲的亲密信件会包含与民族国家和导演托斯的话语相类似的话语，也就并不奇怪了。后者在访谈里指出，《孩子》是一部将菲律宾价值观视觉化的电影，包括家庭、负责任的公民和为民族服务——这些价值在《孩子》大团圆结局里得到了确证。当被问及结局的构思是否涉及盈利动机时，托斯说，这一直是明星电影公司的首要考虑因素[69]。

新英雄、新奴隶

《孩子》将劳动力迁移的现象进行了意味深长的问题化。这通过卡拉的角色得以明确，她是电影里唯一经历了转变的人。她的越轨行为是不可调和的矛盾的后果，这个矛盾存在于坚持母亲身份的旧的霸权观念和她家人的生存条件之间，后者依赖于一个缺席的母亲为了孩子生存而埋头苦干。在全球资本主义时代，移民工作的女性化已经产生新型的母亲身份观念。《孩子》抓住了这个过渡期和由这些转变而来的特有的危机。卡拉的信，不仅象征了她和乔西之间冲突的结束，也包含了一个女儿对移民工作肯定的证词。她的转变使得电影将卡拉展现为“民族转型”的模范小孩。作为模范**孩子**，卡拉是民族的幼儿化公民的症候，将它的“现在”和“未来”确认为过渡期的具体序列。这个过渡期，作为全球资本主义的劳动力女性化，以及随之而来的女德标准转变的时刻，被当作症候得以揭示[70]。这个症候体现在卡拉身上，她的证词提出了菲律宾民族的未来就在于它的女性——女性的血肉之躯嵌入“全球村”的女性化经济之中。因而，卡拉在电影中的角色，是电影对移民劳动力现象的症候式立场：女性血肉之躯的出口时代和它对菲律宾人生活的影响，事实上是靠新英雄成为可能的菲律宾社会的“新时代”。当观众分享了卡拉幼儿化公民的身份，被缝合和投射为不折不扣的**孩子**，人的注意力也由此被开掘出来。所以在结尾的时候，民族幻想的生产为那些在此成为不折不扣的菲律宾民族的“我们，孩子们”的人们，对幼儿化公民的认同铺平了道路——通过确认菲律宾民族的“现在”和“未来”所处和经由的在全球资本主义的新自由主义阶段现有的地缘政治位置，“我们”实际上见证和证实了过渡期的危机。这种意识形态的确认，将“我们”幼稚化为民族的孩子。

在另一方面，乔西是一个将症候聚集在一起的形象[71]。这意味着，她作为家政工的角色表现了统领新自由主义全球化的普遍意识形态观念的特定内容。作为一名移民女工，乔西在这里是占主导地位的意识形态争论的所有线索的交汇点：女性气质的意识形态、母性的牺牲、传统的家庭观念，在移民劳动力和国家允许的新自由主义全球化中彼此和解。《孩子》通过乔西的角色提出矛盾的呼吁。一方面，是在家政工工作的不人道和母性牺牲的论述下呼吁人性。另一方面，是对父亲和母亲的双重标准的论述。电影也希望说出，家政工是母亲，母亲是人，也会疲惫。然而，它对像乔西这样的母亲和移民劳工重获她们自身人性的可能方式保持沉默。这种僵局是必要的，因为乔西是一种特定的身份和丰满的象征，以填充《孩子》普世性，即全球资本主义中劳动力的女性化和过渡期，标志着菲律宾社会的“新时代”。也就是说，《孩子》对移民劳动力和全球资本主义肯定的态度，在其中卡拉是症候性的角色，只有通过乔西角色和/或身份的分裂才得以操作。这种分裂呈现在《孩子》对母亲身份和女性移民工作的矛盾呼吁，以及十分明显的对这些矛盾的拒绝处理之中。不过，有趣的是，这种导致僵局的拒绝，也可以理解为《孩子》弗洛伊德式的口误，以揭示我们的新英雄就是我们的新奴隶。

《孩子》分享的民族幻想和幼儿化公民身份的话语建构了跨国想象，这自身也是内陷的视觉经济的症候。之前提出的内陷的视觉经济，是否是受全球资本主义移民劳动力女性化的影响或对其进行回应的问题，在这一点上被问题化。《孩子》内陷的视觉经济是一个跨国想象建构的例子，这一想象源于由全球资本主义移民劳工女性化带来的可能性条件。此外，它也参与了对“人的身体的挖掘”[72]和对经济结构的同意的（再）生产。很明显，它自身是生产的自主场域，在这个场域里可以收获利润和创造如离散电影生产这样的多样化工作[73]。

内陷的视觉经济通过跨国想象的生产将自己插入全球经济的子宫，这反过来不仅与血肉之躯出口的实际经验，也与全世界 OFW 团结运动相矛盾。这些 OFW，在多种形式的运动里，例如“移工国际和加布里埃拉”（Migrante International and Gabriela）——一个菲律宾国内的为了民族独立和民主，反对帝国主义者掠夺和战争的组织——已经积极参与到移民劳工的经济和民主权利的斗争之中。这些移民劳工的另类社群构成了全球化的另一面，被电影的生产模式排除在电影取景之外。跨国想象的生产必须排除他者，即由有着否定和超越的潜力，威胁着全球资本主义的移民劳工的团结运动铸就的反霸权实践。这些另类社群在政治斗争舞台上的存在证明了，即使在象征秩序之内，即使是这样，移民劳工也正在抵抗。

（翻译：章玉萍　校对：罗小茗）

注释：

［1］ Saad-Filho and Deborah Johnston，*Introduction to Neoliberalism: A Critical Reader*，London：Pluto Press，2005，2.

［2］ Nadine Gordimer，*Living in Hope and Its History: Notes from Our Century*，New York：Far-rar，Straus & Giroux，1999，191.

［3］ Ibid.

［4］ Ibid.，194.

［5］ Interview with Rory Quintos，July 21，2006.

［6］ Jonathan L. Beller，*The Cinematic Mode of Production: Attention Economy and the Society of Spectacle*，Hanover，NH：Dartmouth College Press，2006，74.

［7］ Ibid.

［8］ Ibid.，25.

［9］ Ibid.

［10］ Ibid.，26.

［11］ “你的悲伤是我们的利润”来自 Vicente L. Rafael 的论文“‘Your Grief Is Our Gossip’：Overseas Filipinos and Other Spectral Presences，” in *White Love and Other Events in Filipino History*，Quezon City：Ateneo de Manila University Press，2000。

［12］ Pierre Bourdieu 在“实践的理论”语境里提供了补充的讨论，见 *Practical Reason: On the Theory of Action*，Palo Alto，CA：Stanford University Press，1998。

［13］ Ibid.，79.

［14］ Fredric Jameson，*The Political Unconscious: Narrative as a Socially Symbolic Act*，Ithaca，NY：Cornell University Press，1981；repr. London：Routledge，2001.本文所引来自最新版本。

［15］ Ruth Jordana L. Pison，*Alternative Histories: Martial Law Novels as Counter-Memory*，Que-zon City：University of the Philippines Press，2005，11.

［16］ Caroline S. Hau，*On the Subject of the Nation: Filipino Writings from the Margins*，Quezon City：Ateneo de Manila University Press，2004，69.

［17］ Pison，*Alternative Histories*，11.

［18］ Hau，*On the Subject of the Nation*，75.

［19］ Gayatri Chakravorty Spivak，*A Critique of Postcolonial Reason: Towards a History of the Vanishing Present*，Cambridge，MA：Harvard University Press，1988，223.

［20］ Daniel Dayan，引文见 Kaja Silverman，*The Subject of Semiotics*，Oxford，UK：Oxford University Press，215。

[21] Ibid., 214.

[22] Delia D. Aguilar 提供了帝国主义和女性移民的延伸讨论，其中包括对劳动力移民的精彩批判，见 “Imperialism, Female Diaspora, and Feminism,” *The Red Critique: Marxist Theory and Critique of the Contemporary*, no.6 (2002), www.redcritique.org/SeptOct02/imperialismfemalediasporaandfeminism.html。

[23] Nicole Constable, “Sexuality and Discipline Among Filipino Domestic Workers in Hong Kong,” in *Filipinos in Global Migration: At Home in the World?* ed. Filomeno Aguilar Jr., Philippines: Philippine Migration Network and Philippine Social Science Council, 2002, 41.

[24] Ibid.

[25] Ibid.

[26] Pierre Bourdieu, *The Social Structures of the Economy*, trans. Chris Turner, Malden, MA: Polity Press, 2005, 10.

[27] Ibid., 11.

[28] Hau, *On the Subject of the Nation*, 228.

[29] Bourdieu, *Social Structures*, 13.

[30] Hau, *On the Subject of the Nation*, 231.

[31] Ibid., 232.

[32] Bourdieu, *Social Structures*, 9.

[33] Bourdieu, *Practical Reason*, 79.

[34] 在一个访谈里，齐泽克透露，“对我而言，真爱的一个标准是：你可以侮辱对方”。齐泽克提到这个，是相对于多元文化主义的倾向，减少尊重，不要打碎别人的幻觉，好像别人是孩子一样。www.spiked-online.com/Articles/00000002D2C4.html, accessed March 24, 2011.

[35] Bourdieu, *Practical Reason*, 77.

[36] Slavoj Žižek, *Plague of Fantasies*, London: Verso, 1997, 143.

[37] Karl Marx，引文见 Lise Vogel, *Marxism and the Oppression of Women: Toward a Unitary Theory*, London: Pluto Press, 1983, 138。

[38] Slavoj Žižek, *The Sublime Object of Ideology*, London: Verso, 1989, 22.

[39] Ibid., 22.

[40] Gayatri Chakravorty Spivak, *In Other Worlds: Essays in Cultural Politics*, London: Routledge, 1988, 163.

[41] Neferti Xina M. Tadiar, *Fantasy-Production: Sexual Economies and Other Philippine Consequences for the New World Order*, Quezon City: Ateneo de Manila University Press, 2004, 115.

[42] Bridget Anderson, *Doing the Dirty Work? The Global Politics of Domestic Labour*,

London：Zed Books，2000，140.
[43] Tadiar，*Fantasy-Production*，147.
[44] Ibid.，147.
[45] Žižek，*Plague of Fantasies*，139.
[46] Ibid.
[47] Lauren Berlant，*The Queen of America Goes to Washington City: Essays on Sex and Citizenship*，Durham，NC：Duke University Press，1997，27.
[48] Tadiar，*Fantasy-Production*，147.
[49] Ibid.，7.
[50] Berlant，*Queen of America*，27.
[51] Ibid.
[52] Slavoj Žižek，*The Puppet and the Dwarf: The Perverse Core of Christianity*，Cambridge，MA：MIT Press，2003，74.
[53] Ibid.，73.
[54] Ibid.
[55] Ibid.
[56] Renata Salecl，*On Anxiety*，London：Routledge，2004，52-53.
[57] Ibid.，53.
[58] Ibid.，29.
[59] Ibid.，31.
[60] Slavoj Žižek，*On Belief*，London：Routledge，2001，69.
[61] Ibid.
[62] Ibid.，70.
[63] Žižek，*Puppet and the Dwarf*，127.
[64] Alain Badiou，*Infinite Thought*，London：Continuum，2003，86.
[65] Ibid.
[66] Berlant，*Queen of America*，27.
[67] Žižek，*Puppet and the Dwarf*，75.
[68] Ibid.
[69] Interview with Rory Quintos，July 21，2006.
[70] 在严格的拉康的概念里，医疗的症状是“一些更基本的过程发生在另一个层面上”。见Slavoj Žižek，*The Thicklish Subject: The Absent Center of Political Ontology*，London：Verso，1989，176。它作为“标志着构型，一种暗号，编码的信息强调大他者，后来赋予它真正的含义”(73)。
[71] 在拉康的意义上说，精神sinthome是“一个绳结”；它是“抱成团的事物本身——如果

它解开，这件事情本身解体”（Žižek，*Thicklish Subject*，176）。

[72] Jonathan L. Beller，“Kino-I，Kino-World：Notes on the Cinematic Mode of Production，” in *The Visual Culture Reader*，ed. Nicholas Mirzoeff，London：Routledge，2002，74.

[73] 自主，在这种情况下，是在某一特定领域，例如电影工业，被错误识别、理想化和合法化的一种状态，作为象征权力的功能，而这又是基于该领域接近经济资本的渠道。但是一个场域的有效持有象征权力意味着，这样的权力不再被限制在经济运作。

让我们活！ 日本临工运动的培力和生活修辞[①]

● 卡尔·卡塞格[②]

这篇文章的萌芽大概在它出版的十年前就已经萌生。那时我刚刚来到日本，虽然这十年间日本的失业率和不稳定化一直在增长深化，日本年轻人中却缺乏抗议游行，这让我受到了震撼。就在这时我偶然遇到了“不提高青年的人的能力的非国民宣言”，这是由临时工作者全体工会——初露头角的临工运动中的一个最重要的组织——的运动家们在2005年时起草的。随着深入观察这个运动，我渐渐被激起了好奇心，因为我发现在样式和话语上，它与之前的20世纪80年代晚期和90年代早期建立的各种“飞特族”（freeter，飞特族）团体，如秋の嵐（Aki no arashi）、いのけん（Inoken）、だめ連（Dame-ren）有着很多的相似之处。对此时此地的乐趣、快乐以及“生活”的强调是这些相似点之一。另一点可以从临工运动的运动家们对“不稳定无产者”（precariat）这个词的使用中看到，这里似乎有着更早的一些新词，如Dame-ren的运动家们所使用的“dame”这个词的影响。对我来说，很明显的是，在新千年之后临工运动家们开始献身的开放式抗议运动，是由这些不知名的“飞特族”组织所准备的，它们的大多数比起开放式抗议运动，更加着力于建设它们自己的替代空间。我设想，研究临工运动是如何从这些早期组织中发展延伸出来，可以帮助我解释一个更加普遍的问题：日本的公众抗议的恢复是如何成为可能的。虽然向公众抗议的转向可能是由经济困境所引起，但是这并不能解释全部。是否能够恢复之，使之趋于普遍，它依赖于在开放式抗议运动出现之前很早就在替代空间中由早期团体所做的准备工作。而且重要

---

① 本文来源：*Positions: East Asia Culture Critique*，Vol.22，Number 1，Winter 2014.

② 卡尔·卡塞格（Carl Cassegard），哥德堡大学。

的是，这些早期团体的遗产依然保留在临工运动中，展现在它的话语、形式以及理念上。我尝试通过观察临工运动中文化和物质考量之间的平衡——展现为“生活”和“生存”这两个主题——来追溯这个遗产的变迁。我也尝试解释更加普遍性的恢复是如何在个人层次上，即以一个增长的政治自信的形态，与运动家们的培力发生联系的。回过头来看，这篇文章我非常喜欢，并帮助我发展深化了很多在我的著作 *Youth Movements*，*Trauma and Alternative Space in Contemporary Japan*（Leiden：Global Oriental，2014）中的中心概念。

* *

2004 年，一种新型的“五一”国际劳动节游行在日本出现：色彩鲜艳的游行群体和跳着舞的游行者缓慢地跟随着一台放着巨大音量的音乐的卡车。这些以新颖奇特的服装给自己增添了视觉冲击的“声音游行”（サウンドデモ），是从日本老一代的先例和像收复街道运动这种国外运动中获得的灵感。[1]这些示威游行运动中最早也可能是最为著名的“自由与生存的五一游行”（自由と生存のメーデー）是由“临时工作者全体工会”（“フリーター全般労働組合”或者简称为“フリーター労組”）从 2004 年开始每年在东京举办的。游行者主要是由飞特族（freeter）——非正规雇佣的年轻男女所组成的。[2]近年参加者更加多样化，包括了年长的劳动者、计日工、流浪者、自称尼特族（NEET，指没有雇佣、没有接受教育或职业训练），甚至持有对抗立场的国会议员。游行者们称自己为“不稳定无产者”（precariat，プレカリアート），这个词语的意图在于包含所有处于不稳定——无保障、临时的或者不规律——雇佣状态的劳动者，这种状态从 1990 年中期开始随着日本撤销对劳动市场的管制而扩大。[3]和日本各地有着类似表现的参与者一起，这些团体经常被称为“临工运动（precarity movements）”或者“反贫困”运动。

由于其对表演、艺术、音乐和舞蹈的使用，临工运动分享了如毛利嘉孝这样的社会学家所说的“新文化运动”的诸多特征。和在世界上广为流传的日本 1960、1970 年代的学生运动和早期的激进运动形态相比，新文化运动的特点被描述为拥有开放和松散的网络结构，意识形态多样化，更加平等主义和个人主义的组织形态，以及对艺术、流行文化、表演和玩乐的引人注目的使用。[4]

但是，“新年派遣工村”——2008 年 12 月末一些积极分子在日比谷公园为了近年因全球规模的经济危机被裁员的派遣工而建立的一个帐篷村——这个例子清楚地告诉我们，现在关于文化或者自我表达的问题，通常会因更加实利主义的关心，即现在社会中贫困的死灰复燃，蒙上阴影。[5]再者，如果把日本的临工运动单纯地解释为新文化运动崛起的反映，便忽视了一个事实，即它是飞特族行动主义向更突出公共抗议性的对抗立场转换，这一更广泛的潮流中的产物。诚然，这种对物质问题和公共抗议的重视的兴起，并不意味着飞特族活动家们回归到了既有的劳动运动的框架中。他们强调，和那些稳定的全职劳动者相比，他们和流浪者、移民、尼特族、茧居族①和智障人士这种被边缘化的群体更加具有共同性。和在既有的劳动运动中处于边缘位置的群体的团结重组，指出了近年展开的概念性研究的重要性，这些研究以“不稳定无产者”这个新创词语为中心或者围绕**垮掉的一代（lost generation）**或**穷忙族（working poor）**这样的概念，创造了定义工作者的新方法。它拒绝以传统的工人阶级或中层阶层市民和大学生“先锋”来进行自我认同，和以前的劳动运动、市民运动，或60年代和70年代的学生党派几乎没有或者毫无共性。[6]

总之，临工运动（precarity movement）饶有兴味地结合了对物质剥夺有着敏锐感觉的文化取向和向社会其他边缘群体伸出援手的意愿。在临工运动正式出现之前，这两个方面都已在飞特族运动中酝酿了十多年，指出了适时关注60年代和70年代激进主义“负面”遗产处理进程的重要性。所有渴望重建抗议精神的新运动，都必须去努力解决那些政治性失败、派系间的内讧和教条主义所导致的令人痛苦的徘徊不去的遗产。[7]这个遗产在诸多方面对于临工运动来说是至关重要的。尽管新文化运动通常会被描述为已经克服了那个遗产，但是像松散的网络状组织和艺术与文化的游戏式使用，这样的特征在早期的激进运动中绝不是没有的。[8]诸多现在的活动家不愿意公开地把自己和那些先例联系起来或承认它们，这个事实显示了这些遗产依然在公众的意识里产生作用，犹如精神创伤一样，勾画出了一个在本质上矛盾的对象，在其不断被重复的同时被压抑和拒绝。[9]这种歧义性可能是痊愈的一种特征。斯拉沃热·齐泽克主张其重复性不仅仅是单纯的症候，从乌托邦火花所导致的精神创伤性失败中恢复在事后会感觉被赋予了第二次机会，但正是由于这个理由它必须伪装为一种未被之前的失败玷污的形式出现。因此，重复失败的革命并不是重复革命者所做的，而是重复他们没有做到的，他们所失去了的机会。[10]由于重复必然包含着一种会渐渐地治愈无力感的现实

---

① 茧居族，又称隐蔽青年（日语：引きこもり、ひきこもり、引き篭もり，英语：Hikikomori，social withdrawal）。台湾译者戏称为“家里蹲废材”，指人在某种程度狭窄的生活空间之中不出社会——译者注。

上的行为，它可以促进对精神创伤的意识性克服。

这篇文章的目的是从临工运动如何使自己和这个精神创伤产生联系这个视点去理解今天临工运动中的文化、物质考量和对抗的混合体。在临工运动中，文化表达的欲望和经济关心之间的关联到底是什么？一个相关问题是运动中的抗议和对抗的原理。虽然以改变社会为目标，它的目的同时也是通过当下的玩乐和“生活”复兴来赋予个人以力量。这里的平衡点在哪里，而且这两个目的如何在运动中相互关联？我将通过把焦点集中在“生活”和“生存”之间，或者换句话说，一方面对当下的玩乐和生活的强调，另一方面对 precarization 和贫困的关注这两者之间的运动话语（discourse）中的紧张，来回答这些问题。我也会关注“不稳定无产者”这个分类，它富有启发性是因为它不仅仅意味着反抗性和政治作用，同时也包含了需要恢复和增强力量的边缘化或下层人群。这些问题使我可以解释一个总体性的问题：对那些对旧的或更加制度化的政治运动形态感到幻灭的人群来说，形构一个有魅力的新的运动形态，上述关联起到了什么作用？

从 Dame-ren（だめ連）到临工运动

回顾一下，我们可以看到被称为“泡沫年代”的 80 年代后期和 90 年代初期是一个富于试验性的年代，在已有的左翼派系之外的青年们在此期间尝试了新的抗议和组织形态。[11]“一无是处联盟”，也就是“Dame-ren（だめ連）”成为这些新方向的一个象征，这个组织在 1992 年由 Pepe 长谷川（1966—　）和神长恒一（1967—　）所建立。Dame-ren 早已众所周知，所以我在这里仅指出它的四个特征，这些特征使其为后来的临时工作者运动的新起点打好了基础。[12]首先，它运用玩世不恭的幽默和创造性的战术，以及使用如 dame（だめ、一无是处）这样的词语，摸索社会运动的新的可能的支持者，在摆脱与左翼政治运动相关的负面印象上起到了重要的作用。比如一个“dame”的人，可以是无法或者不愿意工作的人，不擅长和他人交流的人，或者是缺乏通常在主流社会中成为“人生赢家”的能力和优势的人。当运动的早期参加者，像性少数者或流浪者这些处于社会边缘位置的人们一样自嘲式地使用词语来说自己的时候，它迅速吸引了茧居族和有抑郁症或者其他精神问题的人们。因此 dame 这个词，为一个新的分类或甚至于一个新的持有异议的主体——它和旧有的运动中的“工人”、“市民”或“少数者”明显不同，在日本开辟新道路起到了重要的作用。

第二个重要的特征是它拒绝接受日本的工作伦理，质疑为了实现生活中的成就感而工作的价值，拥护为了放松和“简单地生活”而脱离社会。第三点和“抗议”和“空间”这两个概念有关。比起公众抗议或反抗，Dame-ren致力于创造出另外的空间，如早稻田大学附近的Akane。第四，为了援助受其吸引的各种各样的“dame”的人们，使之恢复元气，Dame-ren重新定义了社会运动的作用。其援助进一步恢复的成效有利有弊，但在使恢复成为运动的中心任务上，它采取了重要的措施，比如建立了不受周围社会压力影响的讨论会或关系网络，在那里人们可以共同探索解决的方法。[13]

Dame-ren的活动已经停止，但是它被认为是临工运动重要的先驱者。[14]可是当今天的临工活动家把Dame-ren作为启发来谈的时候，重点一般并不在于脱离社会，而是在于反抗权力和呼吁改变社会，比如以下的口号：“一个为了一无是处者们（ダメなやつ）的五一游行（May Day）已经来临，一个团结失业者和过度工作者们的运动，那就是DaMayDay（ダメーデー）!”[15]为了理解为什么飞特族运动中的这个更加好斗的侧面会出现，我们需要关注从90年代“后泡沫”经济衰退的来临开始，日本社会发生的变化。随着青年失业率的增加和向流动化、一次性化的劳动的大规模变动，飞特族这个词经历了意义的变化。由于这个词最初是在80年代后半段出现，它更偏向于指独立精神和可能有点被宠坏的把自由看得比起钱更重要的年轻人。随着90年代失业率和劳动的流动化的增加，这个词越来越指向缺乏权利和正式职员的特权的廉价劳动和一次性劳动的意思。由于这个趋势，提倡自主脱离固定工作的这个嬉皮士式理念的Dame-ren的话语，便不可避免地变得过时。[16]取而代之，在穷忙族和年轻的不稳定劳动者中，反抗贫困和无保障的生活的运动开始成形。这便是临工运动的诞生。

临时工作者全体工会和“不稳定无产者”观念

临时工作者全体工会（フリーター全般労働組合）在2004年由被称为PAFF（临时工、工人、飞特族以及外籍劳工）的不稳定工作者的关系网络中诞生，它是今天诸多在构成临工运动的小工会当中最广为人知的。[17]尽管它的名称如此，它欢迎任何类型的个人成员：不光飞特族，也接受正式职员，失业者或者其他形态的不稳定工作者。

工会最初的活动是稳健的，大量精力放在集会、讨论，组织学习小组，以及安排每年一度的“自由与生存的五一游行”上。从2006年开始，工会把精力放在了为劳动者培力之上，通过抗议虐待，为劳动者的利益进行谈判，凭借有关劳动权利的信息咨询服务来帮助劳动者，利用大众传媒来影响舆论的形式来为劳动者谋求权益。它也经常和其他组织连带去抗议战争、性别歧视、环境破坏、种族歧视，以及如移民、流浪者、尼特族或者茧居族等其他的被边缘化群体的待遇。工会联合代表之一的清水直子如今描述劳动咨询和如声音游行这样的“有表现力的活动”为“我们活动的双轮”。[18] 2006年之后的另一个重要的发展，是同类的工会扩散到日本的其他城市，在这个过程中临时工作者全体工会都持续地提供了协助。这些发展使大规模的联合运动，如2008年开始的全国范围的不稳定无产者示威游行或者2008年的反G8运动成为可能。[19]

工会的起点在于一个理念——由他的创始人，诗人安里健（亦称德田Miguel）所提出——旨在建立一个将流浪者、日工、飞特族和失业者，整个日本的“下层”人群组织起来的工会。[20]从2006年开始，它开始使用“不稳定无产者”这个词来指向这个对象群体，这是一个可以覆盖所有强迫忍耐没有保障的生活状态的人们的概念。取自precario（precarity临工）和proletariato（无产阶级proletariat）的precariato或precariat这个词，据称是来源于2003年在意大利的街头涂鸦并且在2004年开始的欧洲五一游行（EuroMaydays）中普及开来。跨越传统的阶级分界线，它既包含“脑力劳动者”也包含“产业链劳动者”（chain workers），既包含制造业临时工，也包含独立工作者。和弹性工作者（flex worker）这些类似的词不同，这个词有着强烈的政治力量的内涵：“正如无产阶级对应的是工业主义，不稳定无产者对应的是后工业主义：无法被镇压的主体。”[21]在日本，传媒运动家樱田和也似乎是通过2005年NPO组织Remo在大阪的Festival Gate所举办的各种活动，第一个普及这个词的人。[22]当杂志*Impaction*在2006年春天发行了“不稳定无产者”特辑时，这个词便广泛流传。[23]不久之后，临时工作者全体工会便接收了这个词，在“自由与生存的五一游行”中使用，这是它第一次在日本的街头游行中出现。

正如工会的前任理事的摄津正（Settsu Tadashi）指出的，这个词的吸引力，一部分是来自劳动者运动本身，而不是商界或学者：“‘不稳定无产者’这个词和像‘诸众（multitude）’这样的词不同，因为它不是作为一个学术词语出现而是从匿名的墙壁涂鸦中诞生的。”[24]这个词之所以有吸引力，也在于它包含了某些在之前没有被明确表达过的意思——边缘化的或贫困人群认识到，他们的困境不但不是他们自己的错，而是新自由主义的劳动市场政策的产物这个事实。这个词的激动人心的效果可以从雨宫处凛（Amamiya Karin）所描述的她和这个词的相遇中看出来。她是在临工运动中具有感召力的代表人物，也是一个多产的作家，在日本普及这个词的过程中，她可能比任何人贡献都要大。她在2006年“自由与生存的五一游行”声明中第一次见到这个词的时候，她“有了一种找到了不寻常的、巨大的出口，突破的方法的感觉。”[25]与这个词的相遇帮助她整理了内心并使她转向为一个不稳定无产者运动家。“我终于感觉到自己看到了一直在追寻的东西，也就是年轻人从‘生活的困难’中逃脱的出口，并受到了巨大的冲击。”[26]

让我们来看一下临时工作者全体工会是如何使用这个词的。在工会的出版物中标准的解释是这个词意味着“被迫处在不稳定状态下的人们”，其中在包括失业者和尼特族的同时，也包括了自由职业者、派遣工和合同工。[27]这个用法接近我们在EuroMayDay所看到的，但是在日本运动家的实际使用中，这个词倾向于变得更加广泛和具有包容性，包含了精神和身体残障者、茧居族、割腕者、流浪者、超时劳动的正式职员，甚至小型商店的店主。在“日本不稳定无产者”这个词的采用可以理解为，运动家们感到需要一种总括的或衔接的范畴，又或者可行的原则，来联合这些群体。如工会成员的DJ Noiz所说，“我感觉我们在‘自由与生存的五一游行’中使用的‘不稳定无产者’的概念和欧洲的不同。我们用自己的方式解释了这个词，添加了如心理缺陷者这样的要素，他们既不在工作也不被认为是新自由主义劳动市场的一部分——所以我们扩张了这个概念。”[28]这个广泛的定义的好例子，便是2006年声音游行中的雨宫的声明：“生活困难的人们，飞特族、尼特族、茧居族、穷人、穷忙族、因为过度劳动而徘徊在死亡边缘的劳动者、临时工、非法逾期逗留者、没有保障的正式职员、渴望自杀的人们、所有类型的瘾君子、所有身体和心理上有残障的人们、割腕者，或者换一个说法：所有的不稳定无产者成员——让我们一起走上街头示威游行吧！”[29]在这一段文章中，“不稳定无产者”事实上和Dame-ren曾经使用的“dame”融合在了一起。这两个概念之间的密切联系也由摄津指出：“对那些抱怨不懂‘不稳定无产者’这个外国词的人（‘为什么不用日语中的词？’），我通常会回答说十年前有过一个叫做Dame-ren的日本独有的运动。”[30]

需要指出的是“不稳定无产者”并不是唯一一个在临工运动中被使用的词语。一些团体，如位于松本的DaMayDay，坚持使用“一无是处”或者“loser”这样的词语。关西地区的Union Bochibochi（ユニオンぼちぼち、関西非正規等労働組合）更愿意使用穷人（貧乏）这个简单的词：“毕竟，‘不稳定无产者’这个词对于日本人来说很难理解，但是如果你说‘穷人’这个词的话我们就会瞬间理解它的意思。”[31]“穷人”这个词也被其他团体欣然使用，如东京高円寺的穷人大造反（貧乏人大反乱）或者京都的 Union Extasy。运动家们所使用的其他词语有“乌合之众”（有象無象）、“亡命徒”（ならず者）和“不稳定贫民”（不安定貧民），所有这些在暗示成分混杂性的同时也暗示了卑微的社会地位。[32]

这些词语共通之处，首先是自嘲式的幽默，而非公式或者学术性术语。第二，这些词语强调物质性和社会性剥夺，并包含着对失败者的同情。第三，它们暗示着反抗性。当运动家们使用如 loser 这样的词语的时候，他们也同时表示了对这个词语里通常所包含的价值判断的拒绝。诋毁性词语被为我所用，但是这只是为了将其翻转，成为可论辩的**被肯定**的对象。这并不是一种值得尊重的劳动者阶级的观念，从而提供自我认同的资源，而是难以驾驭的，受到鄙视的失业流浪的无产阶级的观念。

这些命名有某些矛盾和模棱两可的地方，它们看似可以包含几乎所有人——依据所有人都会接受最被鄙视或边缘化的人们的名字的这个富有争议的**原则**。我们可以想起雅克·朗西埃所说的，典型的政治是关于“不合适”的名字或者“误称”的。杰出的政治行动便是他所说的主体化，依据这个行动下层群体通过辩论性的拒绝自己被赋予的自我认知而使自己被看见，并通常以看似不理性的、“不可能的”或者矛盾的新类型出现。与其相反，每当群体通过他所说的“自我定位”而服从被赋予的，明确的类型时，政治便会死去。[33]当游行者称自己为“不稳定无产者”或“一无是处者”又或“穷人”的时候，就连词语的含糊性都显示着对抗，这是主体化的一个例子。飞特族或临时工或许是顺从的，但是不稳定无产者或乌合之众不是。

临工运动中的“生活”与“生存”

在60年代初期，拉乌尔·瓦内格姆（Raoul Vaneigem）对完整的和不被异化的生活的欲望提出的一个经典的表述，体现在“至今为止生存阻碍了我们的生活”这个口号当中。[34]生存意味着为了获得物质回报和社会地位而去适应主流社会中如工作和消费这种角色。Dame-ren 便典型地拒绝了那样的生存，并为了通过他们称为“简单生活”（ただ生きること）去追求一个更加自由和满足的人生而选择了脱离社会。脱离社会必然会意味着降低一个人的生活标准，但是他们主张空闲时间可以用来想象和——引用神长（Kaminaga）的话说——“读书、看电影、听音乐或忘我沉思，看着草在风中摇动或者聆听雨滴飘落”[35]。这种态度的某些部分还存留在临工运动中，但是在这里生存的问题——被表述为对食物的需求：给我们食物和给我们钱！——作为一个主要问题出现，导致了艰难共存于运动话语中的两种方向或倾向的“生存”与“生活”之间的紧张。

比如说雨宫的口号“让我们活（生きさせろ）!”，它从2006年开始既在“自由与生存的五一游行”中被使用，也是她一本畅销书的书名，两者的意思似乎都包含在内。书中充满了大量的例子，明确地显示了“生存”和“生活”这两个意思都包含在这个口号里面。“斗争的主题只是‘生存’。是‘让我们活!’。交出我们生活下去所需要的钱！让我们吃饭!”[36]她结尾的文章是坚强有力的：“我想说的很简单：让我们活！只是生活而已，谁能在一个连像样的生活都受到威胁的国家活下去？让我们活！如果可能的话，不用因过度劳动而死亡，不用因无家可归而流浪，不用自杀，还有，如果可能的话，幸福地活。”[37]生活应该超越单纯的生存，但是为了生活我们需要可以生存下去的钱——这似乎就是雨宫所想要传达的。这些文字里最引人注目的或许是拒绝放弃“生存”和“生活”的任何一方。摄津阐明了这两个口号之间潜在的相互对立的性质：“‘生存’固然是重要的，但是我们也必须要求生活的内容……问题是生活值不值得我们过，并且我们所要求的是‘让我们过上有意义的生活!’”[38]

有一种倾向把临工运动看作对社会上的经济或者物质生活变化的反应，但是正如这些表述所明确显示的，它同时也被一种对“生活”的渴望所驱动，这种“生活”远远超出了单纯的新自由主义的驯化。这就是为什么就算飞特族的经济状况好转，飞特族运动也很难消失的原因。即使在其成为“穷忙族”运动之前，飞特族运动就是一个对主流式生活和受到工作与物质财产所支配的无聊生活的反抗。话虽如此，对“生存”的诉求不可否认地强有力地存在于现在的临工运动中。显然，对生存和生活的强调之间依然存在着紧张。[39]

在临工运动所提出的声明和提议中，一般地说，我们可以确认两个群体的存在。首先，我们可以看到指向权威和雇主以及强调“生存”的诉求和抗议。这些包含了提高工资和改善工作环境，以及要求“基本收入（basic income）”作为保障所有人最低限度生存的手段。[40]我们可以注意到，在这些要求中几乎没有丝毫地对“终身”雇佣制的怀恋。其所要求的，是和基本的社会保障相结合的流动性，而非临工的流动性。就像一个运动家所说的，“只要我可以有一个有保障的生活，我并不介意自己的工作没有保障”。[41]

在第二个群体中，可以看到对“生活”的强调，这表现在他们倡导此时此地对替代性生活的活动领域和环境的构建。这些提议并不是面向公共权力而是依靠相关人群自身的主动性。接下来我将区分在临工运动中呼应这两个倾向，规定“生活”价值的两种形态：在柔性的形态中，“简单生活”这个梦想得以维持，但与物质上的“生存”相关联，而更强硬的或者说更强烈的观点，则颂扬“生活”在抗争和创造性活动中的发展。

“简单生活”梦想

Dame-ren的理想“简单生活”的回响依然可以在临时工作者全体工会中听到，但现在是在一个赋予其不同的重要意义的脉络当中。聆听这个回响的好的文本是PAFF在2005年的声明，“不提高青年的人的能力的非国民宣言”。这个题目是对经团连（日本经济团体联合会）同年提出的宣言的嘲弄，指责他们对年轻人“缺乏工作热情”的责怪，而实际上他们的艰难境况正是由经团连这样的商业精英们所导致的。[42]

PAFF在这里的论点已经在临工运动中成为一个共识。抗议不仅仅指向新自由主义的管制撤销，也指向把年轻人的不稳定境况归咎于他们自己的懒惰或他们不情愿过传统生活的这种倾向。为了对抗那种论述，运动家们通常会强调问题的原因是社会性的，而不是个人性的。临时工作者的工作时间经常与正式职员一样或者比他们更长。很多临时工作者除了正式工作以外什么都不想要，但是由于向以临时工作者为基础的经济的体系性转换，他们无法获得这样的工作。但PAFF的声明之引人瞩目，在于其明确指出，“自我责任”这个概念之所以错误不是年轻人并不懒惰。诚然，这一概念主张临时工作者应该责怪他们自己是荒唐的，而纠正的方法也并不是回到全职工作。但其错误之处，更在于“工作至上”这样的信念。对于“活得纯粹与简单的理念”来说，真正需要的是对别种生活方式的更多的宽容：“人类不仅仅是劳动力。生活应该拥有更加丰富的形态，如与朋友们聊天和欢笑、看电影、读书、听音乐、旅游和恋爱。这些并不一定要通过劳动来获得。我们不记得有人让我们在工作之外没有任何空闲。我们这些临时工作者，由于工资低廉，为了养活自己而被迫长时间劳动。而你们竟然胆敢来让我们工作更多！”[43]

对工作至上主义的抗拒也突显在“自由与生存的五一游行”中。游行中，标语牌和扩音器呼吁的一系列口号是，“有正式工作的人也是失败者”，“生活不仅仅是为了糊口”，以及“我们不想过劳死”。如这些引用所说明的，临工运动所要求的并不是“日本模式”的恢复，而是一种新的生活形态，在这里没有临工的简单生活得以实现。

PAFF想要做的是声张懒惰的权利，不用工作得那么辛苦的合理性，以及使“简单生活”得以可能的社会理念。比如在Dame-ren中，有一种对日本的勤奋工作伦理的批判和一种对更加放松的生活的肯定。但是，与Dame-ren的成员不同，社会环境现在被描述为在阻碍那种生活，于是它便沦为一种在一个更好的社会中才会实现的梦想和乌托邦（utopia）想象。对于Dame-ren来说，“简单生活”是一个异质空间（heterotopia）而不是一个乌托邦，它是通过脱离社会并在眼下恰当的地方得以实现的某种东西。与其相反，对于PAFF来说，实现梦想的唯一手段便是改变社会。于是“简单生活”的理想不是和社会脱离联系在一起，而是和街头示威行动结伴，并且将抗议指向权力。

于革命中成熟的生活：矢部史郎与松本哉

在临工运动中，重新连接和复兴“生活”的尝试还以另一种形式出现——一种去掉田园式静寂，必须在斗争中实现的形式。[44]接下来，我将举例说明这个尝试的两个版本，分别由矢部史郎（1971—　）和松本哉（1974—　）所实践。

矢部是著名的有Dame-ren背景的自治主义作家。他是临时工作者全体工会的创建者之一，在新宿多年经营一家叫Jacobin的酒吧。尽管他在日本早期的声音游行中起到了积极作用，他完全不认为他们向政治家或者更大的公众群体发出了任何诉求和呼吁。街头示威不是一种交流的尝试，更不用说抗议。它是一个自主生活的，拯救生活的行动，并且拒绝被主流社会的规范所影响。它是有关忠于自己欲望的，想要开心和每分钟都感觉自己活着的运动。对他来说，示威游行或者罢工本身就是目的，其次才是达成某种目的。

为了说明什么是“忠于自己的欲望”，我们可以来看一下他对2003年入侵伊拉克时的两个反战示威游行的报告。首先他对游行的卡车司机表达了赞许，后者无视警察要他开得更快的要求，坚持蜗牛式缓行：“他忠于他的欲望，其行动的依据，在‘这会带来怎样的结果’这种功利主义式的考量之外。真正重要的不是试图通过示威游行会达成某种成果。因为在街头跳舞才是人们真正想要做的，不管别人如何对你叫嚷，你都不会放弃这个目的。”[45]在另一份报告中，他描述了在一次和防暴警察的冲突中他被打伤，眼镜飞了出去，跌倒在柏油路上，很多手臂和腿挡住了他的视野：“透过一个很窄的空隙，我瞥见了湛蓝的天空。我的思考从我的脑袋里一跃而出，和周围的事物融为了一体。在和我的皮肤融合在一起时，冰冷和遥远的物质犹如活的那样脉动起来。

我是车站前的柏油路，我是被捕的安全靴，我是反战的蓝天——我真想肯定整个世界!”[46]因此在罢工或示威游行中真正重要的并不是成功。不顾成功与否，如果行动赋予了你意义，就没有任何必要去寻求周围人的理解。矢部接着说，“你要注意的是，行动能不能使你的欲望得到生长。如果你在这个上面几乎从不失败的话，你便可以向前走而不需要地图”。[47]

因此他的立场可以说是非交流性的对抗。看起来可能会有些矛盾，“抗议”的公共展现，并不是意见（voice），不是让自己的主张获得理解或者参与对话的尝试，而是从公共交流中脱离的一种形态。只有通过拒绝接受主流社会中的普遍观念和它们的影响，生活才能得到保障：

> 对共鸣的欲望是生活衰落和接近死亡的征兆。人的生活不能仅仅依靠交流和共鸣，以及和其他人共同做事。如果你不能盯着榻榻米、天花板、沙发的背面，或者浴缸的边缘，并从中发现你自己的话，生活便从你的身边流失而去。实际上，如果你不能有耐心地专注地盯着天花板的纹理，你也就无法和其他人交流琐事。[48]

对于矢部来说，“自由的生活（自由な生）”是要在斗争当中体验的东西，而非作为一个遥远的目标梦想它的实现。在肯定他称之为“劳动运动”的同时，他强调这种运动不应该以抢夺权力或者构建劳动者生活的物质基准为目标。运动是为了在此时此刻过一个无条件的“自治”的生活，就算这意味着要与盛行的权力结构或者主流社会的理念和生活样式发生冲突。“我们每天都参与在运动之中……聚集在公园，喝酒，撕坏看似很重要的广告，在路边扔烟头，在商店偷食物，出于无心地在餐厅赖账——换句话说，单纯地过一个生活，或者说这就是运动。”[49]

当矢部用**劳动运动**这个词的时候，他对正式职工和他们的价值观以及人生观只有轻蔑。在他眼里，工作者们受到了支配机制的腐化和侵蚀，相互评估并且因为合作在其工资账户里收到报酬。“我不想变成那样的人，我想积极地排除他们，”他断言，并严肃地总结说，“工作者，有罪。”[50]这是 Dame-ren 抗拒主流社会的激进版本：一种对脱离工作的支持，但是是以一种新的形式，结合了攻击性的修辞和公共性的对抗。通过脱离而实现的人生不再以牧歌式或者田园式的“简单生活”来想象，而是以保卫自治的斗争所获得的高强度。“胜者就是拥有最好的时光的人，”他总结道，“真正有意思的是继续罢工。为了重获力量，为了对着森林呼喊。”[51]

如矢部一样，松本除了组织他自己的通常很喧闹的在东京高円寺地区的示威游行活动以外，他也定期参加“自由与生存的五一游行”。[52]他模仿了Dame-ren创造年轻人可以脱离社会的生活的代替空间或活动场所的方式，看似和矢部一样重视自治的价值，但是比起排斥交流来，他更喜欢依靠乐趣的磁力来吸引外部的人们加入他的“革命”。

他设立了几个团体，如穷人大造反（貧乏人大反乱）和高円寺尼特族工会（高円寺ニート組合）。他的活动基地在高円寺车站旁边的商店街，在那里他和朋友们经营着数量还在增加的二手店和咖啡厅，所有的店都巧妙地命名为“业余者之暴乱”（素人の乱）。这些店铺的作用为聚会、聊天、看电影、吃喝，以及组织各种各样的“游击队活动”。除了可以养活自己以外，他们开这些店铺的目标是创造一个符合典型的临时工作者收入水平的环境，让他们不需要花钱就可以获得乐趣。[53]如他所指出的，他的解放策略和临工运动中的大部分活动家都不同。“他们通过向政府和企业的诉求来要求改善劳动环境和社会保障，但是与其相反，我在尝试尽可能地彻底离开那个世界。”[54]

他的术语和Dame-ren对构建代替空间的强调相似，但有一个不同之处。和Dame-ren相比，他们更加肯定积极地占领周围社会的一部分并且扰乱其流通。它使代替空间的构建成为更多是一种公共活动以及对社会环境的积极挑战。街头作为幽默的和有时放荡的恶作剧的场所，被有组织地利用，产生与艺术性事件或哈基姆·贝（Hakim Bey）称为“暂时性的自治空间”（TAZ）的联系。他的标志性街头游行，包括在街头吃火锅并且邀请路过的失业青年、公司职员、学生，或流浪者加入：“让我们将错就错，发起穷人的大造反，在全世界繁荣滋长！在街头创造我们自己的居身之处，也就是解放区。”[55]松本也组织过大量的看似不严肃但是广受欢迎的街头派对，抗议撤除非法停驻的自行车或要求免费的公寓租借。他的示威游行很多成为YouTube上的人气动画，如在2006年的“我们是三个人”中他们调戏了警察，申请示威游行的许可后以极少数的人出现。2007年，他为在地域选举区的集会中获得一席之位而发起了运动，使被选举宣传车围绕的街头变成了一个每天傍晚的热闹的街头派对：“当然，我们的目的是为了夺回街头，而不是获得集会的位子。”[56]

正如松本所指出的，把他描述为一个为了“在收入差距巨大的社会中生存”的简洁方法的提倡者是错误的，因为他真正的目的是“引起骚乱”和“颠覆世界”。[57]**革命**是另一个他经常使用的词，反映了其改变社会的目标。但是，在他的用法当中，这个词与传统的推翻政府权力的暴力动乱几乎没有关联：“如果像‘穷人大造反’这样的团体在世界各地涌现并联合在一起的话，那不就已经是一个革命了吗？比起组织一个运动并通过正面反抗来尝试改变社会，更加吸引我的想法是预先构建一个后革命的世界，然后告诉所有人：来我们这里吧，特别有趣！”[58]

松本清楚地意识到在主流之外生活的可持续领域是以“生活”和“生存”的某种方式的融合为前提的。“业余者暴乱”可以看作是对“这种融合会是什么样”的这个问题的一种回答。他对这个回答的可行性完全不确定，因为即使生存的代替形态也潜在地与“生活”相抵触：“我现在最担心的是，如何保持商店作为维持我和我的职工的生计的主要手段和其作为造反基地的这两个功能之间的平衡。”[59]尽管如此，他仍然觉得事情会顺利进展。人们不应该太担心拒绝工资劳动，因为对“生存”的恐惧总是被夸张：“就算世道艰难，你也不会死。最好的和最简单的方法便是切断把你束缚在这个世界里的怪异事物。他们说你必须过一个稳定并且体面的生活，但是那全都是幻想。”[60]

如果说，在街头示威游行中把自己从社会环境中孤立出来让矢部感受到了自己的话，那么，在松本这里，我们可以观察到一个看似完全相反的现象：替代空间的创造将自身揭示为一个向社会传达的信息，一个“意见（voice）”。他们的共同之处，是二者都尝试抵抗生活的工具理性化，以及从为了体制必须工作这个意义上来说的“生存”对“生活”的压制。他们确实要处理生存的问题，而他们是在不排除在工资雇佣制度外的某些替代空间中生活的可能性的意义上进行尝试的。两者都表达过对意大利的*autonomia*运动或德国的*Autonomen*的亲近感并非偶然，这些运动也是争取此时此刻的“生活”的直接实现，这种实现绝不会通过向权力诉求而被达成。[61]在矢部的文章和“业余者暴乱”的运动家中，“革命”都被定义为一个自治运动的过程。革命运动既不是一个为了组织的禁欲的自我牺牲，也不是一个历史上的有韧性的且训练有素的联盟，它是一个以此时此刻的“生活”的复兴为前提的，欢乐且有创作性的努力。“如果它没有乐趣，那它就不是革命”，一个临时工作者全体工会的成员这样说道。[62]

在上面，我展示了临工运动的两个倾向，双方都背负了Dame-ren的遗产的一部分，却是以不同的方法。简单地说，从通过脱离来实现“简单地生活”的策略中分支出来的两个方面，一个陷入了虽保留放松平静的“简单生活”的理想，但将其变成只有在社会条件保障“生存”后才能实现的遥远梦想的困境，而另一个则搁浅于充实满足的生活在此时此刻想要实现，看起来只能通过造反或斗争。前者最突出地显露在对权力的诉求中，而后者则倾向于出现在提倡自立的替代网络的文本中。在前者中，我们看到对临时工作者的“自我责任”这个概念的最明确的抗拒，而在后者中，可以看到一种并非拒绝而是将其作为个人自由的一部分而接受的倾向，并由此淡化将自己作为受害者的描述。

需要指出的是，这两个方面虽然展示了不同的方向，但是它们在同一个运动中共存。重要的是，通过对对抗和公共抗议的强调，二者都显示了一种脱离 Dame-ren 的运动形态。尽管 Dame-ren 与临工运动之间存在着连续性，但在对临时工作者的境况的理解上有着明确的差异。这不仅仅是我们所看到今天的临工运动对“生存”更多的强调。尽管临工运动家们迫切希望保护“生活”的价值稳定，这种价值稳定通常以公共抗议的行动来表达。但正如我们在矢部那里看到的，一个要求“生存”的街头示威游行，自身便可以成为在此时此地立刻实现“生活”的一种媒介。相反地，松本的对解放了的生活的挑衅性展示，同时也是传达给更加广阔的社会的一个信息，即要求社会反思把人引向“生存”所导致的牺牲。

恢复的叙事

我已经分析了**不稳定无产者**这个词帮助临工运动召唤了正统的飞特族阶层外的群体，并且塑造了新的团结。实际上，相当数量的尼特族和茧居族，流浪汉以及残障者参加了临工运动的示威游行。[63]是什么给了下层群体的参加者勇气，促进了他们连带意志的恢复，以及给了他们抗议的自信呢?

让我们听一听他们对第一次接触和参与临工运动的早期经验的描述。中村研的报告说，在 2005 年，作为组织 Union Bochibochi 的前期准备阶段的“聊天咖啡”的时候，很多参加者表示感到宽慰，因为发现自己不是孤独的，并且找到了可以讨论他们的担忧，不必受“自我责任”谴责的地方。[64]我们可以拿这个和雨宫所描述的来临时工作者全体工会寻求帮助的人们做个比较：

> 他们异口同声地说，自己的整个人生一直都像垃圾一样被处理，那个时候第一次感到自己被当成人来对待……工会和运动被看作有着改善雇佣环境或者贡献社会这种目的的东西，但是不仅仅是这些……与其说这是一个劳动工会，不如说它正在成为一个生存联盟，在这里你可以找回自己的居身之处，重新感受到生活值得过下去。[65]

摄津同意工会不仅是斗争的一个手段，也是一个恢复的空间，“发挥作为一个社区，一个相互帮助和交流情感的场所”的作用。[66]

这些意见强调拥有通向在主流社会之外的空间的重要性，在那里人们可以不受这个社会的评估的影响进行交流。但是，这个策略所促成的培力程度是有限的。有意思的是，通过对敌人的公共抗议而非去往庇护所而来的经验，让力量增长的感觉更容易发生——即便不是很容易的话。[67]雨宫写到，“夺回街道，大声吵闹，欣喜若狂，歌唱，用整个身体来表达自己还活着。这是我们活着的唯一方法。与其说作为一个运动，不如说我把它看作一种特别丰富和纵情的文化。和其他人相比，我们这没有什么可以失去的人或许更能够散布一种不负有责任的极有乐趣的文化”。[68]

为了理解参加公共游行的培力效果，让我们回想矢部的说明，参加示威游行本身是其目的，而不是一种改变社会的手段。在一个简明的定义中，摄津说明了街头示威游行所改变的是参加者们。“实际上，街头游行并不会马上给世界或社会带来任何变化。相反，它改变的是一个人自身。没错，街头示威游行并不是为了未来，而是为了现在。”[69]竹村正人（Takemura Masato），另一个运动家，同意这个说法：“参加示威游行你会遇到很多有趣的人们，但是最重要的是你会遇到一个全新的自己。”[70]

这种改变是如何产生的？有机会去另一种价值体系的场所并发现自己并不孤独，这仅仅是恢复过程的一部分。雨宫指出了更加深层的要素，强调不满必须以愤怒和抗议的形式转向外部。通过公开指责“自我责任”这个概念是一种把制度性暴力转嫁给受害者的装置，她强调年轻人用语言表达“无法找到工作的恼火”的需求，而这也是她为什么鼓励他们，宣称“我们的愤怒是理所当然的。愤怒，发脾气，并用语言表达我们自己”。[71]

我们或许会想起西格蒙德·弗洛伊德赋予恢复过程中的言语表达的重要性。[72]虽然只从恢复的观点来看临工运动中的所有交流是过于简化并且不公平的，但言语表达构成了一个大多数关于恢复的说明中不断出现的共通的脉络——对通向志同道合者相聚之处的“出口”的强调，对“意见（voice）”或异议者的公共声明的强调。在前者当中，你可以接触到一起分享你的经验的人们，而在后者当中你直接把自己的声音传达到外部，传达给一般的公众。这两个例子暗示了言语表达的两种可能形态。虽然前者从普遍公众的角度来看，可能看似是一个“出口”，但二者在本质上都是一种“意见”的形态——没有根本性的差异，但分布在公共性的连续统一体之上。[73]

除了言语表达之外，意识到一个人在向社会发起行动时并不是无力的，一个人可以从一个被动的受害者变成一个积极的行动者，已经成为恢复的重要前提：很多工会的运动家强调“我们周遭的现实经验是可以改变的”，或者通过参加与雇主的成功交涉，临时工作者可以获得“胜利的经验”的重要性。[74]在这里，工会的形象作为手段在起着作用，不仅仅是为了保障或护卫生存所需的物质保障，也是为了培力和使曾经因挫败、困难以及失败而耗尽的活力重生。

总结性反思

如我试图展示的，今天的临工行动主义不能仅仅被理解为一个对经济灾难和90年代日本社会的重大转型的反应。使今天的临工运动得以实现的行动主义的新形态的发展，早在“泡沫经济”爆发之前的80年代晚期的无派系激进团体中就已经产生了。今天的临工运动继承了很多这些早期的发展，这些可以在“生活”的价值稳定化中看到，在街头示威游行对艺术和流行音乐的使用中看到，在对宽松的网络式组织形态的偏爱中看到，以及在对作为运动的主要构成者的飞特族和其他临时工的依赖中看到。同时，雇佣的不稳定化和这几十年来不断上升的贫困率意味着，生存成为一个迫切的问题；和它的前身——比如Dame-ren——相比，这个事实无疑使临工运动更具对抗性的立场情有可原。一方面，临工运动在对此时此地的生活的坚持上是非常文化性的，另一方面则是朝向生存的，坚持与穷人或在社会上处于不稳定状态的人们保持团结。上述引用的观点认为，“没有可失去的人们”，也许处于能够特别创造性地和自由地使用他们的想象力的位置之上，从而展现在临工运动之中文化与物质考量是如何交织缠绕在一起的。在生活和生存的两个指向之间经常会感到紧张关系的存在，但是这种紧张关系可以是创造性的。随着它转向对劳动的不稳定化和越来越过时的全职雇佣的理想的对抗，临工运动探寻统合生活和生存的可行的方法，通过对基础收入和其他生存保障的公共诉求，建设生存和生活的替代空间的实验，实现一个有流动的自由而无临工的经济不稳定之忧的社会。尽管它的名称是临工运动，却同样地关心文化表现和生活方式。

同样，使参加者们增长力量和使“生活”重生，对临工运动来说，与抗议和改变社会同样重要。为了理解这两个目标之间的关系，我们不仅要看运动是如何与社会周遭中不满的源泉发生关系，也要看它如何与使人经历无力感和孤立的领域发生关系。为了使这个关系网络可视化，我们可以使用三个互相扣连的圆来表示（见图1）。

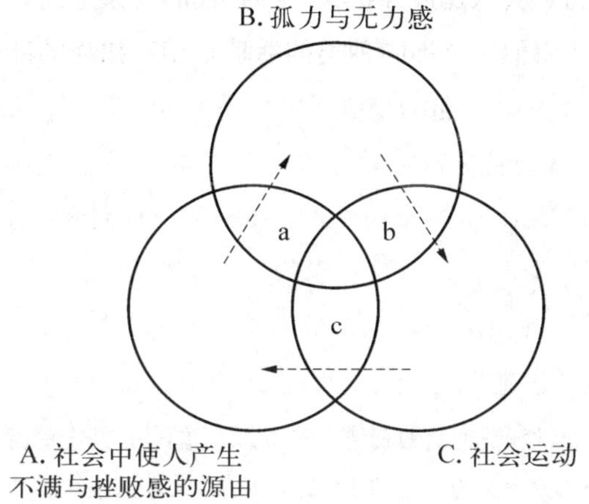

图 1

一般来说，社会运动的活动（C）并不是用尽其全力直接挑战和对抗社会环境（A）的弊病。越多的人对挫折和失败的反应，是退缩到一个经历了孤立和无力感的世界之中（B），对于社会运动来说，培养他们力量的任务就变得越迫切。可以说，运动必须花巨大精力来解决的这第二个任务，是日本社会对 70 年代激进抗议运动所遭受的挫折和失败的反应的一个重要部分。其所导致的一个结果便是，如 Dame-ren 这种新的运动，多半选择放弃公众抗议，以相对低调的构建替代选择取而代之，不重视内部团结，而支持以更加宽松的网状结构替代之，因此不仅仅向主流社会秩序也向被强制或自主选择把自己监禁在纯粹的私人生活中的人们提供替代性的选择。这种网络不仅仅起着避难所的作用，也为人们灵活地尝试控制自己的恢复过程和参与程度提供途径。

临工运动中，转向更以抗议为本的运动主义所导致的，并不是从 B 到 C 的途径的遗忘，而是沿着 A—C 关系展开的抗议的前线重新开放。正如我所指出的，这个发展是有其理由的，因为从完全恢复的意义上来说培力通常需要一个能够治愈无力感的，与社会全新的互动方式。参加者们认识到他们有能力向社会施加压力，通常是加深他们对培力的感知的重要因素。相反地，抗议游行的恢复受益于参加者个人力量的增强。如果没有实现动员，并为个人和被更加制度化的政治形态排除在外的群体开创参与的渠道的话，抗议游行不会如此强有力地复活。一个重要的结论便是花时间和精力去增进培力，并不意味着放弃抗议游行。它可能正是抗议游行复苏的前提。三分图帮助我们理解临工运动的活动的多样性：尝试诉求并吸纳来自受过精神创伤的，非社会性的以及边缘化的群体的支持；尝试建设并扩大一种替代的公共空间；以及对主流社会的抗议。在我看来，这三个看似完全不同种类的活动是相互扣连的部分，构成了渴求推进培力的典型运动。

（翻译：杨骏骁　校对：罗小茗）

注释：

［1］ 关于日本的“声音游行”的简短历史，参见二木信：『奇妙な縁は、いつも路上でつながる—2003年以降の東京の路上と運動についての覚え書き』（《奇妙的缘分总是在街头相遇：关于2003之后的东京街头和运动的备忘录》），VOL 3（July 2008）：182－188；Noiz（笔名）：『「サウンドデモ」史考—人はどんちゃん騒ぎのなかに社会変革の夢を見るか』（《“声音游行”的历史考证：人们在喧闹中会做改变社会的梦吗?》），アナーキズム（*Anarchism*）12（August 2009）：3－34。

［2］ 临时工作者，飞特族（*freeter*）是1987年一个招聘杂志新造的词，是从*free*（自由）和*Arbeiter*（工人）中抽出组合的。一般是指靠临时工、打工或者派遣劳动来维持生计的年轻人们，他们很多在服务产业工作，不过最近也有越来越多的人在工厂和建筑工地工作。参见小杉礼子：『フリーターとは誰か』（《谁是飞特族》），『現代思想』33，no.1（2005)：60－73。

［3］ 这类状态以临工（*precarity*）这个词来表述。关于这个概念的讨论，参见Brett Nielson and Ned Rossiter，“Precarity as a Political Concept，or，Fordism as Exception” *Theory*，*Culture*，*and Society* 25，no. 1（2008）：51－72。

［4］ Môri Yoshitaka，“Culture = Politics：The Emergence of New Cultural Forms of Protest in the Age of Freeter”，*Inter-Asia Cultural Studies* 6，no. 1（2005）：17－29；毛利嘉孝：『ストリートの思想：転換期としての1990年代』（《街头的思想：所谓转换期的90年代》），NHKブックス，2009。

［5］ 关于派遣工村的报告，参见篠田徹：“Which Side Are You On?：Hakenmura and the Working Poor as a Tipping Point in Japanese Labor Politics”，*Asia-Pacific Journal: Japan Focus* 14－3－09（April 4，2009）；宇都宮健児・湯浅誠编：『派遣村—何が問われているのか』（《派遣工村：什么成为问题?》），岩波書店，2009。毛利强调派遣工村也是一个文化现象，“一个暴露问题的行为”（毛利，ストリートの思想，223)。

［6］ 这个想法由安里健展开，『フリーター全般労働組合設立にむけての確認事項』（《关于设立临时工作者全体工会的确认事项》），2003，freeter-union. org /resource /

confirmation.html（2013年10月7日浏览）；以及安里健与高橋良平：『フリーター全般労働組合についてのあれこれと詩』（《关于临时工作者全体工会的种种事和诗》），『現代思想』33，no.1（2005）：96－101。

[7] 关于日本20世纪60年代的激进运动的失败所造成的创伤性冲击和他在参加者中所留下的痛苦的后味，参见小熊英二，『1968：叛乱の終焉とその遺産』（《叛乱的结束与其遗产》）（新曜社，2009），774－866；以及Carl Cassegard，*Youth Movements*，*Trauma*，*and Alternative Space in Contemporary Japan*（Leiden：Global Oriental，2013），31－37。

[8] 关于60年代的激进运动中游戏的要素，参见小阪修平：『思想としての全共闘世代』（《作为思想的全共斗世代》）（筑摩書房，2006），110；椹木野衣：『戦争と万博』（《战争与世博会》）（美術出版社，2005），216—244；スガ秀実，『1968年』（筑摩書房，2006），68n。

[9] 关于在文化分析中使用精神分析概念的可行性，参见Cassegard，*Youth Movements*，12－21。

[10] Slavoj Žižek，*Revolution at the Gates*（London：Verso，2002），310.

[11] 参见Sabu Kohso，"Angelus Novus in Millennial Japan"，收在*Japan after Japan: Social and Cultural Life from the Recessionary 1990s to the Present*，ed. Tomiko Yoda and Harry Harootunian（Durham，NC：Duke University Press，2006），它提供了临工运动的有益的前史。

[12] 关于Dame-ren的叙述，参见Kohso，"Angelus Novus"；Môri，"Culture = Politics"。

[13] 关于这些尝试的成功、失败或者局限性的评价和批判性反思，参见細谷実：『「だめ」の問題系と「こころ」の問題系』（《"一无是处"与"心"的问题系》），『だめ連宣言！』，作品社，1999），289；究極Q太郎：『世界を震撼させせなかった三日間のように』（《如没有震撼世界的那三天一样》），VOL 1（2006年春）：167—170。关于这一点的讨论也可以在『人間解放』（人类解放），Dame-ren的ミニコミ（译者：与mass communication相反的mini communication杂志）中找到，尤其第九号（1997年10月），它是"心的问题"的特辑。

[14] 临时工作者全体工会源于和Dame-ren关系密切的非派系激进团体，其中可以看到如安里和矢部这样成员的参加，它的事务所位于Dame-ren以前的据点Akane（安里，笔者采访，2008年2月24日；矢部史郎，笔者采访，2009年9月30日）。现在，Pepe长谷川自身也是工会的成员并定期参加工会每年在东京组织的反战者活动。

[15] 引自2006年5月1日在松本举行的"DaMayDay"示威游行的通告，来招募参加者，www.acclaim.nomasters.com/informations/index.html（2013年9月11日浏览）。

[16] Dame-ren自身的一些参加者更早地意识到了这一点。（例如まお［笔名］：『階級闘争としてのだめ連』（《作为阶级斗争的Dame-ren》），だめ連編：『だめ！』，河出書房新社，1999，251—254）。关于*freeter*这个词的意义变化，参见小杉：『フリーターとは誰か』，

60—62。

[17] 关于PAFF和临时工作者全体工会的报告，参见雨宫処凛：『生きさせろ！難民化する若者たち』（《让我们活！难民化的青年》），太田出版，2007；安里・高橋：『フリーター一全般』；安里・高橋：『フリーター全般労働組合についてのあれこれとメガマックバーガー』（《临时工作者全体工会的种种事和麦当劳巨无霸》），*PAGE* 3（2008）：n.p.；グレープフルーツ（笔名）：『フリーターのための階級闘争準備案』（《为了临工阶级斗争的准备提议》），『情况』6，第2号（2005）：110—114。

[18] 引自ひらのゆきこ：『湯浅誠さん、河添誠さん、清水直子さんが語る「派遣切り問題と雇用の現況」について』（《汤浅诚、河添诚、清水直子讨论派遣劳动者解雇问题和雇用的现状》），*JanJan News* 6（2009年2月），www.news.janjan.jp/living/0902/0902056856/1.php（2009年2月11日浏览；网站服务已经结束）。

[19] 参见ひらのゆきこ：『湯浅誠さん、河添誠さん、清水直子さんが語る「派遣切り問題と雇用の現況」について』；清水直子：『目をそらさず見つめすぎず、助け合う人のつながり』（《不躲避也不盯着，互助者们之间的纽带》），*Big Issue Japan* 67（2007年3月：16—17）。

[20] 安里健，笔者采访，2008年2月12日，以及2008年2月24日。

[21] Alex Foti，"Mayday Mayday! Euro Flexworkers，Time to Get a Move On!"，April 2005，European Institute for Progressive Cultural Policies，www.eipcp.net/transversal/0704/foti/en (2013年9月11日阅览）。

[22] 这个词语第一次在日本被使用是在2005年Ronald Dore著作*New Forms and Meanings of Work in an Increasingly Globalized World*的翻译中。2005年6月櫻田开始在NPO Remo组织"临工"活动。（来自櫻田和也发给笔者的电子邮件，2007年7月13日。）

[23] 桜田和也：『プレカリアート共謀ノート』（《不稳定无产者共谋笔记》），『インパクション』151（2006年4月）：20—35。

[24] 摄津正：『「プレカリアート」について』（《关于"不稳定无产者"》），『薔薇、または陽だまりの猫』（《玫瑰，或者阳光下的猫》），博客日志，2006年9月11日，www.blog.goo.ne.jp/harumi-s_2005/e/3a5c227572637222ce248d2849da85b6（2013年9月11日浏览）。也参见摄津：『プレカリアート宣言』（《不稳定无产者宣言》），『アナキズム』9（2007年5月）：16—22。

[25] 雨宫：『生きさせろ！』，16。

[26] 雨宫処凛：『生きづらさとプレカリアート』（《生活的困境和不稳定无产者》），PAFF，www.a.sanpal.co.jp/paff/information/20060719.html（2007年1月11日浏览；网站服务已结束）。

[27] 雨宫処凛：『プレカリアートの憂鬱』（《不稳定无产者的忧郁》），講談社，2009，1。

[28] Noiz［笔名］，笔者采访，2007年7月10日。

[29] 雨宫处凛：『デモだ！デモだ！もうすぐデモだ！』（《示威游行马上就要开始!》），『すごい生き方』（《了不起的活法》）博客日志，2006年8月1日，www.sanctuarybooks.jp/sugoi/blog/（2013年9月11日浏览）。

[30] 摄津正：『プレカリアート運動の現状と課題』（《不稳定无产者运动的现状和课题》），*Labor Net*，2007年6月25日，www.labornetjp.orgnews/2007/1182740436463staff01（2009年9月3日浏览）。

[31] 中村研（Bochibochi的创建成员），笔者采访，2007年7月31日。

[32] 关于不稳定无产者这个词在运动团体中与其他词语的关系的讨论，如人们、诸众、穷人和破烂，参见杂志『インパクション』（2006年第151号），*People's Plan*（2006年第35号），以及アナキズム（2007年第9号），这些是有关不稳定无产者这个词的特辑。

[33] Jacques Rancière, *Disagreement: Politics and Philosophy* (Minneapolis: University of Minnesota Press, 1999), 35－39.

[34] Raoul Vaneigem, "Basic Banalities (I)," in *Situationist International Anthology*, ed. Ken Knabb (Berkeley, CA: The Bureau of Public Secrets, 1981), 93.

[35] 神长恒一・ぺぺ長谷川：『だめ連の働かないで生きるには?!』（《Dame-ren的关于如何不工作而活下去?!》），筑摩書房，2000，64。

[36] 雨宫：『生きさせろ！』，10。

[37] 同上，282。

[38] 摄津正：『フェスタで私も考えた』（《我也在Festival上思考了》），はてなダイアリー，2007年12月2日，www.d.hatena.ne.jp/femmelets/20071202（2013年9月11日浏览）。对于作为一种替代的"让我们活"的口号和"让我们过一个安闲的生活"的提议，其他运动家们也同样表示了保留（松本哉・小田マサノリ：『G8騒動を振り返る』（《反思G8骚动》），『オルタ』9—10［2008年9—10月］：2—6，4—5）。

[39] 临工运动中对"生存"的矛盾态度，由一个参加了2008年东京"反贫困节"的人很好地捕捉到，他观察到这个活动是"反贫困"和"贫困万岁"的混合物。参见小川恭平：『No Money Lifeを豊かにする』（《使没钱的生活丰富》），博客日志，2008年4月15日，キョートット出版，http://kyototto.com/archives/207（2013年9月11日浏览）。作为这个紧张关系的另一个例子，在2005年的"自由与生存"的示威游行中，当一些成员提出反对，说很多劳动者是被强制失业并实际上是想工作的时候，临时工作者全体工会不得不废弃了"不要工作—活!"这个口号。参见海妻径子：『真の抵抗づくりのキーワードとしての「プレカリティ」』（《作为真正的创建抵抗的关键词的"临工"》），『ピープルズ・プラン』35（2006年夏季）：104—118，esp.107）。

[40] 关于日本的"基础收入"和关联概念"社会收入"的讨论，参见如杂志*VOL* 2（2007年）的来稿，这是关于"基础收入"的特辑。生存在临工运动话语中的重要性，也可以在一些出版物中看到，如清水直子・園良太：『フリーター労組の生存ハンドブック』

（《临时工作者全体工会的生存手册》），大月書店，2009；或者如“我们只是想活，我们只是想要一个工作”这样的口号，最近在新宿的抗议活动中被听到（Kazuaki Nagata，“Students Stage Rally to Protest Time-Consuming Job-Search ‘Farce’，” *Japan Times Online*，November 24，2010，www.japantimes.co.jp/news/2010/11/24/national/students-stage-rally-to-protest-time-consuming-job-search-farce/）。

［41］ 中村，采访。

［42］ PAFF:『若者の人間力を高めない非国民宣言』（《不提高青年的人的能力的非国民宣言》），2005 年 10 月 26 日，www.freeter-union.org/resource/statement_20051026.html (2013 年 9 月 11 日浏览)。

［43］ PAFF:『若者』。

［44］ 临工运动的这个系谱的先行者是著名无政府主义者大杉荣，他写道，“新的生活不会只在未来的某些社会秩序中迈出它最初的步伐，不管它多近或多远。未来的社会秩序现在已经在我们向新的生活迈出的每一步中发芽成长。”参见大杉荣：『新秩序の創造』（《新秩序的创造》），『大杉栄評論集』，岩波文庫，1996，206。

［45］ 矢部史郎，『何度でも場所をあけろ！警察化する社会に抗して』（《不管多少次都给我开放空间！反抗警察化的社会》），図書新聞，2003 年 6 月 7 日。

［46］ 矢部史郎：『路上で取り返せ』(《在街头夺回》)，野田努等编：『*No!!War*』，河出書房新社，47。

［47］ 矢部史郎：『運動/政治——矢部氏に聞く』（《运动/政治——问矢部先生》），白石嘉治的采访，收于白石嘉治・大野英士编：『ネオリベ現代生活批判序説』，新評論，2005，178—179。

［48］ 矢部史郎・山の手緑：『愛と暴力の現代思想』（《爱与暴力的现代思想》），青土社，2006，165。

［49］ 矢部史郎・山の手緑：『無産大衆神髄』，河出書房新社，2001，45—46，56。

［50］ 矢部史郎・山の手緑：『愛と暴力』，192。

［51］ 矢部：『運動/政治』，176—177。

［52］ 关于松本和他的团体的介绍，参见朝日新聞「ロストジェネレーション」取材班：『ロストジェネレーション：さまよう2000 万人』（《失落的一代：迷茫的 2000 万人》），朝日新聞社，2007，212—214；雨宫：『生きさせろ！』，226—238；毛利：『ストリートの思想』，201—207；以及 Julia Obinger，*Aufstand der Amateure! Alternative Lebensstile als Aktivismus in Urbanen Räumen Japans*（《业余者的叛乱！日本都市空间中的作为运动的替代性生活样式》），PhD Dissertation，University of Zuürich，2013。

［53］ 松本哉：『貧乏人大反乱：生きにくい世の中と楽しく闘う方法』(《穷人大反乱：如何愉快地对抗难以过活的世界》)，アスペクト，2008，112，117。他在最近的一本书中大量地介绍了如何不用花太多钱就可以获得乐趣，参见松本哉：『貧乏人の逆襲：タダで

生きる方法』(《穷人的反击：免费生活的方法》)，筑摩書房，2008。

[54] 松本：『貧乏人大反乱』，183—184。

[55] 松本哉：『貧乏人宣言』(《穷人宣言》)，貧乏人新聞 1096，2001 年 12 月 16 日，www.jimmin.com/2001b/page_136.htm (2013 年 9 月 22 日浏览)。

[56] 松本：『貧乏人の逆襲』，129。

[57] 松本哉：『「貧乏人」たちのたまり場と「乱」の拠点形成』(《"穷人们"的聚集之处和"乱"的据点形成》)，Noiz 和吉村正明的采访，『アナキズム』9 (2007 年 5 月)：49—66，50，66。

[58] 引自雨宮処凛：『「貧乏」を逆手に反撃が始まった』(《利用"穷"的反击已经开始了》)，『論座』4 (2007 年 4 月)：35—40，39。

[59] 松本：『貧乏人大反乱』，119。

[60] 引自雨宫：『生きさせろ！』，235。

[61] 矢部在他的写作中用大量的篇幅讨论并介绍了自治主义者（和情境主义者）的思想。最近的一个例子是由他编辑的 *VOL Lexicon*（以文社，2009）。近年，松本多次去柏林的 *Autonomen*（参见松本：『貧乏人の逆襲』，167—169，177—179）。偶然的是，Dame-ren 也共有着对自治主义者思想的兴趣，他们的聚集所的 Akane 也是因为一次对柏林的空房的造访而受到的启发（究極：『世界を震撼させなかった三日間』，169—170）。

[62] 市野善也：『ニートひきこもり分断統治』(《尼特族和茧居族分而治之》)，*Mixi* (SNS)，2006 年 10 月 12 日，www.mixi.jp/show_friend.pl? id = 2355340 (2013 年 9 月 22 日浏览)。

[63] 临时工作者全体工会积极地谋求自由与生存的示威游行中的这些团体的参加，而引人注目的成员之一的市野善是一个前茧居族。关于流浪者的参加，参见藤田五郎：『「貧困 NO! 反排除」掲げ、野宿者メーデー』(《流浪者示威游行，举起"贫困 NO! 反对排除"的口号》)，『インパクション』158 (2007 年 6 月)：183—185。

[64] 中村研：『ぼちぼちをめぐるあれやこれや：ユニオンぼちぼちの結成をめぐって』(《Bochibochi 的种种事：关于 Union Bochibochi 的创立》)，『インパクション』151 (2006 年 4 月)：48—51。

[65] 雨宮処凛・小熊英二：『希望は、組合?! WAR OR UNION? 』(《希望在于工会!? WAR OR UNION》)，*Studio Voice* 380 (2007 年 8 月)：36 - 38，esp.38。

[66] 摄津正：『はてなダイアリー』，2007 年 6 月 18 日，d.hatena.ne.jp/femmelets/20070618。

[67] 举个例子，马野称吸引她和其他前茧居族参加临工运动的是参加声音游行的景象；馬野骨助：『貧乏、絶望、お先真っ暗：ニート、引きこもり、メンヘラにとっての労働生存運動』(《贫困，绝望，前途一片黑暗：对于尼特族、茧居族、精神病们来说的劳动生存运动》)，*PACE* 4 (2008 年 7 月)：83—86。

[68] 雨宫：『プレカリアートの憂鬱』，145。

［69］ 摄津：『‘プレカリアート’について』。

［70］ 竹村正人：『詩の生まれる場所　第二回　デモ』（《诗的诞生之处 2：示威游行》），*Peace Media*，2008 年 9 月—10 月，www.peacemedia.jp/take/take0808.html#more-156（2013 年 9 月 22 日浏览）。

［71］ 雨宫：『生きさせろ！』，206。

［72］ 弗洛伊德说过意识性地解决并语言化创伤记忆是真正的恢复的前提，但是他也指出反复可以帮助创伤主体通过创造距离和熟悉，以及把自己的被动受害者的身份转换为行为主体来追溯性地控制创伤记忆。参见 Sigmund Freud，*On Metapsychology: The Theory of Psychoanalysis*，ed. J. Strachey（London：Penguin Books，1991），285，288。

［73］ 我在这里对“出口（exit）”和“意见（voice）”的使用来自阿尔伯德·赫希曼。参照奥当奈我们可以称第一个形态为“水平意见”而第二个形态为“垂直意见”（Guillermo O'Donnell，“On the Fruitful Convergences of Hirschman's *Exit Voice*，*and Loyalty and Shifting Involvements*，” in *Counterpoints: Selected Essays on Authoritarianism and Democratization*［Notre Dame，IN：University of Notre Dame Press，1999］）。

［74］ 雨宫处凛：『すばらしきフリーター労組』（《美妙的临时工作者工会》），すごい生き方，2006 年 7 月 3 日，www.sanctuarybooks.jp/sugoi/blog/index.php? e=41。中村，“ぼちぼち”；河添誠・湯浅誠：『「貧乏」に立ち向かう社会的ネットワークの形成を！』（《迈向反抗“贫困”的社会网络的形成!》），『月刊東京』4（2007 年 4 月）：3—15，10。

六 流动中的文化生产与消费

何时宝莱坞？文本分歧与历史分歧

K-pop 的亚洲化：在泰国青年中的生产、消费与认同模式

亚际比较框架：中国台湾和韩国的后殖民电影中的历史学

印度二线市场中的香港动作电影

何时宝莱坞？文本分歧与历史分歧

● 阿西什·拉加德夏沙①

在“创意经济”这个集群中，人们极少讨论电影在其中所扮演的角色。电影产业在新型经济业务所衍生的一系列文化产品中一直处于领先地位，尤其是在亚洲——在日本、中国香港，以及最近非常出名的韩国热。这些衍生文化产品，无论是电视、网络、音乐或是时尚，都依赖于电影，但很快又超越了电影的范围。电影衍生产品的消费者实际上消费了电影本身：也有人可能会说，这些产品毁了电影，或者也有人说，它们赋予了电影新的生命。电影带来的一系列涉及审查制度以及各种自由的问题——诸如政治问题、公民问题和国家诉讼——依然存在：当电影转化成一系列衍生产品时，我们在传统上（至少在印度）赋予电影的那些特质去哪儿了？

本文以宝莱坞为个案。有关宝莱坞现象的讨论已有很多，谩骂也有很多；但是长期以来缺乏理论化研究。本文探讨宝莱坞是如何形成的，以及，在印度新的全球化蓝图中，它扮演怎样的角色。

* *

宝莱坞本身也如其名字那样，是对好莱坞的一种古怪的后现代式模仿吗？它是印度的电影产业吗？它只是孟买出品的印度语电影，仅仅是印度电影产业中很小的一个组成部分，还是更小、只占孟买出品的印度语电影中很小一部分，却显然能够面向全世界发行？甚或，宝莱坞仅仅是电影吗？

令人吃惊的是，所有这些问题都与我们所探询的话题有关，取决于提问者是谁，试图寻求怎样的答案。显然，宝莱坞不是什么简单的事物（“thing”），最好不要假定什么是或者不是宝莱坞电影，或者宝莱坞胶片、海报、饰品，所以，允许我这样开场：

---

① 阿西什·拉加德夏沙（Ashish Rajadhyaksha）：班加罗尔文化与社会研究中心（CSCS）。

最好把宝莱坞视为一个过程（process），而不是一个事物（thing）。

让我用它来做这样一个论断：宝莱坞只是最近出现的现象中的一个例子，在它之前，出现了**公开易懂**、能够讲述的、现代性的管理和科技运作——包括现代**国家**，现代**政治程序**（**文化抵抗**的现代体系）和现代**市场**。我会将宝莱坞视为一个过程，它体现了整个20世纪的问题，在这个过程中，电影参与其中，并为所有这些领域提供了语境，使其基本策略得到展现。

在这框架下，尊重宝莱坞一贯的对当下的和自我表述，我认为，我们可以与这种似乎很容易理解的现象拉开距离，抛弃其自我解释，使之照亮其背后沉重的后殖民国家的背景。宝莱坞的很多特征正来源于此：在印度，在南亚移民的前殖民地，如沙特爱拉波、斐济群岛、马来西亚；以及在英国、加拿大和美国，所有这些宝莱坞称之为“海外”的“领土”。这样的历史有可能在文化移民的动态过程中大幅地改写最近的文化工业。[1]它可能最终使我们能够在众多关于种族、真实性、政治动员、群体身份和文化权利的转变中理解宝莱坞。由于这些转变与电影有关，但在目前的印度电影理论中难以解释，我们也可能不从民族纽带（比如印度电影的尼日利亚粉丝、日本粉丝、韩国粉丝）的角度去考察观众参与，而是从电影本身的表演去考察。

配称宝莱坞，或拉吉尼坎塔[2]在日本

西方在世界媒体产业中可能占有最大比例的份额，但他们不是其中唯一的玩家。全球化不仅仅是美国化的代名词——最近印度娱乐业的扩张证明了这一点。对于世界上成千上万的影迷来说，宝莱坞——印度的电影产业——而不是好莱坞，刮起了银幕旋风。宝莱坞，基于孟买，已经发展称为一个全球性产业。印度的娱乐大亨的目标不仅仅是本土上亿的南亚人，或者家门口的德西（desis）[3]；他们为了出口而制造华而不实的电影、歌曲和电视节目。受日益壮大的中产阶级和诱人的投资环境的吸引，外国公司蜂拥而至宝莱坞，投资电影和音乐行业。外来资本帮助印度流行文化向更广泛的观众群体传播。而且，这可能产生一个良性的副作用：使长期受黑社会困扰的印度电影产业摆脱黑社会影响（“Bollywood Goes International”，2000）。

作为全球化的产物，宝莱坞一直强调其独特性和空前性。因此，从20世纪90年代中期开始，纸媒和电视媒体都像《新闻周报》中那样，兴奋不已地报道印度电影史无前例的惊人快速发展。到了2000年早期，对宝莱坞咖喱（masala）[4]的疯狂达到了出人

意料的程度；从东京到廷巴克图，人人都会跳印度舞，在不知甘地为何人的地方都能看到Shah Rukh Khan（沙鲁克·汗）这样的名字。好像出现了一个空前的可以赚大钱的机会。

像所有其他媒体一样，《新闻周报》2000年也报道了4部在西方世界打破记录的印度电影，其中三部直接或间接地与Yash Chopra制片公司有关：《勇夺芳心》（*Dilwale Dulhania Le Jayenge*，*DDLJ*，1995），这部电影在某种意义上是这一切的开端，《我心狂野》（*Dil to Pagal Hai*，*DTPH*，1997），Karan Johar的《怦然心动》（*Kuch Kuch Hota Hai*，*KKHH*，1998）和Subhash Ghai的《节奏》（*Taal*，1998）[5]。有关《节奏》的报道是这样的：

> 自8月13日全球公映以来，达到了北美8月13—15日这周末最高影院（每屏幕）平均票房。据周末票房数据，上映头三天票房达到591 280美元。《节奏》在北美44个影院同时上映，取得了头三天每块屏幕平均票房13 438美元的成绩，创造了宝莱坞在海外发行的最高记录。尽管未经证实，Eros娱乐公司的海外发行部门的新闻稿声称，《节奏》的最初三天的票房竟然超过了好莱坞最卖座的影片，如《鬼入侵》（*Haunting*），《女巫布莱尔》（*The Blair Witch Project*）和《大开眼界》（*Eyes Wide Shut*）（“US Box Office Sways to the Rhythm of Taal”1999）。

然而，在媒体夸大的背后正酝造着一场明显的金融危机。《经济时报》（*The Economic Times*）提醒人们关注这场危机所牵涉到的一个方面，它指出“新宝莱坞的首捷是《君心复何似》（*Hum Aapke Hain Kaun?*，dubbed），这是一个聚焦于两场婚礼的音乐剧……票房收入三千万”。事实上，这“仅仅是美国一个文艺厅的收入”，尽管如此，“在一个观影者仅仅花65美分就能买到一张电影票，平均票房收入只有三百万的国家”，它仍然是“一个非常可观的数字”（Moshavi 1995）。

宝莱坞的高度曝光率与其惨淡的票房收入形成了鲜明对比，这说明文化-金融领域被隐形的中间人（绝大部分是非居民）、代理人所占据，使得市场的结构性不透明。这是一种独特的责任危机，正如Amitabh Bachchan在1999年所承认的：

> 显然，我们的电影圈在世界上开始受到关注。印度语电影正在获得世界性的认可，而且我指的不仅仅是那些获得柏林或戛纳电影奖的影片。有一次，我走在伦敦皮卡迪利广场（Piccadilly Circus），看到一群库尔德人向我跑来。

（笑）我想，他们可能是想骚扰我。但是他们在我面前停下来，开始唱（*Amar Akbar Anthony* 和 *Muqaddar ka Sikandar*）里面的插曲。拉吉尼坎塔在日本极为受欢迎。而且，我听说甚至在斐济岛、巴厘岛和智利都有人知道我们的明星。太棒了！但是，我们缺乏适合的营销方式，而别人利用我们的成果赚得盆满钵满。（“Netvamsham!”，1999）

最重要的是，从90年代到21世纪早期，电影产业试图找到一个明晰的策略，以在这个新的市场际遇中寻求适当的资本化的机遇时，却在文化上遭遇了危机。DTPH为何突然在特拉维夫[6]大受欢迎？为何是在这个时候？他们如何将这种热度转变成一个稳定的市场，保证衍生产品仍然拥有稳定的观众群？在整个电影产业的新发展中，这一危机最突出地显现在这个奇怪的案例上：即拉吉尼坎塔在日本史无前例的走红。

毫无疑问，拉吉尼坎塔是继传奇的M.G. Ramachandran之后最为出名的泰米尔电影巨星。尽管他曾几度尝试进入印地语电影界，也曾在Bachchan电影中饰演一些配角（*Andha Kanoon*，1983；*Giraftaar*，1985；*Hum*，1991），甚至也曾经出现在一部好莱坞的小制作中（*Bloodstone*，Dwight H. Little，1989），他的事业很大程度上受限于泰米尔这一语言。在泰米尔纳德邦，拉吉尼坎塔是巨擘，另一方面，他也表现出一个大明星的特点：懂得自己的观众，知道怎么在当地市场聚集资本[7]；他小心地构建了自己的荧幕形象，在自己身边组建了一个懂得运营的团队，甚至在支持达罗毗荼进步联盟（Dravida Munnetra Kazhagam，简称DMK）[8]的竞选活动中获得了政治热度，至少在一定程度上促成了该党派在1996年大选中的获胜。[9]

接下来就是他在日本的成功。这是《新印度快报》（*New Indian Express*）对这一现象的报道：

日本经济危机之后的这代人挖掘了一个新的英雄：拉吉尼坎塔。Jayalalitha[10]的讨厌鬼，这个不屈不挠喜欢自我吹嘘和耍酷的男人，成为李奥纳多·迪卡普里奥（Leonardo DiCaprio）之后最炙手可热的流行风潮，他的第150部电影《一介马夫》（*Muthu*）成为继《泰坦尼克号》之后最大的赢家。至今为止，这部电影在东京电影节的23周内仅仅在日本一地的观众已达到127 000人次，6月的卫视首播收视净收入1 700万美元。（“拉吉尼坎塔横扫日本青年观众”，“Rajnikant Bowls over Japanese Youth”，1999）

我们如何解释这一成功？B. Kandaswamy Bharathan，Kavithalay的执行制片（EP），

曾经一手策划了《一介马夫》在日本市场的营销，提供了一个凑合的经典“宝莱坞-文化”解释：

> 这部电影传达了一个重要的信息：金钱不是万能的。它宣扬了人性价值，在第一首插曲中就强调了这一点。这一哲理非常吸引日本观众，尤其是对于年轻一代特别有意义，人们总是认为他们不如战后那一代人勤奋。（“拉吉尼坎塔横扫日本青年观众”，“Rajnikant Bowls over Japanese Youth”，1999）

日本驻印度大使藤原浩平林（Hiroshi Hirabayashi）也证实了 Bharathan 的看法，藤原 2001 年在钦奈解释道，日本人和泰米尔人都“工作勤奋、生活朴素、简单、遵纪守法、忠诚于国家、公司和家庭”。他说这种联系有很多实证，比如，印度人非常喜欢花道和盆栽，日本学生在 Kalakshetra[11]学习婆罗多舞，甚至有一种语言学理论认为“日语和泰米尔语同源”。[12]

确实，在《一介马夫》（K.S. Ravikumar，1995；1998 年在日本和韩国重新上映，片名为：*Muthu: The Dancing Maharaja*）获得巨大成功之后，人们努力延续这一成功：拉吉尼坎塔较早的 *Yajaman*（R.V. Udayakumar，1993）重映，片名为 *The Dancing Maharaja II*；日本企业家柳宿铃木（Nuriko Suzuki）导演了一部泰米尔电影 *Vetri Mugham Kanchi*，此外，还获得 K.T. Kunjumon 大热音乐剧《爱在土地》（*Kadhal Desam*，Kadir，1996；更名为 *Madras College Uduri*）在东京的放映权。自此，拉吉尼坎塔在日本的发展仅限于粉丝活动，而忠实粉丝仍然会为了影迷见面会（*darshan*）[13]而来到印度。回想起来，如果我们问《一介马夫》的制片人 Bharathan，为何这部强调印度世袭阶级差异的暴力、封建的电影会如此火爆，或者问他拉吉尼坎塔应该如何利用突然爆红获得资本，或者对拉吉尼坎塔的下一部电影、后续的事业发展和市场维护有何建议，他可能会承认自己不知道《一介马夫》为何在东京如此成功，而拉吉尼坎塔后来的电影在日本根本没有上映。

经济差异与文本差异：电影院与宝莱坞

> 任何一个团体为了简单而现实的目的来到一起，无论是反对砍伐喜马拉雅森林的生态运动，还是巴巴·安特（Baba Amte）的社会工作，还是宝莱坞电影产业，都是为了合作的可能而非制造分裂。当群体相互分隔，无法在现

实活动中互动时，他们族群身份就开始凸显；由于缺乏兄弟情谊，他们的“差异性”就更加突出。然后，冲突、仇恨和暴力就出现了。（Shashi Tharoor，1998）

印度电影产业的危机，不光有了先兆，而且已经成为现实。在制作上凸显其文化性——这是印度电影存在的根本原因，这与它为了适应全球化金融[14]的需要之间是不可通约的。其危机正在这里表现得淋漓尽致。显然，除了一些特例——比如“NRI”独立导演（Meera Nair，Deepa Mehta，Shekhar Kapur）和“可靠的”制片人（比如 Bobby Bedi，最初是 Channel - 4 的担保人），或者发行公司（Yash Raj Productions 或 Eros Entertainment）——绝大部分印度电影是无法将其文化价值转化成金融活动的。正如孟买的房地产形势，孟买市中心有极小一块区域的房产，仅仅因为“有资格”进入全球经济，为了脱离特殊化[15]而迫切需要进行系统改变，曾一度成为全世界最昂贵的区域。电影产业也是如此，号称世界最大的电影制造国生产了数量畸高、不成比例的影片，但是可以被所谓“宝莱坞化”的影片数量仍然极少——即片名具有“清晰”的文化印记、具有可购买的商品潜质——因为产业经济需要激烈的变革，从而无法生产更多这样的影片。

印度电影协会（the Film Federation of India）秘书长 K.D. Shorey 注意到印度国内电影产业所面临的严峻形势，他所使用的语言与宝莱坞的夸张宣传形成了鲜明的对比。对他来说，这一形式是“令人担忧的”。

一方面电影的制作成本一直在增长，另一方面，有线电视和卫星电视网络上的故事片盗版猖獗，导致票房收入逐渐减少。据电影的受欢迎程度和联合国教科文组织的报道，印度应当有十万家影院。但不幸的是，电影院的数量正在减少。……让制片人担心的是，娱乐征税本来是英国在战争中争取的临时措施，却被各届政府提高到一个非常高的比例，占了电影收入的很大部分。世界上只有印度、巴基斯坦和斯里兰卡征收娱乐税。……80 亿卢比对政府来说算什么？计划委员会（The Planning Commission）可以建议政府取消娱乐税，中央政府可以轻松地将这笔欠款分配掉。至于另一个核心责任，他们极少能收入 35 千万卢比。……只有像西方国家所盛行的那样，由金融机构出资成立影院，为电影制作提供金融资本……电影产业才能在一个健康的环境中成长。（“在第九个五年计划里，宝莱坞需要帮助”，1996）

在这里，Shorey 显然不是在谈论宝莱坞或者 B2B 的商业模式。他提出的问题可以回溯到 60 年代：票房征税、“世界最大的电影制造国家”极少的金融资本投入电影行业。同时，他尽最大的努力试图游说国家重视电影的“产业地位”。最终，在 1998 年，他终于让电影得到重视，并达到其巅峰地位。广电部部长 Sushma Swaraj 试图使电影产业获得银行金融协助的资质，劝说印度工商联盟（the Federation of Indian Chambers of Commerce，FICCI）帮助电影得到金融资本的支持，必须这样理解他们的努力：试图在金融资本机构的指导下，围绕新娱乐与媒体（E&M）集团，在电影产业周边寻找新的金融板块。事实上，只有极少数的产品（该产业中的宝莱坞的高端产品）可以形成新的金融产品，电影产业无法摆脱票房之痛的老问题持续存在，[16] 来自银行的消息在关于“产业认可”意味着什么的原始资料中提到这一问题。

> 用银行术语“产品目的”来分析电影业似乎触及到了事情的症结。“这一资产有创收吗？这既不是制造，也不是贸易、农业或者个体户”，一位私人银行家说……“我们可以考察制片人的业绩、个人投资、资本净值，以及万一失败后的偿款能力，然后做短期抵押贷款。但是这对电影要员们有吸引力吗？他们应该从自己借贷的资源那里获得更好的条件。”一位更加资深的私人银行家说道。（Ghosh 1998）

这并非如 K.D. Shorey 所说取消娱乐税或让地方金融投资制片那么简单。这个问题触及到了电影为什么在印度存在的核心，再次回到了电影的文化作用与其经济诉求之间的分裂：简言之，电影无法将其文化成功转化成经济方案。电影行业也清楚自己处于一个大的环境中，印度正在争取其文化合法性，同时，也处于一个巨大的转型期，从殖民、“高度民族主义”的国家转向一个全球化、国有资本撤退以及提供风险资本所需要的私有化和保障的新时代。

宝莱坞的黄金时代：印地语（落后印度）电影

这一分裂背后还有另一个矛盾。越来越明显地，在电影产业化的努力背后，还有一个更深的***历史合法性***危机。21 世纪初，宝莱坞自己的史学家和编写者开始认识到，电影界早期对产业的抵制在此时重演。流行历史学家的大军被委任以发现和——通过重写历史书、重拍、复古和修复——呈现那个时代，一个“经典”时期：二战结束后，印度独立的初期，那是一个大型故事剧的时期（Jha 2005；Dwyer 2005）。与这一理论思潮相配合的，是有意识地再度唤起印度电影的“黄金年代”，诸如电影《心归何处》（*Dil Chahta Hai*，Farhan Akhtar，2001，主题曲“*Woh ladki hai kahan*”）和《爱，没有明天》（*Kal Ho Na Ho*，Nikhil Advani，2003，主题曲“It's the time to disco”）的上映，以及数字化、彩色新版《莫卧儿大帝》在2004年上映，2007年*Naya Daur*上映。此时此刻围绕着黄金时代的民粹主义气焰十足，说明历史上电影界早期的抗争并未结束，仍有待在一个新的有利的环境中再决一胜负。

其中最有影响力的干预是在宝莱坞的黄金年代成熟之际，它颠覆了印度（而非印地语）电影的国家主义-国际主义的历史。这一权威历史开创于1950年代早期，介绍了Prasad（1998：14）称为强劲的“革命性动力”来表征印度电影，保证它不会“允许将早期印度电影纳入默片时代的民族电影”。依据著名的“PPP”或“后《大地之歌》”分期法，这是一个民族主义的时期，人们普遍认为在萨蒂亚吉特·雷伊（Satyajit Ray）1955年[17]的经典亮相之前，印度电影没有什么价值和意义。现代主义者在印度视觉艺术中也重复了这一立场，他们嘲笑在阿姆里塔·谢吉尔（Amrita Sher-Gil）之前的所有“现代”艺术都是没有价值的。另一方面，到了90年代，对印度电影的主流叙述完全绕过了这段历史，而唯独将印地语电影作为宝莱坞直接的宝贵先驱，因此，将孟买电影产业当道的时代命名为“前”宝莱坞：这一过去唤起了对永远的偶像、被雨打湿的玛杜芭拉（Madhubala）[18]的辉煌黑白片的怀旧。

宝莱坞的史学家们持续将焦点放在战后那几年，既推翻了国家主义历史，也颠覆了战前的怀旧（Prabhat新剧院和早期有声电影制片商，马哈拉施特拉邦［印度西部邦］和孟加拉的老人也会记得他们的黄金时代）。阿肖克·班克（Ashok Banker）的小册子《宝莱坞》（2001）就是一个典型，其导言提到“奇异宝莱坞”的标准特色——影片数量惊人，技术欠缺，歌舞必备（“如果你习惯了好莱坞式娴熟、生产过剩的产品，一定会觉得印地语电影老掉牙”）——但是也提出，尽管巴兹·鲁曼式（Baz Luhrmann）援救是不可信任的类型电影，真正的援救行动却是经济上的：由非印度居民（NRI）所斡旋的全球资本。“最近大热的《印度往事》（*Lagaan*）和《爱的债券》（*Ek Rishta*）在美国和英国大荧幕获得的票房比本土要多，”班克写道。他将电影产业置于全球经济语境中，说“这不仅是宝莱坞的情况”：

> 印度的计算机编程和动画制作技术拿到的西方国家订单比世界上任何国

家都多。在美国，每拨通一个免费的800电话，你都极有可能接通位于班贾布或卢迪亚纳的印度接线生，装模作样地模仿堪萨斯或缅因的美国口音。

这些产业将消费需求外包，其中也包含了他们要看的影片名单，于是班克就随手奉上。这本小册子精选了印度电影史上的五十部重要电影。其中，草草提到了宝莱坞印度电影“真正的”历史开始之前，两部默片（1913年Phalke的《哈里什昌德拉国王》和1920年Suchet Singh的《沙恭达罗》）以及Irani的第一部有声影片《阿拉姆·阿拉》（*Alam Ara*，1931）：此后才是1935年的*Hunterwali*和*Devdas*，最负盛名的孟买早期有声片*Achhut Kanya*（1936）以及最后的*Kismet*（1943），“宝莱坞……展示了一个激情独立的印度如何创造一个伟大的时代”。

这里提到了大量的影片，包括Nadias，孟买早期有声片和新剧院的作品——怀旧频道的长年珍藏——最初十有八九是通过1980年代4频道的英国多元文化节目才在宝莱坞的万神殿中获得了一席之地。这个频道在制片人法鲁赫·多昂迪（Farrukh Dhondy）的管理下，逐渐造就了这些具有如此影响力的宝莱坞里程碑式作品，比如米拉·奈尔（Mira Nair）的《早安孟买》（*Salaam Bombay*，1988）和谢卡尔·卡普尔（Shekhar Kapur）的《土匪女皇》（*Bandit Queen*，1994），这些影片的集体亮相定义了宝莱坞的形象元素。由4频道播出的Nasreen Munni Kabir的《宝莱坞：印度电影故事》（*Bollywood: The Indian Cinema Story*，2001）是在4频道电影和音乐短片展播的节目中播出的，还包括Kabir自己制作的出色纪录片《Mahal电影》（*Movie Mahal*，1987－1989，共有两部，每一部有28集）和《追星阿米达普·巴强》（*Follow that Star*，1989），有关阿米达普·巴强的52分钟的纪录片，《如何在宝莱坞出名》（*How to Make It Big in Bollywood*，1999，12部5分钟短片），以及《如何制作宝莱坞电影》（*How to Make a Bollywood Movie*，2000，15集有关电影产业的系列电影）。这些电影和书，连同行业的历史一起，再造了一段宝莱坞影迷的历史：一系列有关电影制作和叙事实践所“必读”的内幕事实。过于守旧的故事结局往往暴露了宝莱坞叙事奇观的空想式本质和多重来源（“主人公只要这样做就能被接受：或是在婚礼上大跳班格拉[19]（*bhangra*），或是在舞会上为了获取女主角的欢心而高唱卡瓦利[20]（*qawwali*），或者在悉尼海港大桥上大跳迈克·杰克逊的舞”），正如90年代导演卡伦·乔哈尔（Karan Johar）所说的，这也是因为宝莱坞要同时讨好“纽约的印度雅痞和比哈尔的村民”。

极具鉴赏力和表达欲望的观众能够以极快的速度判断一部电影，这体现了影迷的成长壮大，他们也同时写入了战后印度命运的叙事当中，尤其是在“顿悟”的尼赫鲁时代。和班克一样，Kabir 在讲述电影史的开端时，也将默片甚至早期工作室时代一笔带过，认为这些电影完全是神话、灵修式的，过度推崇“善与恶的较量，以真理的名义强调牺牲”：

> 50 年代是印地语电影的黄金时代。电影人创造了作者导演和个人作品，同时严格遵守电影的布景惯例。圣雄甘地和尼赫鲁总理对这个刚独立的国家的设想也深深地影响了这十年，还有很多出色的乌尔都语诗人和作家都与电影人合作，希望能够创造出具有社会意义的影片。

她总结道，“自然地，50 年代在今天被视为印地语电影最好的时期，深刻地影响了一代又一代印度电影人，其影响超越了其他任何时代”（她把书题献给古鲁·杜特 Guru Dutt）。沿着这一思路，她以全球化时代的离散移民社区来结束：这里有“懂印地语的印度裔忠实观众”，片商没有必要“为了获得更广泛的白人观众”而给电影配字幕。

宝莱坞的怀旧影片常常被锁定到几部“经典”，它们和更为晚近的“NRI”电影和其他一些影片，以及 Kabir 自己在 4 频道的作品，共同构成 90 年代电视节目的主打。这一串光荣名单通常都集中于一个时期，起于 1943 年的大热影片 *Kismet*（Gyan Mukherjee），然后是不断重播的战后情节剧：拉兹·卡普尔、古鲁·杜特、梅赫布和比马尔·罗伊的作品。然后是 70 年代（阿米达普·巴强），在 90 年代后期（尤其是雅什·乔普拉）的作品前，会提到几个 1990 年代的明星（尤其是沙鲁克·汗），那时被看作是全球化的开始，电影将指挥棒交给了宝莱坞。

因此，2003 年，印度一家杂志（“宝莱坞特刊”，“The Bollywood Special”，*Outlook*）支持 Kabir 推选“最佳”的提议，做了一个针对导演的民意调查：选出了宝莱坞电影前十强，显然取消了非印地语电影和独立之前的电影的参评资格（尽管 Mrinal Sen 也是评委之一）。这一调查列出的电影是：梅赫布的《印度母亲》（*Mother India*，1957）；《莫卧儿大帝》（*Mughal-e-Azam*，K. Asif，1960）；古鲁·杜特的《诗人悲歌》（trio，*Pyaasa*，1957）、《纸花》（*Kaagaz ke Phool*，1959）和《国王、王后与奴隶》（*Sahib Bibi aur Ghulam*，1962）；拉兹·卡普尔的《流浪者》（*Awara*，1951）；比马尔·罗伊的《两亩地》（*Do Bigha Zameen*，1953）；偶像巴强的作品 *Deewar*（Yash Chopra，1975）和《怒焰骄阳》（*Sholay*，Ramesh Sippy，1975）；以及竞争奥斯卡的《印度往事》（*Lagaan*，Ashutosh Gowarikar，2000）。《大地之歌》（*Pather Panchali*）的落选表明这一活动试图改

写民族主义的电影史，将会造成深远的影响。

尽管很多历史叙述（比如 Kabir，1999）都认为宝莱坞诞生于 1945—1951 年间。但这个时期在印地语电影史中是充满争议的。其间，主要位于孟买的印度电影产量突然翻了两倍多（从 1945 年的 99 部到 1951 年的 221 部）。更重要的是，电影业发生了急剧的变化，老的摄影厂一夜之间倒闭，由电影金融家赞助的独立制片企业突然崛起[21]。这一时期，印巴分治后，在拉合尔[22]电影工业迁移到孟买的过程中诞生了独特的电影惯用手法，成立了新的制片厂，创造了今天我们所熟知的印地语电影。值得注意且具有反讽意味的是，在这一非常时期，政府开始关注“低迷”期美学标准和产业效率的迅速降低，而这一时期制作的电影恰恰后来被认为是最为经典的，是“黄金时代”印度电影的精华。根据 S.K. Patil 电影调查委员会报告（the S.K. Patil Film Enquiry Committee Report）所记录，1946—1947 年在战时控制和“电影美学的低点”[23]之后，战后金融潮的最高峰到来；1946 年，见证了 Dev 兄弟和切丹·阿南德（Chetan Anand）的处女秀。此外还有 Kardar 独立制作的高成本影片，K.L. Saigal 的时装史诗 *Shahjehan*。1947 年，拉兹·卡普尔携 Kidar Sharma 的经典巨作 *Neelkamal* 进军影坛，此外还有几部值得关注的 Filmistan 制作，比如 Santoshi 的 C. Ramchandra 合作影片 *Shehnai*，以及持续火爆的主题曲“*Sunday ke Sunday*”。

多年以来，国家除了为了规范孟买电影产业而打响经济战，还企图干预电影史书写，允许“官方”历史纳入 1950 年代印地语电影，因此，产生了一个基本的矛盾：即关于电影业实际做了什么，与国家认为它做了什么一直争论不休（这个问题在 2000 年全球化开始后才得到解决）。国家敦促电影界意识到自己的历史使命[24]，同时，也努力将正当的历史目的赋予印地语电影——从而成为国家的历史机构，这一现象最好被理解为在国家的要求下生产流行文化，是一项特定的、有意识的国家行为。

印度重要的电影理论家 Chidananda Das Gupta 所研究的正是 50 年代国家机构干预 Patil 报告这一时期产生的电影，他在较早的一个场合中使用了“全印度电影”这个概念，认为印度电影既有自己的风格，也能够恰当地在电影中使用各种流行电影类型和戏剧类型的元素，必要的时候，还可以借鉴好莱坞。这是为所有为了打破地域和语言界限的娱乐形式，提供一个配方，“可以加强社会和经济变化中的统一倾向的文化领导权”，“为由于知识分子与大众之间的惯习差异而无法产生的文化领导权，提供了一个次级选择替代方法”（Das Gupta 1968：5）。将电影产业提高到国家政策的高度，全印度电影共同体现整体的国家层面的功能，类似于“全印度广播”的宗旨（Das Gupta 提过），Doordarshan[25]最近也提过。由于电影产业在经济上无法自足，因此，只能以培育其统一的当代“本土”文化这个功能来平衡这一点。

对宝莱坞来说，关键的是主流电影作为民族文化价值的宝库这种说法在那些时代有其根源。这一说法本身无法解释电影产业如何在国家独立之前，没有任何来自国家的支持，就形成了民族市场，具有了自己的民族观众。然而，它确实注意到一个普遍的观点，即存在一种叙事模式——从那时起，就被普遍认为是民族情节剧（Chakravarty 1993；Prasad 1998）——它预见了国家机构对电影领域的干预，最终，也会超越这种干预。

电视（及相关）节目的告急显然预示了这样的重写，在宝莱坞为了重写自己的过去而重新建构的电影史之外，我们是否可以认识到另一种政治前提？我们看到，宝莱坞确实认真对待“官方”电影史所标记的印度世俗民族主义（比如 Kabir 对 1950 年代的观察，或者宝莱坞宁愿放弃部分海外市场，也要坚持对国家爱国主义的热衷）[26]，无论如何，官方历史认为自身是文化商品的制造者，而电影只是其中之一。因此，电影所扮演的角色是其整体自我期许中的一个子集。

（翻译：张淳　校对：罗小茗）

注释：

[1] 宝莱坞在美国印度人中的作用，参见 Mohammad（2001）和 Rayaprol（2005）；在德国，参见 Brosius（2005）；在加勒比地区，参见 Niranjana（2006）；在斐济，参见 Ray（2000）。特别参见 Parthiv Shah 的杰出展演，见 Shah（2000）参考文献。

[2] 拉吉尼坎塔，南印度演员，1950 年 12 月 12 日出生于印度卡纳塔克邦首府班加罗尔，原名施瓦吉·洛·盖克伍德（Shivaji Rao Gaekwad），泰米尔语电影的代表人物——译者注。

[3] 德西（Desis）为南亚人使用和称呼自己的一个名词，指南亚的印度次大陆国家散居海外的侨居者——译者注。

[4] Masala 为一种印度香料。宝莱坞电影多为音乐歌舞片，由歌唱、舞蹈、三角恋、惊悚场面混合而成，如 masala 香料一样，为混合体，因此又被称为 masala 电影——译者注。

[5] Yash Raj 通过这些电影的营销独自建立了宝莱坞的商业模式、生产模式和全球化展映模式，在将宝莱坞的发行转化成市场策略中功不可没。有关 Yash Raj 模式的介绍，参见 Dwyer（2002），章节名“Production”。她在 Yash Chopra's *Chandni*（1989）和 *Darr*

(1993) 中探究了一种新的电影类型的营销模式的源头，*DDLJ*，*DTPH* 和 *KKHH* 在全球市场开设发行办公室（*DTPH* 位于伦敦的办公室负责英国和“世界其他地方”的发行；*KKHH* 位于纽约的办公室集中负责美国、加拿大的市场；第三个办公室位于迪拜，负责西亚市场）。Dwyer 系统地描绘出了 Yash Raj 模式的步骤，建立了从商业到发行到生产的“完整模式”。

[6] 希伯来版本的 *Dil to Pagal Hai* 在以色列特拉维夫上映，名为 *Halev Mistagya*，市场表现不俗。再一次地，印地语电影接下来在以色列并没有再创佳绩。

[7] 资本化最著名的例子就是拉吉尼坎塔的电影 *Baba*（Suresh Krishna，Tamil，2002）。根据 Sarai 的一次论坛对这一案例的讨论，据报道，拉吉尼坎塔发了一个“重要公告”，禁止人们“模仿这部电影荧幕的人物形象，或将 Baba 用于商业盈利目的；包括在产品广告中模仿他的形象，或者在电视节目中模仿他的桥段”。这个公告同时也声明“任何个人或企业不可使用拉吉尼坎塔的照片、素描、头巾，作为销售或品牌产品的辅助手段，或者让人联想到他的‘风格标识’——比如抛香烟然后用齿间接住，唱歌时使劲摇动胯部，快速移动脚步和甩头发。”这与拉吉尼坎塔想要控制其公众形象所表达的含混的政治涵义形成了对比，因此，在 Sarai 普通发论坛上，出现了一场电影背景的争论。参见 Liang（2003；http：//india-seminar. com2003/525.htm，访问于 2007 年 10 月 9 日）。

[8] 达罗毗荼进步联盟，1949 年创立于印度马德拉斯省，是活跃于印度泰米尔纳德邦和本地治里的一个政党。它是由 C·N·安纳杜拉伊创立的一个达罗毗荼政党，原是由 E·V·贝里亚尔领导的达罗毗荼联盟（1944 年以前称正义党）中分裂出来的。1969 年后，该党由现任泰米尔纳德邦首席部长 M·卡鲁纳尼迪领导——译者注。

[9] 如 Madhava Prasad（1999：49）所示，这不仅仅是政治受欢迎度的问题。Prasad 提出了一个复杂的理论“电影政治（cine-politics）”，这只能理解为，不仅仅是“明星卡里斯马与电子政治的联合”，也不仅仅是用“电影传播政党口号”。实际上，它承认，在南部印度一些以语言区分的州，在特定的历史时刻，明星是一种“政治参与的突出形式”。有一系列因素导致了电影这种娱乐形式成为政治投资的方式，而其观众还热情地回应荧幕英雄的领导，成立影迷协会，建立起一整套实质的日常实践机制，巩固了明星的领导人地位。

[10] Jayaram Jayalalithaa（1948—2016），印度女电影明星，后转型为政治家，四次担任泰米尔德邦的首席部长。在弃影从政前，曾出演过 100 多部电影——译者注。

[11] Kalakshetra，现在被称为 Kalakshetra 基金会，是一所致力于保护印度艺术和手工艺品传统价值观念的艺术和文化学院，特别是在婆罗多舞和 Gandharvaveda 音乐领域。该研究所位于印度钦奈，成立于 1936 年 1 月，由 Rukmini Devi Arundale 创立——译者注。

[12] http：//www.japanemb.org.in/lectures/Lectures13.htm（访问于 2003 年 9 月 1 日）。

[13] 参见 Rajni 粉丝的官方网站“日本”部分（http：//rajinifans.com/ japanese/，访问于 2007 年 10 月 1 日）。

[14] 这一金融的附加条件很多，包括完整的保证和保险。印地语电影产业的保险始于2000年，Subhash Ghai将*Taal*（1999）在印度联合保险公司（United India Insurance【UII】）投了1亿1千万卢比的保险。2001年7月，UII率先推出Cine Mukta政策，向Ghai的公司致敬；截至2003年底，它的保险范围扩展到45部宝莱坞电影，总额20亿卢比（Nag，Goswami 2003）。显然，目前为止保险额度最高的3亿卢比是Gaurang Doshi's VR电影公司制作的*Deewar: Let's Bring Our Heroes Home*（Milan Luthria，2004，主演：Amitabh Bachchan，Sanjay Dutt）。ICFAI（Centre for Management Research Case Study on Film Insurance and Financing in India）公告："电影行业直到90年代末期才适合投保，其原因不是之前的制作方的问题……主要问题在于这个行业的运行和生产模式，直到那时才符合全球标准。"（http：//www. icmr. icfai. org /casestudies Film%20Insurance%20&%20 Financing%20in%20India1.htm，访问于2007年10月9日）由银行、金融部门以及印度企业金融公司（Industrial Finance Corporation of India【IFCI】）和印度企业发展银行（Industrial Development Bank of India【IDBI】）指定的一项联合机构委员会于2000年12月提交了一个"娱乐行业金融化"的报告。

[15] McKinsey声名狼藉的报告（*Vision Mumbai: Transforming Mumbai into a World-Class City: A Summary of Recommendations* 2003）也指出了一个问题："居住和商业地产极度昂贵，却品质低劣。"其中，引用了一位不愿意透露姓名的经理的话："在孟买，你花第一世界的房价，买的是第三世界的服务。"为了降低房价，为了成为"世界级城市"——这个词与"克利夫兰和上海"同义——孟买必须"保证其房价更合理，租房市场更加稳定，土地发展必须有整体规划，城市住宅必须提升品质。尤其是贫民窟居民的比例必须降到10—20%以下，房价不能超过家庭年收入到3—4倍，租房价格应为其30—40%"。

[16] PwC 2006的报告已经让大家注意到，相当于印度的人口，印度的电影机构数量庞大，这表明印度人热爱电影，每个印度人一年要在电影院看3场电影。但是只有印度一半人口的国家，其电影市场至少是印度的10倍。第二，尽管有12000家电影院遍布全国，但是平均上座率只有35%。第三，尽管如此，"印度电影产业仍然并不缺钱"，"平均预算，尤其是主流的印地语和地方电影，并没有呈现下滑趋势"。

[17] Mrinal Sen坚定地认为，Ray之前没有出现过任何有价值的印度电影，除了Kalipada Das的戏剧默片*Jamai Babu*（1931）。虽然他说在制作*Akaler Sandhane*（1980）时发现了Bengal第一部现存电影很高兴，但他对此并不了解也不关心。

[18] Madhubala（1933—1969），穆斯林印度电影演员，活跃于20世纪40年代至60年代，拍摄了多部印地语电影的经典影片，通常被视为印地语电影最具代表性的女性演员——译者注。

[19] Bhangra舞曲是英国昔日殖民地——印度半岛上流传的锡克教传统丰年祭舞曲。节奏强烈，在印巴移民中大为流行，后经改编成电子旋律，融合各种元素，成为世界音乐中

的新兴流派，其欢愉的气氛也成为印度电影制作中心——宝莱坞最爱使用的配乐类型——译者注。

[20] Qawwali 是巴基斯坦的一种传统的民间音乐形式，是一种即兴表演的音乐，用人声来进行即兴演唱或与乐器相互对答——译者注。

[21] 战后经济和金融对孟买印地语电影产业的影响和贡献一直存在争议。对这一领域的探索发现了一个更广的历史图景。在第一阶段，地产经济的资本主要与票房有关（最近，在 90 年代的印地金融家 Bharat Shah 的 *benami* 投资风格中表现明显），包括持续投资新的渠道，明星片酬、歌曲版权、卫视版权等，以及投资的独立回报，这些都与电影产业本身的产品相联系。印度独立之后，努力干预电影生产和制作，征收高额娱乐行业所得税。第二阶段，它进入票房，与零售终端相联系。从而导致了各种形式的投资（甚至包括 Yash Raj 的电影），这导致金融投资家对产业直接的整体投资（参见 Rajadhyaksha 2006）。

[22] 拉合尔（Lahore），巴基斯坦的第二大城市，旁遮普省省会——译者注。

[23] Patil 报告写道："当 1946 年该控制撤销时，电影产业出现了一个井喷。电影院开始在 1946—1947 年和 1947—1948 年两个两年内数量激增，在 3 个月的管理真空期，受到该产业的蓬勃繁荣的影响，100 多家新制片商进入电影制造的市场，新片发行量从 1946 年的 200 多部激增到 1947 年的 283 部。如果这一繁荣平衡分布的话，这一形势会更加令人满意。但遗憾的是，其他任何产业都没有出现电影产业所经历的这种井喷。新的制作公司做好准备，打算在电影市场高风险之下放手一搏，经常付出惨痛代价，既不卖座又不叫好，赔了夫人又折兵。"

[24] 印度电影生产商应该意识到，世界上对多元文化和多元国家传统文化的需求越来越多，语言不会再成为一种障碍。电影并不是对西方的廉价模仿，应该是真实、真诚的印度文化的体现，应该表达人性的关怀……，印度电影制作方应该更加谨慎、敏感地选择、精炼主题。只有这样，印度电影才能带来有价值的文化交流。

[25] 关于印度电影、广播如何应该像 BBC 一样反应本国"民族"文化，有无数的历史叙述和文件材料。——与印度第一位信息广播部长（Information and Broadcasting Minister）B.V. Keskar 有关，包括一系列针对电视、广播节目、电影音乐的赞许和禁令，却为广播提供了机遇。关于 Doordarshan 有关民族文化的政策，参见 P.C. Joshi Report "电视节目的印度品格"。

[26] 巴基斯坦人反对在印地电影中使用巴基斯坦语的长久争论（J.P. Datta's *Border*，1997 和 *LOC Kargil*，2003）有各种各样的形式。在反巴基斯坦的电影 *Lakshya*（Farhan Akhtar，2004）和 *Ab Tumhare Hawale Watan Saathiyon*（Anil Sharma，2004）中，有关于巴基斯坦总统穆沙拉夫（Parvez Musharraf）的谣传，说他给 Aishwarya Rai 打电话，迫使他不参演这样的电影。（这一谣言可见于："Pak Bashing in Bollywood"，22 March 2004；http：//movies. indiainfo. com/features/gadar _0322. html，访问于 2007 年 10 月 9 日。）

这一问题显然导致了巴基斯坦官方对印度电影的禁令，部分解释了 Yash Chopra' 的 *Veer Zaara*（2004）所遭遇的市场环境。参见 YouTube 短片中对印地电影中穆斯林明星的攻击：《真实的宝莱坞》（*The Truth about Bollywood*，http：//www. youtube.com / watch? v = MYB7r0ySRqc，访问于 2007 年 10 月 9 日）。

K-pop 的亚洲化：在泰国青年中的生产、消费与认同模式[①]

● 乌汶叻·希里玉瓦沙、申铉准[②]

在撰写这篇论文的 2005 年，韩国的文化商品已经开始在亚洲流行，但是韩国流行音乐（如今通常被称作 K-pop）的声势并不高。当时研究韩流的文章主要关注日中两国（包括华语区）对韩剧（肥皂剧）的消费。

这说明对东北亚和东南亚之间的文化流动、交易、循环过程的关注是不充分的。这一过程不能被简化成“文化亲近”之类不可靠的概念。回过头看，儒家文化传统影响了有关东北亚地区具有文化亲近性的话语，对韩流的研究中也充斥着文化亲近的话语。即便有人会为此辩护，认为文化亲近不是本质主义意义上的，而是在生活中践行的（performative），这个解释框架仍然有严重的缺陷。

这篇论文由两名作者分工撰写：铉准负责生产方面，乌汶叻负责消费方面。然而分工并不顺利，因为在所谓全球化或全球资本主义的时代，文化生产和文化消费的界限正在日益模糊。文化翻译/转型的速度和强度是通过文化的循环系统实现的，后者同时决定了生产和消费。所以在写作过程中，两位作者的工作也有交叉。

其中一个重要的结论是，在 K-pop 的文化经济过程中，各种行动者（actors）都参与了文化翻译/转型工作。它是通过文化生产者和消费者的情感劳动（通常是免费的）实现的。因此“亚洲化进程（Asianing）”并不是几个权贵（hegemonic players）主导下的自发过程，而是相当复杂的过程，由各种操作媒体、网络和实践的行动者共同完成。尤其是泰国粉丝的积极行为所发

---

① 本文来源：*Inter-Asia Cultural Studies*，Vol 8，Number 1，2007.

② 乌汶叻·希里玉瓦沙（Ubonrat SIRIYUVASAK），泰国朱拉隆功大学传播艺术学院。申铉准（SHIN Hyunjoon），韩国圣公会大学东亚研究院。

挥的功能受到了作者更多的关注。

无论是亚洲还是其他地区的学者都不愿意把大众化的流行文化产品当做严肃的研究对象。尽管如此，由于流行文化具有跨越国界的能量，因此对它的研究能提供讨论、交流和重大意义的切入口。讨论流行文化脱不开民族国家、意识形态和政治，这些仍然是亚洲的重要议题。此外不可否认的是，K-pop与其他流行（大众）音乐一样都吸收并传递了资本主义的意识形态，如果愿意称作新自由主义也是可以的。但是它能创造一种情感联系吗，使得人们去想象、建设和憧憬（归属）亚洲？这篇论文至少努力给出自己的答案。

引言

2000年之后，韩国流行文化在泰国中产阶级年轻人中流行起来，其品类众多，包括电影、电脑游戏、电视剧、图书、音乐和食品。20世纪90年代初“韩流”还没有出现，日本的文化产品在年轻人的流行文化想象图景中占据主导地位。实际上，三十多年来，日本动漫已经走进了泰国的千家万户，成了城市小孩最普通的文化消费。近年来，韩国取代日本成了新的焦点，一时间粉丝们将韩国看作“时尚”和“潮”的代表。这篇论文将考察泰国的“韩流”现象，乃至“韩流”在东亚各国[1]的文化工业体系（industrial networks）；以及厘清韩国流行文化（K-pop）是否延续了日本流行文化的跨国流通轨迹，抑或是韩流展现了各种流行潮流被东亚文化工业统摄在“亚洲流行”（Asian pop）的名目下。在新的历史条件下，青年文化与日常生活政治有什么关系？在当下的亚洲媒体景观中，“亚际流行文化”（Inter-Asian pop culture）产生了新的风格/范畴，并导致了新的政治经济后果和亚洲化进程（the Asianization），这篇论文还希望深入讨论这些问题。

泰韩关系与韩国流行文化在泰国的兴起

泰韩两国在当代历史的联系可追溯到朝鲜战争时期（1950—1953），泰国军队作为联合国军的成员赴朝鲜半岛作战，打着帮助“韩国”抵抗“北方侵略者”的旗号。“反共”意识形态将泰韩两国团结在美国主导的政治安保协定之下。历经四十年的政治变革和经济发展，韩国已经脱离了发展中国家的行列，于1996年加入经合组织

(OECD)。韩国还跻身“亚洲四小龙”（还包括中国台湾和新加坡），与一些资本主义强国较量也占据上风。第三世界立场的社会经济批评家沃尔登·贝洛（Walden Bello）却认为，全球化时代的结构性依附是很脆弱的，容易造成地区性的经济危机（Bello 1992）。

尽管泰韩两国都经历过军事独裁的历史，在八九十年代都进行了一系列国家发展计划，但泰国未能跻身亚洲四小龙，经济腾飞的梦想落空。1997 年金融风暴突如其来，重创泰国，数以万计的企业破产。泰国和东南亚各国的金融市场崩溃，印尼、菲律宾和马来西亚损失惨重，韩国和中国台湾受损状况略好。从那时开始，新自由主义和全球化进程压制着东南亚国家，成为其经济发展的主要威胁，迫使东南亚开放市场，为美国商品进入东南亚市场提供优惠条件。泰国政府接受了国际货币基金组织提供的一揽子救市方案，以帮助银行、媒体业和小企业从重创中恢复过来。“经济上的投降”有多苦涩，政治上的愤恨就有多强。对新殖民主义的强烈抗议适时出现了，同时有人提出经济民族主义是拯救国民经济的最后一块法宝（Pasuk，Baker 2004）。然而知识分子和政府之外的社会活动家们认为，唯一的出路是采取双管齐下的计划：首先，当务之急是将经济与国际市场脱钩（deglobalize），在东南亚国家之间建立紧密的联盟；其次，有必要为大量挣扎在贫困线的人们重建经济（Bello 2001；Pibhop 2004）。

新一轮全球化以及随之而来的经济秩序，控制着东南亚的政治与经济，这是分析讨论该地区韩国流行文化兴起的基本条件。对我们来说，全球化的政治经济进程具有“文化效应”，同时也具有相当的“政治效应”和“经济效应”。1997 年金融危机之后，韩国采纳了国际货币基金组织的重建计划，由此经济复苏，回到了资本主义经济高速发展的轨道上。其中一个重要的战略就是加大投资力度，开拓新的消费市场，包括向中国和东南亚出口文化产品以扩大出口量。韩国强有力的经济政策带来了各领域广泛的双边（以及多边）贸易活动，并改变了国家之间的关系。

新的国际关系不仅具有传统外交上的意义，还是东北亚和东南亚国家之间广泛而复杂的关系网络的组成部分。即使是最粗心的观察者也会发现这种现象是全新的。

首先，泰韩之间的贸易关系显示，近十年来韩国的贸易总额持续增长，而泰国自 90 年代起就对韩国保持着贸易逆差，情况始终不曾改变。2004 年的贸易总额达到 54 亿 3 700 万美元，而逆差额就达到了 17 亿 1 600 万美元[2]。此外奔赴韩国的泰国劳工人数逐年上升。2004 年约 2 万名泰国劳工在韩国合法地打工居留。

其次，韩国和泰国是两大区域性政治经济组织的成员——亚太经合组织和亚欧会议。"东盟+3"成立于1997年，目的是强化各国之间的纽带，除了东盟成员国，还包括中国、日本和韩国。该集团不再以从前的军事安全联盟作为目标，而是为了开展新的经济活动，并在全球市场中占得先机。

由于两国政治经济关系的加强，文化交流也大幅增长。实际上泰国还是韩国的第四大旅游目的地；2002年韩国赴泰观光人数达到了70万，比往年增长15%（Ministry of Foreign Affairs 2005）。韩国的商业团体也在曼谷中心城区蓬勃发展。除此之外，一些新的合作项目也在兴起，比如官方发起的针对商界、旅游业、文化产业和教育等方面的私人合作。很显然，一个国家的经济实力与其语言文化的向外拓展有着直接的关联。这是我们审视"韩流"在流行文化中兴起的基本语境。

全球化/亚洲化亚际文化

兰珊·塔纳波牛谱（Rangsan Tanapornpan）在其两卷本专论"文化资本"概念的文集中指出，在全球化时代，文化资本对于权力的扩展和维持至关重要。随着信息社会的到来和资讯科技（ICT）的出现，英语、英美文化、美国化的强大影响力在极大程度上还扩大了，甚至达到了文化帝国主义的地步。讽刺的是，深陷在全球化中的广大穷人并没有获取信息的渠道，不能以真正的"公民"身份参与到全球化之中。兰珊将文化资本作为论述的核心概念，说明了为何日本文化，由于二战时日本在亚洲实施的侵略和殖民在战后被其他各国有意地回避，而在当今已经全球化了的经济中变得更"热门"（desirable）了（Rangsan 2003b：30－35）。中国的热门程度紧随其后。由于中文已成为联合国五大工作语言之一，因此有人预言无论在东方还是西方，中文和中国文化都会被更广泛地学习和追捧。就韩国这个例子来说，韩国目前只是东北亚比较小的政治体。"韩流"的传播似乎可以很好地说明，韩国的文化资本是如何在东南亚和东北亚产生影响力的。

如果我们不仅仅把韩流现象看作具有亚洲特色的全球化（a globalization with an Asian face），就需要对亚洲化（Asianization）和亚洲主义（Asianism）进行界定。尽管亚洲主义有时会被简单等同于"亚洲地区的全球化"，但是我们更愿意描绘出这一文化过程更丰富的面向。在理论和实证上做辨析和深入讨论之前，我们打算先指出三点观察。

首先，亚洲化/亚洲主义的观念并不是指"本质上的亚洲主义"，而是指"流行

（大众）[3]的亚洲主义”。因此，亚洲化进程与商品、图像和符号的流通息息相关。在这个意义上，我同意岩渕（Iwabuchi）提出的“跨亚洲文化流通”（trans-Asian cultural traffic）的理念。同时我还会借用蔡明发提出的“东亚流行文化”概念（East Asian popular culture）来讨论K-pop亚洲化的动态进程（Chua 2004）。然而，目前我们观察到的并不是一马平川、没有任何阻碍的进程。相反这份研究表明，这是一个复杂而存有争议的现象。

其次，亚洲化意味着民族文化必须放在区域间文化的关系中加以考察。最明显的是，需要重视纯粹的双边国际关系；更复杂的国际关系和跨地方（translocal）关系[4]不能简化成“民族之间的竞争”。尽管这种看法可以也应该适用于亚洲化概念出现之前的时代，但是我们的重点只放在“后冷战”时期。

再次，在全球化/亚洲化的进程中，“地方”（local）越来越指向次国家（sub-national）的含义。因此在这篇论文中，“泰韩之间的国际关系”实际上就是曼谷和首尔这两大都市之间的跨地方（translocal）关系。尽管其他城市也是这一动态关系的组成部分，如北部的清迈、东北部的孔敬和南部的合艾，但是曼谷仍然是考察的重点。因此我们还会质疑曼谷和首尔是“民族文化”的代表这一观念，尽管这两大城市毫无疑问是政治、经济和文化中心。

因此，泰韩两国与K-pop和流行文化相关的文化联系主要是在东北亚和东南亚的大都市之间发生的。根据这一理解，我们可以着手反思“亚洲流行”（Asian pop）[5]的概念，希望讨论K-pop的传播是否会在泰国造成文化上的同质性（homogeneity），或者通过理论性和分析性的话语实践会产生出文化多样性吗？

阿帕杜莱在《消散的现代性》中指出，近年来文化和媒体已经占据了中心位置（Appadurai 1996）。他提出了全球文化流动的五个维度：族群景观、媒体景观、技术景观、金融景观和意识形态景观。然而，由于有关文化同质化的论述太笼统以至于太简单化了，因此他没有采用这类说法。他认为，这种论述忽略了具体人的能动性以及集体性的想象世界（collective imagined worlds），也忽略了本土化的过程。阿帕杜莱提醒人们注意各种各样的具体行动者的“形象、想象和想象世界”（the image，the imagined，the imaginary）所具有的能量。他的核心论点是，应该从第三世界大众消费的角度出发来理解全球文化流动。他还指出，现代/后现代的文化传播现象的实质在于流动和诸景观（scapes）之间的动态关系，而这种关系表现在跨文化主义、族群和全球化及跨国流行文化中的身份政治。

我们发现阿帕杜莱的理论也存在问题。他坚称“想象和想象世界”事实上可以实现离散的全球流动，以致跨越边界的人都是全球移民。这些全球移民是谁？是男是女？是老年人还是少年儿童？来自哪个阶级或族群？真实和想象出来的集体性的脱离领土行为如何与东亚地区后国家/反国家的意识形态景观、技术景观和金融景观协调一致？为了克服这一弊病，以及将主流论述中的文化工业和民族国家与中产阶级青年的文化实践做对比，我们考察的案例是泰国的“韩流”现象（以及在东南亚），将探索这一进程是否就是亚洲化。除了生产者和消费者，“中介”（mediator）也将是考察对象，其对于文化市场至关重要，能传播艺人、舞姿和风格的“诱人形象”（desirable images），以及由音乐工业和大众传媒生产并卖给年轻观众的“想象世界”（imagined world）。

韩国的文化面貌：韩国和泰国的韩国流行音乐

韩国流行音乐（K-pop）是最近征服泰国的韩国流行文化之一。其流行得归功于两大泰国音乐公司：在2003年引进Se7en的RS Promotion和在2004年引进Rain的GMM Grammy[6]。在K-pop席卷泰国之前，韩剧和电影早在1997年就进入泰国了。但是Ragnarok[7]在2001年的轰动效应最大。次年该游戏的泰语版上市，流行度达到了顶峰。今天注册玩家已达200万，很多人对该游戏已经上瘾（Sasiwimon 2005；Chat 2003）。“韩流”的传播还碰巧遇上了2002年世界杯足球赛。由日韩合办的世界杯对于两国是一件大事，体现了两国的欢乐与荣耀、国家认同和文化政治[8]。世界杯是一项全球盛会，建立在两大主办国的政治经济权力基础上，展示了亚洲-全球文化形象的全新面貌，同样强烈吸引着泰国球迷。

韩国流行音乐的文化经济

韩国流行音乐如今举世闻名，通常被简称为K-pop，其历史可追溯到1992年，那年Seotaiji and the Boys横空出世。这个组合标志着韩国社会的代际变化，并发展成巨大的娱乐产业，后来被称为“偶像工厂”（idol star system）。首先，娱乐产业与广电行业关系密切，因此都处于政府管控之下（比如预审）；但是后来法律法规逐渐宽松，政府控制逐渐松绑。

人们常常将这个时代韩国流行音乐的演变归因于“全球化”，然而更精准的说法应该是“全球地方化”（glocalization），因为 1992 年至今，西方流行音乐风格（如饶舌、雷鬼、house、rave、jungle、电子和车库摇滚）连同朋克和英伦摇滚进入了韩国，并在韩国得到了在地化（localized）。韩国流行音乐已经成为面向青少年的明星娱乐产业的组成部分，与电视行业联系紧密。因此，音乐制作公司转型成“综合娱乐公司”或“整体经纪公司”，并不只制作音乐。制作公司从纵向和横向两方面整合，覆盖了全方位的生产链条，从音乐到影视剧、广播、电视节目以及其他公共事务。因此，一位艺人可以同时是歌手、模特和演员，流行音乐成了造星工程（seeking stardom）的一个手段。

有趣的是，到 90 年代中期为止，韩国流行音乐基本上还是“在本国运作的”，海外发行比较少。那时候音乐产品的介质是 CD 和磁带。音乐市场上最热门的专辑其销量也不过 200 多万张[9]。1997 年金融风暴重创韩国流行音乐产业，导致了整个行业的不景气（strutural depression）。尽管韩国经济在几年之内复苏，但并不是所有行业都恢复了元气。显然，面对信息技术的发展，唱片产业是最容易受冲击的行业之一。实际上，“MP3”也是最有争议的热门话题之一。受 MP3 的冲击，唱片市场 2000 年的市值较 1995 年下降了，即使在这几年韩国流行音乐开始走出国门，而且传播范围还在扩大。从 1997 年开始，现有音乐行业的基础设施几近崩盘。对于韩国流行音乐行业来说，有两条出路：其一是数字化[10]；其二是亚洲化——正是这篇论文的着眼点。自 2001 年起，韩流在中日两国的热度是显而易见的。此外在其他亚洲国家也颇为成功，韩国流行音乐的“跨境”（cross-bordering）特征也开始发展起来。

有必要指出的是，（泛）亚洲流行的市场还未成熟，仍在形成之中。现在我们只能说首尔 / 韩国是东北亚的“内容提供商”，曼谷是东南亚的销售点。这一过程伴随着亚洲音乐产业某种形式的劳动分工，在广义的文化产业里也存在着分工。我认为，这是泰国韩流消费的物质基础[11]。

韩国的 K-pop 话语

我认为，目前韩国有关 K-pop 的几套话语都很片面和简单化。对文化产业的鼓吹还混杂着强烈的民族情绪。现实却比表面来得更复杂。民族主义话语未能揭示出 K-pop 的生产和消费实际上是形式多样且充满矛盾的过程，甚至掩盖了这一复杂过程。况且，民族主义话语还会遮蔽事实，即 K-pop 所企图征服的市场不是铁板一块的，而是反映了每个国家（及城市）实实在在的社会文化状况[12]。

有关韩流的学术话语的另一类争议发生在对诸如“文化亲近”（cultural proximity）观念的依赖和强调，这类观念不仅很可疑，而且还是文化本质主义的变体，比如“儒家文化圈”、“汉字文化圈”和“筷子共同体”之类的说法。更庸俗的说法则可以被概括成“文化产生工业”或“古代文化产生现代工业”[13]。

为了反驳现有的 K-pop 话语，我认为泰国对 K-pop 的消费尤其值得研究，因为两国“在文化上并不类似”（culturally not so proximate），虽然地理位置相隔并不太远。两国间的文化交流过程既不能被草草塞进“全球中的地方”（the local in the global）的框架里，“全球与民族对抗”的框架也不能完全解释。相反，其文化交流过程更接近于我们之前提出的“从地方到地方”（from the local to the local）的假设，例如不能被简单缩减和框定在单一国家境内的跨地方文化过程（trans-local cultural process）[14]。在本项案例研究中，我们打算仔细探究“形成于东亚流行文化中的跨亚洲文化网络”这一假设。

在正式的研究工作开始之前，我们必须对韩国音乐产业的近况做简要说明。遭受 2001 到 2004 年间巨大的经济打击后，韩国音乐产业的格局发生了重组，其中只有最赚钱的三家制作公司生存了下来，即 SM 娱乐公司，JYP 娱乐和 YG 娱乐。其中 SM 公司将主要精力放在开拓日本市场上，其次是中国市场，至少目前并没有进军东南亚市场的打算。因此这篇论文将考察 JYP 和 YG 两家公司的商业行为，Rain 和 Se7en 是它们分别打造成功的王牌“巨星”。生产和消费两端的活动都将会是考察的重点[15]。

韩国流行音乐在泰国

虽然韩国流行音乐在泰国占有小小的一席之地已有一段时间了，但直到近年才获得了广泛的社会关注以及文化上的重要性。这一转变归功于泰国两大音乐公司的实践（GMM 和 R.S Promotion）[16]，它们在泰国引入和发行了 Rain 和 Se7en 的专辑。这些专辑立即获得了巨大成功，也极大地推动了 K-pop 在泰国的风行。专辑的热卖主要得益于恰当的营销策略，由韩国的母公司和泰国的合作机构携手完成。GMM 和 RS Promotion 旗下的子公司把持着一系列电子媒介、广播和电视台，这些媒体上的推广行为强化了发行的效果。此外本土音乐产业旗下拥有其他一些娱乐媒体，如杂志和报纸专栏，也被作为信息源使用，同时“推动”韩国音乐及其流行文化的扩张。这一整套跨媒体的战略已经成为主流流行音乐发行的标准做法。更有甚者，音乐公司还向一些粉丝社团提供所谓的“非官方支持”，既提高了专辑销量，也在泰国塑造了韩国流行音乐新潮的形象。

在深入研究泰国的韩流现象之前，让我们对泰国音乐产业进行一番概览，以便了解韩流进入的泰国市场是怎样一回事。一般来说，当代泰国流行音乐分为两大类：弦乐（或称流行之声）和 Luktoong（或称乡村之声）。在两大类之下，还有 Pleng Pua Chiwa（或称生命之歌）、Lukroong（即五六十年代的城市音乐），流行、摇滚、爵士、灵魂乐、舞曲、雷鬼和另类流行都被归入弦乐这一大类门下。在 Luktoong 这类里，主要有来自泰国中部的音乐，以及东北部的 Maw Lam——还有多种次级风格如 Maw Lam (Ra)cing,还有乡村艺人的本土音乐，如 Kantrum 和 Lanna。1999 年泰国音乐产业的市值达到 43 亿 9 600 万泰铢，折合 1 亿 1 千万美元，上述两大类音乐共占约 80—85%的市场份额。其他音乐风格，如 Dontri Thai（泰国古典音乐）和 Dontri Chon Pao（民族音乐）只占很小的市场份额。独立音乐的市场也不大，有 Mile Stone Record、Matahari Record & Art 和 Song Bird 几家公司在制作独立音乐，另外还有少数地下音乐厂牌。在主流流行音乐中，Luktoong 占有超过 60%的市场份额。

在弦乐这一大类之下，GMM 和 RS Promotion 两大巨头又把持着 66%的流行音乐市场。在 1999 年，两家公司分别占有 47%和 19%。Bakery Music 排名第三，占有 6%（现已被 Sony / BMG 收购），剩余 28%由一些小公司瓜分（Chanabun 2000）。

西方流行音乐占有约 10%到 15%的顶尖流行音乐市场。五大音乐巨头都在泰国设定分公司，它们是百代、华纳、索尼、环球和 BMG（现与索尼合并）。这几大公司不仅发行主公司的产品，还将其他厂牌的热门上榜专辑（包括亚洲流行）引进到泰国市场。

日本及中国台湾和香港的流行音乐在韩流之前已经打入了泰国，显然泰国音乐市场有着多样化和多文化的特征。然而这片市场的等级秩序非常坚固，本地音乐往往比进口音乐高级。有人认为，城市音乐或流行音乐代表着城市中产阶级的口味，Pleng Luktoong 等乡村音乐则代表着乡下农民和城市下层居民的爱好。社会地位较高的精英阶层拥护泰国古典音乐，同时也喜欢西方古典音乐和流行音乐。在泰国中产阶级青年的音乐口味已经被塑造成型的情况下，K-pop 如何见缝插针地抢占文化市场，尤其征服年轻人的“幻想世界”（imaginary world）？要解答这个问题，首先就得考察韩泰两国的音乐公司的生产与发行 / 营销策略。

K-pop 的传播以及音乐的本地生产过程

正如前面章节所描述的，韩国制定了向东亚别国出口文化产品的经济政策，因此韩国流行音乐在海外的扩张正是政策的重要组成部分。文化传播的意义不应该局限在经济领域；新的文化传播、变动的音乐族群景观和媒体景观相互混合，更不用说韩国和跨区域文化政治中极速变化着的技术景观。因此，将韩国流行音乐引进到泰国是一种求生（survival）的手段；与其说这种传播是一种霸权，不如说是泰国音乐产业内部的工业和文化政治过程。GMM 和 RS 在行业内居于领先地位，相互较劲，在这两家公司眼中，韩国流行音乐都是“需要争取的文化产品”（desirable cultural product），能帮助它们在本土音乐市场上占据最大份额。这一战略规划一方面与音乐产业的经济和文化环境相一致，另一方面也符合“新的技术景观”。GMM 和 RS 都受盗版音乐冲击，不约而同转而投资电影以开发新的盈利空间。音乐产品销量下降，因为年轻人更愿意从网上下载歌曲，打包成音乐文档在朋友圈分享。两家公司都表达过对政府作为的不满，认为政府在打击盗版的长期行动上没有投入足够的精力（Bamrung 2004）。将 K-pop 引进泰国主流市场，正是 GMM 和 RS 的产业战略，以便扩充其音乐内容库、增强竞争力以及提高已停滞多年的流行音乐市场份额（Bamrung Amnatcharoenrit 2004）。因此在这个特殊时刻，韩泰两国音乐产业携手合作，在经济利益上互利互惠。

如果泰国的音乐公司想引进发行韩国流行歌，就必须直接与韩国的音乐公司打交道。GMM 为了 Baby V.O.X 找到了 DR 公司，为了 Rain 联系上了 JYP 公司。RS 为了能发行 Se7en 的专辑而与 YG 进行商业合作。每位艺人的合约都是单独拟定的，而且代理权是独家的。这意味着，拿到合约的泰国音乐公司就有权发行某位艺人所有形式的录音产品和周边产品。双方都掌握了现代化的生产技术，因此标准化的生产流程是很容易达到的。韩国公司将音乐文件发给泰国代理商，泰方以专辑的原版形式在泰国发行。比如，唱片封面的样品就必须获得 DR、JYP 或者 YG 的同意才能上市（Glenn La Sallle，interviewed 27 May 2005；and Bongkod Phusathorn，interviewed 9 June 2005）。

从泰国对 K-pop 的消费中可以看到，在亚洲范围内娱乐集团的商业往来中，“标准化操作”已经形成了一套制度，不仅体现在音乐生产中，在有关版权的法律法规方面也是如此。在双方的经济交往过程中，能被双方理解并一致同意的标准规则是合作的前提。多年的经济往来已经形成了一套大家都认可的专业性的文化实践。这是“同质化”（homogenization）的表现形式之一，形成于K-pop的跨亚洲生产过程中。

然而在发行和营销过程中，由于本地音乐市场的媒体景观和族群景观的真实状况各有不同，因此显然有必要制定各种不同的策略。如果想在当地获得商业成功，那么生产环节的“同质化”就必须为发行营销环节表现出的差异做出些许调整。因此商业行为存在着不同的层次，有一些是标准化的，另一些往往是不一致或者新颖的，两个层次必须携手并进。实际上这些过程并不是相互排斥的。我认为流行亚洲主义（pop Asianism）在文化领域是不断流动的。为了生产出附加值高并能满足年轻消费者口味（或绕过一些禁忌）的产品，文化领域必须包容一定程度的变化。接下来的章节具体展现几个案例，表明当地社会在重新包装音乐产品并推向市场的时候所具有的创造力。

产品和营销方面的变化

在Baby V.O.X被GMM引进泰国的时候，对于泰国的音乐行业来说是一道独一无二的风景。她们是第一支在泰国表演舞曲的女子偶像组合。由于Baby V.O.X属于最早一批韩国流行组合，GMM特别制作了一张带卡拉OK音轨的专辑。这张专辑收录11首歌，其中3首“By Chance”、“Get Up”和“Missing You”有卡拉OK版本，另外还收录了Baby V.O.X在泰国巡演和私人旅游时的视频花絮。这张唱片总销量约30 000张，售价199泰铢（折合5美元），比一般的亚洲音乐专辑便宜约100泰铢（Glenn La Salle, interviewed 27 May 2005）。

最近Rain发行了第三张专辑“It’s Raining”，其中特别收录了主打歌“I Do”的泰语版。这首歌是由Rain和格莱美奖得主Panadda Ruangwut[17]合唱的，夹杂着韩语、英语和泰语。两人各自在本国录音，然后将Rain的部分拿到曼谷做混音。这张专辑的日本版也收录了“I Do”的日语版。利用当地语言所做的这一类变通（variation）是在本土市场推广K-pop采用的策略。泰韩双语版本的“I Do”时而还穿插了一些英语歌词，听起来就像是原版的翻译或配音版本。为了使当地听众接受跨文化产品，并能理解其中的意义，这是很常见的手法。电影或电视节目的配音就是典型例子。音乐本身就是一种特别的语言，具有跨越文化边界的特征。歌曲的多语种版本更深地触碰到听众的内心世界，使得他们可以通过泰语或英语歌词来享受韩国的曲调。此外“It’s Raining”

还附赠一张 VCD，里面收录了 Rain 的音乐录影带和在泰国做宣传活动时拍摄的花絮，Rain 在泰国期间举办了演唱会，上了电视通告，还办了一场粉丝签名会（2005 年 4 月 1 日到 6 日）。这张附赠的 VCD 最后还收录了 Rain 在中国和日本的宣传花絮。相比于一首歌 3 分多钟的完整音乐录影带，这些花絮的制作成本比较低。但对粉丝却有特别的吸引力，因为能让粉丝更近地看到艺人“真实”的一面。

上述的手法还比较初级。下一步就是学习在日本市场的做法，为当地量身定做一批作品。尽管多种语言混杂是将作品推向主流市场的有效策略，但是这种策略很难快速及时地推广音乐作品。我们可以 Rain 和 BoA 的日语歌为例。现在的韩国年轻艺人练就了唱日语歌的本领，以便直接吸引日本消费者。一些艺人刚出道的时候就掌握了第二门亚洲国家的语言。韩国音乐/艺人与日语合二为一的效果就是韩国艺人唱着韩国风味的歌曲，却用的是日语。至于唱得好不好以及观众喜不喜欢则是另外一个问题了。我们只想指出，翻译和跨文化语言的不同形式已经出现了。一种方法是由原歌手将歌曲改编成另一种语言，或者由其他歌手翻唱成另一种语言；第二种方法是让有能力的歌手直接用另一个国家的语言唱歌（如日语）。其他相关研究表明，前一种方法在大中华区比较盛行，而日本主要采用后一种方法[18]。这两种方法截然不同，反映了中日两国在东亚的不同地位。有民族特色的流行歌或韩国流行歌在特定形式上分别被中国化和日本化了，也就是说被民族化了，尽管具体的方式不同。通过亚洲化形成的跨文化交流圈在此处走完了全程。

然而以上策略产生了有意思的后果，改变了音乐的生产模式，从此音乐等文化产品也可以用制作其他商品的方法制作出来，也就是将文化商品化了。原版歌曲的一部分“本真性”（authenticity）被抹除了，被另一种“本真性”所代替[19]。换句话说，创作了一种“双重的本真性”。这正是我观察到的“多重的本真性”。在某个意义上讲，透过流行音乐的声音可以看出，“想象中的亚洲”（imaginary Asia）即是分裂的又是统一的，具有民族特征，同时又打破民族界限。这么做的话，英语显然就不重要了。在亚洲国家之间用各民族语言创作音乐是未来的发展方向，不再需要英语作为交流中介了。那么值得深入研究的问题就变成了，亚洲艺人的美学风格（aesthetics）和“品牌形象”影响了想象的民族化/去民族化进程，这两者是如何在流行亚洲主义上共同发挥作用的？

虽然这个问题需要细致的分析，但这篇论文会把范围限定在韩/泰或首尔/曼谷的案例上。由于韩国和泰国在经济、政治和文化方面都不占有统治地位，韩/泰关系将与中日关系非常不同。

媒体编排

大众传媒对于K-pop的营销战略至关重要。在广播和电视节目上推广音乐的效果显著。GMM和RS都拥有自己的电台和电视音乐频道。GMM的A-time传媒在曼谷运营着5家本地电台[20]，RS的Sky High网络拥有3家电台[21]。因此通过自家的媒体网络，能够起到良好的宣传效果。因此，曼谷乃至全国各地的电台每天播放着由GMM和RS发行的韩国流行歌，泰国流行歌以及亚洲其他地区的流行歌（日本和中国台湾）在同样的频道直播。泰国的音乐公司把亚洲各种流行音乐放在同一个节目中播放，将受众纳入自身的媒体系统中，扩大了听众和消费者群体的范围。例如Se7en的粉丝本来对RS公司制作的音乐没什么兴趣，现在也了解了一些RS公司的艺人（Oummy，interviewed 13 July 2005；and Parichart，interviewed 11 July 2005）。在某些节目中，亚洲的流行歌也会跟西方流行歌一起播放。这些产业方面的变化更大程度上得益于市场的扩大以及“想象中的亚洲和西方”。由此可见对声音景观的重新包装对年轻听众是否具有意义。另外值得考察的问题还有，全球/英美的音乐产业所建立的东西方音乐之间的高下之别是否受到了这类重新包装的冲击?

除曼谷之外，泰国其他的中心城市也有自己本地的电台，播放歌曲的口味同样类似于世界主义式的（cosmopolitan）声音景观。GMM和RS都力图建立全国性的媒体网，将它们的节目与一些省级的电台做了对接。这些省级电台与更大的电台连接起来，比如北部的Smart Radio 100.75 FM，Dontree Season 101.5 FM，Number One 105.75 FM和清迈的Chiengmai Radio 93.70 FM；南部的Dontree Season 89.5 FM，Youth FM 90和合艾与宋卡的Sunshine Radio 94.5；东北部的Happy Time 100.5 FM，MSU 102.25 FM和孔敬与马哈沙拉堪的Kiss FM 105.7。这些大大小小的电台一道把亚洲（包括泰国）和西方的流行音乐带给了全国各地的听众。

流行音乐的MV在午夜或更晚时段才在电视上播出。比如GMM在Channel 5上的“Pop Up Live”（周六周日凌晨12点半），索尼音乐在Channel 3上的“Oxygen”在周一凌晨1点播放，“Fun Overtime”在周日凌晨12点半播放，Channel 7的on J-Zone在周六凌晨12点半播放。但是亚洲的音乐频道的节目时间安排与当地频道不同，形成了互补的关系。比如Channel V就在早上播放韩国音乐的MV，“Big Breakfast”在早上9点到 10 点半播出，“Remote Control”晚间更早时档播出（晚上 6 点到 8 点），还有“Magix”在周末晚间黄金时段（晚上 8 点到 10 点）播出。午夜档节目“Addict”安排在周一到周五的晚上 11 点。Arrirang TV 是音乐电视频道的后起之秀，有“Pop in Seoul Weekly Chart”、“Show Music Tank”和“Show Biz Extra”几档节目。这几档节目把 K-pop带进了年轻人的家里。在有线电视上每天重播三次的模式起到了良好的效果，赢得了曼谷和其他中心城市的大量听众。

本地节目和有线卫星频道有着种类繁多的电台和电视节目，通过这些节目，K-pop 被精心组织（orchestrated）起来，进入了泰国年轻人的音乐文化。除此之外还有一些关于音乐和流行文化 / 娱乐的杂志，如 *Sincere*，*I-Spy*，*Ming Xing*，*Myo Jo* 和 *Starpics*，提供花边新闻、评论和照片，进一步推动了韩国流行音乐的普及，扩大了粉丝群。

这一小节已经阐明了主流媒体是如何生产和营销韩国流行音乐的。泰国当地的公司和媒体对 K-pop 进行了统筹安排和推广，同时 JYP 和 YG 也通过两种渠道在做同样的工作：其一是通过韩国的媒体网，其二是通过巡回宣传—— 一般在东北亚各国（中国大陆和台湾地区及日本）同时开展。这些营销策略非常重要，都试图赋予韩国艺人一种“亚洲形象”（Asian image）。得益于现代亚洲技术景观，媒体大张旗鼓的宣传使得“韩国偶像”摇身一变成了“亚洲巨星”或“想象中的亚洲明星”。同时间，不仅是韩国艺人，以 F4、Rain、郭品超和 Se7en 为代表的“亚洲群星”（the chain of ‘Asia stars’）在东亚也迅速流行起来。

辨析 K-pop 和 Asian-pop 的分类法（categorization）

韩国音乐行业采取了一系列措施，将本国的流行明星销往亚洲各国（至少是东北亚和东南亚国家），那么就必须将 K-pop 放到某个范畴里以符合“想象中的亚洲声音（Asian sound）”。正是在这里，一些困惑和主导性的分类方式引起了我们的注意。K-pop属于哪一种音乐风格[22]？K-pop 自成一个类型？或者按照风格或字母顺序与西方音乐并列？或者与日本、中国台湾和香港地区这些“亚洲音乐”（Asian pop）一起单独作为一个类别？或者说真的有“亚洲流行”这种类别吗？如果真的有，为什么把音乐分为东方和西方的方式还存在呢？西方音乐产业长期支配着全球音乐景观，由于英美流行音乐一直是稳固统一的范畴，那么是否意味着 K-pop 和亚洲流行一起构成了相对于西方的“另一种音乐”（the other music）？

让我们从一些个人性的经验开始讲起。在泰国的大型购物商场里，韩国的流行音乐产品并没有专门的“柜台”。比如在一家叫 CD Warehouse 的大型唱片店里，韩国流行音乐产品的名目是“韩国（的歌）”，旁边就放着“中国（的歌）”，这两类都是“J-pop”下面次一级的类型[23]。音乐行业的业内人士才使用诸如 K-pop 或 T-pop（台湾流行歌，不是泰国流行歌）这样的术语。但值得小心的是，我们是在用英文说这些术语。因此说明 J-pop 已经被普遍接受了，而 K-pop 还没有。然而观察一下 CD Warehouse 里面摆放演唱会和 MV 的货架会发现，韩国、中国台湾、日本的产品跟英美国家的同类产品按照字母顺序摆在一起。我们如何解读这个反差呢？

我们还必须注意到，这类术语和称谓在韩国的遭遇也差不多。韩国人很少用 K-pop这个词来指称自己国家的流行（大众）音乐。他们觉得沿用一贯的术语就足够了，如“Hanguk Gayo”就是“韩国歌曲”的意思，还可以直接简称“Gayo”。大多数韩国消费者把其他（西方）国家的流行音乐看作是“流行”（pop）的。在亚洲各个国家的（民族）流行音乐里面，韩国人认为只有 J-pop 算得上“流行”。泰国的情况非常类似，“Pleng”这个词是一个包含一切的范畴，直接等同于“歌”或“音乐”。但是流行音乐的分类法比较特别，是按照音乐风格的不同来分类的。只有特别提到外国音乐和泰国古典音乐时，才会依照国别来分类。泰国的年轻人把 K-pop 称作“韩国歌”，J-pop 是“日本歌曲”，T-pop 或 Mandarin pop 是“中文歌曲”，但是会把英美流行歌曲称作“pleng sakol”或“世界歌曲”，有时也称作“pleng farang”或“外国歌曲”。分类法是一种有关命名的政治行为，而且跨越国界，创造了一幅“外国”和亚洲的混杂图景（mixed imageries）。当我们把“某个国家地区”或“本地”的流行音乐冠以 N-pop 的名头，就说明这种音乐很“时髦（cool）”，而且是年轻人喜欢的。青年文化与亚洲现代大都市的消费空间息息相关。在亚洲各大都市的语境下，“流行”（pop）以及各种 N-pop 的名头意味着“消费主义的”，“没有政治意义”，“没有历史深度”，简言之就是“被剥离了具体语境”，这正是当今“全球-后现代”时代的典型特征。

亚洲流行和流行亚洲主义离不开大都市或大都市之间的青年消费文化。在中等阶层年轻人中间出现了一种新的情感结构（structure of sensibility），常常用速度、即时性、瞬息万变之类的词加以形容，有点类似于在大商场的购物体验。其实亚洲流行和各种 N-pop 的变体成了消费空间中的声音景观。还需要补充一点，新的情感结构与新技术、新媒体的密切关系还有待深入研究。

被冠以某某前缀的流行音乐风水轮流转，热门不了几天，这跟文化工业的时尚逻辑是一致的。上个月流行的是 J-，下个月就变成了 K-，再下个月可能就变成了 T-（或 M-），第二年又会有过时或被淘汰的产品改头换面重新流行起来。这些产于别国的文化产品既抹除了“国籍身份（nationality）”，又留下了“国籍”的痕迹，某种程度上实现了同时生产和同时消费，但从时间-空间的角度看并没有达到完全一致的地步，因为在推广亚洲流行的过程中还存在不少“障碍”，如时间差、欣赏水平差异、政治因素、“民族情绪”，等等。

实际上把各地流行音乐缩写成各种“N-pop”说明了，特定文化产品的国籍身份既被掩盖了，同时又被揭示了出来[24]。所以亚洲流行已经不是“西方（英美）流行音乐的民族形式（nationalized style）变体”，而是“新的全球化形式带来的跨地方（trans-local）创造（娱乐）”。尽管亚洲流行内部的层级还需要深入考察，我们也可以笃定地得出结论，顶尖的亚洲流行音乐不仅是最全球化的，也是跨越不同地区，并被本土化的。

大致上来讲，J-pop 作为亚洲流行的代表已经通行全亚洲；华语流行至少在大中华区是亚洲流行的代表；K-pop 正在成长为亚洲流行的新势力。如果我们只看 K-pop，一些韩国明星已经红遍全亚洲，另一些在两三个国家拥有不错的知名度，剩下的都只在本国有名气。因此可以说亚洲流行是有等级的，内部有界限和高下之别，同时等级秩序又与亚洲流行的传播系统相互交错和重叠。我们还可以得出一个结论，亚洲流行已经不是“国家之间的关系”，而是“区域内的地方（the local in the regional）”，更准确地说是“亚洲的跨地方（the trans-local in the Asian）”。

然而，亚洲流行的生产端仍然带着“东北亚”的印记，即使在发行、传媒和消费方面已经看不出明显的“东北亚”特征。东北亚在经济领域对其他亚洲地区拥有主导优势，但并不表明东北亚生产的文化产品在美学上优于其他产品。因此 K-pop 里相对成功的部分开始进入了亚洲跨都市的青年消费文化系统。跨地区的文化养成、混杂、综合处于不断的运动中，充斥在这一文化传播系统中。但我们不讨论为何有些韩国明星走红，其他的不能走红。我们要问，在这一运动中，文化传播系统能否在每个国家（这篇论文主要讨论泰国）产生“不同于国族主义的论述”（anti-national effects）？如果能，会颠覆民族统治阶级的霸权吗？如果会，会形成亚洲内部的文化资产阶级吗？想要解答上述问题，就需要考察那些生产发行 K-pop 的业内人士是如何想象亚洲的，以及 K-pop 的泰国消费者又是怎么想象的。

泰国粉丝圈及其对韩国流行音乐的消费[25]

韩剧和韩国音乐是令泰国年轻人爱上韩国流行文化的主要渠道。虽然韩国流行音乐的粉丝自视为真正的K-pop粉丝，但是也免不了受到电视剧的影响，这些在ITV和Channel 7播出的剧集最直接的目标受众就是年轻人。娱乐产业为了抢占年轻人的想象世界（imagination），把韩国明星精心打造成全方位的艺人。这篇论文的讨论对象是出道前为舞蹈演员的Rain和怀着音乐梦想的大学生Se7en。Rain签约JYP公司后，在音乐和影视剧双线发展，主演了轰动一时的电视剧《浪漫满屋》[26]。Rain在MV中的形象是那种热爱户外运动的男孩，肌肉发达、健美、活力四射和洋气。他在《浪漫满屋》中扮演的正是这种类型的角色，外表强势、行事干练、有领导能力，从不向女主角袒露脆弱的一面。他的形象可以用粗野和强悍来概括。一本研究如何包装明星的指导手册列举了五大人格特征（Aaker 1996），Rain属于其中一种艺人的人格形象。由RS公司引进泰国的Se7en有着与Rain截然不同的形象。YG把Se7en包装成白马王子，温柔、文雅、性感、柔弱，同时还有感性、友善、热情等多种特质，显得个性开朗。Se7en的形象比Rain更温和，用粉丝的话说是更贴近精神和幻想。但这同样没有跳出五大人格特征的范围。

对形象和音乐的消费

虽然形象和音乐都是吸引粉丝的因素，但是长得帅对Rain和Se7en的走红功不可没。Se7en的粉丝说他“帅气”，跳舞很炫。但是一些铁杆粉丝（enthusiasts）认为“音乐质量”是最重要的，他们发现Baby V.O.X在MV里假唱，觉得她们算不上“真正的歌手”，就不喜欢她们了。相反Rain的拥趸更倾慕他强壮的身材、阳刚的气质，认为他是“真男人”。但是大多数粉丝都认为音乐很重要，会关注专辑和MV的制作水平。显然文化产品的消费既有经济上的理性选择，又有对明星的情感迷恋，两者结合在一起。

Rain和Se7en的音乐风格都属于R&B和Hip Hop，要求配上与音乐调子相配的舞蹈。Rain出道前就是舞蹈演员，他表演专辑同名主打歌“It’s Raing”时的舞姿动感，踩着节拍用尽全身力气跳舞。Se7en在“Passion”中的舞蹈也不错，但主要用的是滑步式的舞姿（sliding gliding style）。从粉丝的评论看出来，他们可以分辨出各自偶像的区别，可以准确地选择自己喜欢的艺人和音乐风格。K-pop 的铁杆粉丝认为，Rain 舞技高超，但唱功平平。更严重的是，Rain 与伴舞的站位很近，伴舞可能比他跳得更好，这对 Rain 不利。细心的粉丝会发现，Se7en 在舞蹈编排上的用心更谨慎。Se7en 与伴舞各穿黑白的衣服，形成强烈的色彩反差，使得 Se7en 在舞群的衬托下更显眼。Se7en 外表时髦活泼，还有一点小幽默，都极大地造就了他独树一帜的风格。上述性格特质都是为了贴近年轻消费者而精心设计出来的，显然效果很成功，下面的章节会用更多细节来描述。

粉丝聚会：仪式与“想象之物”的实现

围绕 Rain、Se7en、Baby V.O.X 等艺人的粉丝社团很多。粉丝们经常在艺人来巡演的时候一起去听演唱会，去机场接机，参加专辑签售。受众对音乐的消费中，这类仪式性的活动占了很大比重。音乐产业希望艺人与粉丝亲密接触，同样也很重视这些活动，最主要的营销策略就是把艺人的形象和真身绑在一起，卖给粉丝。通过制作音乐产品让人享受以及把“想象”中的东西变成现实，两条路线联系在了一起。艺人变得真实，变得具体可感，粉丝们有机会与偶像见面、交流、握手、拥抱、亲吻。然而就算明星出现在粉丝面前，他们之间还是有一段微妙的距离，偶像头上自带“光环（aura）”。“想象”与“现实”的领域同步运行，共同作用。这是两个世界的交织瞬间成为可能的时刻。

让我们仔细看看一家成立于 2004 年的 Se7en 粉丝团。年轻人在社团里参加集体活动不用受到家长的监视，可以在一起分享有趣的事和共同爱好。年轻人组成的粉丝社团信奉“游戏人生（homo luden）”，最重要的是活出自我，对抗家长、学校和制度。由于粉丝们年纪小，还在读书，大部分时间都在家里和学校度过。所以韩国流行音乐是他们做很多事情的统一借口，如外出会友，上舞蹈课，学韩语，上网查偶像的最新动态，省钱买新专辑或杂志。少男少女们在网上相识，偶尔也举行线下聚会，“个人的想象世界（individual imagination）”就变成了“集体性的幻想（collective imaginary）”。

Se7en 第二张专辑“Must Listen”赴泰宣传结束后 6 个星期，我们参加了一次粉丝聚会。这次聚会的地点选在暹罗广场中点区（Centre Point area）的 W.O.C 餐厅，时间是 2005 年 6 月 4 日，一个星期六的下午。聚会和售票通知发布在粉丝社团的网站上[27]，入场费300泰铢。当天约40人出席了活动，绝大多数是年纪很小的高中生和大学生，男生很少。每面墙都贴满了Se7en的海报，餐厅就变成了粉丝聚会的专属空间。

最令我们感兴趣的是聚会地点，位于城市中心，也是中产阶级青年文化的聚集地。中点区以年轻人的时尚和娱乐闻名。一家家小店卖着最新潮的商品，这里有美发店，各种餐厅，各地口味应有尽有，还有全球连锁快餐、电影院、唱片店、电玩城。年轻人在这里聚会玩耍，就像是现代的娱乐乐园，既分散成不同功能的区块，又整合成一体，可以说是一种“后现代”空间，年轻人在这里做着喜欢的事情[28]。

社团的“组织者”负责安排当天的活动内容。活动持续了3个小时，粉丝们坐在一起观看Se7en巡演的录像，看Se7en在Channel V音乐颁奖礼上领奖的片段。接着大家一起跳舞、玩游戏。然后一位身穿印有“imaginary Se7en”标语衣服的粉丝跳了“Tattoo”的舞，大家围着他随着节拍使劲拍掌欢呼。

粉丝追捧韩国流行歌是为了赶青年文化的最新潮流，那是时髦和摩登的象征。这个小例子适合用来阐明青年文化和流行消费蕴含的革命精神——“现代”总要跟古老的文化传统决裂（Berman 1983）。很多铁杆粉丝告诉我们，他们同时追J-pop、F4、周杰伦、Baby V.O.X、Rain和Se7en，追逐哪位偶像是随着时髦而变动的。因此他们认为流行文化的革命精神时刻准备着跟传统决裂，甚至跟自己决裂。这条原则不仅适用于亚洲流行音乐，对泰国本土和西方流行音乐的消费也是如此。粉丝的眼睛总盯着最新的潮流，比如在独立音乐乐迷中很热门的Titanium和Crescendo。音乐排行榜前列的嘻哈饶舌歌曲是粉丝的所爱。Good Charlotte、痞子阿姆、小甜甜布兰妮、黑眼豆豆、林肯公园、贾斯丁（原N-Sync成员）和亚瑟小子在粉丝眼中都很“酷”。然而，要始终处于现代性的边缘，就必须对流行文化经济进行投资，下文将转向讨论这个问题。

组织语言和歌词

粉丝想要全面体验K-pop的乐趣，就必须让自己沉浸在大量文化产品中。对于泰国的粉丝来说，相关资源是很有限的，他们通常会购买CD和VCD[29]来了解偶像的最新动态。这些活动很大程度上建立在懂韩语的基础之上。我们发现，报名培训班（泰国艺术大学、泰国国立法政大学和蓝康恒大学）、买书或网上下载教程自学是很多粉丝学韩语的方式[30]。粉丝渴望掌握所有一手新闻和八卦，最终目标是能读懂偶像给粉丝的回信。有一些粉丝没有钱报名韩语班，或没有时间上课，就会选择参加粉丝社团。

那里是最适合获取讯息、交流意见、交换东西的地方，最重要的是可以和一群有共同爱好的人玩。Oummy 创立的网站现在运营得很好，已有 600 名会员，甚至成了很多娱乐杂志的信息来源。

如果粉丝不能唱自己喜欢的歌，那么消费文化的仪式就不完整，也不能被粉丝内化（internalization）。粉丝如何唱准外语歌的调子？显然亚洲流行音乐之间缺少共同的文化基础，语言之间的差异也很大。在“拉丁流行”和“非洲流行”的音乐传统或根源里有不少共同的词曲特征，而亚洲流行音乐的情况更复杂。亚洲流行音乐完全不同于亚洲传统音乐，也并不是扎根在社会肌理中的音乐（socially rooted music），至少是还在形成之中。因此，认为亚洲流行音乐是一种“全球混杂（global hybrid）”的形式，或者仅仅借用西方尤其是英美音乐的特征（歌曲结构、节奏类型、和弦变化等），也是很不足的。

问题很多，现在我们将集中关注一个重要问题——歌词的语言。一首亚洲流行歌如何能做到跨境，也就是说怎么突破国界的限制以及语言的障碍？音乐制作方采用了各种不同的策略调和生产、消费和认同。首先是给歌曲填上英语歌词，比如“Come Back to Me”，这是一首词曲都挺顺耳的抒情歌。但是处理其他韩语歌用到了 4 种注音和翻译的方式。第一种是给歌词标上罗马拼音，第二种是给歌词标上泰语的发言。给“Passion”和“Tattoo”这样的歌词注音，粉丝就可以根据“声音”跟着唱了。第三种方法是把歌词翻译成英文，把歌词翻译成泰语则是第四种方法，粉丝就可以理解歌词的意思了。虽然把专辑里的每首歌词都注上音或者翻译成另一门语言会费一番周折，但是大多数粉丝只能学会和演唱主打的几首歌。原因很简单：并不是每首歌（大多数是情歌）都能获得一样的成功。对语言的组织将粉丝带进消费过程的完整循环中。因此粉丝聚会的最后一项节目是挥着 Se7en 的徽章唱歌就一点不奇怪了。

然而注音和翻译的整个过程之外，还存在其他一些问题。很多外国听众已经很熟悉韩语了，泰国听众尤其如此，但是对韩国的文字和字母仍然很隔膜。语言变得可视化了，而且利用英语作为中介使得歌词变成了可以阅读的语音（注音）。歌词先被翻译成英文，之后才又一次被翻译成泰语。所有的“On Mun”都被删掉了。网站管理员的解释是，这个短语很难用泰语转录到网页上。即使组织语言费了很大功夫，一些非常重要的东西还是漏掉了。我们想问，人们如何在不清楚一门外语的基本结构的情况下掌握它？似乎我们回到了用“口语”交流的模式，需要熟记很多说法，就像小孩子牙牙学语那样，在玩耍时学习。学习的过程就是不断犯错和纠错，很多人就这样掌握了语言，通过口头语建立了自己的身份。泰国年轻人用这种方法学会了讲一些韩语单词和短语。如果年轻人将其看作跨越边界的手段，我们却认为这是一项有力的创新，可以克服现代人的语言障碍。

媚俗（kitsch）和身份：消费主流

我们可以从几个不同的角度来理解现在的 K-pop 消费。K-pop 和亚洲流行音乐粉丝形成一种亚文化了吗？如果从风格和品味来看，答案是肯定的。尽管 K-pop 已经进入了主流，而且制作流程高度标准化，但毫无疑问开拓了流行音乐“亚洲”风格的广大空间。粉丝表现出的一些特点被看作一种青年亚文化。他们还是中学生或大学生，社会地位差不多，音乐品味类似。他们喜欢嘻哈、R&B 和流行舞曲，无论这些音乐来自泰国、亚洲别国还是西方国家。这些风格的音乐如今已红遍亚洲乃至全球，成为这一代年轻最热爱的音乐，可以用来划分代际差异。追逐最时髦（modern）的音乐是媚俗和新潮的行为。渴望变得时髦的欲望在任何时代都反映了年轻人的精神状态，是成长的标志性事件。消费过程似乎指向了集团化（corporatized）的反国家（anti-national）现象，如果你愿意的话。虽然会被看作反国家的精神，但是既不反对国家政权，也不进行公开的颠覆活动，与 20 世纪 60 年代青年有机联合起来的政治反抗运动非常不同了。

粉丝聚会活动没有任何威胁。但是年轻一代的文化政治蕴含于对“泰国之外的流行音乐”的喜爱中。他们坚定拥护“其他国家的流行音乐”，学习各种知识以便在“想象世界”和“现实”中找到乐趣，这些都表明他们在反抗上一辈强加给他们的价值观[31]。然而他们努力反抗家长的同时，还要平衡爱好和学业。比如那位网站管理员就不得不在家里的牙科诊所给父母当帮手，赚点零花钱用来参加和筹划粉丝社团的活动。父亲一开始很支持她为 Se7en 创立网站。她面临的挑战是能否让网站坚持至少 1 年，好在现在已经进入第 2 年了。她倾其所能来运营网站，同时还在学韩语。她今年刚刚通过了高考，进大学后还打算辅修韩语。泰国年轻人在追求时髦的过程中，必然会热爱韩国流行歌，同时还得平衡家庭和学业的压力。

第二个角度是性别概念。男明星正是文化工业针对年轻女性打造的。泰国粉丝非常喜欢韩国的明星，无所谓他们也是亚洲人（即不符合西方明星的标准）。无论出于什么理由，粉丝们一致认为亚洲的年轻人也可以很漂亮，有自己的特色[32]。泰国年轻人对 K-pop 的消费鲜明地表现了形象何以跨越国界。可能有人会发现，泰国女孩面对“想象中的偶像”的性魅力，敢于表达自己的爱慕。但是她们在现实生活中仍然很害羞，大部分甚至不敢跟着音乐节奏跳舞，在公共场合从来不敢表达自己，除非去机场接机和听演唱会。虽然这些来自中产阶级家庭的女粉丝还很害羞，但的确从 K-pop 和亚洲流行音乐中体验到了强烈的自由感。她们在流行音乐里体验情感、交友、寻找快乐。除了泰国本土明星，还有各式各样的男明星供她们选择。她们无所顾忌地对每个艺人评头论足，比较韩国、日本、中国大陆和台湾地区艺人的优劣。据我们的观察，泰国年轻人的想象世界不局限于泰国偶像的“民族模式（national model）”。

我们发现一个有趣的现象，粉丝社团里的年轻女孩离开家，脱离家长管控的时候，组织管理能力非常强。她们会利用网络联络人员，做一些技术活，比如与餐厅接洽协商，为社团聚会创造一个完全私密的空间。以这样的方式，她们既能独当一面，也能和新朋友们通力合作。社团成员已经不仅限临近社区的小圈子，一些人在网上联系上了韩国的粉丝，与泰国各地的粉丝互相认识（翻译歌词）。在跨越国界的道路上显然已跨出坚实的一步，韩国流行音乐的“想象世界”正在变成现实。

从问卷调查中发现，“流行音乐的想象世界”向泰国年轻人灌输了有关韩国、国家和韩国人的矛盾看法。韩国的正面印象包括风景优美、经济发达、韩国民众勤劳美丽。他们比较了中日韩后觉得，日本比韩国富裕得多，中国最落后。一些人并不清楚韩国的真实情况，因此他们从来没有去过。尽管如此，韩国流行音乐为韩国创造了很正面的形象，其他韩国商品也有同样的作用，如手机、音响、电器、时装和化妆品。受访者觉得韩国产品质量好，值得购买。也许流行歌的美学价值就在于泰国年轻人的想象世界。但是更重要的是，K-pop 利用“性感（desirable）”和“令人快乐（pleasurable）”的东西与粉丝沟通，现实中的形象比看起来的更具有物质可感性。威廉斯在著名论文《广告：魔术系统》中提出，广告是现代资本主义社会的官方艺术（Williams 1980）。广告系统的组织严密，专业化程度很高，魔法般地诱惑大众，满足他们的欲望，与早前社会形态中的魔法系统的功能非常类似，但又奇怪地与高度发达的科技并行不悖。我们沿着威廉斯的思路可以马上推论，流行音乐的兴起及其运作方式。正是当今现代资本主义社会和民族国家的官方艺术。

流行音乐在很多方面是一种载体，把韩国和韩国商品推向世界。韩国流行音乐和韩剧等文化商品共同展示了韩国光鲜亮丽的一面。一旦年轻消费者在想象中倾慕韩国，认为韩国充满魅力，其他的韩国商品也会沾染上同样的魅力。文化经济反哺资本主义系统，文化与经济的循环系统不断深化发展。

全球化中的亚洲化：全球中的亚洲，亚洲中的地方

这篇论文讨论了K-pop在泰国的兴起。受理论预设的指引，我们考察流行音乐在亚洲各大都市的工业化生产和推广。我们在流行文化的扩散中看到了在全球化中亚洲化的兴起。K-pop粉丝社团是我们研究的另一端，泰国中产阶级年轻人用新的和独特的方式组织起来。消费流行音乐扩宽了他们的“想象世界”和对亚洲的看法。根据上文的研究，最后一节可以得出一些结论。

认为“亚洲主义”抵抗了亚洲流行音乐中的全球化/美国化，试图发掘有价值的“亚洲主义”，这些行为的意义不大。空头理论家和学究都说错了，亚洲流行里找不到“国家”和“人民”。然而，如果亚洲流行音乐已经跨越了国界，那么要在亚洲流行音乐里寻找民族身份就是不可能的吗？寻找身份提供了“后现代民族主义”的一种神秘形式。由于K-pop的想象身份一开始就是被曲解的集体身份和民族身份，它混淆了集体身份和特定国家的民族身份。亚洲音乐集团，尤其是韩国公司，已经不能只用民族身份的话语来解释了。他们的业务网络很大，在东亚各国开辟市场。他们费尽心思地模糊民族身份，在生产和营销环节创造一种“混杂身份（hybrid identity）”。“亚洲列强”不再保持单一民族身份，而是以各自的方式在亚洲市场中创造跨国家身份。

前文已经讨论过的一个问题，在亚洲流行音乐创造的等级结构中，只有高级别的音乐才算真正的“亚洲音乐”（Asianist）。其他级别的仍然是本土的，只是有机会跨越国界。大部分“严肃”的流行音乐的层次仍然比较低，没有进入亚洲流行音乐的流通体系。所以高级别的亚洲流行音乐的歌词内容不重要。歌词基本上都加入了一些简单的英语，使得可以用语音传递简单的字面意思。然而更“严肃”的流行歌歌词很重要，比如本土摇滚和嘻哈乐，很难在其他国家传播，尤其是当歌手用“母语”演唱的时候。乐器的声音能够传达丰富的情感和意义，人声却很难翻译，不可能完全传达文字的意思。扫除语言障碍是建立跨亚洲文化系统的关键环节，目的是创造繁荣的文化交流。

亚洲流行音乐在现实和想象世界中都表现出了反国家的性格。现实性的一面体

现在穿梭在亚洲各国的文化商人的头脑中，他们努力让市场突破原来的一国范围，占领更大的亚洲市场。想象性的一面体现在各亚洲国家的中产阶级年轻受众的心中，他们比上一辈人更向往“酷”和“现代”。换句话说，年轻人不再具有国家性，在一些地方实际上相当“反国家”了。结果是，假如人们希望年轻人反抗国家，或者至少提出一些质疑，那么亚洲流行音乐的政治性与七八十年代的抗争形式不可同日而语了，那时的抗争发生在音乐之外，现在是从音乐内部向外生发的，以一种后政治和后国家的形式。另类的选择不再“自下而上（upside down）”地出现，而是“由内而外（inside out）”发生的。如果说自下而上代表“从底层颠覆”，而由内向外代表“从内部破坏”，我们期望“民族大众文化（national popular cultural）”的坚硬内核能够被发掘出来，进入跨亚洲的流通体系，慢慢地解体转变成新的东西，一种关于“新亚洲”的事物。

最后一个问题是，主流的亚洲流行音乐是否会变成另一种形式的“崇洋媚外”？我们需要知道，泰韩之间的跨地方（trans-local）关系是否不平衡。泰国观众想象中的“韩国”形象是清晰的，但“亚洲”的形象依然模糊不清。韩国文化工业从业者的想象图景截然相反，对于他们来说亚洲的形象更清楚，因为意味着“商品市场”或“有待征服的地区”。另外一个事实是，当我们问韩国观众对泰国流行音乐有什么看法，他们认为泰国流行音乐的形式“落后”、属于“亚洲”，即便除了个别泰国电影影迷[33]，韩国观众实际上根本没有接触过泰国音乐。换句话说，韩国观众和制作商都认为 K-pop 是亚洲音乐里最“先进”、最“与西方/美国接轨”的（J-pop 除外）。也许具有讽刺意味的是，在广大亚洲观众的心目中，想象亚洲的方式还没有转变的迹象。

总之，亚洲流行音乐的消费居于“崇尚欧美”和“东方情调”之间。我们认为泰国和韩国对 J-pop 的消费更接近前者。我们想超越现状并打开新局面，就必须做比较性的研究，把亚洲流行音乐的发展过程放回历史情境中考察。目前需要做的工作就是，把被抹除了历史含义的事物用历史的眼光重新加以审视，把看似脱离了具体语境的事物重新放回具体的环境加以考察。我们期待通过这些工作，创造一种全新的“亚洲主义”，既不陷入本质主义，又不流于流行风潮的肤浅。

（翻译：许多）

附录 A　Se7en 的唱片目录

封　面	专辑名	生产地 经纪/唱片公司	发布日期	其　他
	Se7en Just listen	韩国 YG/EMI	2003.03	
	Se7en Must listen	韩国 YG/EMI	2004.07	
	Se7en 光（hikari）	韩国 YG/EMI	2005.02	歌曲创作： D.A.I（日本）
	Se7en 光（hikari）	日本 Nextar	2005.02	歌曲创作： D.A.I（日本）
	Se7en Style	日本 Nexter	2005.05	歌曲创作： D.A.I（日本）

（续表）

封　　面	专辑名	生产地 经纪/唱片公司	发布日期	其　他
	Se7en Photo album	日本	2005.09	包括VCD
	Se7en listen	泰国 RS	2003.11	包括英文版和伴奏版
	Se7en Must listen	泰国 RS	2004.07	包括MV（VCD）
	Se7en Must listen （限量版）	泰国 RS	2005.04	限量版包括：英文版、混音版 MV（VCD）
	Se7en Just listen	香港 滚石唱片	2005.03	
	Se7en Just Listen （再版）	香港 滚石唱片	2005.05	包括混音版，卡拉OK版，MV

附录B　Rain的唱片目录

封　　面	专辑名	生产地 标签	发布日期	其　他
	Rain N001	韩国 JYP	2002.05	

（续表）

封　面	专辑名	生产地 标签	发布日期	其　他
	Rain the way to escape from the sun	韩国 JYP	2002.05	
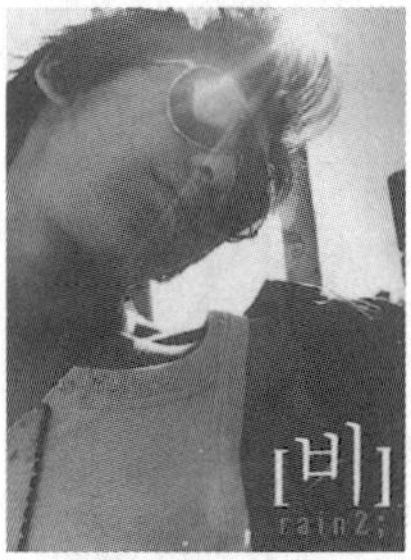	Rain the way to escape from the sun	泰国 GMN	2002.05	
	Rain it's raining	韩国 JYP	2004.10	多数歌名为英文
	Rain it's raining	泰国 JYP	2005.05	包括附赠曲目 "I DO" 与 Panadda（泰国女歌星）合唱 MV（VCD）
	Rain it's raining	日本 King 唱片	2005.02	包括"I DO"日本版和 DVD/MV

（续表）

封　面	专辑名	生产地 标签	发布日期	其　他
	Rain 初雨 first drop	台湾 华纳-台湾	2003.07	全亚洲发行
	Rain 初雨 first drop （再版）	台湾 华纳-台湾	2005.06	全亚洲发行
	Rain the way to escape from the sun	台湾 滚石唱片	2004.07	翻译成中文
	Rain it's raining	环球唱片	2005.06	全亚洲发行，除了韩国、日本、中国大陆和台湾地区 包括 DVD/MV

注释：

[1]　在殖民时期，“东亚”一般指中国、俄罗斯、日本和朝鲜。但是在这篇论文里，东亚一词还包括东南亚各国，因为东亚地理范围广阔，具有地缘政治的意义。因此，东亚还将东北亚和东南亚这两个次级区域包含在内。

[2]　在 1985 年到 2003 年这 18 年间，韩国在泰国的投资总额是 110 亿 2 300 万泰铢。相比之下，2003 年一年的投资额就达到了 35 亿 200 万泰铢，2002 年的数额是 32 亿1 200万泰铢。近几年韩国对泰投资额翻了几番。现在韩国是泰国的第八大贸易伙伴。相反，泰国对韩投资并没有达到同等的水平，2003 年和 2002 年的数额仅为3 500万泰铢和 1 300 万泰

铢。韩国游客已经超过贸易和投资，成了重要的财源。2002 年有 70 万韩国游客赴泰国观光，创造了 150 亿泰铢的收入，同年泰国赴韩旅游的人数仅为 5 万。

[3] 原文是 pop（ular），pop 一般指流行文化，即在文化工业意义上，由大公司生产出来的文化产品；popular 不同于 pop，还有大众的含义——译者注。

[4] 在下方将看到，K-pop 的话语与 J-pop 及其他种类的亚洲流行潮流的话语有着不可分割的联系。甚至关于 K-pop 的"受众"研究也必须带有比较性的视野，因为亚洲流行文化的市场依旧被（大致）分割成差异性的次级区域市场，如日本、大中华区和东南亚。那么，流行音乐工业怎么想象亚洲的图景？一家日本公司制作的 CD 在亚洲其他国家发行，上面写着"此 CD 仅在以下区域准许发行和销售：中国、韩国、新加坡、泰国、马来西亚、菲律宾、印度尼西亚"。这个想象中的亚洲是"东亚（东北亚）加东南亚"，尽管从经济术语来看，这个词语是国际定价政策的结果。

[5] Asian pop 是作者由约定俗成的 K-pop、J-pop 派生出来的新词，是从整体的传播状况来讨论亚洲流行文化而发明的中介性概念——译者注。

[6] Glenn La Salle 现任 GMM（泰国）有限公司的国际版权和发行部经理。他回忆道，1998 年他将一支韩国 R&B 女团引入到泰国，但并没有成功。他 2001 年跳槽到 GMM 公司，做了第二次尝试。这一次他引进了 Babyvox，五名女孩组成的流行舞曲组合，相当地成功。自此之后，GMM 坚信韩国流行音乐将会在泰国音乐市场中占有一席之地。

[7] Ragnarok Online（RO）是韩国 Gravity Corp 研发、Aegis 提供支持的一款大型多人在线角色扮演游戏（MMORPG）。这款游戏的背景很大一部分是基于 Lee Myung-Jin 的 Ragnarok 漫画，游戏音效由 SoundTeMP 提供。这个游戏还创造了一部日本动漫，Ragnarok The Animation。这款游戏中的神话大多数基于挪威神话，但是也征用了很多其他文化，例如日本及非洲的文化。请参考 http://en.wikipedia.org/wiki/Ragnarok_Online for reference。

[8] 关于世界杯的分析详见 *Inter-Asia Cultural Studies*，5（1）。

[9] 这可能是东亚明星娱乐工业的共同特点之一，尤其是在日本和香港——"偶像明星制造系统"。韩国音乐工业与日本、中国香港音乐工业不同之处在于一个事实，跨国音乐公司的分支机构很难进入这个垄断的领域，能为一部分音乐发烧友引进一些西方的流行专辑就不错了。这可以作为对韩国的音乐工业出现亚洲化现象之前，其本地化（全球化）进程的粗略解释。这些特点同样适用于泰国。在这两个国家，1990 年后"国际化的"（全球或者英语）流行音乐尚未如此流行开来，本国（"本地"）流行音乐和产业占统治地位。是否意味着全球化的扩展还很艰难？是否还有别的意义？

[10] 韩国可能是"音乐数字化"上做得"最先进"的国家。自 20 世纪 90 年代中期以来，韩国音乐产业已经转变到了"线上的唱片市场"的阶段，完全放弃了"线下唱片市场"，越过了大量发行消费 CD 和 DVD 的阶段。线上唱片市场的主要业务有"铃声下载服务"、"迷你主页背景音乐服务"和"在线音乐试听服务"，它们与大的信息技术（IT）

产业紧密相连，尤其是“移动通讯产业”，例如 SK 电信和 KTF。随着音乐消费技术的深刻变化，这十年体验音乐的方式已经发生显著的变化。韩国的音乐产业已经变成了一种“服务产业”。2005 年，线上音乐市场的市值（约为 3 亿美元）是线下唱片市场的 3 倍。由于这一巨大转变，韩国音乐产业在 1998 年达到巅峰。唱片产业的市值约 4 亿美元。因此，只有生产“音乐内容”的制作公司能够生存下来，专职发行的唱片公司没有办法生存，就算做“唱片发行代理”也不再能赚钱。在不久的将来，由于 IT 产业希望通过使用数字化的音乐内容来扩大市场，韩国音乐产业将再次发生巨变。音乐产业已经变成复杂的娱乐体系的一部分，与由大公司把持的 IT 产业紧密相关。最近，韩国最大的唱片公司，Doremi 唱片 和 Seoul 唱片，分别被 Music city（互联网公司）和 SK 电信收购。

[11] 相比之下，首尔/韩国在发行和市场份额方面几乎没有优势。值得注意的是，主导韩国流行市场的“大”公司仅仅是“制作公司”或“娱乐公司”，既不是跨国集团也不是国内巨头（Chaebol）。补充一点，日本音乐产业几乎在所有领域的优势都很明显，中国的音乐市场潜力巨大，而中国香港、新加坡和中国台北则作为亚洲音乐产业的“区域性中心”。

[12] 关于亚洲流行音乐循环中的跨文化多种过程，参照附录 A 和 B。

[13] 关于这一点，参照 Negus（1999：14－30）。他提出的观念包括“文化的生产”和“生产的文化”，前者指“工业产生文化”，后者指“文化生成工业”。

[14] “跨地方的空间性”或“从地方到地方”的相关研究案例可参见 Ma（2002）和 Fung（2003）。但是这两位作者研究的案例与泰-韩、曼谷-首尔之间的关系不同。前者的跨地方指的是“西方与非西方”，后者指“民族国家（中国）内的地方关系（香港、北京、上海）”。泰-韩关系夹在两个非西方的地方之间，与民族国家若即若离（with or without the national）。

[15] Rain 和 Se7en 代表了所谓韩流的第二阶段、新的音乐和男性气质。这种男性气质不仅“帅气”而且“强壮”。第一阶段的代表是三至五人的男团或女团（H.O.T.，NRG，Shinhwa，S.E.S，Baby V.O.X.），并且他们的流行范围主要集中于中国大陆、越南和中国台湾，如一些韩国明星在特定的国家（或地区）受到欢迎。现在 Rain，Se7en 和女星 BoA 的流行范围遍布亚洲，并被韩国媒体誉为“亚洲明星”，当然这有一些夸大的部分。

[16] GMM 格莱美（Grammy）及 RS Promotion 的公司简介见本文结尾部分的附录 B。

[17] Panadda Ruangwut（Nad）拥有难得一见的优美音乐。凭借乐器般的好歌喉，Panadda 赢得了选秀节目的冠军，并令她赢得了格莱美奖。Panadda 的歌唱生涯始于为很多戏剧配唱原声音乐，她的第一张专辑《Panadda Dao Kradas（纸星星）》发行于 1998 年。2003 年 Panadda 的新专辑《Baan Mai Roo Roy（永远绽放）》主打甜蜜情歌，这是她的拿手绝活，也是广大观众喜爱她的原因。

［18］ 大多数K-pop明星制作日本版唱片，他们只需要在录音室录歌和在拍音乐录影带时跳舞。词曲创作、编曲、录音、混音，毋带后期处理等工作都由日本工作人员完成。这种类型的唱片几乎找不到韩国的痕迹。是否所谓的“文化无味”（cultural odorlessness）也适用于在日本文化工业中的外国艺人？

［19］ GMM用相同的策略与台湾的8866音乐公司合作。泰国的热卖专辑引进到了台湾，并制作了专门的台湾版。这就需要将歌词翻译成中文由中国歌手演唱，或者由中文水平达标的泰国歌手演唱。中国娃娃（China Doll）进入了台湾主流音乐的排行榜。20世纪70年代著名的香港歌手叶丽仪在泰国也有很高知名度，用泰语演唱泰国经典流行歌“白莲花”。她演唱泰语歌词比较吃力，但是她优美的声线弥补了语言上的缺陷。

［20］ 88.0 PEAK FM播放西方及泰国流行音乐；91.5 Hot Wave播放面向年轻人的流行潮流音乐；93.5EFM——泰国流行音乐和娱乐新闻，一些DJ是GMM公司的明星；Green Wave 106.5——令人联想到自然环境的泰国轻音乐；Banana FM 89.0——泰国和西方的轻音乐。详见http：//www.atimemedia，com。

［21］ FM MAX88.5 MHz播放针对年轻人的榜单热门音乐，COOL FM93.0 MHz专为白领而设的轻音乐电台，LIVE FM106.0 MHz播泰国音乐；Pua Chiwit及Luktong则专为出租车司机和工人阶级的听众。详见http：//www.skyhigh.co.th/，http：//www.fmmax.com/main.php。

［22］ “K-pop现象”应该被单独分析。更多细节可参考《Shin》（2005）一书。创造J-pop这个新词是为了指代日本国内的流行音乐，然而K-pop则指传播到外国的韩国流行音乐，并且与更大范围的“韩流”紧密联系着。简而言之，“K-pop现象”与“亚洲流行”的话语有着紧密关系，但“J-pop现象”却与后者没有必然关系。K-pop现象还与创造新的韩国形象（new—Koreanness）的官方话语有关，后者常常被浓缩成那句宣传口号——“活力韩国”。

［23］ 甚至在我们修改这篇论文的一小会儿工夫里，事情也在急速地变化：CD Warehouse关门了，我们不久前光临另一家最大的CD店，它位于曼谷最大的百货商场Siam Paragon广场，这里有一个“亚洲流行”的柜台，按罗马字母顺序排放着东北亚艺人的CD。所以流行音乐有三个类别：（西方）流行，泰国流行和亚洲流行。然后我们发现，这里的“亚洲”是指“东北亚”，更准确地说是指日本、韩国、中国台湾/香港。

［24］ 我们遇到一个在RS公司工作的泰国人，他说：“现在曼谷人都知道Rain和Se7en。但是他们大部分都没有听过他们的歌。”我问他：“你知道他们来自哪里吗？”他说：“不太清楚，韩国吗？还是中国台湾？香港？我无所谓他们来自哪里。去年F4（来自台湾）很火，后来是Se7en。今年初郭品超（来自台湾）很火，现在是Rain。现在人们似乎忘掉了F4和Se7en，除了一些铁杆粉丝。”（2005年4月26日采访Wittawat Sungsakijiha）也许他的回答可以佐证国籍身份（你来自哪里）

变得愈来愈模糊。

[25] 本章节的信息来源于52份问卷和一些深度访谈。大半受访者是Se7en粉丝团的成员，是一般意义上的K-pop和J-pop粉丝。他们都是中学生、大学生（来自曼谷和Pitsauloke省）和研究生，其中主要是14到31岁的女性。我们得知K-pop粉丝比J-pop和Taiwanese-pop粉丝的年龄更小。因此，他们用来追星的钱很少，粉丝聚会也不那么铺张。

[26] 他的新作《浪漫满屋》由Channel 7在2006年6月25日首播，每周六周日早上9:30—11:00播出。该剧直接提升了Rain的知名度，被誉为新一波“韩流”来袭。

[27] http：//www.se7enthailand.com。

[28] 不幸的是，朱拉隆功大学（Chulalongkorn University）正计划将中点区改造成新的购物商场，毗邻Siam Parogen商场，把中点区变得更时髦，以搭配最新的商业性建筑风格。

[29] 一张本地产的CD售价约400泰铢，而一张进口CD售价约600泰铢。

[30] 30个小时的基础课程（周六周日授课，共十节）需花费2 000泰铢（折合50美元），一本韩语字典售价300泰铢（折合7.5美元）。1990年开始有四家大学开设了韩语本科课程，它们是泰国艺术大学、泰国东方大学（东部地区）、Songklanakarin大学Pattani学院（南部地区）、Naresuan大学（北部地区）。

[31] 一些受访者认为做一名亚洲流行音乐的粉丝没有什么错，不明白为什么家长想要剥夺他们追求爱好的权利。

[32] 泰国的华裔移民在20世纪50到60年代遭受了社会上和政治上的不公平待遇。但是随着他们财富的积累以及多年来和泰国人的通婚，使得当地华裔逐渐拥有了很高的商业成就，进入了政界高层。由于华裔的权势越来越大，原本坚固的族群界限开始模糊。对泰国华商家庭和族裔问题的讨论参见Pasuk and Baker（2004）。

[33] 详见：http：//www. thailove. net，http：//www. thaifeel. com /，http：//migrantsinkorea.net / 及 http：//migrantsinkorea.net / blog / blog / index.php? blog_code = yasoton among others.前两个网址与（赴泰）的旅游业相关，后两者与（赴韩的）移民劳动力相关，例如，不同种类的移民。

亚际比较框架：中国台湾和韩国的后殖民电影中的历史学

● 金素荣①

我力求超越民族电影（the national cinema）的范畴来展开电影所表现的现代世界——在一个曾经处于边缘、但目前被数字化掌控的国家，这里的关键在于“江南风格”（the Gangnam Style）。为了接触到韩国电影中历史时间的不同层面，我审视在“亚际比较框架：中国台湾和韩国的后殖民电影中的历史学”一文中讨论过的后殖民电影中的历史学问题。该文为我转向亚洲提供了一个特殊平台，其意义不仅在于区域研究的兴趣，也在于情感政治和社会地理想象。因此，该文进入一个更大的项目，即“比较电影研究：韩国电影的亚际对话”。在文化研究、电影研究和性别研究的知识生产链中，对“亚洲”的关注以激进的方式要求我们采取一个去殖民化（de-colonization）的批评框架，这是《亚际文化研究》这个刊物所强调的。对研究东亚电影的学者，这也促发写作上的一种比较模式。

该文关注后殖民历史学是如何被书写到电影中去的。文中对中国台湾和韩国电影的两部代表作做比较，即侯孝贤的《戏梦人生》和林权泽的《醉画仙》，其目的不仅是理解在电影中去殖民化的运作，而且也要理解殖民史的影响和效应。作为对档案材料的另类组织建构，后殖民电影制作这个概念意在把电影放置在档案库、历史学、电影表现和社会记忆相交织的领域。因此，这两部电影被举证为范例，其特点有三，一是对破碎的过去所做的富于启发性的反思，二是档案材料的痕迹在其中几乎看不见，三是通过在全球化观众的时代提示一个持续性的后殖民的认知方式，由此用电影来构想未来。

---

① 金素荣（Kim Soyoung），韩国艺术综合大学电影研究系。

＊＊＊＊＊＊＊＊＊＊＊＊＊＊＊＊＊＊＊＊＊＊

作为后殖民档案实践的电影摄制

作为新台湾电影的重要组成部分，侯孝贤的电影阐明了台湾的现代历史如何在电影中被重新提起，以及后殖民历史学在电影中如何被书写。《戏梦人生》(1993) 是侯孝贤第一部与日本合作的电影，主要反映日据时期。它作为侯孝贤反映台湾现代历史的“台湾三部曲”之一而广为人知——另外两部是《悲情城市》(1989) 和《好男好女》(1995)。[1]《戏梦人生》的开端表现了两个开始：日本对台湾统治的开始和一个名叫李天禄的伟大布袋戏艺人的诞生。这两个开始和它们分别的发展轨迹相并置，成为这部影片叙事的推动力之一。双重曝光和官方历史与个人历史的交织，组成了反映殖民历史的影响和情感效应的一个复杂又矛盾的历程。要研究这样的文本，我们最好考虑把侯孝贤的电影放在韩国背景下将意味着什么，因为他的电影应该为我们重新审视日本殖民主义在韩国的影响提供一种方法。

侯孝贤被韩国的电影爱好者和电影业界人士推崇为“亚洲电影大师”。2004 年和 2005 年的“釜山国际电影节”和“首尔艺术电影展”分别举办了两个侯孝贤的影展。由于他作为一位代表性的亚洲导演的影响力，你能在韩国的网络上以及电影杂志和期刊上读到对他的电影发表的评论。人们大多注意他的长镜头（long take）、远镜（long shot）和正面拍摄（frontal shot）这些他作为“亚洲大师”的标志性的个人风格。除了对风格的欣赏和评价之外，观众最大的反响在于如何理解《戏梦人生》中李天禄的一生。他在台湾成为“活着的瑰宝”，有人认为这不可能发生在韩国。[2] 经常被人提到的是李天禄因为其演艺生涯而获得台湾文化遗产的奖项，以及他早先在《恋恋风尘》(1986)、《尼罗河的女儿》(1987) 和《悲情城市》中以祖父的形象出现。有人说李天禄应该被看作是叛徒，他在日本殖民统治时期主持布袋戏剧团的宣传表演是同日本殖民主义合作。韩国后殖民时期的历史一直受到反日政策中未化解的紧张情绪的困扰，这表现为直到 20 世纪 90 年代晚期，韩国禁止进口日本通俗文化产品。另一个紧张因素是对那些殖民时期的叛徒（所谓的“亲日派”）未作彻底清除，包括高级官员、警察、文化精英、地主和企业家，他们依然权势中天，在殖民时期结束后，继续被美国政府支持的李承晚政权重用。

在此情况下，在韩国电影中把李天禄描写成一个受尊重的人物很具挑战性，更别提授予他“活着的瑰宝”这样的称谓。韩国电影中最近出现的一个最近似的例子是大片《青燕》（*Blue Swallowtail*，*Chŏngyŏn*，2005），女主人公是韩国首位女飞行员京元。她投入日本现代教育体制，想要成为一名职业飞行员。稍微偏离反殖民和民族主义的愤怒情绪，这部带有女性主义色彩的影片聚焦于女主人公京元与一个日本女飞行员之间的姐妹情谊。甚至在发行之前，这部影片就因为对韩国首位女飞行员饱受争议的正面描绘而在网络上受到严厉批判。在民众的想象中，一个与日本人合作的亲日派应该受谴责，除此之外没有其他角度。这个主人公是一位现实版的“新女性”，这一事实也是影片在发行前就受到公众反对的重要原因。在网络聊天室里对《戏梦人生》的评论似乎是在观察和思考对“亲日派”（Chinilpa或者shinnichi）的一种不同态度。这种看法与荆子馨（Leo Ching）的评论有些相类似：

> 尽管——或者正因为——作为殖民地的台湾和中国大陆的关系充满动荡，关于台湾人对日本殖民主义的反应存在一个令人不安但又很普遍的印象。与激烈憎恨和坚决抵制日本人和他们的殖民统治的韩国人不同，台湾人讲的是现代化和发展。这两种截然相反的对日本和它的殖民统治的观点，保留了“常识”和“普通百姓”对韩国与台湾本土主义的新殖民（neo-colonial）心态之间不同的理解——尽管有充分材料证明在两个殖民地都存在抵抗与合作这两种现象……虽然殖民地台湾和殖民地朝鲜之间的对照更多地关联到它们各自在前殖民时期和后殖民时期的历史，而不单与日本统治有关，但是不可否认的是，日本殖民主义对这两个先前的殖民地后来的发展产生了巨大的影响。[3]

在一次面谈中，侯孝贤解释了为什么很多本土台湾人对日治时代很怀旧。[4]是蒋介石派来的陈仪将军的残酷执政导致了1947年“二·二八事件”中的大屠杀和军事戒严令的施行。

在指出了中国台湾和韩国在前殖民和后殖民时期的不同，并以《戏梦人生》为讨论后殖民电影中历史学问题的范例后，现在我想引入一个不那么直接的反例《醉画仙》(2002)，一部林权泽导演的韩国影片，我意在讨论后殖民电影中的历史学这个概念在中国台湾和韩国分别是如何运作的。上面提到的区别也体现在后殖民时代如何表现历史创伤。在“韩国新浪潮”于2000年开始出现之前，通过诸如反复运用最后的定格镜头（final freeze frame）这样的手法，韩国电影表达了一种特定的封锁；人们认为韩国现代性中存在的矛盾和日本殖民统治的影响一起造成了这种封锁。[5]此外，后殖民时期在诸如1948年发生在济州岛上的“四·三事件”中使用的国家暴力也使金成礼“哀悼韩国现代性”的隐喻变得很适用。[6]这个隐喻被用来同时指涉殖民现代性（colonial modernity）和国家现代化的经验。然而，在台湾电影中，历史事件没有被表现为无法化解的创伤和无法逾越的封锁。例如，侯孝贤“台湾三部曲”的第三部《好男好女》集中表现1947年的“二·二八事件”和20世纪50年代的“白色恐怖”。在片中，一个女演员通过扮演一位生活在这个时期的左派人士而接触到了历史过往。

后殖民时期台湾对抗的主要是中国大陆，而韩国对抗的是日本。军事政权发动民众的反日情绪，以此作为建国的民族主义途径——虽然这个政权几乎没有采取举措来从国家体制中祛除殖民时期的精英人物。这种自相矛盾的做法在建构后殖民叙述中导致一种特殊的困境。此外，朝鲜战争之后美国对韩国的新殖民统治也消耗了批评界本该用于去殖民化的精力。然而，一些20世纪50或60年代出产的动作片（也被称作“满洲西部片”，Manchu Western）趋向于滑稽模仿军事政权所宣扬的反日民族主义中的极端民族化和极端男性沙文主义的因素，以达到批判讽刺的目的。[7]

与《戏梦人生》基于李天禄的真实故事相类似，《醉画仙》（2002）表现一位活跃于朝鲜王朝末年的名叫张承业（1843—1897）的著名画家。作为“国民导演”，林权泽代表了韩国电影。作为在国内和国际上有代表性的导演，他可以与台湾的侯孝贤相比。尽管在发言和表达模式上有明显差异，这两部电影也有共同之处。两个导演都通过追溯他们各自所属民族的两位传统艺术形式大师（即布袋戏和绘画）的生平来重构一个历史参照点。法农观察到对“参照系统”（the system of reference）的残酷破坏“伴随着对文化模式的废置……从而（文化）价值被粗俗地展示，被压毁而变得空虚”[8]。《醉画仙》凸显了这种由帝国主义、资本主义和殖民主义导致的破坏。面对参照材料的稀缺和殖民主义所导致的认知暴力（epistemic violence），艺术创作者需要一种灵感和想象力来重构过去，向人们展示具有索引功能、能够被象征性地理解的历史瞬间。因此，这些导演致力于建构“银屏上虚构的档案”，而不是简单运用现存的档案镜头。他们创造了反映殖民统治时期的历史剧。然而，与先前帝国制作的蔚为壮观的历史剧不同，后殖民时期的历史剧倾向于表现被摧毁的事物。

在这里，档案的意义不仅在于它作为“历史库藏”的作用，也在于“其在结构、过程和认知论上的复杂性，这种复杂性位于学术、文化实践、政治和技术交织的关键点上……在最广义上，档案承载了文化遗物，这些文化遗物存留下来，成为能指，指涉我们是谁以及为什么”[9]。

作为后殖民时期的档案员，这两位导演处理的正是这种结构和过程碎成片段的复杂性，以及“认知暴力”和身份认同的麻烦。影片对历史废墟的档案式重构释放了台湾和韩国作为“东亚四小龙”的一部分的经济增长，这种经济增长保护了作为民族文化价值的捍卫者的电影业。韩国电影局对字幕制作和旅行费用提供资助，帮助韩国电影在遍及全球的艺术电影院和电影节上发行。“台湾新浪潮”的情况（Taiwanese New Wave）在题为“台湾新电影，或者说一种全球化的本土主义?”的文章中得到了很好的说明。[10]在文中，陈光兴批评台湾新电影与当局机构合作（在制作 *All for Tomorrow* 时，其合作方是防务事务主管部门）。考虑到这种大背景，《醉画仙》和《戏梦人生》都应该被看作是殖民遗迹、后殖民时代的资本和当局政策出产的一个令人意外的组合物。在这种大背景下制作的民族电影由此被暴露在全球观众的凝视之下。在这些电影中运用的后殖民历史学和档案式处理，被辅之以发达的电影科技、政府机构的支持、文化资本和全球观众的瞩目。这四个因素——殖民遗迹、资本、政府政策和全球交流的渠道——是这两部电影关键的组成部分。后殖民档案工作寻求未被污染的前殖民时期的源流，把这作为抵制殖民化认知暴力的手段。档案工作保存了与政府权威的建立相关的热病——对档案的狂热欲求。[11]

尽管林权泽的职业生涯早在“韩国新浪潮”（the Korean New Wave）于 21 世纪初出现之前就开始了（他在 20 世纪 60 年代就开始电影创作），他的影片得到国际认可应该被看作是“新浪潮”的效应。《醉画仙》是第一部在 2000 年戛纳国际电影节上获得导演类主要奖项的韩国电影。像《醉画仙》这样的影片被看作是表达了韩国阶级现象中次要的情态、非官方的声音和地域性的抗争，以及“全球化的历史剧”，后者为一个国际化的市场总结了韩国电影史的诸多方面。[12]

作为后殖民历史学的一种形式，《醉画仙》和《戏梦人生》意义重大；作为弱势阶层的历史学，它们也意义重大——这种弱势阶层的历史学首先主张把权力的历史从任何有关资本的普遍性历史中分离开来，其次主张对国族形式（nation-form）进行批判，质疑权力和知识之间的关系。[13]档案和历史是知识的一种形式，而我把电影制作呈现为一种另类的档案式处理，这种处理填充了后殖民时代废弃空荡的档案架，重新创造也再次启动岌岌可危的、被压抑的历史过往。

《戏梦人生》中的宛然若生

在片头之后，《戏梦人生》打出了如下字幕："清政府于1895年签订《马关条约》，把台湾和澎湖列岛交由日本统治。在接下的五十年里，日本控制台湾，直到二战结束。"这段字幕之后是一个庆生的场景。有人叫说："孩子落地了！"观众看见婴儿天禄。随着他的出生，祖父说"让爷爷抱抱你"，然后一个画外的叙述者（观众很快知道他是老年的李天禄）说道："讲到一个男人的运气，我父亲入赘到我母亲家，失去了他自己的姓。"这个画外音压过了电影场景中的声音，凸显的只是布袋戏剧团的音乐声。这个叙述者进一步说明算命的给这家人建议说天禄应该叫他母亲"舅妈"，叫他父亲"舅舅"。这家人没有听从他的建议，由此他警告说这不会有好结果。依照日据时期的户籍登记制度，天禄的出生要在一个月内上报。由于他父亲入赘到他母亲家里，天禄也随了母亲的姓，所以叫"李天禄"而不是"许天禄"。[14]这种习俗被称为"赘婿"（入赘到妻家的男人），李天禄后来也成为"赘婿"，重复了他父亲的经历。

影片的开端以李天禄的如下道白结束："我就是这样出生的。"接下来是户外的布袋戏表演。在影片的开始，观众看到有关一个孩子的出生和他的命名的情节——这个孩子很快成了影片的主人公。这个情节的奇怪之处在于正是天禄本人——在片中晚些时候以一个老年人的形象出现——告诉我们他是这样出生的。一个人不可能观看或是记起自己的第一个生日，这样的情节看似一种被寻求起源的欲望所驱动的虚构。

在《幻想和性意识的起源》一文中，尚·拉普朗虚和尚-柏腾·彭大历斯（Jean Laplanche & Jean Bertrand Pontalis）提及弗洛伊德把婴儿早期的场景定义为"Urzenan"，即原初的或是最初的场景（primal scenes）。[15]在《戏梦人生》中，这些最初的场景紧接在字幕道明台湾是日本殖民地之后。布袋戏表演又紧接其后。布袋戏表演的非剧情音响（non-diegetic sound）贯穿从打出片头、字幕到庆生情节这整个过程，但是当李天禄开始叙述，这声音就退到背景中去。这声音在后来布袋戏表演的情节中重新出现。画外叙述者从头至尾都是天禄本人。控制影片的氛围感的是天禄的画外音、这家人大声的谈话，以及布袋戏台上的声音。李天禄是叙述者，但他同时也听到他祖父及其相识者的声音。他的画外音是被外祖父说"让爷爷抱抱你"促动的。这些重叠的氛围由音乐、噪声和画外音组成，伴随着影片的叙事和视觉表现。李天禄提到算命的预测他的坏运气，这导致了他改姓母亲的姓。日据时期的人口登记制度要求在一个月内报告新出生的人口，这也起到了主要作用。影片对这种情况的处理，暗示了台湾人传统的算命习俗与日本人强加的所谓现代人口登记制度之间的对抗。贯穿电影配音中的布袋戏表演造成的氛围感，倾向于弱化前现代和现代、中国/台湾人与日本人之间的对立关系。可以说，委婉指涉和沉默无言相结合，是这部影片贯穿首尾的模式。正是由于对殖民统治及其效应看似不张扬的表现，观众开始思考为什么影片在开端部分强调政府宣布《马关条约》的签订。与殖民统治的到来相对立，紧接下来的场景却是喜庆地宣布天禄的诞生。

然而，移置（displacement）的概念被重复体现。天禄的姓从“许”改为“李”，他的父母应该被称作“舅舅”和“舅妈”。除此之外，台湾在政治上被移置为日本的殖民地。也许通常在影片开端的这种个人和政治的移置相交叠会被用来表达创伤效应。未来布袋戏大师的诞生与殖民现代性的开端在时间上相交织，这很可能会暗示着反讽。然而，影片并不急于强调这个暗示。系列的移置被展现，有趣地让人联想到梦境。第一眼看上去，观众很容易把影片开头读解为梦境，因为它涉及主体性的缘起，充满氛围感，弥漫着基本灯光和暗色调照明。或者影片的中文片名本身就可以被看作是对“庄周梦蝶”的委婉指涉。

有意思的是，《戏梦人生》看上去“几乎”全然投入到上述的梦境框架中。“几乎”是一种副词性的力量推动情节发展。《戏梦人生》是一个近似的文本。稍微有别于最初的场景（primal scenes）、历史创伤和梦境这类问题，影片的思想模式非常近似于李天禄本人创作的新布袋戏的题目。这部戏被称作“亦宛然”（近乎宛然若生）。经李天禄的请求，给它题名的是一个姓傅的说书人/文人。他解释说：“布袋在表演中就像活人，所以布袋戏也就像真实的生活。”

“亦宛然”显示了运动/静止，把相互矛盾的语词放在一起。“宛然若生”意即赋予无生命的事物以有生命事物的一个或多个特征，或者模拟这些特征。“宛然”中的“宛”把表现与其所表现的内容相分离，否定表现所取得的肯定效应。“亦宛然”暗示了一种成功模拟其无法实现的生活的方法。但是这种“宛然”已经有一种隔离，“亦”一词使得这个词组中的另外两个成分更加复杂化。“亦宛然”同时也指向一种永久不到达的状态。放在一起读，这个词组中的两个成分就像一种语义上的不可能，终止了思想。但依次来读，“亦宛然”表示的并非语义的不可能，而是在宛然若生的渐变过程中形成的朝向“若生”的一系列新的变动，至少它们与直觉相反，完全出乎意料。从这个角度看，甚至“宛然若生”都揭示了两个渐进因素：“若生”同时肯定又否定它所表现的“生”，把自身宣布为实际上被排除在“生”这个类型之外的对“生”的认识。也就是说，对“宛然若生”的欣赏，既基于对其所模拟的生活特性的认知，同时也意识到这一呈现是人为的。另一层意思在于完成了的摹本，这个摹本会成为错误认知的对象。因此，完美不在于知识，而正相反。反过来说，“亦宛然”暗示了朝向一种无限退化（regress）迈出的一步，但是这种退化也几乎已经被悬置了。另外，这种退化与拟像（simulacrum）的退化无关，因为拟像是一个成功的摹本。从侯孝贤的《戏梦人生》能够解读出这些很自然，因为布袋戏艺术就是一种有意不成功地模仿生活的艺术。它是一种沉默的艺术，或者说是一种从它所指向的生活退缩的艺术，这种指向针对它永远不能把握的生活，也针对那些在本性上就不能把握生活的材料所具有的特性。

在把后殖民历史学和政治概念化的过程中，像“亦宛然”这样的样板在日本殖民话语中很有说服力，其中“不太一样/不是白人，然而又很像”显示了日本非白人（non-white）的“种族构成”及其对“地位优越”（position superiority）这种策略的运用[16]。

日本“同化”（“*doka*”）政策（assimilation）与“皇民化”（“*kominka*”）政策（imperialization）之间的区别是关键性的。一般都认为在日本殖民政策中的“皇民化”（意即培养对帝国忠诚的子民）是“同化”（意即通过吸纳来达至平等）的线性延伸。与之相反，荆子馨（Leo Ching）认为殖民意识形态中的不连贯性和断裂，不仅是与官方所声明的一致连贯、讲求仁义和平等的殖民政策相冲突，更重要的是，它们显示了在“皇民化”政策下的“身份冲突”（identity struggle）。“皇民化”的矛盾在于一种移置——从作为日本人生活转向了成为一个愿意为天皇牺牲的帝国子民。[17]

在影片中，当日本的战争投入在20世纪30年代升级，“亦宛然”剧团解体了。[18]影片中有一个情节，观众从中看到用于宣传的布袋戏的实际排练和上演。在此之前是为一个名叫岛崎的士兵举行的一场军人葬礼，他是在新几内亚的山里被杀死的一个电讯员。他的遗骸被归还给台湾土著。日本军官朗读颂词，赞扬岛崎为大日本帝国和世界和平而战。他的死甚至被比作樱花凋谢。他通过死亡而成为一个真正的日本人（kōkumin）。在葬礼之后，这个日本军官向排练中的布袋戏剧团致颂词，其中包括“为天皇而死”这样的表达。在“打败英美”的标语下，布袋戏剧团重新演绎日本战争机器如何利用一个战士的死亡。在李天禄的“亦宛然”中，布袋戏是一种有意不成功地表现生活的艺术，但是在战时，布袋戏为了战争目的而成了单纯的宣传工具。这里的宣传包括三个部分：葬礼、由日本军官带头的排练和布袋戏表演，所有这些都丧失了布袋戏的微妙。然而，影片拒绝以另一种形式的认知暴力来回应这种宣传的符号学暴力。相反地，影片选择表现李天禄已经成为“皇民化”机器的一部分——他加入被日本人改造过的布袋戏剧团，接受了警察局长让他参加新的宣传剧团表演的邀请。然而，战争结束不久，李天禄就回到滨江老街上表演他自己的剧目。尽管害着疟疾，他整天都为他的戏迷们表演，他们把破坏掉的日军飞机拆掉，把铝材卖掉。这里，我们听到李天禄说：“台湾终于从日本人手里解放了。”

在日据时期，日本的殖民话语在“同化”和“皇民化”政策下散播有关平等和兄弟情谊的意识形态。但是事实上，被殖民者“并不被要求像日本人那样生活，而是作为日本人去牺牲自己”。在这种情况下，李天禄把艺术和生活的关系理解为“宛然若生”，从而提供了一种在面对认知暴力时认知上的养分支持，使得台湾人对日本的自我认同在几乎就要成功的关口失败了。当关于身份的本质性概念缺失，又没有源头可以追溯，主体就偏离“同化”和“皇民化”，与一种半明半暗的生存模式保持距离。[19]当人们在解放后要求李天禄重返舞台，他们在实践“民间”政治，即“普通人幸存下来，从而国家和公民社会现代化所引起的暴力没有导致极大的断裂”[20]。即使不被说成是反动倒退的空间，“民间”所包容的空间经常被批评为是非政治的空间，或者非进步的空间。确实，这是一个日常生活的空间，它遮蔽大历史（History）。[21]学者注意到这部影片倾向于建构一个被高度中介化了的历史表现，从而弱化了“二・二八事件”的政治意识。[22]然而，裴开瑞（Chris Berry）对这部影片的解读扩展了“民间”的意义。如他所言，“对我来说，台湾三部曲的力量在于它唤起一种意象来包容和吸收‘本省人’的历史记忆和文化认同，而‘外省人’（来自台湾以外区域的中国人）也倾向于这些‘本省人’的文化认同”[23]。

这种“民间”的协商空间很难想象会出现在韩国。很多韩国的文化精英在解放后依然继续从事他们的工作，但是他们的活动没有得到民众的支持，是新的政权在支持他们。我们在台湾所见的那种养分支持不但在本体论的层面上被驱动，而且也植根于历史。在台湾与外族侵略者的一系列交锋中——包括荷兰人和日本人——“宛然若生”或许使得台湾人民不用执着于一种本质化的身份认同的观念就能生存下来，而后者在去殖民化的过程中往往需要一种极端民族主义的叙述来完成。

一般人把《戏梦人生》看作是一部关于一位布袋戏大师在日据时期成为傀儡的故事。与这种普遍的看法相反，这部影片基于“宛然若生”的概念而建构了一个后殖民历史学的样板。这个概念不但适用于布袋戏中用的戏偶，也适用于操持布袋的人和观众。在李天禄于1998年去世之前，“布袋历史博物馆”（Hand Puppet History Museum）于1996年建成。1978年，他从“亦宛然”布袋戏剧团退休，致力于教学。李天禄的“宛然若生”的运作模式提示我们一种后殖民的幸存与发展之道，它超越了历史创伤。

作为前电影时代（pre-cinema）故事的《醉画仙》

《醉画仙》中的历史背景与电影文化首次在朝鲜出现的时间点很接近。从《醉画仙》片尾字幕，我们得知张承业于1897年去世。据信，同年的10月10日，电影被引进朝鲜。1897年10月19日，《伦敦时报》（*London Times*）发表了如下文字：

> 电影终于被引进到朝鲜这个远东国家。在1897年10月，电影在北村的金岭向公众放映，地点是问中国屋主借用三天的破旧棚屋。放映的影片包括由法国百代电影公司制作的短片和纪实片。[24]

在《醉画仙》中，一个来自《汉城日报》的日本记者告诉承业，朝鲜王朝面临末世，他的绘画将是这个垂死王朝最后的生命闪光。用张承业的画来安慰生活在动乱年代的朝鲜人民与电影带给他们慰安没什么不同——正如承业所说，“人们没有什么来安慰他们，如果我能够通过描绘梦幻来带给他们慰安，我将忠实于命运对我的召唤”。韩国电影兴起前的电影史能够在他描绘梦幻的画中找到对现实的生动反映。张给他的学生看一块黑石头，强调说画家应该描绘活石头，而不是死石头：“即使是一块不起眼的石头在画家眼里也必须活着。如果石头是活的，它会充满动态感。如果它是静止的，它就是死的。”

张承业的绘画方法与电影的作用相当，都强调运动的概念。[25] 1901年9月14日，《皇城新闻》（一家报纸）发表了一篇文章，题为“照相的功能胜过人们的活动”。在文中，作者介绍电影是把拍下的图画排列起来，再使它们运动起来。作者又解释说，电影由图画和电影摄影组成（两者组成“*hawlhwa*”这个词，意即活动的图画）；拍摄下来的图画是电影的主体，由电力驱动。这篇文章也报道说观众对早期电影的特异之处感到惊叹。

这篇文章对早期电影文化做了如下描述：在当地观众知道电影如何运作之后，他们想什么时候朝鲜人也能掌握这个技术。作者指出他更喜欢看真人运动，而不是一个运动中的图像。人物在影片中很活跃，但是真人在生活却不是这样。当大韩帝国（朝鲜原先的称谓之一，大韩帝国的统治从1897年延续到1910年）在外国势力的威胁下变得岌岌可危，人民却无所行动。电影中人物的活动（*hwain*，画中人）看似比真人（*saengmin*）的活动更有生机。因此，他想看到的不是电影中的情节发展，而是人们行动起来。

这篇短文展示了当时的电影被加上了极强的政治意义。电影让人瞻仰模仿的是它运动的能力，前进的能力，能让人们充满生气。“生气”（*hwal*）这个词与电影一词（*hwaldong sajn*）中的“生气”相同。

与电影中的生气和活动的人物不同，大韩帝国和它的人民在人们眼中缺乏活力。文章的作者希望把电影中演员的生气转移到历史主体身上，因为他看到大韩帝国在外国强力下——包括日本、俄国、德国、美国和英国——很无助而没有抵抗力，他观察到大韩帝国的人们缺乏生气。为了展示当时政治如何动荡，我在下面介绍美国传教士霍拉斯·阿伦于1884年到达朝鲜的场景。

当霍拉斯·阿伦第一次到达釜山，他说，“朝鲜最南端的大都市釜山完全是日本人的”。朝鲜的重要港口仁川只有一座像样的建筑，那是日本领事馆。在首都首尔附近，眼中所见是太阳帝国的外交人员。这些观察似乎预示了朝鲜王朝将沦为日本的殖民地。但是在1884年，很少有人把朝鲜看作是日本的第一个陆地省区。为什么是日本成为征服者？中国不是这样干过吗？中国和日本都有人在朝鲜定居，清政府的宗主国地位是英国认可的，还有一千五百个士兵驻扎在首尔以维护他们的地位，这比日本人用于保护外交人员的兵要多出十倍。还有沙皇俄国在北边窥觑。朝鲜在1884年被看作是一个独立国家。当与世界强国开始交涉时，它有君主制和军队。[26]

但是在这些描述中没有朝鲜人民；它们只是暴露了朝鲜被围困的局面。《醉画仙》批评朝鲜王朝时下的绘画风格模仿中国的绘画风格，而影片利用张承业的画来展示最接近的电影文化的前史。这些画让我们瞥见将要出现的朝鲜电影应该会是怎样的。比如，在影片中，主张改良的开化党（the Enlightenment Party）成员金柄文鼓励张承业画出“洋溢着你自身精神的画作”。为了画出自己独特的画作，张承业必须摆脱中国画的束缚。他也应该不再力求满足统治阶级的审美趣味，他们自己已经被中国画影响了。然而，要创作出与先辈截然不同的作品，张承业并没有很多可资借鉴的东西。他拥有一种奇才，只有当他喝醉了才能表现出这种奇才，这种奇才被看作是神赐的。张承业不属于贵族阶级，没受过教育，但是他通过自己创作的意愿克服了这些封建局限。他代表现代早期出现的一个独特个体。作为一个边缘人，张承业能够很好地观察在旧世界崩溃后兴起的新世界。他把这些观念贯彻到作品中，通过绘画来表现一个全然没有希望的新世界。与现状抗争的开化党仰赖日本人生存。同时，中国和俄国在竞争对东亚的统治权。在这个时期，旧的已经逝去，新的还未生发，张承业努力创造一种新的绘画风格。人们——尤其处于社会中层的人们——从他的画中感受到一线希望的光亮，逐渐失去了对中国画的热情。影片中描绘的改良主义的进步人士可以被看作是张承业的解读者。他们用能让观赏者理解的方式来解释他的作品，也扮演联系张承业与贵族士大夫阶级的中介人。在这个时期，世界瞬息万变，艺术趣味也快速变化。张承业的画体现了这些变化。然而，他的艺术中蕴藏的希望无法与任何政治行为联系起来。农民领导的东学农民运动（the Tonghak Rebellion，1892－1895）失败了，为施行一种独立的对外开放政策所做的努力也付之东流。结果是国家的主权让给了日本人。这些就是《醉画仙》力图向观众展示的充满吊诡和反讽的大背景。我想集中讨论在创造新的朝鲜绘画的过程中出现的吊诡和反讽，以及这种创造的内蕴。然后，我将把这些问题与韩国电影史联系起来讨论。

在《醉画仙》中，张承业被表现为是一个游荡者，在很多地方很像人们对影片导演林权泽的一般印象，很多评论者和这位导演本人都指出了这一点。韩国电影最近的两个发展阶段是忠武路时代（Chungmoore era）和韩国风格大片时代（the Korean style blockbuster era），在这期间林权泽都积极投入电影业。他经历过日据时期、朝鲜战争和军事独裁时期。让我们看看林权泽如何被人们所接受。

> 在《西便制》中，林权泽创作了一个严谨朴素、悲情满怀的自我形象。林权泽本人是一个独具韩国特色的艺术导演（auteur），被裹挟在跨国市场的需求和盲目中，这个跨国市场由出口所驱动，韩国自身在朝鲜战争结束后促进了这个跨国市场的发展，在被阻隔的冷战辩证法的支配下，在太平洋的边缘……[27]

批评家能够在比《西便制》更晚拍摄的《醉画仙》中发现林权泽自画像的其他片段。[28]林权泽肯定了这一点："我一直想拍摄一部关于金弘道、郑敾，或者是金正喜影片。然而，张承业吸引了我，因为他和我共有一些我觉得我能比较容易地自我投射的特征。我的意思是张承业在有生之年取得的成就在很多方面反映了我在有生之年取得的成就。"[29]

与《西便制》中那个严格、崇高、悲剧性的父亲形象不同，《醉画仙》中的张承业要么拒绝，要么无能做父亲。为了寻求新世界，他边喝酒边画画儿。在朝鲜和韩国电影史上的某些时刻，《阿里郎》（1926）中罗云奎饰演的疯人形象与“醉画仙”（酒醉的绘画大师）张承业相遇了。殖民地的朝鲜和韩国电影像麦比乌斯圈一样（a Mobius band）交织起来。然而，这种时刻相当吊诡。他们变成韩国电影之父正是通过挟持历史来达到的，而正是这个历史使他们不能成为父亲。这是通过把被损毁的女性身体转化成超验的客体来戏剧化地实现的。例如，在影片《阿里郎》中，永金救了他的姐姐，使她免于被强奸，而在《西便制》中的那位父亲则故意弄瞎了女儿的眼睛，试图由此使她充满被称之为“憾”（*han*）的深刻的民族情感，这就好像我们民族的历史需要我们姐妹和女儿的血肉身体。然而，当她们的血肉身体开始与她们的父兄融成一体，她们也不再是女人，而变成了代表父亲和国家的一个隐喻。

倒叙和好耳朵（歌手）

在《醉画仙》的开始，张承业在绘画，贵族士大夫阶级的成员在观看。摄像头与人物保持距离，表现张承业与他们的对话，以及最后灾难性的结尾。这些贵族赞扬他的画：“它散发出神圣的力量，好像幽灵在四周舞蹈。他看上去是在按照规则作画，然而他不是的。他依照规则绘画，同时又打破规则。”张承业回答说：“一个笔画就值一万个笔画。一万个笔画也就是一个笔画。一个乡下佬胡涂瞎摸，他怎能说自己在质疑艺术的规则?”

在这个时候，一个士大夫批评张承业浪费时间空想自己是天才，并且提醒他是一个来自最底层的画家。摄像头跟随张承业离开集市所在的街道，接下来字幕出现在荧幕上：“在 1882 年左右，朝鲜人在反抗外国入侵和腐败的政府。”随着这些字幕，我们得知这个国家正在迅速衰弱，这就是张承业生活的时代。一个来自《汉城日报》的日本记者 Kaiura 来向张承业求画，并问他如何能在处于社会底层的情况下从事绘画。张承业在底层人居住的地方画了一幅画，由此赢得了日本记者的敬意。这个场景实际上是对社会等级制的一种微妙而反讽的嘲弄，这种社会等级存在于那些属于大日本帝国的人和朝鲜底层的人们之间。张承业责备地对 Kaiura 说：“才能会表现出来，甚至在婴儿身上都如此。”这个场景的配音经过精心安排，包括仿真音响和夸张的音响，间杂以乞丐的歌声。接着影片引入一个贯穿大部分影片的倒叙情节。在这个倒叙情节中，还是小男孩的张承业挨了一个丐帮头目的打，理由是他画了一幅丐帮头目殴打一个照顾张承业的女人的画儿。《醉画仙》中的大部分情节以倒叙形式出现。影片以张承业与Kaiura之间对话的形式展开，这很重要。有趣的是，Kaiura的角色与一个“生着一双好耳朵的歌者”（*Kwi myongchang*）很相似，后者在朝鲜传统戏剧“盘索里”（Pansori）中是受过很好训练的听者。如其名称所示，一个“生着一双好耳朵的歌者”同时作为歌者和听者而备受重视——虽然他或她只是用一双好耳朵来聆听。

影片的前半段表现张承业在士大夫的注视下绘画，然后运用倒叙手法回到张承业的童年，Kaiura的提问引发了这些倒叙。这种结构被用来点明张承业的画家身份和他作为底层人的社会地位。这些注视以及士大夫和Kaiura的提问被用来点明张承业的画家地位。事实上，在很多方面，是士大夫和日本人拥有张承业本人和他的作品。吊诡的是，正是想要对抗这些士大夫的注视和从这些人身边离开的愿望成为张承业和《醉画仙》本身的驱动力，而这些人是他在经济上和文化上的赞助者。有趣的是，那些处于边缘地带的是主张改良的知识分子。

金炳文和其他改良主义者开始寻求与贵族士大夫阶级所钟爱的绘画不同的朝鲜风格的绘画。在影片中，金炳文批评著名的Chusa所画的“冬天的松树”，认为它是一个浸润于中国艺术的表达。最终，主张改良的开化党在日本人的帮助下能够三天夺权。影片描述了张承业和开化党协商达成的本土化的现代性。

尽管皇室、贵族士大夫和古阜地区的长官赵秉甲为他的大部分画作提供资助，张承业却也同开化党成员自由往来。因此，张承业的政治趋向很不明朗。虽然他在心里支持开化党，但是如果没有贵族士大夫阶级的支持，他的生活和艺术都无法得到实现。他拒绝在同一个地方呆很长时间，从一个地方游离到另一个地方，以此来保证他对施恩者的依赖只是暂时的。作为历史观察者的张承业创造了一种独特的绘画风格。金炳文对张承业是精神上的施恩者，他从不赞扬他的画。张承业的愿望是通过独特的绘画来打造一个自己的世界，而不是成为贵族士大夫的一员，或是追随中国传统绘画技法。有一段时间，他住在古阜地区长官的家里。在此期间，他的一张画使他作为历史观察者的地位有所改变——这画描绘被残酷的鹰追逐的小鸟。张承业还从来没有创作过像这样描写普通百姓在地主专制下受苦的作品。影片中插入这样的画表明了他的政治立场。

影片中的倒叙始于张承业的童年，止于东学农民运动领袖全琫准被处决。Kaiura强调张承业作为画家的地位：“夜色降临在朝鲜王朝。你的画是这个垂死王朝最后的生命闪光。”他被东学农民运动的兵士羞辱，被逐出古阜地区长官的家。之后，他投身熔炉，就像一个人在主持火葬仪式。

《醉画仙》中对19世纪的回顾源自一种要了解现代性起源的愿望。这种回顾强烈意识到了出席国际电影节的全球观众以及那些负责在国外市场发行影片的人的凝视。Kaiura在片中的作用是在这些倒叙情节之间做中介，他的凝视和提问代表了当代全球观众的凝视和提问。考虑到早先提及的内在于韩国电影的历史阻隔和创伤，这种通过Kaiura来整合国外观众的凝视的电影策略似乎很有效。[30]这可以被看作是一种自我定向的形式。另一种可能性是《醉画仙》重温了现代性的最初场景（primal scenes），力求提供一个框架，从而当下全球化的问题能在这个框架中被重新组构。

后殖民档案工作的吊诡

《醉画仙》和《戏梦人生》都在片头点明了两个主人公生活的历史时期。《醉画仙》点明朝鲜正受到帝国主义势力的威胁，而张承业将要经历这样的历史时期（1843—1897）。

在《戏梦人生》中，1895年签订的《马关条约》决定了李天禄生活时代的历史情境。由于张承业的生平故事止于1897年，可以说《醉画仙》的结束之时正是《戏梦人生》的开始之时。两部影片加在一起为时约一个世纪，从1843年到1945年。这个时段覆盖了前殖民时代初生的现代性最悬疑、也是最动荡的部分。在朝鲜，这个时段以启蒙期开始，接着代之以殖民现代性。尽管《醉画仙》没有直接表现日据时期（而《戏梦人生》则表现了），影片还是预示了将要到来的殖民现代性。

把中国台湾和韩国的文化文本做比较，我们需要意识到日本的殖民化和美国的新帝国主义的冷战结构使得中国台湾和韩国变得彼此相关。但是，对这种相关性的概念化和历史化经常被与像中国和日本这种邻国的关系所遮蔽，后者更加波诡云谲。然而，通俗文化的流通使得涉及台湾和韩国的文化生产的对话显而易见。侯孝贤和林权泽的电影跨越了历史记忆的社会形式和民族形式，这种记忆在后殖民国家和地区具有典型性。这些电影人也是档案员，他们的影片使观众得以窥见从后殖民的废墟中浮现的过去的场面。布袋戏和张承业的绘画建构了早期电影文化的图景。

后殖民国家和地区几乎空无一物的档案使得创作历史剧的场面意义重大，而这种创作基于很有限的参照材料。他们的作品更像是“银屏上虚拟的档案”。像《醉画仙》

和《戏梦人生》这样的影片是一种库藏，也是社会和历史的记忆场，它们替代了空荡荡的档案架。

（翻译：金莉　校对：罗小茗）

注释：

[1] 据陈光兴（Chen Kuan-hsing）的观点，台湾新电影指的是从20世纪80年代早期到目前的电影，包括制作、发行、消费和其他相关活动。尽管导演们并非全然接受这种定义，这个批评家首创的称谓在批评界被广泛使用。这个称谓指的是一种另类电影，以 *In Our Time*（1982）为起始，以 *All for Tomorrow*（1988）为消歇，后者是一部政治宣传片，由 Chen Kuo-fu 和侯孝贤联合执导。参见 Chen Kuan-Hsing，"Taiwan New Cinema，or a Global Nativism?" in *Theorising National Cinema*，Valentina Vitali and Paul Willemen（Eds.）London：British Film Institute，2006：138。

[2] 参见相关博客，其中《戏梦人生》中的一个日本警察局长被描写成一个依照理性行动的人。http：//blog.naver.com/sung-hyocho20? Redirect = Log&logNo = 80014118945。有名的哲学家 Kim Jinsŏk 提到侯孝贤避免把受害者和施害者做肤浅的二元化处理，使受害者成为英雄。影片中的日本人得到了人性化的反映。参见 Foucault，*A City of Sadness and The Puppet Master*，Kino，11，2001。

[3] Leo Ching，*Becoming "Japanese"*，Berkeley and Los Angeles：University of California Press，2001：8－9.

[4] Tony Rayns，"Not the Best Possible Face"：Interview with Hou Hsiao-Hsien，（1989/1990）. Available at http：//cinemaspace.berkeley.edu/Papers/CityOfSadness/int1.html.

[5] Paul Willemen，"Detouring through Korean cinema，" *Inter-Asia Cultural Studies*，3（2），2002，167－186.

[6] Kim Sung-nae，"Mourning Korean modernity in the Cheju April third incident，" *Inter-Asia Cultural Studies*，1（3），2000，461－476.

[7] Kim Soyoung，"Genre as Contact Zone." In *Hong Kong Connections: Transnational Imagination in Action Cinema*，Meghan Morris et al.（Eds.），Durham：Duke University Press and Hong Kong：Hong Kong University Press，2006：97－110.

[8] Harry Harootunian，"Shadowing history：National narrative and the persistence of everyday"，*Cultural Studies*，18（2），2004，181－200.

[9] Francis X Blouin Jr. and Willima Rosenberg，*Archive，Documentation，and Institutions of Social Memory*，Ann Arbor：The University of Michigan Press，2006：11.

[10] Chen Kuan-Hsing, "Taiwan new cinema, or a global nativism?".

[11] Carolyn Steedman, "Something she called a fever: Michelet, Derrida, and dust (or, in the Archives with Michelet and Derrida)." In *Archive, Documentation, and Institutions of Social Memory*, Francis X Blouin Jr. and William Rosenberg (Eds), Ann Arbor: The University of Michigan Press, 2006.

[12] Rob Wilson, "Korean films toward globalization: Tracing global/regional roles, why does Im Kwon-taek have a different opinion?" In *Korean Style Blockbusters: America or Atlantis*? Kim Soyoung (Ed.), Sŏul: Hyŏnsil Munhwa Yŏngu Publishing, 2001: 258 - 270（原书为韩文）。英文版："Korean Cinema on the road to globalization: Tracking global/local dynamic, or why Im Kwon-Taek is not Ang Lee?" *Inter-Asia Cultural Studies*, 2 (2), 2001, 307 - 318.

[13] Dipesh Chakrabarty, "Subaltern studies and postcolonial historiography," *Nepantla: Views from South*, 1 (1), 2000, 9 - 32.

[14] 在影片 *A Borrowed Life*（Dou-San, 1994）中，"赘婿"（一个入赘妻家的男人）代表了一种父权制中不规范的角色，由父亲形象来承担。参见 Chen Kuan Hsing, "Civil society and Min-Jian on political society and popular democracy," *Cultural Studies*, 17 (6), 2003, 198 - 200.

[15] Jean Laplanche and Jean-Bertrand Pontalis, "Fantasy and the origins of sexuality." In *Formations of Fantasy*, Victor Burgin et al. (Eds.), London: New York: Routledge, 1989.

[16] Leo Ching, *Becoming "Japanese*." pp.51 - 132.

[17] Leo Ching, *Becoming "Japanese*." pp.51 - 132.

[18] 传统布袋戏里的角色包括"生"，"生"又包括"文生"、"武生"和"小生"。"文生"是像许仙那样的男性学者类型，"武生"是像武松那样翻腾打斗的主角，"小生"是西门庆所体现的花花公子类型。"旦"指的是女性角色，包括"齐眉旦"，即通常来自富家的品行正直、性格稳定的人物；"武旦"即从事武打的女主角，比如白蛇和穆桂英；"小旦"则指丫鬟角色。除了按性别分类，布袋戏也包括丑角和老旦。

[19] "半明半暗"（penumbrae）指的是"非主体"（nonsubject）在被分成等级的存在模式中可能占有的位置，这种等级制涉及诸如"实质"、"阴影"和"半明半暗"。在这个模式中，像妓女、女佣和妾这样的主体位置属于"半明半暗"，影子的影子。Liu Jen-peng (2001), "The disposition of hierarchy and the late Qing 'discourse of gender equality,'" *Inter-Asia Cultural Studies*, 2 (1), April 2001, 69 - 79.

[20] Chen Kuan Hsing, "Civil society and Min-Jian on political society and popular democracy," pp.887 - 889.

[21] Harry Harootunian, "Shadowing history: National narrative and the persistence of everyday."

[22] Cinemaspace, "Introduction".见 http://cinemaspace.berkeley.edu/Papers/CityOfSadness/

1998.

[23] Chris Berry, "From national cinema to cinema and the national." In *Theorising National Cinema*, Valentina Vitali and Paul Willemen (Eds.), London: BFI, 2006: 148 - 157.

[24] Kim Jong-won and Chung Jung-heon, *The 100 Year History of Korean Film*, Sŏul: Hyunamsa Publishing Company, 2001: 20. 1903 年 6 月 23 日，*Hwangsong Sinmu* 报道："Dongdaemum 电业公司将于晚间八点到十点放映电影，周日除外。大韩帝国和外国美丽的自然景色将被介绍给观众。入场费是十个铜板。"这个材料来自韩国制片人协会发行的 *The 70 Year History of Korean Film Planning*, Sŏul: Korean Film Producers' Association, 1998: 25.

[25] 即使在那时也有人喜欢电影，按今天的标准，这些人可以说是影迷。在"读者专栏"有人写道——"我一直就想看电影。最近我有机会在 Dansŏngsa 剧院看了一些电影。只是在最近电影才被引进朝鲜。我感到这些电影让我耳目一新"（见 *Maeil Sinbo*, 1919 年 10 月 31 日）。当时名叫 *Bolkŏngŏn* 的期刊记载了当时的这些影迷看电影的感受，也描写了在首尔首次放映电影的节庆气氛："亨利·寇尔布兰先生拥有电业公司，在 Gwangmudae 放映了第一批电影，用的是从经营旅店的马特尔先生那儿借来的设备。每当想起那时，我都记得当时我感觉到了另一个世界。被招徕声所吸引，比如'图画动起来了'，'图画动起来了'，还有箫鼓之声，我疾跑到剧院，付了约值十根香烟的入场费。幕布上有美国和大韩国国旗的图案。一个走钢丝的艺人开始在幕布前表演。等幕布升起来，几个朝鲜女人开始表演歌舞。接着所有的灯都灭掉了……"（*Bŏlkŏngon*, 1926: 90）

[26] Fred Harrington, *God Mammon and the Japanese*, Madison: The University of Wisconsin Press, 1944.

[27] Rob Wilson, "Korean films toward globalization: Tracing global/regional roles, why does Im Kwon-taek have a different opinion?"

[28] 菲利普·阿祖里在其著作中如此评说林权译："在由张承业的生平所启发的这幅湿壁画中可以轻易地体察到林自己的身影。" *Liberation*, May 27, 2002, quoted from *Cine* 21.

[29] *Cine 21*, No.351, May 10, 2002, 12.

[30] 要了解韩国电影所经受的阻碍和压制，参见 Willemen "Detouring through Korean cinema."

印度二线市场中的香港动作电影

● S.V. 斯瑞尼瓦斯①

本文属于观众比较研究，探讨了自20世纪80年代以后印度电影和香港电影在印度的观看和接受。文章考察了电影在印度的社会意义与政治意义，这是通过使本研究区别于两种截然相反的观念而实现的。这两种观念，其一认为，观众受电影的“影响”（influenced），会做出一些与其自身利益相背离的政治选择。其二则时常冒充“文化研究”（cultural studies）方法，因而更值得一论：这种观点认为，观众必然会抵抗充斥于文化商品中的主导意识形态。本文聚焦于电影文本特有的社会政治主张和宣传动员，以此表明电影的政治意义在于什么是它容易行事的。无论是观众的抵抗，还是电影产业或制片人的“意图”（intention），都无法解释电影的政治效应。这一命题在印度上映的香港电影中清晰地体现出来。这些香港电影在印度放映的是其英语配音版，而观众并不懂英语，因而和当地政治与灰色经济紧密联系，和其生产中心（香港）却几乎没有什么关系。换言之，我们见证了在一个电影长期以来都参与于社会政治斗争的语境中，香港电影的全球化无意中在此产生了怎样的后果。

这篇文章的灵感来于“亚际文化研究”（Inter-Asia Cultural Studies）协会在亚洲不同地区的研究人员之间进行学术合作而发起的讨论。由于该协会的努力，（用陈光兴的术语来说）“作为一个扩展的情感结构的亚洲”在21世纪初逐渐成形。然而，能够展示“亚际”（Inter-Asia）研究是如何进行的范例寥寥无几。同时，在这一时期的印度，电影与文化研究都是新兴而令人兴奋的跨学科研究领域。只要印度电影研究还受到关注，就会有针对电影文本的批评。电影的观看和其所处的语境——尤其是在电影产业介导（mediated）、翻

---

① S.V. 斯瑞尼瓦斯（S.V. Srinivas），印度班加罗尔阿齐姆·普莱姆基大学（Azim Premji University）。

译和变异的方式——并没有受到太多关注。因此，如果没有对电影在印度非都市地区的传播与放映的“深描”（thick description），就不可能弄清楚香港电影是如何传播的。

* * * * * * * * * * * * * * * * * * * *

导言

本文着眼于香港武侠动作电影在印度南部安德拉邦（Andhra Pradesh）的传播，旨在审视电影公众及其在印度的特定产业状态之间的关系。安德拉邦容纳了泰卢固（Telugu）电影产业，这是仅次于印地（Hindi）的印度第二大电影产业，同时也是印度最大的香港电影市场，后者对本文殊为重要。[1]

随着李小龙的《龙争虎斗》（*Enter the Dragon*，Robert Clouse，1973）在印度以及世界其他地区获得成功，这股热潮也在1976年至1980年代初期席卷了安德拉邦，我们的故事自此开始。在此后几年的时间，新一代泰卢固电影男明星开始在动作片中展现自己的招数，这显然是在模仿香港电影。其中最引人注目的是赤拉尼维（Chiranjeevi）、休曼（Suman）和阿琼（Arjun）。事实上，即使是更早的N.T. Rama Rao——他40年代出道，一直到70年代末仍很受欢迎——也不得不随大流，在*Yugapurushudu*（K. Bapaiah，1978）一片中扮演了一位武术大师的角色。此外，香港电影还产生了一些其他影响，如泰卢固电影业试图建构一个反抗封建压迫的本地武术传统（例如*Sivudu*，*Sivudu*，*Sivudu*，A. Kodandarami Reddy，1983）。鉴于香港武打女星的走红，泰卢固在90年代出现了女警片，并成为一种独立题材。《双龙》（徐克，林岭东，1992）被改编为《你好，兄弟》（*Hello Brother*，E.V.V. Satyanarayana，1994）。最近，一部成熟的泰卢固武打电影*Bhadrachalam*（Shankar，2001）获得巨大成功，据说或有更多武打电影正在酝酿（见图1和2）。

直到90年代中期，英语配音版香港电影一直在那些几乎完全不懂英语的观众中传播。目前，英语版和泰卢固语版已同时流传。我将以安德拉邦为例，考察香港电影在印度传播的产业语境与接受语境。我将要审视这两种语境——产业的和视觉/文本的——是如何联系起来的，关于米莲姆·汉森（Miriam Hansen，1991）所谓电影的“社会维度”（social dimension），这种联系又可以告诉我们什么。我的关注焦点是，对

图 1　泰卢固女警片 *Police Lockup*（Kodi Ramakrishna，1993）中的 Vijayashanthi

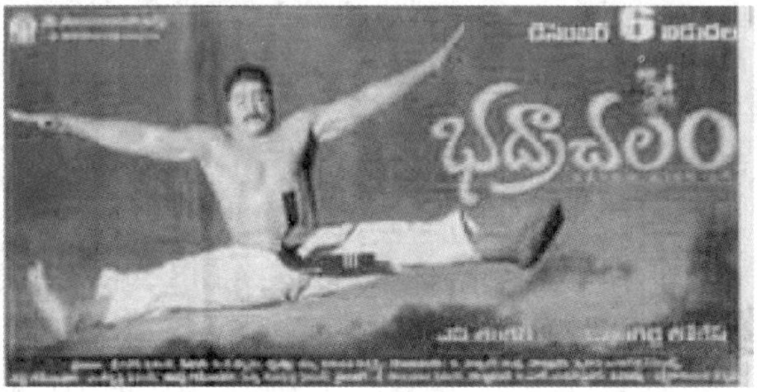

图 2　*Bhadrachalam*（*Vaartha*，December 2nd 2001）中的 Srihari。泰卢固武打类型的到来，还是对香港电影的最后致敬？

于电影在印度的公共地位来说，香港电影的特殊影响会带给我们哪些启发。本文的分析主要基于在马达纳帕尔莱（Madanapalle）、清（Tirupathi，Chittoor district，Rayalaseema region）和维查雅瓦达（Vijayawada，Krishna district，coastal Andhra）等城市进行的田野调查和访谈。[2]

第一节　接受语境

我在研究中观察到一种普遍感受，即香港电影在印度的黄金时代业已终结，并且，香港电影产业的复苏也不太可能显著地改变这种状况。香港电影在印度的流行，有赖于廉价制作、粗制滥造的武打动作电影——这些电影常常成为香港明星进军好莱坞的通道。在印度的大都市以外的地方，无论是吴宇森还是周润发都鲜有人知，周星驰的电影也未曾上映。杨紫琼仍然是以 Michelle Khan 的名字为人所知。

在金融方面，据香港的一位发行公司经理所言，印度市场“不过蝇头微利”（just a

bonus)。[3]香港寰亚电影发行公司（Media Asia Distribution）的前首席执行官冯勇称，每年出口印度的电影交易量大约是50万美元。印度市场不仅小，而且还“对香港电影封闭”（访谈，冯勇，2002年5月24日，香港）。大多数印度买家坚持只引进几个特定影星——如成龙、李连杰——出演的电影，或有“世界级”大预算的片子。但具体到每部电影，他们很少愿意支付15 000到30 000美元以上的费用。（与此相较，在中国台湾，同一部电影中国台湾可以卖到约50 000美元。）

在印度，香港电影较低的市场价值与其文化表现形成了对比。

香港电影与流行文学

香港电影成为泰卢固语流行文学书刊的一个宝贵来源：从自学指南到侦探小说（见图3—5）[4]。就像其他地方一样，这里对武术的兴趣与香港电影有着千丝万缕的联系。为什么香港动作电影所推介的武术在全世界有殖民历史的地方以及边缘群体当中都如此吸引人？这些形式又是如何被整合进现有的流行文化产品之中的？这些都是十分值得研究的领域。显然，我不会对武术学校进行详细的分析（参见图6），相反，我将集中关注香港电影观众的形成。

图3 ***Learn Kung fu: For self defense, confidence and bravery*, by Ambapudi**

图4 ***King of Nanchaku* (1982), by G. Raju**

图 5 *Sequence of Kungfu* (1982), by R. K. Prasad

图 6 Madanapalle 的一所空手道学院，坐落在当地一所学校内

阿西什·拉加德夏沙（Ashish Rajadhyaksha）对于电影的文化角色的构想值得关注：

> 这一时期（40 年代—50 年代），电影院成为新兴公共领域的一种重要机构，其文化作用也得到了充分重视。观众购票进入影院时会下意识地认为他们享有某些权利，这些权利对于这个新兴国家具有重要的象征性意义……这些权利——进入影院的权利，享有特权行为的权利，以及进一步坚持自己享有其他权利，例如，在影院内外举行各种影迷活动的权利——与政治权利有关，这些政治权利界定了人民所拥有的“可描述的和可数的”（describable and enumerable）方方面面，例如：投票权、享受福利权、获得邮政地址和银行账号的权利。这一时期的电影史学家一再声称，在印度的许多地方，电影院也许是印度文明中的第一个实例，“国家公众”（national public）在此可以聚集在一个不分阶级差异的地方。
>
> 这些权利未必会被履行，这并不重要。反之，重要的是要认识到，观众已经意识到、并将继续意识到自己的权利——无论是象征性地还是叙事性地（symbolically and narratively）——意识到自己的政治基础，并据此行事——

这些事情造就了著名的“积极”（active）受众，并且这些印度的电影观众发出了自己的声音——我们必须将其理解为对影院内各种权利的进一步宣告。（Rajadhyaksha 2002：106）

拉加德夏沙认为电影的这一作用与过去五十年间落后的电影产业现状与较低的经济价值是不相称的。更大的问题是，电影业没有能力把电影重要的社会文化价值转化为经济价值，随之而来的是，作为文化现象的电影和作为产业的电影之间存在无法弥合的巨大鸿沟。香港电影的困境只是这一问题中的一小部分。我关注的是，文化维度与电影产业化的（低）水平有何相关。

香港（及其他非印度本土的）电影进入了一个在历史上发挥重要社会作用的空间。我认为，这一作用一直与印度本土制作的电影产业密切相关，尽管有着“异域风情”（foreignness），香港电影其实达成了与观众的某种默契，而且也确实参与到发行放映等利益相关的重要地方事务当中。

我在其他地方讨论过这些利益，曾提出影迷协会使人们更加关注电影的民主承诺：在种姓地位通常可以决定能否进入某个公共场所的情况下，人人皆可进入公共场所的权利（Srinivas 2000）。另外，必须补充的是，这样的影迷协会与语言认同政治息息相关，特别是当它们在安德拉邦及其他印度南部邦——印度泰米尔纳德邦、卡纳塔克邦，甚至喀拉拉邦——出现并普遍存在的时候。[5]因此，安德拉邦没有专门的香港明星影迷协会，事实上，也很少有专门的印度电影明星影迷协会。[6]所以，期望在马达纳帕尔莱（Madanapalle）找到成龙影迷协会不是什么明智之举。

另一方面，我也注意到一个现象，越来越多的学校和机构（institutes）开始提供东亚武术培训，其中有许多都与香港电影及其明星直接相关，这可能在激发影迷协会的成立中起到了作用。举几个例子来说明这种关系。马达纳帕尔莱的一个辍学生哈贾汗（Khaja Khan）说，他受一部李连杰电影的启发学习空手道，已经坚持了七年。他还创作了武侠小说，并看了一些武打电影录像（访谈，2001 年 2 月 5 日）。该奈都（Gopi Naidu）在清（Tirupathi）经营一所跆拳道学校，其广告显然应用了武打电影素材，贴在影院的宣传墙上（图 7）。有时，该奈都在照片中展示自己的纹身（图 8），即使这一点并非刻意模仿任何明星，但却展示了精通武术与我所称的“粉丝回应”（fan response，在后文中论及）之间的相似性。尽管他通过宣扬国家认同来表达自己对跆拳道的敬意，但仍调用了电影和电影观众的资源（访谈，2001 年 2 月 18 日）。

图 7　该奈都（Gopi Naidu）武术学校的围墙上，学校广告和最新上映的电影海报并置在一起

图 8　该奈都（Gopi Naidu）

伊斯梅尔（Sheik Ismail），马达纳帕尔莱的一位空手道老师，在训练的照片中演示各流派的精粹，试图通过摄影来重现武打电影中的静止镜头（图 9—11）。（这一点在该奈都的学校宣传中也很突出，见图 12。）多年后，他的学生为了纪念他展示了一卷卷轴，也保持了其与电影的联系：带有李小龙照片的装饰。

图 9　武术指导 Sheik Ismail（右）青年时代

图 10　Jagapathi Babu（一个不是很出名的明星）影迷协会主席的参观证。照片是明星本人

大多数这样的学校和学员的名字都使用“国际”（International）和“环球”（Universal）之类的词语标榜其区域之广，这强烈地激发了影迷协会也滥用这类词汇；没有一所学校或一个协会声称自己是“全市”（townwide）以下的组织。

我以龙拳武术学院（Dragon Fist Martial Arts Academy）为个案。该学院以成龙的电影命名（《龙拳》，罗维，1978），其“纯娱乐杂志”《武术》（*Martial Arts*）以香港和印度动作电影明星为封面人物（图 13、14）。该学院还有一个武术侦探小说图书馆，其首席讲师萨提亚·尚卡尔（Satya Shankar）曾尝试制作一部叫做《空手道战士》（*Karate Fighters*）的电影（图 15、16），尽管没有成功。

图 11　P.S. Ananda Rao 的参观证，他声称自己建立了一种独特的武打风格

图 12　Gopi Naidu 的参观证，其中有他自己的照片

图 13　《龙拳》集锦:《武术》的封面，上为 Suman

图 14　《龙拳》集锦: 成龙

图 15　《龙拳》集锦: 同一杂志中的《空手道战士》的广告

图 16　龙拳办公室内。这个地方也是他们的图书馆，以及萨提亚·尚卡尔（Satya Shankar，正中）的金融公司。萨提亚·尚卡尔的儿子（左）有一条黑腰带，致力于电影事业

暂时将“文化影响”范式放到一边，我认为，在这里，香港武打电影和印度武术院校之间的明显联系需要追溯到观众行为。观众行为与积极观众（*audience in action*）相关，体现为一些普遍的过度行为，如“为了荧幕而砸钱，为电影而痴迷”（Rajadhyaksha 2002），当然，还有影院骚乱。

普遍的过度行为（图 17、18）

图 17　清（Tirupathi）的影院正在上映 Balakrishna vehicle，*Narasimhanaidu*（B. Gopal，2001），粉丝协会的布质旗帜围绕着整个影院

图 18　庆祝泰卢固电影明星赤拉尼维（Chiranjeevi）的 *Alluda Majaka*（E.V.V. Satyanarayana，1995）上映 50 天。本照片后来寄给了明星本人

拉马那（Sampathi Ramana）的许多经历体现了观众与电影的复杂关系。他时年 34 岁，是马达纳帕尔莱市的画家，Balija 种姓的重要组织者，目前正在领导国家联合政府的右翼印度人民党（Bharatiya Janata Party，简称 BJP）。他也是泰卢固电影明星赤拉尼维（Chiranjeevi）影迷协会的活跃成员，赤拉尼维和他同属一个种姓。在过去的 13 年里，他一直是一个空手道教练。5 年前，他成立了自己的空手道学校：冲绳刚柔流环球武术学校（Okinawan Goju-Ryu Universal Martial Arts）。和其他地方一样，这所学校的课程中混合了包含武打与情色的 Jyothi 有声电影。拉马那学习空手道是受李小龙和阿琼（泰卢固语动作片代表人物）电影的启发。他观看了所有在本市上映的香港武打动作片，并经常带着自己的学生观看（和学习）这些电影（访谈，2001 年 2 月 8 日）。

作为一个种姓组织者，拉马那决定与赤拉尼维影迷协会合作，这理所应当。但并非理所应当的是，为什么他是影迷协会的成员，或为什么应该有影迷协会。以下事实可以提供一个暂时性的答案：伴随着影迷活动，我们面对的是对印度南部邦而言十分特别的组织，尽管这样的答案在我们研究武术学校时不太适用，因为这些学校的投资人和运营者在电影中都没有重大利益关系。那么，就香港电影的当地观众而言，冲绳刚柔环球武术学校可以告诉我们什么呢？现在我要指出，即使没有有组织的影迷协会，对香港电影的“粉丝回应”也存在。

第二节 “粉丝回应”——作为产业的电影和作为公共领域的电影

有组织的“粉丝回应”之一，就是影院对粉丝所理解的观众权利的认可。这些权利包括，例如，确认并实现一系列期待，这一过程可被叙事性地转译为观众进入影院并要求电影播放方式的权利。毫不奇怪，作为泰卢固语流行电影的黄金典范，大多数的造星手段往往是可预测的——甚至在看到之前你就知道是什么样的。换言之，即使是第一次观看这样的电影，感觉都像是重温。通过确认你的先见，叙事识别出你对该电影的期待。这当然是“邪典电影”的做法，很多类型片也是这样的。在印度流行的香港电影也非常符合这一描述。我会把这视为理所当然，因为粉丝回应的这一特征在其他地方也存在。

粉丝回应的第二个方面是识别一系列不稳定联系，这种联系内在于米莲姆·汉森所探讨的（Miriam Hansen）电影院作为“另种”（alternative）公共领域当中所描述的。汉森认为，在美国早期电影——1907—1917年间被经典叙事电影所取代——中，“（电影所）传达的意义取决于***当地的***条件和整体环境（constellations），这使得（对电影的）接受受到相对***不可预测的***偶然过程的支配”（1991：94，斜体为原文所标）。好莱坞的生产模式试图通过设置一个可预测的观众立场和标准的观看条件等来改变这种情况。在早期电影中，“电影观众的关系以***社会***维度为特征”，这种社会维度“鼓励展示集体性”（1991：94，斜体为原文所标）。已被大大削弱的社会维度在经典电影中仍然只是一股“逆流”（countercurrent），只能在“[电影] 生产中***理想的***有效观看和接受的社会文化边缘”（1991：90，斜体为原文所标）才可被追踪到。根据汉森所言，关键区别在于，早期电影“为另一种的公共领域提供了一种***形成***条件，一种以相对自发的交流形式表达经验的***结构性***可能”（1991：90，斜体为原文所标）。当电影的放映条件稳定下来，生产更加标准化时，社会维度——从跟唱到其他观众集体的展示——成为多余，因为它们不再是电影经济的一部分。“个人化”（personalized）的电影观看成为常态。

汉森的观点中隐含了对“公共”事务的宏阔的哈贝马斯式勾勒：它在文化工业化中

诞生，又因工业化的逻辑而消失（或转化为“大众”［mass］）（见 Habermas 1989）。需要注意的是，电影永远无法成为一种稳定的产品——其生产可以完全消费，原因在于电影欲望经济的内在的不稳定影响。[7]因此，在好莱坞生产模式和非常规电影产业之间似乎没有绝对的区别。然而，好莱坞模式仍然是其他文本研究有用的参照物，譬如我们所研究的电影产业就以拉加德夏沙所谓“抵制工业化”[8]为特点。

哈贝马斯的公共领域的悖论是，作为文化工业化的结果，它还受到工业化***发展***的威胁。结果，这个悖论走入了一个死胡同，它在构想当代公共领域方面极其无力。此外，对公共领域的回溯性描述有时可以激发对现存文化体制的批判，即使在汉森的文章中，公共领域也倾向于成为一种怀旧对象，尽管她认同哈贝马斯，认为怀旧是一个问题。在这里，为了围绕哈贝马斯式的悖论展开研究，避免对公共领域的追溯式的、怀旧的概念，我建议，文化领域内的争论不应仅仅停留在工业化阶段。它应该有对抗经济逻辑的工业主义乌托邦维度。[9]资本主义的逻辑确保工业主义乌托邦维度永远不会实现，并确实在积极抵抗着其实现。[10]这一承诺和拒绝可能会被时间的延迟所分离，在我看来，汉森似乎暗示了这一点。汉森分析的基本点是电影的乌托邦和工业化维度之间的可能矛盾，这种矛盾在历史上的任何时刻都在发挥作用。[11]

现在让我回到我的观点上来：将武术学校视为一种粉丝回应。首先，必须注意到，粉丝回应的一个重要特征是形成群体，这样的倾向大概源于电影观看本身是一种集体体验。此外，这种倾向反过来又通过激发其他更明确、更权威的群体而得到进一步界定。有一些与本文相关的扩展群体是围绕阶级、种姓和性别定义而形成的。在拉马那的例子中，我们最终面对的是城市无产阶级的社会政治斗争的各个方面。武术学校作为此类政治社会化（political socialization）的场所，也是一种体制，与其他任何体制一样。然而，由武打***电影***爱好者经营和投资的武术学校和由非爱好者组成的武术学校之间的区别，似乎可以总结如下：前者***也***不可避免地与影迷俱乐部、***种姓组织***、***政党***和***帮派***有关联。

当然，这是一个事后方可洞见的过程，在追查这些联系之后，可能会注意到这两种武术学校之间的区别，尽管二者都在李小龙电影流行的历史背景下产生。如果上述那些相互关联的群体的一个共同特征是阶级-种姓-性别的成分，那么，另一个特征就是电影（更确切地说，***电影观看***的行为和过程）。这种电影公众是总是在搜寻其他集体的集体[12]。

粉丝回应可以更确切地界定电影观众中的一种倾向，即尝试再现电影观看体验，并在这个过程中不断组建群体。毫无疑问，其中有弗洛伊德所提出的组建群体的力比多的含义（libidinal implications）（弗洛伊德，1921）。[13]在社会政治层面上，再现观看体验令人注意到电影的***乌托邦***维度——体现为影院中的民主承诺——虽然它从未实现，但电影产业仍然在以不同的方式努力沟通、说明和利用它。与汉森（1991：7）的研究语境不同，在此处更加关键的是比“经验话语在公共领域中表达更多，保持私人化的”东西。在印度南部，我所谓的“粉丝回应”往往会在传统政治领域中得到直接表达。因此，它不需要进一步地努力展示它作为公共活动的地位，因为我认为它与地方政治动员的宏大动力密不可分。电影在这种动员中的作用必须得到全面认识，因为电影确实动员了大量人员，例如其消费者。事实上，尤其是在印度，围绕电影的动员并不能轻易地或总是能转化为电影产业的利润。因此，总是存在一种成问题的可能性，使市场驱动的对电影产业的定义，在产业经济和消费者/观众之间制造一种虚构的矛盾。对电影而言，公共领域需要被视为这样一种领域，在其中电影的消费成为广泛的***政治性***表演的一个契机。我所提到的作为粉丝回应特征的过度反应，应该被理解为公共领域的***表演***。这个过程往往涉及电影产业之外对电影的调用。正如带着纹身的该奈都（Gopi Naidu），这个粉丝行为既规避表演性，又充斥着公然的表演“意图”。

与印度电影和工业化问题相关，印度电影产业在很多方面仍然是前资本主义的，这一点已被反复指出。马达瓦·普拉萨德（Madhava Prasad）认为，在印度电影中，产业的特点是“多样化的（heterogeneous）生产模式”，并主张：

> 尽管好莱坞的生产过程是围绕一个基本运作模式构成的，即将给定原材料、故事/情节转化为电影；但在孟买，最常见的是电影文本各个组成部分的独立发展使这一过程相对不重要。事实上可以说，故事的地位与其余的组件一样，都占有一席之地，而不是像在好莱坞模式中那样享有显赫地位（Prasad，1998：43）。

类似的情况也普遍存在于印度其他电影产业中。此外，电影产业在印度独立后一直未能盈利，它能够生存下来在很大程度上是因为它吸引了一批投机商（最近是非法黑社会）的投资。我将要考察的这个阶段，电影产业从投机投资中获益。但在此之前，要先说明为何要研究香港电影在印度传播的另一个原因。

鉴于要侧重以香港为主的电影史学家和批评家的作品，我在此处要提到大卫·波德维尔（David Bordwell），因为他曾考察过现有文献。对于熟悉印度电影讨论的人来说，大卫·波德维尔（2000）对香港电影的分析听起来令人不安又熟悉。从“抄袭”（plagiarism）的指责，到仅仅是串在一起的动作设置和情节序列（印度电影产业称其为“条目”[items]），从电影的预售到电影所应承担的社会责任的压力，亚洲这两个地区的电影产业有很多相似之处。详细的比较分析我将在别处进行，此处则要指出，尽管香港电影产业与其印度同行相比，拥有优越的技术和金融投入，但并没有达到好莱坞的工业化水平。与业内其他人士一样，东方娱乐（控股）有限公司的制片兼发行人黄百鸣感到，香港电影产业一直依赖于明星，而不是剧本（访谈，2002 年 5 月 28 日，香港）。他的洞见可以让人将香港电影产业危机解读成工业化失败的结果。我认为，印度的香港电影提出了一些有趣的问题，即这种失败在文化方面可能意味着什么。很显然，无论是香港还是印度的电影产业都无法与好莱坞相媲美，因为像其他一切起源于“西方”的东西一样，在非西方的空间中，电影产业也同样作为一种异类（aberration）而存在。问题不在于非西方的电影产业是否真正是资本主义的，而在于此处运作的是何种资本主义。我想问，对于并不具备好莱坞式流水线生产的印度电影产业，工业化可能意味着什么。鉴于印度并没有成龙影迷协会，如果想要确定工业化的进程，我们将不得不提出其他问题。

第三节　二线市场[14]

在这一节中，我将展示香港电影在印度传播的产业环境如何创造出一个制度框架，该框架倾向于破坏电影在经济上的成熟性和完整性、以及叙事上的连贯一致性。此外，我将通过电影的“集体性展示”——无需将电影的社会维度转化为经济维度——的方式，表明电影产业本身如何积极参与我所谓的粉丝回应。这种产业驱动的行动意在克服产业利益和电影接受之间的***经济***矛盾，并加强两个领域之间的***文化***和***政治联系***，这两者都十分重要。

“二线市场”（B-circuit）是我给小投资的发行和放映所贴上的标签。他们的特点是发行方和放映方的不断介入，这导致了电影作为工业产品的状态的非标准化。我意识到，这样一个广义的定义带有一概而论的偏颇，尤其是经济属性更强的一线市场（A-circuit）同样无法避免此类干预，尽管其经济投入相对较大。

在性质上，二线市场是电影产业的“最后地带”（final frontier）——其外再无市场。[15]在能够产生利润的发行与放映循环完全、真正地结束后，在它着实过气后，将进入这一市场。所以，此处相对于地方电影产业的地位就等同于印度市场对香港电影产业而言的地位（“不过蝇头微利”）。通常情况下，二线的发行商要么获取廉价的新电影（包括非泰卢固电影的泰卢固版本），要么重播旧电影。

在地理方面，二线发行商一般只限于非都市中心的地区。他们能够合作的多数影院都经营不善，票价较低（最高席位售价大约十卢比）。利润过低导致几乎没有重要的从业者能够在经济上正常运作这类影院。[16]我会把此处的讨论限制在与香港电影的传播有关的发行商和放映方上。

安德拉邦的二线市场始于80年代，这是一个有意思的时刻，其时同时存在工业化的衰退和对工业化的抵抗。70年代末至80年代初期间，生产成本的急剧增加和不断升级的风险导致几家发行公司的退出或收缩，在此之前，这些公司还曾拥有全国性的发行网络。另一个因素是80年代中期新颁布的娱乐业税收制度，规定对电影征收单一税，而不考虑电影票销售的实际数量，这只会进一步增加电影业的风险。后文中将讨论的普尔纳影业公司（Poorna Pictures Private Limited）也是这批裁减或经营转型的公司之一。

在这一时期，电影预售依赖的是一些主要明星的高昂经济价值——这是影迷协会显著扩大的结果，并以其扩大来衡量。一些新的小型投资者进入发行行业，以期利用在挖掘明星上的成功积累资本。制片人试图以高价向主要发行商出售电影，让他们竞标买断某个区域的独家放映权，这导致了发行地区分裂成较小的单位。在接下来的十年中，发行地区的数量从3至5个增长到10个。这对较小的发行商来说有利可图，他们逐渐被称为“买家”（buyer），常常通过寻找更小的发行商来抵消他们的风险，更小的发行商仅购买该地区部分区域的发行权。一批发行商以次级发行商的身份进入电影产业，其中会有很高的损耗率，但次级发行商确实成功地向电影产业注入了大量资金，导致电影生产的增长。

我之所以将这一时期称为衰退期，不仅因为它导致了发行地区的分裂，也是因为造成这一现象的经济条件是电影明星——尤其是男星——的重要性日益增加。如今，电影产业发展的假设条件是：电影明星的广为流行——以影迷协会的增长为标志——能够确保电影的成功。到90年代中期，随着主要影星在票房上的相继败绩，电影产业出现了重大危机。80年代和90年代初提供的证据表明，电影产业无法一直把明星人气转化为利润，至少无法在资本长期欠缺的条件下完成该过程。相反，造星运动将未来亏损的风险转嫁到如今分裂的发行地区。80年代之前，小型发行商确实存在，而这十年则见证了数以百计的新发行点的增加，它们大多都存有 10—20 部以下影片的“图书馆”，不过后来很多都关闭了。

在进一步深入讨论之前，需要梳理一下位于一线市场的发行商与放映商。尽管发行地区已经分裂，但还是存在像涅（Mayuri）和苏雷什（Suresh）这样的大发行商，它们的母公司都有自己的工作室，可以制作电影。苏雷什也承担着哥伦比亚电影公司在当地的发行。涅实际上掌控了全国各个城市的影院。这个圈子的其他成员包括那些在个别地区发行新的泰卢固语和印地语电影的发行商。而在放映方面，一线市场包括大城市里位于中心位置、维护良好、通常装有空调的影院，这些影院会上映新的泰卢固语、印地语和英语影片。业内本身会根据位置、提供的设施等对影院予以分类。我要补充的是，良好的“管理”（对影院以及对观众的管理）是一线市场的一个主要特征。后文我还会回到管理问题上来。最后，尽管存在较高的金融风险，应该说在这一水平上，电影作为成品的地位是难以动摇的。

另一方面，从香港电影的发行中直接获利的是那些从事电影引进的发行商。大多数经营进口电影的发行商同时也经营其他印度语言的译制片、低预算的印度电影，泰卢固语和印度语旧电影的重播，以及引进软色情影片（soft porn films）。他们中间有许多联合或专业化的行为，但一大重要特点就是他们不愿意在一部电影中投入较多的资金。[17]整个的发行商系统出现在 80 年代初期到中期，部分是因为上述原因，部分是因为电影引进的解禁，允许非印度居民（Non-Resident Indian，简称 NRI）引进电影。事实上，NRI 引进商，二线市场和香港电影彼此之间密切相关，在后文中我们将会看到这一点。[18]

位于金奈（Chennai）的印度海外电影公司（Indo-Overseas Films）是由一个 NRI 食品进口商建立的。该公司在 1984 年以前一直发行印度电影。从 1984 年开始，该公司发行由国有电影发展公司（National Film Development Corporation）引进的电影。随着政府对引进规定的放宽，到了 1990 年，该公司开始直接引进电影。目前，他们已成为印度最大的香港电影发行商，已引进将近 200 部电影。他们声称自己是印度唯一的嘉禾影业（Golden Harvest）发行商。[19]我所遇到的大多数香港电影的次级发行商都声称，他们之所以进入这个行业，是因为印度的进口影片发行商，如印度海外电影公司，不像美国发行公司的地区代表那样愿意出售次级发行的权利。[20]例如，拉哈文达（Raghavendra）电影发行公司的巴布（Sreesaila Babu）在 1983 之前就一直处理泰卢固语电影的二次发行事务。而现在他的电影中有 60%是英语的，此外，他还经营印地语电影。[21]

在南部邦地区，还有其他的香港电影引进商和发行商。位于金奈的麦德龙电影公司（Metro Films Corporation，成立于1983年）已经引进了125—150部电影，其中包括香港电影（具体数字不详）。在1994—1995年间由于审计问题，他们停止了电影引进。[22]该公司目前生产泰米尔（Tamil）电影，他们所采用的发行方式是否类似于印度海外公司，这一点并不清楚。位于维杰亚瓦达（Vijayawada）的普尔纳影业公司已经在安德拉邦放映过不少香港电影。这是印度最古老的发行公司，在维杰亚瓦达和维萨卡帕特南（Visakhapatnam）都拥有影院。不同于目前大多数发行商，普尔纳从来不买断电影发行权，而仅购买某个百分比进行发行。目前它发行印地语和英语电影（包括美国公司上映的影片），已基本上退出了泰卢固[23]。

我现在要问的问题是，当电影进入我所谓的二线市场传播时发生了什么？我将从印度海外电影公司入手向下探寻。香港电影采取打包购买的方式，通常10部一包。有些电影，只是作为打包的一部分被购买的从未在印度影院上映。影片一旦进入印度（通过审查委员会认证之后），将会组织一个面向发行商的试映。香港的发行商一般会制作40—60幅主要香港电影的印刷品，提供宣传幻灯片。印度海外公司也会为其中一些影片配上印度语字幕（一般是泰米尔语和泰卢固语，偶尔是印地语），并为发行商提供特定地区的可选语言。较小的发行商可能会在购买特定地区的发行权后自行译制。在进入二线市场之前，英语和印度语版本会先在一线影院上映。自80年代末以来，许多成龙电影在传入外省之前就成为都市影院中最卖座的电影。其他影片，尤其是那些由小明星主演的，则会直接在二线市场中湮没。大多数重映都或多或少地局限于二线。

印度海外公司在发行一部电影时，或者选择独立发行，或者会依据百分比与小型发行商合作，或选择完全卖断。通常这三种方式会结合起来：比如他们会在金奈市的一些地区自行发行电影，在其他地区则与小公司联合并出售发行权。对电影在一线市场（如印度海外公司）和二线市场的放映过程进行区分是十分有用的。当电影通过二线小发行商出售或上映，这时就脱离了引进商的控制。这并不是说他们完全不知道到发行的底端到底发生了什么，而是说它没有能力掌控这个过程，尤其是二次发行时（例如5年后的上映）。反正，任何有助于电影的东西都对产业有利。

随着电影的传播，有些影片的片名会根据场合发生变化。这不是什么秘密，因为香港的发行商也清楚这样的变化，而且并不为此特别担心。过去，香港电影在世界的不同地区一直以不同的片名广泛上映。此外，改变片名是为了获得审查许可证，或是为了电影的宣传。印度海外公司的布拉马尼亚（S. Subramanian）说，改变片名主要是为了增加新奇感，而不是要欺骗观众。他指出，在北方邦（Uttar Pradesh）和比哈尔邦（Biha），印地语电影片名也会改变。[24]增加噱头和故意混淆之间只有一线之隔，尤其是在90年代中期以前，当时在观众中间传播的只有英文版本，而这些观众都不太懂或完全不懂英文。片名的改变在电影宣传或胶片冲印中可能并不很明显，除非特别关注其中的小字（见图19、20）。

图19　VCD *Twice Deadly*，即《太极》

图20　《龙争虎斗》*The Fighter*（细节不明）

片名在引进时已经更改的电影，在重映时可能会再用另一个片名。一个有趣的例子是电影《少林斗喇嘛》（李作楠，1983），普尔纳放映时所用的片名是《死亡战士》（*Death Fighter*）（图21）。接着，帕蒂娃（Sree Suchitra）影业公司购买其二次发行权时，它成了《顶级战士》（*Top Fighter*）。帕蒂娃影业公司买了重新发行权，还将该片中名声相对不显的那位明星描述为“比李连杰和成龙更快”（Faster than Jet Li and Jackie Chan），而只有“更快”（Faster than）两字以小字出现，从而给人一种印象，似乎李连杰和成龙两位明星出演了这部影片（参见后面的图29）。

图21　《死亡战士》/《少林斗喇嘛》

我遇到的最戏剧性的改名来自纳拉辛哈·拉奥（Narasimha Rao），一家连办公室都没有的发行商（采访，2002年1月24日，Vijayawada）。在拉哈文达发行公司为成龙出演的《我是谁?》(陈木胜，成龙，1998)的上映进行大规模宣传活动时，这位发行商请求获得成龙《霹雳火》(陈嘉上，1995)的二次发行权，并以《我是我》(*I am I*)的片名上映，从而利用了其他电影的宣传(图 22、23)。他是否想欺骗观众，认为这是一部新的电影，还是《我是谁?》的续集，这一点无法断定。发行商还上映了一部名为《危险的家伙》(*Dangerous Guy*，原名《醉拳Ⅱ》，刘家良，1994)，与《好好先生》(*Mr. Nice Guy*)相呼应(洪金宝，1997)。[25]

图 22、23 对成龙“新”片的宣传

印度海外公司和二线市场的参与者们所实施的最具创新性的举措，就是他们在寻找本土对应物过程中所发掘的香港电影之亮点。片名当然是最明显的创新，随着 90 年代香港电影被译成印度诸语言，吸引人的片名愈加重要。成龙主演的《龙兄虎弟》(成龙，1987)就是一个例子，该片 2001 年以英语版本上映，同时也有配音版本。泰卢固语版本称之为 *Veeraputrudu*(意为《英雄之子》)——见图 24。

这些发行商所面临的更大的问题是如何给电影业添加他们称为“本地性”(nativity，即地方色彩)[26]的东西。我们现在要问的是，电影是怎样在保持其主要特点和独特吸引力，以及具有视觉震撼性的动作场面的同时，被翻译成当地人“熟悉”的东西?

发行商很快就意识到，明星是香港电影的一个重要组成部分，尤其是因为明星是本地流行电影的核心部分。明星是外语电影的灵魂，这一点其实非常奇怪，因为不像其他英语电影，香港电影演员看起来并不像讲英语的人。但是，发行商们面临一个问题——电影本身成就明星的方式是随机的，想要以此在当地捧红外国明星不太可能。在成龙或李连

图 24　泰卢固版 *The Armour of God* 和 *Veeraputrudu* 围挡广告，与泰卢固电影 *Deviputrudu*（《女神之子》，Kodi Ramakrishna，2001）并置在 Vijayawada 的一个围挡广告中

杰主演的电影中，明星本身都毫无争议地成为宣传焦点，但其他电影怎样突出当地人感到陌生的明星呢？低回报的大规模宣传活动并不划算，给造星带来了进一步的困难。发行商因此只能常常依靠少数明星的知名度，他们在本地的排名并不总是与其在香港的受欢迎程度一致。[27]低投资也意味着大多数宣传都针对地方（比如泰卢固语地区）观众，发行商根据引进商提供的照片来临时准备宣传（图 25）。这种情况催生了一个香港明星谱系的建立，陌生的明星被充作红星的亲属、导师等。位于维查雅瓦达的帕蒂娃影业将一些动作女星充作李小龙的女儿（远远早于其“真正的”女儿踏入影坛）。进一步观察可发现，有些发行商声称“胖洪金宝”（Fat Samo Hung）是成龙的“古鲁”（guru，意为导师）。若干年后，印度海外公司迎头赶上，宣称导演林岭东也是成龙的“古鲁”（图 26、27）。上述做法也发生在以下情况：当昔日大明星的子女有意进军电影圈的时候，也常在宣传中使用这套导师与弟子的话语。这里还要回忆一下上文提到的一个描述：“比李连杰和成龙更快。”相比之下，一部泰卢固语版的李连杰电影（《最后的英雄》，在中国又名《钢爪》，王晶，1993）用了较为温和的创新方式，仅仅是称其为“猛虎李连杰”（*Tiger Jet Li*）。[28]

图 25　*Spanish Connection* 的宣传设计：用水彩装饰的黑白照片拼图

图 26　泰卢固报纸（2001 年 4 月 27 日）中的广告 *Vaartha Kapala Dweepam*（Ringo Lam，英语标题：*Red Temple*《红庙》，细节不明）。大标题是："成龙的古鲁林岭东（Ringo Lam）执导，又一票房巨献"

图 27　"成龙兄弟的危险行动……"（*Dangerous Mission*，细节不明）

其他创新还包括"杜撰"女主角。比如，《龙兄虎弟》的宣传声称好莱坞明星金·贝辛格（Kim Basinger）主演了该片（图 28、29）[29]。

图 28　*Operation Condor* / *The Armour of God II*，拼图，"超级动作惊悚片"。画报中还有好莱坞女星金·贝辛格，剪影图片也不是取自该电影

图 29　Ramesh Reddy，Sree Suchitra 影业公司，他制作了很多电影宣传海报。注意背景中的标语"比……更快"

图 30　P. Prasad Babu，Kanthi 影业，Tirupathi。前景中的样片，以及背景中的实物宣传品，都是由公司进行销售

但是，在过去的五年中，宣传设计中的地方色彩降低了。外国电影最具特色的“实物宣传”（Matter publicity，例如海报上对片名的叙事性或描述性说明）已全部消失（图 30）[30]。

相反，二线市场越来越依赖电影英语版的宣传活动来推销同时发布的配音版。当然也有例外。马达纳帕尔莱市通过乐队在主要街道巡演的方式来宣传***所有***新上映的影片，包括各种语言的版本（图 31、32）。这种做法已经保持了四五十年了。

图 31　1962 年的 Jyothi。一场宣传活动即将开始

图 32　2001 年的 Jyothi。《致命罗密欧》（*Romeo Must Die*）上映最后一天。下周即将上映软色情片《救我》（*Save Me*）

随着香港电影加上了印度语配音，本地化的问题就增添了新的维度。配音电影中的角色不仅说泰卢固语，而且说得像泰卢固语电影中的角色；这样一来，香港电影比以前更加接近泰卢固电影了。举一个突出的例子，在《龙兄虎弟》中与成龙搭戏的谭咏麟，在 *Veeraputrudu* 中成为英雄的喜剧性搭档——这是泰卢固电影中非常熟悉的一

个形象。在这里谭咏麟并未被当成明星看待，所以在泰卢固语版中，他成为嘲笑的对象。配音制作商和参与配音的技术人员都为本地色彩的增添而感到自豪。[31]

事实上，电影配音还提出了关于外国电影如何在印度得以传播的一些基本问题。薄伽梵（R.K. Bhagawan）的洞见对我的阐述有很大帮助，他是安德拉邦的香港电影发行中的一个关键人物。

薄伽梵是从二线动作片发行商开始他的职业生涯的，在过去的大约十年中，他制作了一些香港电影以及印度电影的泰卢固语配音版。或许是为了纪念李小龙，他将一部卡纳达语（Kannada）电影（Anand P. Raju，1999?）命名为《龙争虎斗》。他还放映过《成龙》(Thriller Manju，1999?，片名与卡纳达语原作相同)。在过去的几年中，他一直在购买香港动作电影二次发行权，并为其配上泰卢固语配音。他的选择标准，用他自己的话说，通常就是"质量不错但票房失败的电影"（flop films with quality）。他觉得这些电影在首次发行中不可避免地差强人意，通常是因为语言问题造成观众不理解其情节。薄伽梵将票房惨淡视为理解问题，而我觉得这个问题可能更大。他的补充的东西是否就是原版所缺乏的东西呢?

毫无疑问，高度的地方干预——无论是在引进商的层面，还是在更低的发行商层面——都是因为相关参与者完全不关注对原作完整性的保护。有趣的是，泰卢固语电影在传播中能够保持其基本完整的形态，正是因为有很多机构——从生产者到影评，再到影迷协会——都有可能阻止对原版的改变。最重要的是，据一些发行商所言，***观众了解泰卢固语电影***，这样的改变既不必要，也不可能。而香港电影既缺少制片代理确保其忠实于原作，还缺少有相关知识的观众的关注。发行商方面所认为的高度自由，可能正是缺乏眼光敏锐的观众所造成的焦虑。显然，通过寻找当地对应物而添加的"本地色彩"使得引进片让观众感到熟悉，这有利于培养具有相关知识的观众，对电影来说是必要的。

薄伽梵对影片的选择揭示了二线电影的运作模式，以及电影在向下游发行时的转化方式。无论原版影片中有没有影星，或者说有没有我们想要的那些影星，还是片名充满谬误，没有喜剧线索或女主角，甚至没有故事，所有这一切都可以在本地补足。这并不是说香港电影是次品或劣质的。相反，它的出色不容置疑；二线市场的问题是其***适应性***(***adequacy***)。通常二线市场并不试图将观众培养成香港电影的"题名观众"(inscribed viewer)，[32]而是将电影转化得更加适应观影实践。换句话说，它并不约束不羁的观众和他们对电影的过度反应，而是修改了电影以适应一系列特定的观影期待。《我是我》和《危险的家伙》的制作者声称他的版本更好，成龙的新片令人失望。因为他属于电影产业的一部分，他对那些糟糕的电影作出了“回应”。这就好像在经典的粉丝行为中，如果明星试图欺骗观众，一个真正的忠实粉丝只会帮他更正错误。

关于二线发行商还有两点需要说明。这里明显地存在一些合法性可疑的做法，包括发行未经审查的影片，在审查过的影片中拼接有明显性暗示的桥段，传播“死片”（condemned prints，即已损坏而没有放映价值的片子），发行权久已失效的电影，等等。这一领域虽然看似混乱，但背后有着非常有效的组织。他们不仅向最偏远的影院提供影片，而且还会在一定情况下最大限度地开发利用电影。具体到香港电影，这些地区发行商还负责向小城镇和农村观众介绍这些电影。此外，大多数从事影片引进的公司并不参与预售交易，他们不会像一线同行那样为新电影出价，在买下发行权之前，他们一定要先（在首映时通过试映、视频，甚或在普通屏幕上）***看到***（*see*）电影。

最后，在二线市场传播的香港电影有着明显的滞后。这些影片通常在大城市影院上映后几个月或者甚至几年之后，才能传播到那些地方。而且，人们广泛认为那些受观众欢迎的、在二线市场上映的那类香港电影已经不再生产了。人们普遍认为，经典香港电影属于过去，是一个怀旧的对象。泰卢固的配音版本（其英文版可能早在数年前就已上映）表现了鲜明的民族意识：大多数片名都模仿“民俗电影”（folklore film）——一种虚构幻想的泰卢固题材，与神话类似，在40—60年代特别流行。有趣的是，即使是好莱坞电影的泰卢固版本也会有这样的片名。比较薄伽梵上映的两部电影，*Tarzan Veerudu*（或称《英雄泰山》，源自《泰山》，约翰·德里克，1981）和*China Veerudu*（或称《中国英雄》，源自《大师》，徐克，1992），就会发现这点。

本文剩下的部分将重点探讨电影的放映，集中讨论电影产业的纪律（discipline）和产业诉求的问题。在放映层面，一线和二线之间的区别已经非常清晰。一些显而易见的标志——影院条件、舒适程度和技术投资——将这二者区分开来。从历史上讲，环境较差的影院是常规而不是例外，正如我在别处所述（Srinivas 2000），在超过半个世纪的时间里，电影杂志都是表达观众抱怨观影条件、提出改革要求的论坛。因此，更正确地说，正如我们今天所知，随着空调在为都市中产阶级观众所建的影院中逐渐普及，一线市场在70年代脱颖而出。该过程的策略是通过提高门票价格，减少低档座位的数量，从而将较低阶层的观众排除在外。各处统一的高价（在安德拉邦尚未出现，但是在新德里、孟买、普纳等地已经很普遍）是这一过程的逻辑顶点。

如果将二线市场理解为困住“作为产品的电影”（film as product）的一张大网，二线影院也相应地条件很差（简陋的音响和投影，让人不适的座位，放映时间的不准时)，而且，观众在这里会看到有性意味的桥段剪接以及其他形式的对电影的篡改。显然，这里的观众或多或少都自得其乐，并且可以自由地沉溺于所有的过度行为当中。电影生产的主要特点是普拉萨德所谓的“多样化模式”（heterogeneous mode)，一线影院在这样一种语境中如何避免上述状况？在这些普遍的情况下，放映商实际上承担着工业化的责任，这意味着创造标准化和稳定的观影条件。“管理”——或放映空间的有效组织——是这个行业的一个关键概念，因为它包括提供各种条件的多种实践。一开始，管理涉及收益的最大化，不仅包括门票销售，还包括车位、食品和饮料等的销售。但“管理”在这里也延伸到以更直接的方式“规范”观众的文化实践。例如，维查雅瓦达 Navrang 剧院（现已关闭）的管理层多年来致力于确保观众享受到高水准、舒适的观影条件，还包括追捕和打击黑市商人、请吵闹的观众离开影院。[33]（见图 33—35)

图 33　Alankar，维查雅瓦达：作为房产的电影院

图 34　Urvasi 放映《卧虎藏龙》

图 35　Urvasi-Menaka-Rambha，维查雅瓦达：放映前展示的小偷照片

图 36　一线影院大堂的封建空间？影院主人 M. Venugopal Naidu，Srikrishna 坐在影院大堂

众所周知，全印度各地的许多影院都会使用一些暴力手段以确保观众的纪律。马达纳帕尔莱的“小精灵”（Srikrishna）是一个小镇的第一家有空调的影院（图 36）。如今，它采用多种方法以确保人们在影院中的行为规范。不仅要求男女分开排队（这在印度各地十分普遍），而且将男性观众和女性观众隔离落座于大厅的不同区域（70 年代，大多数影院都放弃了这一做法）。我被告知，这是为了确保妇女感到安全。一位影迷组织者抱怨说，在过去的几年里，这座城镇里的影迷活动都受到了影响，因为这家有空调的影院不允许观众在放映期间吹口哨以及轻声喝彩。当然，电影上映的第一周是个例外，人们普遍认为在这个时间段影迷们可以自由喧闹，但这显然是一种妥协——因为在其他时间，影迷都要受到纪律的约束。在这个小镇，小精灵影院可以理直气壮地声称自己重新定义了影院管理的观念。

图 37、38　衰落的二级影院：IS Mahal，Tirupathi，外部与内部。此影院仍然在放映英语电影，但是已经无法吸引曾经的中产阶级观众了

然而，这一情况在文化方面的含义比表面上看起来要复杂得多。一线市场应当被视为一种行业***理想***(***aspiration***)，而不仅是纯粹的经济和地理方面的理想。现有的行业分类（一线、二线和三线影院）都适用于“小精灵”，它无疑是一家一线影院。但是，在条件上归于其他类别的一些影院，从很多方面来看还不够格进入一线的，也在努力创造一线市场普遍存在的那些条件。马达纳帕尔莱的 Jyothi 剧院上映各种进口片，从香港武打电影到软色情片。2001 年，剧院前座仍然有硬木制长凳，没有空调。然而，业主有计划地为之翻新，使其成为一家一线影院。Jyothi 的独特之处在于它的管理很有效。有人告诉我，在所有的演出中，观众都被要求遵守纪律，不守规矩的行为是不能容忍的，特别是在非法放映具有明显性意味的电影时。事实上，在放映软色情电影的时候，他们要求观众按时到达——电影一旦开始，售票柜台就会关闭——并且在放映结束前不许随意离席。电影开始时，影院将紧锁大门。不允许吹口哨。这样的要求并不是情色电影的特例。清的 Venkateswara 剧院专门放映软色情电影，而他们就没有在约束观众方面做出任何努力。进一步地，通过保持色情电影和其他电影之间的明确界线，Jyothi 也一直吸引着动作片影迷。根据 Venkateswara 的业主所言，即使当他的剧院放映武打电影时，“观众也会前来寻求其他的东西”。[34]

这并非表明印度电影业甘心接受一种前工业化的状态。相反，由于电影行业对工业化的抵抗，似乎也是为了弥补，业内各部门尝试了各种各样的替代品，鉴于此，电影的放映或许可以继续成为最重要的实验场所。例如，发行商在放映宗教电影时常在影院安置女神塑像，促进观众进入一种痴迷恍惚的状态，因而在观看此类电影时进入这样的状态被认为是合理的反应（图 39）。

图 39　Puttana Chitra Mandira，班加罗尔的女神塑像。影院管理层和放映者也在照片中

电影业普遍认同并积极鼓励粉丝回应，二线市场尤为如此，但必须要补充说明一点：这样做是冒着相当大的风险的。风险在于要处理一系列来自观众的期待和要求，这会使电影行业处于不利地位。当必须要面对观众的过度反应时，电影行业的一部分（一线市场）会通过采取粗暴专制的手段来规范观众的反应。但是最重要的是，二线市场对观众回应的放纵是一种常规现象，而通过专制或教条的手段实行的“改革”只是例外。在电影行业寻求将自己改造为一个“产业”时（比如通过企业融资、流水线生产、联合发行和放映等产业化手段），它还创造了接近一种产业化电影的接受条件。

香港动作片在印度的流行主要取决于其能够在二线市场获得放映。二线市场越来越关注于其他类型的电影，特别是软色情电影和好莱坞电影的配音版。有迹象表明，越来越多香港制作的色情电影正在进入市场，似乎将取代业界的武打动作片。然而，正如我们在二次发行时泰卢固语版本的上映中所看到的那样，香港动作片当下在印度可能仍然具有生命力（或者还有来世）。对于香港的武打动作片来说，有没有一些内在的元素促进了它们在二线市场的功成名就？当然有。毫无疑问，在我写作本文时，其他学者也在考察这些电影（及其他“低劣的”）类型影片和二线市场之间的联系，这种联系在全球范围内普遍存在。

（翻译：张淳　校对：罗小茗）

注释：

[1] 关于香港电影市场的这一论断依据的是 S. Subramanian——印度海外电影公司（Indo-Overseas Films）的经理——发表的一个声明（采访，2 月 17 日，班加罗尔）。香港电影在这一地区的流行并没有什么特殊意义，由于当地影院数量之庞大，该邦成为最大的电影市场。根据电影行业出版物的数据，当地影院的数量从 1981 年的 1 904 家增加到 1995 年的 3 080 家，但 2000 年又减少到 2 763 家。

[2] 此处简要说明选择这些地方的原因。这四个地方覆盖了安德拉邦的全部三个地区，尽管只是名义上的。Vijayawada 是印度全国电影产业的重镇之一，据业内人士言，这里有 139 个发行机构和 40 多家影院。Madanapalle 已成为一个重要的泰卢固电影会展中心，这里的业主仍然在构想影院升级而不担心倒闭，这在印度国内寥寥可数。Tirupathi 是一个重要的印度教朝圣中心，有大量的流动人口，是在印度为数不多的除了上映泰卢固语、印地语和英语电影，还会常规上映泰米尔语电影的城市之一。在过去的几十年中，发行处（distribution office）已经从贡德格尔（Guntakal，曾是该地区最重要的发行中心）迁移至 Tirupathi，现在该地有 61 个发行处。海得拉巴（Hyderabad）是电影制作中心，但也有一百多家影院和二百多个发行处（所有数据引自《安德拉邦电影日记 1995》[*Andhra Pradesh Film Diary 1995*]）。

[3] 邱毅梁，Mandarin Films，访谈，2001 年 9 月 19 日，香港。在回答我关于香港电影的印度市场的问题时，她打趣道："我们在印度有市场吗?"

[4] 侦探小说在泰卢固有特指，通常为油墨印刷的廉价口袋书。其类型包括各种文学作品：犯罪小说、科幻小说、间谍故事、恐怖和色情小说。泰卢固侦探小说的书名通常是英语或印地语的。80 年代初，小说中对武打场面的描述非常普遍，一家出版社向青年作者约稿时这样说道："空手道和功夫的打斗应该尽量地少，如果有的话，最好是静止的。"（"karate and kung fu fights should be minimal, better still if they aren't any." Papilon Pocket Books 广告，Raju，1982）

[5] 关于南印度明星和影迷协会的讨论，见 Hardgrave 和 Niedhart（1975），Pandian（1992），Dickey（1993）和 Srinivas（1996）。

[6] 例如，Tirupathi 有泰米尔明星的影迷协会，但它们不如泰卢固语电影明星的影迷协会那样组织良好，并且总是由讲泰米尔语的人构成。

[7] Paul Willemen 关于上镜性（*photogenie*）的讨论提请大家注意到这方面的电影："上镜性

指的是在观看关系中的那种不可言说的感受，通过激发观众不愿用语言表达的幻想来运作。在这个意义上，它要求观众共同拒绝陷入象征意义（语言），拒绝陷入前象征意义的怀旧（就好像拒绝就可以真的消除它），此时，在与母亲的共生过程中，没有语言'交流'是可能的。”（Willemen，1994a：129）

[8] Madhava Prasad（1998）认为，印度的特点是由资本和前资本主义生产模式之间的妥协导致的消极革命，这使得这种模式具有一种“形式内涵”（formal subsumption），而资本主义的“真正内涵”（real subsumption）滞后了。他还考察了印度电影行业的经济问题，我将在后文中提到。

[9] Negt 和 Kluge（1993）将幻想界定为“无产阶级反公共”（proletarian counterpublic）的重要组成部分。我不用反公共这个概念的原因在于，我不确定是否可以将之从 Negt 和 Kluge 的马克思主义框架中剥离出来而应用于关于非资产阶级群体的讨论。汉森在介绍 Negt 和 Kluge 作品的英译本时已经指出轻率应用反公共的概念性问题——那么，每个特定的利益集团都可以被视为是反公共的。

[10] 瓦尔特·本雅明认为工业主义不可能完成自己的乌托邦承诺。Susan Buck-Morss 在她探讨本雅明的相关观点时这样说：“当孩子的幻想集中到现代生产的产品上时，它复活了工业主义的最初承诺，即给人类社会带来物质的丰裕，尽管工业主义现在沉睡在资本主义的大腿上。因此，在社会主义方面，革命政治，对最为现代的技术产品的 ur-symbols的再发现，具有一种绝对的当代意义——以及一种潜在的巨大的影响力。”（Buck Morss，1989：274）

[11] 杰姆逊认为：“除非我们愿意承认大众文化的积极功能，我们就无法完全公正地对待对这类作品（《大白鲨》等，及其他大众文化的例子）的意识形态功能：我将依循法兰克福学派的说法，称它们具有乌托邦或超越的潜力——即使在最堕落的大众文化类型中也隐含着这一维度，而且无论多么微弱，这种产品或商品也会产生出对社会秩序的否定和批判。”（Jameson，1990：29）

[12] 还存在另一种公众，它渴望被认为是公众本身，并以公共领域的（哈贝马斯式的）经典概念来运作。这个群体公众是 40 年代和 50 年代通过电影杂志形成的，之后一直存在。至于这一公众与电影有何关联，我并不十分感兴趣。但是我曾将这部分公众称为官方公众（official public），而另一种为对抗者或反公众，但我不确定这种一刀切的划分是否有用。关注具体的对电影的回应，可能会更富有成效。

[13] 有趣的是，最容易辨认的群体，包括影迷协会，其成员都是男性。

[14] 本节以对业内代表人物的访谈为基础。由于承诺匿名采访，受访者提供了很多细节。因此一些消息来源将保持匿名。尽管试图保密，对于那些熟悉电影行业的运作方式的人而言，本节我所说的许多内容已是常识。

[15] 还真有另一个市场！《国家电影政策工作组报告》（1980）揭露了一个通过收集电影废胶片，进行废定影液白银回收而发家的繁荣的白银黑市，废定影液给回收实验室带来每

年八千万到一亿卢比的收入（*Report of the Working Group on National Film Policy* 1980：32）。这些实验室“每一部故事片可以节省出大约600英尺的胶片”（33）。此外，政府控制的电影部门所定的废弃电影胶片的价格，还不足其中银含量价值的三分之一。

[16] 在低端市场，租用电影在小镇电影院放映一个周末的成本可达200卢比，不过通常的底线是500卢比。

[17] Vijayawada的Raghavendra发行商的Sreesaila Babu称，如果认为一部电影值得投资，“不管多少钱”（any amount）他都愿意。（访谈，2001年3月10日，Vijayawada）但是，他的投资上限不可能达到一千万卢比，也不可能超过泰卢固对每个地区的明星电影的发行的投资。

[18] 在过去十年和20世纪上半段，NRI引进商在塑造印度电影市场的过程中扮演了重要角色。据Manjunath Pendakur所言，在80年代有15—20个隶属于NRI公司进行了注册，“它们带来的主要是武打电影和色情电影”（1990：241）。在80年代末和90年代，NRI引进商被指控引进廉价的软情色电影，破坏了外国电影的印度市场，并腐化了大众。NRI引进商的偏好使得香港电影与软色情电影在同一渠道中传播，尽管在放映层面，二者的影院总是保持着区别，要么专门播放这一种，要么专门播放那一种。

[19] 基于由印度海外电影公司的管理合伙人Feroz Elias提供的信息（访谈，2002年3月1日）。印度海外电影公司还拥有在孟买的Diskovery Video和Laser Company公司，主要销售引进电影的录像版本。最近该公司一直在为泰米尔纳德邦的有线电视运营商提供影片，在当地有线电视网络中播放。

[20] 目前，所有的外国电影甚至美国大片的发行商，都愿意向地方发行商出售发行权。

[21] 香港电影被认为是“英语”电影，因为在印度传播的通常是英文配音版。这些电影的印度语版本被称为“译制片”（dubbed films）。

[22] 这是一名匿名雇员提供的信息。我尝试从高层管理人员那里获取信息，但效果不佳。

[23] B. Mohan Rao经理称该公司不想陷入泰卢固电影的竞标，并已离开该地区（访谈，2001年3月14日）。

[24] 这已得到参与Sarai电影项目的Bhrigupati Singh的确认，这一项目研究德里的电影发行和展映。

[25] Raghavendra电影发行商发行过这两部新电影，他们曾向电影业机构投诉，但并未催生任何约束措施。但Sreesailababu声称，在有些放映这些伪冒（?）电影的地方，观众意识到他们被欺骗了，并做出干扰放映和破坏影院设施的反应。

[26] 本地性的概念在泰卢固有着丰富的内涵，“地方色彩”只是一个粗略的简化。这一英语术语本身就是产业用语。几十年来，本地性一直是一个具有包容性的范畴，用以描述南部印度电影产业创造剧情空间的尝试，这种剧情空间既要区别于（印度）民族的剧情空间，又要与之相关。在语言认同与地方特色乃至印度国家特色之间的拉锯中，本地性是一个要点。与本地性密切相关的，是70年代和80年代泰卢固和泰米尔电影中现

实主义情节剧的多样性。关于本地性的争论已成为现实主义表达的一个重要资源。然而，本地性也用来表示一种更为平和松散的地方概念（例如农村生活的场景)。在这里，松散定义的本地性与我们的讨论直接相关。对这个概念的历史进行梳理有益于我们厘清泰卢固电影中的关键问题——包括明星问题——如何在香港电影的宣传中显现。

[27] 根据印度海外公司的 Subramianian 所言，与其他动作场面相比，印度观众更喜欢肉搏——不是剑和枪，而是身体的动作，以展示身体的敏捷。在印度流行的所有港台明星都具有这种特征。

[28] 一篇关于电影的新闻故事援引了泰卢固语版的制片人的话，称这部电影有 11 场打斗（*Vaartha*，2002 年 3 月 17 日)。

[29] 这里援引的大量信息及证据由 Sree Suchitra Films 的 Ramesh Reddy 提供（采访，2001 年 3 月 15 日，Vijayawada)。90 年代中期，Sree Suchitra 影业在影院中悬挂带有协会名称的条幅，创造了一个虚构的成龙影迷协会，他们希望这能催生一个真正的协会。尽管 Vijayawada 并没有真正的影迷协会，这个虚拟的协会似乎已经受到了广泛关注：一些泰卢固影星和 Vijayawada、Tirupathi 的武术学校学生都有所耳闻。

[30] Sreesaila Babu 称，他不再关心实物宣传，如果电影确实值得投资的话，他宁愿投资电视宣传。一些小地方仍在使用实物宣传，但规模要比以前小得多。

[31] 关于配音的细节，基于对 R.K. Bhagawan（Chennai，2002 年 2 月 27 日）和配音校准员 V. Shashi Kumar（Chennai，2002 年 2 月 26 日）的访谈，后者曾为印度海外公司的电影配泰米尔语。

[32] 题名读者是从 Paul Willemen（1994b：63）那里借来的一个概念。他在“真实的”读者/作者和题名读者之间做了区别。用 Willemen 的话说，题名读者“由文本构建并标记”，而“真实的读者是历史中的主体，生活在特定的社会形态中，而不是某个单一文本的主体。两类主体是不相称的……”（1994b：63）

[33] 我见证了其中的一些措施，但同时我是在对 Navrang 前经理 N. Bapi Raju 的访谈（2001 年 3 月 14 日，Vijayawada）的基础上进行评述的。

[34] 事实上，这家影院放映的是一部香港动作片，名为《女人的复仇》（*Ladies Vengeance*，Philip Ko，其他细节不明)，其中包含了一个有明确性意味的桥段。影片的状况非常糟糕，中间有许多不连续处，而且我仍然不清楚该桥段是后来加进去的，还是属于原作的一部分。

参考文献：

Andhra Pradesh Film Diary 1995（1995），Hyderabad：Andhra Pradesh Film Chamber of Commerce.

David Bordwell（2000），*Planet Hong Kong: Popular Cinema and the Art of Entertainment*，Cambridge，MA and London：Harvard University Press.

B Susan uck-Morss（1989），*The Dialectics of Seeing: Walter Benjamin and the Arcades Project*，Cambridge，MA：The MIT Press.

Sara Dickey（1993），*Cinema and the Urban Poor in South India*，Cambridge：Cambridge University Press.

Sigmund Freud（1921），*Group Psychology and the Analysis of the Ego*，Reprinted in *Civilization*，*Society and Religion: Group Psychology*，*Civilization and Its Discontents and Other Works*，The Penguin Freud Library，Volume 12. Harmondsworth：Penguin，1985. pp. 91－178.

Jurgen Habermas（1989），*The Structural Transformation of the Public Sphere: An Inquiry into a Category of Bourgeois Society*，Trans. Thomas Burger，Oxford：Polity Press.

Miriam Hansen（1991），*Babel and Babylon: Spectatorship in American Silent Film*. Cambridge，MA：Harvard University Press.

Jr. Robert L. Hardgrave and Anthony Niedhart（1975），"Film and Political Consciousness in Tamil Nadu，" *Economic and Political Weekly*. 10：1/2（January）. pp. 27－35.

Fredric Jameson（1990），*Signatures of the Visible*，New York，London：Routledge.

Oskar Negt and Alexander Kluge（1993），*Public Sphere and Experience: Towards an Analysis of Bourgeois and Proletarian Public Sphere*，Trans. Peter Labanyi，Jamie Owen Daniel，and Assenka Oksiloff. Minneapolis：University of Minnesota Press.

M.S.S. Pandian（1992），*The Image Trap: M.G. Ramachandran in the Film and Politics*，Delhi：Newbury Park，London：Sage.

Manjunath Pendakur（1990），"India，" John A. Lent，*The Asian Film Industry*，Austin：University of Texas Press. pp. 229－252.

Madhava M. Prasad（1998），*Ideology of the Hindi Film: A Historical Construction*，Delhi：Oxford University Press.

Ashish Rajadhyaksha（2002），"The 'Bollywoodisation' of the Indian Cinena：Cultural Nationalism in a Global Arena，" in Preben Kaarsholm（ed.），*City Flicks: Cinema*，*Urban Worlds and Modernities in India and Beyond*，Roskilde University Occasional Paper No.22.

G. Raju（1982），*Kill them Mister Cloud*，Vijayawada：SMK Publications（Telugu）.

Report of the Working Group on National Film Policy（1980），New Delhi：Ministry of Information and Broadcasting，Government of India.

S.V. Srinivas（1996），"Devotion and Defiance in Fan Activity，" *Journal of Arts and Ideas*，29（January）：67－83.

S.V. Srinivas（2000），"Is there a Public in the Cinema Hall?" http：//www.frameworkonline.com/42svs.html/.

Paul Willemen（1994a），"*Photogenie* and Epstein，" *Looks and Frictions: Essays in Cult ural Studies and Film Theory*，London：British Film Institute and Bloomington：Indiana University Press， pp. 124 - 133.

Paul Willemen (1994b), "Notes on Subjectivity," *Looks and Frictions: Essays in Cultural Studies and Film Theory*, London: British Film Institute and Bloomington: Indiana University Press, pp. 56 - 84.

七 媒介/城市

钱之重要：文化身份认同与现代化

遗迹的市场，或者文化城市的破坏

民族主义都市主义何去何从？
——苏迪雅梭市长主政下的雅加达的公共生活

十年之城：南海互联网发展的公与私

钱之重要：文化身份认同与现代化

● 梅拉尼·布迪安塔[①]

这篇文章阐释了一个特定的批判性策略，以挽救和解读一个晦涩的被遗忘了的文本，对抗文化政治的支配性趋势。这一文本的着重点在于，展现资本主义如何嵌入文化想象，以及借助文学文本和流行文化想象与建构身份认同。

本文研究的是一位印度尼西亚作家 Aman Datoek Madjoindo 的著作；他所著之书 *Si Doel Anak Jakarta*（Si Doel the Jakarta Kid）在 20 世纪 50 年代出版之后流行起来，并最终成为儿童经典读物。该书在 20 世纪 70 年代有两个大众电影改编版，其后在 90 年代被改编为电视剧集。本文的研究从解读这位作者写于 1935 年的一篇鲜为人知的漫画短故事开始，此时距印度尼西亚从荷兰殖民政府获得独立还有十年。该故事讲述的是一个乡村傻子令人不解地拒绝使用钱，接下来本文会解读作家的那篇儿童经典读物和相应的电影、电视剧改编版。在印度尼西亚从殖民时期过渡到奉行唯发展主义顶峰时期的社会情境下，笔者将这些文本并置，依照年代顺序进行剖析，以此为基础检验资本主义作为意识形态是如何从边缘地位成为文化策略的核心要素的。

可以看到，在这系列文本中有关金钱叙述的话语，与族裔政治的建构交织在一起，从过去灵活、开放式地讨论差异，发展为如今更僵硬、区隔和本质主义式地讨论性别化的族裔差别。本文致力于批判性地剖析 20 世纪 90 年代末，在雅加达这个不断勃兴的资本主义大都市中，种族与性别是如何被商品化的。

---

① 梅拉尼·布迪安塔（Melani Budianta），印度尼西亚大学人文系。

＊＊＊＊＊＊＊＊＊＊＊＊＊＊＊＊＊＊＊＊＊

21世纪的第一个10年，在16年的政治改革之后，作为民主化进程的一部分，印度尼西亚为受欢迎的公众人物提供机会，以增加政党在政府机构中的代表，这是民主国家中的常见举措。影视演员 Rano Karno 就是其中之一，他因电视剧《学童 Si Doel》（*Si Doel Anak Sekolahan*）而倍受欢迎。流行于20世纪90年代的这部电视剧，描绘了在雅加达的贝塔威族裔群体的日常生活。该族裔是印度尼西亚首都雅加达的原住民，后来在雅加达都市化的过程中被社会边缘化。主角 Si Doel 的形象从此与贝塔威族裔联系在一起，通过饰演 Si Doel 这个贝塔威族孩童，Rano Karno 被视作了贝塔威族裔的英雄。在2008年，他先后成为万丹省（Banten）——一个邻近雅加达西部的新省——的副摄政和副省长。当万丹省省长因为贪腐丑闻在2014年入狱后，Rano Karno 任代省长。

21世纪初，印度尼西亚要求政府廉洁的呼声日高，陷入贪腐丑闻的政治人物倒台由此成为常见现象。这一方面体现了印度尼西亚民主的成熟，另一方面折射出金钱政治的猖獗。至2014年中，有关 Rano Karno 或"Si Doel"是否曾在副省长任期收受钱财成为社交媒体热议的话题。几乎没有人记得这个虚构的电视主角的文学起源（现在是由电影明星转型为政治人物的化身）是 Minangese 作家 Aman Dt. Madjoindo 写于20世纪60年代的流行儿童读物。在这本故事书中，主角 Si Doel 还在读小学，周围的成年人教他如何处理金钱的道德规范。当这个故事被苏门答腊岛出生的导演 Syumanjaya 在20世纪70年代改编为电影，以及后来被 Rano Karno 改编为电视剧时，男主角的年纪从青少年变为了成年人，主题围绕爱情故事展开，但底线仍然是在首都雅加达转型为世界性市场的过程中为适应现代化所做的挣扎。

本文将解读最原始的故事文本及其各种改编版，将它们与同一作家写于20世纪30年代的一篇早期小说做对照，这篇小说讲述了在殖民时期，一个漫画主角拒绝在日益物质化的社会中使用金钱的故事。当作者 Madjoindo 的两篇早期作品持有对物质主义持续的批评态度时，后期的电影与电视改编版却采纳了不同的、更为妥协的立场。本文的讨论，显现了一个国家从居于市场体系之外到发展为以市场为中心的历史性过程。我认为这些文本反映了一个发展中国家如何从殖民主义发展为全球资本主义的轨迹。同时，这些文本将现代化与性别化的、阶级性的和种族主义的词汇勾连到一起——并日趋倾向于本质主义。本文受到詹明信（Frederick Jameson）观点的启发，他认为第三世界文化以深陷于与第一世界文化帝国主义的殊死斗争为特征——这种文化斗争状况，是这些地区被各个阶段的资本所渗透的经济状况的反映，或有时这也被委婉地称为现代。本文认为这一“斗争”是有歧义的甚至是矛盾的，视历史发展的各个阶段而定，直到现在也是如此。

第一个故事：困惑的主角

我分析的第一个故事是作者 Aman Dt. Madjoindo 一篇被遗忘，较不引人注意的小说 *Tjerita Boedjang Bingoeng*，直译为一个愚蠢或令人不解的角色的故事，是努山塔拉群岛口头传统中一个为人熟知的漫画形象。在这个写于 1935 年的故事中，因为他的金钱恐惧症，这个特别的年轻人被认为是“糊涂”或“混乱”的。故事的喜剧性在于他的各种过激反应，如烧掉一整袋的钱（他四年劳动的报酬）。故事情节围绕着主人公辗转于不同的地方，以劳动换取住食而展开——他的“不要钱”原则让每个人感到惊讶。最后，这个年轻人因为钱的问题遭到创伤而导致个人悲剧。他的父亲，一个心地善良的乡村银行家，因为不良债务而破产，而他的弟弟因为挪用政府资金而入狱。

一个苏门答腊岛出生的文学批评家 Umar Junus，在其论文（1995）和他写给我的电子邮件中认为，这篇小说有一种强烈的本土“米南（Minang）”① 的种族意涵。除了某些与本土民间故事的互文相似性外，这个故事似乎嘲弄了米南人，并将他们刻板印象化为来自苏门答腊岛的唯利是图的族裔群体。这个故事的确是参照了米南人的“游历”精神，即离开苏门答腊的故土去别的岛屿敛财，然后回到家乡在奢华的派对上挥霍他们从外面带回乡的财富。而我认为这个文本中显而易见的是 Madjoindo 对实利主义精英的社会主义批判立场。整部喜剧所批判的是唯利是图的精神如何交织进剧中人物的日常生活，从银行系统到金钱犯罪。故事还对处理财富和对待工人、下属的各种不同方式做了观察，同时刻画了公正、慷慨的雇主与吝啬、剥削的雇主。

故事以矿业和贸易渗入尚未开化的苏门答腊开场，并非出于偶然：

> 在辛卡拉克湖那边徐徐展开，沿着湖滨的铁轨清晰可辨。每天早上，运煤的火车从沙哇伦多驶过来，就如同一只蜈蚣沿着铁轨蜿蜒爬行。隆隆作响

① Minangkabau 人，也被称为 Minang，是居住在印度尼西亚西苏门答腊 Minangkabau 高地的土著民族，是世界上最大的母系社会——校者注。

的火车声在清新的空气里时时响起。火车是开往巴土特堡（Batutebal）的，在那里火车头将换成带齿轮的，并继续驶往巴当班让和巴东。

如同《米南加保报》所引述的，Joel S. Kahn（1995）注意到，有关经济现代化对传统乡村经济的威胁是20世纪20年代印度尼西亚媒体的常见议题。于是就有了一种矛盾的论调，一方面有一种对过去未曾堕落的生活方式的怀旧乡愁，在那前货币体系的时代，“人们……满足于土壤生产出来的作物”，而另一方面，人们又意识到货币体系“带来人类社会的进步”。

最后，故事在主人公成家之后不得不养家后达成了妥协。由妻子来管家，使主人公得以恪守不碰钱的誓言，这也是一个讽刺的结局，说明货币系统的不可避免的统治。

第二个故事：学会处置金钱

Madjoindo的第一个故事不为人知，他后来有关贝塔威族群的作品让他开始了作家的职业生涯。如同他在第一篇小说里所描绘的年轻人，Madjoindo践行“游历”传统，离开苏门答腊岛，开始在雅加达谋生。在他成为Balai Poestaka出版公司的文字编辑前，他得从事各种各样的体力劳动。Balai Poestaka公司为荷兰殖民政府创立，目的是向殖民地的被统治者提供“好的读物”。在1945年独立之后，该出版公司被印度尼西亚政府接管。Aman Dt. Madjoindo继续出版和创作了三十本散文集和诗歌集。在他出版于20世纪40年代的著名小说《贝塔威小孩Si Doel》（*Si Doel Anak Betawi*）里，他融入了被社会边缘化的雅加达土著贝塔威族群的语言，反映出首都的多元文化背景。《贝塔威小孩Si Doel》是Balai Poestaka公司出版的第一部在高马来语叙述的背景下，在对话中使用贝塔威方言的作品。这就是主人公的名字“Si Doel”后来能够代表贝塔威文化的原因之一。

故事围绕一个贝塔威孩子的日常经历展开，他的父母陷于贫困，他的祖父现在是古兰经咒语教师，过去曾是宗教暴力团体成员，因其狂热主义和文化禁忌而愈发被社会孤立。当Si Doel做小货车司机的父亲去世后，他不得不帮妈妈卖米糕来讨生活。在他的母亲改嫁给一个非贝塔威族的男人后，他的生活发生了改变。这个男人关心贝塔威族群的命运，并将学校教育视作解放Si Doel的途径。与第一个故事中困惑的主角所不同的是，Si Doel发自内心地爱钱。两个故事在叙述钱的使用和滥用上有相似之处。

通过游戏和模仿成年人在市场的购买和销售行为，Si Doel 学会了如何在商业中进行公平交易："那就是你如何去做！不要太唯利是图！"在开斋节的时候，当孩子们向长辈吻手表达敬意和接收小额的金钱作为礼物时，他们常会在慷慨和吝啬的长辈间作比较。

在今天读来，这个故事有其种族主义的刻板印象并有些许居高临下的优越感，这源于对被排斥在印度尼西亚国家建设与现代化之外的贝塔威人的社会关注与怜悯。当 Si Doel 在继父的帮助下最终去学校读书后，他发现他是唯一的贝塔威人，周围都是首都的主要族群巽他人和爪哇人。他的老师是一位爪哇贵族，影射的是印度尼西亚国民女英雄 Kartni，一位在殖民时期开办女校的爪哇公主。Si Doel 的继父则可被解读为是作者 Aman Dt. Madjoindo 的另一个自我，受过高等教育、熟悉金钱事物，并由此愿意施以援手的苏门答腊人。Si Doel 是一个好学生，渴望学习和掌握商业本领，通过吟唱传统诗歌来巧妙地吸引顾客。第二篇小说对待现代化的立场已经没有在第一个故事里那么矛盾了，这具体体现在 Si Doel 帮他妈妈卖米糕所获得的奖励：一套他祖母所蔑视的西方衣服和众所周知贝塔威人所不能接受的东西：一袋鞭炮。

电影：贝塔威文化的市场价值

当这部小说被改编为同名电影时（Sjuman Djaja，1973），另一续集也在 1976 年被生产出来，此时雅加达已经扩张和发展成为一个大都市。印尼的新秩序政府崇尚唯发展主义，这进一步将土著居民边缘化，将他们驱往首都的郊区。尽管如此，在电影和娱乐工业，有相当数量的贝塔威喜剧演员占据舞台，其中包括著名的 Bing Slamet 和 Benjamin S.，后者出演了电影版。电影中小 Si Doel 的角色给了一个崭露头角的童星 Rano Karno，他同时有米南人和贝塔威人的族裔背景。电影将小说完全转变成了贝塔威视角，从后来用于电视剧系列的令人难忘的主题曲就可以看出这一点。

谁说贝塔威男孩装腔作势？
谁说贝塔威男孩是无赖？

贝塔威男孩是土气的，他们说。
贝塔威男孩没文化，他们说。

哦，他们真无理！

这是 Doel，一个真正的贝塔威男孩。
他爱祈祷和背诵经典。
但不要让他难过。
冒犯他你可能会死！

这里值得注意的是对 Si Doel 的宗教虔诚和自信的强调——这与 Madjoindo 对 Si Doel 的祖父和 Si Doel 本人的卑微地位的刻板印象相差甚远。在小说原著中，现代性被视作是落后传统的对立面，在 Ajidarma（1987）看来，这部电影通过把具有抗争英雄和笃信宗教者的典型特征的贝塔威人，与教育结合起来，缓解了现代性与传统之间的紧张关系。电影还认为贝塔威族群能够进行自我救赎。在 1973 年的电影版本中，Si Doel 的继父角色被他自己的亲叔叔所取代，也就是他死去父亲的兄弟——他根据贝塔威的传统，娶了兄弟的寡妇。Si Doel 的本土性被其父母房前的一块木板上写在 Si Doel 父亲名字旁边的大写字体“纯贝塔威”所进一步强调。木板上的字是：阿斯曼的圣人的儿子 / 阿斯曼一个纯贝塔威 / 阿斯曼，最好的贝塔威，阿斯曼，一个原真的贝塔威。

1976 年的版本，拍摄的是进入婚嫁之龄的 Si Doel，由喜剧演员 Benjamin S.饰演，是一部嘲讽现代性过度发展的纯喜剧，该电影名为 *Si Doel Anak Modern* 或者《现代小孩 Si Doel》（Sjuman Djaya，1976）。乡村男孩拙劣地模仿着现代生活方式。电影的第一个场景展现 Si Doel 蹲坐在河上的传统公厕中，混杂着英语和荷兰语跟他的妈妈对话（“你好，妈妈，什么 *hebben*？*Ai hir*！”）。为了给他已经成为著名封面女郎的昔日女友留下深刻印象，Si Doel 在一个美发沙龙里烫了卷发并穿上 20 世纪 70 年代年轻人最潮流的衣着：紧身喇叭裤、牛仔靴、亮色衬衫和牛仔夹克。

正如 Madjoindo 小说中将钱等同于贪婪与邪恶的困惑男孩，在这部讽刺电影看来，整个社会都在崇拜象征权力与知识的纸币。Si Doel 童年时的敌对者，后来的商业伙伴给主人公提供了一张令人侧目的名片，上面有他想要的任何学术头衔。根据 Ajidarma（1998：14），电影讽刺性地描绘了缺乏理性的现代性景象，而这是现代性最基本的前提条件，没有了它，一切“重又变成了有着异域面孔的传统形象”。如同 Madjoindo 的困扰男孩的故事，电影展现了在那个时代各种各样的腐败和物欲冲动。在 20 世纪 70 年代的发展中的印度尼西亚，投机者相互之间不断竞争，将他们可以找到的各种可以换钱的东西用来赚钱，包括出售他们亲戚的土地给发展工程等。电影直接揭露了国家石油矿业公司这一贪婪攫取土地的实业，该公司将数代贝塔威人的土地占为己有。

《现代小孩 Si Doel》以其惊人的方式实现了 Madjoindo 在困扰男孩的故事中对人们在金钱面前的弱点的预言和担忧。与乡村主角拒绝用钱不同的是，现代 Si Doel 投身于游戏之中，尽管由于他的愚蠢或真诚，他能置身于周围的腐败社会环境之外（Sjuman Djaja 1976：69）。通过两个电影版本，《贝塔威小孩 Si Doel》和《现代小孩 Si Doel》，主角 Si Doel 成为文化符号，并让贝塔威故事成为商业电视剧的形态之一。

电视剧集：成长的 Doel

在饰演了 Sjuman Djaja 电影中的儿童主角后，Rano Karno 顺势拍摄了他自己的电视剧集，《学童 Si Doel》（*Si Doel Anak Sekolahan*），并由他自己饰演成年后的男主角（1994）。电视剧将教育视作 Si Doel 身份认同的内在构成部分，将主角描绘为准备进入就业市场的工程系大学毕业生。在他的圈子里，他被称为 *tukang inSinyur*，这是一种介于学术型人才和技工之间的一种含混状态。每周一集的电视剧描绘了贝塔威族群在一个虚构的首都郊区的部落中生活，在那里，他们与来自其他不同族群的一些定居者和谐地共同生活在一起。尚未卷入全球化浪潮的贝塔威人，谦虚、幽默而又友善，他们以自己的方式与都市生活共存，在或多或少的适应和宽容之中，也给生活投以一丝幽默的亮色。因为倍受欢迎，这部电视剧一共拍摄了七季 162 集，并能依照现实生活调整电视剧剧情。当饰演主角父亲的 Benjamin S.在 1995 年去世时，在电视剧中也拍摄了 Si Doel 父亲去世的伤心一幕，这标志着他作为孤儿和一家之主的新历程。

传统的 Si Doel 面临着来自保守祖父的压力，现代的 Si Doel 依然是如此。在第三季的最后一集，Si Doel 面临着一个艰难的抉择，是接受雇佣公司的派遣去瑞士参加职业培训，还是遵循父亲的执拗愿望而永不离开自己的国家。最后是全球化的压力占了上风，Si Doel 在父亲的墓前请求原谅后辞别了家庭。根据最初的计划，电视剧下一季的开头是要在瑞士拍摄的，但是印度尼西亚 1997 年爆发的金融危机让剧组无力承担异国拍摄的费用。情节针对在这一危难时期的观众做了调整。第四季的第一集以 Si Doel 从职业培训中归来开始。当他的家庭骄傲地欢迎他归来时，他获悉一个坏消息却是送他出国培训的公司因为所面临的财政问题而不得不解雇他。因此他与很多中层管理人员一样，也成为 20 世纪 90 年代末金融危机失业大军中的一员。

自那时起，Si Doel 成了一个家喻户晓的名字，演员们与那些备受喜爱的角色紧密地关联在一起，他们开始以剧中形象频繁出现在广告中，推销从驱蚊器到进口汽车等各类产品。鉴于 Rano Karno 在各阶层公众中的人气，联合国儿童基金会任命他为文化大使，并表彰“Si Doel 家族的成员”对该机构的公共健康运动的支持。当时，主角 Si Doel 的名字与纯洁、本真的贝塔威人联系在一起，而演员 Rano Karno 被视作是贝塔威族群的代表。与以往的 Doel 角色相比，电视版主角受过高等教育，具有宗教色彩，严肃而又略带忧郁——这不同于围绕在他周围的那些滑稽角色、溺爱他的家庭成员和出身卑微的邻居们。男主角的平和与大学学位为他赢得了尊重，尽管它们并不能总是给他带来工作。

Rano Karno 的电视剧系列拍摄之时，雅加达正沉溺于消费文化之中，并成为一个繁华的市场。由于人口极为膨胀，在雅加达生存并非易事。失业、缺乏技能和被社会边缘化的居民可能会被帮派引诱而参与到不法行为当中去。Si Doel 成为一个好的典范：他通过学习加入现代化进程，举止行为良好，有耐心并且懂得忍让。对这些被边缘化的人群来说，社会不公日常可见，并在剧中得到了强调，但电视剧并没有质疑在这一全球化的大都市中造成这些不公与社会区隔的根源所在。电视剧中所呈现的现代化版本与 20 世纪 90 年代末印尼的新秩序文化相吻合。

爱、阶级与种族标记

在 20 世纪 90 年代末印尼的消费者文化中，不同于 Si Doel 最初所相信的，教育并不能保障一个人在未来的工作或爱情。因为有一个很难突破的阻碍就是阶级偏见，在本文所讨论的五个文本当中，阶级偏见都得到了建构并体现为不同的标记。在电视剧系列中，Si Doel 爱上了一个来自有文化的精英群体的荷兰印尼混血女孩莎拉。他须与她来自同一阶层的未婚夫竞争。在参加莎拉的生日会时，Si Doel 与叔叔曼德拉一同前往，叔叔身着传统的贝塔威服饰，被莎拉未婚夫当众嘲笑为土里土气。在此，阶级作为一种社会区隔与文化导向或出身背景（乡村背景或是西化的都市生活方式）和种族联系在一起。

在电影和电视剧版本中，男主角在现代和传统之间难以抉择的困境都体现为他不知该选择怎样的女人。1970 年版的 Si Doel 须决定是选西化的克里斯汀，还是选他母亲和媒人为他相中的简单乡村女孩 Hindun。1990 年版的 Si Doel 也是备受煎熬，不知该选他的印尼女友莎拉，还是在童年时代就由双方父母订下娃娃亲的未婚妻 Zaenab。1990

年版的 Si Doel 是如此犹豫不决，以至于每个星期观众们都热切地想从剧情发展中知道谁会最终赢得男主角的心。在 Si Doel 的不同版本中（20 世纪 40 年代的与 90 年代的），由 Si Doel 的父亲所代表的老一代人，让文化身份的区隔更加明显。读世俗而非宗教学校，学习拉丁字母而非阿拉伯字母，穿西式制服而非传统的纱笼，出国而非固守家中，都意味着背叛传统。欧洲的与基督教的文化都属于异端的"他者"。

无论是在进步的还是保守的观点看来，阶级与种族建构的殖民遗产都在 Si Doel 的故事中得到了具体的体现，比如印尼或布莱人（白皮肤的欧洲人或西方人）占据社会高层，而当地人居于社会底层。而在两者之间的是中国人，他们被刻板印象式地描绘为精明、拜金的他者。其他族裔群体，如爪哇人、巽他人都被视作是贝塔威土地的移民，是潜在的竞争对手与共居首都的邻居。

在五个文本之中，只有 Sjuman Djaja 的讽刺电影《现代小孩 Si Doel》（*Si Doel Anak Modern*）以幽默灵活的方式对待文化和阶级的标记。电影揭示出迷人的封面女郎克里斯汀，其实是出身于 Nonon 的乡村女孩，这显示了阶级意识的虚伪势利。电影也包含了 Si Doel 梦想与克里斯汀在教堂里面举行西式婚礼的场景——试想该剧如果拍摄在 20 世纪 90 年代，在 911 之后日益保守的社会氛围之下，这样的场景很有可能引发争议和骚动。

结论

从 Madjoindo 的困扰男孩到电视剧系列，以上我们所讨论的五个文本显示了与资本主义文化的爱憎关系，逐渐从资本主义体系外的尴尬立场过渡到对全球性力量的迟疑接纳。同时，明显可以看到将族裔、种族和阶级身份本质化的过程。文本的苏门答腊起源被遗忘，Si Doel 作为文本的能指进入真实的世界，演员成为剧中角色和族裔群体在现实生活中的代表。

在印度尼西亚 21 世纪的民主化时代，随着政治领域与日俱增的腐败问题，Si Doel 在雅加达村落处理金钱文化魔咒的成功或失败仍在被审视。如何在现今全球化的世界里与传统共存仍然是雅加达需要处理的议题。在 2012 年当选为雅加达州长之后，Joko Widodo（现任印度尼西亚总统，任期为 2014 年到 2019 年）规定所有的政府建筑都必须饰以贝塔威族的装饰。所有的雅加达政府官员必须每周穿一次贝塔威族的传统服饰。尽管这些措施都是象征性的，但这些姿态至少是为缓和那些剥夺贝塔威人土地的物质主义驱动所做的一些努力。州长还许诺将限制大型商场文化，将给予小型工业更多的发展空间。

与此同时，在2012年的政府大选中触及到了Si Doel的城市所有权这一敏感议题。信奉基督教的华裔Ahok在2012年被任命为雅加达州副州长，后来在2014年成为该州州长，引起了很大争议。这是与Si Doel的各种文本中的刻板印象相互吻合的。进步的贝塔威思想家和活动家已经重新定义了“贝塔威”这一概念，将其从某个族裔身份转而界定为一个文化的概念，它可以指代任何拥护贝塔威族群文化并对其发展有贡献的人（Alkatiri，Rizal，Sohib，2011）。然后，很多群体如同Si Doel保守的祖父一般，坚持信奉贝塔威人的概念必须跟族裔相关的那种本质主义观点。

如詹姆士所言，像这五个Si Doel文本所体现的一样，这场与以现代化为名的全球资本主义的遭遇永远是未完成的和动态的。它是一个有着复杂、矛盾回应的持续过程。不同版本的Si Doel在面临着“全球化”威胁时所建构的文化身份，并非简单的二元对立的形式而是被戏剧化地、问题化地呈现为自我的对立，贝塔威人与当地移民和中国人的对立。种族的标记联合着阶级的标记，而现代与传统之间的抉择被性别化了。尽管全球化理论已经预见到全球资本主义体系的强化与不断发展的传统主义和寻根溯源之间的联系，印度尼西亚政坛近年来的发展，尽管陷入本质主义者的阻碍，还是打开了转折的可能。如同Madjoindo小说中那个困惑的男孩所发现的，世界离开货币制度无法运转。随着印度尼西亚反腐败运动的加深和新政府的支持穷人政策，Si Doel至少还在学习如何以他自己的方式与金钱打交道。

（翻译：张潇潇　校对：罗小茗）

遗迹的市场，或者文化城市的破坏[1]

● 吉见俊哉[2]

20世纪90年代中期以后，日本开始经历长期的经济衰退与社会衰败的过程。在此之前，日本社会享有70年代初期开始的经济繁荣与充分发展的消费文化。从1970年到2020年，前后两个二十五年之间的对比是如此清晰，以至于90年代之后成长起来的日本年轻一代无法想象80年代期间所遭遇的泡沫经济的岁月，以及在此之前的日本消费文化。另一方面，除日本之外的大多数东亚国家，在90年代之后开始享有消费社会的高速发展。在90年代之后成长起来的青年一代亚洲人，无法想象这些国家在70年代之前的冷战时代的岁月。但是，80年代早期之前的日本和90年代晚期之后的其他亚洲国家之间，存在着很多的相似性，并且对消费社会的结构性连续性进行思考是重要的，因为这一连续性从日本扩展至几乎所有其他东亚地区的大城市中。在这篇短文中，我通过聚焦于性别视角下的广告文化，来分析这一连续性的一些基本结构。

在整个20世纪，东京一直是日本的现代和后现代文化的中心；在70年代和80年代，涩谷区是年轻人中最为流行的商业区。所以，这篇文章对涩谷所做的分析，就是对80年代之前日本城市文化发展和变化进行分析的典型的例子。但是，因为上述原因，我认为这一分析也能够运用到当代东亚城市的很多商业区与广告文化的分析中。如果情况的确如此的话，城市文化所遭遇的类似破坏，也将会在现在和不久的将来的很多东亚城市的商业区中发生。在当代诸多城市中所发生的这些消费文化的文化转型，显示了对冷战和后冷战时代的城市文化开展亚洲国家之间的比较研究的重要性。

在我的专著《城市的剧作理论》（*The Dramaturgy of City*，Kobundo 1987）

---

① 本文来源：*Japan Forum*，Volume 23，2011 - Issue 2。

② 吉见俊哉（Shunya Yoshimi），东京大学大学院。

和《视觉城市的地缘政治学》（*The Geopolitics of Visual City*，Iwanami Shoten 2016）中，我对这篇文章所讨论的问题做了更为深入的阐述。

* * * * * * * * * * * * * * * * * * * *

一、 涩谷的精粹，20 年以来

这些天，漫步在涩谷，你注意到的第一样东西既不是西武百货（Seibu）和耸立在其核心的东急百货（Tokyu）大楼，也不是围绕着帕可百货（Parco）发展的商业零售大楼。折扣店、速食店、音响店和其他大众折扣零售店，这些沿着国道在靠通勤列车沟通的郊区中激增，一直在设法挺进东京并开始主宰这一地区的景观。从 20 世纪 70 年代至 80 年代，当涩谷的后现代的、"时髦的"（stylish）和"赶时髦"（hip）的面貌最为突出的时候，涩谷各个街角的廉价商店就像战后时期残留的遗迹一样，它们是最终要被迫移除的边缘性存在。然而，自 90 年代以来，恰恰是这些商店在衰退期间遍地开花。它们似乎把 90 年代之前这个区域所存在的后现代形象推出了聚光灯外。现在这里似乎不是风格的差异化的逻辑，而是一种价格的同质化的逻辑，这是一种与任何其他郊区都没有本质差异的集市的兴起。

事实上，与 90 年代涩谷的这一转变存在着鲜明对比的还有几个城市景观，比如台北的敦南，那里星罗棋布地布满了办事处、豪宅和像阿玛尼这类名品店。诚品书店就位于敦南南路和仁爱路交界口，诚品书店的商业开发非常像 1980 年代涩谷的 Libro Port 书店，那里同样也是年轻人常逛的场所。诚品最初在 80 年代末期开张的时候，是作为一家建筑类书店，把很大的精力放在打造独有高雅的形象上，并在 90 年代中期极大地扩展了这一愿景。随后，在 90 年代晚期，诚品书店在卖书的同时，还举办了很多旨在促进新的知识文化的活动，变成了年轻人的前卫性商业文化的焦点。大致在同一年，在经济发展和电视频道数量激增这一背景下，台湾出现了一波追日本热播电视剧的热潮，涌现了一代崇尚和消费东京范（或哈日）的城市文化的年轻人。日剧里所描述的城市景观被视为是台湾年轻人自我表达的场所；作为对这一经验的补充，东京游被开发出来，而且从日本风格的杂志中发展出了如《台北漫步者》（*Taiper Walker*）这种媒介消费（Cheng 2000）。东京成为年轻人的欲望对象，这一事实对于我们的论述来说本身并不重要。但值得指出的是：促成 70 年代涩谷西武百货的文化策略取得成功的相类似的城市条件，现在出现在了台北、首尔，也可能出现在了香港、上海和东京。

随后，一方面，东京的后现代文化消失了，另一方面，这种文化越来越广泛地出现在了亚洲其他地方。鉴于日本/东亚文化在这一地缘政治上的变化，我们在多大程度上能得出这一结论：由西武百货的经济力量——尤其是其附属百货公司帕可——在涩谷实行的文化多元化策略，最终在诸种赤裸的市场力量的入侵面前轻易退却了？90年代之后，从东京到台北、首尔和香港，全球化的发展是其城市景观变化的根源。直至80年代初期，在解释城市文化与资本策略之间的关系时，把涩谷定位在东京和把东京放在日本，只根据这一地理志（topology）可能就够了。但是在1990年之后，这一地理志本身变成了只是这一图景[1]的一部分。当直至80年代形成的涩谷的城市空间被重新视为文化、权力和经济组成的交叉的地理志的一部分的时候，那么我们将如何定位涩谷？为了思考这一问题，我们想要再次简要回顾一下70年代涩谷发生了什么。

二、 作为媒介的城市空间

从20世纪60年代直至70年代，西武百货发展的是一种持续的不稳定的（top-heavy）市场策略。在60年代，西武百货公司的老板堤清二（Tsutsumi Seiji），同时也是宣传部门负责人。然而，这并不简单地意味着他就有多么看重宣传。而是说，早在这一时期，堤清二（Tsutusmi 与西武同义）一直把形象（image）放在现实（reality）的前面，把只存在于设计者头脑中的形象呈献给公众；以这种方式，而不是掩盖现实的缺陷的方式，他选择公开地反对它们、排除它们，并且开始改造它们。广为人知的是，大约在60年代，布尔斯廷（Daniel J. Boorstin）[2]曾经批判过把现实转化为形象，即他所谓的“假事件”（pseudo-event）。70年代，鲍德里亚也写过现实变成了拟像。但是西武百货，被定位在这两位批评家之间，所刻意践行的不是“调整图像以符合现实”，而是“调整现实以符合形象”。正如上野千鹤子（Ueno Chizuko）恰如其分地指出，“西武流通集团（Saison Group）作为一个企业集团的特质就是，远不是被动地熬过这一变化的时代，而是积极地参与到这一变化的时代之中”（Ueno 1991）。

广为人知的是，正是涩谷和帕可在70年代最为自觉地把西武百货通向现实的路径落实为城市空间的策略。就像我们以前所论述的（Yoshimi，1987），帕可的空间策略的要点如下。第一种策略就是城市空间的分割化（segmentation）。所采纳的计划既不是面向大众消费者的大规模营销，也不是建立在与当地社区的互动基础上，而是一种按照消费者的不同品位（他们的“个性”）来划分空间并且完全控制环境的生产的计划。“通过把类似的人聚集起来，他们的价值观就会蔓延并同化那些略有差异的价值观。然后，所有的人都开始持有这一地点所特有的一套强烈的价值观”。因此，任何地方性的“地域主义的感觉（parochialist sentiment）必须要被消除”。这第一种策略直接与第二种策略相关：城市空间的“展演”（staging）。也就是说，诸多单个城市空间不仅被作为一个产品系列而被放置在一起，这些产品所充当的是某一独特品位的标示性规范（signifying code），而且它们必须被创造为一种展演，在这一舞台中访客可以按照这些规范来扮演他们的角色。

因为这些原因，每个单独的商业出租大楼都被设计成一系列分隔的，多层次的主题空间，这与过去可以俯瞰整个商场的百货商店不同。这些像迪斯尼主题公园一样呈现的空间布局，形成连续展开的电影场景。帕可的执行官增田辻希（Masuda Tsuji）的命令就是“哪怕是无聊的街道，当你安上个名字的时候，就显得独特，并且成为**剧场**的一部分。所以首先要给街道命名”；因此，充满洋味的名字就用来命名本地街道。此外，为了充分实现这一城市空间的展演而设置了街道设施，为的是“给参观者呈现一种场景，这里始终有一种东西在一点点地变化”。在这一不会让你感到疲劳的背景的变化过程中，它会被认为是一个接一个新的戏剧和情节可以在这个舞台上上演。在这个过程中，为了创造出“观看和展示”的场所，诸多单个商业空间就被建立起来，整个街区变成了一个巨大的剧院。

这些策略就带来了作为空间的城市的媒介化（mediatisation）。这里的媒介化的意思是切割整合记忆和养成日常经验的区域[3]，按照其自身独立的逻辑来重建空间；此外，“媒介”这一概念既不是一种如电影这样的大众（媒介）形式，也不是一种集体消费（的媒介），如家庭里的电视。帕可在涩谷想要实现的目的是把城市空间转变为媒介，这一媒介可以以消费女性杂志同样的方式来让个体消费。事实上，也就在大约同一时期，一种被广而告之的划分（publicised segmentation）发生在女性杂志的杂志与读者（大众阅读群的丧失）关系之间，可以说，上述划分策略，与之类似。当时的女性杂志中的图片主角，并非专业模特，而是街上的女人。70年代之后，无论是在杂志上还是在城市空间中，这一划分出来的读者/参观者被重新定位为一种同时观看与被观看的观看装置（viewing apparatus）。当然，这一作为媒介的城市（city-as-media）中的读者/游客是单个的年轻人，尤其是单身女性。[4]

把这些空间策略视为更大的语境的一部分，帕可是激增中的“巨型广告构图”

（mega-advertising frame）的开拓者，也就是难波高桥（Namba Koji）所描述的出现在80年代晚期的广告的自然化和情境化。按照难波高桥的看法，80年代早期的广告中值得指出的就是，试图远离先前的直接广告的形式而凸现出的“巨型广告构图”。这种广告几乎不指向任何一种产品，通过简单地抛出直率的信息或者颠覆已有的广告观——一种看起来不像广告的广告，形成了广告繁荣的新主流。相反，80年代晚期所凸显出来的是整个居民区、企业形象和其他以前不被视为是“广告”的东西被改造为一种整合广告的环境。按照难波高桥的说法，“元/巨型广告”（meta-and-mega-advertising）不是一个过程的诸阶段，而是在80年代“携手并进，是一种鸡生蛋蛋生鸡的关系”。帕可在70年代一方面通过广告，另一方面通过在涩谷的空间开发所展开的实践，都在80年代起到了引领作用。

然而，这里的重点就是，上述所提到的城市策略被调用在更大的效果中，因为它们与当时涩谷的社会与地理的特征关联在一起。就像我在以前的著作中所讨论过的，涩谷是一个被高地所环绕的峡谷，这里的豪宅区诸如代官山、Shoto和Nanpeidai，是从交通中心的附近而发展起来的。混合性的商业-住宅区，诸如新宿区和池袋，它们是从类似的中心向低地（low ground）而发展起来的，内在地受限于面积。从城市社会学的芝加哥学派的同心模式来看，新宿区和池袋具有城市边缘区的过渡地带相似的特征。相反，这些因素在涩谷起到了很小的作用。如果说有什么作用的话，涩谷是一个紧邻中产阶级住宅区的商业性区域。恰恰是这一空间，潜在地拥有了一种“时髦区”（stylish district）的特征，这一特征最终将会在四处分布的郊区中呈现。

这些社会的和地理的特征是涩谷在60年代的停滞的原因，也是其开始于70年代的繁荣的原因。在70年代，涩谷不是变成如新宿区和池袋这样的另一个城市中心，而是变成一个从根本上是新的种类的郊区。我们甚至可以说，帕可所成功追求的那种城市策略，在涩谷受到了限制，这一限制也归结于这一社会-地理的形式。在80年代之后快速发展的全球化与去地方化（de-localised）的市场这一语境中，不受任何地理影响的空间策略就成为要求。也许，对这点而言，帕可本质上就是太“文化的”和“特立独行的”（individualist）。

三、 在广告中获得主体能动性的妇女

从性别的立场来看，在昭和时代早期（1926年以来）被视为“现代生活”中心的

银座的街道，以及70年代之后的涩谷和原宿，都是把目标对准女性的“现代”自我的城市空间。在大正时期（1912—1926），浅草区在同化了所有阶层的欲望的同时，又保留了作为其核心的工人阶级文化。从战后到60年代，新宿区是一个“地下”地区，依然保持了某些围绕着美国军事基地的文化。与这两者都不同，后20年代的银座和后70年代的涩谷，拥有富裕的山手区和郊区的年轻中产阶级，是以百货公司和购物街漫步为主的时尚消费城市空间。尤其是在浅草区和新宿区，男性视角主宰的亚文化广为流行。相反，银座、涩谷和原宿似乎是女性气质位于资本策略和权力运作的核心的区域。

无论如何，如果我们把帕可广告中的女性与那些出现在现代主义全盛期银座广告中的女性进行比较的话，比如20世纪20年代和30年代的资生堂广告中的女性，这一差异就很明显。当时资生堂的广告最具影响的是新艺术主义（Art Nouveau），主要倡导者当然就是山名文夫（Yamana Ayao）[5]，比如通过《时尚》杂志[6]，新艺术主义是对资生堂的设计和广告最早和强有力的影响者，并且创造了一种年轻女性的原型形象。继而，在30年代，主题变成了山名文夫等人线条画中所呈现的美妇人的优美形象，这些插画师几乎可以被称为日本的奥伯利·比亚兹莱（Aubrey Beardsley）[7]。战后广告的视觉语言作为其直接结果被发展起来。这里变成标准的不是真实的女性形象，而仅仅是那些出现在新艺术主义图片中的女性，尤其是那些以比亚兹莱的风格出现的妇女。这些远东装束的广告，完全采取了19世纪西欧（男性）资产阶级社会的女性的想象，并且被用来吸引这一现代城市中的大众。

在山名文夫等人的资生堂广告中，新艺术主义形象被不断地使用，甚至被用于例证当时的时尚年轻女性（“摩登女郎”）。甚至，为了其他产业，当这些摩登女郎被更为直率地在广告中描述的时候，女性除了作为产品的隐喻之外，几乎不具有任何功能。比如，在30年代的像广播之类的新电子设备的广告中，听广播的摩登女郎的形象被广为使用。然而，这些女性被包括在图片中，是作为一种象征性地表达售卖产品所具有的现代性的手段。她们绝对不是被描绘为产品的实际使用者。在这一时期，家庭电气化的必要性，是在一种更高的生活标准这一背景下被广为谈论的。但是，在这些广告中，女性未必是作为家庭电气化的模范主体（model agents）而出现的。倒不如说，这一女性的形象可以被视为明治时期（1868—1912）广告的逻辑发展，这一妇女形象依然延续了美妇人的美人（bijinga）[8]形象的传统，继而被大正时期的广告所延续下来，在其中年轻女性开始作为城市文化的象征符号出现。这一趋势近乎未加改变地继续到战后时期，直至50年代初期。

当女性在战后的确不是作为某一产品的现代性的象征，而是作为一种积极的主体（agents），尤其是作为消费的实际主体而出现在广告中的时候，这通常是依据其“家庭主妇”这一身份来判断的。比如，从50年代中期以来，家用电器的广告修辞就发生了质的变化。在1957年的一则松下电器公司的广告中，电影明星高峰秀子（Takamine Hideko）的笑脸就被洗衣机、搅拌器、收音机和电视机以及其他电器团团围住。“当她一件件买下这些产品，太太就会笑”，这一口号明确地显示出一种围绕着各种各样的电子产品的家居生活的理想想象，这一理想想象是把作为“主妇”（lady of the house）的家庭主妇（housewife）放在其核心。然而，在这里，她并非只是作为配有家电设备的生活的受益者，她是被呈现为这样一种对象，即通过电子产品的消费，她积极推动家庭电气化，以促进家庭的民主化（domestic democratization）。事实上，1959年松下电器的另一则广告就把民主的观念与家庭电器化的需要联系起来。“在日本宪法的第25条中，有一则表述为‘所有人都有过健康和文明的生活的权利’。人们希望实现的东西之一就是家里拥有电器”。采用这一方式，这则广告同样在召唤其读者、家庭里的主妇们变成这一“随着电气化的民主化”的主体：“打量下你自己，并且做出生活计划，让你的生活更为便捷有趣。”

然而，70年代之后出现在帕可广告中的女性与这两种呈现都截然不同。她们当然不只是新潮产品的象征，也不是被限制在家庭中的行动者。尤其是，石冈瑛子（Ishioka Eiko）作为创意广告主任的时候，帕可广告中的女性明确地拒绝迎合男人的眼光。从1975年的宣传口号，如“模特所需要的不只是一张漂亮脸蛋儿”、“别盯着赤裸的我：要裸你自己去!”以及“黄鹂只为自己歌唱”，“做我们内心的巨星”，到以菲·唐纳薇（Faye Dunaway）为主角的宣传，我们可以看出，帕可广告中的女性完全抛弃了对男人眼光的依从，坚定地立足于她们的独立。帕可广告中所凸显的极端独立和挑战精神，远非变成后现代，而是一种像是直接从1960年代的青年激进分子那里继承而来的前卫性。即便冒着听起来就像他们在为其消费者布道的风险，但是他们并没有那种把时尚的对象视为只是“想着穿衣打扮”的家伙。这与增田边希有意地使用左派的“道德教育”的术语来描述帕可的宣传策略这一先锋立场是一致的。增田边希和石冈瑛子在帕可所尝试的就是“把陌生的东西引入到日本熟悉的景观中，并试图改变这一景观。通过这一尝试来动摇日本人的‘日常’，并且用它们来提出新的议题”。

石冈瑛子是70年代帕可广告中前卫性的主要驱动者。有趣的是，她也是对资生堂的新艺术主义形式广告进行革命性变革的主要设计者：1966 年的广告“被太阳爱上”是在海外拍摄的。与资生堂广告以前所理想化的身材苗条的法式女性形象大为不同，这一穿着泳装的音乐明星（Maeda Bibari，前田美波里）看起来对她的“健康的身体和健康的思想”感到自豪。这是资生堂广告历史上的一次革命性的变化，这一转变与之前的广告有意识地区别开来。石冈瑛子等人的宣传活动的内容明显地“超越了人为加工而来的漂亮容貌的玩偶女性的形象”。为了做到这一点，“首先要认识到对象的首要性，就有必要选择一个剥掉一切装饰性元素的这种强烈表现性的风格”。事实上，这个从模特的脸下方，向观看者倾斜的特写镜头，与以前从新艺术传统中汲取的女性形象完全不同。如果说有什么具体不同的话，它让人回想起战时摄影杂志《前线》中的男性的特写形象。在 60 年代的广告中，所偏好的广告手段就是从插图转向摄影。广告主们在寻找“一种远离情绪和多愁善感的表达手段，这一表达手段将会吸引新时代的年轻人”。

尽管如此，资生堂广告形式的革命并没有延续很久。1968 年的“记住美黑夏天”、1969 年的“古铜夏天”和 1970 年的“盛夏”的宣传活动，可以被视为 1966 年广告形式的延续。但是进入到 70 年代之后，资生堂的策略再次转向了把“女性气质”放在前台。1966 年的“被太阳爱上”中前田美波里的形象存在于平面上，这一形象几乎与男性眼中的客体化对象完全不同。相反，比如 1972 年的夏季宣传“赤脚的夏天”中，模特的身体再次使观看者意识到了男性的目光。恰恰是在 70 年代这一时期，资生堂的广告回归到了以前的状况，即西武百货和帕可早期可见的激进主义的完全表达。以前要求简单地“被太阳爱上”的女性现在明显开始清晰表达：“模特所需要的不只是一张漂亮脸蛋儿”、“不要盯着裸体的我：你自己裸去!”我这里想要强调的是从 60 年代到 70 年代的延续性。至少是在其创造者的意图中，帕可在 70 年代的广告向后与 60 年代的联系要比向前与 80 年代的联系更为紧密。

四、 商业先锋主义与 80 年代变化的空间

于是，70 年代的帕可广告中表达的独立的、挑战性的女性形象，是如何被当时的女性所理解和解释的呢？比如那些逛涩谷的女性消费者如何理解这一女性形象？一个男人对 70 年代早期的帕可的印象所做的回忆如下。他出生于 1952 年，住在西武池袋线沿线。当帕可在池袋建成时，他还是个高中生：

> 1970年，这一年我从高中二年级升到高中三年级。1970年意味着《美日安保条约》，就因为这个，当时你走出来，“走入街道”，就会有一种期盼的感觉。但是正是在新宿区和御茶水区，实际上发生了抗议。当时有一种以书店、咖啡馆和爵士吧为中心的强烈的青年文化。我对池袋站的印象就是，它不能跟上青年文化，就像上野和涩谷那样（当时涩谷也完全不像现在的样子）。所以当时出现在车站的帕可的广告就觉得非常新，因为它们超越了“学生文化”并且投射了女性的力量。最初，到达池袋的私营线是西武线和东武线，并且池袋是来自整个北部东京的购物者们的一个区域。所以，对男人而言，池袋仅仅是一个换线到全国线或者丸之内线的中转地方而已。但是，对女人来说，这里是她们商场购物的“主场”。从这一意义上来说，也许这些广告是一种革命性的宣言：池袋是一个“女人的城区”。但对造访东武和西武线的家庭主妇们的感觉而言，帕可百货商店以及这些广告就代表了遥远的东西。所以，我觉得最后当时的消费者们是隔着一段距离看到了这些火车里和车站里的广告。

就像这个人所证实的，在70年代帕可广告中女性和生活的鲜明的新形象，对于那些生活在池袋之外搭火车的普通女人来说，就是“某种非常遥远的东西”，这东西就是她们“隔着一段距离所观察到的”。这一距离在1970年的确看起来变得更小了。有时候会认为帕可在80年代失去了这种影响的原因就是，年轻人在现实中已经超越了西武百货和帕可所呈现的生活和女人的形象。但是这一形象真的在70年代和80年代消失了吗？如果说真的消失了，那么是在何种意义上消失了呢？

举个例子，在对西武百货“女性时代”的形象的分析中，上野千鹤子（Ueno Chizuku）批判了被创造为一种纯粹的商业符号的女性和生活的形象。诚然，“在西武流通集团大张旗鼓地推出其‘女人的时代’这一宣传活动时，进入劳动场所的女性也大大增加了。然而，事实上，这不过是女性劳动被边缘化而已”。纵观整个80年代，日本社会继续把女性限制在“消费者”的角色上；对她们来说，被准许的和被支持的社会途径就是“通过消费的自我实现的路径”。其背景就是，日本社会处于一种依然维持相对很高的结婚率以及性别化的角色分工依然巩固的状态中。在这一背景下，西武流通集团就把目标对准“新家庭”和单身女性，她们的生活沿着不同的私人铁路线，服务于东京大都市地区。她们是“大都会女性消费者，可以随心所欲地支配自己的收入”。她们中的大部分人是：

与父母同住的单身女性。她们是相对富裕的一代，虽然她们挣钱并不太多，但是几乎都是可花销的可支配收入。女性的就业率在 1970 年代增加，但是最终还不足以挑战现有系统。

帕可广告里所颂扬的女性的新的主体能动性（agency），仅仅就是“通过消费的自我实现”，倘若果真如此，那么这种新的主体能动性，又与 20 世纪 50 年代到 60 年代家用电器广告中所宣扬的那种家庭主妇（housewife）所获得的作为“家庭的主妇”（lady of the house）的主体能动性有多大区别呢？就像我已经讨论过的，50 年代中期的家用电器制造商的广告，号召女性去买众多的家用电器设施，并且充当“因电气化而民主化”的主体。这与战前作为产品的女性的呈现截然不同，并且也是一种对被限制于家庭中的女性通过自我实现来获得主体能动性的呼吁。也许，70 年代所发生的不过是把这一主体化的技术从家庭蔓延到街道罢了。事实上，即便是在那些相比帕可要保守得多的公司的广告中，家庭中的家庭主妇的形象被更为抽象的和无限的空间中的个人消费的场景所取代，这一点变成了普遍性的。然而，女性坚定地抛弃了男性的目光并且大胆宣示了她们独立性的想法，如果这不是要超越一种作为消费者的自我的展示，那么这一“街道上的主体能动性”和“家庭中的主体能动性”之间的距离就没有那么大。

在 50 年代之后的一整套各种广告和商业策略中，女性不断地被鼓励去取得自我实现。首先，她们变成了家庭里积极消费的家庭主妇。后来，这些家庭主妇的女儿们继续变成在城市空间中进行消费的个体。70 年代所发展的“新个人主义”，对这些女性来说，是一种消费主义的个人主义。她们的舞台不是 50 年代的新的家庭环境，而是重新设计的城市空间。我们已经看到了 70 年代的涩谷被设置成了为分割的自我（segmented self）进行表演的一个令人兴奋的舞台。当然，游动于媒介、城市空间和充满诱惑的想象这三种流动之间的这一主体能动性的机制，与国家通过学校、军队和其他结构化的规训机器所培育出的现代主体性之间存在极大的差异。权力的技术的场所是在消费中，而不是在生产中，是在女性气质中，而不是在男性气质中。并且，它所创造出来的不是男性气质的公民身份——这一公民身份带有的是单一的被同质化的身份，而是，它创造了一种分割的、流动的、灵活的女性气质的主体，正是她们消费了多样的分化。对于那些持有批判性观点的人而言，至少直到 80 年代，对制造这种差异的主体的系统进行质疑，就变成了必要。

然而，鉴于 90 年代之后的诸多变化，在 80 年代以此种力量运行的消费社会的主体生产系统，被全球金融经济以难以置信的速度加以瓦解。就像我在文章开头所提到的，涩谷地区的景观因为这一高速而消失，并且失去了那些可以被描述为其精粹的特征。换句话说，帕可在70年代所宣示的“女性的力量”遭遇到了两种限制。其一就是女性获得主体能动性仅仅是建立在消费主义之上这一原发性的局限性；另外一个就是宏观层面的地缘政治上的局限：这一整套策略轻而易举地就被全球资本的发展所超越。

这两个局限中的第二点，在90年代进一步走向极致，但同样的趋势在80年代存在着一种预示。在80年代晚期，尽管经济继续增长，但是这代人并没有显示出会继承这一新的消费主义文化的迹象。田中直树（Tanaka Naoki）在与增田过希的几次访谈过程中，逐渐建立了这一奇怪形势的总体图景。在1982年和1983年，个人消费很低，并且据说年轻人不再购买东西。根据当时的这些访谈，在这一点上，增田过希依然认为新的消费力量将随着女性越来越参与社会而出现，并且认为文化消费的市场将会持续增长。而田中直树说，他觉得当时“很少有日本经理如增田过希那样乐观地描述青少年的未来的前景”。然而，在1984年之后，随着经济有所改善且走向泡沫的同时，相反，增田过希却开始对个人消费的前景持一种悲观的看法。此外，从80年代中期以来，虽然私人投资在促进国内生产总值的发展，但是个人消费对经济的拉动效应正在减少。经济复苏与社会丰裕未必会激励人民消费。虽然商业投资快速增长，但是个人消费逐渐萎缩。似乎，在80年代，虽然市场继续在资本流动的水平上增长，但是大众的消费欲望已经开始渐渐停息。

这里不做详细的经济分析，正是在这一全球政治和经济的变迁中，对所有女性而言都是可能的“自我实现”（即便是通过消费）终结了。帕可对于这一由“随心所欲地支配收入的都市女性消费者”所构成市场的持续增长信心满满。但是构成这一群体的核心的城市中产阶层的安全感开始动摇。这一动摇也表现为城市空间结构的不稳定。事实上，回顾东京城市结构的历史，至少有两个时期，这个城市的构成明显经历了相当大的变化。第一个时期就是关东大地震之后的重建。从这一时期开始，创造出了支撑在郊外住宅区居住，乘坐从中心站点铺开出去的几条私营铁路线到城市中心办公，周末在银座购物这种生活方式的城市结构。第二个变化是在东京奥运会时期抵达顶峰的高速经济发展时期，包括都市高速路在内的公路网获得改善，机动化得以提升，以及一种新的生活环境蔓延开来。但是，从80年代中期以来，发生了第三次大的空间变革：相比以前所发生的那两次变革，它不那么容易被察觉但具有同样的重要性。

第三次的变化开始变得明显是因为，在泡沫时期购买土地的土地诈骗者们的作为导致了城市设施的衰落。然而，这一变化的基础是一项长期的发展。也就是，从泡沫一开始，东京就开始经历“人们对他们所扎根的基础的不确定感”。它并非是东京的无止境的扩张，而是东京进入一种无止境的流动的状态。内田（Uchida）把这一发展称为东京的“超级城市化”（super-urbanization），但是也可以称之为东京向超大东京的变革。在超大东京中，资本的速度胜过了城市的实体变迁的速度。即使是野蛮爆发的泡沫时代的再发展，也无以为继。现在，在其得以实现之前，城市分散开，被消费掉了。信息这一概念成为这一变化中的城市的核心。换句话说，变成超大东京就是东京转化为信息。当然，这一变革与我们在讨论“信息社会”时所讨论的变革存在很大的不同。这里的重点是东京的超级空间化（super-specialization），也就是城市本身与其社会的和地理的背景分割开来，并且随着全球/本土的流动而扩展。

我们可以在熟悉的后80年代的景观中找到这一超级空间化的无数的例子。一方面，其迹象可以从东京的迪斯尼乐园变为一种被剥离了深度和广度的三维屏幕的组装，变为东京湾的人造城市，在那里后现代的未来景观与废墟中的鬼城、东京南区的多摩新城的庸俗街道和巨大的购物中心的景观交汇；另一方面，其迹象就是碎化的“东京精粹”，它远远超越了东京所谓的地理限制，并且在全日本、东亚，甚至在欧洲和美国扩展开来。这里，图形与背景（figure and ground）被颠倒过来，并且这一城市变成了一个始终在流动中的类似网络的实体。在这一被转变为了资本的信息网络的城市中，“现实是从屏幕到记忆库，到影碟，到诸种虚构的网络中被延递（deferred）出来的”。这一城市的基本模式既不是边沁的圆形监狱[9]，也不是勒·柯布西耶的光辉城市[10]。它向我们呈现出的是“计算机矩阵的非线性视觉，充满了断裂、破碎和非连续性”。

从整体上看，80年代之后，在新的社会和空间的流动性飞速发展期间，西武集团城市策略的前线，从帕可百货转向了无印良品。到80年代中期，针对其所开发的每个区域的社会与地理背景，帕可城市策略的基础就是发展一种新颖的距离和陌生化的城市空间。并且，针对其目标对象的年轻女性，帕可实施的是“道德教育”，鼓励她们不要满足于她们的日常环境。然而，80年代之后的形势就是：形成分离（dissociation）和“道德教育”过程的基础的日常世界，其稳定性在空间上、社会上和经济上都已经被破坏了。

产生于这一背景下的无印良品的策略，恰恰与帕可的远离日常生活及其“道德教育”截然相反。它的策略是建立在全面地供应生活的物品上，这些物品将让消费者过上适当程度的审美满足感的生活。这些物品是那些可以到处找到的、绝对稀疏平常的，并且也不需要努力灌输给消费者的东西。可能这一方向上的改变可以追溯到80年代初期，当时帕可的广告所宣传的是糸井重里（Itoi Shigesato）所创造的广告词，像“谜。我们喜欢它！”（Mystery. We love it）、“美味生活”、“赤木（Sachi），我太开心了！”。虽然糸井重里所展示的方向是帕可所宣称的广告策略的一部分，但是这一方向巧妙地破坏了它。当然，无印良品的策略之后迎来了全球策略，比如优衣库的全球策略。

我们在这里所发现的是一种被耗尽的未来（burnt-out future），其所确证的只是私人的和普通的东西。我们可以在无印良品/优衣库的领域之外去想象的异国风情，本身正在被像迪斯尼乐园或米高梅摄影室这样的主题公园的自给自足的逃避主义所取代。如果情况果真如此的话，那么这一被耗尽的未来就愈加让人沮丧。这不是一种对70年代的怀恋，这样的话将只会带来俗不可耐的感伤情绪。但是，即便如此，我也不禁对1980年之后消费社会的现实的结构性变化感到不适。

80年代以来，全球范围内发生的全球环境中的媒介化和新的流动性，破坏了帕可在涩谷所采取的城市媒介策略的基础本身。在同一时期，生产后现代城市的策略，这一最先被涩谷在70年代所尝试的策略，扩展到遍及整个东亚。目前，消费社会是韩国及东南亚国家，甚至中国的一项紧迫现实。随着泡沫经济的垮塌，90年代之后的日本，关于消费社会的学术研究也衰落了。相反，恰恰是在这一时期，在所有亚洲范围内存在着对消费文化进行社会学考察的迫切需要。并且，与文化研究的流行结合在一起，这一研究正在吸引年轻研究者们的兴趣。在这一背景下，70年代的帕可所采取的各种技巧以及它们的接受过程，不仅对于日本，而且对于整个东亚范围来说，都呈现出新的意义。对帕可在性别、形象和空间上所做的实验重新进行思考，并且不只是从70年代的日本这一有限的视角来考量这些实验，而且要从它作为后冷战世界的全球资本主义的许多不同的发展中的一个例子这一角度来看待，这些都是必要的。

（翻译：李辉　校对：许多　罗小茗）

注释：

［1］　即全球化的发展——译者注。

［2］　美国著名文学派史学家，其《美国人》三部曲曾获普利策奖，曾任美国国会图书馆馆长达12年之久——译者注。

[3] area，按照译者的理解是实体空间——译者注。

[4] 按照译者的理解，这一时期，日本女性杂志中也流行区隔化策略，即杂志不再面向无差别的大众读者群，而是杂志-读者关系是按照不同趣味而分割的——译者注。

[5] 日本著名插画家，有资生堂企业创作人之称，20 世纪 30 年代起专责替资生堂塑造企业形象，采取了一项在当时极为罕见的做法，在产品包装上加入女性图样。自此，一系列摩登女性形象先后出现在资生堂的广告及包装上，包括微卷长发、纤细嘴唇、瓜子脸蛋、亮大眼睛的摩登女性特征——译者注。

[6] Gazette du Bon Ton 是 1912 年吕西安·沃格尔（Lucien Vogel）在巴黎创办的一份时尚杂志，并一直定期出版到 1925 年（除了战争期间）。在 20 世纪初期，时装杂志开始包括了照片，并比过去的任何时候都变得更有影响力。这些杂志反映了在艺术和社会中所发生的革命性变革的这一时期的最新时尚、生活方式与美女。在全世界的城市中，这些杂志都大为抢手，而且对大众的品味有着深远的影响。那些有才华的插画家，包括了保罗·艾瑞伯、乔治·勒帕泊和乔治·巴比亚都为这些刊物画出精美的时装样板，而这些样板涵盖了时装与美容的最新发展。这些杂志中最为经典的就是 Gazette du Bon Ton——译者注。

[7] 19 世纪末最伟大的英国插画艺术家之一，也是近代艺术史上最闪亮的一颗流星——译者注。

[8] 属于日本浮世绘的艺术类型——译者注。

[9] Panopticon（圆形监狱）由边沁于 1785 年提出。这样的设计使得一个监视者就可以监视所有的犯人，而犯人却无法确定他们是否受到监视——译者注。

[10] Le Corbusier，现代建筑大师，现代建筑运动的激进分子和主将，现代主义建筑的主要倡导者，机器美学的重要奠基人。他倡导现代主义是一种几何精神，一种构筑精神与综合精神，提出“房屋是居住的机器”——译者注。

民族主义都市主义何去何从？

——苏迪雅梭市长主政下的雅加达的公共生活[1]

● 阿比丁·库斯诺[2]

《民族主义都市主义何去何从?》这篇文章写于苏哈托总统在1998年倒台之后的几年。作为这座城市的居民，我在雅加达这座城市四处驻足察看，这篇文章正是基于这段时期所做的一些笔记之上。因此，这篇文章所提供的是一番街道的混合场景，彼时的街道已经成为诸多商贩、中产阶级与政府之间彼此较量的地方，各方都竭力为各自生存而争夺空间。街道既是反抗威权的示威和集会的场所，反过来，也成了权威试图通过建造诸种民族主义遗迹的方式来规训公众的场所。“民主的过渡”的时期，正时值形势分崩离析的时期，也正是中心再无力遏制任何引发众多城市运动的事物的时候，这些运动的范围从进步主义和个人主义到保守主义与偏狭主义（the intolerance）都有。通过分析城市空间，这篇文章想要理解的是这个国家历史上的一个特定时刻，即这个国家在迈向新的时代，但对于走向何方，无论是走向民主还是回到旧的独裁式领导，都尚不明确。

雅加达步入后苏哈托权力分散的时代，至今也近乎20年。随着地区自治，国家很大程度上从城市事务中退出，市政府正在获得越来越大的权力。市长不再是任命的，而是雅加达居民民选出来的。总之，权力已经集中在市政厅（city hall），而不像过去那样权威都在总统府。随着国家与地方政府，公民社会与城市贫民，本地商业与全球资本既在市政机关也在城市的都市空

---

① 本文来源：*Urban Studies*，Vol.41，No.12. November 2004.

② 阿比丁·库斯诺（Abidin Kusno），不列颠哥伦比亚大学亚洲研究学院。

间中交错，权力从国家到城市的这一转移复兴了都市政治。资本寻求空间，人民要求对城市的权利，政府寻求合法性，所有的这一切都能在雅加达的都市空间中表现出来。

我们似乎再次经历着一种过渡时刻，过渡到某种既充满希望又命运多舛的状况中。当城市居民目睹为更加绿色的城市腾出空间而把城市贫民驱逐出他们的“非法”住区的时候，当人民听到市政厅中传出的根除腐败的声音，却迎来了市长与房地产开发商们为扩张基础设施和公共空间干着私下勾当的时候，当他们看到对政府官员的规训也同时规训着城市居民的时候，当他们看到市长在与诸种旧势力的卷土重来做斗争的同时也在为它们效力的时候，这是一种乌托邦与恶托邦的混合。各式矛盾都在雅加达上演。毋庸置疑，在关乎都市政治的诸种问题上，城市是存在分歧的。选择哪一方已经变得远没有那么容易，分析城市生活越来越难。正是在这一背景下，这篇都市主义的早期论文，对于我们重新思考当下来说是密切相关的，因为在国家霸权终结之后，这篇文章最先注意到既是冲突的场所也是希望的空间的城市的出现。

* *

引言

自独立以来，雅加达作为一个强大的地方赫然耸立在印度尼西亚的想象中。这一城市的重要性来自这一事实，即就资本交流、政治权威与文化资产的集中化方面而言，它很大程度上是通过国家政策被逐渐生产和再生产为一个权力的空间[1]。然而，这一城市实力的最为重要的推动力，来自国家威望（national prestige）的话语，这个国家的政治精英们通过这一话语把雅加达生产为一个有影响的城市[2]。但是，因为他们执意认为国家在一个地方需要所有种类的“发展”、基础设施与遗迹（monuments），从而改造了城市的实体空间（physical space）。如果必须要拆除某个甘榜（*Kampung*）[3]和改变总体规划，那么国家的“进一步发展”就为此提供了充分的理由。这种东西——我将称之为“民族主义都市主义”（nationalist urbanism）——旨在为雅加达提供一种作为中心的统一形象，对所有生活在这个城市（以及这个国家的其他地方）的公众而言，这一中心就代表了国家。由于这一意识形态，看似矛盾的两套关系的共存，在苏哈托总统（1966—1998）执政时期就出现了。一方面，存在通过“发展”的话语而实施的那种常见的（国际货币基金组织所支配的）西方经济自由化；另一方面，存在以雅加达的权威为中心的权力的民族主义话语。这两套话语之间的差异并不意味着经济与文化之间，或者是全球与本土之间的对立。相反，它们的共存以及恰恰因为这一共存使得雅加达成为一个富有实力（power）和影响力的城市。从而，作为首都城市的常住居民，雅加达的居民所过的城市生活就如同国家生活一样。在雅加达生活，让人觉得自己在体验一种世界性的全球尺度（global scape），然而作为印度尼西亚的公民而言，他/她因此也生活在对国家话语的权威的顺从之中。

1998年5月这场推翻苏哈托总统统治的骚乱，已经改变了众多雅加达人的生活。让很多人倍感震惊的是，曾经强大、相对稳固与专制的政权仅仅在数天之内就被看似是来自底层的力量所瓦解。对这座城市人口中的大多数人来说，他们终身都从未理解过大规模的抗议、示威游行以及建成环境（built environment）的实体的拆除怎么会带来威权主义政权的覆灭。然而，骚乱期间对这座城市及其居民所带来的破坏，也有深重和旷日持久的影响。这些骚乱以及“烈火莫熄”（reformasi，随着苏哈托被颠覆之后的一个号召语）的场景，深刻地改变了雅加达居民对于国家以及城市治理的敏感性。他们也展示出了人们拥有这个城市的权利，展示出了正如一名居民所说的：“人们抵制这个城市已经被创造出的空间。”（Bisnis Indonesia 1999）。

苏哈托的“新秩序”（New Order）的倒台，最终打破了“民族主义都市主义”的框架，这一框架曾经是这个国家的精英们自独立以来就一直在捣鼓的东西。来自不同阶层的雅加达居民们，发现在对这一企图代表国家形象的城市发展规划进行批评上，他们处于有利地位。更为重要的是，与过去不同的是，现在雅加达的居民们知道，他们对于城市管理与规划的抗议将不再会因为暴力机器的使用而被轻易地压制。

这篇文章所要讲述的就是在苏哈托政权倒台之后的数年间雅加达所展开的故事。它所要论述的是，当这个城市见证了其政治与经济力量的式微的时候，雅加达当局想要重新创造新一轮的“民族主义都市主义”的企图。市政府想通过启动前朝的“民族主义都市主义”来复兴这一城市的形象，这篇文章思考了这一企图所带来的空间效应，并审视了公众的批判性回应。

从这一意义上来说，这篇文章论述的是记忆的政治。它要展示的是雅加达如何致力于一种前所未有的记忆的政治。一方面，这一政治涉及到记住这座城市作为国家的旗帜；另一方面，涉及到作为城市实力（city power）构成（formation）的国族意识的遗忘。因而，这篇文章中“记忆”，不只是一个在具体层面上使用的术语，即指代记住和遗忘过去这么一种人类思维（human mind）的状态；相反，从更为抽象层面而言，它也指代诸种方式，即历史（the past）以哪些方式有意或者无意地结构化我们活在当下的方式。这篇文章要思考的是：某种特殊的历史（past）是如何作为一种“常规化的”当下所构成的遗迹（traces of “normalised” present）而继续存在，而同时其他的记忆会被遗忘或者只是偶尔重来困扰当下。因此，重要的不是遗忘和记住了什么，而是为了规训公众，特定的记忆为何以及如何被制度化、被改造并被投注某种特定的意义。然而，反过来，公众同样可以开启这些相同的记忆，用以挪用、对抗和干预。为了解释雅加达当前城市变迁中的根本状况及特征，我将对城市记忆以及空间效应——这两种彼此共存也彼此冲突——所组成的不同网结（networks）的诸种运作进行梳理。我认为，虽然社会、经济与政治的危机时刻以及伴随而来的对城市的重塑，为更负责的和民主的生活开启了可能性，但是它们也为极度自私自利的和充满暴力的新的都市政治创造了空间。

然而，中心的“松弛性”是短暂性的。2002 年 10 月的巴厘岛爆炸案之后[4]，新“反恐怖主义”这一强大现象已经在这个城市开始蔓延。通过在有限的时间框架内，即这一城市变成斗争场所的期间，对一个后殖民国家的政权变迁所带来的社会与文化后果进行考察，我转而希望鼓励其他地方以比较性和批判性路向，来研究政权变更下的城市记忆、社会运动以及建成环境的政治（the politics of built environment）的相关问题，尤其是在后殖民国家中所开展的这种研究。

这篇文章所用的材料很大程度上是基于我从 1999 年到 2002 年期间（巴厘岛爆炸案之前）对雅加达的都市话语所做的观察，这些话语既有呈现在城市空间中的，也有在报纸上报道的。我以“中产阶级”报纸为焦点来支撑我对这座城市的观察，因为我认为这一阶层的公开主张对于理解（“中产阶级”一直隶属的）政治精英们的心态来说是至关重要的，同时对理解诸种未被呈现的（unrepresented）的声音来说也是至关重要的。这些未呈现出来的声音，并非一直是通过它们自身的再现来表达，而是通过并且是在中产阶级的霸权的以及含糊的诸多表达中被说出来的。

记住和忘记雅加达

将近 1990 年代中期，也就是当雅加达正在以高楼大厦、购物广场、立交桥和房地产住宅为中产阶级构筑城市景观的时候，印尼当代著名作家古纳汪·穆罕默德（Goenawan Mohamad）写了一篇关于这个城市的反思性文章（1994）。这篇名为《城市》的文章是关于雅加达的商品化以及身居其中的中产阶级们的心态的。然而，雅加达的魅力不仅仅在于其经济实力。相反，古纳汪·穆罕默德把雅加达视为“国家”实力的来源，正是这点吸引来自全国各省的人来到这座城市，这让人想起30多年前普拉姆迪亚（Pramoedy）的那篇讽刺文章里所说的“风，吹遍各省，低语诉说着，直到你见过雅加达你才能完全成为印尼人”（Toer 1955、1966）。然而，奔向首都城市，不仅意味着追寻被定义的更好的生活。它也包括一种向上流动的感觉，以及变成完全的“印尼人”的那种感觉，成为印尼人就等于给了你“做伟大的事，并且在思想上和身体上都可以平等地寻求自己的机会”的许诺（1955 /1976）。然而，穆罕默德（Mohamad 1994）通过显示城市与国家之间的差距，暧昧地对雅加达的这一平等的“国家的”神话做出了反对。他把城市展现为既不是被“荷兰风格的堡垒”所控制，也不是被古代爪哇的“马打兰王国”（Mataram Kingdom，苏哈托经常与之联系在一起的一个王朝）的指导精神所控制，而是被“某种其他的东西，某种更强的东西，即围绕它的经济与政治力量”所控制，这些力量使得“我们所有人都成了这里的外来人”（Mohamad 1994：29）。也许，苏哈托统治下的经济阴谋和政治手段，使得穆罕默德以他的透彻看清了被想象出来的民族主义的整全和城市里真切的活生生的经验之间的差距。穆罕默德写道，首都城市的确给人们提供了很多东西，但是没有接入（register）与他们之间的任何关联。但是，人们依然来到这个城市并待了下来，因为对那些“家乡的爱还不足以让他待在那里，却也无法把他的心与他的新的地方联系起来”的人来说，雅加达还是中心。（Mohmad 1994：28）

虽然雅加达居民或者客居者们渴望把他们自己看得要比那些身居他们想象的故乡或者村庄中的同胞们，在阶层上要更高（以及更强），但是我们也不应该忽视他们对这个城市的那种说不清道不明的感觉。在反思这一模糊感时，古纳汪·穆罕默德解释道，虽然这个城市试图吸引人并让人留下来，但是后者（即留下来的人）把他们自身展示为被疏离的灵魂，他们在买卖一切——“我们的东西、我们的身体、我们的精神”（Mohamad 1994）——中参与到这座城市。但是古纳汪·穆罕默德所描述的这些人没有离开这座城市（除了可能在开斋节［Idul Fitri］期间[5]），而是在这座“他们第二故乡的城市”里生活和工作。[6]用穆罕默德的话来说，生存（being）于这座城市并没有“国家的”荣耀，倒是依然有这种感觉：即便它自知这种生活的疏离感，但城市依然是人类生活的**中心**。恰恰是这种模糊性——这一与城市依恋又疏远（attachment-and-detachment）的感觉——产生了“民族主义都市主义”这一官方话语，这一话语旨在控制人与城之间的游散关联（discursive link），用以推进特定国家利益，并为城市居民提供一种对国家意识形态的忠诚（attachment）。

让城市里的人民与国家理念相一致，这种企图正是来自政治精英们的自觉意识，即“雅加达市民不够爱雅加达，因为他们缺乏把自己与他们的城市连接起来的情感关联”（萨尔沃诺·库苏马阿马查部长所言，引自 Heuken 2000：17）。正如印尼作家赛诺·古米拉·阿吉达玛（Seno Gumira Ajidarama 2002：19）所说，在一个“所有人似乎都被视为在别的地方有其出生地”的城市，“国家”就变成了所有人想象自身归属于这一城市的一种强大的粘合性隐喻。正如我在别的文章里所详细阐述过的（Kusno 2000），旨在把城市转变为国家的受体（subject）的苏加诺，与苏哈托的不同的民族主义都市主义，从本质上来说是建立在按照当权的政权形象来改造城市这一基础上。但是，就像我们所看到的古纳汪·穆罕默德对这座城市所做的描述，雅加达的“国家的”和“世界主义的”居民同时被雅加达的权（实）力（power）所疏远。

> 在古纳汪·穆罕默德完成《城市》之后大约10年，赛诺·古米拉·阿吉达玛这位高产的年轻作家，写过一篇名为《来自雅加达》的文章（Ajidarma 2002）。这篇文章源自于后苏哈托时代的雅加达的社会运动，并且解释了城市状况所发生的变化。乍看起来，这篇文章似乎依然是关于雅加达的中心性，让人回想起古纳汪·穆罕默德和普拉姆迪亚的类似的立场。但赛诺（Ajidarma 2002：19）写道：“来自雅加达”意味着“来自一个优越的地方……它意味着过剩（excess）、更富有、更有知识和更为现代，并且这具有一种变得更为强大的效果”。

但是，赛诺的故事显示了对雅加达的感知上的一种重要变化。正如在古纳汪·穆罕默德的《城市》中，这一城市里并不存在“国家的”荣耀。然而，如果说穆罕默德显示了在雅加达生活的中心性，那么赛诺则强调了把自己从这个城市中超脱出来的重要性。《来自雅加达》这篇文章，即便承认了这个城市的实力，但这篇文章中有一种雅加达的驱逐感（a displacement of Jakarta）。“如果你来到雅加达，那么你就将成为优越性象征的一部分，然而，这一优越性也将被（雅加达之外的）人们理解为一种欺凌”（Ajidaram 2002：19）。在赛诺的著作中，有一种对来自雅加达的一切的怀疑态度，并且如果雅加达之外的人要接近这一“热点”（骚乱区域），那么建议就是：

> 不要冷酷地说你来自雅加达，因为雅加达的形象已经变了。现在这一想象被视为是一个“肮脏的地方”，一个人们之间为了维护权力而相互倾轧的地方。（Ajidarma 2002：19）

在我看来，这一对雅加达的明确失望感，仅仅是1998年5月骚乱之后才出现的，一种与普拉姆迪亚讽刺地写下“风，吹遍各省，低语诉说着，直到你见过雅加达你才能完全成为印尼人”这句话时已不可同日而语的景象。赛诺问道：“现在雅加达怎么样啊？”“它过去是优越的，但现在它是低人一等的”（Ajidarama 2002：19）。这两种雅加达的想象，一种由内而外（穆罕默德），一种由外而内（赛诺），两者都可以被视为与那些对国家施加的“民族主义都市主义”进行批判的诸多话语具有一致性。

在接下来的部分中，我将探究“民族主义都市主义”的瓦解。多年以来，“民族主义都市主义”一直为城市的实体空间与精神空间的变革提供支撑的意识形态。可能展示这一点的最好的方式就是，阐明雅加达居民中间的敏感性的变化，以及雅加达人民如何回应现任雅加达市长苏迪雅梭中将（Lieutenant General Sutiyoso）的政策与实践。

苏迪雅梭市长，经济危机与无法度的城市环境

苏迪雅梭于1997年接掌市长一职，适逢该城市历史上的一大紧要关头：在苏哈托政权终结后接手“后1998”的印尼社会环境[7]；在做市长之前，他是特种部队的副总司令，该部队是军队里负责处理东帝汶和亚齐省（Aceh）的战争冲突和暴行的特别行动部队。作为前朝余部，苏迪雅梭继承了很多与苏哈托的新秩序（New Order）有关的城市治理策略。下面我们将要阐明，很多这些技巧，都是些“民族主义都市主义”的技术。在其执政期间，他通过很多载有民族情绪的都市项目来给雅加达居民鼓吹国家意识。与其前任们的都市范例一致，他也在诸多前朝所熟悉的基本议题上投入了很多精力：拆毁甘榜，禁黄包车，限摩的，抓摊贩、街头卖唱的、叫花子、拾破烂的和性工作者[8]。当然，他同样也对公款管理不善。然而，先前的民族主义都市主义形式是在国家权威的层面上自上而下官方性地实施的，苏迪雅梭的形式与此不同，他的这些形式是从中心权力的“松弛”中产生的，因而也就呈现出了这一范例的危机。假设苏哈托的政权没倒，我认为即便他的民族主义都市主义不为公众所“接受”，它所遭到的来

自公众的反抗也将只会是较小而已。

然而，1998 年后的雅加达的情绪是完全不同的，因为人们似乎创立了他们自己的批判声音。他们对试图呈现国家的城市规划是怀疑的、质疑的，并且通常是愤怒的。一方面，在对那些“国家发展”的城市项目进行抵制上，他们过去是“被动的”（除少数例子以外[9]），但是他们现在以明确的抗议、集会和罢工来取代了过往的“被动”抵抗。这一积极的抵抗来自民众对他们的国家精英的不信任，以及对民族-国家的力量和首都城市的权威形象的抛弃。“雅加达作为人类生活的中心”这一与国家意识形态关联在一起的一致形象，现如今成了一种暗淡的想象。对城市与国家之间关联进行批判的意识，这样一种新的意识已经从暴力的残迹中生发出来，这一暴力是与民族主义都市主义关联在一起的。由于过去 5 年的动荡已经强有力地塑造和限制了市长的城市愿景，在我们对苏迪雅梭的都市话语进行讨论之前，来了解下“后 1998 时代”印尼变化的社会经济环境，可能会有所帮助。

苏迪雅梭的都市话语，是为了保存城市和国家的权威而启动的，很大程度上是源自于 1998 年的政治与经济危机。与 1970 年代和 1980 年代相比，印尼在 1990 年代行将结束之时，遭遇了深刻的经济衰退。按照约翰·布列思南（John Bresnan）的看法：

> 世界银行所估算的印尼增长的转变，是 20 世纪 30 年代大萧条以来世界上最为恶劣的。从 1997 年的 7%的增长率到 1998 年估测为 15%的负增长率，印尼整整下跌了 22%。（Bresnan 1999：99）。

因此，自 1998 年以来，失业率、贫困率与城市犯罪率激增[10]。外来投资急剧下跌，印尼的投资者们抱怨国家在执法上的能力不足，也纷纷开始闪退。

2002 年，《雅加达邮报》（*Jakarta Post* 2002i）所发布的世界投资报告显示，“印尼为 1998 年以来东亚唯一遭遇了资本外逃的国家”。在雅加达，大量专业人士（所谓的经理阶层）随着很多金融与其他服务业的倒闭而纷纷被辞退。相当大数量的这些中产和高收入经理们转换职业或者成为个体经营户。很多人无法在萎缩的正式部门谋得差事，把他们的房子和人行道（pavements）变为谋生之所。他们开办家庭经济，半永久的商店和小旅馆。这一现象最为明显地表现在雅加达各地区的居民区中。这些区域突然摆满了各种各样的大排档、广告牌、帐棚、停车场，尤其是垃圾。看到这座城市的居民区中过度的私营业务，有报纸报道说：

> 尤其是在 1998 年 5 月的骚乱之后，很多街道被诸多门户所堵死，这一堵

塞背后所反映的是私人生意在住宅区的显著增长。（Matin 2000：18）。

与此同时，中产阶级以前工作的摩天大楼所在的核心商业区，在过去 5 年都没有开建新的写字楼；相反，越来越多的社会底层的小贩们越来越向雅加达的天际线集中。

小贩、街道与驱逐的记忆

经济危机给都市贫民带来的效果尤甚[11]。随着诸如电子、机械、纺织、制鞋和建筑这些制造业纷纷倒闭或压缩生产，他们中的很多人开始失业，从而导致底层的都市世界中的失业人群的激增。失业人数的激增对于都市环境具有巨大的影响，因为他们中的绝大多数人（与中产阶级没有什么不同）通过改变城市的空间来适应他们的生存策略。如果说中产阶级在他们的车库里制造假古董和在公园、停车场里和他们家庭住处附近的人行道上开起了咖啡棚和馆子店，那么在工厂里失业的工人阶级就干起了街头贩子、开三轮黄包车、捡破烂、做叫花子和都市抢劫犯这类活儿。他们在城市里的所有公共空间和几乎每一个街道上讨生活：在交通灯下，在天桥上，在立交桥下，在公路收费站边，在公园里和私人与公共建筑的人行道上。《Kompas》这份报纸，对城市每一个角落里都有小贩出没这一 1998 年之后的现象感到震惊，并报道说：

> 首都城市里有小贩存在这并不奇怪。然而，如今他们的存在被极端激起。他们不只是在他们的手推车、在塑料或帆布棚子下搞他们的买卖。而是，他们用永久摊位搭起他们的场所，他们也把这些场所用作他们的住所。（*Kompas* 2000：29）

从而，城市贫民与中产阶层之间展开了对城市公共空间的争夺。在这一过程中，个体经营户已经使得“雅加达像小贩组成的城市”，招致了市政当局对他们的活动加以控制的反应，这一反应不是通过驱逐他们，因为“城市官员们惧怕骚乱”，而是通过改变城市的实体空间：在公共场所建起围栏，在街道两侧排起铁丝网以阻止小贩占道经营（*Kompas* 2000：29）。从而，城市管理部门、中产阶级与城市贫民三者之间就上演了不同的违法形式。他们把空间实践扩展到任何城市设计范例都无法想象的范围。最为重要的是，在政府眼里，他们造成了城市与国家权威的衰落。

上述所描述的空间实践并不完全是新的。从历史来看，街上小贩们一直备受责难，雅加达的市长们通常针对他们，把他们列为造成城市问题的原因。他们针对小贩采取了各种不同的突袭形式，从禁止他们到提供最小化的道路的决策，直至清除小贩的占领行为[12]。更为深层的原因是政治性的，因为小贩们有引发在街道上结集群众的可能性，这一形势被视为对国家所要推动的井然秩序的威胁。从这一意义上来说，在后苏哈托时代，雅加达的小贩的激增，可以被视为争取城市的权利的斗争的象征，这一斗争是随政治气候的变化而来的。这已经改变了公民与政府之间的关系。在“后1998时代”，从批判性的评价到对国家的存在的全然漠视，我们可以轻易地找到诸多前所未有的类似表达。

> 如果一个国家从来不关注其百姓，我又为何要应该关心这个国家？我不信任他们（那些掌管国家的人）。（*Jakarta Post* 2002a：8）

同样，一位食品小贩批判地评论说：

> 我过去认为他们（立法者）代表我们，但是观察他们的表现，现在我已经改变了想法了。他们再也不是人民的代表了。（*Jakarta Post* 2002a：8）

另外一些人已经失去耐心了：

> 每当我们看到他们开着保时捷的时候，我就想知道他们怎么能挣到那么多钱。我都已经多年辛苦打拼，但是我那个时候甚至还买不起一辆自行车……我发誓如果他们从我身边经过的时候，我会直接往人民代表们的脸上砸石头过去……他们认识到了绝大多数小贩们感到的惶惶不安了吗？（*Jakarta Post* 2002a：8）

在“后1998时代”的雅加达，小贩们感到惶惶不安，即便他们已经获得了对他们自身的生存的前所未有的控制程度。在他们感觉到城市的混乱无序之后，他们的利润已经极大下降。从他们的角度而言，失序的主要原因在于他们认为的城市管理与规划上的腐败、不公与无能。在这一基础上，虽然他们的骚动没能阻止他们利润的下滑，但至少这一群体认为他们可以一直漠视或抗议试图驱逐他们的当局。他们随意占领几乎城市每个街道上的公共空间，并且经常随意直接占领街道，导致了大规模的交通堵塞。他们似乎不怕治安官员。

> 因为如今的状况与“热火不熄”之前的状况不同。当今的生意人相比过去胆子更大。如果他们（治安人员）粗暴对待我们，我们将以牙还牙。（*Suara Pembaharuan* 1999：16）

事实上，反抗和骚乱已经改变了警察和小贩之间的接触。先前冲突的记忆不停地让中产阶级感到担忧。（反映中产阶级恐慌的）报纸经常向读者们（可能是当局）提醒过往的事件，比如："演变为骚乱的小贩们的抵抗已经在 Senen 和 Glodok 和雅加达南部的 Tampuring 发生。"（*Kompas* 2000：29）中产阶级尤其感觉到了城市里的变化。雅加达不再是一个如民族主义都市主义所设想的那样有纪律与秩序的城市。也许，鉴于人民行为上的变化，城市当局也变得对小贩们更为宽容。雅加达中心区的市长说：

> （如果我们粗暴对待小贩们）我们也担心我们的官员们将会遭到袭击，所以我们只是必须小心谨慎。但愿小贩们会自己离开这个地方。（*Suara Pembaharuan* 1999：16）

中心的"松弛"：社会-政治危机与人们变化的心态

"后 1998 时代"，印尼见证了中心的前所未有的"松散"。相比以前，新闻有了更大的表达自由，"人民"的批判声音也可以被听到；也容许自由地组织政党（导致了各种不同的群体组成组织，通常是为了党同伐异）[13]，公众抗议得到了宽容，从而产生了这一印象："雅加达如今无法与表达公众情绪的抗议分开。"（*Kompas* 2001d）在后 1998 时代，所有类型的社会运动都浮现出来，复杂化了政治局势。政治精英、中产阶层和工人阶级在政治的中心都是清晰可见的，从而变革了政客与公民之间的关系。

在一个具有很长社会等级制、政治压制、不平等与威权主义传统的国家，这一中心的"松弛"对于这个城市的社会环境具有深刻的影响。就好比曾经很长时间以来把爪哇这个岛固定下来的那颗中心的钉子现在被拔掉了；躁动感在居民中间普遍流行。民众中间有一种感觉，中心不复存在了，不再固定、监视和指示他们的行为。中心的消失创造了一种方向感的迷失，并创造了彼此之间冲突性共存的诸多较小的中心。国家还是存在的，但是它已经被视为仅仅是诸多中心中的一个而已，每个中心都在寻找获得更多财富与权力的机会。因此，雅加达的居民们越来越感到他们生活在一个腐败、无法无天和暴力行为组成的网络中，你有这一印象一点也不奇怪。即便他们承认存在变得更为强硬、更为富裕和更为灵活的更为广阔的机会，他们依然感觉到不安全、脆弱和不受保护。高官们正在篡夺更大的权力；官员和暴徒们在争夺黑钱。上流中产阶级们通常以武器、防弹衣和私人安保人员来日夜保护他们的人身和财产安全。他们建起了很多更为私人和社区的保卫室来划出领地和身份，通常超越了城市规则所定义的领地和身份。那些没那么富裕的、无力购买保护和决定具体执法状况的人，通常通过群众公审（mass trials）的手段来创造了他们自己的安保系统。中心的“松弛”产生了一种感觉：“我们看起来是个刚刚开始学习一切的国家。”（*Media Indonesia* 2002：1）

中心正在瓦解，这一感觉同时创造了各种各样的民间群体，这些群体或松散或紧密地围绕着诸多“低于”和“高于”国家的身份而形成；类似的集群包括阶级、职业、宗教、族裔、政治和道德派别的群体。他们也都因这一感觉而彼此关联起来，即民族-国家不再握有任何保护和统治的力量，充其量来说，政治精英们仅仅保护他们自身的利益不受侵犯而已，而完全不管那些在日益恶化的都市生活现实中自生自灭的民众。在都市贫民的眼里，市政府从来没有帮助过他们，并且可能永远也无法为民众提供解决问题的举措。城市激进分子马尔科·库苏马维加亚（Marco Kusumawijaya）批判了城市漠视民众的福祉，敦促城市贫民创造——如果不是维持的话——他们自己的网络。因为

> 对贫民社群来说，现在该是寻找对他们自身利益有利的解决办法的时候了，而不是期待政府政策来帮助他们。（Harsanto 2002c：8）

在某种意义上，从草根行动主义者组织到专业性结社，这些“社会运动”既因城市中心的“松弛”而被赋权，同时也因此而迷失方向。虽然几乎总是没有成功，但它们能够形成各种网络来迫使市政府提高其对城市社区的服务。

中心的“松弛”激发了雅加达民众的自主行动，创造每个人可以保护她/他自己空间的条件，但通常没有太关注公共性。一些人使用暴力来显示他们的意愿（aspirations）；另外一些人创造和推出他们自己的城市议程。市政府发现他们在小贩们眼里成了无牙老虎，他们也与民间治安团体和城市流氓形成联盟来维持其自身的权威。

比如，苏迪雅梭市长与地方民兵组织如捍卫回教团体联盟（Front Pembela Islam）合作，该组织在 1998 年 5 月骚乱后成立，以抗击“不道德”城市生活（Bertrand 2001）。警察支持这一民兵组织打击被认为是公共场合里的“邪恶的”夫妇，以及支持他们烧毁妓院、赌场和涉嫌卖酒的餐馆。勃兰特（Bertrand 2001）披露苏迪雅梭市长亲自参与到 FPI 领导人会议上，这些领导人积极游说市政府关闭城市红灯区。1998 年以来，众多民兵团体，有的多达数万人，得以成立，以帮助市长处理“麻烦状况”。

利用民兵来“保护”城市这一传统并不新鲜。苏哈托的新秩序就在所谓的“街坊

安全系统”（Siskamling system，一种社区监视系统）下这么干过。这套系统建于20世纪80年代中期，受训于军营民间安保力量，被分配到政府机关单位、酒店、购物广场、工业园区和私人住宅充当私人安保人员。然而，在新秩序期间，为了形成一种依托军管的城市文化，所有这些民兵是由国家控制的。因此，我们在80年代看到了很多“神秘尸体”和“神秘枪手”的例子，这些正是国家所主导的对一些民兵成员和一些被认定为雅加达街上的“犯罪分子”进行刺杀的结果（Barker 1998；Siegel 1998）。

在后苏哈托时代，这一利用民兵来保卫城市和控制地下犯罪的传统得以延续下来。比如，1998年，通过了一项允许警察动员民众来解决平民纠纷的法律（*Suara Pembaharuan* 2002：1）。然而，这里面也存在很大的差异。如今，民兵似乎能够自主行动而不用获得警察的同意。事实上，警察常常除了只能满足民兵的意愿之外，没有别的更好的选择。

与过去的牢牢控制和监控其臣民行为的新秩序国家不同，后苏哈托时代的国家是在公众的众目睽睽之下。在苏迪雅梭当选为雅加达市长5年之后的问责讲话中，他为自己在管理雅加达上的失败所做辩护，其中的确有令他痛苦的事实：

> 多维度的危机，**人民行为中的变化**，以及更少的就业机会，这些都导致了在维持安全与秩序上的困难。（*Jakarta Post* 2002c：2）

对于一个退役的部队中将来说，要相信这一点也是很不容易的：

> 1997年到2002年我当市长的第一个任期期间，雅加达人发起了4 538场针对我的抗议游行……从小规模的到导致社会动乱的群体集会都有。（*Jakarta Post* 2002d：8）

记住国家：英雄雕像、喷泉与国家纪念塔的围栏

市政府在处理“后1998年代”的雅加达“人民行为的变化”上，做出了诸多努力，为了阐明市政府所做的这些努力，我现在要转向苏迪雅梭市长的都市话语。自执政以来，苏迪雅梭市长提出过数次城市设计的动议来处理都市生活品质的危机。这些动议是为恢复城市和国家的权威而复兴民族主义都市主义所做的努力的一部分，他要把这一权威作为实力和影响的基础之一。具体来说，市长利用城市的历史遗迹来提醒民众城市和国家之间的同源关系（affinity）。他利用了把地方与国家联系起来的记忆的符

号。在执政之后，他随即计划在雅加达的每一个街道口树立国家英雄雕塑。这些雕像被安置在以这些国家英雄的名字命名的街道上。按照苏迪雅梭的说法，这一工程的目的，就是要使得公众尊重印尼国家领导人们所做的奋斗。

苏迪雅梭也命令给 60 年代苏加诺所建立的国家纪念塔公园（即 Monas 公园）设立围栏。自从 1997 年金融危机以来，这一首都最大的公园一直被小贩们树起的帐篷给占满了。雅加达副市长阿卜杜勒·卡士非（Abdul Kahfi）说 Monas 公园

> 已经被变成了存储仓库，一个老百姓洗晒衣服和践踏植物的地方。（*Kompas* 2001a：17）

此外，Monas 公园也成了抗议市长和印尼总统而举行街头集会的流行场所，他们的办公室正好对着公园。据报道，苏迪雅梭市长曾经对印尼国家纪念塔发过抱怨和牢骚，“印尼的历史符号现在是废墟一片”（*Kompas* 2001：17），因为在他看来 Monas 公园的管理代表了他领导的政府的威望。为恢复这一威望，苏迪雅梭命令给公园铺上人行道，种上植物，养上鹿，然后把所有这些整个围起来，以“创立秩序并让游客感到舒服”，这样做也是为了减少示威游行和赶走那些过去几年一直占着这一空间的小贩和流浪者（*Kompas* 2002：19）。通过公共卫生办，他还命令在这一区域设置了 550 个垃圾桶，并且命令卫生办一天 24 小时清倒垃圾[14]。为了进一步恢复这一区域，市长还规划了在国家纪念塔的四边树立纪念碑，每一个都象征着国家历史上的一个篇章：古代玛迦帕夷王朝（Majapahit）和室利佛逝王朝（Sriwijaya）的辉煌时代、殖民时期的暴动、独立斗争以及发展的光辉时代。（*Kompas* 2002c：19）

雅加达人，尤其是那些设立了摊棚并遭到驱逐的人群，带着敌意接受了命令。与“后 1998 年代”雅加达的心态一致，他们对此进行了回击。小贩们认识到了“Monas 公园对于城市骄傲的重要意义，以及它应该要整洁有序”，但是他们也认为他们对城市拥有的权利要比国家的荣耀更为重要（*Kampas* 2001b：19）。对“后 1998 年代”的雅加达的小贩们来说，Monas 公园纯粹是一个广阔的开放空间的场所，一个对他们在这个城市讨得生计来说重要的地方。爱国主义是次要的，并且只有居民的福利满足之后才值得去牢记这些。

苏迪雅梭的另一项都市民族主义动议是翻修印尼大酒店（Hotel Indonesia，HI）交通岛的大喷泉，这个喷泉的一部分是以迎宾雕塑（Welcome Statue）为基础的。60 年代，为欢迎亚运会的运动员们来到这个城市，以及“迎接一个公正和繁荣的未来社会”

(Star Weekley 1961：4)，苏加诺总统指示建立了这一迎宾雕塑。印尼大酒店圆环自被建立以来就一直是个热门景点。它在苏哈托政权倒台之后，也成为表达社会与政治不满的场所。苏迪雅梭在 2001 年启动了一项叫作“通过照明设备来建构国家自豪感”（*Kompas* 2001c：18）的项目，部分原因是为了控制这一区域的抗议。他想要看到的是翻新的迎宾雕塑和灯光，从而迎宾雕塑就可以把人民团结起来，并再次为国家而振奋[15]。因此，他指示为喷泉安装新的水泵和数百个喷嘴，（依据印尼红白组合的国旗）让喷泉的喷雾形成红白相间的组合。他还雇佣安保人员周日和公共假日里在这个区域巡逻。在他看来，看官会欣然接受这一工程，因为这一历史遗迹将提醒他/她，雅加达作为国家的中心所拥有的荣耀。

> 有必要保存迎宾雕塑，因为它与这个伟大国家的悠久历史关联在一起。（*Kompas* 2001c：18）

然而，虽然市长和他的拥趸们把这一翻新工程视为对雅加达的形象很重要，从而也对国家的形象很重要，但雅加达的民众却认为这毫无用处，还浪费钱。“市政当局怎么能为这个装饰工程花上这么多的钱（1 400 万卢比）”（Nurbianto 2002：8）。他们觉得这个工程太奢华了，虽然一家私人烟草公司为了换取在 10 个重要位置树立公司广告牌的好处，的确为印尼大酒店地区的翻修出了部分资金。雅加达人认为，雅加达这个城市应该优先搞那些将能解决城市存在的诸多社会问题的项目。一位叫萨丽的下层中产阶级主妇评论道：

> 市长似乎只专注于驱赶那些生活在河堤边上的穷人，而不是为雅加达人办点实事。印尼大酒店喷泉的开发就是市政府只会浪费老百姓的钱的例子。（*Jakarta Post* 2002e：8）

印尼大酒店这项工程，没有产生民族主义精神，而是招来了更多的非议和抗议，并且显露出了政府的社会经济与政治权力的式微。

对井然有序的怀旧：巴达维亚与恢复权威

为了进一步显示“后 1998 年代”雅加达盛行的危机感有多深，以及市政府在恢复秩序和权威上所做的诸多努力，我现在要开始讨论围绕雅加达殖民时代城区的恢复的话语问题。起初，这一规划就意在吸引游客，但是更深的考察就能看出，这是市政府在恢复5月动乱中被摧毁的国家形象上所做的（无意识的）努力。这一规划要比印尼大酒店的翻新、国家纪念塔的整修以及雅加达街道上国家英雄雕塑的树立这些工程都要大得多，而且更为乌托邦。这一规划因包括资金匮乏与居民、投资者和政府方面的政治意愿在内的各种原因，长期无法落实，这一点也很清楚。恢复殖民时期城区这一项目，可以被理解为是一项对旧政权的井然有序向往，以及收回国家权威和城市的影响力的工程。镶嵌在老城城市结构中的这段殖民史，就被用来给后殖民时期的建成环境（built environment）提供一种幻觉上的秩序。

1998年5月骚乱期间老建筑的实体毁坏[16]，1998年之后的社会解体感，以及城市里违法乱纪事件增多，这些都促使建筑师、规划者和市政府重新确立文化保护工程。过去保存建成环境的目的是要吸引外来游客和向年轻一代教育国家的历史，但是当今市政府的目的则与此不同，它认为保存老建筑的目的是要恢复政府的权威。换句话说，市政府认为其权威在于其保存和恢复雅加达旧古迹的能力上。2000年，一位叫Dundu的记者报道说：

> 政府已经许下坚定承诺，要恢复这个城市旧的部分中的遗留建筑，比如老巴达维亚[17]。其目的是要在城市的这一部分中创造出一个漂亮、舒适和干净的地方，这一地方将使其居民受益。（Dundu 2000：1）

2001年，苏迪雅梭市长颁布了一项保存雅加达旧城的政令（SK Gubernur No.106 / 2011），以吸引游客和重新创造出雅加达是一个有秩序的城市形象。对市长来说，这一修复将提升印尼政府在公众和全球游客眼里的权威，而迥异的状况是，大小旧城区域中“嘈杂、忙乱、野蛮和交通拥堵”的环境，“这一地方让政府权威荡然无存”（*Republika* 2001：12）；因而，保存旧城旨在“使该区域免于汽车的嘈杂”以实现一种安宁的环境（*Republika* 2001：12）。历史中的城市多年来被忽略，而如今市长宣布，这一过去的城市，要变成雅加达的未来，以“吸引游客、增加安全、保存老建筑和它们的环境，创造一种艺术和欢乐的环境”（*Suara Karya* 2001：10）。

这一保存雅加达殖民时期城区的规划，是从巽他格拉巴港（Sunda Kelapa harbour）开始的，该港口为帕加加冷（Padjajaran）王朝于15世纪建立，而后分别于1522年和1610年被葡萄牙人和荷兰人占领。从这里开始，保护区将延伸到覆盖132个被视为旧城组成部分的场所。“从荷兰政府那里获得极大的支持”，这一港口“将被修缮一新，以便让它将显得漂亮、可爱和充满激情”（*Harian Buana* 2001：12）。就好像这一旧城将为“后 1998 年代”的这座城市的混乱状况带来一种方向和稳定感。负责巽他格拉巴港修缮的主任马托诺尤沃诺·苏达尔（Martono Yuwono），也是一位资深环保主义者，他强调说：

> 雅加达已经迈入了新的篇章。它现在正通过把四个世纪前荷兰东印度公司建立的旧港口修缮一新，来记住旧时代的荣誉与骄傲。它想要通过把殖民时期的遗迹转化为旅游场所，来恢复这个国家的荣誉。（Yuwono 2002）

在这一“对当下的怀旧”（nostalgia for the present）中，同样很重要的一点就是：在这一混乱和失序——“后 1998 年代”雅加达的标志——的时代，修缮巽他格拉巴港，其所关乎的是城市设计与规划的权威性。苏沃尔（Yuwono）所采取的做法与 1972 年取得过一定成功的做法类似，

> 当时修复了 40 公顷的基础设施，改善道路，铺设人行道，秩序化小贩和垃圾，建设排水系统、公园、街道和交通灯，以及改道交通流、迁移公交车站、重新整理广告牌、种植街道绿化、提供咨询，以及修复和重刷这一区域老建筑的外观，而荷兰市政大厅（Dutch City Hall）正是随着这些突破性进展而得以修复的。（Yuwono 2002）

在 1998 年 5 月动乱中登峰造极拆除过往时代建筑的记忆，政府业已失去了管理城市的权威的感受，以及复原旧巴达维亚的话语，这三者之间从来就是相互关联的。它们都是怀旧式地记住旧政权的井然有序和忘记嘈杂的当下现状的一部分。我这里所要说的就是，保存旧巴达维亚的想法并不纯粹是关乎旅游业的重要性，以及为了国民教育而恢复国家的殖民历史的记忆。而是，它源自于城市精英这一方想要重建正在崩溃中的秩序和权威的渴望，同时也是想象一种清晰的历史图景以重新获得实力和影响力的渴求。

展望：世界之屋、音乐购物广场与遗忘当下

与此同时，以官民利益冲突为标志的这一时期前所未有的无政府状态，也带给中产阶级一种异常的不稳定感。作为一种回应，就有了建立甚至更为强悍的堡垒来抵抗贫民、无法无天者和意外状况的紧迫感。在强调“稳定”的苏哈托政权摇篮中成长的中产阶级，对于这个城市人民行为的变化是最为焦虑的。他们在对这个城市安全状况

倍感焦虑中，在要求更多的警察这一诉求中，表达出了他们的不安全感；而具有讽刺意味的是，后者恰恰也是他们所不信任的[18]。1998年以来，中产阶级报纸《Kompas》，在有关公共安全的议题上投入了大量的关注，包括一系列的炸弹威胁、谋杀、绑架、强奸和抢劫。无论在家还是在街上，雅加达的中产阶级居民，都感觉到极度的不安全。在中产阶级的社交空间购物广场中，都能间或发现爆炸性材料，他们的车辆也常遭小偷光顾，甚至他们大门紧锁的房子也遭到了非法闯入、抢劫和攻击。

为了评估中产阶级对于雅加达的公共安全的崩溃所做的空间性回应（spatial response），对雅加达新城（New Town）和购物广场的当前状况进行评估是恰当的，这两个地方也是从苏哈托政权那里继承而来的最为重要的中产阶级的飞地。带有点乌托邦寓意的新城是逻辑起点，对中产阶级来说，这个地方是抑制他们的不安全感和逃离在雅加达的危险生活的场所。随着1998年之后街头犯罪的日益恶化，建立起了带有明显尖刺的更高围栏，它被当作一种抵挡大门之外意外状况的堡垒。为确保对访客和路人进行控制，建立起了更为严密的治安检查点。在一些大门，门卫要查验访客的身份证。围栏、保安室和安保人员不仅象征着中产阶级的声望，而且也象征着一种恐惧、失落感和强化防御的感触。

"后1998年代"的新城的建筑设计，也表达了一种渴望：想呆在不同时空中的某个其他地方。比如，在保卫森严的Lippo Karawaci这一聚集区，开发商就提供了来自不同时期的各种场所的建筑样式：提供了一些叫作大不列颠花园、波士顿花园、大阪花园和芭堤雅花园的大住宅；除此之外，还有一些较小的、本地化主题的房屋来作为补充，这些房屋暗示着与传说的历史存在关联：比如莱吉安花园、巴达维亚花园、迪波内戈罗花园（Diaponegoro为爪哇王子，他在1825年到1830年代抗击过荷兰统治）以及Parahyangan花园（Parahyangan是印度神话中的神的住所）。这里也有叫做"塔里埃森、森林与橡树公园"的草原式住宅，这种草原式建筑是建筑师弗兰克·劳埃德·赖特（Frank Lloyd Wright）的建筑想象（Brochure of Lippo Karawachi 2002）[19]。

如今，当大多数著名房地产公司把它们在1998年之后所开发的大住宅区纷纷命名为诸如"漫游镇（tour town）"和"漫游传奇"的时候，这就不只是个意外的比喻。仿佛是要消除掉不安全感，雅加达东南部市郊最大的住宅区"Kota Wisata（一个漫游小镇）"，就提供了能够使得人民不需要护照就能周游世界的住宅和购物设施：

逛逛漂亮的印尼、巴黎的珠宝、德国的杰作、浪漫的意大利、日本的传统、美国的精神和中国的壮丽（Brochure of Kota Wisata 2002）。

主题公园的联想与远离国土去周游世界的那种理念紧密相关，主题公园提供的建筑风格提供了跨越国界之外的范围。它们流露出一种旅行以及生活在这个国家和城市之外的感受。2002 年的第一季度，“漫游小镇”就卖出了 200 多套上流的房子（价格接近 5 亿卢比）。这一“最为壮观”的市场表现也促使该公司开发了 6 个更新的地产项目，这些项目围绕着欧美主题进行：“金斯顿、温莎、奥兰多、三番、比弗利山庄和佛罗里达。”（*Properiti Indonesia* 2002：11）

同时，购物广场也变成了居民们所喜爱的空间，这一空间被他们作为一种逃离犯罪猖獗的街道和城市的方法。因此，收费公路也变成了一项重要的交通途径，这一途径把私人住宅区与中心商务区和购物广场连接起来。

> 在从西部回家，沿途的收费公路两边是 Mal Ciputra，Mal Taman Anggrek 和 Slii Jaya Plaza；接着在这条路的前头是 Plaza Senayan 和 Ratu Plaza[20]；从 MH Thamrin 大街上，我们可以看到 Plaza Indonesia 和 Sarinah 两个购物中心。往卡萨布兰卡区（Casablanca），我们可以看到 Mal Ambassador 购物中心。往 Menteng 方向，可以看到 Menteng Plaza 购物广场；再往东去，就是 Senen 区的 Atrium Plaza 购物广场。（Triyanto et al. 2001：11）

除了设计精良外，消费者们还因为它们的“战略性位置（沿着天桥）和舒适的内景”而被吸引到这些购物广场（Triyanto et al. 2001：11）。完全与外边的喧嚣隔离开来，这些购物广场的内景不仅装了充分覆盖的空调，还为全家配备有娱乐和休闲设施。比如，在 Senayan 广场，“在特定的时刻，挂在大厅里的钟就将传出歌声，声音美妙甜美，把消费者们撩拨得振奋起来”（Triyanto et al 2001：12）。

据报道，还有六个购物广场尚在建设之中，“以满足所有人对这些消遣场所的需求”（*Jakarta Post* 2002f：20）。与“漫游小镇”的新城没什么两样，“后 1998 年代”的购物广场也在增进它们环境的安宁与自足自给的舒适。“没有跑去新加坡、香港、美国或者法国买名牌香水、鞋子和名牌服装的必要了”（Triyanto et al. 2001：14）。如果新城给出了出国旅行的希望，可以远离这个国家的时间和空间，那么购物广场就以安全封闭的、保卫森严和充满美景的消费空间，取代了现如今被小贩们塞满的雅加达街道。

人民的生活方式也的确已经改变了。据《雅加达邮报》（*Jakarta Post* 2002f：20）报道，“过去人们在公园或者公共场所中打发空闲时间，现如今蜂拥到分散在城市中的各个购物广场里去了”。在20世纪60、70和80年代，位于印度大酒店圆环的迎宾雕塑、Semanggi立交公路和国家独立纪念塔曾经是雅加达的象征，雅加达的居民过去站在这里留影。如今，普遍的情绪就是：“为啥要去哪里？还不如去购物广场呢！”（Hantoro et al. 2001：72）。不仅购物广场成了这座城市的新的象征，而且在“后1998年代”的雅加达这一背景下，购物广场的中心性也与中产阶级对于雅加达街头日益恶化的街头犯罪的焦虑紧密相关。

结论：新的主体性？

过去，雅加达是国民生活的中心，是一个城市的居民们把自己与国家和他们的政府认同起来的场所。在苏哈托的统治下，通过把威权的官方民族主义与市场资本主义融混起来，以实现产生一种特殊的都市主义，从而沿着“发展”的轨道前进。以这种方式，雅加达曾经把自身打造为一座有实力的城市。在1998年之后，虽然雅加达的人民依然在国家之中定位这座城市，但是他们不再把民族主义作为一种能与他们的都市生活这一现实相容的话语来接受。

我已经在这篇文章里表明，当前雅加达的实力是通过哪些方式使其居民接触到各种城市话语而被生产出来的，这些都市话语是与当前、过去和未来的诸种记忆关联在一起的。我也展示了苏迪雅梭市长在吸收前苏哈托统治的残余时，是如何试图通过动员民族主义都市主义来恢复历史的记忆，从而产生了实力只属于雅加达而非别的地方这一印象。他利用这一形象，是希望雅加达把自身与先前的文化、经济与政治的网络重新关联起来。然而，为了城市的未来而把历史的记忆与当前的现实关联起来，对这一情形所做的尝试，被公共记忆所组成的各种不同的集合所覆盖（overlaid），这些公共记忆卷入了都市居民以及他们的去中心化的（de-centralised）网络。

如今，雅加达人民已经在见证他们与国家之间，以及与他们的政府之间关系上的史无前例的变化。我认为，这是一种源自于对国家进行批判的意识所带来的变化，这一批判意识是过去五年所发生的动荡带来的：集权政府的意识形态的瓦解、资本主义经济危机的冲击、城市贫困的增加、失业的蔓延、腐败文化的加深、普遍的法律无效感、暴力的激增，以及种族冲突的爆发。这些系列性的危机，在那种被想象出来的民族主义的整全与这一城市的生活现实之间插入了一把楔子，从而产生了一种记忆和遗忘的政治，这一政治包括对与旧统治联系在一起的那种井然秩序的怀恋。

这一断裂性时刻为更为负责任的、多元的和民主的都市主义开启了可能性；但是也为一种更为自私自利的、审慎的无法预知的和更为暴力的新的都市政治的形成创造了空间。这一城市已经从国家框架所强加的统一性（uniformity）中解放出来的，但是其他的德性政治（politics of morality）也正在浮现出来。其中一些是排斥性的，并且同样是威权主义的，而其他的一些是更为世界主义的，多元文化主义的与进步主义的。从这一对记忆与遗忘的争夺中，为了取代旧的民族主义都市主义，也可能是为了回到旧的民族主义都市主义，最终将会有一套被选择出来的德性政治浮现出来充当公共生活的规范。

（翻译：李辉　校对：罗小茗）

注释：

[1] 雅加达的中心性源自于印尼第一任总统苏加诺在独立初期的话语，也源自于荷兰殖民时期的城市的历史。中心这一概念也来自传统的爪哇政治模式（polity）（Kusno 2000）。

[2] 在论文中，作者使用了 city 与 urban 这两个概念。按照译者的理解，City 指的是地理概念和行政单位概念上的城市，而 urban 指的是市区，代表人口密度和生活方式意义上的城市。译者在文中将把前者译为“城市”，后者译为“都市”——译者注。

[3] *Kampung* 的音译，义为村庄。作者意谓城市贫民社区——译者注。

[4] 到 2003 年初期，这一城市见证了对非法移民、棚户区住民和街头小贩的全面暴力驱逐。与市政当局的这一炫耀行为形成配合的是：巴厘岛爆炸案后的反恐话语、往亚齐省派遣部队、军人地位在民选政府中的增强，以及担心国家权力分散而进行的政策制定。虽然这些后来的现象对于理解雅加达的节奏（rhythm）是重要的，但是它们不在这篇文章的概念范围之内。

[5] 即伊斯兰新年期间——译者注。

[6] 印尼作家阿伊普·罗西迪（Ajip Rosidi）记得他第一次来雅加达这个城市时的失望。但是他也发现在自己的家乡的村庄找不到慰藉，并最终坦诚，“我爱你雅加达，因为你是我重生的城市”（转引自 Abeyasekere 1987：195）。这一城市的中心性可以在开斋节期间每年数百万人离开雅加达的壮观，以及节后返程高峰中的同样的不可思议的壮观中，看得再清楚不过了。

[7] 掌权之后，市长就面临着非常棘手的政治与管理任务。他必须与众多经济利益和政治意

愿协商，并且因为要支持商业地产商的欲望，还包括大型企业以及包括那些小贩和从乡下来城里务工的大量民众在内的小经营业主们的需要，市长也要处于各种压力之中。然而，从历史上来说，雅加达的市长们从来没有思考过推出连贯性的长期政策，或者没有萧规曹随，延续前任启动的项目。相反，雅加达总是按照现任市长的规划来改变。按照某位政客的看法，“雅加达的城市项目可以按照市长的口味而随意更改”（*Kompas* 2002a：17）。

[8] 针对“底层”的遗风至少可以追溯到阿里·沙迪金（Ali Sadikin）（1966—1975）那里，他把“那些从乡下来的没文化、没技术的廉价劳工、三轮车夫、建筑工、小贩、流浪汉、叫花子和妓女”划为潜在威胁公共秩序的一类人。他们都是属于雅加达人口中百分之六十的穷人那一部分，这些人生活在一个叫甘榜的地方，这一称呼被视为“与这个城市的秩序不再相称，因为这个称呼提醒人们这是一个落后的社会”（Sadikin 1977：160，168，112）。关于印尼诸多城市里的都市贫民生活的历史和故事，可以参见包括 Murray（1991）和 Jellinek（1991）在内的很多人的著作。

[9] 一些异常情况包括 20 世纪 70 年代早期对“缩影中的魅力印尼”即广为人知的“迷你花园”这一工程的大规模抗议。

[10] 虽然据官方估计 2001 年失业率达到 10 万，而城市贫民联盟这一非政府性组织认为，总失业率达到了 40 万人。按照警方数据显示：每周平均发生 21 起武装抢劫案……每周平均有 12 辆轿车和摩托车被盗，平均每周有两起刀伤的命案发生。绝大部分犯罪是发生在公共场所，比如街道、公交车上、公交车站、十字路口和购物广场……爆炸案也时有发生。（*Jakarta Post* 2002：1）

[11] 在这篇文章中，“都市贫民”（urban poor）和“底层”（underclass）这一概念是可以互换使用的。关于诸如“中产阶级”、“底层”这些社会类型的系谱，可以参见 Siegel（1998）。

[12] Wiyogo 市长在 1989 年表明，为何他对于建设更多的人行道没那么大热情的原因之一就是小贩们喜欢占道经营。关于苏哈托统治时期的人行道问题的讨论，可以参见 Kota 杂志上（1989）所做的一期名为“行人”的特刊里的论文。

[13] 目前在司法与人权部登记注册的政党为 200 个（*Jakarta Post* 2002：4）。这一城市也见证了各种各样的人权组织形式，诸如城市贫民联合会、印尼民主教育中心和雅加达居民论坛。一群三轮车夫也在计划组建一个新的政党（Harsanto 2002a：8）。

[14] 在雅加达，公共垃圾桶一直被偷。一位卫生官员这么解释他的策略：“即便它们是用水泥做成的，被深埋到地里了，垃圾桶还是会被偷走。但是将来，我们将计划把它们埋得更深，以便它们再也拿不走。”（Warta Kota 2002）

[15] 这一灯光工程是由通用电气（GE）所制造的，通用给市长打包票说这一灯光工程会让纪念塔看起来绚烂夺目。*Kompas* 报道说，通用还曾经在纽约安装过自由女神像、匈牙利的链桥和在中爪哇安装过巴兰班南古迹（位于印度尼西亚中爪哇，印度尼西亚最大

的印度教建筑——译者注）（*Kompas* 2001c：18）。

［16］ 在这些骚乱中，中国城大约有100栋被建筑师视为很有价值的建筑在2天内遭到纵火并被彻底摧毁。

［17］ Old Batavia，印尼首都和最大商港雅加达的旧名——译者注。

［18］ 中产阶级以各种不同的方式对雅加达的安全问题作出了反应，其中一项就是要求更多的警力保护。"为了打击这些天一直激增的犯罪，雅加达的市民迫切需要警察。我们需要警察出现在敏感的角落里，尤其出现在晚上死寂的街道上，出现在公交车、集市、公交车站和火车站。似乎，当今雅加达没有一寸地方是安全的"（*Kompas* 2002b，18）。但是要求警力保护也遭到了中产阶级的反驳，他们有一种对警察的不信任感，因为在他们看来警察是压榨性和唯利是图的。遭盗窃和抢劫的受害者们一直不愿意向警方报告他们的损失状况，就是为了避免惹来更多麻烦。"报警会招来更多麻烦。最起码来说，在他们展开他们的'调查'之前，我得先给他们'烟钱'。"（Harsanto 2002b：8）

［19］ 类似地，占地2 500公顷的Bukit Sentul以"维多利亚购物广场"、"阿姆斯特丹购物广场"、"卡萨布兰卡花园"、"名古屋花园"这些建筑的聚集为特色，同时也一道还有诸如"Bekasih花园"、"Udayana花园"和"巴厘山庄"这类巴厘岛的地方性名字。Bukit Sentul的促销传单上写道："选择居住在Bukit Sentul真的让我很开心，因为这里每天都是如此漂亮。在这里，生活的动态与和谐完美地平衡，一切都如此令人愉悦。爸爸变得越来越精力旺盛，快乐的小宝贝让我们的日子充满快乐。最为令人印象深刻的一直是Bukit Sentul的设计理念，它是基于一种如同度假村一样的自给自足的小镇理念。不是每一块土地上都盖上了房子，而是让自然的美景来主宰这里。这里充满了具备国际水准的生活福利设施。休闲、教育、购物、运动，一切应有尽有。我从来没有想象过在Bukit Sentul能找到如此这般的舒适，Bukit Sentul真是我的梦想之城，就像'生活在一栋花园别墅'里的日子一样。"（Bukit Sentul的宣传单，2002）

［20］ 这些都是雅加达著名购物广场——译者注。

参考文献：

ABKYASEKERE. S. (1987), *Jakarta: A History*, Singapore: Oxford University Press.

AJIDARMA. S. G. (2002), "Dari Jakarta, Djakarta", *The City Life Magazine*, 21 July, p.19.

BARKER, J. (1998), "State of fear: controlling the criminal contagion in Sujarto's New Order", *Indonesia*, 66 (October), p.7 - 43.

BHRTRAND, R. (2001), "Inhabiting Jakarta: interstitial imaginings in a globalized cityscape", paper presented at the International Networkon Globalization, Tokyo, Rikkyo University, June.

Bisnis Indonesia (1999), "Arsitektur kedaerahan atasi kesenjangan [Regional architecture overcomes social gaps] ", 28 July.

BRESNAN, J. (1999), "The United States, the IMF, and the Indonesian Financial Crisis", in: A. SCHWARTZ and J, PARIS (Eds), *The Politics of Post-Suharto Indonesia*, New York: Council on Foreign Relations Press, p.87 - 112.

DUNDU, P. (2000), "Neraka Kota 'Oud Batavia' [The hell of the Old Batavia] ", *Kompas*, 30 October, p.I.

HANTORO. J. ET AL. (2001), "Tambal sulam symbol kota [Fixing the symbols of the city] ", *Segitiga Emas*, 2 (1), p.72.

Harian Buana (2001), "Wajah Batavia tempo doeloe tersimpan rapih di pelabuhan Sunda Kelapa [The fact of Old Batavia is well kept in the Sunda Kclapa harbour] ", 28 January, p.12.

HARSANTO. D, (2002a), " Pedicab driver plans to establish new party", *Jakarta Post*, 5 August, p.8.

HARSANTO. D, (2002b), "Unreliable police data causes failures in fighting crime", *Jakarta Post*, 29 July. p.8.

HARSANTO. D. (2002C), "Jakarta's poor urged to resolve their own problems", *Jakarta Post*, 14 September, p.8.

HEUKEN. A . (2000), *Historical Sites of Jakarta*, Jakarta: Cipta Loka Caraka.

Jakarta Post (2002a), "Public don't trust leaders", 6 August, p.8.

Jakarta Post (2002b), "Assembly members make me sick", 3 August, p.8.

Jakarta Post (2002c), "Sutiyoso blames public for his failure", 19 July, p.2.

Jakarta Post (2002d) Sutiyoso: most maligned governor?. 11 November, p.8.

Jakarta Post (2002e), "Sutiyoso has failed to perform well", 16 July, p.6.

Jakarta Post (2002f), "Malls offer everything for everyone", 14 July, p.20.

Jakarta Post (2 (X) 2g), "Jakarta, city of unemployed and brave", 23 June, p.1.

Jakarta Post (2002h), "RI strives to find ideal number of parties", 9 September, p.4.

Jakarta Post (2002i), "Capital continues to flow out of RI", 18 September, p.2.

JELLINRK. L. (1991), *The Wheel of Fortune*, Honolulu: Hawaii University Press.

Kompas (2000), "Jakarta mirip kota kaki lima [Jakarta resembles city of vendors] ", 12 June, p.29.

Kompas (2001a), "Monas akan miliki penanggung jawab [Monas will have a guarantor] ", 21 July, p.17.

Kompas (2001b), "Penertiban Monas. Pedagang siap melawan [The keeping order of Monas, traders ready to fight] ", 31 July, p.19.

Kompas (2001c), "Rampung. proyek pcnerangan Monument Selamat Datang [Ready, the project of the lighting of the Welcome Monument] ", 2 July, p.18.

Kompas (200ld), "Warga tak perduli pada dekrit [Citizens don't ...] ", 21 July, p.18.

Kompas (2002a), "Jakarta tidak mempunyai rencana strategis [Jakarta does not have any strategic plan] ", 24 June, p.17.

Kompas (2002b), "Patroli polisi, soal lama yang dilupakan [Police patrol, an old forgotten practice] ", 30 July, p.18.

Kompas (2002c), "Proyek pemugaran Monas senilai 8.7 milyar rupiah di mulai [The project of fencing Monas which costs 8.7 billion rupiahs has begun] ", 25 July, p.19.

Kota (1989), "Pedestrian", Special Issue, 1 (2), March-April.

KUSNO, A. (2000), *Behind the Postcolonial*, London: Routledge.

MATIN, A. (2000), "Bintaro Jaya: Kota taman dan kota toko [Bintaro Jaya: Garden city and the town of shops] ", *Kompas*, 29 March, p.18.

Media Indonesia (2002), "Editorial: Nyanyian nioralitas para politikus [The morality songs of the politicians] ", 16 September, p.I.

MOHAMAD. G. (1994), "City", in: *Sidelines*, trans, by J. LINDSEY, p.28 - 29, South Melbourne: Victoria: Hyland House.

MURRAY, A. (1991), *No Money. No Honey*, Singpaore: Oxford University Press.

NURBIANTO. B. (2002), "HI Circle, between history and reality", *Jakarta Post*, 6 July, p.8.

Properti Indonesia (2002), "Duta Pertiwi mulai unjuk prestasi [Duta Pertiwi has begun to show achievements] ", August, p.11.

Repiihiika (2001), "Kota tua perlu dikembalikan fungsinya [Old city needs to be revitalised] ", 21 May, p.12.

SADIKIN. A . (1977), GHa Jaya: Catatan H. AH Sadikin. Guhernur Keptila Daerah Khusus Ibit Kohl Jakarta. 1966 - 1977. Jakarta: Pemda Khusus Ibu Kota Jakarta.

SiEGEL, J. (1998), *A New Criminal Type in Jakarta*, Durham, NC: Duke University Press.

Star Weekly (1961), "Tugu Selamat Datang memperindah kota [The Welcome Monument beautifies the capital city] ", 9 September, p.4.

Suara Karya (2001), "Cagar budaya menopang wisata [Heritage preservation harnessed tourism] ", 25 April, p.10.

Suara Pemhaharuan (1999), "Belum effektif. penanganan pedagang kaki lima [Still ineffective, the handling of vendors] ". 12 August, p.16.

Suara Pemhaharuan (2002), "Polisi mendukung pengerahan massa [Police supports the mobilisation of masses] ", 31 August, p.1.

TOER, P. A. (1955/1976), "Letter to a friend from the country", reprinted in: H. AVELING (Ed.) *From Surabaya to Armageddon*, p.73, Singapore: Heinemann Books.

TRIYANTO. G. KTAL. (2001), "Pertarungan seru pusat belanja di CBD [Sharp competition of shopping centres in the Central Business District］”，*Segitiga Emas*，2（1），p.11－14.

Warta Kota（2002），550 tempat sampah untuk Monas［550 garbage bins for Monas］，15 August，p.4.

YUWONO. M.（2002），“Restorasi Stadhuis and Jakarta Kota［The restoration of the ‘Stadhuis’ and the old Jakaila］”. Paper presented at The Architecture of the Jakarta Historical Museum. Museum of the History of Jakarta，August.

十年之城：南海互联网发展的公与私[①]

● 邱林川[②]

十多年前，我先后六次到广东南海市调研，其中很多细节至今历历在目。最初我身份是正在写博士论文的一介书生，后来是工信部打招呼要求地方政府接待的社科院调研人员，再后来是香港中文大学的青年教师，而那时我在当地已积累了不少人脉，有政府及事业单位里的领导，更有普通市民和私企小业主，甚至还有当地小有名气的电台主持人帮我主持焦点组讨论。那是我首次独立地在一所陌生的小城开展调研。强烈的好奇心有时令我走对方向，有时也让我迷失在细节之中，见木不见林。幸亏有导师、同事的提点，在分析经验材料时重新消化理论文献，才逐渐看到现象背后的议题与联系，看到个案以外的普遍意义。总之，搜集材料阶段要深入实地，反复考证；分析、写作阶段则要若即若离，且尝试建立普遍联系。这样分阶段的治学之方，恐怕是我从南海项目中得到的最大收获。

* *

城市化，以及以互联网建设为基础的信息传播技术（ICTs）的普及，是当今中国所发生的最深远的变革。自20世纪90年代起，数以百计的新兴城市雨后春笋般地涌现。这些城市的兴起，不仅仅脱胎于农村，还有的诞生于政府行政体系与互联网中。不同于很多文章着眼于大都会的城市化和信息化模式，本文选择的则是广东省的一个小城市：南海。

作为“市”而存在的南海，是源于1992年9月至2003年1月行政单位改革的结果。南海紧邻广州市的西部边沿，在1992年时，还是佛山市下属的一个县。到2003

---

① 本文来源：*Positions* 18：1，Spring 2010.

② 邱林川，香港中文大学新闻传播学院。

年，南海归并成为佛山市所辖一区。根据媒体关注度来看，在南海作为县级市的十年时间里，它所经历的最重要的成就，也是定义了这个城市历史地位的事件，便是由地方政府主持的互联网技术和信息化发展项目。整个战略通过设置一系列国家级和省级的奖项，在媒体上的高姿态曝光，以及得到国家领导人的认可等方式得以实现[1]。南海成为电子政务和公共互联网项目的官方范例。也因此，要承担冠以"典型模式"标签所带来的幸运与挑战。作为一个"模式"，不论从物质还是象征的角度，对于地方政府来说都承载了极强的重要性。但是鉴于"文化大革命"时期的大寨村，以及 80 年代和 90 年代大邱庄的兴起与衰落，成为所谓"模式"，也同样是一种诅咒。它会使地方社区的政治经济结构发生扭曲，将管理当中的压力强调出来[2]。

同时，不同于官方认为信息化光荣的典型，另一个版本的南海存在于本地居民日常生活的感知和实践中。2002 年 6 月至 2005 年 4 月间，通过五次田野调查，四次焦点小组，以及几十次访谈，我发现，很多本地人对于互联网项目的态度是冷淡的。人们怀疑他们的个人生活是否能够从新兴科技中获益。人们冷漠，因为他们知道这并不仅是一件关于科技的项目。政治控制下的互联网潮流，其首要目的是用来提升城市形象。也正因此，大多数南海居民对当地重要的行政管理的腐败丑闻并不惊讶[3]。相反，这些丑闻却震惊了很多电子政务分析家，因为这些人通常只通过官方渠道才能了解南海。

本文试图通过公共与私人领域的关系，去理解两个版本截然不同的南海如何共存。所涉及的具体议题包括国家政策财产所有权、社会发展以及本地居民日常生活。尽管在抽象层面，公共领域的概念（比如公共利益）很清楚地区别于私人领域（比如私有财产和个人生活），但这些概念的具体定义却因为政策话语建构而有所不同，就像在这篇文章中所要讲到的当地环境和地方历史等。在西方和中国社会，对于公共与私人的理解也有很大区别。即便在中国，公私定义也随着时间空间发生改变。在南海市，"公共"最初包括不同级别的集体，如农业县及其下辖的区、乡和村庄。然而，在信息化实践中，城市领导重新定义了"公共"的规模，让它等同于仅由城市管理系统所掌控的大规模项目。同时，"私人"被认为是小规模的、陈旧的、在政治方面制造困难的，由个人实施的项目；即使这些概念在普通干部，地方企业家，及一般南海市民的眼里并不能这么解释。这篇文章的主要任务是在摆脱预先设置的关于公私间关系定义的同时，对"公"与"私"两个核心概念的建构、谈判、争夺的过程，也包括对该过程导致的冲突和结果进行调查。

在 20 世纪 90 年代到 21 世纪最初几年，南海在互联网建设的成就，使得它从中国其他小城市（居民人口规模在一两百万间）中脱颖而出[4]。从这个角度讲，南海可被看做一个极为典型的案例，其研究价值应该从以下三个方面去了解。首先，信息城市的概念（信息市）在城市化和全球化当中对中国城市有广泛影响。至2005年7月，中国城市中有183个提出计划要成为现代化国际大都市，南海市就是其中之一[5]。在国际化城市建设热潮中的最典型症状就是不合实际的互联网项目。南海不仅反映了对信息化广泛传播的着迷，还发展成了别人争相模仿的发展模式[6]。

第二，南海市信息通信技术的发展，其背后有着政治经济结构的推动。这个结构在将近十年的时间里对南海信息技术发展有着重要的控制性影响。这种影响带来可预期和未预料到的结果，都是地方决策在面对大规模投资项目时的表现。此类项目遍及全国各地，不论是包括交通和通讯系统在内的基础设施建设，或是主题公园和购物中心的建设。其典型模式是地方政府作为决策中心，特别是市级和县级政府。接下来，由行政体系中更高或更低层级的利益相关者进行对接。地方政府一边运用大型项目聚集权力和资源，一边对现存的地方公共与私人所有权结构进行重组。尽管互联网导致权力去中心化的看法十分流行，但在南海的案例中，在市政府控制下，信息通信技术政策的制定实际上是更加集中了权力的运行。

第三点，也是最有趣的一点，南海自80年代以来为人所知，是因为它在当年的农村工业化过程中去中心化的结构，以及由此在土地和财产所有权方面的改革[7]。和其他大多数小城市相比，南海的地方社区非常富裕，并且拥有很强的私有产权意识。这样，针对公共与私有关系的重组，就直接变成了在信息化和工业化进程中，关于财产所有权以及决策制定之间的对抗和争夺。

以上三点所展现的南海政府行为模式是很典型的华南及东南沿海富裕城市地方政府的行为模式，“官僚企业家”网络在地方利益结构中深深嵌入，并位于结构的顶端[8]。所以，在记录具体的电子政务政策以及南海总体的互联网发展状况的同时，本文目的在于从一个历史的和批判的角度，沿着公共与私有边界的讨论，对改革开放时代的所有权与管理进行分析。“建立信息城市”战略，是如何从南海现有的社会和经济结构中形成的？为什么大规模的“公共”产权对南海极为重要？由市政府界定的关于“公共”的模糊定义，为什么在地方官员、企业家，以及对信息通信技术有着社会性别误解的一般居民私领域日常实践中，有如此严重的分歧？当代中国城市通过基础设施建设、权力动态及空间转型重构。通过南海的案例，我们可以了解到什么更加普遍的规律？

农村工业化模式的危机和遗产

1949年以前，南海自然条件优厚，农业生产发达，是珠江三角洲最富裕的地方之一。自宋朝开始，南海就因产出丝绸等高价值商品而广为人知[9]。它是中国南方的商业中心，连接着东南亚、美洲、欧洲的商贸往来和人口迁徙。

直至改革开放初期，农业和渔业仍旧占据了南海地方土地使用的大半，并提供了大部分的就业[10]。该地区的自然优势以及效益突出的第一产业，成为其现代化、工业化、信息化的物质基础。传统的家庭和宗族网络，通常带有海外亲属关系，在地区经济和生意运营中保留了中心地位，其特点就是资本和信息日益频繁的流动。

然而在改革开放，政策上反对商业贸易和移民。南海的私营领域受到了打击，城市基础设施匮乏。乔治·林（George Lin）认为："在改革前期的南海，经历了一段异常低水平的城市化阶段。在改革之前，南海没有一个县城。四分之一从事非农事业的人口，主要集中在农村集镇。直到1990年，才有集镇桂城作为县首府出现。"[11]

和这种欠发达的背景相反，改革开放时代的南海很快成为广东省最富裕的县，并成为农村工业化的典型模式[12]。这与1980年代乡镇企业（TVEs）的出现有着密切联系。当时在全国兴起了三种农村工业化的模式，其中两种：一是江苏的苏南模式，致力于优先发展集体所有的产业；二是浙江的温州模式，强调私有部门。第三种模式就是南海的混合所有制，其运行可以概括为"五个轮子一起转"。意思是，为了最大化增长，在五个层面同时并重发展：县，乡，区，村，以及个人[13]。这样的混合所有制安排，通常被当作南海经济模式的主要内容。然而，这样的解释忽视了南海在工商业方面的遗产，以及其地理位置的优势，特别是这样的地理优势利于海外华人介入。这些因素使得不同级别的社会领导者在整合社会和经济资源时，用到其他地方所不可能使用的方法，即"南海模式"在很大程度上是不可复制的。

实际上，除了在修辞上的吸引力，很少有证据表明五个层级能够均衡发展且"同时旋转"。事实上，公共与私有的差别一直很难定义。实际操作中下级权力被赋予更多自治权。农村工业化在空间和行政管理层级之间是不平衡的。空间上，不同产业不均匀地分布在不同村镇。1991年，在创立南海市之前的一年，当地多半的工业产出来自村或村以下单位。[14]来自南海乡镇企业局（Nanhai Bureau of TVEs）的信息说明，南海工业仍然小规模缩小，在1991年，平均每个企业雇佣22名雇员。然而，数量庞大的小型商业实体联合在一起，其产量是十分可观的。南海的20个乡中的11个在1993年的年总收入超过十亿；242个区中的38个的总收入超过一亿。[15]在这样的经济结构中，县政府（1992年之后变为南海市市政府）的影响力相对于乡、区和村级单位，是十分有限的。

尽管南海的集体企业和私有企业在“市场需求的敏感度和适应性上”有所贡献[16]，但小规模经济为当地领导层造成了政治上的困扰。根本问题在于，它背离了南海模式中农村工业化要使得公共与私有部门同时有所增长的现实倾向。尽管那时候南海没有和更加集体化指向的苏南模式发生正面交手，它也仍然有着提升地方企业规模的压力。尤其因为在与南海毗连的县级市顺德，其乡镇企业已经积累了巨大的资本并且有了相当大的规模。[17]

于是，南海在80年代和90年代的早期被称为“小资产者的天堂”，因此经常受到严厉批评，特别是在1989年之后。[18]我在2002年的采访中发现，一旦提到那一段艰难时期，地方官员还是历历在目。他们回忆说，那段时间，来自南海的地方干部，都不敢在省级会议当中坐在第一排，生怕遭到指责。他们还记得，一些来自毗邻城市的官员态度非常不友好，当他们接到南海市长的名片时，会把名片扔在地上，以示不屑。

南海能够通过什么方式解决在农村工业化过程中的分散化模式所带来的危机呢？它怎样做才能建设一个大型经济从而可以被称为“社会主义者”呢？这些问题是南海领导班子在1992年全国人大批准其城市地位后所面临的，而非邓小平南巡之后的巧合。省级的保守势力能够得以收敛，是得益于中央政府改革力量的支持，不过这只能持续有限的一段时间。这个城市需要自身努力。要求很明确：提升本地企业规模，建立更多城市基础设施，使得地方的所有权体系更加向“公共”的结构去集中。这些就是南海市信息革命前夜的政治背景。

“一把手工程”

尽管信息通信技术的建设是南海作为市级单位十年间最突出的成就，但是在建市之初的官方文件中，高科技并非当年努力的重心所在。当时的规划文件显示，不论是市级政府，还是乡级权力机构，都没有对信息通信技术领域显出特别的重视。最初的城市规划是非常传统的，按照农业、工业，以及第三产业的顺序依次进行。唯一和信息通信技术相关的指标就是电话密度，具体来讲就是100户人家拥有3.7条电话线。这在 1992 年的中国已经是远远超过全国平均水平的，但是在南海，这样的供给能力仍旧远远落后于当地对于信息通信技术的需求水平。[19]

不过，到了 1995 年，官方报纸和内部文件突然开始宣传“以信息化推动现代化”。这是一个宏伟的愿景，同时还配合以一系列的制度性措施。市信息化委员会在 1996 年成立，与此同时，由南海科技局、电信局、有线电视运营商联合创建的南海信息网络股份有限公司也于同年成立。1996 年 10 月，该市第一个窄带互联网基础设施，即南海综合信息网投入运行。1997 年，一条新的光纤骨干网接入市政府及其所下辖的所有乡级政府和区级政府，以及部分村委会。到 1998 年底，市领导班子发起了“信息城市”建设，并将其列为施政的首要内容，并在同年，指定了二十平方公里的土地作为南海软件科技园。

从经济角度去看，那时决定建设“信息城市”还属于比较奇异的想法。就南海市的信息化平均水平而言，三十个南海居民才分享一条电话线。居民平均受教育水平也相对较低。当时政府文件显示，经济发展的主要瓶颈之一是缺乏技术人员以满足当地农业和制造业需求。[20]然而，鉴于南海当时的政治环境，以及 1990 年代中期“信息高速公路”的政策话语，地方政府决定放弃南海工业化模式，并以一个新的基于互联网的模式取而代之，以求与国家及全球层面的信息化话语保持同步。

以“中心化”的信息化模式替代“去中心化”的农村工业化模式，需要在行政体系内部建立正当性，并有相关结构性因素的配合。一方面，对科技的力量要有深刻的信仰。和全国的干部们一样，南海市官员高度认可“高科技代表最先进生产力”的说法。于是，信息化战略就成了升级地方经济的代名词。尤其在南海这种底层集中的工业化模式中，由互联网建设所带来的大规模投资与协调被认为是更加有效和政治正确的选择。

另一方面，除了对于高科技的信念以外，依靠富裕的地方经济产生充足的财政收入，使南海市在客观上有能力调动很多资源。中国在垂直空间的行政体系改革，使得地方财政有了更多的自主决定权。[21]南海的发展还得益于它和高层政府，比如国家科技部以及广东省级各政府部门的联系中获益。这些部门通过提供优惠政策、技术和资金支持，参与到南海的互联网建设项目中。

最关键的影响因素还是来自地方政府内部。因为，虽然互联网被认为能够将公共利益传递到每一个人，但实际利益分布却非常不均衡。市政府最终成为最大受益人，因为该项目巩固了市政府曾经分散在乡和村等较低行政层级的权力。市政府的中心领导是邓耀华，他于1991年成为县长，1993年任市长，1998年任市委书记。作为“信息书记”，邓的个人魅力以及才华，让他能够集中包括地方社区、银行以及海外投资者在内的多方资源。[22]在我的采访以及官方媒体的报道中，邓耀华在南海信息通讯技术发展中的关键作用被当地官员反复地提到。例如，一个高级别的地方干部回忆说：“早在20世纪80年代，我们的邓书记在省党校就已经开始学习信息理论、控制理论，以及系统理论……后来到了90年代中期，正是因为他，我们才意识到，不同于传统的农业和制造业，信息技术产业和互联网可以作为机遇，成为新的经济发展模式。”

以“我们的邓书记”作为领导，南海市开始了信息化战略的全面宣传。对技术的恐惧在低级官员中是很大的障碍，特别是对于享受传统的信息垄断好处的年长的官员。在党和国家的官僚体系中，一些组织机制的建立，就是为了确保自上至下的政策实施。因此，信息化战略的本质更多是在于权力的重新分配，其核心是“一把手工程”。这要求所有层级所有部门的“一把手”要在互联网建设的宣传中积极主动。不光是领导，还有其他关键的干部们也必须把信息化放在所有事情的前面。具体来说，南海市要求所有高级干部“大会讲、小会讲、天天讲”，时刻宣传信息化战略。市长办公室、市委，以及信息化委员会联合建立了一个考核程序，对所有政府单位的互联网应用情况每半年进行一次评估。乡级或区级单位在信息通信技术建设的表现，将与其从市级政府所能获得的优惠政策、贷款，以及投资挂钩。[23]

在这个改制过程中有一种现象出现：最富裕的乡比相对贫困的乡在信息化建设方面步伐更慢。较富裕的下级政府对拥抱科技的态度相对犹豫，它们要么不理解，要么就是怕可能带来的权力损失。市政府的补贴对于它们来说也没有吸引力。贫穷的乡镇和地区拥有较少的既得利益，于是更加积极部署互联网建设，也就能够从市级政府获得更多支持。[24]

不用说，互联网基础设施的建设，以及网络应用的传播，刺激了南海的经济增长。[25]但我们不得不考虑，这样“跨越式”的影响和传播，源自于市级和下级政府之间的权力博弈，它是一个权力巩固的过程。然而，“一把手工程”到底多有效呢？它的问题和局限在哪里？我们必须细想市级和省级以及国家级权力间复杂的关联，因为信息化的政治目标必须是在较大的层级关系中定义的。在这个结构中，有些因素促进信息化，有些则阻碍信息化。

南海市通过提供土地、劳力、财政资源，以及将地方社区作为实验室的方式，寻求和上级专业行政单位建立联系。通过这种方式，南海市不仅获得了小规模的研究基金，更重要的是，从北京和广州等大城市转移来了高科技人才。最重要的战略是南海的“模式”称号，这不仅增加了城市的媒体曝光度，更重要的是增加了城市的社会资本，使得城市领导层有能力进行资源调动。在1996年至2001年间，南海从广东省政府获得了至少八个称号，包括国际计算机网络建设实验市（1996），国家电子政务应用示范工程（2001），广东省经济交易信息化实验市（1999）。到2001年底，南海市已经建立了连接所有政府机构和252个村级行政单位的光纤网络，实现了“村村通光纤，户户可上网”的目标。对于城市互联网建设的报道也出现在重要的媒体刊物上，包括《人民日报》、《新华文摘》和《光明日报》。江泽民和朱镕基来到南海视察信息化的实验，并且在2001年底，邓耀华被邀请到中南海，在信息化领导小组的重要会议做报告。[26]

尽管来自更高部门的认可是必不可少的，但是，来自上层的介入同样威胁着南海互联网项目的延续。在1997年由广东省委宣传部发起的一项批评运动，对南海当地的互联网实践产生了最严重的挑战。这里争论的焦点在于，这个城市的信息基础设施综合网络由谁拥有？对于邓耀华和他的同事来说，结论是显而易见的：应该是南海的一把手。所以，他们成立了南海信息网络股份有限公司，由邓耀华的追随者把控的市科技局主要负责，邮电局和有线电视运营商协助负责。

1996年，南海信息网络股份有限公司开始对传输系统的结合进行实验，也就是电话、电视，以及互联网结合为单一宽带电缆。这个被称为“三电共网”和“一网多库”的项目颇有争议，在1997年受到了来自省级宣传部门保守派的攻击。宣传部门意识到，如果这个实验成功，他们将失去对市级有线电视系统的控制，并且，原本很可能对互联网和电话服务进行控制的潜在可能也将丧失。于是省级的广电系统和纸媒开始指责南海“试图淡化有线电视网络的领导作用，从而稀释党的领导作用”。批评者立即将南海的“新错误”与其固有的印象“小资产者的天堂”联系起来。这为南海带来巨大的压力，直到广东省政府和广东省委宣传部门领导进行谈判并达成妥协：停止实验，以换取媒体停止攻击。自那以后，南海再没有进一步的行动去统一基础设施，特别是触及到有线电视系统。南海领导的目标成为“三网融合”，以承认上述所有网络的独立性为前提。[27]

在南海的互联网建设中，网络所有权的利益冲突是唯一没有办法解决的问题，因为这件事情将会牵扯到省委的权威。不过，更重要的原因是，南海在媒体当中，以及地方官员的集体记忆中，留下了重要痕迹。当然，在南海市和较小规模的集体单位之间有更多的冲突被压制和遗忘了。这样的所有权冲突引出一个重要问题：什么是公共？

被更高一级权力所控制就必然意味着更多的公共性吗？还是说公共是一个理想中的概念，只存在于对权力利益的划分和个体化当中？

私的胜利：生活实践与争议

尽管南海的计划是提升公共基础设施建设以及提升地方经济规模，但事实上，在“一把手工程”实施过程中，充满着个人利益、对信息通信技术实际的理解（或误读），以及农村工业化模式中小规模经营的实践。从地方官员、企业，以及居民的日常实践和话语可看到，与科技带来现代化正好相反，伴随着公共基础设施建立而有所增长的，实际上是个人利益。人们甚至可以认为，宏伟的现代化叙事，其实是变相的个人利益追求，以及长期社会文化结构的延续。

对于南海互联网发展最不利的因素是，该市未能遏制官员腐败。南海的信息化战略主要是通过建立电子政务工程提升政府形象，创建一个“公正、透明、清廉、高效”的行政体系。[28]在我 2002 年 7 月的访问中，市政府结算部门的官员向我展示了他们最新的计算机网络应用，一个将城市所有公共服务提供者，如图书馆和幼儿园等，实时集中会计服务的信息系统。一个市委高官指着这套系统说：“这是在我们自己头上进行的革命。它迫使我们所有人在花政府钱的时候要小心。不过，我们十分愿意推进这个应用，因为它能够使得领导层掌握财政流动，并且加强预算规划。它可以防止管理中的问题，并且能够对反腐斗争提供最有效的技术保障。”

讽刺地是，过了不到两年，华光案在 2003 年曝光，牵扯到很多南海市官员，包括市财政局“一把手”也被捕入狱。这是中国有记录以来最严重的一起财政丑闻，诈骗金额惊人，包括七十多亿元银行贷款以及十多亿元国有资产。[29]华光被称为“民企航母”，曾获得省级“样板”企业的奖励。华光是 1990 年建立起来的乡镇企业，由冯明昌管理。后来，在一些市级官员意图扩大地方私有企业规模的支持下，冯明昌获得了该企业的全部所有权。这家公司将南海的资金引向海外，特别是香港，大部分投资因亚洲金融危机无法调回。很多财政局的重要官员直接受到牵连，还有国土资源局的干部，以及房地产管理办公室，他们提供假文件，帮助冯明昌获得银行贷款。出于领导责任，并且因为另一项腐败案的调查，在 2005 年 1 月，邓耀华被剥夺职位并开除党籍。[30]华光案的发生正赶上电子政务建设时期，特别是在 1999 年信息化工程开始后，该丑闻曝光后影响恶劣。

同时，尽管通过大规模投资和体制内措施对信息化有所促进，然而，互联网在居民日常生活中的影响力是有限的。2002年，在我组织的南海主要城市中心区桂城的焦点小组中，当地互联网用户表示，南海市的信息化建设对他们上网几乎没有帮助。“现在我们正在建一座信息城市，但是，为什么和别的地方比起来，我们的上网费用却没有更便宜？如果是政府真的想要鼓励我们上网，这就是他们应该做的。”在十一名包括男性和女性在内的互联网用户的访问中，只有三个人访问过当地政府的网站。总体来讲，尽管人们同意信息通信技术在抽象层面可以带来好处，但他们并不能给出具体案例来显示日常生活到底因此发生了怎样的变化。

从女性受访者的对话中看出，性别方面的误解十分明显，特别是在非互联网用户的女性中，她们认为技术是男人的事情。这并不是巧合，因为从一开始，中国互联网公共空间就是被建立为男性气质的。不论是在家庭主妇当中，还是在初中生的教育当中，男性对技术的掌控都已经被内化。“它不是给像我们这样的人的，”一个中年家庭主妇说，“我不知道可以去哪里学习那些东西。我知道得越少，我就会越担心我的孩子上网。”即便是十几岁、刚高中毕业的女生，都不再使用互联网。因为在信息技术产业中，正如她们当中的一个所说：“这不可能让女生找到工作。”另一位年轻女士说：“网络是男生们玩的。”尽管南海市要求所有学生从三年级起修“信息课”，这门课只涉及到技术层面的话题。该课程并没有挑战到传统的性别刻板印象。这种观念不仅在私人领域继续存在，而且在公共机构，例如学校，还在不断复制。

农村地区似乎被更严重地排除在外。整体上缺乏社会参与，导致当地政府的网站缺乏维护或只是偶尔更新。2002年7月一个官方的评估透露，在南海的电子政务网站当中，只有三分之一有频繁的内容更新，另外三分之一有极少数的更新，或者仍然陈列着1998年的信息。表明“一把手工程”投入巨大但成效有限。

除了纯粹的消极怠工外，南海官场缺乏改变也源于自上而下的政策过程。公共领域的大部分成员没有权力，一个危险的犬儒主义怪圈便逐步形成。2002年6月，我和一个市科技局低级职员交谈。科技局是南海互联网工程背后的核心机构。她站在和其他两位同事共享的一间办公室中，显得心不在焉，说道：“作为信息化的一个案例，南海不再有任何价值。”她声音中冷漠的平静显示了城市下层行政体系对“一把手工程”的否定。

在更广的层面上，集中化的政策结构妨碍了“新经济”在各个层级的公私关系中有机发展。如果说南海农村工业化“五个轮子一起转”的模式类似于一个更加平衡的增长模式，那么，信息化革命的逻辑，则是希望重拾脆弱的旧政治模式的碎片。为此，南海市集中了它所有的资源去建设大规模网络基础设施。然而，从一开始，没有政府关系的小型信息通信技术企业就被边缘化，结果是民间信息化没有得到发展。南海信息化中几乎所有投资都给了和政府拥有紧密关系的大型网络公司，而不是以涓涓细流的形式流向小型企业。

这个问题在网吧的案例上十分明显。在南海，对网吧的规模要求非常高。年轻一代以及将近 65 万农民工拥有极少的娱乐选择。这个城市的企业家有着充足的资金在网吧行业蓄势待发。这对于年轻女孩的“下网”的现象也可以是一个非常有效的解决方案。然而，1997 年在发放了一些网吧经营许可证之后，南海市从 1998 年至 2001 年，停止了许可证的更新。这使得当地的网吧变成“非法”产业，以致破产。我曾经访问过的一个网吧老板说，他在将近四十岁的年纪，无法收回大部分投资，损失了二十万元。另一个二十多岁的网吧老板，十分相信互联网的市场有一个光明的未来。在 2002 年这个城市恢复发放网吧许可证的时候，他开了第二家“信天游”网吧。然而，除了第一次尝试所带来的经济损失之外，他还要负担这三年来的另一个不利因素。因为当地的消费者已经形成了去附近城市佛山网吧上网的习惯。当我 2005 年回到南海的时候，他的第二家网吧也已经消失了。

边缘化非政府企业所带来的另外一个意想不到的结果就是，南海的半地下经济，我称为“垃圾全球化”，即翻新海外旧电脑和电子器件。[31]这个地下产业是否被算在 2001 年当地“信息产业”的六十亿元地方国内生产总值当中并不清楚。但是，据调查性新闻报道，以及 2002 年 6 月中央电视台“东方时空”一期特别节目的显示，废弃电脑在南海拥有一个大型的生产和营销网络。[32]该现象颠覆了人们关于科技和现代化传统的观念：当地人民用互联网显示的图片，购买电子垃圾。电子垃圾通常来自美国或日本，每吨售价一万元。当订单到达南海，它们便被农民工接手。他们将垃圾中能用的部分重新组装成著名品牌的电脑。这样的二手设备随后便被卖掉。通常情况下，一台台式机售价 300 元，一台笔记本电脑售价 1 000 元。四个村落组合起来的集群，就有上千家商店售卖这样的电脑。到 2002 年，这个地下市场已经有近 10 年的历史了。

垃圾的全球化可以从很多个角度入手分析。本研究分析角度的中心问题是城市不承认其传统强势的私有经济，以及“农村工业化”中产生的集体企业在乡村的力量。然而，在抑制小规模企业的同时，“一把手”没能够驾驭互联网技术并在法律体系之上探索新的市场机会。所以，当非法的网吧出现在城市中的时候，垃圾电脑工厂也雨后春笋般地出现在了农村，他们都是源于同样的“被排斥”的结构。当我向官员问及垃圾电脑时，他们毫不犹豫地指向农民工人群，就好像那些村落并不拥有土地，当地居民，也就是供应商们、管理者们，以及经销商们，没有从中获取利益一样。毕竟这是一项每个人都不愿意提及，却又是信息通信技术领域里赚大钱的项目。

国家行为，政策话语，技术社会意义的破碎

我们可以从南海信息化的案例中得到什么一般性的启示呢？对这个问题的回答，有依赖于对于国家行为的分析，因为市政府在重建公共和私人领域起到了核心的作用。总体而言，政府利用间接的和官僚的资源，在省级，国家级，以及国际间创造了集中的效果，以作用于南海的政治经济结构。设计这些措施，是用来提升地方经济的经营规模，同时将权力从较低级的行政层级转移至市级。然而，这个过程导致了意想不到的后果，特别是技术社会意义（techno-social meaning）的破碎。但是，在南海市政策和行为的背后是一套什么样的总体模式？这和我们在中国其他地方认识到的政府行为相比，有怎样的相似和不同？

首先，我们已经看到，除了这个城市在努力地提升大规模“公共”项目并与此同时压制小规模“私人”模式的发展以外，公共与私人之间的区别是非常难以界定和保持的。这并不是一个新的发现，而是与众所周知的“地方国家集团主义”和“官僚企业家”一致。这样的模式可以一直追溯到中国南方农村和小城市制造业的兴起。[33]将中国和之前东欧社会主义国家相比，丁学良提出概念“结构性双栖”以说明“人格中的不确定性和个体机构的功能及其边界”。[34]在南海，用来表现双栖过程的是地方政府同时在公共和私人领域的经营。正是政府行为这种双重性的本质，而不是所宣称的“公共”目的，解释了既作为一个行政实体，又作为一个政治理想的书记邓耀华，以及伴随其产生的一个城市的兴衰。

这个谜题的中心在于关系，在全球化研究中，通常被认为是作用在国家格局与全球格局接合点的问题，比如“规模重构（re-scaling）”的问题。[35]然而，在中国，卡洛琳·卡地亚坚持认为，行政管理体系的等级空间格局，既不是中立的，也不是自然形成的；相反，它是“多重历史条件、实践，以及事件所共同产生的结果”。[36]在这个意义上说，南海互联网的建设，从这个城市意图提升本地企业规模，到将此意图投射在互联网作为全球经济平台，再到它的和省级、国家级权力之间的联系与冲突，就是进

入这个复杂等级关系的一个切入点。

因此，南海从一个农村县级单位升级成城市，只是该地多方面层级关系变化的催化剂之一。就根本的结构而言，经济全球化为国家转型奠定基调，从而催生了南海新的出口指向型经济，其结果就是对信息通信技术的强烈要求。地方政府自主性的水平，对于南海的改革有着至关重要的作用。这样的自主性来自改革开放和政治体系中的权力下放，在信息化之前就发生了，并在农村工业化过程中被制度化。科技基础设施的建设，在空间上进一步延伸了全球连接的逻辑，为新的商机创造并强化了国际间联系。但是它也改变了前一时期“五个轮子”的所有权结构，制造了更多滥权的机会，正如华光案滥用资金和土地所显示的那样。然而，根据苏珊·怀特、苏虹和陈锦荣的论述，由于中国行政体系的改革所带来的结构性刺激，类似行为在中国的财政管理和土地资源管理中正在变得普遍。[37]

在这个研究中，有一个关于政策话语作用的有趣的观察。目前为止，这是一个关于地方政府行为的观察，从理论上还没有充分阐释：地方政府的行为，不仅以政治经济结构为基础，还会超越其等级。所谓政策话语，我指的是在这个案例中，在文化领域通过对国家目标、社会价值，以及地方认同的叙述而结晶出技术社会意义的内容。这绝不是一个静止的过程。政策话语通常是动态的，包括对等级关系的重组。它在对政策中的某部分进行清晰完整表达的同时，也对其他方面进行压制。正如南海案例中所显示的，它可以制造一个看上去统一的“公共”系统，而事实上则断裂成无数“私人”的实践和话语。这并不是新生事物，或者说，其根源可以在长久以来公开和隐蔽的分裂中找到，即地方政府的政治文化。然而，城市化和技术变迁都可以对权力进行重组，比如，把权力从“五个轮子”移交到市领导手中。于是，对科技社会意义的阐释在实际操作中充满了矛盾与紧张。

我们可从四个层面对南海信息化政策话语进行清晰的分析解读。首先是在行政等级中对南海的重新定位，带来的对这个城市象征性的建造。“放大县级尺度”在中国是一种普遍做法，遵循改革时期“撤县改市”的政策，给予地方政府更多自主权。[38]在行政体系改革的文件中没有被完全强调的是，就像在更大背景下对政策进行重新解释一样，互联网项目可能更像是一个关于地方权力、经济资源，以及基础设施重组的项目。在南海，尽管表面上的实践在这个层面由政府官员通过对信息化的拥护所实现，政策话语的产生实际上来自省和国家层面对于地区和全球动态的回应。

第二，如果没有邓耀华的个人神话，以及对南海未来光辉的描述，“一把手工程”

原本可能没有很大影响力。在互联网用户典型“发叔”的案例上，也能体现这个道理。发叔55岁，是一位只有小学教育水平，在村委会工作的会计。因为他对新技术的快速适应，他经常在公共会议和地方出版物上受到赞扬。当时地方政策的话语如此论述：“如果发叔可以做到，年轻人就没有借口不使用互联网。”这就是“一把手”们“大会讲、小会讲、天天讲”反复重申的话语。[39]这样象征性的实践被认为是仪式化，理所应当，并且在各层政府中不断复制。然而，因为这些政策话语具有严重的自上而下和排他性的建构特征，他们并不被低层官员及普通居民所信服。

当第一和第二层话语的实践各自专注于这个城市对外和对内的表达过程时，第三个层次则关注前两个层次之间的联系。这个层面包括象征性的表达方式，用来创造一个将普遍的新经济，全球化，甚至社会主义本地化的版本。这样的政策话语通过一种制度化的叙述来建立，在观察者看来是一种高度杂糅的表达。它对于被采访者来说往往不是问题，然而这样的事实，则反映了这个环境下破碎的意义和经验。在《南海内参》中的一个例子可以体现这样的混杂模式。1999年12月，在信息化战略的高峰时期，由南海市委政策研究室出版的内参如此写道：

> 我市结构性的问题在工业生产中已经完全暴露。首先，很少有大规模企业或是著名品牌。我市已经在陶瓷、纺织，以及铝制品的国内和国际市场获得重要份额。然而，我们只有有限的竞争优势，因为我们大部分的工厂规模很小。“只有星星，没有月亮。”第二，大多数非公有企业对科技的依赖很小。短期行为在这些企业中占据优势，它们往往是管理不善的劳动力密集型企业。往往是污染严重，信息化过程缓慢，只提供低质产品的企业。它们无法适应在未来市场发展中的需求。[40]

从这段话中明显看到，有多种不同的主张被放到一起支持信息化战略。从过时的工业化，到对经济规模的争论（主要是对大规模企业的支持），从对升级本地就业结构的需求，到限制污染和促进可持续发展的必要性。信息通信技术能够培育小型独立企业或草根民众活动的可能性，根本没有在这个官方概念中出现。相反，它将信息化直接等同于企业规模的提升。

这里还混淆了社会主义话语和全球资本主义，使得对于“小资产阶级天堂”的批评似乎确有道理。2002年7月，也就是在南海失去它市级地位之前不久，邓书记的一位高级秘书清楚地阐释道：“就我的理解，社会主义有两个本质。一个是世界大同，另一个是资源共享。这也是信息化的意义。我们建立连接每个人的网络，所以我们可以分享……社会主义是好的社会系统，但是它需要好的技术支持。这就是为什么东欧失败了，因为他们不知道信息技术的秘密。”

然而，当我与低级官员以及普通居民对谈的时候，上述这种对社会主义的混合式理解是不存在的，也许因为这离实际生活经历太遥远。尽管普世价值在精英阶层可能很容易被合成，并以一种热烈的方式在较低社会阶层得到拥护。这样的拥护可能通过很多种方式来表达，可能是冷漠的，犬儒的，但唯独听不到反对。

和对大型“公共”发展的宣传性叙述形成鲜明对立，对于私有企业，比如网吧合法性的话语却难觅踪影。在私领域的行动者，以及普通民众，当然想表达他们的经验与关切。然而，一旦与官方话语无法达成一致，在日常实践领域的表达便“难以启齿”。权力精英垄断当地社会，沉默切断联系，结果虚伪占了上风。这便导致围绕着信息化的技术社会意义体系分崩离析。

在南海模式以外

这篇文章调查了南海市地方信息化革命的起源、演变、衰落，以及与之相伴的公私轨迹的问题，还有随之而来的社会政治文化影响。

从很多方面看，南海的案例可作为用来理解当代中国城市化和信息通信技术发展的一个模式。首先，南海市互联网建设被视为其他城市竞相模仿的榜样，这在全国范围内带来了科技和基础设施建设的势头。第二，这还是一个关于权力从低层政府、小型企业集中到市级政府、大型企业并巩固的案例。从这个角度讲，南海的信息化模式，是一系列关于公与私之间关系的动态模式，核心指向在于对地方政治经济的升级。这在中国的“升级城市”中是很常见的。第三，通过“一把手工程”进行的重组过程，在地方政府和社会产生了分裂的效果。这是大规模城市发展战略带来的一个严重后果。该“模式”将公共作为的地方权力向精英私人利益扩张的伪装，并且作为排斥小型信息通信技术企业、大部分当地居民，以及政府雇员的手段。结果是科技社会意义在文化领域，变成了断裂的系统：花言巧语从社会现实中脱离，公共中全无私人，官方信仰与日常生活实践被剥离。

南海的案例重申了在地方史框架下所形成政策话语的重要性，所以南海模式具有更深远的意义。南海市为何如此痴迷于信息化，大规模“公共”基础设施，以及权力的集中？我们可以从南海市政治欲望中找到答案，即通过追求可被认可的国家以及全球标准，来宣布自己的合法性。也可从地方领导人的需求解答，即在其支持下创造新的创收部门。但这中间最核心的问题在于一个奇怪的政治逻辑，它镶嵌在南海农村工业化模式的危机当中，而互联网战略则是被设计来应对这场危机的。只有在考虑到当地历史的这个层面，特别是对南海"小资产阶级天堂"的指控，我们才可完全明白，为什么信息通信技术的政策话语，在南海官员当中具有如此大的影响力，以及为什么大规模"公共"项目对他们意义重大。

然而，南海的两个模式，农村工业化模式和信息化模式，真的就那么不同？在一个更高的层面进行概括，我们可以将这两个模式概括为城市化在同一个历史时期的两个阶段。尽管钟摆在公与私之间不停摇摆，但是对现代化的追求是始终如一的。同样，地方政府"双栖"的作用，即促进经济的同时重新分配权力，在引进新技术的同时促进社会变革。所有这一切同时发生。人们甚至可以把这样的国家行为概念化为以往时代的延续。因为，即使南海不再屈服于高压政策，但它还是会自告奋勇地贯彻完成省里或国家的项目。因为这个城市能够继续这个项目的能力，是基于上层给予的支持，就如同南海市和省级宣传部门冲突中所显示的那样。因此，表彰政治取代了高压政治，但是地方政府与高层权力之间的关系的基础仍旧保持不变。恰恰是该城市结构中权力等级制度的增强，导致从互联网建设的政策话语中将当地社会的大部分内容排除在外。这样一来，科技社会的意义在文化领域的崩塌，反映并导致了日常生活从该城市信息化中的剥离。南海，一个曾经中国最未来主义的城市，却被降级到了过去。

（翻译：刘杰尘　校对：邱林川）

注释：

[1] Jack Linchuan Qiu, "A Model of E-government: A Case Study of Nanhai," in *Approaching the Internet in Small Chinese Cities*, ed. Guo Liang, Beijing: Chinese Academy of Social Sciences, 2003, 1-19.

[2] 孙启泰、熊志勇，大寨红旗的升起与坠落，郑州：河南人民出版社，1994；Lin Nan, "Local Market Socialism," *Theory and Society* 24 (1995): 301-54; Bruce Gilley, *Model Rebels*, Berkeley: University of California Press, 2001.

[3] 李其谚、潘晓虹，"肇庆市长因74亿元骗贷巨案去职"，《财经》，2004年9月10日。

[4] 2002年，南海市有110万注册的常住人口和65万移民，数据来自南海统计局。
[5] “建设部长斥形象工程”，《明报》，2005年7月24日。
[6] 国家媒体对于南海市信息通讯技术成就的密集报道，主要集中在1990年代后期和2001年之间。那段时间，有很多人来南海拜访并对其信息技术工程进行学习。
[7] George Lin, *Red Capitalism in South China*, Vancouver: University of British Columbia Press, 1997.
[8] Jean Oi, “The Role of the Local State in China's Transitional Economy,” *China Quarterly*, 1995, No.144: 1132 - 50; Hsing You-tien, *Making Capitalism in China*, Oxford: Oxford University Press, 1998.
[9] 陈烈等，《南海市社会经济发展研究与规划》，广州：广东地图出版社，1993。
[10] 同上。
[11] Lin, *Red Capitalism*, 128.
[12] 赵瑞彰，“南海模式”（“The Nanhai model”），《广东四小虎》，王光振、张炳申、赵瑞彰编辑，广州：广东高等教育出版社，1991，第138—196页。
[13] Lin, *Red Capitalism*, 137.
[14] 同上，140.
[15] 陈烈等，《南海市社会经济发展研究与规划》。
[16] Lin, *Red Capitalism*, 140。
[17] 顺德的美的家电就是这种企业的一个例子。
[18] 袁卫东，《无为的政府》，《南风窗》，2011年12月，第18—22页。
[19] 陈烈等，《南海市社会经济发展研究与规划》，第105页。
[20] 同上，第118—119页。
[21] Christine P.W. Wong, ed., *Financing Local Government in the People's Republic of China*, Hong Kong: Oxford University Press, 1997.
[22] 采访地方官员，2002年7月和2005年3月；当地居民的焦点小组，2002年7月。
[23] 采访南海市官员，2002年8月。
[24] 我对南海市和下属区的官员的采访显示，在1996年和2001年之间，平均每年，市政府分配了500万元到重点工程，以满足对低层行政人员的需求。
[25] Qiu, “Model of E-government,” 5 - 6, 9 - 11。
[26] 同上。
[27] 对官员的采访，2002年7月和2005年5月。
[28] Jack Linchuan Qiu and Nina Hachigian, *A New Long March: E-government in China*, Paris: OECD, 2004, 4.
[29] 李其谚、潘晓虹，《肇庆市长因74亿元骗贷巨案去职》。
[30] 刘炳路，《广东省原省委候补委员邓耀华赌博受查处》，《新京报》，2005年1月29日。

[31] Qiu，“Model of E-government，” 17。

[32] “南海洋垃圾何时休”，《经济日报》，1998 年 8 月 19 日；“一万元一吨：二手电脑原是洋垃圾”，《北京青年报》，2002 年 6 月 25 日。

[33] Oi，“Role of the Local State”；Hsing，*Making Capitalism in China*.

[34] Ding Xueliang，“Institutional Amphibiousness and the Transition from Communism：The Case of China，” *British Journal of Political Science*，1994，24（3）：293－318.

[35] Neil Brenner，“Beyond State-Centrism?” *Theory and Society* 28（1999）：39－78；Becky Mansfield，“Beyond Rescaling，” *Progress in Human Geography*，2005，29（4）：458－73.

[36] Carolyn Cartier，“City-Space，” in *Restructuring the Chinese City*，ed. Laurence Ma and Fulong Wu，London：Routledge，2005，29.

[37] SusanWhiting，*Power and Wealth in Rural China*，Cambridge：Cambridge University Press，2001；苏虹、陈锦荣，《土地征用与地方政府的行为》，香港：浸会大学中国城市与区域研究中心，2005.

[38] Carolyn Cartier，*Globalizing South China*，Oxford：Blackwell，2001，25。

[39] 采访地方官员，2002 年 7 月。并参见 Qiu，“Model of E-government，” 3－9。

[40] *Nanhai Internal Reference*，Nanhai City CCP Committee Policy Analysis Division，December 7，1999，12（144）：8.

八 工与农

劳工移植：东亚的跨国劳动力流动和“点对点”式的全球化

当代中国第二代农民工的身份认同、情感与集体行动

以农之名：台湾战后农运的历史考察（节选）

劳工移植：东亚的跨国劳动力流动和“点对点”式的全球化[①]

●项　飙[②]

20世纪末期，中国东北地区的出国劳务突然猛增，引起国际社会和学界的关注。当时正值东北地区大量下岗、黑社会势力猖獗、所谓“东北虎”（犯罪团伙）纷纷南下。国际社会则担心东北会成为非法移民和人口走私的一个新基地。总之，东北的出国热是和混乱、失序联系在一起的。而当我在2004年去辽宁调查时，看到的却是劳工外流的高度有序化和所受的严格管治。控制不单来自政府部门，而是政府和商业性的劳务中介形成某种管治联盟。因此这种流动的有序化也意味着更高的中介费用。

初草于2006年的这篇文章希望梳理这些具体的管理手段，从而揭示在跨国流动大幅增加的情况下，新的管理秩序是怎么形成的。十年后，这个议题的现实性可能更强了。中国政府于2016年加入国际移民组织（IOM），就是强化“流动性秩序”的努力之一。亚洲许多国家在近年就国际人口流动颁布了越来越细化的管理条例。他们在探索如何在不抑制流动性的前提下加强控制。这可以看作是亚洲国家在全球化背景下调整国家管理体系的一个试验场。

把这个新秩序的来龙去脉和社会后果搞清楚，我觉得是一个紧要任务。在这点上，这篇文章可能和关于全球化的人类学和文化研究的主流文献相左。和我们对中国东北社会的想象一样，1990年代以来的西方学术讨论多关注流动如何跨越（同时也超越）了各种边界，个人如何发挥出空前的能动性，以民族-国家为核心的秩序如何受到挑战。似乎一切都难以被结构化和制度化。但我在实地调查中看到，权力的日常运行固然变得越来越精细、弥散，但是

---

① 本文来源：《开放时代》2011年第5期。

② 项飚，英国牛津大学人类学院。

在这个系统中谁受益谁埋单，是很清楚的。如果我们不去努力发现权力运行的新的结构性特征，我们很难开展有的放矢的社会批判和社会行动。本文从实务操作的角度对“新流动性秩序”做了分析，另一篇文章（“Return and the Reordering of Transnational Mobility in Asia”，in *Return: Nationalizing Transnational Mobility in Asia*. Xiang Biao，Brenda Yeoh and Mika Toyota eds. Duke University Press. 2013：1－20）则侧重于意识形态和历史回顾，两篇或可作为姊妹篇来读。

* *

有关全球化和跨国主义的研究，通常聚焦于自发的、横向的、不断扩张、超越民族国家的“流动”和“联系”。但是越来越多的研究也开始关注流动性和联系性是如何受国家力量作用和制约的。本文将这两个看似对立的立场结合起来，分析全球化和跨国主义的一个具体案例，即中国向日本、韩国和新加坡的劳务输出过程，从而对目前的全球化和亚洲区域化形成新的理解。中国向这三个国家的劳务输出，是亚洲日益紧密的区域化的一部分，但是与通常意义上的“流动”不同的是，东亚的劳工输出是一个“劳工移植”的过程：劳工在家乡被“拔出”，直接移植入在海外严格划定和控制的岗位、工作场所和生活空间。劳工移植本身并不是新现象，但是在目前全球化的背景下，跨国劳工移植有其新的成因、新的表现模式和新的社会后果。本文要特别指出，造成当前劳工移植现象的，是国际资本主义中的两个结构性矛盾：一是资本的上向集中和劳务的下向外包之间的矛盾；二是劳工管理的分散化或碎片化和对移民控制的集中化（即对移民的控制是中央政府的独有权力，而且现在全球的普遍趋势是移民控制越来越严格，越来越集中）之间的矛盾。这两个矛盾导致了早期通行的大规模劳工移植和集中营式管理政策（比如韩国在20世纪70年代向中东的劳务输出）难以奏效，政府被迫开发新的政策工具，以实现对劳动力个体的流动进行直接的控制。这样，“微观移植”是现阶段“劳工移植”的核心特征。

“劳工移植”意味着跨国之间的流动和联系确实在不断增强和扩大，但是全球化的实际过程并不像水银泄地，由点及面，自发扩散，逐步覆盖全球。在东亚，跨国之间的劳务流动和联系是在主权国家的严格控制下展开的，局限于由政府开辟的特别通道，在劳务输出国，不是所有人都可以随时进入这个通道；到了输入国，劳动的大部分甚至是绝大部分的生活和社会关系也被局限在这个通道之内，而不能和本地社会发生有机的、不断深化的关系；等到合同到期，劳工必须按时回国。跨国之间的通道确实超越了国界，流动频繁，但是它们并没有扩散效应，不能在大范围上形成新的社会生活形态。采用詹姆斯·费格森（Ferguson）在对非洲石油经济的研究时所用的一个词，我们可以把这一模式称为“点对点”式的区域化和全球化。在这个意义上，新的全球性流动和联系，与旧的以民族国家主权为中心的世界秩序得到了和解，甚至彼此互相强化。

近年来，中国的劳务输出在数量上获得了长足发展。2004 年底，约有 60 万中国人在境外执行超过 1 年的就业合同，是 1990 年（58 000 人）的 10 倍多（中国承包商会 2004；中国劳动部国际交流中心 2005）。其中东北三省的发展特别引人注目。东北三省从未有往外迁移（包括境内迁移）的传统，但是在 90 年代末期一跃成为主要的劳务输出地。例如，传统上旅日华侨来自东南省份（如福建省），但是在 2003 年，东北三省的移民占了旅日华侨的 1/3。根据我的访谈数据，东北人占了在韩国的中国劳工中的绝大多数，在新加坡也大抵如此。在我所调查的辽宁省，2004 年有 3 万人通过官方渠道前往境外就业，占当年全国劳务输出的第二位（中国承包商会 2004：14；中国劳动部国际交流中心 2005）。

就输入国而言，日本、韩国和新加坡是中国劳务输出的前三大目的地。截至 2004 年 11 月，在日本登记注册的中国工人约有 10 万、新加坡 8 万、韩国 4.7 万。在日、韩非技术和半熟练外籍工人中，中国工人比例最高，分别是近 70%和超过 40%，在新加坡中国工人人数位居前四位，可能仅次于马来西亚工人，位居第二（中国承包商会 2004：16－17，40－48）。本文所依赖的资料，是对此三国的文献数据和本人在新加坡、中国东北实地调查材料的综合。

一、概述：国家主导、市场驱动和混合模式

日本、韩国和新加坡代表了 3 种不同的外籍劳工管理模式。在日本，国家是主导力量。日本至今拒绝接收非技术外国劳工，而采用所谓的“边门”政策，以产业研修生名义引进劳工。产业研修生在表面上是一个国际援助项目，帮助第三世界国家培训工人，从而和劳工移民区别开来，避免日本社会特别是工会组织的监督。大部分中国东北劳工以研修生身份去日本务工。1992 年至 2003 年间共有来自 14 个国家 60 万研修生赴日工作，其中中国人占了一半（日本法务省数据，引自 Tsuda 2005：41）。[1]按照该

政策规定，研修生第一年不算作雇员，每月领取6万日元（约合500美元或人民币4 000多元，按2000年前后汇率推算，下同）的津贴，不受劳动法保护。劳工与雇主没有雇用合同，但是雇主或雇主协会与劳务输出机构（中国的招聘中介或者劳务输出机构）签订协议，因此劳务输出与输入被界定为两个公司间的贸易合作关系，而不是劳资之间的雇佣关系。如果研修生在第一年末通过日语和工作技能测试，研修第二年可成为技术实习生。技术实习生与雇员同等待遇，每月工资约为12万日元（约合人民币9 000元）。技术实习生合同最长两年。直接监管研修生制度的是日本国际培训合作组织（Japan International Training Cooperation Organization，简称JITCO），该组织由日本政府5个行政部门（法务省、外务省、经济产业省、厚生劳动省、国土交通省）在1991年联合成立，代表政府的公共机构。除日本国际合作组织之外，其他几个非盈利公共组织（但不能是雇佣机构）也可以与中国的中介机构签订引进劳工的双边协议。在中国东北，申请人要向中介缴纳人民币2万元至6万元不等前往日本务工，去另一些国家的价位通常更高些。

韩国于1993年引进日本的研修生制度招收外劳。我所调查的辽宁的中介机构普遍认为韩国的工作条件比日本差，但劳工能挣得更多。在韩国的研修生1个月可挣64万韩元[2]（约合640美元或人民币5 500元），相当于普通工人工资的20%—25%，但是时间长了之后1个月能挣100万韩元（按2005年的数据）。技术类研修生3年合同下来，能挣人民币20万左右。在韩国负责执行研修生制度的是韩国国际培训合作集团（Korea International Training Cooperation Corps，简称KITCO）。该组织成立于1994年，是韩国中小企业联合会（Korea Federation of Small and Medium Business，简称KFSB）的子机构。与日本的JITCO不同的是，KFSB不是政府组织，而是代表雇主利益的商业机构，但实际上，KFSB比JITCO扮演更多的政府管理者角色。KFSB指定与之合作的中国中介机构，在2005年KFSB在中国的合作机构是10家大型国企，全部是有直接和外方签约权的“国际公司”。这些机构接收劳务输出申请，进行初步遴选之后将入选者名单交给KFSB，由KFSB确定最终名单，将劳工指派给雇佣公司。在整个招聘过程中，工人或中国中介见不到甚至无从了解雇用公司的情况。劳务合同不能续签，劳工3年合同期满后必须离境。尽管严格规定，但是从政府角度看，韩国的研修生制度与日本的相比，在控制程度上还是差强人意。比如，2004年初在韩国有63%的产业研修生到期滞留不归（中国承包商会劳务部 2004：60），而在日本2000年是5.6%。在日本，1997年至2001年，中国滞留研修生只占所有滞留外籍人员的1%多（JITCO 2001：

107），2004 年这个比例为 2%（Tsuda 2005：40）。

经过多年的争论，韩国议会于 2003 年决定以雇用许可制代替研修生制，并于 2004 年 8 月开始实行。在雇用许可制度下，外籍劳工与本国员工享受同等劳工待遇，包括组织工会权、罢工权和最低工资要求。然而直到 2007 年韩国和中国政府才签署谅解备忘录，将雇用许可制适用于中国劳工。我所调查的大部分中介认为，雇用许可制不大可能从根本上改变目前的招工模式。

与日本和韩国外籍劳工政策不同，新加坡的政策在经济上更为自由。[3]只要本国雇主能够证明他们需要外国劳工，同时不超过政府规定的“外劳顶限”（dependency ceiling，即公司雇用的外籍劳工与本地工人的比例）、外国劳工的国籍符合政府的规定（某些国家的劳工只能从事某些行业的工作，比如中国国籍的女性不得从事家庭服务业），外国劳工就能进入新加坡。在具体管理中，新加坡不是靠公共机构来规范市场，而是由私营招聘公司负责。2007 年新加坡共有 1 618 家持证中介从事外籍劳工招募（Singapore Ministry of Manpower 2007）；在“凯丽检索”（Kellysearch，一个专门介绍网络产品及服务的互联网检索引擎）能找到的在东南亚注册的人力招聘公司中，75%在新加坡。[4]对于弹丸之地的这个岛国来说，这些数字相当惊人，因为号称世界知名购物天堂的新加坡，在 2004 年只有 250 家百货店和超市、1 400 家食品饮料烟草零售店（Singapore Department of Statistics 2006：19）。由此可见新加坡劳动力市场的活跃程度（很多招聘中介公司也是为整个东南亚地区服务的）。新加坡政府禁止雇用公司直接从中国招募工人，他们必须通过人力部指定，并由中国驻新加坡大使馆认可的招聘中介进行招工（2007 年这样的公司有 50 个）。与日本和韩国注重输入前筛选把关的政策不同，新加坡对劳工准入相对宽松，但在输入后进行管理，特别强调对雇用机构和中介机构的严格规定。雇用和中介机构必须为每位外籍劳工缴纳 5 000 新元（约 2 500 美元或人民币 22 000 元）的安全保证金，必须确保工人不违反政府法律法规。这样的管理方式相对成功，非法滞留现象非常少。在新加坡的中国劳工每月平均工资 550 新元，加班费可达 1 000 新元。劳务合同通常为两年，可续签 1 年。在东北，去新加坡的中介费为 55 000—75 000 元，因而对劳工来说，前往新加坡打工最容易成行，但是经济效益最低。

在这三国的外籍劳工移植现象中，日本的政策是政府主导型，新加坡是市场驱动型，韩国介于两者之间，代表的是混合型治理模式。但是三个国家政策目标和执行结果有很大的共同性。中介机构——不管是日本的公共机构，还是韩国的商业行会，亦或是新加坡的商业公司——在形塑劳务输入的过程中扮演着关键角色。下文将探讨相异政策背景下中介机构的形成和功能，特别是为什么它们在劳工移植中扮演了直接的关键角色。

二、 劳务-资本相关性的弱化

劳工移植的现象本身并不新，从1932年开始一直到第二次世界大战结束，日本政府有计划、有组织地将日本农民和朝鲜半岛的居民迁至中国东北开发农业，即所谓日本“农业移民”。[5]在战后亚洲新兴国家的国家建设时期，劳工移植的组织化甚至更强了，从60年代至80年代，东亚的劳工移植主要和大型建设工程联系在一起，特别是建筑和基础设施发展项目。这些大规模、集体性移居、集中性居住的劳工移植模式基于两个相关条件：一是资本与劳动力的直接关系，即大规模的资本雇用大规模的劳动力；二是国内经济与国际经济的明显分野：对输出国而言，劳务输出和国内经济几乎完全没有关系，在输入国，那些大型项目通常由中央政府或者世界发展机构投资，其实和当地社会很少发生关系。然而90年代初，当中国人开始大规模以个体行为赴日本、韩国和新加坡务工的时候，这两个条件都发生了改变。

当前近30%的海外中国劳工受雇于建筑业，建筑业是劳务-资本关系变化的典型例子。[6]首先，建筑产业对资本密集度的要求大幅度提高。在70年代，当集体性的项目劳务流动是劳工移植的主要方式时，一般项目合同价值极少超过1亿美元，80年代合成建设（即承建单位不再只是建设一栋楼或者一条路，而是建设整个港口和工业区等）成为主流模式，一个合同价值超过10亿美元很常见。与此同时，建筑合同平均利润却由70年代的20%下降至80年代的不足10%（张鸽盛 1999：93－94），90年代至今只有7%（邢厚媛 2005：8）。这意味着只有那些资本雄厚的超大型企业能在市场上赢利。同时，由于其他的种种因素——比如发展中国家对基础设施发展的需求旺盛但财力不足而不能自主投资、国家设施的民营化、公共项目的政府和非政府机构合作日渐流行，以及国际资本把基础设施项目当作它在全球化投机中的一个稳定器（因为基础设施建设周期长、利润率可预见性强）的意图——基础设施项目中的建设、投资和长期管理的一体化成为主流模式。基础设施项目中的承包商，不仅仅承建项目，而且越来越身兼融资者、经营者和管理者的角色，承包商带资进入，工程完成后，承包商对工程进行商业性经营以收回投资，然后再将项目转让给当地政府经营管理。这种一体化的工程一般采取3种具体合作模式：建设—经营—转让（BOT）、建设—经营—拥有—转让（BOOT）、设计—采购—施工（EPC）。一位中国产业评论人士预测BOT模式在21世纪中期将占到全球合同项目的60%（邢厚媛2005：10；另见王守清［2004］对印尼和泰国的市场分析）。鉴于对这一趋势的预测，国务院还在1999年特别颁布了优惠政策以鼓励中国公司进入BOT市场（邢厚媛2005：10）。

在大型企业的资本越来越密集化的同时，它们的劳工管理事务却逐步下移。大公司将主要精力集中在融资、设计和项目管理上，而把劳动密集型的任务（如土木建筑本身）转包给小公司，小公司又靠中介机构招募劳工、组织建筑队，中介机构则向劳务输出地的偏远地区寻募务工人员，由此形成劳工的招募——管理链。比如中国建筑总公司是目前中国最大的建设公司，也是第一个向海外派遣商业合同劳务的公司。它在70年代末靠当劳务供应商，向海外大型公司输送自己的员工而进入国际市场，现在它能够独立竞标承揽国际上的业务，却不再靠自己的员工完成劳动密集型的工作，而是依赖一批国内的小建筑公司提供劳务。这些小公司数目众多，为了便于管理，中国建筑总公司把这些分成四级，逐级发包。因此，资本与劳务之间的直接联系在弱化：掌握资本的不愿意看到劳工，直接管理劳工的不掌握资本，雇佣关系不再发生在劳与资双边之间，而是嵌入到由多个主体形成的一系列复杂的关系之中。

随着国际上的建筑行业内部的资本与劳务联系不断弱化，中国的劳务输出也经历了行业上的转变。根据查道炯（Zha 2002：137）对中国相关政府官员的采访，90年代以来中国建筑工程公司在日本承包项目的难度越来越大，结果通过工程合同向日本的劳务输出的比重大幅下降。2003年，吉林省共输出劳动力14 700人，其中只有12%与工程项目有关（杨云母2005：51），越来越多的劳工进入其他的3－D工种（隆国强1995：167）。在日本和韩国，中国移民主要受雇于农业、食品生产和小型家具生产；在新加坡的中国移民则主要从事后勤、小生产和零售业。这三国的服务业，如小餐馆和零售店也雇用了不少中国劳工。也就是说，在建筑业内劳工和大资本的关系越来越不直接，在建筑业以外，跨国劳工主要受零散的、小型的、地方的资本所雇用。

随着跨国劳务和大型资本的关系弱化，国内经济和国际经济的分界线也变得模糊不清。日本早期规划只有从事国际贸易的公司才可雇用研修生，但是很快发现这不符合现实。最需要外籍劳工的机构并不是国际投资商或出口商，而是偏远地区的低端下游小企业。日本和韩国现在都规定研修生制度主要服务于中小型企业。日本在1990年修订《移民控制与难民承认法案》，正式引进“研修生”签证类别，作为缓解小企业

（特别是无法独自引进外籍劳工的企业）面临的劳工荒（《日经新闻》1991年1月19日，第22页，转引自Zha 2002：141）。韩国政府规定，少于300名雇员的公司才有资格雇用外籍研修生。

这些发展趋势使资本、劳务和国家管理之间的关系复杂化。外国资本和外国劳务不再有明确的对应关系，它们不再以工程项目为基础、以明晰的合同为依托，同向、同时流动，经济全球化已经影响到经济体的每一个层次。日本、韩国和新加坡的小企业虽然完全立足本土，但面临来自世界特别是中国加工业的激烈竞争，对它们来说引进中国劳工乃是他们在与中国出口商品竞争中求生存的为数不多的可行途径之一。受雇于这些企业，外籍劳工的工作地点高度分散，政府很难将他们集中起来，更不用说把他们封闭起来管理。这样外籍劳工渗入到社会的每个部分，不仅动摇了内部和外部经济之间的分界线，还潜在地模糊了经济与社会之间的分界线。因而原来针对合同项目劳工的兵团式管理不再奏效，政府必须将外籍劳工管理个体化。这样的“微观移植”需要一系列的管理技术上的创新。下文将阐述实现这种新型劳工移植的两个核心政策：区别对待和明确定位。

三、微观移植

将移民分类、区别对待，是世界各国通行的政策。大部分国家都把移民人为地分成三六九等，分别发放不同类别的签证、许可和其他证件；对移民而言，手持哪一类证件几乎决定了其身份和在输入国的基本的工作和生活方式。分类的标准世界各国也大同小异，在本文所涉三国，技能和收入水平是主要标准，族裔身份也相当重要。韩国特别欢迎海外韩裔劳工，日本鼓励海外日裔尤其是巴西和秘鲁籍日裔回归，这些同种族后裔虽然其正式身份也是外国人，但他们相比其他劳工能享受特殊优惠的政策待遇。把族裔身份（先天而来的、“传统的”）和教育水平（后天获得的、“现代的”）几乎等量齐观，是一个有意思的现象。把传统主义式的对肤色血缘的强调，和新自由主义对技能、“人力资本”的兴趣相结合，说明了目前的全球化是一个具有高度选择性、偏向性的过程，而其选择性背后的逻辑不是单一的，而是复杂的，甚至是互相矛盾的。

区别分类的结果是，一些移民能得到更人道的待遇。那些教育水平和血缘族性都“不对”的劳工无权携带家属同赴目的国，无权与居住地公民结婚，无权自找工作、无权定居。对输入国政府所欢迎的移民来说，法律责任是以否定的形式来定义的，也就是无罪推论：在证明有罪之前你是无辜的；然而对非技术工人来说，法律是以肯定式来定义的，也就是有罪推论：你必须竭尽全力满足政策要求，并将自己限定在法定的窄小区域内，否则你就有罪。分类区别对待劳工，划定了哪些劳工应该被严格移植进来，特别是在合同到期时要移植回去，从而提供了微观移植的政策基础。

四、“自由工等于黑工”

对非技术劳工，接收国采取“恰逢其时”（just-in-time）[7]且“正中其点”（to-the-point）的输入。劳工进入之前就必须界定清楚他（她）要何时到达、何时离开、雇主的所有情况、工作细节、住宿情况。要做到这样精准的移植，笼统的劳务迁移政策显然是不够的；因具体产业不同而不同的细化政策就很有必要。政策规定哪些产业向外籍劳工开放，进而制定每个产业内部对外籍劳工管理的详细规则。马丁（Martin 2006）将这种从注重宏观上统一调控的政策向以具体产业为基础分化控制的微观政策的转变比喻为从散弹枪向步枪的策略转变。日本JITCO在1999年颁布的产业名单中，有55个工种类别的研修生允许升级为技术实习生，其名单对“工种类别”的定义非常详细，比如男装制造、帆布产品制造、棉布缝制，等等。韩国政府每年给有资格聘用外籍劳工的行业分配定量指标。新加坡大部分行业对外籍劳工开放，但特定族裔的非技术工人只能在特定行业务工，比如只有马来西亚、韩国、中国香港、中国澳门和中国台湾等地的劳工可以从事服务行业，中国大陆劳工可以从事建筑、制造和海洋产业，以及部分服务行业。

区别对待政策和行业具体化微观管理制造了无数的“盒子”，移民劳工被安排进这些“盒子”，每个“盒子”采用不同规定。表1显示了新加坡如何通过这些复杂的政策框框管理外籍劳工。

表1　新加坡外籍劳工管理政策框架

行　业	外籍劳工的最高比例（DC）	外籍劳工类别	雇主为聘用外劳而向政府交纳的人头税（新元）	
			月	日
制造业	占总劳动力的40%	技术工	150	5
		非技术工	240	8

（续表）

行　业	外籍劳工的最高比例（DC）	外籍劳工类别	雇主为聘用外劳而向政府交纳的人头税（新元）	
			月	日
制造业	占总劳动力的 40%至 50%	技术工	150	5
		非技术工	280	10
	占总劳动力的 50%至 60%	技术工/非技术工	450	15
建筑业	本地全职工人与外籍工人 1∶5	技术工	150	5
		熟练工（除 MYE 外）	300	10
		非技术工	470	16
海洋产业	本地全职工人与外籍工人 1∶3	技术工	150	5
		非技术工	295	10
加工业	本地全职工人与外籍工人 1∶5	技术工	150	5
		熟练工（除 MYE 外）	300	10
		非技术工	300	10
服务业	占总劳动力的 30%	技术工	150	5
		非技术工	240	8
	占总劳动力的 30%至 35%	技术工/非技术工	280	10
	占总劳动力的 35%至 45%	技术工/非技术工	450	15
港口行业	本地全职工人与外籍工人 1∶9 海员（持 MPA 港口行业执照）数×2 最低限额适用	持照海员	150	5
		非持照海员	240	8
家政行业	NA	NA	295/200	10/7
技术工人证持有者	占总劳工的 10%	技术工	50	2

资料来源：新加坡人力资源部网站，http：//www.mom.gov.sg，2001 年 4 月 13 日。

这个盒中套盒的政策框架反映了我称之为“公共政策经济化”的趋势。即公共政策，特别是移民政策，以满足市场需求、达到经济效益的最大化为基本目的，如果政策不能满足市场要求，就被认为是不成功的。不成功的政策将带来所谓的“错误移民”（wrong migration 或 mistake migration，这是某大型国际组织一位高级官员在描述那些达不到市场和政府要求的移民所用的词)，而所谓的“错误移民”对接收国社会来说不仅是浪费而且危险。[8]因此，我所说的公共政策经济化并不意味着政策忽视了社会和政治上的考虑，相反，公共政策经济化背后正是这样的一个信念：只有遵从“自然”、“神圣”的市场逻辑，政策才能最有效地进行社会和政治控制。公共政策经济化表面上是要为经济而经济，事实上是要用经济直接为政治服务。

外籍劳工管理的微观化，给了雇主和中介机构相当的权力。有关研究文献已经一再表明，外籍劳工政策的形成，通常是“代理人政治”运作的结果，也就是经济利益集团在大众视线之外与政治官员协商的结果（Freeman 1995、2001）；而纷繁复杂，缺乏统一标准的行业具体化管理政策尤有此嫌疑（Martin 2006）。日本和韩国向外籍研修生开放的行业这些年稳定增加，主要由雇用机构推动而成。由于行业具体化管理的主要目的之一是尽量快速地满足市场需求，因此政府必须依赖雇用机构和私营中介，以确保工人与工作相匹配。行业具体化管理并不是亚洲特色，而是全球趋势。[9]与西欧20世纪50年代开始的客籍工人方案相比，当今作为劳工接收国的工业化国家更倾向于信任雇主和劳务中介，而不是输出国政府。[10]是雇主和劳务中介，而不是政府间的合作，在制定和操作外籍劳工流动方案（Martin 2006）。

在公共政策经济化的同时，我们也看到了“社会的政府化”，其突出表现是将雇主和中介机构转化为政府臂膀，来管理外劳。在日本、韩国和新加坡，移民劳工必须在同一雇用机构工作，不能跳槽；一旦被雇主开除，移民将立刻转为非法，必须马上离境回国。韩国的一些非政府组织批评这是“当代奴隶制”（Seol 2005：18）。韩国新的雇用许可制在这方面并没多大的改善，还是要求移民在最初所签劳工合同上指明的工作地点工作，只有在特殊情况下（如工厂倒闭）工人才能向政府的就业安全中心申请转到别的雇主（Seol and Goh 2005：55）。90年代末，新加坡一些小建筑队从中国引进工人，然后将工人发包出去给别人打工，或让他们自己找工作。与官方把劳工“捆绑”在特定的雇用机构的方案相区别，这种形式被称作“自由工”。“自由工”找到的工作通常工资更高，很受劳工欢迎，但是新加坡和中国官方都不承认这种劳务形式并予坚决打击。中国对外贸易经济合作部（2001）特别发出紧急公告要遏制这一现象，宣布“自由工就是黑工”。中国驻新加坡大使馆重申“自由工是非法的”，并将此印在中介的劳工招募许可证上，中介机构如果没有这一凭证，按规定不能在华招工。因此，虽然跨国劳务的目的是促进劳动力市场的灵活度，但是当劳工到达目的地，他们就被剥夺了真正进入劳动力市场的机会，毫无灵活可言。

用中国话来说，这一移民管理模式执行的正是“一个萝卜一个坑”的政策。这原本是描述国家社会主义时期工作单位不能自主创造、变动和调整位置，职员也不能调动工作的死板情况。如今作为改革的一部分，中国政府为建立市场经济而鼓励“萝卜”挪动，从而推动劳务输出的增长。然而到了市场化的“自由”国家，劳工却发现自己重返萝卜时代，陷入了几乎比“文革”期间的中国还严的政策限制。

将移民劳工捆绑于雇用机构或中介，严重妨碍了劳工去争取自己的权益。一个典型的例子是2004年9名在日本打工的辽宁女工在她们的更衣间里发现隐蔽的摄像头，这在中国引起哗然，辽宁省政府派特别代表赴日处理此事。虽然工人们得到了政治上的高度重视和支持，但他们最后还是决定不诉诸法庭，因为雇用机构如果被判有罪，工厂即倒闭，那么他们也将因为失去担保而被遣送回国。

马丁（Martin 2006）曾预言，如果宏观政策被具体化的微观管理所取代，那么所谓的“政策鸿沟”——即政策目标与实际执行结果之间的差距——在未来几十年内将会越来越大。在政府紧缩预算，同时劳务市场不断向国际开放的情况下，政府很难对具有多重标准、深度细化的市场进行有效管理。确实，如果政府不依赖第三方（在本案例中，即体现为雇主和中介机构），政府手里能够直接控制外劳的政策手段越来越少。但是正是由于“社会的政府化”，使得政府对外劳的个体流动完全不失控制，国家的力量在这方面并没有弱化。

五、 讨论

本文质疑了当今移民和全球化研究中普遍存在的两组对立观。一是经济全球化与民族国家之间的矛盾。研究文献强调，扩张性的资本总在寻求高灵活度的劳工市场，这与根本上关注社会秩序，因而具有保护主义倾向的国家之间产生对立（Harris 1995）。二是移民网络与国家主权的矛盾。所谓的“自下而上的全球化/跨国主义”理念强调，移民行为具有自我再生产、强化和自我扩张的倾向（如发展紧密的跨国网络，推动家庭团聚，结果政策无法阻止不断延展的移民链条），而现代国家主权是建立在明确的地域范围内，刚性的领土边界是行使主权的重要先决条件：国家对边界之内有决定的控制权，而边界之外就完全是别人的主权范围。本文指出，这两组对立观虽然在理论上成立，在实践中却不是那么泾渭分明。尽管日本、韩国和新加坡三国之间有差异，但是都展现了高度复杂的国家、资本和劳工的关系。毫无疑问，全球化在深化，劳动力的跨国流动在增加，但是国家主权并没有削弱。

“点对点”式的全球化是目前这种新的复杂关系的一个直观体现。安哥拉是世界上最贫穷的国家之一，但是吸引了大量国际资本。根据费格森（Ferguson 2006）的研究，这是因为安哥拉的石油储备不仅丰富，而且是离岸深水油田，这使得外国投资者能把他们所投资的资源攫取型经济和当地社会明确地分离开来，从而保护全球性资本的利益不受地方社会的干扰。所以跨国投资和开发是与封锁和排斥结合在一起的。结合其他的研究资料，费格森（Ferguson 2006：38）认为，非洲并不是在世界之外的一个黑洞，资本流动、资源开采、非政府组织网络把非洲和世界其他地方紧紧联系在一起，只是其连接方式是不连续的、断裂的“全球蹦跃”式，而不是“全球覆盖”式。他指出：“具有高度选择性和空间封闭仓式的全球联系，和普遍存在的脱节和排斥结合在一起。”（Ferguson 2006：14）。费格森把这样“点对点”式的全球化称作“薄社会性”的资本主义，因为其资本运行尽量回避各类社会关系。而在东亚跨国劳工的例子中，“点对点”式的全球化是一个“厚社会性”的模式，即国家要刻意创造出各种新的社会关系，引入新的社会主体（特别是中介），并对这些社会关系做非常详尽的界定。这些“厚社会性”的具体形态和运作方式，通常是不能根据既有的理论推延出来，其逻辑是含糊的，往往和表面的政策意图相矛盾，其结果也往往是不自明的。它是历史、政治、文化一系列因素同时作用的结果，有的和全球化有关，有的和全球化在表面上全无关系，但是它对真实生活中的全球化的具体过程有直接影响。对这样的中间层的社会过程的细致研究，将帮助我们理解当前亚洲地区的重大社会变迁。

（翻译：吕云芳）

注释：

[1] 由日本农业协会和中国政府协商安排，中国首批研修生大约于 1979 年或 1980 年赴日从事农业工作，1991 年日本开始扩大研修生制之后，中国研修生数量迅速增加。

[2] 按 2006 年初本调查进行时美元与韩元汇率 1∶1 000 计算。

[3] 新加坡劳工移民和移民政策有较长的历史，英国殖民政府于 1928 年通过了移民限制法令，并引进移民劳工定额制。

［4］ 笔者使用 Kellysearch 搜索，搜索词为“Contract Labor or Recruitment Agencies or Consultancy or Services>Southeast Asia”，搜索时间 2006 年 12 月 26 日。

［5］ 相关研究见 Wilson 1995；Asano Tamanoi 2000；Young 1999；Brooks 1998；McDowell 2003；解学诗、松村高夫 2006。

［6］ 2004 年数据显示，40%的境外中国劳工从事制造业，26%从事建筑业，14%从事农林渔业（中国承包商会 2004：10－11）。

［7］ Just-in-time 原来指日本企业高度精确、零仓储的物流管理。“恰逢其时移民”（Just-in-time）指工人“在不同雇主和家庭间快速转换，为雇主和家庭提供在某一时刻正需要的劳务”。参见 Jordan and Duvell 2002；Karijanen 2006。

［8］ 2004 年 9 月，巴塞罗那，笔者对那位官员的访谈。他驻意大利工作，认为很大一部分移民是“错误”地来到意大利，因为他们不是当地政府想要的移民，他因此建议政府和国际组织制止这种“错误移民”。

［9］ 例如：英国政府于 2003 年 5 月开始实行以行业为基础的劳工移民方案，该方案将 10 000 个名额配给食品加工、医疗和护理行业，允许这些行业招募 18 岁至 30 岁的外籍劳工，发给 1 年期工作签证。

［10］ 2006 年 4 月 27 日，笔者在牛津大学对原世界劳工组织资深官员 Manolo Abella 的访谈。Abella 认为，国际劳工招聘的普遍私有化，主要源自人们对政府招募行为的失望。

参考文献：

隆国强，1995，《中国服务贸易》，中信出版社。

王守清，2004，《项目融资 BOT 的应用》，《国际工程与劳务》第 9 期。

邢厚媛，2005，《适时调整战略措施　促进增长方式转变——2004 年对外工程承包和劳务合作发展评述》，《国际经济合作》第 3 期。

解学诗、松村高夫主编，2006，《满铁与中国劳工》，社会科学文献出版社。

杨云母，2005，《东北亚区域劳务合作与振兴吉林省老工业基地》，《国际经济合作》第 2 期。

张鸽盛编：1999，《国际劳务经济》，重庆大学出版社。

中国承包商会，2004，《中国对外劳务合作年度报告》，中国承包商会。

中国承包商会劳务部，2004，《韩国非法滞留者与日俱增》，《国际经济合作》第 4 期。

中国对外贸易经济合作部，2001，《对外贸易经济合作部关于整顿和规范对新加坡劳务合作市场秩序的紧急通知》，2 月 22 日。

中国劳动部国际交流中心，2005，《境外就业统计工作基本情况与分析》。

Mariko Asano Tamanoi（2000），“A road to a ‘Redeemed mankind’：The Politics of Memory among theFormer Japanese Peasant Settlers in Manchuria”，*The South Atlantic Quarterly*，Vol.99，No.1，pp.163－189.

Barbara Brooks（1988），“Peopling the Japanese Empire：The Koreans in Manchuria and the

Rhetoric ofInclusion", in Sharon Minichellio (ed.), *Japan's Competing Modernities: Issues of Culture and Democracy 1900 - 1930*, Honolulu: University of Hawaii Press, pp.25 - 44.

Gary Freeman (1995), "Modes of Immigration Politics in Liberal Democratic States", *International Migration Review*, Vol.29, No.4, pp.881 - 902.

Gary Freeman (2001), "Client Politics or Populism: Immigration Reform in the United States", in Guiraudon V and Joppke C (eds.), *Controlling a New Migration World*, New York: Routledge, pp.65 - 95.

James Ferguson (2006), *Global Shadows: Africa in the Neoliberal World Order*, Duke: University Press.

Nigel Harris (1995), *The New Untouchables*, Harmondsworth: Penguin.

JITCO, Hakusho, 2001, Nenban (JITCO White Paper 2001 edition).

Bill Jordan and Franck Duvell (2002), *Irregular Migration: The Dilemmas of Transnational Mobility*, Cheltenham (UK): Edward Elgar.

David Karjanen (2006), "Just-in-migration", *Anthropology New*, December, pp.64.

Philip Martin (2006), "Managing Labor Migration: Temporary Worker Programs for the 21st Century", (UN/POP/MIG/SYMP/2006/07), International Symposium on International Migration and Development, Turin, Italy, June 28 - 30.

Kevin McDowell (2003), "Japan in Manchuria: Agricultural Emigration in the Japanese Empire, 1932 - 1945", *Eras Journal* (Edition Five-November), School of Historical Studies at Monash University, http://www.arts.monash.edu.au/eras/edition_5/mcdowellarticle.htm, accessed at 8 December 2006.

Seol Dong-Hoon and Hyun Ung Goh (2005), "Korean Employment Permit Program for Foreigners andthe UN Migrant Workers' Convention", in UNESCO-CIMS International Conference Proceeding: International Migrants in Northeast Asia, December 1 - 2, Seoul, Korea, pp.51 - 59.

Seol Dong-Hoon (2005), "A Review of International Migration in Northeast Asia", in UNESCO-CIMS International Conference Proceeding: International Migrants in Northeast Asia, December 1 - 2, 2005, Seoul, Korea, pp.7 - 34.

Ronen Shami (2005), "Without Borders? Notes on Globalization as a Mobility Regime", *Sociological Theory*, Vol.23, No.2, pp.197 - 217.

Singapore Department of Statistics (2006), "Table I: Key Indicators by Types of Retail Trade, 2004", *Economic Surveys Series 2004: Retail Trade*, Singapore: Singapore Department of Statistics.Singapore Ministry of Manpower, 2007, Employment Agency Directory 2007.

Yolanda Alfaro Tsuda (2005), "Current Migration Issues in Japan", in UNESCO-CIMS International Conference Proceeding: International Migrants in Northeast Asia, December 1 -

2，Seoul，Korea，pp.35 - 50.

Bryan Turner（2007），“The Enclave Society：Towards a Sociology of Immobility”，*European Journal of Social Theory*，Vol.10，N0.2，pp.287 - 303.

Sandra Wilson（1995），“The ‘New Paradise’：Japanese Emigration to Manchuria in the 1930s and 1940s”，*The International History Review*，Vol.17，No.2，pp.249 - 286.

Louise Young（1999），*Japan's Total Empire*，*Manchuria and the Culture of Wartime Imperialism*，Berkeley：University of California Press.

Zha Daojoing（2002），“Chinese Migrant Workers in Japan：Policies，Institutions，and Civil Society”，in Pal Nyiri and Igor Saveliev（eds.），*Globalising Chinese Migration: Trends in Europe and Asia*，London：Ashgate，pp.129 - 157.

当代中国第二代农民工的身份认同、情感与集体行动①

●卢晖临　潘　毅②

本文基于一个工人的口述和笔者在深圳、东莞的田野调查资料，集中研究第二代农民工的自我认同、愤怒以及集体行动，并试图把第二代农民工的研究纳入马克思阶级形成的理论视野，将情感体验、身份认同等通常归属于认同政治的主题与生产方式、阶级结构等阶级分析的传统主题结合起来，以凸显认同政治研究在马克思阶级分析中的价值。农民工的身份认同问题源自生产关系，当在生产关系中的利益对立无法缓解和消除时，我们看到认同政治不仅不会遮掩生产关系中的矛盾和冲突，反而会因为在农民工那里所引发的主体分裂和负面情绪，直接成为激发集体行动的动员力量。

* *

无论走到哪里我都高兴不起来。不管我到哪里，我都无法让自己平静，无法让自己心理保持平衡。

——打工仔阿辛的自述

30年的改革已经将中国转变为“世界工厂”，曾经被看作是发展中国家的中国以其“经济奇迹”令全球注目。但与中国经济崛起引起的广泛关注相比，几乎很少有人注意到中国新工人阶级的形成。[1]这个新阶级由大约2.6亿的“农民工”组成。[2]在过去的二三十年中，他们不断从农村流向城市，将自己卷入全球资本主义体系中。中国农民工无产阶级化的过程是怎样的？无产阶级化的路径在何种程度上塑造着中国的新工人阶级？第二代农民工有什么样的主观体验？他们又发展出什么不为第一代农民工所知的

① 本文来源：《社会》2014年第4期，第34卷。

② 卢晖临，北京大学社会学系；潘毅，香港理工大学应用社会科学。

权力和抵抗形式？第一代打工者所经历的痛苦和创伤是否演化成一种愤怒和怨恨，从而导致了第二代农民工的罢工和集体行动？简而言之，在这一新工人阶级中，第一代和第二代之间的生存斗争有何连续性，又有何不同？本文在试图回答这些问题的同时，也将考察工人的愤怒和怨恨政治如何导致劳工行动和集体抵抗。

本文所说的第一代农民工是指那些在20世纪六七十年代出生，在八九十年代开始从农村到华南地区的新兴工业化地区工作的人，其中最早的一批是到深圳蛇口的玩具和电子工厂打工的女工（Lee 1998；Pun 2005）；第二代农民工则是指在改革开放年代（尤其是20世纪80年代后）出生和成长，并于世纪之交进入劳动力市场的那部分打工者，也包括第一代打工者的后代，他们中有些是跟随父母在城市长大的。与第一代农民工相比，这些在改革年代成长起来的新农民工在生活期望和行为方式上有自己的特点，对工作意义也有独到的见解，尤其值得注意的是他们在集体行动方面表现出来的新动向。因此，所谓第二代农民工，实际上是由其“情感结构”和生活方式来界定的，他们的生活方式的特点是更倾向于个人主义和更习惯于城市的消费文化（Davis 2000；Pun 2003；Yan 2008；李培林、田丰 2011）；经济负担较轻，对个人发展和自由有着更多的追求（Jack 2006；罗霞、王春光 2003）；工作变换更为频繁，对工作的忠诚度不如上一代（Smith et al. 2004）；更为频繁的自发集体行动（Lee 2007；沈原、郭于华 2012；Chan and Pun 2009），等等。此外，第二代农民工受过相对较好的教育，在物质上也相对宽裕，有较为开放的视野，但对自己的人生目标却不那么清晰。与第一代农民工相比，第二代农民工的工作和生活条件有所改善，但经历着更加明显的城乡分裂、更大的收入不平等，以及更深刻的社会排斥（卢晖临 2011）。

本文关注第二代农民工的身份认同问题。身份认同的背后一直都存在一些结构性因素，但也一直都关涉行动者的能动性，正如森（2009：5）所说，“在我们不同的归属与社会关系中，我们每个人都在不断地决定何者更为优先，哪怕只是在下意识地这么做”。从社会学角度看，所有的认同都可以说是被建构的（吉登斯 1998；Calhoun 1994）。身份认同是行动者获取意义的源泉，行动者在某个社会结构下所采取的行动，往往不是对于该结构的直接反应，而是经历了认同的中介作用。社会学的认同研究主要关注认同是如何、从何处、通过谁、为了谁而建构起来的。

本文使用的材料主要基于2005—2008年间我们在深圳和东莞工业区做的田野调查。本文的主线是围绕着一个叫阿辛的农民工的自述。在2008—2009年，我们跟踪记录了他的维权行动，并于2008年5月访问了他的老家——位于河南的一个小村庄。[3]之所以突出这位32岁的男性农民工，是因为我们把他看做是第二代农民工的一个代表——他们正在从焦虑转向愤怒，从沉默转向行动，从同意转向反抗。20世纪八九十年代的第一代农民工多数是女性，她们很少参加广泛的集体行动，而只是在日常的工作过程中借助自己能支配的躯体用无声的方式表达反抗。阿辛及其他第二代农民工则不同，从世纪之交开始，他们采取了各种形式的集体行动来维护自己的权益。[4]从2000年以来逐年激增的罢工、集体上访和集体劳动争议数字表明，新工人阶级的集体斗争时代正在来临。新工人阶级的自我意识、愤怒和集体行动构成了本文记录的故事，也成为我们呈现第二代农民工无产阶级化历程的一条线索。

一、 未完成的无产阶级化

朋友，站起来！
你说你的生活注定要流浪
你接受了这种命运，带上了行囊
永远不要后悔
即使你将遭受巨大的困苦
保重，朋友
不要说你没有回头路
每个人都有遭受困难和不幸的时候
经受所有的磨难之后
不管怎样
你要站起来，站起来

——一首刊登在一份工人杂志上的诗歌（2003）

（一）准身份："农民工"

汤普森（Thompson 1963）在《英国工人阶级的形成》中写得很清楚：阶级形成是"一个动态的过程"，结构性力量和人的主动性同时造就了这个过程，它体现为一个历史关系的概念。[5]世界劳工史告诉我们，工人阶级的形成和成熟往往是在进城工作的农村工人的第二代和第三代身上发生，工人生活中的困难、艰辛和怨恨也往往是在随后的几代人身上才达到顶点。这是一个无产阶级化的过程，它通过剥夺农业劳动力的生产资料和生活资料将他们转化为城市中的产业工人。无产阶级化的结果是工人的命运最终依赖于资本积累和劳动力商品化的程度，既不拥有也不能支配他们的生产工具、加工的原材料和他们生产出来的产品。

在中国将自己转变为世界工厂并逐步实现工业化的同时，中国社会再次激活了在世界资本主义历史上常见的无产阶级化过程。中国无产阶级化过程的特殊之处在于，为了使中国的社会主义体系整合到全球经济中，政府鼓励农民到城市工作，但又不鼓励他们留在城市。地方政府不愿意为农民工提供住房、教育、医疗和其他社会保障等集体消费，对走入城市的农民工来说，因为缺乏在其工作地长久居留的机会，工业化和城市化仍是两个高度分离的过程。[6]农民工在城市的居留既在制度上受到户籍体制的限制，也在事实上受到阶级的约束，收入的低微使他们很难在城市社区中安家糊口（Solinger 1999）。总之，中国农民工的无产阶级化历程深受空间分隔的影响：生产在城市，再生产在农村。不过，宿舍劳动体制（dormitory labor regime）的出现多少弥合了这种空间分隔，它提供了一种工作和“家”新的结合，但是这种结合仍然将工人排斥于城市生活之外（Pun and Smith 2007）。

在过去的30年中，数亿农民工从农村来到城镇打工，却无法在城市扎根。尽管如此，农民工却从未放弃留在城市的努力，他们或是作为城市中短暂的逗留者，或是成为从一个工厂跳到另外一个工厂、从一个城市转到另外一个城市的事实上的城市居留者。第二代农民工中有些人甚至就是在城市中出生和长大，但他们在住房、医疗、教育和社会保障方面从未获得与城市人一样的权利，更未达到与后者一样的生活状态。

因此，就出现了一个未完成的无产阶级化历程（或者称其为半无产阶级化），它导致二代农民工对自身越来越深的不完整感（incomplete），也即变成“农民工”（工业社会下的“准”工人或者“半”工人）。被不完整感困扰的打工者会经常性地陷于一种生理和心理意义上的流浪状态。2005—2006年，我们在深圳和东莞的工业区调查过大约1 000名工人，大多数年龄在16—32岁。在这些工人中，半数在城市打工的时间超过5年，但只有不到10%的人认为他们有机会能留在城市。对第二代农民工而言，城市和工业文明的大门仍然是关闭的，他们无处可去，也无处可回，因为他们已经既不是一个农民，也不是一个工人，而将永远是农民工——一种夹在农民和工人之间始终处于未完成的社会身份。对于获得这种身份的个体来说，自己要为这种缺陷负责，因而产生深深的自责感，并不得不努力去克服结束不完整状态的困难。“永远不要后悔，即使你将遭受巨大的困苦”，这是新一代打工者的座右铭，他们努力地通过工作、交往和消费去克服那种不完整的身份体验（Pun 2005；余晓敏、潘毅 2008），却始终没有办法在现实生活中获得一个整全的身份。[7]

（二）一个工人的自述

2007 年底，在这种不断深化的半无产阶级化过程创造的大环境中，我们在深圳遇到了阿辛—— 一个为迪斯尼供货的深圳工厂的工人。在我们碰面之前，他已经和其他四位工友一起辞职离厂，正通过一系列的集体行动来为自己和工友争取利益和权利。2007 年 2 月阿辛离开工厂的时候已经是一名技工，并担任制作模具部门的领班。1998 年高考失利后，他就到深圳打工。十年中，阿辛在三家公司工作过，逐渐从一个普通工人转变为一个熟练工，再上升为管理一帮熟练工的领班。在阿辛的讲述中，我们能明显感觉到他那种凭着头脑灵活和努力工作成为一个合格工人和领班的自豪感。

为了能参加集体行动与厂方斗争，阿辛在为这家工厂工作一年之后辞职离厂。他回忆当时的情形时说，当他最后一次走出工厂时，发现自己既无处可进，亦无路可退，对这个已经工作了十年的城市异常陌生，竟然有迷失的感觉。阿辛未必读过本节开头引述的那首诗歌，但似乎有某种类似的力量支撑着他走下去。

阿辛的故事让我们想起十多年前的阿英。作为第一代农民工的一个代表，她在 20 世纪 90 年代中期离开东莞的工厂时产生过同样的迷失感觉，但却无从表达。[8] 与阿英不同的是，当阿辛踏出工厂宿舍区那一刻，他不仅仅是感觉到迷失，而且发现自己充满了愤怒。虽然他无法清楚地说出自己的迷失和愤怒是什么，但他根本无法保持“冷静和心理平衡”，他决心“做点大事”。

农民工的困境是如此难以克服，以至于我们在深圳和东莞碰到的，在这些城市甚至打工十年以上的工人仍然发现自己不可能留在城市生活。在大城市工作的时间越长，他们越能意识到自己所受的排斥。农民工中的一些人在为工厂打工数年之后，能够通过转型为小商贩、小店主或收废品者继续逗留在城市，但他们仍然是城市中的过客，几无成为市民的希望。可以说，这种被排斥和流浪的身份是第一代和第二代农民工的共同特征，同时也是中国无产阶级化过程的一个本质特点。

二、改革：自由和“安家”

阿辛出生于 1977 年，在改革的时代中成长。他是一亿多进城农民工中的一员，是第二代农民工中的一分子。本文的目的不在于论证改革是无产阶级化的催化剂，而在于说明改革创造了一种市场取向的意识形态，它支撑着这一未完成的无产阶级化的历史进程。而城乡差距则是大量农民涌入城市的社会条件，也是新工人阶级形成的物质基础。根据国家统计局的统计数据，2001 年中国城市居民可支配收入人均 6 860 元，农村居民纯收入人均 2 366 元，城乡收入比是 2.9∶1。到 2008 年，这一比例增加至 3.3∶1，中国已经成为世界上城乡收入差距最大的国家之一。随着改革的深化，不断拉大的城乡差距不但反映在生活水平上，还反映在生活方式上（Yan 2008）。社会的裂痕由此进一步扩大。对第二代农民工而言，他们走出乡村，转化自我的要求比第一代更加强烈。

中国很多地方农村的空巢化现在已经成为事实（严海蓉 2005；李强 2004），无能感或担心跟不上打工潮的感觉不过是对很多农村年轻人人生不完整体验的一种象征表达。阿辛向我们详细讲述了他的过去。他经历了三次痛苦的高考失利，在 1998 年第三次高考失败后，阿辛不顾父亲的反对，决定彻底放弃。他这样说："我知道有人考了七八次都没有成功然后疯掉的。我不能再这样下去了，要不然我也会出事的。也许我应该试试其他的出路了。"

阿辛的妹妹早在 1994 年初中毕业之后就去深圳打工，阿辛对自己一直依靠妹妹的经济支持也感到羞愧。[9]阿辛说："我妹妹初中毕业之后就去深圳了，她在那里干了好多年，但是我还留在村子里重复我的高考。"外出打工不仅提供了挣钱养家的可能性，而且培育了一种个人独立和自由的感觉。对阿辛来说，不能像妹妹那样出去打工是他内心痛苦的一个根源。通过进城打工以获取个人自由是农民工一个比较普遍的愿望，同第一代农民工相比，这一愿望在新一代农民工中更加突出。卡兹尼尔森和索尔伯格（Katznelson and Zolberg 1986）指出，性情倾向（disposition）和习惯（habitus）是工人阶级形成过程中的重要因素。笔者认为，中国新工人阶级确认自己身份的最初动因和界定中国新工人阶级的性情倾向，都是建立在农民外出打工的普遍愿望这一基础之上。中国的无产阶级化历程很大程度上是自我驱动的，它来自人们通过外出打工能够获取自由的强烈感觉。这一历程的背景是巨大的城乡差距，而这一差距本身则是在改革开放时期快速工业化和全球化的过程中出现的。[10]

对于第一代农民工而言，进城打工不仅仅是一种主要的潮流（有人成功地外出打工后，整个村子的人都会跟着出去），同时也是他们实现经济目标的重要手段（Pun 2005；Jacka 2006）。这些目标包括盖新房、资助兄弟姐妹的教育、婚嫁和做点小生意，等等。虽然在 20 世纪 80 年代和 90 年代，这一批打工者被媒体描绘成“盲流”，即认为他们在城乡间的流动没有一个明确的方向，但实际上，他们都有具体和确定的目标（Zhang 2001）。第二代农民工外出打工更多的是为了获取个人发展、争取个人自由和体验不同的生活方式，经济的动机有所减弱。与第一代农民工相比，他们追求的目标更加抽象，且因其在现实生活中难以实现，也就显得愈发不确定，但缺乏具体和确定目标的第二代农民工外出打工的意愿却更加强烈。阿辛的河南老家是一个有大约 200 户人家的村庄，村里几乎所有有劳动能力的人都外出了，有十多户人家甚至全家搬离了村子。我们对阿辛所在的村庄的研究与其他关于这一区域的研究结果是一致的（方正伟 2003；谭同学 2005；严海蓉 2005）。如方正伟（2003）在湖北调查的一个村子，204 名介于 15—59 岁之间的适龄劳动人口中有 148 人常年在外打工。作为改革的一个结果，城市世界似乎已经向农村人打开了大门，尽管这些打工者很快就会发现这种开放其实是有严格限制的。

1998 年，阿辛不顾父亲的反对，放弃高考复读，跟随一个邻居来到深圳的一家小工厂。这里的劳动条件与它所在的工业村的其他工厂一样残酷。在试用期间，阿辛一天的工资只有 7 元钱。在这家生产电视天线转换器的小厂里，他每天从早上 7 点工作到中午 12 点，然后又从中午 12 点半工作到晚上 11 点。比高强度的劳动更让人难以忍受的是监工对工人们的态度。有一次，监工让阿辛搬地上的一个金属零件，作为一个新手，他不知道其中的危险，没戴手套就去捡那个零件，结果所有的手指都被严重烫伤。阿辛回忆说：“当时监工就站在我的旁边。他面对一个流血疼痛的人竟能大笑，根本不帮我处理伤口。他笑完之后又命令我去做其他事情。”做到第七天，阿辛就被解雇了。

改革给这一代人带来了迁徙自由，他们可以自由地离开家乡，可以自由地选择为外资企业或私营企业工作。改革让这一代中的很多人释放出改变自己的愿望，但为了让这一愿望成为现实，他们中的多数人不得不向工厂老板出卖自己的劳动力，这并非秘密。改革的辩证法就内藏于同一个过程：它一方面给了农村人流动的自由，使他们可以转变为工厂劳动力；另一方面却又对已经置身于工业城市中的劳动之躯施加诸多严格束缚。阿辛可以自由迁徙和工作，但他在可以自由行动的同时，却发现已经失去了前进或者后退的自由，变成城市中的陌生人和一个永久的过客。很快他就失去了“家”的归宿感，感到自己无处可去。

阿辛继续向我们讲述他第一份工作的经历：

在第七天，有几个在一起打工的老乡实在受不了了，准备辞职。他们叫我一起走，我想继续做到领工资为止，没有答应。我们在车间门口处谈了大概十分钟，被老板看到，他跟监工说了些什么。当我返回车间的时候，监工什么也没问就对我说："明天你不必来了。"后来我就跟帮我介绍这份工作的老乡说我被解雇了，我干了七天他们应该给我 49 块钱的工资。老乡说："你还敢要工资？没被罚款就算你幸运了。"

阿辛干了七天，什么也没拿到，就带着他的行李离开了工厂。

那段时间我没有暂住证。我只能在大街上流浪，我不敢走主路，怕被查证；也不敢走小巷，怕被抢劫。晚上我没其他地方去，只能去电影院……晚上 11 点以后电影院就放夜场电影，门票 3 块。这个可以容纳 100 人的放映厅就成为我们这些没有工作的人睡觉的地方，每晚大约都有四五十人挤在里面，腿都没法伸直。早上 6 点到 7 点我们就必须离开。就这样我在电影院睡了大概 20 多天，直到后来我找到了一份新工作。

阿辛的经历是很有代表性的，多数第一次从农村来城市打工的人都经历了类似的过程。在深圳一家电子厂工作的女工阿敏说："我在第一个工作中学到的是你没有自己的权利。老板有权要你走，但是你什么权利都没有。"[11]

改革包含着一个矛盾：由于资本需要新的劳动力，中国的农民需要将自己转变为劳动之躯，愿意在工厂中度过他们的青春年华，这意味着他们要改变长久以来的习惯，整体地改变他们以前的生活方式和集体记忆。但作为可以随意处置的劳动力，当他们不再被需要的时候，又被要求回到他们的村庄去——那个他们在被引诱下背叛并难以再保持忠诚的地方。这种现象对年轻一代尤其突出。如果用"过渡"来刻画第一代农民工的主要特征的话，"断裂"这个词可以更准确地描绘在城市度过更多时间的第二代农民工的主要特征。过渡意味着转化，可以给人们带来希望和转变的梦想，而断裂则会造成死结：既没有使自己变为城市工人的希望，也没有回到农村老家重做农民的可能。

三、 不归路——新形式的圈地

跳、跳、跳，有人说我跳的是生存的舞蹈

跳、跳、跳，我们跳的是疼痛和愤怒……
是谁将我们的人格、尊严……这些细骨伶仃的胳膊
拧下来
在异乡的土地上无助地蠕动、挣扎

——《再写蚱蜢》(一位年轻的工人写于2006年)

2000年春，在深圳打工两年之后，阿辛决定回老家。他告诉我们："即使每天我工作得非常努力，在车间里我们还是不被当人看。在这个城市里我看不到自己的前途。我怎样才能有好的前途？我没有钱，也没有其他的东西可以依靠，我宁可回家。"

由于在城市没有立足之地，阿辛看不到自己继续在这个城市待下去会有什么好的前途。与那些继续留在城市打工的同辈工友不同，阿辛决心回到生他养他的老家去。虽然他既不是对某种农村发展方向情有独钟，也不习惯将自己看做是农村人，但他还是希望能在农村找到自己的出路。

在出去打工和留在农村谋求发展之间如何取舍一直都是两代农民工面临的两难选择。2007年国务院发展研究中心组织的一项关于返乡农民工的调查显示，在28个省份的301个村中，返乡农民工占到总外出打工者的23%，而在返乡农民工中，16.06%的人创办了各种形式的小企业或者小生意。[12]

因为现存的土地利用制度，村庄将承担失业农民工劳动力再生产的社会成本，人们常常假定农村是城市失业农民工最后的依靠和保障。这一观点得到如下不断重复的事实的支持：工人一旦离厂，通常会短暂地回乡待上几个星期。农民工返乡的意愿在春节期间尤为强烈，2008年年初（中国春节前夕）百年一遇的冰冻雨雪天气也未能阻挡汹涌的返乡潮。在许多工人的日记和作品中，"想家"和"梦到回家"等字眼也反复出现。

第二代农民工很快发现，他们的生活经验无情地颠覆了这种假设——虽然这个假设在上一代农民工中可以得到部分支持。与18、19世纪英国工人阶级形成时的情况不同，中国的新工人阶级并没有经历残酷的圈地运动过程。迄今为止，中国农民仍然可以拥有一小块维持基本生存的土地。因此，与英国工人阶级不同，没有外在的强力逼迫中国农民离开土地走上无产阶级化进程。但这种不同并没有造成结果的显著差异。由于农民生活状况的恶化以及土地出产在农民生计中重要性的下降，第二代农民工的被"圈地"感是非常强烈的。阿辛向我们讲述当年返回家乡的情景：

当我（2000年3月）回到家的时候，快到播种的季节了。我当时很兴奋，因为我脑中产生了一个宏伟的计划。我承包了一块荒地，准备做点事情。晚上我兴奋得睡不着觉，脑子中总是盘算着我的计划：如果我能扩大经济作物的种植规模，我也能发财。我将向我父母和其他村民证明返乡也是一个正确的选择。

阿辛动员他的亲戚和邻居，从他们那里承包了大约20亩耕地开始了他的创业计划。在综合考虑当地的情况后，阿辛决定种植西瓜。但因为西瓜生长季节碰上大雨，成熟过快，没有及时销售。父亲从一开始就反对阿辛的计划，他在背后劝说其他人撤回土地。仅仅几个月的光景，阿辛几乎花光了全部的几千元积蓄。他没有其他选择，只能离家返城打工。

阿辛的父亲是一个典型的农民，同村里其他同年纪的人一样，善良、勤劳，而且可能还有点固执。他耕作了一辈子来养家糊口，[13]比其他任何人都更理解这片土地，也更熟悉这个村子。在他看来，留在这片土地上务农就永远无法摆脱贫困。父亲对阿辛返乡“创业”的强烈反对其实和他当年劝说阿辛再次参加高考的态度是一致的。在父亲看来，农村不是有为青年应该待的地方，在这里没有机会摆脱穷苦人的命运，无力避免苦命的生活（郭于华 2008）。农民生活的穷和苦让阿辛的父亲坚信，有高中文凭的阿辛应该尽力离开农村去追求更好的前途。在今天的中国农村，持阿辛父亲这种看法的人并不在少数，这种看法的盛行是城市霸权的结果，也反映了资本主义全球化和社会主义市场经济背景下现代性向城市化和工业化的倾斜（Yan 2008）。

父亲对儿子返乡创业计划的反对在某种程度上也是一种“圈地”：父亲绝无可能让儿子留在农村。父亲意志的胜利打消了阿辛回乡的强烈愿望，它导致一种类似的“圈地”效果：既是精神上的，也是肉体上的。

阿辛遭遇的这种“圈地”经历决不是个别现象。在那些决心回乡做点小生意的农民工中，只有不到一半的人最终回到了村庄。[14]而在这些少数返乡者中，很多又以生意失败告终。我们在深圳和东莞遇到一些返乡创业失败后又回到城市的农民工。女工阿华就是这样的个案，她回家嫁给了一个裁缝，然后在粤西老家养鸭子。她向我们讲道：

我在家里养鸭子，可是三个月就赔了五千块。我一点养鸭的经验也没有。好多鸭子都死了，我亏本了。这样我就又回来打工了。[15]

当女工达到婚嫁年龄（通常在22到26岁之间）后通常会回老家结婚，然后搬到丈夫家居住，她们中的一些人就会留在那里做点小生意而不再外出。不过，阿华在家了只待了半年就又回到深圳打工了。金融危机后政府采取了一些措施吸引农民工返乡创业，但上述那些阻碍阿辛和阿华返乡的不利因素并没有因此消失：农民工们既缺乏从事农业经营的经验，也缺乏技术；既没有成功创业所需要的物质条件，也没有经济资助，不断波动的市场更是他们所无法预料和掌控的。阿辛和阿华在家乡创业的失败就是这些因素导致的。在阿辛的老家，全村只有几户人家是完全靠农业谋生，其中就包括阿辛的叔叔家。按照阿辛的说法，叔叔是个特别勤快的人，"看到什么赚钱就做什么"。这些年来，阿辛的叔叔先后养过猪和羊，将稻田改成鱼塘养鱼，养鱼不赚钱又种藕、种树，但不管做什么，一家人辛苦一年往往挣不到一万元。如果阿辛继续留下来种西瓜，叔叔的遭遇也许就是他可以看到的前景。

阿辛没有其他选择，只能再次离开老家。他受到了沉重的打击，但只能将痛苦深埋心里，背起行囊再次来到深圳。在去深圳的火车上，他无意中得知在深圳做手板（通常是用泥、陶等材料制作玩具模型，供大规模生产用）工资高，阿辛有一点美术的底子，就设法进入一家生产手工艺品的工厂上班，试用期工资800元。在试用期过后，他成为手板师傅，工资稳步增长。当他在这家工厂做到第三年（2002年）时，一个月已经能拿到1 700元了，加上加班费有时可以拿到3 000元。

在同龄的打工仔中，阿辛能成为熟练的师傅并拿较高的工资可以说是幸运的。但是，曾经受到的心理创伤、严酷的工厂环境和无处安放的生活目标使他在后来的工作中没有真正地快乐过。对阿辛来说，工作逐渐失去了意义，正如他所说："不管我在哪工作我都感觉不到快乐。我的心永远不能平静下来。我总觉得我应该做点大事。"

如同我们在东莞碰到的一个女工说的那样，第二代农民工面临着深刻的两难处境："当我出来打工的时候我很想家，可是当我回家的时候，我又想着出来打工。"[16]对于第二代农民工来说，"种田没有出路"已经成为一个共识。他们知道，建一个稍微像样的房子，还有结婚开销、基本教育费用、医疗开支和日常生活开销等，都远非种田收入所能承担。总之，对返乡农民工来说，农村因为缺乏个人发展机会造成了一种类似于"圈地"的效果，其结果就是我们所理解的自我驱动的无产阶级化。

第二代农民工成长在一个生活条件相对改善的时代，与上一代相比，他们眼光更为开阔，对于染什么颜色的头发，穿什么牌子的运动衣更为津津乐道。生活方式的变化使他们一旦走上打工之路，就很难真正回到家乡。他们通常不知道自己家里有几亩地，不知道家里种田一年能有多少收入。第二代农民工有更强烈的意愿留在城市，他们知道打工不可能持久，因此很多人就想着做点小生意，不再受人雇佣，甚至自己成为小老板。难以实现的个人期望，还有往返于农村和城市间的不尽挫折，在第二代农民工的生活中尤为突出，这种状况将不可避免地导致难以排遣的悲伤和愤怒。一项针对春节返乡农民工的调查发现，农民工的心理健康状况比一般人群要差许多，主要心理问题是强迫、人际关系敏感、偏执、抑郁和敌对等（刘衔华 2006）。

四、愤怒、集体行动和中国新工人阶级

我们只有靠自己。……我们要的只是一点公平。

——一个参加 2003 年 3 月深圳劳工抗议活动的工人

中国的改革开放创造了一个新的工人阶级，他们越来越多地参与到各种形式的集体行动中（Chan 2001；Lee 2007；Thireau and Hua 2003）。要估计集体行动的数量很困难，但官方给出的数据可供参考。据统计，1993—2005 年，这类事件的数量从每年 1 万件增加到 8.7 万件（年均增长约 20%），其中 75% 都是由工人和农民自发组织的（Leung and Pun 2009）。根据政府的一项统计，提交仲裁的劳动纠纷从 2000 年的 13.5 万件飙升至 2005 年的 31.4 万件，年均增长 18.4%。2003 年劳动仲裁案件涉及的工人达到 801 042 人。[17]

焦虑、孤独和痛苦是第一代农民工生活挥之不去的主题。如果说第一代农民工还不能公开、集体地表达诸般消极情感的话，第二代农民工则已经在要求改变了，他们工作和生活中的痛苦和愤怒是如此明显。如果说阿辛的故事特别值得关注，原因只是他在高考经历、工厂打工和返乡创业的失败尝试中遭受到严重的社会创伤。所有这些经历使他的愤怒累积到一个突破点：“我相信我应该干点什么大事。我的生活应该有更大的理想。”他反复地强调自己不快乐，难以维持内心的平衡。

和阿英不同，阿辛内心的不安不再被压抑，而得以表达出来，甚至转化为外在的行动。2007 年初，当阿辛发现他所在的工厂准备搬出深圳的时候，就开始动员工友，开始了一系列集体行动。阿辛和老黄、老陈等其他四位工友起诉当地的劳动局，指控他们漠视工人的需要，没能执行那些保护劳工的行政法律措施。这五位工人后来被媒体称为“维权五君子”，以争取劳工权利而闻名。他们都在工厂的手板部上班，都已经

干到手板师傅的位置，而且都年过三十。最年长的老黄已经在这家工厂工作了 5 年，每月可以拿到 4 200 元，最年轻的是阿辛，在这家工厂工作了一年，工资每月 2 200 元。

在工人的团结斗争中，宿舍发挥了一个特别重要的作用。阿辛提到，下班回到宿舍后，工友们常常一起听收音机，尤其是收听有关法律和打工的节目。阿辛告诉我们，听这些节目对他们来说是一种“启蒙”，他们从中知道企业没有签订劳动合同是违法的，加班工作应该获得双倍或三倍工资，等等。2007 年 2 月 12 日，五位工人向工厂提交了一份公开信，要求集体解除劳动关系，其理由是工厂没有跟他们签订合法的劳动合同，而且没有依法支付他们的社会保险金，此外还强迫他们超时工作，没有为每天的加班以及周末和节假日加班支付加班费等。同时，阿辛和他的工友还敦促当地的劳动局官员帮助维护工人的合法权益，并提出劳动局应当确保工厂依照劳动法缩短工时，同工人签订合法的劳动合同，为工人依法缴纳社会保险，为 2007 年 1 月和 2 月的超时工作支付加班费等。尤其引人注目的是，这五位工人要求工厂支付过去两年的累积加班费，其总额达到人民币 65 万元。对于自己的上述要求他们表达得很清楚：

> 工人被要求一个月至少工作 28 天，每天至少 13 小时。加班费只是在每天工作超过 9 小时以后才有。不但如此，工人的工资每小时低于法定工资 1 到 1.2 元。对于计件工人而言则根本没有加班费。
>
> 以老黄为例，2006 年 12 月他工作了 227 小时（被认为是正常上班时间），外加 114.5 小时加班。2007 年 1 月，他工作了 266 小时，外加 87.5 小时加班。

工厂搬迁是工人集体行动的催化剂，此前工人在工作场所不断累积的愤怒、挫折和不公平感一下子找到了一个爆发点。工人担心工厂搬迁后可能裁员，更担心搬迁后追讨加班工资变得更加困难，这促使工人们采取行动。老黄说道：

> 我们都是工厂里少数比较核心的熟练工人。我一个月可以挣到 4 000 多块，我不用担心吃喝问题，但是我们缺乏安全感，也没有一种体面的个人形象。尽管我们把自己的青春和汗水奉献给了深圳，但是我们还是没有应有的地位，而且最终来说是招之即来、挥之即去，随时可以取代的。当我们老了，得了慢性职业病，然后返回老家，然而我们既没有养老金，又没有健康保险，那时我们怎么办？[18]

老黄说得很清楚，他并不是对他的工作条件或者工资不满意，令他担心的是既没有安全感又没有尊严的职业前景。作为一个可以被取代的劳工，他知道自己的位置是很脆弱的。职业生活既无未来又没尊严，激起了他的愤怒和不平。

在某种程度上，这五位工人面临大致相同的处境：都正值壮年，都达到了自己职业生涯的高峰，等待他们的将是不可避免的下坡路，或者被更年轻的工人所取代。就是在这种进退两难的处境中，他们决定采取激进行动。在要求劳动局判令工厂赔付未有结果后，他们很快将行动的目标从工厂转到劳动局身上。五位工人充分地利用互联网络查询相关信息，得知当地劳动局有责任监督劳动条件并处理劳动纠纷，他们也算计到，通过起诉劳动局可以降低维权成本。

在进入起诉阶段后，这家迪士尼供应商的600名工人（其中多数是女工）也组织了各种抗争。2007年5月，该工厂同工人签订了一份短期劳动合同，并正式宣布将于年底搬迁到东莞。9月，工厂的女工们组织了多种形式的抗议活动，包括集体停工、抗议、撤回劳动合同等。他们要求支付拖欠的加班费，要求经济赔偿，要求公司补交他们应得的社会保险金。[19]工厂的回应是解除了一些女工的（非法）合同，并只支付一个月工资的补偿金。“老板们没一个有良心”，当工人们拖着行李走出工厂宿舍的时候很多都会这样抱怨。被抛弃的感觉不仅在离厂女工那里非常强烈，在那些留下来的工人中也很普遍。工厂管理层态度强硬，他们说，根据劳动法，只需提前24小时通知工人就可以停止劳动合同，因此工厂没有责任支付补偿，一个月工资已经是工厂给予的恩惠。这种说法使女工们更加愤怒。

在这年7月，五位工人第二次向法庭提出起诉。他们提交了一份详细的报告，说明劳动局对他们的不满和争端进行了怎样不当的处理，要求法院否定先前的判决。更重要的是，他们坚持要求经济补偿，并要求有保护自己利益的权利：“我们并不指望在与政府部门打官司时能取得胜利，也没有指望能完全得到我们要的经济补偿。我们希望的只是探索一种新的可能性——探索一条保卫我们自己权益的新的道路，并且希望这条路对其他工人能有所帮助。”[20]

如果说工人的这场集体行动就是为了经济利益就太简单化了。对阿辛和他的工友的工作和生活了解得越多，我们越能体会到在他们采取行动的各个阶段所表达出来的愤怒和不满。对阿辛来说，促使他采取行动的动机既非金钱，也非个人名誉。他是被他那“做点大事”的愿望所推动的，希望以此“引起人们关注劳工们艰难的生活”，“为打工仔争取到一点公平”，并且“惩罚那个没有良心的老板”。

2008年4月，在等待司法判决一年未果之后，这5名维权工人中的3人——阿辛、老黄和老陈——决定去北京打官司。他们希望能够从那里寻求帮助，这也是他们最后的机会了。老黄说："去北京是最后一步。我们几乎把所有能想的法子都用过了。现在这是最后的办法了，我们不想就此结束。"他们在北京待了五天，在这期间，他们去了劳动和社会保障部、全国人大信访办公室、最高人民法院、国务院和全国总工会。结果却让他们失望。阿辛和老陈认为他们的北京之行还是"有一个收获"："在我们来之前我还是抱有某些希望的，现在我们死心了"。工人怨恨的政治转变为一种绝望，然而在对外在保护或拯救力量"死心"的同时，诉诸自我的心思正在萌芽。这种心态的变化，实际上普遍发生在参与集体行动的工人中："我们只有靠自己。……我们要的只是一点公平。"

五、 结论

改革在将中国再造为"世界工厂"的同时，也再造了中国的工人阶级。沿着一条特殊的无产阶级化的道路，第二代农民工已经逐步意识到他们的阶级地位，并已经开始参与到一系列的集体行动中。第二代农民工有着比第一代农民工更为深刻和强烈的愤怒和不满，他们日益认识到自己正在失去曾经拥有的或各种有名无实的支持——家乡回不去了，各种法律条文所规定的对工人的保护在现实中也经常变成一纸空文。中国农民工在未完成的无产阶级化过程中实际上遭遇了一个类似于西方工业化初期的"圈地"过程。

受汤普森《英国工人阶级的形成》启发，我们对中国新工人阶级形成的考察不是将它看作一个社会结构（例如，"改革"）在时间中演进的结果，而是看作中国向"世界工厂"转变中新工人阶级这一历史主体参与创造自己的社会变迁的过程。工人的工作和生活经验创造了愤怒、创伤和深刻的不公平感，理解这些经验对于我们理解中国未来阶级行动的发展具有极其重要的意义。

阿辛的工厂斗争和返乡经历突出反映了第二代农民工中很多的一般性经验。阿辛的坎坷经历既是特别的，也包含着深刻的社会意义。他有一个有主见的父亲强烈阻止他回乡创业，这点可能是比较独特的。但就回乡尝试创业并最终失败这一点而言，阿辛与很多的农民工又是类似的。失败迫使他们再度外出打工—— 一个无止无休的未完成的无产阶级化过程。这里我们看到了一个恶性循环：改革和城乡二元分裂激发了逃离农村的欲望，迎接逃离的是工厂生活的苦难，工厂生活中的挫折又诱发返乡的念头。但对返乡的农民工来说，农村已经很难真正成为安身之地。这种恶性循环使农民工遭受了种种残酷的生活体验，其结果将不可避免地导致基于怨恨心理的政治。没有希望，没有憧憬，没有未来，打工生活的意义轰然坍塌。工人的叙述有助于我们理解两代农民工生活之间的连续性及其变化。像阿英这样的第一代打工妹往往将痛苦埋藏心底，无法表述和言说的结果是任由痛苦沉入身体和潜意识；像阿辛这样的第二代农民工则不同，他能够直面自己的创伤，并将痛苦转变为外在行动。“过渡”可以描述第一代农民工生存状态的主要特点，而对第二代农民工来说则是“断裂”，它造成进无可进、退无可退的死结。痛苦、愤怒和磨难滋养了工人阶级，将他们中的一个个成员转化为资本的对抗者。由于缺乏集体谈判能力，没有有效代表自己的工会，身陷困局的工人常常求助于各级政府的帮助，但等待他们的往往是令人失望的结果。

两代农民工在性情倾向和行动能力方面的差别也可以从他们身份认同方面的不同寻找原因。如前文所述，第一代农民工的身份认同经历了一个从自我否定、打工，到最终接受农民身份的“完整”循环历程，尽管它事实上也造成了农民工身份认同的分裂，但毕竟为农民工提供了一个可以安顿自我的农村归宿。这种身份政治弱化了第一代农民工对打工生活中遭受的苦难的表达，更在一定程度上消解了他们的集体行动能力。而第二代农民工已经没有办法完成一个完整的身份认同的循环历程，他们期望将自己转变为城市工人，却看不到希望，前进之路已经堵死，而后退之路早已关闭，农民工身份认同的分裂性已经没有办法通过在农村找到归宿而缓解。农民工身份政治的这一变化，造成了第二代农民工性情倾向和行动能力的显著变化。与第一代农民工经历的环境相比，今天工厂里的劳动条件未必更糟，剥削未必更重，但第二代农民工对于苦难的体验却更加真切和敏锐，他们由焦虑和痛苦走向愤怒和怨恨，并在这种情绪支配下频繁卷入各种针对资本的集体行动。

本文试图将对第二代农民工的研究纳入马克思阶级形成的理论视野下，考察他们的情感体验、身份认同与集体行动之间的复杂关系。一般认为，传统马克思主义的阶级分析很少触及情感体验和身份认同这样的主题，它强调的是社会经济结构（阶级结构）与社会行动（阶级行动）之间的直接决定关系，即使考虑到认同或者意识这样的主题，也是将其看做是社会经济结构的一个自然而然的表征。后马克思主义取向的认同政治研究则将情感体验和身份认同作为关注的焦点，并从社会经济结构的决定论中脱离出来，强调行动者的能动性。在西方，后马克思主义本以修正和补充马克思主义为出发点，却走向了告别马克思主义的阶级分析的终点。后马克思主义的“多元认同说”批评传统马克思主义的“经济主义”和“阶级还原论”，认为经济利益只是界定工人身份认同的一个维度，性别、族群、宗教、文化等多种社会因素都参与到工人认同的构建中。换言之，工人未必按照生产关系中的位置来认识自己的处境和利益，更谈不上阶级行动的必然性（Laclau and Mouffe 1985）。这样一来，传统马克思主义沿着社会存在（生产关系/阶级结构）—社会意识（阶级意识）—社会行动（阶级行动）方向的论述就被彻底颠覆。认同政治研究转而将关注的焦点转移到工人多元化主体性的塑造上，强调"政治先于社会"，突出身份认同的"建构性"和"肆意性"，工人的主体性沿着性别、族群、宗教和文化等各个散漫的方向发展，如此一来，阶级分析的中心性事实上被否定，阶级分析与认同政治走向相互对立（伍德 2008）。

对两代农民工的历史比较和考察，让我们洞悉阶级分析的复杂性，也更凸显出认同政治研究在马克思阶级分析中的价值。卡兹尼尔森和泽伯格（Katznelson and Zolberg 1986）在对德、法、美等多个国家阶级形成的历史进行比较研究之后，提出理解阶级形成的四个层面，即阶级结构、社会经济组织、性情倾向和集体行动。他们指出，在不同社会的特定历史时空下，阶级形成会呈现出各种复杂多变的样式，但资本主义生产关系为阶级形成所提供的前提条件是最为基本的，它确定了一个社会中的不同位置。简言之，它奠定了一个社会的阶级结构。阶级结构连同社会经济组织构成了理解阶级形成的社会经济层面，它们两个所确立的阶级地图，主要是个人在所有制关系网络中的客观位置，以及他们的劳动、居住和生活方式，但是在这样的阶级地图中，尚无法找到意识、文化和政治的位置。性情倾向和集体行动这两个层面恰恰弥补了这一重要缺失。性情倾向是工人在劳动和生活经验基础上形成的共同感受和看法，它们涉及如何看待社会体制、如何理解公正、如何认识造成工人现状的原因，以及是否可以改变的判断。卡兹尼尔森和泽伯格（Katznelson and Zolberg 1986）特别提出集体行动层面是考虑到分享共同性情倾向的工人未必会自动走向共同的集体行动。工人以运动和组织的形式展开集体行动，对社会施加影响并改变自身的命运，是个不断克服障碍的动员过程和成就。性情倾向与集体行动构成了理解阶级形成的文化政治层面，将其与社会经济层面结合起来，我们就获得了一幅理解阶级形成的更为完整同时又更为复杂的图景。

放到中国情境中的第二代农民工身上，我们看到了认同政治研究取向与马克思主义之间的契合性。认同政治虽然着眼于社会结构与社会行动之间广阔的不确定地带，强调政治话语、行动者能动性和情感体验等因素的作用，但在当前中国像珠三角这类地区占主导地位的生产关系的剥削性和压迫性愈演愈烈的情势下，认同政治所发掘的主体的多元性并不必然掩盖生产关系中的利益对立的事实，也并不必然阻碍有着多元认同的工人最终作为一个阶级主体去回应生产关系中的矛盾（裴宜理 2001）。第二代农民工的身份认同问题源自生产关系和社会关系，在生产关系中的利益对立无法缓解和消除的情况下，我们看到认同政治不仅不会遮掩生产关系中的矛盾和冲突，反而因为它在农民工那里所引发的主体分裂和负面情绪，直接成为激发集体行动的动员力量。在第二代农民工的认同政治所催生的集体行动中，我们看不到政治组织的身影，也看不到意识形态的作用，但这些集体行动在客观上却具有明显的挑战资本的性质。就此而言，认同政治与阶级行动巧妙地汇合起来，或者可以说，在中国第二代农民工身上，认同政治成为阶级行动的一个有机组成部分。

通过对阿辛的生活斗争的详细记录，以及对珠三角工业区的民族志研究，我们希望帮助人们进一步认识人类的情感和苦难对于我们理解集体反抗或阶级行动的重大意义。就像最近华南地区的劳工罢工潮所展示的那样，在愤怒和不公平感的推动下，工人们已经在同一切话语的和结构的限制作斗争。作为新的阶级主体，第二代农民工现在开始起来反抗这个未完成的无产阶级化过程，反抗“逐底竞争”的全球化生产战略，反对他们在城市中不得不遭受的无根的生活体验，反抗加在他们身上的“农民工”这样的准社会身份。

注释：

[1] 请读者不要对本文讨论的中国新工人阶级同中国社会主义时期的工人阶级混同，后者在魏昂德（Walder 1984）的文章中被称为中国历史上的第二个工人阶级。第二个工人阶级是国家的产物，而我们这里讨论的新工人阶级是市场经济的结果。新老工人的差别，可参见：Lee（2007）。

[2] 2013 年国家统计局发布的全国农民工监测调查报告显示，中国农民工总数达到 26 261 万，其中外出农民工 16 336 万（http：//ww.chinanews.com/gn/2013/05－27/4858328_2.shtml）。

[3] 我们在深圳的研究得到了中国女工网络（CWWN）的大力帮助，我们于 2007 年夏天经其介绍认识了阿辛，之后开始了对他的一系列访谈，包括 2007 年 12 月在深圳的访谈，2008 年 4 月阿辛和他的工友在北京上访期间的访谈，以及 2008 年 5 月跟随他回河南老家的访谈。本文使用的资料还包括笔者与 CWWN 于 2005 年夏天在深圳一个工业园区对 350 名工人的问卷调查和 2006 年在东莞参与的一项对 655 名工人的问卷调查。

[4] 第二代农民工的一个特点是男性工人的迅速增加，这些男工有的上升到管理和技术岗

位，也有很低层次的岗位，如保安和临时工。由于自21世纪初以来华南地区工业城镇劳动力的缺乏，与第一代农民工相比，第二代农民工从事服装、电子、玩具和其他轻工业生产流水线工作的男性工人比例更高。

[5] 我们在本文采用阶级和阶级意识的概念，汤普森（Thompson 1963：289）是这样论述的："当一些人经历了共同的体验（无论是遗传的还是后天共同获得的）并因此感觉到他们之间的共同利益以及与他们与其他人的不同利益（常常是相对立的利益），并进一步把这种由共同的利益产生的身份表达出来时，阶级就出现了。人们的阶级体验在很大程度上是由他们所处的生产关系决定的——他们在生产关系中所处的位置可能继承自父辈，也可能是后天非自主地选择的。阶级自觉就是在文化意义上人们处理、反映这些经验的方式，它体现在人们的传统、价值系统、观念和制度等多种形式中。"

[6] 这种生活经验与城市中间阶层有显著不同，后者假定工业化和城市化会齐头并进。毫无疑问，当前中国正在经历快速城市化，但这个过程主要是由城市的地产资本驱动的。

[7] 森内特和科布（Sennett and Cobb 1972：36－37）认为，（被剥削）阶级受到的一个隐形创伤是在其日复一日的生活经验中形成的对自我能力的不信任感。个人被导向认为自己的无力感和不全面感带来的内心的焦虑是由个人原因造成的，虽然实际上在一个阶级分化的社会，个人被剥夺了控制个人生活的自由。

[8] 完整的故事参见 Pun（2005：chp.6）。

[9] 对于今天中国农村的年轻人来说，考上大学是跳出农门、落户城市并在其中能拥有完整的法律权利和潜在的经济优势的极少数途径之一。除了少数的精英外，多数的农民工由于他们在工业等级结构中的位置很难像其城市同事那样在城市平等地居住。我们在深圳和东莞调查过的1 000名工人中，大约75%只受过初中教育。与男工相比，女工上高中的机会更小，更不要说上大学了。

[10] 自由是指农民工在改革时代获得的各种各样的能力，比如迁移的自由、去城市找工作的自由和劳动力市场寻找雇主的自由，但不包括工人在涉及与生产或居住相关的事务上做出独立决定的自由。

[11] 资料来源：2006年10月于深圳的调查。

[12] 参见韩俊、崔传义，"农民工回乡创业热潮正在兴起"，《中国经济时报》，2007－12－27（5）。

[13] 当我们于2008年在阿辛的老家拜访时，他父亲一个人负担起家中五亩农地的所有农活，此外还要养猪，一个人支撑起一个七口之家：包括阿辛的奶奶、母亲、父亲、阿辛自己和妻子及两个孩子（一个3岁的女儿和一个1岁的儿子）。阿辛的奶奶和母亲也没闲着，她们都尽其所能一起帮忙养家糊口。

[14] 参见韩俊、崔传义，"农民工回乡创业热潮正在兴起"，《中国经济时报》，2007－12－27（5）。

[15] 资料来源：2006年12月在深圳的采访。

[16] 资料来源：2006年4月在东莞的采访。

[17] 参见《2006中国劳动统计年鉴》，中国统计出版社。

[18] 资料来源：2008年4月在北京的访谈。

[19] 参见2007年9月12日《南方都市报》。

[20] 参见2007年7月25日《南方都市报》。

参考文献：

方正伟，2003，《自留地：外出农民的最低生活保障》，《三农中国》(1)：41-44。

郭于华，2008，《作为历史见证的"受苦人"的讲述》，《社会学研究》(1)：53-67。

安东尼·吉登斯，1998，《现代性与自我认同》，北京：生活·读书·新知三联书店。

曼纽尔·卡斯特，2006，《认同的力量》，北京：社会科学文献出版社。

李培林、田丰，2011，《中国新生代农民工：社会态度和行为选择》，《社会》31（3)：1-23。

李强，2004，《农民工与中国社会分层》，北京：社会科学文献出版社。

刘衔华，2006，《春节返乡农民工心理健康调查》，《现代预防医学》(10)：1926-1927。

卢晖临，2011，《"农民工问题"的制度根源及应对》，《人民论坛》(29)：40-41。

罗霞、王春光，2003，《新生代农村流动人口的外出动因与行动选择》，《浙江社会科学》(1)：109-113。

裴宜理，2001，《上海罢工：中国工人政治研究》，刘平译，南京：江苏人民出版社。

阿马蒂亚·森，2009，《身份与暴力：命运的幻想》，李凤华等译，北京：中国人民大学出版社。

沈原、郭于华，2012，《新生代农民工出路何在》，《社会科学报》11-1（2)。

谭同学，2005，《乡村政治生态再生产及其社会文化逻辑——湘南水乡回访札记》，《三农中国》(5)，武汉：湖北人民出版社。

艾伦·伍德，2008，《新社会主义》，尚庆飞译，南京：江苏人民出版社。

严海蓉，2005，《虚空的农村和空虚的主体》，《读书》(7)：74-83。

余晓敏、潘毅，2008，《消费社会与"新生代打工妹"主体性再造》，《社会学研究》(3)：143-171。

Anita Chan (2001), *China workers under Assault: Exploitation and Abuse in a Globalizing Economy*, Armonk, NY: M.E. Sharpe.

Chris King-Chi Chan and Pun Ngai (2009), "The Making of a New Working Class: A Study of Collective Actions of Migrant Workers in South China", *The China Qurterly* (198): 287-303.

Craig Calhoun (1994), *Social Theory and the Politics of Identity*, Oxford: Blackwell.

Deborah S. Davis (ed) (2000), *The Consumer Revolution in Urban China*, Berkeley: University of California Press.

Tamara Jacka (2006), *Rural Women in Urban China: Gender, Migration and Social Change*, Armonk NY: M.E. Sharpe.

Ira Katznelso and Aristide. R. Zolberg (ed) (1986), *Working-Class Formation: Nineteenth-Century Patterns in Western Europe and United States*, Princeton, NJ: Princeton University Press.

Ernesto Laclau and Chantal Mouffe (1985), *Hegemony and Socialist Strategy: Towards a Radical Democratic Politics*, London: Verso.

Ching Kwan Lee (1998), *Gender and the South China Miracle: Two Worlds of Factory Women*, Berkeley, CA: University of California Press.

Ching Kwan Lee (2007), *Against the Law: Labor Protests in China's Rustbelt and Sunbelt*, Berkeley, CA: University of California Press.

Leung Pak Nang and Pun Ngai (2009), "The Radicalization of the New Chinese Working Class: A Casw Study of Collective Action in the Gemstone Industry", *Third World Qurterly* 30 (3): 551-565.

Ngai Pun (2003), "Subsumption or Consumption? The Phantom of Consumer Revolution in Globalizing China", *Cultural Anthropology* 18 (4): 469-492.

Ngai Pun (2005), *Made in China: Women Factory Workers in a Global Workplace*, Hong Kong and Durham, NC: Duke University Press and Hong Kong University Press.

Ngai Pun and Chris Smith (2007), "Putting the Transnational Labour Process in Its Place: The Dormitory Labour Regime in Post-Socialist China", *Work, Employment and Society* 21 (1): 27-26.

Sennett Richard and Jonathan Cobb (1972), *The Hidden Injuries of Class*, London: Cambridge University Press.

Chris Smith, Maria Daskalaki, Tony Elger and Donna Brown (2004), "Labour Turnover and Management Retention Strategies in New Manufacturing Plants", *The International Journal of Human Resource Management* 15 (2): 371-396.

Dorothy Solinger (1999), *Contesting Citizenship in Urban China: Peasant Migrants, the State, and the Logic of the Market*, Berkeley, CA: University of California Press.

Isabelle Thireau and Linshan Hua (2003), "The Moral Universe of Aggrieved Chinese Workers : Worker's Appeals to Arbitration Committees and Letters and Visits Offices", *The China Journal* (50): 83-103.

Edward Palmer Thompson (1963), *The Making of the English Working Class*, London: Penguin.

Yan Hairong (2008), *New Masters, New Servants: Migration, Development, and Women Workers in China*, Durham, NC: Duke University Press.

Andrew W. Walder (1984), "The Remaking of the Chinese Working Class, 1949-1981", *Modern China* 10 (1): 3-8.

Li Zhang (2001), *Strangers in the City: Reconfigurations of Space, Power, and Social Networks within China's Floating Population*, Stanford, CA: Stanford University Press.

以农之名：台湾战后农运的历史考察[1]（节选）

● 陈瑞桦[2]

本文旨在考察台湾战后“以农之名”所发起的社会运动，透过比较不同时期农运的原因及诉求来呈现当前农运的意义。本文指出，随着现代性的演变，农运的关注焦点逐渐从阶级转为环境；从原本对农民生产要素的保障及农业生产利益的分配，转而关注整体国民的粮食安全及地球的环境存续。在此转变过程中，土地在20世纪50年代作为生产要素而被争夺；70年代开始因为工业污染而出现“环境”的意涵；到了80年代后期，在台湾试图与新自由主义经济全球化秩序连结的导火线引爆下，农民长期以来累积的不满情绪，让阶级议题回返成为农运的主要课题，但在此同时，农地被理解为受到当局控制的人民财产而被要求开放自由买卖。到了2010年前后，在农地持续流失、生态环境剧变的险峻情势下，土地被当作农民受到政商联手掠夺的财产而被保卫，但在保障人民财产这项诉求背后，新农运的核心关怀是农地保存及农业重建。重建农业具有根本的重要性，正因为它所影响的不只是农民阶级和农业部门，同时也涉及到社会关系的重建与生态环境的恢复。然而这并不意味新农运将以普世价值或生态环境之名来掩盖农民的阶级利益，相反地，新农运试图将普世价值与个殊利益整合，将生态环境与阶级利益连结起来思考，以形成对抗发展主义思维及土地开发寻租的力量。

* *

① 本文来源：《文化研究》（台湾）第22期，2016年春季刊。

② 陈瑞桦，新竹清华大学社会学研究所。

一、 前言

什么是农运？它指的是农民运动、农业运动或农村运动？社会运动研究者通常将农运等同于农民运动，而非农业运动或农村运动；就如同工运指的是工人运动，而非工业运动或工厂运动。这种用运动参与者的职业身份来界定农运的方式，带着鲜明的阶级政治印记。农民，不只是农运的当然行动者，更是运动所涉及利益的直接关系人。

相对于农民运动，“农业运动”有时被用作政府推动的农业政策名称，由其推动的农村改造政策也不乏命名为“乡村运动”的例子，[1]在这些历史经验中，“运动”实为“政策”的同义词。但“农民运动”似乎很难被用来作为农业政策的名称，“农业大军”这种带有军事寓意的词汇倒是比较符合政策的用语。从上述词语的对照很容易就会推导生出一种语意的对比：“农民运动”是由社会部门发起、以农民为行动者的集体行动，背后的设想是以农民为运动主体；“农业运动”及“农村运动”则是由政府发动、以农业及农村为改造对象的政策，农民是计划构想中必须动员的客体。

（一）阶级利益与普同价值的辩证

以“农民运动”来界定农运，同时也就在象征层面上以阶级利益来界定集体行动的社会属性。这种界定农运的方式，连结了19世纪中叶以降从西欧发展起来的阶级政治观。它让我们关注农民作为一个社会类属，在台湾战后社会变迁过程中所经受的冲击及伤害，并且让我们得以考察在过往社会运动研究中被其他层面的斗争所掩盖的阶级面向。刘华真对1971—1983年间发生于台湾的环境抗争之研究告诉我们，台湾在70年代爆发的第一波环境冲突，源于农工部门之间对自然资源的争夺，然而这些抗争者的身份被呈现为“当地居民”，农渔民的阶级属性在环境运动“普世利益”的叙事中被隐没，而这样的抗争者身份再现方式是知识分子参与环境抗争、介入行动诠释的结果（刘华真2011）。如果将这些“环境抗争”视为广义的社会运动其中一种类型，那么从参与者的阶级属性来看，这些环境抗争其实是台湾战后先于“五二〇农运”的“农（渔）民运动”，只是他们并未明确地以农为名来扬起运动的旗帜。

如果将20世纪七八十年代的环境抗争与2010年前后的农运相对照，会得到什么样的理解呢？首先，在反国光石化、反农地征收、反抢水等运动中，农渔民是直接的利害关系人，也都涉及农工部门之间对于自然资源的争夺；其次，在这些运动中，除了农渔民，我们还看到许多学者及学生的身影，他们之中大部分并不具有农民身份，但却以“农”为旗帜、与农民相结合，发起了一场又一场的社会运动。如果80年代的环境抗争和2010年前后的农运都兼具了环境和产业两种属性，那么何以80年代知识分子的参与导致抗争者的农渔民阶级属性被隐没，而今日的知识分子却要“以农之名”来高举行动的旗帜呢？

如何理解这波农运，它所涉及的问题不只在厘清运动参与者的阶级属性，同时也涉及到社会运动历史性的理解。探讨农运是什么，其实也就是在探讨我们所处社会的性质、我们所处世界的境况及我们所处时代的特征。然而这场历史考察应该从何着手呢？考察当前“以农为名”的运动参与者所提出的诉求，是理解上述课题的起点，也是关键。

（二）农运与土地

在2010年前后于台湾发生的农运中，“土地正义”是极为鲜明的诉求，不论是新竹二重、苗栗大埔、彰化二林等地的反农地征收运动，彰滨地区因国光石化开发计划所引起的抗争，“土地”都是争议的焦点。将观察的时间拉长，在战后台湾，明确以“农”为名所发起的社会运动在80年代就已产生，然而80年代的农运所关注的也是“土地”问题吗？晚近发生的农运，与此前的农运有何性质上的差异呢？

既然“土地”是当前农运的争议焦点，而农运又具有揭示当前台湾的社会性质之作用，那么考察“土地”的意涵在不同时期农运中的转换，也就可以作为一把钥匙，用以理解当前农运所呈现的历史性。结合先前的说明，我们可以进一步追问：农运所彰显的历史性如何表现在土地争议上？“土地”，在什么情况下是阶级的？在何种意义上是普同的？阶级利益和普同利益的辩证关系如何在农运中展现？

本文将考察台湾战后到2012年为止不同时期“以农之名”所发起的社会运动，这些运动的发起者及组织者不必然为农民，但都“以农之名”来建构论述，并且都动员了农民参与其中。我们所要做的并不是说明个别农运如何组织及运作，而是要考察不同时期农运的成因、诉求及发展，透过不同时期农运的对照，思索当前在土地的旗帜下所进行的抗争，揭示了什么样的历史性？呈现出什么样的现代性转变轨迹？

二、台湾战后农运的演变轨迹

农运是现代国家与资本主义结合发展下的产物，它既是现代性发展的结果，也是现代过程所产生问题的表征。在工业革命及现代资本主义发展以前，“民变”的参与者必然包含众多的农民，这时区分某一“民变”是否为“农民民变”，并无助于界定此一行动的社会性质。然而随着资本主义的发展，农业面临工业的资源争夺，农村面对都会的竞合，农民具有不同于其他阶级的利益，这时“农运”也才有了独特的（sui generis）意义。

马克思在《路易·波拿巴的雾月十八日》中分析了19世纪中叶法国农民的状况，他认为：

> 小农人数众多，他们的生活条件相同，但是彼此间并没有发生多种多样的关系。他们的生产方式不是使他们互相交往，而是使他们互相隔离。……各个小农彼此间只存在地域的联系，他们利益的同一性并不使他们彼此间形成共同关系，形成全国性的联系，形成政治组织，就这一点而言，他们又不是一个阶级。因此，他们不能以自己的名义来保护自己的阶级利益，……他们不能代表自己，一定要别人来代表他们。他们的代表一定要同时是他们的主宰，是高高站在他们上面的权威，是不受限制的政府权力，这种权力保护他们不受其他阶级侵犯，并从上面赐给他们雨水和阳光。所以，归根到底，小农的政治影响表现为行政权支配社会。（马克思1995〔1852〕：677－678）

政府与农民的关系，随着资本主义的发展型态而转变。马克思的分析所对应的是19世纪欧洲的历史脉络，与21世纪初的台湾未必相符，但他对农民与政府之间关系的说明，却为我们提供了考察农运的线索。如果19世纪中叶法国的农民必须依赖政府保护他们，将政府视为自身利益的保护者，因此任由行政权扩张以支配社会，那么在20世纪和21世纪初的台湾，往往正是因为当局的政策作为无法保护农民，甚至是由于其政策作为使农民的利益受到侵害，才让农民组织起来捍卫自己的权益。正是以当局为抗争对象，人民才会旗帜鲜明地“以农之名”发起运动。

然而社会运动要能够发生，不只要有课题上的重要性，也必须要有条件上的可能性。战后台湾在1947—1987年间实施戒严，期间虽然也有以农民为主要参与者的集体行动，但都还只停留在地方民众抗争的层次，而没有“以农之名”来组织社会运动，一直要到1987年解严，才第一次出现旗帜鲜明的“农运”。然而此时的台湾，经历了四十年的发展历程，早已从一个农业为主的社会转变为工商业为主的社会，并且正在冷战末期的全球经济再结构过程中，积极寻求与世界贸易的主导架构接轨，而农业保护正是为了寻求与世界接轨而必须抛弃的筹码。此时的农业发展面对着与此前截然不同的历史性，农民同时面对着资本开发力量对农业资源的侵夺以及国外农产品的竞争。也因此，1987 年以降的农运发展是三重历史性交互作用下的产物：第一重是台湾此前的经济发展过程造成农业部门的整体衰微（农业经济在经济发展中的边缘化、农业生产环境的破坏、农业工作者及农村人口的老化），第二重是台湾在后威权时代的政治重构，第三重是全球性的资本主义积累体制的转变。

以下我们将依序回顾：（1）1987—1989 年的农民运动；（2）2002 年的一一二三与农共生运动；（3）2009—2010 年间的《农村再生条例》修法运动；（4）2010—2011 年间的反农地征收运动。[2]我们的考察重点如下：说明三农问题在不同时期如何成为社会运动的**原因**、不同时期的农运各自提出了什么样的**诉求**、谁是**运动主体**，并以上述问题的说明为基础进而分析这些运动的**社会性质**。

讨论这四项运动，并不意味着在 1987 年之前不存在以农民为主要参与者的集体行动，然而因为本文的主要目的在考察晚近农运所呈现的历史性，在此问题意识下，解严前的农民集体行动乃至日本殖民时期的农民运动并非本文所要阐述的重点，而只是作为说明农运性质转变的历史参照。无论如何，为了让解严后“以农之名”所发动的农运其性质及意义能够充分地呈现，在对上述四项社会运动分别进行阐述后，我们会简单回顾 20 世纪 20 年代日本殖民时期及 40 年代战后初期的农民运动，再进入农运历史性转变的整体分析。

（一）八〇年代末农运

1. 运动成因及诉求

1987—1989 年间，台湾发生了一系列的农民抗议行动，其中 1988 年 5 月 20 日在台北街头爆发激烈的警民冲突，让这一系列行动被归结在“五二〇事件”的名称下进入社会运动的历史。

这场农运的导火线是农产品进口问题。1987 年 12 月 8 日，面对当局开放水果市场当作平衡中美贸易的筹码，造成水果滞销、果价惨跌，由台湾中部东势、石冈、和平、卓兰、梨山、新社等地果农组成的“山城农民权益促进会”，动员了三千余名果农赴立法院请愿，是台湾战后“第一次大型的农民集体游行示威活动，首开日后农民运动的先河”（李疾 1988）。梨山农民权益促进会的代表和宜兰的农民代表提出三点诉求：（1）改善水果进口政策；（2）加强德基水库水土保持工作，解除在 1989 年以前砍伐集水区温带水果的计划；(3) 减免公有林班地百分之二十的果树代金。山城农民权益促进会的代表也提出几项诉求，包括尽速成立农业部，设立农业气象台，全面实施农保，限区限量限时进口水果，以及开放农地买卖使用之限制等（何明修、萧新煌 2006：90）。往后三个月，全台各地的农民相继成立了十四个农权会（李疾 1988：122）。

1988 年 3 月 16 日，山城农民权益促进会结合了其他农民权益促进会，再次于台北市发起抗议行动，对“中美贸易谈判”提出控诉。运动参与者聚集在美国在台协会、经济部国民党中央党部等地请愿抗议，除了各地农权会之外，并有工党、绿色和平工作室、环保联盟、进步妇女联盟、高雄后劲反五轻自救会、民进党立委助理、北区八所大专院校学生共同参与（何明修、萧新煌 2006：91）。抗议中提出了反对美国农业帝国主义的口号，并主张在“农、工、商并重”的原则下，让台湾的整体经济得到均衡发展（李疾 1988：123）。

历经 1988 年 3 月 16 日、4 月 26 日中部果农抗议美国农产品进口，5 月 16 日高雄县六百余位农民因省政府不同意高雄县政府提前办理农民健康保险而包围省政府，这一系列抗争到了 5 月 20 日升至高点，云林县农民权益促进会于台北举行“五二〇”大游行，全省农民权益促进会数千位农民参与（萧新煌 1991）。

“三一六”和“五二〇”分别代表了农运发展的两种不同路线。在“三一六”和“四二六”行动后，农运的领导干部形成两种不同的主张，一派认为应该下乡从事组织扎根工作以累积实力，另一派则主张以更激进的诉求和行动方式向当局施压。“五二〇”行动正是由抱持后一种主张的组织者所发起（李疾 1988：125）。根据钟秀梅的分析，1988 年的农运以“五二〇”行动为分界，之前的行动以《夏潮》和部分《美丽岛》杂志的知识分子及山区农民为主；而“五二〇”游行则以《新潮流》政团为主导，表现出较浓厚的政治色彩（钟秀梅 2011：28－29）。[3] 由此，在运动路线的差异之外，运动诉求的内涵也有所不同。

在“五二〇”游行之前，农运有三大目标：(1) 自主之农业政策；(2) 产销民主化；(3) 全面改造农会。在此三大目标下提出七项主张：(1) 要求政府当局订定明确的农业保护政策；(2) 全面实施农民保险；(3) 改革产销制度，防止中间剥削；(4) 急速防治工业废水污染农地，订定《农业资源污染防治法》；(5) 推动计划生产；(6) 提高农产品收购保证价格；(7) 废除水利会（钟秀梅 2011：28）。“五二〇”游行提出了七大诉求：(1) 全面办理农保及农眷保；(2) 降低肥料售价；(3) 增加稻谷计划收购量；(4) 废除农会总干事遴选办法；(5) 水利会纳入政府编制；(6) 设立农业部；(7) 开放农地自由买卖（萧新煌 1991）。对照两者，可以发现农民保险、农产品收购（价格或数量）、农会及水利会改造是两组诉求的共同点，在此之外，前者更关注于农业保护政策、产销制度改革、防治工业污染、推动计划生产等与农业经营环境的维护与改善相关的项目，而后者则更关注于农政部门地位提升、肥料售价、农地买卖等非着眼于农业经营环境维护的项目。在这些诉求中，特别要注意的是最后一项："开放农地自由买卖。"

2."五二〇农运"中的"自由化"

农地无法自由买卖，源于1930年《土地法》第三十条的规定："私有农地所有权之移转，其承受人以能自耕者为限……违反前项规定者，其所有权之移转无效。"此项规定于国民政府迁台后沿用。在50年代及60年代的工业化进程中，许多农业土地被用来盖工厂，为了防止工业扩张持续侵毁优良农地，1973年8月的行政管理机构决定，"嗣后农用良田，不得再行转作他用"；"兴办工业人不得使用一至六等则农田设厂"。同年9月，发布《农业发展条例》，其中第九条规定："地政主管机关核准农业用地变更为工业用地时，应先征得农业主管机关之同意。"

规定农地农有和农地农用，目的在保护农业发展的土地根基，但这也就意味着将农地从一般的商品范畴中排除出去，由当局以法令来管制其流通。然而在以农养工的政策影响下，农业劳动收益微薄，农家下一代往往无人接续务农，导致农业劳动人口日渐老化。另一方面，解严后对国民党治理体制的挑战中，农地限制买卖被理解为威权政体对人民自由的钳制，因此农地去管制也变成反威权、争自由的一种表现。农民在经济发展过程中所感受到的不公平对待，结合上当时台湾社会亟欲推倒威权政体的各项管制，使得农地开放自由买卖成为五二〇农民运动的诉求之一。

农运中出现开放农地自由买卖的诉求，从更大范围来看，事实上是在后解严时期整体"自由化"运动中的一个环节。由于自由化运动的目的在推翻威权体制施加于社会之上的各种管制，从而不只是在政治上，并且在经济上都以"自由化"为诉求及目标。政治自由化与经济自由化在此找到了共同基点，在甫解严的台湾表现为具有矛盾性格的农民运动。其矛盾性在于，农运的导火线是开放农产品进口，而开放农产品进口是当时的中华民国政府在美国里根政府贸易制裁[4]压力下所做的让步，换言之，也就是台湾为了与美国推动下的新自由主义全球化政经秩序接合所让出的筹码。[5]台湾农民提出限制水果进口的主张，却同时主张开放农地自由买卖，也就相当于在反对新自由主义政经秩序的同时，要求按照经济自由主义的逻辑，让农地成为可以自由交易的商品。

“五二〇农运”终究没有扭转农产品开放进口的世界贸易游戏规则，但却为新自由主义经济秩序与农运之间的矛盾关系悄悄地揭开了序幕。悄悄地，是因为这项矛盾在解严后台湾追求自由化的社会潮流中，根本不被运动组织者及研究者所注意。彼时，研究者关注的是长久被威权政体所支配的人民如何成为行动主体，以及社会运动如何能够开展和持续。

3.“五二〇农运”的性质

“五二〇农运”清楚地标举了农民权益的旗帜，甚至以“农权”作为运动组织的名称。对于这场运动的社会性质，萧新煌（ibid.：82）曾有如下的评论：

> 自1987年底至1990年夏这两年多的农民运动，其最大特色是经由动员小农长期以来对农业政策不满的心理与情绪，转变之而成为一种基于“受害者意识”的集体抗议行为，抗争对象是农村社会以外的统治机器。

然而农民是否能在运动之后维系能量，并透过组织行动在社会变迁过程中成为扭转自身命运的行动主体呢？当时学者的看法毋宁是有所保留甚至是悲观的。萧新煌认为：“如果农运团体不将农运场域从城市转回农村，那么小农性格的蜕变契机将无法保固和持续。”（ibid.：89）要将农运场域转回农村，是因为农运还有另一重要使命：“农村社会内部的改造。”（ibid.：86）这不只意味着在都会区动员抗争之外必须回到农乡在生产场域组织农民，这同时也意味着农运涉及的不只是农民的阶级利益，还涉及到农业的存续与农村的兴衰。但在当时的时代脉络中，学者关注的焦点主要还是在于“社会改造”，农村改造被看成是政治民主化的一环。

对于农运的未来，除了萧新煌提出社会运动的性质诊断，赵刚也从历史发展趋向提出了如下的判断：

> 从世界体系的层次来看农运，则无论频率、规模和影响力都已到了日薄西山的境况。对照这个没落中的世界农运的大环境，台湾农运的黎明曙光，可能也是日落余晖。（赵刚 1989：213）
>
> 就台湾特殊的历史与社会脉络而论，作为当今解严后众多社会运动一支的农民运动，可以说有历史上与结构上的必然性。但是，如从台湾今后阶级与政党关系的重构，与世界农运史的角度来看，台湾的农民运动将不会像工运、学运、环保运动，甚至妇女运动一般“方兴未艾”。长期而言，农运的前景将是黯淡的。（ibid.：223）

在80年代末，赵刚认为农运前景将是黯淡的。如果经过二十年后，农运在台湾获得了新的动力，那么重要的并不是质疑个别研究者于二十年前针对当时社会状况所做的判断在今日是否仍然适用，而在探讨社会条件、生存环境以及由这些条件及环境所蕴生的集体行动，产生了什么样的变化。

（二）“一一二三与农共生运动”（略）

（三）保障财产与保存农地《农村再生条例》修法运动（略）

（四）社会发展与土地正义：反农地征收运动

《农村再生条例》因为各方的努力，挡下了具有争议性的条文，解除了想象的农地流失危机。但就在此同时，真实的农地流失危机却随着各种产创科技园区的开发案而在台湾各地不断上演。在新竹竹东二重、苗栗竹南大埔、苗栗后龙湾宝、台中后里、彰化二林相思寮等地方，民众反对开发计划征地的抗争一个又一个地出现。农运在这里撞上了以经济发展为理据、以“科技园区”为名号的土地开发模式。

1. 运动成因：土地征收

2010年6月9日苗栗竹南大埔怪手毁田事件，引发许多学生和民众的义愤。台湾农村阵线发出“一方有难，八方来援”的号召，并将原本分散各处的地区性反征地抗争联合起来，汇聚成震动全国视听的反农地征收运动。在农阵的组织下，全台各地十二个自救会组成“捍卫农乡联盟”，于7月17日举办“土地正义/圈地恶法立即停止”凯道守夜行动，并提出三大诉求：停止圈地恶行、修改《土地征收条例》、召开全国农业与土地会议。

“七一七”行动之后，多处土地征收个案因此有了转圜，然而《土地征收条例》迟未修法，台湾农村阵线因此于2011年7月16日再次发动农民团体及关心农业议题的民众重返凯道，喊出“坚持土地正义，力抗抢水圈地”的诉求。

整体而言，抵抗政府以各种园区之名进行土地征收，是这波农运兴起的主要原因，大埔怪手毁田事件的背景正是因为“竹科竹南基地周边地区”开发计划划定154公顷开发范围进行区段征收。然而各项园区计划何以大行其道？这样的地方发展政策形成的原因多端，台湾农村阵线的林乐昕与蔡培慧提出了大要的说明：

混合着实质民生经济的新挑战、对“都市化”、“科学园区”、“产业园区”

的向往、政府财政困难等要素，执政者面对农村与农业深层难解的问题，最有效且多合一特效药，就是复制“特区发展”模式，换言之，悄悄地将农业与农村在发展过程中所遭逢的难题，曲解为欠缺发展的难题。然而当台湾经济面对新自由主义全球生产基地的转移缺乏对策之际，遍地开发的特区模式就远离了它自身的开发目标，摇身一变成为政商炒作的鱼肉。（台湾农村阵线 2012：14－15）

在这些案例中，被征收居民发起抗争，主要是为了保存父祖留下的土地，并维持既有的生活模式。[6]台湾农村阵线投入协助农民进行抗争，一开始是以人民财产权的保障为主要理据，将普遍人权与个别利益连结起来；运动目标则是修改《土地征收条例》，要求土地征收必须符合五项前提要件：公益性、必要性、比例性、最后手段、完全补偿，并以民众参与为必要之行政程序（徐世荣 2012：9）。之所以要求修改《土地征收条例》，是因为“农阵与农友坚信，个案的解决不是胜利，唯有扩大团结，修改《土地征收条例》、终止圈地恶法，才是行动的最终目标”（台湾农村阵线 2011）。[7]

2.《土地征收条例》修法

连续两年的凯道集会促成了《土地征收条例》修法。2011 年 8 月，行政管理机构将官方版《土地征收条例》修正草案送立法机构，但该修正草案中并未纳入农阵所提民间版本的诉求。12 月 12 日，立法机构针对《土地征收条例》修正草案进行朝野协商，当晚台湾农村阵线、捍卫农乡联盟各地自救会以及声援团体，第三度集结于凯达格兰大道，表达“土地正义不容妥协”的决心。农阵提出六项坚持，包括：贯彻优良农地保护、建立实质公益性与必要性评估标准、建立实质参与机制、完全补偿、明确安置规范、矫正区段征收恶法等（王颢中、陈韦纶 2011/12/13）。

12 月 13 日，立法机构场外抗议行动持续，场内至晚间三读通过《土地征收条例》。最后大体按照政院版本通过三读，但修订后的《土地征收条例》包含了如下内容：

——兴办公益事业应尽量避免耕地及优先使用无使用计划之公有土地或公营事业土地（第三条之一）。

——特定农业区农牧用地，除零星夹杂难以避免者外，不得征收。但防务、交通、水利事业、公用事业供输电线路使用者所必须或经行政院核定之重大建设所需者，不在此限（第三条之一）。

——兴办事业征收土地时，应依社会、经济、文化及生态、永续发展等因素评估兴办事业之公益性及必要性，并为综合评估分析（第三条之二）。

——需用土地人于事业计划报请目的事业主管机关许可前，应举行公听会，听取土地所有权人及利害关系人之意见。特定农业区经行政院核定为重大建设须办理征收者，若有争议，应依行政程序法举行听证（第十条）。

——征收土地或土地改良物前，除国防、交通或水利事业，因公共安全急需使用土地未及与所有权人协议者外，应先与所有权人依市价协议价购（第十一条）。

——区段征收范围内得规划配设农业专用区，供原土地所有权人以其已领之现金地价补偿费数额申请折算配售土地，作为农业耕作使用（第四十三条之一）。

虽然上述条文加强了对于农地及土地所有权人的保护，但台湾农村阵线认为此次修法仍有几项严重缺失。这些缺失大体也就是政院按照自身版本通过可能会遭遇的问题，因此批评的理由在台湾农村阵线于立法院修法前（2011/12/14）所公布的《土地征收条例现行条文、民间版草案、行政院版草案对照表暨逐条说明》中便已叙明如下：

(1)“特定农业区不得征收”，但又规定“行政院核定之重大建设所需者，不在此限”。农阵认为：“以当前‘国家重大建设’认定标准之模糊、个案之浮滥，如此规定不啻掏空本项之立法目的，日后任何开发案仅需裹以‘重大建设’之外衣，即可长驱直入特定农业区。”

(2) 征收所按的市价将由政府部门的地价评议委员会评定（第三十条），而非第三方不动产估价师。农阵认为：“政院版所称之‘市价’，仅是换了一副面纱，其内涵与现行估定土地价格与征收补偿地价之方法毫无二致，……订价权仍归属于公正性、专业性不足之行政机关手中，难以客观精准估算真实之‘市价’。”

(3) 原本要求征收审议委员会中专家学者及民间团体代表的比例不得少于2/3，原本政院版本并未做此规定，之后妥协为1/2（参见第十五条）。

(4) 原本要求“安置无屋可住者”，则妥协为“征收公告一年前有居住事实之低收入户或中低收入户人口”需有安置计划（第三十四条之一）。农阵认为，“人民因征收而致无屋可居，实属为公益所受之牺牲，国家对其之安置不应另以居住年限或所得水平作为筛选标准”。并且，“以现今社会房价之高昂，许多所得水平仅略高于中低收入户之家庭，在骤然失去栖身之所后，欲另觅新屋或租屋，其负担实不可谓之不沉重。故土地征收条例实不宜以僵硬刻板之法条文字，过度限缩得受安置之被征收人之资格，剥夺被征收人受妥善照顾之机会”。

总体而言，台湾农村阵线认为，成为修法依据的行政管理机构版本：

> 仅将修法重点着眼于征收补偿地价，对于民间大声疾呼之应建立合理之征收公益性、必要性衡量标准与民众参与机制之诉求，却恍若视而不见，包括明定公益性评量之项目及标准、必要性之具体认定标准，听证会之制度、土地征收审议委员会民间代表之比例与遴选机制等，均拒不采纳，……似乎认为近年来从相思寮、大埔等地所延烧之反土地征收行动，只需透过“提高补偿价格”的方式即可解决，不思反省浮滥之都市计划及工业区开发计划与土地征收之间的关联性，如此心态不仅颟顸，更隐然视人民近年来之行动皆是为财而为，无视人民保家守土、维农护粮之决心，贬低人民，扭曲民意，莫此为甚。

并非“为财而为”，而是为了“保家守土”、“维农护粮”，这就涉及行动者对于“土地”意义的不同界定。对于土地所形成的不同价值设想之间应该如何取择，也就是“土地正义”这个口号所要讨论的课题及诉求的主张。

3. 运动诉求：土地正义

“土地正义”是反农地征收运动中的重要口号，这个口号的内涵是什么呢？在这波农运中积极捍卫农民权益的徐世荣，在他和同侪廖丽敏写作的文章中，引用人文地理学者 John Agnew 的说法指出，土地包含了三个层次的意义：(1) 客观的自然及社会空间：物种生长环境；(2) 主观的地方认同：作为情感认同空间；(3) 总体经济及政治结构环境下的区位空间：作为生产要素（徐世荣、廖丽敏 2011：411）。转化成社会行动，第一个层次对应于环境保护与生态保育，第二个层次对应于生活空间的维护与创造，第三个层次则是空间及自然资源的开发利用。在经济发展思维下的土地使用，往往只关注第三个层次，从而排挤了其他两种价值。关注土地开发价值的行动者，为了要排除抱持不同价值的行动者之抵抗，最稳妥的方式便是让公权力介入协助排除投资障碍，这就演成了政商联手圈地的戏码。面对此一危机，徐、廖两人的主张是：“不论是经济空间抑或是自然空间，政策上的决定必须要将当地民众的主观认同放置于优先的地位，让他们在冲突的论述当中来决定土地或是空间的方向。”（ibid.：411）综言之，“土地正义”要求当土地面临不同使用方式的抉择时，特别是新的开发计划试图改变既有使用方式时，必须让其他的价值能够获得表达和纳入决策考虑，并对处于最不利地位的人提供最大限度的保障。

反农地征收运动的直接对手是各种以园区为名的经济开发计划，背后有地方政府以“科技产业”来带动地方经济发展的惯性思维，还有以“产创园区”来谋取土地开发利益的实践，以及将经济发展作为最重要价值的“发展主义”意识形态。发展主义为各种开发计划提供意识形态基础，让变更原有农渔生产或破坏自然环境的土地利用方式在道理上说得过去。[8]无论如何，如果是基于公众福祉来追求“经济成长”，因此积极寻求设立科技园区，这时不同位置行动者的分歧点在于观点的不同，而观点是可能随着对于问题理解程度的增加或是因为环境的变动而改变的。然而从既有的土地开发经验来看，其实农运所面对的问题并不只是发展主义的意识形态，背后还有觊觎土地开发利益的政商投机分子，这群人不仅希望在土地开发中谋取利益，甚至不惜以竭泽而渔的方式寻租。[9]往往正是后者，让公共福祉的论证说理或是生命经验的感受体察无从发生作用，让已经产生诸多问题的开发计划继续执行。

4. 反农地征收运动的性质

不同于农再条例修法运动时，台湾农村阵线还只是少数知识分子自我组织所集结起来的群体代称，在反农地征收运动中，农阵逐步发展成一个连结了大学院校中关心农业议题的社团或群体的组织，让以大学生和研究生为主的农青成为后续运动的重要组织者。不同于农再条例修法运动中，仓促集结的知识分子前往各地办理说明会以“唤醒”农民；在反农地征收运动中，土地被征收的民众是直接受害者，台湾农村阵线则扮演组织者，协助各地反征收的自救会形成“捍卫农乡联盟”，让原本怨怒无从被了解的农民得以一起站上凯道，形成一个共同的运动主体来发声。不同于农再条例修法运动时，必须将抽象的法案内容转译为可想象的描述；在反农地征收运动中，怪手毁田的影像以最直接的方式震惊许许多多的民众，激起众人的义愤。对于粗暴施政的愤怒，促使许多人现身在台湾农村阵线所组织的抗议活动中，这时参加农运不必然是因为认同保存农地及重建农业的诉求，而是因为当局的作为触犯了人民的道德认知。

在这场新农运中，台湾农村阵线位于组织核心，与农乡自救组织长期持续地携手奋战，但农民并非被知识分子动员的客体，而是与知识分子结盟的运动主体。在台湾农村阵线及农乡自救组织所形成的“捍卫农乡联盟”之外，是受到农阵号召而参与大规模集会活动的义愤者及理念认同者。这场运动不只组织了农民参与，并且将一些原本并非农民的运动参与者转化成“农青”。这是一场以知识分子及农民为共同主体，并由此创造出“农青”的新农运。

（五）小结：台湾农运的演变轨迹

以上我们回顾了80年代以来所发生的四种农运，为了更清楚地说明这几场农运所体现的历史性，我们要将观察的时间点往前延伸到日本殖民时期，从阶级、环境、土地这三个面向，整理台湾自20年代以来的农运所呈现的演变轨迹。

日本殖民时期农民运动的起点是“二林事件”。“二林事件”的导火线是林本源制糖株式会社压低甘蔗收购价格，促使农民于1924年4月要求提高甘蔗收购价格，进而在文化协会理事李应章医师的领导下，[10]于1925年6月成立“二林蔗农组合”，提出“甘蔗收购价格提高”、“蔗农参与甘蔗价格决定”等要求。台糖公司拒绝要求，并于当年10月聘雇临时工人，在日警保护下强行采收，因而引起农民反抗，产生暴力冲突（蔡文辉1997：58－59）。

收回放租土地是日本殖民时期爆发农民运动的另一项重要原因。日本殖民政府于1925年对日籍退职官员放领土地，申请者六百六十多名，放领土地面积四千余甲，引起土地被掠夺农民的反抗，其中以大甲郡大肚庄及上南州虎尾郡仑背庄的抗争规模最大（Ibid.：52）。此外，凤山地区佃农抗议陈中和新兴会社预备收回凤山街放租土地，由此倡议成立凤山农民组合。佃农于争议期间向前公学校教员简吉请益，并在成立农民组合时推举简吉为组合长，简吉因此开始正式参与台湾农民运动。简吉表示：“我们设凤山农民组合的动机，为要解决这地方的土地问题起见的。因为有了这个组合才促进了台湾各地渐见农民组合的设立。”（Ibid.：84）

“五二〇农运”并非战后台湾第一次发生以农民为主要参与者的社会运动。根据徐世荣、萧新煌（2001）的研究，早在1947、1948年间，由于台糖公司强制将接受自日本殖民政府的农地撤佃收回自营，导致许多糖厂所在地区如溪湖、埔里、虎尾、后壁林、高雄等地区都发生承租土地耕作的佃农群起抗争的事件。

20世纪20年代的农民组合及40年代的农民抗争之所以产生的原因，或是由于争取生产利益的公平分配，或是为了捍卫耕地或耕种权利免于被政权所侵夺。面对政治经济复合权力的压迫，抗争的主要目的在捍卫农民的阶级利益。这个阶段“土地”是农民的生产要素，但不必然具有财产的性质；对于佃农而言，抗拒承租土地被收回并非为了保障自身的财产权，而在于保障其工作权与生存权。

70年代的环境抗争以环保及生态等普同性价值作为运动诉求，虽然这些集体行动兼具了地方运动、环境运动、阶级运动等三种不同的性质，但其阶级面向被包裹在环境抗争中而被遮蔽。这里的遮蔽，并非表象与本质的关系，因为环境抗争并不只是表象，而是这些运动所具有的各种性质之一。知识分子介入这些抗争事件，其目的并非以普同利益替换阶级利益，而是因为抗争的根由本身就已包含了与阶级利益不同的性质。农民投入抗争事件，并不是因为生产利益被剥削、耕作土地被夺取，而是耕种的土地在工业污染下丧失了生产粮食的能力。然而在当时的社会条件下，农渔业的生存基础及农渔民的阶级利益并没有成为主要的抗争理据，这些问题被包裹在环境保护的议题中。从今天回看，农渔业生产环境遭受污染的社会性质被遮蔽，也让我们将农运与环境运动区分开来，将农运限缩在与阶级利益相关的课题中，从而当农业存续的基础于后续历史过程中受到严重侵害时，包含官员及运动者在内的许多社会成员仍然从阶级利益及社会正义的角度来思考，以补偿的方式来解决农民的利益损失，而非从环境保护的观点来思考农业存续的问题。要到晚近的农运，人们才意识到农业问题其实并不只是阶级问题或农业部门的问题，同时也是整体生存环境的体系性问题。

80年代解严后的农民运动，以农产品开放进口为导火线，以争取经济利益的公平分配为指向，在解严后的政治自由化风潮中爆发。这一阶段的农运是以农民为主体的阶级运动，但这项运动很快就被吸纳到以反抗国民党威权政体为主轴的政治运动中。此时的“土地”，被理解为具有生产力的土地，然而土地所生产的农作却面临农业市场国际化的挑战。另一方面，在“农地农有，农地农用”的政策管制下，农地不能自由买卖，成为不能自由处分的“财产”，从而被视为对于农民的束缚。就当时的情境来看，争取农地自由买卖，所要争取的实为“自由”，而非“买卖农地”。台湾农民及农业在80年代末期所遭遇的真正挑战，并非威权政体的管制，而是既有的农业营作在台湾积极争取连结到新自由主义全球化秩序的过程中受到威胁。提出“农地自由买卖”此一诉求，正表现出在80年代末期台湾政经情势下的矛盾：一方面在面对当局试图连结新自由主义全球化的经济秩序时，反对其以开放农产品贸易作为代价；另一方面，在对抗威权政体时，将“政治自由主义”与“经济自由主义”混同在“自由化”的主张中，甚至将经济自由化作为争取广义政治自由的一种策略，因而主张取消对农地买卖的管制。农业部门，是应该予以保护以抵拒国际竞争的特殊部门；农地，却是应该开放自由买卖的一般商品。

2002年的“一一二三与农共生运动”，与“五二〇农运”一样，是在岛内与国际双重的政治经济秩序再结构的过程中发生。民进党当局试图整顿农会信用部，固然是为了整顿金融秩序，但同时也有在执政后重构地方政治基盘的用意。然而农渔会信用部重整却挑动了农民因为加入 WTO 所累积的种种不满情绪，使得全体农渔会自救会得以进行大规模的动员。从行动者的意图来看，“一一二三与农共生”是农渔会动员农渔民来维系自己的生存，但放在整个国际政经秩序再结构的大背景中来看，这场运动其实是农业部门捍卫自身独特性的反金融兼并行动，同时也是农民对当局以牺牲农业部门的利益为代价加入 WTO 所进行的抗议。然而由于发起单位念兹在兹的是农渔会信用部的存续，农渔民在新自由主义全球化的潮流中所遭遇的困境，也就只是农渔会得以成功动员的原因，而没有成为农渔会试图处理的问题。

从 1987 年前后的农民运动，到 2002 年“一一二三与农共生运动”，这两项运动是农业部门在当局连结新自由主义全球化过程中所累积的不满情绪之爆发。无论是“五二〇农民运动”，或是“一一二三与农共生运动”，都是以农民为主要参与者，以农民的阶级利益为主要诉求。但与 20 年代农民组合及 40 年代抗议回收佃权不同之处在于，20 世纪上半期的农运，抗争原因是农业部门内部的利益不均分配，即便是政权夺取土地资源，也并非为了将农业部门的土地资源转拨给工业部门使用，而是为了将农地耕作权移转给不同的群体，从而农民抗争的原因，在保障自身的生存权益，而无关于农业的存续。然而 80 年代以降的农运，所涉及的不只是农民的阶级利益，同时也涉及台湾农业部门在开放国际市场竞争之后如何存续的问题。

台湾自 2008 年开始的农运，不论是参与者、组织方式、运动诉求、行动目标、行动愿景，都与此前农运有了很大的不同。新农运的行动者以“台湾农村阵线”[11]为名，在此名义下，结合了学者专家、学生、在地社团，并与各地农民抗争组织形成结盟关系。诚然此前每一场举起鲜明旗帜的农运都有知识分子参与其中，但晚近的新农运与此前农运不同之处在于，运动主要的组织成员并非农民，而是学生、学者、律师，其阶级利益与运动成败并无直接关系。它与在地农民抗争组织并非上下从属关系，而是连结成网络的伙伴关系。在这个农运网络中，“台湾农村阵线”是最重要的节点，分散在各地的农运组织正是透过“台湾农村阵线”而形成结盟网络。这波农运接合了阶级利益与普同利益，透过保卫人民财产权来避免农地流失，透过提出“土地正义”的口号，将土地情感与环境保护、生态保育等不同面向联系起来。这波农运诉求的不是让农民能够卖地，而是让农民能够种田；它以总体性的观点来看待农业问题，不只循着阶级政治的理路来架构运动，并且从所有权保障、粮食安全、情感认同、环境生态等多种论述共同来界定农运的意义，将阶级利益与个人权益、人地关系与社群福祉、环境保护与农业存续等不同层面接合在一起。

不同于“五二〇农民运动”由农民组织起来保障农民的阶级利益，不同于“一一二三与农共生”藉由农民的名义来保障农会的组织利益，这一波农运的核心关怀在保卫及重建台湾的农业。它的核心不是阶级意义下的“农民运动”，不是社造意义下的“农村运动”，而是以保护农地为目标、以重建农业为愿景的新农运。

三、从新农运考察现代性的转变

在考察了台湾农运的演变轨迹之后，本节将从开发与发展、体系和土地这两个面向切入，探讨农运所揭示的现代性转变。为了更清楚地呈现晚近农运与这些课题的关联，第一小节会先简要地回顾反国光石化这场同样有许多大学生参与，并且学生参与者与农运中的“农青”高度重叠的运动，由此带出“发展”的课题，探究“地方发展”的根本意义。接下来第二小节会先说明社区营造关于地方发展的体系思想，再将社区营造的社群系统观与新农运的生态系统观相比较，结合社会关系及生态平衡这两个面向来说明新农运保存农地、重建农业的意义。在上述两个面向的说明之后，接下来说明新农运的三种连结趋向：首先在第三小节我们将从组织小农、号召农青这两方面来考察当前新农运重建农业的指向及组织方式，进而在第四小节说明新农运如何接合另类全球化运动的理念及组织网络，最后在第五小节以2013年农运与反迫迁运动的连结为这项历史考察暂时画上句点。

（一）开发与发展

1. 农运与环境运动的叠合

2008年，国光石化开发单位决定撤回原本以云林为基地的开发计划，转而以彰化县大城乡为基地来规划八轻设厂。随着环境影响评估审查逐步进行，彰化县环保联盟于2010年初发起了“收复湿地、还我河口”的网络联署，进而发动“浊水溪口海埔地公益信托”行动，由此展开国光石化撤案运动。6月，反国光石化运动的参与者扩展到文艺界及学者专家；9月，台湾农村阵线夏耘访调营二林·王功小组发起“青年反国光·挺渔民公交车行动”；10月，夏耘农村草根调查二林王功小组、相思寮后援会、反中科热血青年、学生监督环评网、清大环境议题小组、交大农学小组等学生青年团体发起反对国光石化开发联署行动；11月，彰化县环保联盟发起“石化政策要转弯，环保救国大游行”，共有地方民众、学者、艺文人士、学生、公民团体等共约八千人参与。[12]

在一波波动员过程中，各大学的学生以台湾农村阵线夏耘访调营学员为基础，组成了“青年反国光石化联盟”，在环保署于2011年1月27日召开第四次项目小组会议前，举办了“国光石化决战时刻　百万青年站出来!”晚会暨守夜活动。组织活动的学生们写了一篇宣言《这是你我共同的责任……》(青年反国光石化联盟2011/1/23)，文首有着如下的文字：

> 当政府与财团填平大城湿地，我没有意见，
> 我又不是白海豚，我又不住彰化，
> 那是中部人的事；
> 当国光石化的环评强渡关山，我没有反对，
> 就算蚵仔、鸡鸭、稻米都死光光，那是农渔民倒霉，
> 总有环保团体会去抗争；
> 直到国光石化开始运转，
> 我喝着污染的毒水，吸着致癌的空气，
> 再也吃不到干净的蔬菜、奶蛋、鱼肉、蚵仔与米饭，
> 我弥留在安宁病床上，
> 再也没有人能替我说话了……

文末写着“青年的三大诉求”：

> 1. 八轻国光石化，立即直接撤案!
> 2. 保障农渔永续，守护粮食安全!
> 3. 捍卫全民资产，划设国际湿地!

在上述文宣及诉求中，阶级利益并未成为主要的论述理据，被提出作为论述主轴的是粮食安全。生态保育、环境保护、农渔生产、粮食安全等课题被联系起来。“土地”，在这里转换成“湿地”，是“环境”的同义词，它不只是生产要素，同时也是包含人类在内的万物赖以生存的环境。

2011年1月27日的环评项目小组第四次会议并未做成决议，而是要求开发单位补充、修正原计划后再审。4月21、22日项目小组第五次会议，环评小组做出“否决”

及“有条件通过”两案并陈建议，马英九随即于4月23日宣告，要求行政管理机构促请国光石化最大股东中油在股东大会上明确表态，不支持国光石化在彰化大城地区继续兴建。马英九并表示，未来将在大城湿地设立湿地自然公园。这项宣告为反国光石化运动画下阶段性的句点。

2. 发展与发展主义

从反国光石化到反农地征收，曾经参加台湾农村阵线所举办夏耘营队及访调的服务员及学员一直是重要的参与者。对于这些来自各大学院校的学生而言，反国光石化和反农地征收并不是两项平行无关的运动，而是保卫环境与重建农业这个整体运动的不同战场。几位积极参与农运的青年在一次研讨会中提出了如下的感想：

> 我真的觉得我们很幸运，从“七一七土地正义”夜宿凯道，到“一二七”、“四二一”的反国光战役，我们一行动事情就有好的改变，一行动就是社会的焦点，而且获得高度社会支持。就像J说的“打的仗从来没输过”。
>
> 但这种一直打顺风球的状态，还蛮让人戒慎恐惧，因为这真的不是运动的常态。（黄裕颖、林乐昕、周秀桦 2011）

让青年学生得以打出顺风球的风究竟是什么？怎么吹？公民社会广泛而积极的动员确实是让国光石化在大城湿地的设厂计划撤案的重要力量，但在这里我们要进一步讨论的是，何以公民社会能有如此广泛的动员？再者，过往许多环境运动同样有相当广泛的社会动员，但却未必都能得到开发部门及当局的让步，何以反国光石化运动可以成功？何以大埔、湾宝等地的反农地征收可以得到当局的让步？这是否意味着台湾以经济发展为优位的政策实践已经有了转变？

在资本主义世界体系中，评断当局施政绩效的重要判准之一是能否促进经济发展。然而一旦经济发展被视为最重要的价值，所有其他的价值就都必须要让位。为了促进经济发展，当局给予投资者以各项优惠，为其排除障碍，使其得以降低生产成本。被外部化的生产成本，则由全体公民乃至世界整体来吸收。“发展主义”，正是这种以经济发展为优位的意识形态及政策实践。当一个社会以经济发展为主导意识形态时，虽然公民团体的政治压力有可能阻挡不当的开发案于一时，却不会改变以经济发展为导向的思维及实践。

那么发展主义的思维及实践，究竟在何时会失去正当性呢？“发展主义”是从民族国家立场出发的经济政策主张及资源配置。归根究底，这些政策所要发展的，是民族的未来。如果经济发展不能挽救未来，反而加速社群的崩毁，那么发展主义的行动逻辑就必须被改变。发展主义的思维及实践得以改变的关键，正在于支撑“发展”的环境系统面临崩毁的危机。[13]

在国光石化进行环评的争议期间，监察事务主管部门曾于 2011 年 4 月 6 日提出调查报告，指出彰化云林地区因为可供应的地面水源不足，“实不应再导入高耗水产业”，例如耗水量达每日四十万吨的国光石化，否则当地地层下陷问题将持续恶化。[14] 在此之前，水利工程专家李鸿源[15]也曾在幕僚会议上向马英九建议，彰云地区没有足够用水，又有地盘下陷问题，应从土地规划的观点重新思考国光石化开发问题。[16] 经贸背景出身的副领导人萧万长对国光石化案一直全力支持，他不止一次与民间股东和经理人会晤，传达“非做不可”的政府立场。[17] 但在 2011 年 3 月 11 日本仙台震灾发生一周后，萧万长接受记者访问时却表示：

> “人类已经走到不能一直想要跟大自然挑战，漫无止境耗费能源的地步”，经济需求与环境保护如果不能做到兼筹并顾，“可能经济发展要让步，永续的环境要优先”。但是，政府不管做任何政策，都要先有准备。[18]

4 月 16 日，马英九对国光石化案所引发的争议表示，“未来几个月环评会有新的发展和决定，政府也在思考如何能兼顾经济发展和环境保护，当不能兼顾时，应该以环境保护优先”。[19] 所有这些由官员和领导人传递出来的讯息，都透露了风向。

何以领导人会要求国光石化撤案？因为从其视角来看，发展是民族的发展；经济发展是社群发展的重要面向，但前提是乘载生命、生活、生态的环境系统仍然存在。如果国光石化的设厂将使云彰地区的环境崩毁，那么预期经济收益再大都没有意义。

同样地，如果农地的保存只是因为情感因素，即便重要，仍无法阻挡开发的力量。一旦农地保存与粮食安全联系在一起，农地保存就不再只是农地所有者的问题，而是安全问题。经济发展对于促进社群繁盛的作用，是发展主义思维之所以具有正当性的根本原因。在社群繁盛的前提下，以牺牲环境来换取经济收益被当成是必须付出的代价。然而一旦生态系不只遭到破坏，甚至已经面临崩毁危机，那么生存在此环境中的社群也要随之瓦解，发展主义的论述也就失去正当性。

3.“地方发展”意味着什么？

“地方发展”是地方政治人物主张开发计划的重要理据，也是民众之所以接受开发计划的主因。然而“地方发展”究竟意味着什么？很多人会直接联想到经济发展。诚然经济发展是地方发展的重要面向，因为如果经济萧条，地方没有就业机会，也就没办法留住青壮人口，长此以往，地方便会失去活力。地方活力不只涉及钱，同时也需要人，因此即便外出的子弟有丰厚的收入，能够汇款回家，从而支持乡村经济，但只要乡村人口持续外流，地方也不会因为获得在外子弟的经济支援就能得到“发展”。由此来看，就业机会不只代表收入的增长，同时也代表居民能够就地维生、在地生活。

日本许多社区营造经验是以偏远地区的农、渔、山村为对象，对这些地区的指称并非“经济落后地区”，而是“人口过疏地区”。台湾在推动社区营造初期，为了说明其必要性，曾经提出一种说法：“散庄”，这个语词正说明了“地方发展”的根本内涵是地方的活力，各级产业所提供的就业机会则是地方活力赖以维持的重要基础，根本课题其实是社群的存续，是地方社区生命力的维系与发展。因此，既有的在地产业发展状况会影响到居民面对开发计划的态度，如果某个地区原本就已经有兴盛的在地产业，这时新的开发计划并不必然会受到地方民众的欢迎；但如果地方原本就处于经济萧条的状况，那么新的开发计划就会带来新的希望。

然而地方生命力的维系并不只有文化象征的意义，同时有其生物性的意涵。一项开发计划如果在带来就业机会的同时，也造成严重的环境污染，威胁到居民的健康及生命，这时社群只能以艰难的方式存续，“经济发展”也就失去了意义。“地方发展”是什么？地方发展是生计、生活、生态的延续，它是产业、文化、环境所共同形成的体系的良好运作。

（二）体系和土地

1. 社区营造的社群系统观

社区营造是90年代中期提出的体系性社会计划，说明它的体系构成内涵可以让我们更清楚晚近新农运的根本意义何在。在社区总体营造开始推动的90年代，被誉为“社区营造总工程师”的陈其南如此解释其体系构成：

> “社区总体营造”……它的工作是一个全面改造文化面貌、环境景观和生活质量的长期工程，首先要根据一个社区的特色，分别从单一的不同角度切入，再带动其他相关项目，逐渐整合成一个总体的营造计划。这些可提供切入的项目，包括各种民俗活动的开发、古迹和建筑特色的建立、街道景观的整理、地方产业的文化包装、特有演艺活动的提倡、地方文史人物主题展示

馆的建立、空间和景观的美化、国际小型活动的举办，等等。

这些项目在过去曾经由不同行政部门，孤立地在许多地方实施过，但由于缺乏总体的整合，不但不能产生相乘的效果，甚且因此往往事倍功半。要使一个地方和社区重新恢复生机和活力，必须整体规划出不同类型的计划项目，彼此互相支援，总和的效果才会浮现。（陈其南 1997［1995］）

在《台湾社区营造运动之回顾》这篇文章中，作者进而以“总体性、整合性、系统性”来说明社区营造的精神与原则（陈其南、陈瑞桦 1998）。综言之，这里的“总体性、整合性、系统性”，是指文化、环境、产业三者环环相扣，因此可以从其中某个面向切入，再逐步扩展到其他面向，进而将各个面向整合起来以发挥总和效果，最终达成某种具有总体性的社区营造成果。

那么，在 90 年代的社区总体营造思维是如何理解三农问题呢？面对乡村地区产业凋敝、人口外移等问题，“文化产业化，产业文化化”是社区营造的对策，做法是将原本的一级产业，透过文化的包装，转变成具有观光潜力的休闲旅游产业。由于社区营造以建立社区共同体为其核心关怀，对于三农问题，关注的焦点是作为社区共同体的农村。农业被理解为农村的“传统”产业，要解决农村经济凋敝及活力衰微的问题，可以通过发展文化产业来找到功能替代项。此时的农地转而被理解为乡村的地景元素，农业被理解为乡村的文化背景。农地，不必然是必须确保的生产要素；农业，也不必然是必须确保的产业。正因为农业收入不足以维持农村经济，才会形成将乡村经济的未来寄托在农业生产之外的设想。社区营造对于“文化产业、产业文化”的主张，正是希望在农业凋敝的过程中，为乡村找到一条新的出路。社区营造所关注的首先是农村问题，而非农业问题；它并不从农业如何存续来思考乡村的改造，而是从作为社区共同体的乡村要如何存续来思考产业的改造。

然而一旦我们将视角从社区总体营造的社群系统观，转为物种生存环境的生态系观点，我们看待三农问题的方式也就会不一样。在生态系的观点下，三农问题的重要性，除了原本从阶级观点所关注的社会正义问题，也同时具有人类及整体物种生存的体系平衡问题。这时对农民遭遇困境的关注，并不只是因为社会团结的认知，同时更因为农业衰败的后果会作用在整体社群之上。

2. 新农运的生态系统观

在反国光石化运动的重要文献《湿地·石化岛屿想象》中，编者吴明益在序言中写下这段文字：

> 我们的身体就是一座生态系，我们的岛屿就是一座生态系，不是只有当地人会吃到毒蚵，也不是只有当地人才会吸到飘散的空气，而海终有一天会将她无法消化的物事，重现在我们的餐桌上。……人类越理解我们所居住的地球是一个复杂的运作体系，就越证明此刻是一个没有旁观者的时代。（吴晟、吴明益主编 2011：6）

将环境生态、经济生产、社会生活联系起来，在知识论上可以看成是一种建构，但是从本体论来看，这只是重新肯认了一项原本如此的事实：生态、生产、生活，共同构成一个体系。重建农业，是基于对“体系和行动者”、“环境与生命”等关系的重新理解。重建农业的根本目的，在重新找回生态、生产、生活三者之间的平衡。如果只是从阶级利益的观点来思考这件事，只要农渔民的损失可以获得补偿，农民就可以转业，农业部门也就不必存续。正是在粮食安全、生态平衡的思考下，农地的保存不只是特定阶级的问题，农村经济的提振也不能只从替代产业的角度来思考。农运，不只是为了农民的阶级正义，也不只是为了挽救农村的地域经济。重建农业的根本目的，在修补失衡的体系。

李丁赞（2010）认为，世界从90年代开始的各种极端气候现象及金融危机，让灾难成为社会的常态，“灾难社会”从而诞生。面对灾难日常化的状况，灾后重建不应该只是追求恢复灾难发生前的景观，更重要的是把那些让灾难发生的因素逐渐克服，才有可能逐渐走出灾难社会的困境，迈向永续社会而发展。“灾难社会”含括了自然、社会、政治、经济、文化等各种面向，土地商品化则是各类不同灾难的共同根源，而在各种灾难中，“土地所引发的自然生态的破坏，可能是其中最关键的”（ibid.：284）。为了解除灾难社会的根源，李丁赞强调要“重回土地”。要“重回土地”，第一步要做的就是重建农业和农村。这是因为“有永续的农业才有永续的土地，有永续的土地，才有永续的社会。……今天我们讨论重建农业和农村，正是从‘灾难社会的重建’这个脉络下出发的。……只有让农业和农村扮演起适当的角色和功能，我们才有可能慢慢走出灾难社会的阴影”（ibid.：306－307）。

李丁赞进一步主张，面对灾难社会的重建，包括农业的再生，都不能以“个人”为运作单位，而必须复育重建“栖地”，形成具有相互依存关系的生态单元，才能有足够的力量来对抗或遏阻发展的“拉力”（李丁赞 2011：436－437）。

> 只要土地正常使用，没有受到炒作剥削，它就能承载万物、孕育生命，这些生命会自然地扩散、繁衍、连结、循环，孕育出更丰富多元的生命景观，进而创造一个永续的生态体系，一个经济体系、一个产业链、一种社会连带，乃至一种特殊文化等，这也是土地与农业当成一种资源的特殊属性。（ibid.：442）

此处的土地，不只是生产要素，同时也是维系社群生活及孕育万物生命的环境。将体系分开来看，土地在不同层面上被理解为不同的内涵；将体系整合起来考察，土地及生态环境却是体系赖以存在的基础。既然体系中的不同层面实为一体，要透过重回土地来修补已然失衡甚至面临危殆的体系，就不能只从产业经济来讨论农业的重建，而必须从社会关系及生态平衡的角度来思考要重建的是什么样的农业。

（三）组织小农、号召农青、重建农业

台湾自2008年开始的农运，是面对小农凋零、农村凋敝、农业衰败的状况下所开展出来，以保卫农业为起点，以重建农业为愿景的运动。由于重建农业不只是为了粮食安全，同时也是为了修补失衡的体系，因此用什么样的方式重建农业就成为具有根本重要性的问题。如果我们结合社群系统观与生态系统观，寻求社会关系的重建与生态环境的平衡，那么需要重建的农业并不是种植单一经济作物的大规模农企业，而是以小农为基础的农业。

1. 建构网络，组织小农

台湾农村阵线、文山社区大学与旗美社区大学于2012年举办的“小农耕作与永续台湾系列讲座”的文宣海报标题为：

> 农业正夯?! 不只是农，我们说的是小农!!

在主标题下的文字说明如后：

> 小农是在地技艺的传承，是在地经济的基础，是民生稳定的支持，也是社会生活的丰沛载体。
>
> 因为小，所以不被大资本大政策制约；
> 因为小，所以不受跨国技术垄断专利绑架。
> 因为小，所以社群合作协调成为常规；

因为小，所以弹性生产互惠交换成为可能。

另一方面，正因为小，我们必须更在意公共政策、农业体系与生产基础的目标与愿景。

正因为小，我们必须更加关注小农生产、交换、流通与分配的环节与运作。

我们相信，小农不只是传统，不停留浪漫，还是永续未来的出路。

在这份文宣中包含了三项讯息：小农是在地文化及社会生活的载体；小农因为小而具有弹性优势；小农因为小而必须更加注意体系运作状况。这三项讯息可以大致转化成三种主张：(1) 小农的社会功能；(2) 小农生产的优越性；(3) 由于小农特性而必须注意及努力的事。固然小农生产具有一定的灵活性，但要能够不受大资本、大政策制约，要能够不受跨国技术垄断专利绑架，必须要有许多条件的配合，而不只是小农就能够克尽其功。正因为此前促成并维持小农生产体系存在的社会条件正逐渐崩解，因此将小农联合起来以建立及维护有利于小农生产的结构，便成为农运工作者重要的任务。

由此，农运也就从非日常性的街头抗争，转变为日常性的网络建构及组织工作。例如，浩然基金会与台湾农村阵线合作推动“小农复耕计划”，协助莫拉克台风灾区农友进行农业经营型态及产销通路的转型，[20] 正是结合了农地复耕、地方重建、环境复育的小农支持计划。然而这样的计划要成功，不只要关注生产方式，同时也必须建立销售通路。

近年来在台湾各地出现的小农市集，正是试图打通生产与销售以建构小农支持网络的一种努力。农运，由此从生产端连结向消费端。以“弯腰农夫市集”为例，这个市集由浩然基金会支持，台湾农村阵线、台湾大学谷雨社负责推动，其形成缘于 2009 年的“弯腰生活节”，到 2011 年形成每月固定开市的市集。它招募农友的条件如下：[21]

- 采行对环境、土地、消费者友善的生产方式
- 愿意亲自与消费者沟通，乐于分享农作经验和理念
- 认同弯腰长期推广的理念“小农耕作”、“绿色消费”、“粮食自主”、“在地农业”

类似“弯腰农夫市集”这样的平台，在台湾各地陆续出现，成为结合了小农支持、

环境保护、粮食安全、社会关系重建等不同面向的社会工程。农作的生产与消费，是这整个社会工程中最为核心的两项活动，小农支持、环境保护、粮食安全、社会关系重建，则是筹划者希望透过重新组织粮食的生产与消费来达成的社会功能。

一旦运动关注的焦点从经济利益的生产和分配，转向农作的生产和消费，这时运动也必须发展出有别于街头抗争的剧目和节奏。以“弯腰生活市集”的前身“弯腰生活节”来看，这项活动结合了音乐会、园游会、嘉年华，其性质是节庆。虽然节庆的调性不同于街头抗争，但从活动与日常生活的关系来看，两者都是非日常性的，其内容与农民的日常生活没有连续性。相对而言，农夫市集在节庆的非日常性与生产的日常性之间建立起一种中间环节的社会活动。市集并非每日发生，而是周期性活动，因而具有丰富生活内容的功能。另一方面，市集的周期与农作的生产周期有一定程度的呼应，市集的活动内容与日常生活是连续的，它是农民生产与常民日用的中间环节。

2. 召唤新世代的青年投入农乡工作

新农运所要接合的，不只是不同层面的多种诉求，还有不同世代与农业和农乡的关系。台湾农村阵线发言人蔡培慧（2012：5）在《巡田水，志农乡：2011 夏耘农村草根访调文集》中写着：

> 记得 2010 年 10 月我们在土城举办一场青苗发表会，青年伙伴发表初稿，他们热切地讲述在农乡的学习体验参与，不经意间透出某种视角，为数不少的伙伴显然已将“农乡视为他方”，这是多么迥异于我们这一代人的视角！对 1970 年代的我以及年岁较长的大多数人来说，农乡是故乡；然对 80、90 年代出生的青年伙伴来说，农乡即他方。

随着都市化的程度越来越高，农村人口愈益减少，年轻世代与农业及农乡的关系愈加淡薄。在对农业及农乡陌生的情况下，新一代的青年即便因为义愤而投入街头的抗议活动，但却不必然能够充分理解农业及农乡的价值。台湾农村阵线自 2009 年起开办“夏耘农村草根调查”营队，正是因为“清楚地意识到，必须让更多青年学子经验农村，必须为长久的农村工作召唤新的队伍”（蔡培慧 2011：1）。组织者有意识地将运动队伍扩展到新世代青年，是让这波农运与此前农运在参与者的组成如此不同的重要原因。

情感是促成人们投入行动的重要原因，但要保卫农业、重建农业，除了充满激情的街头抗争之外，还需要持续经营的组织行动，这时不只要有情感，还必须要有信念。义愤只是青年参与农运的起因，但要能够发展成以农青为骨干、持续经营的农运组织网络，根本原因在于这波新农运有着与此前农运不同的诉求、目标及愿景。

蔡培慧在《夏耘农村草根调查文集》的一段文字，正适合为这场农业保卫及重建运动下脚注：

> 如何召唤青年进乡的队伍更是我们念兹在兹的主要课题。我们相信，当前所见的社会秩序并非永恒不变，农耕文明的衰退并非不可逆转的历史进程，我们期待的平衡永续丰美的社会不在遥不可及的远方，它决定于坚定前行的此刻。（蔡培慧 2011：3）

（四）接合另类全球化的思想与实践

除了连结新世代的青年，台湾的农运及环境运动组织也积极地与国际上其他具有进步理念的农民组织建立联系。国际知名的生态及农运组织者范达那·席娃（Vandana Shiva）与她所组织参与的“九种基金会”（Navdanya Foundation），以及国际农民运动组织“农民之路”（La Via Campensina）是两个重要的交流对象。前者带来了对工业化农业和基因改造农作的省思，后者则对“捍卫粮食主权”、“停止土地掠夺”等运动诉求提供了思想及行动参照的资源，两者都是以小农为基础，所要捍卫的是以小农为主体的农业生产体系。

1. 对工业化农业与基因改造农业的批判

2010 年 5 月，就在台湾各地因为各种开发计划而进行的农地征收引发广泛的反土地征收抗争风潮时，“绿色阵线协会”[22]邀请了印度的生态女性主义学者及农运组织者席娃来台访问。其实早在 2007 年，协会便赴印度拜访了席娃和他所领导的九种基金会（Navdanya Fondation）[23]；之后在绿色阵线协会的筹划下，席娃两本著作《生物剽窃：自然及知识的掠夺》（*Biopiracy: The Plunder of Nature and Knowledge*）、《大地非石油：气候危机时代下的环境正义》（*Soil Not Oil: Environmental Justice in an Age of Climate Crisis*）的中文译本于 2009 年在台湾出版。[24]《生物剽窃》（Shiva 2009a）批判基因改造及专利权让农企业公司控制了种子，将生命转变成不断获利的商品；《大地非石油》（Shiva 2009b）则说明工业化的农业栽种以及全球化的粮食体系所造成的能源耗费、温室气体排放等问题，进而主张发展多样性和分权化的农业，重建在地化的粮食体系。这些学说与台湾农运参与者保存小农体系的理念相通，同时将农运与另类全球化课题连结起来，因此受到农运及环境运动参与者所推崇。

工业化农业和基因改造这两项课题，让我们进一步理解环境问题与农业问题的密切关联。在70年代台湾以环境抗争面貌出现的农渔民抗争行动中，环境问题是由外在于农业部门的因素所造成，抗争的原因在于工业污染破坏了农业生产环境，污染从外部经由农业生产环境进入到农作物之中。相对而言，工业化农业对于生态及环境所造成的危害，在于它以耗费能源的方式生产粮食，大规模种植单一作物的生产型态则对生物多样性造成危害。农业仍然存在，但却成为生态及环境的破坏者。[25]基因改造农业则更进一步，它将生态环境污染的意义深深地推进，推进到农作物的种源，推入到种子最基础的构成要素里。问题不再只是来自农业外部，由工业对农业生产环境造成污染；也不再只是产生于农业本身，由农业生产对生态环境造成破坏；这时问题已经形成于农作的核心，由于将基因改造后的种子运用在农业生产之上，而将变异的因子散布到环境中，也散布到食用基改作物的人体中。此时危险是不确定而弥散的，但却深深地藏在生命之中，藏在生态环境的最深处。

无论如何，台湾当前的农运所面临的急迫问题并非资本主义农企业对小农的压迫，而是农地持续地被各种开发计划所侵夺。矗立在小农生产体系面前的巨大敌人并非资本主义的农企业生产，也不是与前者密切关联的基因改造农业，而是以划设园区、开发土地作为重要获利手段的资本主义新积累体制。台湾的农运工作者所需要的除了引介不同国家农运的理念及做法，还需要在不同国家的运动者之间形成相互学习及支持的组织网络。绿色阵线协会引介了席娃及九种基金会，留下了宝贵的知识资产；在另一方面，“捍卫农乡联盟”及“台湾农村阵线”引进的思想资源及结盟对象是“农民之路”（La Via Campesina）。

2. 捍卫粮食主权，停止土地掠夺

“农民之路”于1993年在比利时成立，自我定位为“国际农民运动”（International Peasant's Movement）。在2013年6月之前，“农民之路”串连了来自70个国家/地区的150个农民团体；2013年6月于雅加达举行第六届大会之后，参加者增加为79个国家/地区的164个农民团体，台湾的“捍卫农乡联盟”（Taiwan Farmer's Union）也在这次大会中加入成为正式会员。[26]“农民之路”在网站上如此介绍其目标及信念：

> 农民之路建立在联合与团结南北半球中小农生产者这样一种强烈的意念之上。这项运动的主要目标是实现粮食主权，停止新自由主义毁灭性的进程。这项运动立基于此项信念：构成世界将近半数人口的小农，包含渔民、牧农

和原住民，有能力为各自的社群生产粮食，并且以永续并且健康的方式来喂养世界。[27]

1996年，“农民之路”在世界食品高峰会（The World Food Summit）上提出“粮食主权”（Food Sovereignty）的观念。

粮食主权是指人民有权享有透过永续方法所生产的健康并且在文化上合宜的粮食，界定他们自己的粮食和农业体系。它发展一种对社群及其环境有益的小规模可持续的生产模式。它认为应该被放在粮食体系和政策之核心的，是食物的生产者、配送者和消费者的渴望、需要及生计，而不是市场和公司的需求。

粮食主权主张粮食在地生产和消费的优先性。它宣告国家有保护在地生产者免于廉价进口产品竞争并控制生产的权利。**它保证使用和管理土地、领土、水、种子、牲畜和生物多样性的权利是在粮食生产者的手中，而不是被企业部门所掌握**。因此推动真正的农业改革是农民运动首要的优先工作。[28]

“粮食主权”这个概念在世界各地的民众运动中传播，也在台湾晚近的农运中被援引作为重要的诉求。另一个受到“农民之路”的关注和讨论，并且与台湾农运紧密呼应的议题是“土地掠夺”（land grabbing）。

2012年5月，捍卫农乡联盟与台湾农村阵线邀请了“农民之路”的成员印尼小农联盟（SPI）及韩国女农协会（KWPA）的代表来台参访。在《农民之路东亚与东南亚区域交流台湾活动手册 La Via Campesina in Taiwan 2012》中，除了选译了几篇介绍“农民之路”的文章，并且把2011年11月在马利举行的“农夫及农民国际会议：停止土地掠夺”（International Conference of Peasants and Farmers：Stop land grabbing!）的会议报告及结论翻译出来。[29]手册中说明，土地掠夺几世纪以来一直存在，然而由于2007—2008年间的粮食和金融危机，在全球各地，特别是在非洲大陆，出现由财团与国家在他国以30—99年的长期租约，攫取大范围农地来生产大宗粮食以供出口的新现象（La Via Campesina 2012：3）。在会议结论中，Jun Borras 进一步整理会议中交换的意见指出，虽然2007—2008年间的粮食危机是造成全球土地掠夺现象的重要原因，但土地掠夺的原因和机制并不只和粮食议题有关。土地掠夺包括了四种机制：与粮食有关、与生质能源有关、与减缓气候变迁的策略有关，以及来自新的全球资本中心（特别是巴西、俄罗斯、印度、中国和南非）的需求（Ibid.：16）。

然而2010年前后发生在台湾的土地掠夺另有其脉络，最重要的掠夺力量并非来自工业资本，而是在台湾整体经济陷于困顿的局势中，地方政府以各类产创园区作为施政计划，以土地征收与开发作为经济发展动力，乃至作为解决地方财政窘迫的手段，由此导致农地流失与人民迫迁。

(五) 农运与反迫迁运动的结合

台湾自2008年年底开始的新农运，原本是从《农村再生条例》修法运动开始，而后发展为反农地征收运动。在此过程中，保障人民的财产权一直被提出作为运动的重要诉求。然而从新农运本身的内在理路来说，保障财产权只是阶段目标，终极目的在保存农地，保存维持农业存续最重要的基础，让农民能继续耕作。若是当局能以合理的方式来处理，或许如大埔事件的争议就可以妥善落幕，而台湾农村阵线也可以将其精力转而投注在重建农业这项与体系平衡密切相关的重要课题之上。[30]然而由于苗栗县政府于2013年7月18日趁自救会北上抗议及召开记者会，调动大规模警力封锁现场，以偷偷摸摸又蛮横强暴的手段将争议屋舍强制拆除，并在隔日洋洋得意地表示这是"天赐良机"，这种做法及态度严重触犯了民众的道德底线，在各地纷纷出现基于义愤的民众及学生以丢鞋、呛声等行动，以政府为对象进行"抗暴"。"人民抗暴"的旗帜，在"捍卫苗栗青年联盟"于苗栗县政府前举办的"八一六拆政府守护苗栗音乐晚会"中极致地表现，也使这场以"守护苗栗"为名的晚会，转变成为"超渡金权政府大法会"。台湾农村阵线也转而积极地与各地的反迫迁运动结盟，于8月18日在凯达格兰大道举办"拆政府"集会，并且在集会结束后进一步演变为延续20小时的占领行动，试图以非暴力抗争的手段迫使政府修改《土地征收条例》。在这波行动中，农民及农业已经不是行动主要的旗帜，在各种开发计划下被迫迁离居处的人民成为新的行动者，不论他们住在都市或乡村；与此相对应，"反迫迁"也成为新的行动之名。

在21世纪初的台湾，农运与反迫迁运动，原本各有不同的行动指向，对应着不同的目标或愿景，然而由于两者共同面对以土地征收作为发展手段的政府施政，使得两种运动汇流成以反征收、反迫迁为主要诉求的运动。由此，台湾农运的发展在2013年出现新的转折，对于农运后续发展的影响仍有待考察。

结论

本文回顾了战后台湾农运的演变，透过比较不同时期的农运成因及诉求，指出随着现代性的演变，农运的关注焦点，逐渐从阶级转为环境，从原本对农民生产要素的保障及农业生产利益的分配，转而关注整体民众的粮食安全及地球的环境存续。在此转变中，土地于30年代到战后50年代作为生产要素而被争夺；到了70年代开始因为工业污染而出现“环境”的意涵，既作为农渔民的生产要素被争夺，又作为人类生存环境而被保卫。到了80年代后期，在台湾试图与新自由主义经济全球化秩序连结的导火线引爆下，农民长期以来累积的不满，让阶级议题回返成为农运的主要课题，但在打倒威权体制的背景下，农地被理解为受到其秩序所控制的财产而被要求开放自由买卖。到了2010年前后，在农地持续流失、生态环境剧变的险峻情势下，土地被当作农民受到掠夺的财产而被保卫，但在保障人民财产这项基本人权的诉求背后，新农运最为核心的关怀是农地的保存及农业的重建。土地，是承载生态体系的重要基础，也是整个体系的代称。

在此新的阶段，农运呈现了多重的性质，既是普同人权的保障，也是农民阶级利益的捍卫，更与人类整体生存环境的保护紧密相关。农运在当代所具有的根本重要性，正在于农运牵涉的课题已经超越个别阶级的利益，直接对应于现代性发展到目前所面临的核心课题。然而这并不意味新农运将以普世价值或环境生态之名来掩盖农民的阶级利益，相反地，新农运尝试将普世价值与个殊利益整合，将生态环境与阶级利益连结起来思考，以形成对抗发展主义思维及开发寻租实践的力量。甚至可以说，在当前的政治经济运作逻辑下，正是要连结到普同价值、粮食安全、环境保护、生态平衡等课题上，小农的阶级利益才能被确保。重建农业具有根本的重要性，正因为它所影响的不只是农民阶级和农业部门，同时也涉及到社会关系的重建与生态环境的回复。也因此，在留下土地以维系农业的命脉之外，要重建的是什么样的农业，则是进一步需要讨论的重要课题。

由于新农业的指向在重建体系的平衡，因此所要重建的农业并不是种植单一经济作物的大规模农企业，而是以小农为基础的农业。由于新农运的目标在重建农业文明，因此行动策略不能停留在非日常性的街头抗争，而必须投入日常性的网络建构及组织工作。以小农生产为基点，台湾的农运连结了不同的议题、召唤了青年世代，并且接合了国际农民运动另类全球化的思想与实践。

当前农运及环运的发展，让我们认识到，原本在社会运动的分类框架下被分开讨论的农民运动、环境运动，其实都只是系统所呈现的不同面向。在21世纪初，我们转而将农业问题看作是整体生态存续及粮食安全问题，而不只是生产利益分配公平与否的问题。它要求我们重新理解体系观念，认真面对整个地球的生命环境如何存续的严峻挑战。

注释：

[1] 前者如农委会于2006年推出的“新农业运动——台湾农业亮起来”，后者如大韩民国政府于1970年开始推行的“新乡村运动”（Saemaul Undong）。值得一提的是，“新乡村”是从韩文的Saemaul翻译而来，sae意为“新”（new）或“更新”（refreshed），maul意为“乡村”（village）。虽然Saemaul Undong中的maul（village）在1970年开始推行时指的就是乡村，但随着这项运动在乡村取得成效，运动的实施范围也扩展到都市地区。这时maul所指涉的已经不再只是原本的字义“乡村”，同时也包括各种不同区位的local community。由此来看，Saemaul Undong在台湾脉络下更贴切的对应词是“社区发展”。

[2] 由于各项限制，本文所探讨的发展只到2013年，而未能及于之后。

[3] 在五二〇游行之后，由于农运团体间的意识形态与运动理念不同，因而分别成立了“台湾农民联盟”和“台湾农权总会”这两个跨地区的联合组织（何明修、萧新煌2006：91）。

[4] 美国里根总统于1987年2月向国会提出《综合贸易暨竞争法》（Omnibus Foreign Trade and Competitiveness Act），对1974年贸易法三〇一条进行修正。根据此法，当美国认为贸易伙伴采取“不公平贸易”措施时，便可要求贸易伙伴改善对美贸易关系，如果回应无法令其满意，则按照该法实施贸易制裁。

[5] 台湾于1990年1月1日以“台湾、澎湖、金门、马祖个别关税领域”名义，正式向GATT秘书处提出入会申请，当时正是GATT第八回合谈判积极进行之时。GATT第八回合谈判（乌拉圭回合）自1986年展开，在1993年12月15日达成最终协议，决议自1995年元月正式成立世界贸易组织（WTO），以执行乌拉圭回合有关未来多边贸易体系之各种规范，这些规范包括开放农产品市场在内。参见中华经济研究院WTO及RTA研究中心网页http：//taiwan.wtocenter.org.tw/WTOhistory.asp。

[6] 这并不排除在某些反土地征收运动中，有部分民众参加抗争的原因是为了争取较好的征收条件。

[7] 引自台湾农村阵线，2011/12/31，《农村阵线大事记》。http：//www.todei.org/node/236，引文见2010年7月20日说明文字（2012/11/17浏览）。

[8] 与其相对，社运组织者的论述则为在地抵抗的小农提供了意识形态的对抗武器。

[9] 也因此，经济开发与环境保护的冲突，不仅有赖于我们在不同的价值之间做选择，并且也有赖于我们在不同的政治人物之间做选择。不只必须考虑我们要有什么样的发展，还必须考虑我们要有什么样的政治，这两者在现实运作上无法分开。

[10] 李应章于二林事件后被捕入狱，1928年刑满出狱，1931年举家迁往厦门。

[11] “台湾农村阵线”自2008年成立以来，长期维持由议题结盟所形成的网络形式，而非有着清楚架构的组织，直到2013年5月才转型为社团法人。

[12] 参考林飞帆整理，《国光石化大事纪》，《国光石化决战时刻　百万青年站出来!》宣传小册，青年反国光石化联盟，2011年1月。

[13] 这是一个令人感到不幸的观察，我们总是必须等到危机迫近，甚至发生，才能改变以物种生存环境换取经济发展的思维和实践。

[14] 罗印冲，2011/04/07，“彰云下陷　监院：不应再导入高耗水产业”，《联合报》。

[15] 之后李鸿源于2011年4月至2012年2月受聘担任公共工程委员会主任委员，2012年2月转任内政主管机构领导人，直到2014年2月去职。

[16] 仇佩芬、王正宁，2011/04/07，“国光石化转弯　马夺议题主导权”，《中国时报》。

[17] 纪淑芳，2011/03/30，“萧万长：我不是默默做无声的副总统!”《财讯双周刊》第369期。http://www.wealth.com.tw/index2.aspx? f=501&id=1617（2011/06/08浏览）。

[18] 同上。

[19] 郑景雯，2011/04/16，“总统：若不能兼顾　应环保优先”，华视网站，http://news.cts.com.tw/cna/life/201104/201104160715672.html（2011/04/16浏览）。

[20] 参见《2012弯腰生活节农友手册》，页2（版面页码4—5）。http://issuu.com/53131/docs/2012_bow_manual（2013/12/19浏览）。

[21] 参见“弯腰农夫市集”网站，http://bowtoland.blogspot.tw/search/label/%E9%97%9C%E6%96%BC%E5%BD%8E%E8%85%B0（2013/12/19浏览）。

[22] 绿色阵线协会（Green Formosa Front）于1997年成立，起初关注重点在于山坡地及山林生态；1998年投入监督有害事业废弃物（台塑汞污泥、台硷安顺场戴奥辛污染），1999年开始进行有机农业之研究与推广，探讨WTO对农业环境的影响。参见绿色阵线协会网站的说明，http://www.gff.org.tw/index.php/2008-09-24-02-58-36（2013/12/14浏览）。

[23] Navdanya意思是“九种种子”，这个名字指涉维持印度人民生活的九类重要粮食作物，象征对于生物及文化多样性的保护。九种基金会积极地投入在地知识和文化的活化，并促使民众意识到基因改造工程的危害，捍卫人类共享的知识免于遭受生物剽窃，并保障人民在面对全球化和气候变迁时的粮食基本权利。值得一提的是，九种基金会以妇女作为保护生物和文化多样性的担纲者，由此标举了生态女性主义的旗帜。参见九种基金会的网站首页http://www.navdanya.net/，并可参考绿色阵线协会出版的Shiva两本著作书背的介绍。

[24] 一同出版的还有范德弥尔（John Vandermeer）和波费托（Ivette Perfecto）合著，由席娃书写导言的《生物多样性的早餐——破坏雨林的政治生态学》（*Breakfast of Biodiversity: The Political Ecology of Rain Forest Destruction*）（2009［2005］）。

[25] 农药及化学肥料的使用同样对环境造成危害，但这并非工业化农业独有的问题，台湾现行的小农耕作同样使用了大量的农药和化学肥料。农运的街头抗争不会处理这样的问题，但藉由运动所形成的网络，却可以影响网络中的行动者转而采用对土地友善的农法。前文中提到“小农复耕计划”中辅导灾区农民转变农业经营型态，其为一种“新农业运动”的意义正在于此。无论如何，在露天种植的条件下，大规模的工业化农业无法免除农药及化学肥料，小农耕作才有可能转换成有机耕作。设施农业（温网室种植）使得农业与自然环境的关系迈入另外一个阶段，由此可能进一步改变农业生产所形成的社会关系。

[26] “农民之路”的组织会员列表，见 La Via Campesina 网站 Our Members 网页：http://viacampesina.org/en/index.php/organisation-mainmenu-44/our-members-mainmenu-71（2013/12/07 浏览）。

[27] 关于“农民之路”的基本资料及此处引文，见 La Via Campensina 网站 Organization 网页：http://viacampesina.org/en/index.php/organisation-mainmenu-44（2013/12/07 浏览）。

[28] La Via Campensina 的网页说明，来源同上注。粗体由 La Via Campesina 所加。

[29] 会议报告及结论刊为 La Via Campesina notebook N°3（La Via Campesina 2012），中文翻译工作由绿色阵线及台湾农村阵线农译小组所做，原文也编印于手册中。

[30] 例如针对农业发展条例放宽农地买卖限制后造成农地穿孔化的问题设想对策。

参考文献：

丁文郁总编，2005，《1123 与农共生》，台北：农渔会自救会。

王颢中、陈韦纶，2011/12/13，“修法不正义　农民再赴凯道抗议”，http://www.coolloud.org.tw/node/65435（2012/11/17 浏览）。

仇佩芬、王正宁，2011/04/07，“国光石化转弯　马夺议题主导权”，《中国时报》。

青年反国光石化联盟，2011 年 1 月 23 日，《国光石化决战时刻！1/26 百万青年站出来!》，《青年反国光石化联盟》，http://fangyuan-tache.blogspot.tw/2011/01/126.html（2012/11/17 浏览）。

台湾农村阵线，2009，《农村再生条例大事记》，《台湾农村阵线》，http://www.todei.org/node/73（2012/11/17 浏览）。

台湾农村阵线，2011/12/14，《土地征收条例现行条文、民间版草案、行政院版草案对照表暨逐条说明》，《台湾农村阵线》，http://www.taiwanruralfront.org/node/246，附档（2012/11/17 浏览）。

台湾农村阵线，2011，《农村阵线大事记》，《台湾农村阵线》。http://www.todei.org/node/236（2012/11/17 浏览）。

台湾农村阵线主编，2012，《土地正义的觉醒与实践：抵抗圈地文集》，台北：台湾农村阵线、政治大学第三部门研究中心。
社区大学全国促进会，2009/04，《农村再生条例的思与辩》，http://cmcu.ngo.org.tw/node/563（2012/11/17 浏览）。
李丁赞，2010，《重回土地：灾难社会的重建》，《台湾社会研究季刊》第 78 期，页 273—326。
李丁赞，2011，《公民农业与社会重建》，《台湾社会研究季刊》第 84 期，页 431—464。
李疾，1988，《如果他们在为台湾农业料理后事》，《人间》第 37 期，页 120—125。
吴音宁，2007，《江湖在哪里？——台湾农业观察》，台北：印刻。
吴晟、吴明益主编，2011，《湿地・石化岛屿想象》，台北：有鹿文化。
林御翔，2005，《台湾农业金融改革与社会运动：以“一一二三与农共生”运动为例》，《行政暨政策学报》第 40 期，页 99—136。
纪淑芳，2011/03/30，“萧万长：我不是默默做无声的副总统!”，《财讯双周刊》第 369 期。http://www.wealth.com.tw/index2.aspx?f=501&id=1617（2011/06/08 浏览）。
徐世荣，2012，《序：破除征收迷思，回归问题本质》，收录于《土地正义的觉醒与实践：抵抗圈地文集》，台湾农村阵线主编，台北：台湾农村阵线、政治大学第三部门研究中心，页 6—13。
徐世荣、廖丽敏，2011，《建构民主人权的土地政策》，《台湾社会研究季刊》第 84 期，页 403—429。
徐世荣、萧新煌，2001，《台湾土地改革再审视——一个“内因说”的尝试》，《台湾史研究》8 卷 1 期，页 89—123。
捍卫农乡联盟、台湾农村阵线编，2012，《农民之路东亚与东南亚区域交流台湾活动手册 La Via Campesina in Taiwan 2012》。
曾旭正，2011，《从社区营造理想看当前政策发展》，发表于“给下一轮社区永续发展的备忘录：社区营造与农村再生论坛”会议，台湾社造联盟主办，2011/07/07，会议手册，页 10—30。
黄裕颖、林乐昕、周秀桦，2011，《反国光石化运动的青年串联》，发表于“迈向参与式民主的挑战与实践研讨会”，财团法人台湾智库主办，2011/05/14，会议手册，页 33—50。
陈其南，1997，《社区总体营造的意义》，《社区总体营造与生程学习》，页 9—11。
陈其南、陈瑞桦，1998，《台湾社区营造运动之回顾》，《研考报导》第 41 期，页 21—37。
陈建甫，2003，《从“1123 与农共生”大游行看台湾农民运动的未来走向》，《台湾乡村研究》第 2 期，页 175—187。另收录于丁文郁总编，2005，《1123 与农共生》，台北：农渔会自救会，页 188—204。
彭明辉，2011，《粮食危机关键报告：台湾观察》，台北：商周出版。
杨渡，2003，《站在指挥车上的诗人》，收录于《天黑黑嘜落雨：十二万农渔民大游行传真》，詹朝立编，台北：台湾社会科学，页 31—42。
郑景雯，2011/04/16，“总统：若不能兼顾　应环保优先”，华视网站。http://news.cts.com.tw/cna/

life/201104/201104160715672.html（2011/04/16 浏览）。

赵刚，1989，《五二〇事件：社会学的剖析》，收录于《台湾新兴社会运动》，徐正光、宋文里合编。台北：巨流图书公司，页 211—223。

蔡文辉，1997，《不悔集：日据时代台湾社会与农民运动》，台北：简吉陈何基金会。

蔡培慧，2010，《真实是一场社会行动：反思台湾农村阵线的行动与组织》，《台湾社会研究季刊》第 79 期，页 319—339。

蔡培慧，2011，《此刻即未来——盛夏的土地之约》，《2010 夏耘农村草根调查文集》，台北：台湾农村阵线，页 1—3。

蔡培慧，2012，《序：走向厚实的那条路》，《巡田水，志农乡：2011 夏耘农村草根访调文集》，页 4—8。台北：政治大学第三部门研究中心、台湾农村阵线。

詹朝立，2003，《天黑黑唛落雨：十二万农渔民大游行传真》，台北：台湾社会科学。

刘华真，2011，《消失的农渔民：重探台湾早期环境抗争》，《台湾社会学》第 21 期，页 1—49。

萧新煌，1991，《一九八〇年代末期台湾农民运动：事实与解释》，《中央研究院民族学研究所集刊》第 70 期，页 67—94。

锺秀梅，2011，《发展主义批判》。高雄：春晖出版社。

颜建贤，2003，《珍爱台湾，与农共生》，收于詹朝立，《天黑黑唛落雨：十二万农渔民大游行传真》。台北：台湾社会科学，页 46—53。

颜建贤，2012，《"1123 与农共生"农民运动十周年反思》，《农训杂志》第 273 期，http://www.ntifo.org.tw/ntifoweb/ntifo/second/bookstore/bookstore01_detail.asp? Serial_No=169&S_Serial_NO=1628（2012/11/17 浏览）。

罗印冲，2011/04/07，"彰云下陷　监院：不应再导入高耗水产业"，《联合报》。

卡尔·马克思著，中共中央马克思、恩格斯、列宁、斯大林著作编译局译，1995（1852），《路易·波拿巴的雾月十八日》，收录于《马克思恩格斯选集第一卷》，中共中央马克思、恩格斯、列宁、斯大林著作编译局编。北京：人民出版社，页 579—689。

Shiva，Vandana 著，杨佳蓉、陈若盈译，2009a（1997），《生物剽窃：自然及知识的掠夺》（*Biopiracy: The Plunder of Nature and Knowledge*），台北：绿色阵线协会。

范达那·席娃（Vandana Shiva）著，陈思颖译，2009b（2008），《大地非石油：气候危机时代下的环境正义》（*Soil Not Oil: Environmental Justice in an Age of Climate Crisis*），台北：绿色阵线协会。

范德弥尔、波费托（John Vandermeer & Ivette Perfecto）著，周沛郁、王安生译，2009（2005），《生物多样性的早餐——破坏雨林的政治生态学》（*Breakfast of Biodiversity: The Political Ecology of Rain Forest Destruction*），台北：绿色阵线协会。

La Via Campesina（2012），*International Conference of Peasants and Farmers: Stop land grabbing!*（La Via Campesina notebook N°3），Jakarta：La Via Campesina.http://viacampesina.org/downloads/pdf/en/mali-report-2012-en1.pdf（2013/12/07 浏览）.

九 回归教育

文化研究的三道难题：以上海大学文化研究系为例

● 王晓明①

这篇文章写于差不多十年前：社会持续巨变，文化研究这一种热切关注现实的思想与知识活动，自然是一同起伏，文中提到的许多具体事项，也就都有进有退、大不一样了。但是，它的标题所说的“三道难题”，今天却依然横在文化研究的面前，而且，因为与我们互动得深了，它们的一些我十年前还看不清楚的层面，现在凸显得更为分明了。

譬如第一道难题：文化研究如何在现有的体制内开辟空间、长葆活力？十年前我主要是盯着文化研究的集体与大学体制的互动关系，这当然不错，这十年来，这个关系的严重程度，是一直在增强的，而且绝非只是中国大陆才这样。但是，我却因此忽视了同样重要的另外一个因素：文化研究集体的本身的建设。空间是由集体开辟的，当努力在大学里开辟新空间的时候，文化研究的集体究竟建立在什么基础上？单是成员间的理念的相近就够了么？当通行的两种构造方式——大学的和公司的——都不合所需的时候，最初自以为彼此同道的文化研究者，该如何创建新的兼具韧性和弹性的合作方式，为文化研究的集体夯实人身的地基？当开始意识到这一挑战、自觉去回应的时候，有哪些必不可少的胸襟、伦理乃至“情商”水准，是文化研究者需要拥有或持续提高的？……

不要以为这只是关乎个人精神品质的小问题。“生命政治”是构成文化研究视野的重要部分，把各式各样的人都一齐赶往“小器化”的方向，正是当今支配性社会结构“固若金汤”的基础条件之一。因此，越是痛感我自己在这个问题上的不及格和不称职，我就越理解了，为什么现代早期的中国思想

---

① 王晓明，上海大学文化研究系。

家和革命者，都那么牢固地盯住“人”和“人心”不放。是啊，就像鲁迅说的，人若“立”不起来，别的即便搭起来了，也都会倒的。

当然，因这篇旧文而该说的大问题还有不少，限于编者规定的篇幅，就不说了。

* * * * * * * * * * * * * * * * * * * *

一　基本情况

在中国大陆，作为一种成规模的学术和思想运动，文化研究是在20世纪90年代末和21世纪初，才真正开展起来[1]，比起香港和台湾，至少晚了十年。但它一旦展开，势头就很大，到2004年，全国许多大学，尤其是北京、上海两地的大学，纷纷开设讲座、课程，出版欧美文化研究著作的中文译本，拟定研究计划，建立专门的研究和教学机构，形成了一股“文化研究热”。这个“热”至今仍在延续。

为什么会如此？

大致有两方面的原因：一是学术/学院体制运转的需要，二是——更重要的——社会现实的刺激。

就第一方面来说，从80年代早期开始，中国的学术/学院体制就形成了追逐欧美学术潮流的特点[2]，这个特点到了90年代中期以后膨胀得更为严重。而在这个时候，文化研究是唯一一种在欧美已经成为“显学”而国内尚无系统介绍的“新”的学术资源，因此，无论对于学院知识生产，还是对于谋取话语权的学术政治，它都显得非常重要，成为关注、引进和模仿的对象。

第二方面的原因，要复杂一些。

经过20年的“改革”，中国社会——尤其是东南沿海地区和大中城市——变化巨大，面目全非。这在人文学者和研究社会文化的社会科学学者中间，引起了截然不同的看法。

一部分人认为，中国已经进入了消费社会和大众文化的时代，西方式的资本主义已经成为中国社会中的主导力量，因此，需要引入——主要是70年代以后的美国式的——文化研究的理论，通过文化研究来确认这个新的现实。

另一部分人却没有上述这样的确信。相反，他们对社会的巨变满怀疑惑：中国的确是和50—70年代完全不同了，无论政治还是经济，都明显不再是先前那样的“社会主义”社会了，可是，最近20年来，中国并没有向欧美式的资本主义社会靠近多少，而是正在向某个以人类目前的知识尚难以确认的方向滑过去。中国正在向何处去？它将会变得怎样？如此变化的中国又会给世界带来什么样的影响？对于这些大问题，这一部分人深感困惑。

因为有这些困惑，这一部分人就：1，对中国的现实和前景不敢抱乐观态度，而更倾向于以批判的眼光来看待现实；2，觉得目前最迫切需要的，是开展对当代社会现实的研究，只有通过这样的研究，才可能获得对社会巨变的理解；3，认定此种研究必须跨越现有的学科界限，不但要从整体上分析文化现实，而且必须将文化和与之内在地结合在一起的政治、经济等其他因素联系起来分析。

正是上述情形，将这一部分人的眼光引向了60年代伯明翰学派式的文化研究。他们实际想做的，是一种批判性的分析，但在今日中国的特殊情形下，他们不但需要新的思想资源[3]，也需要新的名义。主要是出于这两方面的考虑，他们觉得可以借用“文化研究”来给自己命名。也因此，他们对90年代在美国成为“显学”的那种过分学院化，因而日渐丧失社会影响力的“美国式”的文化研究，相当警惕，他们不希望自己最后变成那个样子。

顺便说一句：我个人即属于这一部分困惑的人。

正是在这样的背景下，在上海，文化研究的研究、教学和与之配套的学院建制活动相继展开。

2001年，上海大学成立了中国当代文化研究中心，这是中国大陆第一个文化研究机构。其后的4年间，上海各大学陆续建立了类似的研究机构。这些机构吸收了来自文学、历史、社会学、人类学、传媒研究、电影研究等方面的有志于文化研究的学者。其人员亦互有交叉。例如，上海师范大学都市文化E研究院的文化研究的部分，就吸收了上海大学中国当代文化研究中心的研究团队。后者则除了上海大学本校的专职研究人员之外，还吸收了十余位来自上海其他大学和研究所的学者，担任兼职研究员。

上述研究机构都开展了各自的研究项目。其中上海大学中国当代文化研究中心组织的研究计划，规模最大。2003年，该中心展开了一个为期5年、总名为“1990年代上海地区文化分析”的研究计划，包括 8 个项目[4]。2008 年，该中心又展开一个为期 10 年，规模更大的研究计划，它以“当代文化生产机制分析”为总名，包括两个部分，一是“新的支配性文化的生产机制分析”，二是“中国社会主义文化问题分析”。

虽然在欧美和一部分亚洲地区（例如日本和韩国），文化研究每每不愿皈依现有的学院体制，但在中国大陆，文化研究却迫切需要在大学里开辟自己的教学空间[5]。在上海，从 1999 年开始，多所大学[6]相继开设了针对高年级本科生的文化研究选修课。2002 年和 2003 年，上海大学社会学系和中文系相继开始招收以文化研究为课程方向的博士生。2004 年，上海大学成立文化研究系，这是中国大陆第一个专门的文化研究教学机构。

2006 年，5 所大学 / 研究所（上海大学、华东师范大学、上海师范大学、复旦大学和上海社会科学院文学研究所）的文化研究学者联合设立了一个跨校 / 院的文化研究硕士联合课程，该课程由多门课程组成[7]，延续至今。

上述这些课程，都在上海大学文化研究系的网站（www.cul-studies.com）上分别开辟了专门的课程讨论区，以方便师生和其他地区的有兴趣的网友交流感想。

范围更大的联合教学及相关的交流计划，也在陆续展开。以上海大学文化研究系为例：2007 年，该系举办以“中文世界的文化研究”为题目的暑期讨论班[8]。2008 和 2009 年，该系与早稻田大学“中国文学与文化研究所”连续组织双方博士生的对谈活动。从 2010 年开始，该系将参加以“Inter-Asia Cultural Studies”为总题的亚洲文化研究联合课程；并举办以“文化研究方法论”为题的暑期研讨班[9]。

上述这些活动引发了一系列具体实践和理论思考的困难，或者说，难题。下面我选择其中三项，仍然以上海大学文化研究系的教学实践为例子，依次介绍，求教于各位同道。

二　文化研究与大学体制

反体制是文化研究的基本立场之一。可是，在中国，目前依然是政府独大的集权体制，几乎所有重要的社会资源，都在体制以内。因此，如果不进入现行的大学体制，不向这个体制借力（信息渠道、经费……），文化研究可以说根本就开展不起来。

更重要的是，越是成熟的现代社会，学校教育的作用就越大，而不平等的社会结构对学校教育的影响，也可能更为深刻。今日中国，低收入阶层子弟所遭受的智力损害，已经使学校教育成为在人身上复制——而不是打破——现存社会的不平等结构的主要场所[10]。在这种情况下，文化研究岂能不介入大学教育，放弃对这个决定社会未来的领域的争夺？

但是，风险也必须考虑：你想借体制之力，但体制有它的要求。随着文化研究逐渐进入大学，开课建系，它会不会也和譬如30年前的"比较文学"一样，逐渐丧失批判和社会实践的活力，成为一个僵硬的学科？

我们现在的做法是：充分意识到上述风险的严重，在硬着头皮挤入现行大学体制[11]的同时，尽可能开拓和保持文化研究的"跨学科性"。2004年组建上海大学文化研究系的时候，我们明确强调一个原则：文化研究并非一门如"中国现代文学"那样的专业，一个discipline，而可以说是一个approach，一种看待文化和社会的思想方法，一种不受狭隘专业限制的开阔的视野。

我们尝试用各种方法来落实上述原则：

首先，不组建文化研究的学士学位课程，只提供本科选修课[12]。我们鼓励学生在完整地接受了某个专业的系统知识训练之后，再来修读文化研究的课程。

其次，虽然设立文化研究的研究生学位课程，但无论硕士还是博士课程，都只是组成一个研究方向——而非一整个专业，隶属于其他专业[13]。从2008年开始，我们又开设一门作为必修课、可覆盖多个专业的一年级硕士生的文化研究导论课[14]，这实际是将文化研究的入门课程设立为一种"通识"课程。以后，我们还会在研究生课程方面尝试更多的安排，促使已经修读研究生课程的学生，继续跨越单一的专业教育。

再次，与课程的"跨学科"相配合，文化研究系只组建一个规模很小的专职教师编制[15]；作为系的最高机构的系务委员会，其11位成员（包括系主任），则分别来自校内的其他5个机构：中文系、社会学系、影视艺术系、传媒系和知识产权学院。希望能用这样的制度，克服文化研究的体制化教学必然会孕育的专业化倾向。

最后，是不断推动文化研究的教学跨越大学的围墙，进入广阔的社会空间。除了上节介绍的组建跨校联合硕士课程、参与"Inter-Asia"多国（地区）联合研究生课程等之外，最有发展潜力的，是"当代文化研究网"上的文化研究课程讨论区。目前（2009年）在这个讨论区里有来自各大学（不只是上海大学）的7门包含不同学级（主要是面向研究生，也有面向高年级本科生）的文化研究课程[16]，每一个课程都有一个单独的 BBS 讨论区。这些 BBS 里的精彩的讨论，则会及时转移到网站的主要论坛（“热风”）上，接受更广泛的阅读和评议。以这样的方式，将个别学校的文化研究教学与理论上是全球性的读者的参与结合起来，应该是能扩大文化研究教学的开放性的。

以上所说，都是教学制度上的安排。但是，这些安排并不能完全解决一个更为棘手的难题：要在大学里开拓一个文化研究的独立空间，你必须先替文化研究挣得一个作为独立“学科”的地位，而要说文化研究是一个独立的“学科”，你必须确定它有自己专门的、从其他学科的窗口望不见的研究对象，以及相应的分析理论和方法。单说它是一个 approach，显然不够。在我看来，这可能是现行的大学体制最厉害的一招，它强迫我们构造文化研究作为一个独立“学科”的学科内容[17]。

这就是说，我们必须为文化研究确定一种具有双重效应的学科内容，它既能——至少是部分地——满足大学体制对独立学科的形式要求，又能保存甚至发育冲破这种形式藩篱的能量。在这方面，我们目前的努力集中在如下两点：

第一，确定中国大陆文化研究的基本对象。最近 30 年社会巨变的一个重要方面，就是形成了一种与譬如 50—70 年代的“毛泽东思想”完全不同的新的支配性文化。凭借一套深具特色的形成、运转和传播机制，它差不多充满了从价值观念到物质生活的各个层面，因而成为整个社会再生产的重要途径。

更值得注意的，是这个新的支配性文化与 50—70 年代的那一段“社会主义”历史的关系。如果没有后者，很难想象今天中国会形成前者，在某种意义上，前者正是后者的产物；另一方面，前者一项关键的功能，就在于支配大众（无论是否经历过那个时代）对后者的认识，从这个角度看，今日“活”在无数中国人头脑中的那一段“社会主义”的历史，又在很大程度上是这个新的支配性文化的产物。

正是基于如上这些认识，我们将“当代支配性文化的生产机制”，以及这个文化与那一段“社会主义”历史的相互生产的关系，确定为今日中国大陆文化研究的主要对象。我们深信，这样的对象，或者说它的完整的轮廓，是只有从我们所理解的文化研究的窗口，才能看清楚的，甚至不妨说，正是文化研究的这一扇窗户，才能令这些对象成形。当然，我们更深信，这样的研究对象，是任何自囿于单一学科（包括文化研究）的研究者所无法洞悉的，他只有不断逾越学科边界，向其他已有或新创的研究思路借力，才可能真正推进自己的认识。

第二，勾勒中国大陆文化研究的方法论轮廓。中国大陆的文化研究的根本目的，并不仅是批判性地分析社会的文化状况及其背后的压迫性机制，它还有另一个至少同样重要的使命，那就是促进社会和一般文化状况的良性改革。之所以如此理解文化研究在中国大陆的基本目标，是出于如下判断：今日中国大陆，虽然已经形成了一个新的严重倾斜的社会结构，但这个结构尚未完全稳定，各种因素都在延迟这个新结构的凝定和自我完善，因此，尽管现实令人担忧，但并非全无希望，如果有足够的良性因素的介入，社会就可能往较好的方向转变。

正是基于这样的认识，我们就愈益倾向于用“双线”来勾勒中国大陆文化研究的方法论：它既是“批判性分析”，也是“促进性介入”，借用一对50年代的政治概念，既是“破”，也是“立”，二者互为条件，相伴共生。我们希望，借助于这样的方法论内涵，我们能从“实践”的角度，推动文化研究的持续越界，不但越此学科与彼学科之界，更越学院学术与社会文化，乃至社会运动之界。

应该说，上述对于文化研究的“学科内容”的确立[18]，是能与前述教学方面的安排形成合力，共同抵抗现行的大学体制的强大的同化力的。但究竟效果如何，还得拭目以待。

三　文化研究与社会的良性变革

这道难题是紧跟着前面那一道来的：既然文化研究不只把自己看成一种学院里的研究，你还想要介入现实、改变现实，那你就必须考虑社会良性变革的动力问题。在今天的中国，城市化程度大幅度提高，近乎“赢家通吃”的社会分层极为严重，良性变革的社会动力从哪里来？昔日的各种革命理论，似乎都不能提供有效的答案，我们必须自己分析。

目前，文化研究圈内的回答大致是两个：一个认为，主要的动力是来自城市里的中等收入的阶层（而非“中产阶级”），这个阶层成分复杂，其中很大一部分[19]深受支配性文化的影响，觉得自己属于“市场经济改革”的受益群体，因而自觉不自觉地和“新富人”[20]站在一边；但也有相当一部分人，明白自己的真实社会地位，亦有一定的文化和经济资本，因此，他们既有变革的愿望，也有变革的能量。

再顺便说一句，我目前赞同这一个回答[21]。

另一个回答则认为，良性变革的真正的动力，还是来自城乡的底层民众，主要是城市低收入阶层、农民工和留在乡村的尚未富裕的农民（他们占了农村人口的大多数），因为他们承受了最大的生活压力，而按照以往的思路：哪里压抑最大，哪里反抗就最大。

这两种回答之间的争论，直接促发了文化研究对城市中等收入阶层与“底层”各自的政治、经济和文化状况的进一步分析[22]。与此同时，它理所当然地引起了对文化研究的教学方式的反省。简单说就是：今日中国大陆文化研究的教学，是应该以大学课程、报刊文章、网站、演讲、学术论文之类更适合城市中等收入阶层的方式为主，还是应该以其他非学校教育的传播方式为主？

并不容易在这两者之间取舍。但是，因为地处都市，上海大学文化研究系的教学活动，至少到目前为止，还是大体依循着前一个回答的指向展开的。

但我们不敢轻视后一个答案，它本身也许有错，但它势必引出的另一个相关的问题：文化研究教学与中国乡村的关系，却是非常重要的。尽管到处都在城市化，两亿多农民进城打工，中国的大部分地区依然还是农村，大部分人口也依然还是农民。可是，至少到目前为止，中国大陆的文化研究基本上还是盯着“都市”，以至于文化研究几乎可以等同于都市文化研究[23]，文化研究界对今日乡村现实的隔膜，由此造成的种种幻觉[24]，都显得非常触目。在这种情形下，文化研究怎么教？能干脆避开乡村及其文化状况，只谈都市文化么？

最近六七年，在上海大学修读文化研究课程的研究生中间，有相当一部分来自农村，或者在农村教过中学，他们对今日乡村的实际情形，是有切身经验的[25]。但是，人在农村，并不就等于了解农村，关键还要看他们怎样处理自己的生活经验。例如，东部地区的农村，早已是都市主流文化的一统天下，那里的年轻人，身份是农民，可他们对自己和自己的生活世界的感知，却多半相当“都市”，是被城市里的主流文化牵着鼻子走的[26]。在课堂讨论中，经常可以看到这样的现象：出身乡村的学生，比城市里长大的同学更难摆脱城市主流文化的束缚。今日中国的广大乡村，早已被深刻地编入了都市主导的社会之网，无论支配的一方，还是被支配的一方，其实都是城乡一体、互为首尾的。因此，如果文化研究的教学只论都市、不谈乡村，那就无异于画地为牢，自己蒙住了一只眼睛。独眼的老师，怎么教得出有眼力洞悉社会全貌的学生呢？

可是，怎么在课堂上用文化研究的方式讨论乡村文化问题呢？2004 年，借助于“三农”[27]问题大讨论的影响，我们开始组织学生（大部分是研究生）去乡村（例如山东的贫困地区和湖北的产量区）“支教”[28]，做文化和社会调查。除了去农村，也有一部分学生去上海郊区的民工子弟学校义务教书[29]。就目前情况来看，这样的活动对年轻学生往往有很好的影响。例如，他们对乡村文化现实的直接了解，常能反过来帮助他们理解都市主流文化的运转模式；有些学生甚至进一步组织专门的社团，计划长期参与他们访问过的那些乡村的文化状况的改革。

阻力和困难也很大：地方官员会阻挠学生的调查，乡村学校的校长会利用“支教”者行其私利，甚至有严重的困难。这里就不细说了。

最大的困难还是在于，在缺乏研究实例的充分支持的情况下，单靠这种将学生送去乡村短期访问的方式，是否就能有效地展开文化研究教学的乡村面向？也许可以说，这是将大学的一部分教学空间再次扩展到了乡村，是在重新尝试与前述对于动力问题的第二个回答相配合的新的教学途径[30]。但是，从另一个角度看，这就好像架桥，如果在两岸（大学和乡村）扎根都太浅，桥一定轻飘飘。显然，真要扎实地打开面向乡村和乡村文化问题的教学空间，还有非常多的事情要做。

总之，文化研究教学如何有效参与社会的良性变革，现在对我们还是一道很大的难题，我们试了一些办法，效果却还难说。

四　文化研究的中土特质

我们面对的是这样的现实：一方面，经过差不多150年被动现代化的历程，中国已经深深卷入了现代化/全球化的巨大漩涡，今日大陆的几乎每一个角落，都和这个漩涡紧密相连；另一方面，由于各种历史和现实原因[31]，中国仍然保持着相当触目的特别之处，无论是其现代历史，还是它此刻的社会状况，都和譬如欧美明显不同。因此，中国大陆的文化研究，必须发展出与这个复杂的现实相适应的中土特质[32]。实际上，我们所以选择“文化研究”来自我命名，原因之一，也就在文化研究已经形成了注重“本土性”的政治品格。

这个中土特质如何创建？首要的一点，自然是直面当代中国人的活生生的日常经验。在教学上，我们主要是从这么两方面来做的：

一、从2006年开始，调整各个级别的文化研究导论课的内容，不是一上来先讲文化研究的历史和概念——如果这么讲，那就难免先讲一大堆欧美的社会情形和理论名词，这很容易令学生觉得隔膜，而是先讲当代中国人——更准确地说，坐在教室里的学生们——的生活经验：他们过去的经历、当下的精神压力、对未来的忧虑和希望……

接着讲当代中国社会的一般状况，正是这个状况给了他们那样的生活经验；再接着讲这个现实对批判性知识生活的挑战，它提出了哪些重大的问题，逼迫知识界回应；最后才讲到“文化研究”，介绍它作为中国知识界回应现实挑战的一个重要方式，它所承继的历史和理论资源，以及分析现实的基本策略。

这样的导论课，减弱了对欧美理论的介绍，但明显能增强学生对于文化研究的本土意义的感受，激发他们日后参与的热情。

二、也是从差不多同时开始，改造文化研究的理论课，在专书选读类的理论课之外，另创一种在课名中嵌有“理论与实践”字样的课程[33]。此类课程包含两个部分，一是对现有——主要是欧美——社会与文化研究理论的专题性的介绍，二是对若干中国大陆的文化研究案例的分析。如果条件许可，当讲授后一部分的时候，主讲教师会邀请与课程内容有关的研究者现身说法，当然，这说法的范围不止于已经完成的研究，还包括正在进行的研究。

这种结合了实践分析的理论课，如果讲授得当，是能取得双重效果的：从“理论”和“实践”——这每每可以大略等同于“欧美”和“中土”——的相合，可以了解当代世界的普遍状况，而从这二者的不合，又可以明白本地现实的关键所在，以及文化研究今后的实际分析与理论创新的要点所在。因此，这是一种从教学的角度促进文化研究形成本土特质的良好方式。由于中国大陆的文化研究起步未久，具有示范意义的成果太少，我们此类课程的建设也就很慢，目前只是粗具大样，不成系统。但是，这件事我们会继续做下去。

文化研究的中土特质，还有另一样可资汲取的丰富资源：中国革命的思想和实践历史。

中国是在遭受西方帝国主义侵略、几乎要被瓜分的情况下开始自己的现代历史，进而形成自己的现代思想的。因此，中国的现代思想从一开始就迸发出总是从被压迫的角度看待世界、不接受弱肉强食的现代秩序、要创造比现代西方更民主的社会结构的理想的光芒。从19世纪晚期到20世纪中叶，这个广泛意义上的左翼理想一直占据中国现代思想的主流地位，并催生了波及社会各个层面、至少持续半个世纪的社会变革和解放运动：这就是我所说的“中国革命”。

没有篇幅具体介绍“中国革命”的丰富成果。但经由对当下现实的反思和由此启发的对中国现代历史的回顾，我们愈益深信，这个“中国革命”，无论是作为精神资源，还是作为在现实中并非全然无迹可寻的社会遗产，都是今天中国知识分子最可珍贵的一种传统。最近20年来，它好像被压到了地下，但就如鲁迅所说，它其实并未熄灭，而是如同地火一般，依然在暗中燃烧。实际上，今日中国大陆自命为“文化研究”的思想和学术活动，就是这暗火跃出地面的表现。对我们来说，从马克思到“伯明翰学派”的各种西方批判理论和实践，当然是重要的思想资源，但比较起来，“中国革命”的传统，是更为切实、内在，也更为坚固的精神支柱。

从2007年开始，我们相继在博士和硕士课程的理论部分，增设“中国现代思想专题”必读课[34]。两年下来，效果不错：学生了解了大量他们以前几乎实闻所未闻的思想和社会历史的细节，因而大幅度扩展了对于“现代中国”、“中国革命”和“社会主义”的认识。更重要的是，经由这一段历史的丰富的指示，他们看待当下现实的视线和焦点，也会变得更为切实，更少受到迷信西方理论的陋习的误导。这对于新一代研究者发展更能切中要害的分析和介入现实的能力，显然大有益处。

最近十多年来，大家都注意到了批判性思想和知识活动的一个全球性的缺陷：似乎很难在通行的欧美批判理论之外，发展出别样的思路、概念和方法。例如，非欧美地区的文化研究的实践，似乎都不同程度地被欧美理论笼罩，虽然在具体的分析上不断往前走，但理论、概念和方法上的发展，却至少很不明显。作为这个状况的一个结果，这些地方（包括中国大陆）的文化研究的理论教学，很容易向欧美理论一边倒[35]。

在这种情形下，2000年以来大陆知识界强调“中国经验”的趋向，就特别有意义。“中国经验”这个词当然很大，可以被各方借用[36]，但惟其如此，文化研究就更应该深度介入，将更具反思和开拓意味的内容，填入这个词所抽象的广大空间[37]。什么是“中国经验”？就是直面日常的生活感受，承继“中国革命”的丰富记忆，追究现实内部的压迫性结构！一旦这样的“中国经验”大量发展出来，文化研究的中土特质，也就在其中了。

2006年1月初稿　上海

2009年9月改定　崇明

注释：

[1]　20世纪90年代中期，就有个别敏锐的学者（如戴锦华）开始用类似文化研究的方法展

开对电影和都市流行文化的分析，亦有学者（如李陀）公开提倡文化研究，但这些努力当时没有引起广泛的呼应。

[2] 尽管从19世纪晚期开始，中国学术已经开始“西风东渐”，但直到20世纪40年代，这“西风”的范围始终比较宽大，并不仅指欧美。50年代初，更一度形成排斥欧美、专学苏俄的风气。

[3] 中国知识界在20世纪80年代习得的那些机械两分式的理论思路，例如现代/传统、社会主义/资本主义、计划经济/市场经济、共产党专制/自由民主，等等，此时都已基本失效。

[4] 它们分别涉及媒体（电视）、房地产市场和广告、街道的视觉形象、工人新村、工厂和工人的文化史、文学网站、都市新空间、流行服装等方面。这些研究的成果，已经从2008年初开始，以单行本的方式，作为该中心主持的“热风”书系（上海书店出版社出版）的一部分，陆续问世。

[5] 本文第二部分会说明这方面的主要原因，这里先列出一个次要的原因：与文化研究的巨大任务相比，目前中国大陆（包括上海、北京等文化研究相对活跃的地区），能有效参与文化研究的年轻人太少，而大学教育无疑是培养此种人才的有效途径。

[6] 如华东师范大学、复旦大学、上海大学、上海师范大学和同济大学。

[7] 目前已经讲授的课目有：“文学/影视文本分析”、“文化研究理论专书选读”、“中国社会主义文化问题”、“改革与中国现代性问题”等，由上述5所大学/研究所的文化研究学者轮流讲授。计划讲授的课目是：“中国现代思想文选”、“当代支配性文化分析”和“文化研究方法”。

[8] 该讨论班邀请来自北京、香港、台湾和上海的11位资深的文化研究学者，以5天时间，与来自香港、台湾和中国大陆各地大学的30余位青年教师和博士生座谈。该讨论班的报告集，作为一种教学参考书，将于2010年在上海出版。

[9] 该讨论班以中国大陆各地大学中讲授文化研究课程的青年教师为对象。

[10] 例如，就文学教育而言，在20世纪80年代突出地发挥了培养批判性思维的效用的“中国现代文学”、“文艺学”和“比较文学”等学科的教学，在90年代相继变得循规蹈矩、死气沉沉。此种情形，其他领域也多有发生。而与此同时，那种认为读大学就是拿文凭、谋取高薪行业的入场券的看法，在大学校园内愈益流行。更令人惊心的是，90年代中期以后，随着学费高涨、强调“素质教育”等一系列因素的膨胀，贫寒子弟进入大学的道路越来越窄。

[11] 这并不容易，时至今日，中国教育部的一级学科目录，依然没有列入“文化研究”。

[12] 此类选修课共有3门：“文化研究导论”、“文化研究理论选讲”和“文化研究的方法和实践”，都是针对本科三、四年级生。从2009年开始，另一种针对所有年级本科生的“文化研究导论”被列为上海大学文学院本科必修的4门专业课之一，因为每个学生只需在此4门课中任选2门，此课仍保留相当大的选修性质。

[13] 在上海大学，文化研究系提供的硕士学位课程先后隶属于5个专业："中国现当代文学"、"文艺学"、"人类学"、"电影电视艺术学"和"传播学"；博士学位课程则先后隶属于"社会学"和"中国现当代文学"。

[14] 譬如对中文系的5个专业（"中国现当代文学"、"中国古代文学"、"文艺学"、"世界文学"和"比较文学"）的一年级硕士生开设"文化研究与中国现代性问题"通识课。

[15] 截至2009年9月，该系仅有3位专职教师，其博士学位分别是"文学"、"社会学"和"性别研究"。

[16] 这个讨论区里的课目会随着实际授课情形的变化而增减。主讲教师一般都会将授课大纲、阅读书目等贴进其课程的讨论区（有些教师还会陆续贴进其授课讲义），学生所贴的，大多是课后的感想（包括疑问），以及部分阅读书目的电子文档。

[17] 其"厉害"之力在于，大学体制对文化研究的这种"学科化"要求，是和所谓"人才市场"的压力紧密结合的，当问"什么是文化研究的学科内容"的时候，实际也就是问："拿文化研究学位的学生毕业后能从事什么职业?"身为教师，我们理当重视学生的就业需求，而如何在切实回应这个需求的同时，避免文化研究的教学在现行的大学体制和"中国特色"的市场体制的双重挤压下，快速变质为一种专业化的劳动力培养，显然并非易事。

[18] 要完整确立文化研究作为一门独立"学科"的内容，除了"研究对象"和"方法论"，还必须有对于"分析理论"的勾勒。我们在这方面的初步努力，详见本文第4节。

[19] 例如工商企业的"白领"管理人员和中级以下的公务员中的许多人。

[20] 这是在最近30年的社会分层中，与"底层"一同产生的新阶层，目前这个阶层的主体人群是由如下三部分人构成的：所谓"民营企业家"、中上层公务员，以及各类工商企业的高级管理人员。这个阶层实际上构成了今日中国的统治阶级。

[21] 我之所以不取第二个答案，主要是出于这样的考虑：今日中国，已经是高度现代化的社会，如传统社会那样在民间留存许多政治、经济和文化空间的情形，已经不可能继续，因此，底层民众在各方面都被剥夺得非常彻底，而在这种情形下，他们尽管承受着最大的压迫，却严重缺乏良性反抗的能量，他们的许多剧烈的反抗，并不真能构成对现存社会结构的有力破坏。因此，恐怕不能将社会良性变革的主要动力，归属给"底层"。

[22] 本节第二部分会进一步介绍这方面的情况，这里就不赘述了。

[23] 造成这个现象的原因甚多，有近乎"先天性"的理论限制：欧美的文化研究理论，全都是在高度城市化的社会条件下形成的，这些理论传入中国大陆以后，很自然会将人的视线引向都市；也有现实的刺激：今日中国，尽管在很大程度上依然可以说是一个农业国家，却实实在在是由城市主宰的，要想看清楚中国，不盯住城市不行；当然，文化研究的学者一般都置身大学，居住于都市，这种实际经验的限制，也是重要的原因。

[24] 其中最明显的一种，是以为今日中国大陆的大部分乡村还保持着与城市里明显不同的"乡村"文化。

[25] 此种情形，当然不只是上海大学独有的，其他大学也多有同类状况。

[26] 现代社会，是高度意识形态化的社会，一个中国大陆东部乡村的青年人，从来不知道“Modernization”之类名词，却完全可能在电视和中学课本等的熏陶下，养成了按照现代化理论的粗鄙版处理自己的日常经验的习惯：城市是先进的，乡村是落后的，人生的意义，就在于跳出农村，过上城里人的生活……

[27] “三农”是农业、农村和农民的简称。2003—2006年间，有关“三农”问题的讨论风行全国，最终导致中央政府取消农业税。

[28] 支援乡村教育的简称，其主要形式是组织大学生——包括研究生——去乡村学校短期执教，帮助那些学校建立和扩充图书馆等。

[29] 从2007年开始，上海市政府允许农民工子女在本地学校就读，同时关闭各类农民工子弟学校，我们学生的此种义务教书活动也随之结束。

[30] 早在20世纪50年代，作为毛泽东倡导的“教育革命”的内容之一，许多大学都组织学生去乡村，甚至直接在田间树下上课。

[31] 这些原因中最主要的是如下4项：中国的由人口和疆域面积决定的庞大体积、中国的地理位置、中国与欧美列强相遇的时间和中国从其世界上唯一延续了至少5 000年的文明历史所承受的巨大的历史惯性。

[32] 这里说的“中土特质”，主要是指一种将“全球”和“中国”视为一体、能同时体察“全球”中的“中国”影响和“中国”内的“全球”因素的视野和理解力。从这个角度看，只有具备了中土特质，中国大陆的文化研究才能发展出真正有效的全球视野和世界关怀。

[33] 由于针对不同年级和类别的研究生，此类课程的名字各不相同，但都嵌有类似“理论与实践”的字样。

[34] 作为此种课程的教材，一套2卷本的《中国现代思想文选》，也已经编就，最迟于2010年春天出版。

[35] 当然，也要考虑到另一个可能：非欧美地区不是完全没有与欧美主流批判理论不同的理论上的发展，但因为全球知识生产的结构性失衡，这些发展不能被各地的文化研究者分享。

[36] 包括被右翼势力（例如狭隘的民族主义）所用。

[37] 这个空间的边界并非已经确定，而是不断变动的，因此，这个空间的内容也绝非一成不变，而是可以被不断改写和再填充，因此，它实际上可以被理解为一种充满新的可能的空间。

文化教育中的叙事与表演行为：作为批判性交流的写作教学[①]

● 陈清侨　罗婉芬[②]

文化研究的教与学，尤其是文化评论的写作教学与“情感结构”有密切联系。雷蒙·威廉斯提出“情感结构”这一概念是为了强调从事文化分析不应把思考与情感对立起来，而是需要把存在于两者之间的连锁互动与张力梳理出来进行分析。“情感结构”强调情感并非瞬间即逝，也不是非理性。相反地，情感的作用具有持久性，形塑着人的世界观和理性行为。故此，文化评论的写作教学必须让学生有效地探索情感与意识形态之间的关系。本文通过香港岭南大学文化研究系文化批评写作教学课程运用教育戏剧策略的个案研究，阐述叙事与表演行为在本科学生用英文写作文化评论文章及其撰写过程中所发挥的中介作用。

* *

写作、戏剧与文化批评

在教育学中，写作与戏剧被认为分属于不同的学习体验。我们知道，戏剧在根本上围绕个体之间的戏剧张力和冲突（个体常常是某个特定社会类型的代表）而展开，通过人类价值和情感的深度冲突来吸引观众（Burton 1991；O'Toole 1992）。与之相反，写作则是通过讲各种各样的故事为读者创造一个想象的人物世界，在从事写作和阅读的个体身上一遍又一遍地重复，由此阐明主体间的认知、情感和智性体验的社会叙事

---

①　本文来源：*Inter-Asia Cultural Studies*，2013 Vol.14，No.2。
②　陈清桥，香港岭南大学文化研究系；罗婉芬，香港岭南大学文化研究系。

的教学法。亨特（Hunter 1997）认为，“英文”成为这样一种独特的教学环境，“英文读写能力”至关重要，因为它能够在“个人成长”文本的情境中打动读者和作者。确实，对于英语为第一语言的学生，英语是他们“个人成长的课堂”。因此，在教学和学习中，戏剧活动涉及想象性的社会关系（或社会想象性的关系）中的个人，而写作活动（以及其对应的阅读活动）在本质上是十分个人化和独立的行为。

在写作中，个体具有至关重要的作用，而在任何社会或文化批评活动中，重要的则是自我与其外部世界的关系。因此，我们称之为文化批评的话语允许我们面对广泛的社会公众发言——甚至当我们选择一个想象性的读者时——远远超越了手头的文字和文本。对于作者和读者来说，社会叙事所使用的媒介与其激发的对世界的表演性展现所使用的媒介是同一种话语。因此，香港岭南大学文化研究系所开设的“文化批评实践”这门课当中，我们将写作视为一种独特的话语模式，年轻的作者可以通过写作来向课堂外的广泛读者发言，他们常常想象自己在社会环境中扮演某个实际的角色。在这里，作为公共话语模式的写作并不是传统的学术写作，因为批判性写作的作业并不仅仅在课堂范围内分享，指导教师更不是唯一的读者。与此相反，它的目标读者群是公众读者，其形式可以是杂志上的评论，报纸副刊上的专题报道，或者上传到个人博客中的故事，等等。学生的任务不是要完成一篇普通的由学术话语组成的文章，在这里，我们所关心的文化批评正如文化研究的教学所常常强调的，致力于将个人的发现和表达与对个人所栖居和成长的社会、集体的批判性、反思性理解联系起来。随着这种个人反思性、实践性视角的养成，本科二年级的核心课程引导学生将文化批评作为在学术文体和学院之外进行实操性文化写作的一个形式，其目标是训练学生就自己所选择的话题进行英文批判性写作、向公众读者群发言、处理身份问题（有关我是谁、我们是谁）、个人与社会经验（有关我们经历了什么，我的感受如何），以及批判叙事本身（如何更好地运用选定的话语模式表达自己的观点和他人的视角）。[1]

在这个实践课程教学语境的框架中，批判性主要是学生运用自我反思训练公共、对话式交流的写作能力，他们每个人都必须在完成一篇评论性作业（文章）的过程中独立掌握这种能力。因此，这体现在学生们能够对自己所关心的社会现实的某个方面进行有效的表达，交流自己的观点。学生在进行叙事任务的同时，学会采用适当的批评策略去表达自己的感受、观点和想法，思考他们选择所要反思和交流的经历，通过写作与读者互动。在他们面对听众（公众的一部分）寻找和采取一种独立的批判性立场时，他们需要掌握实用的叙事转折和修辞策略，以进行文化批评的写作。在这个过程中，他们通过恰当的写作策略、技巧以及合适的态度（比如耐心），可以看到和反思自己写作的过程，批评的实践（通常是混乱的），从而将之形塑成一个可以交换观点、交流对话的平台。

基于对写作中的批判性的理解，本文试图通过个案研究来阐明在香港的社会语境中，教育戏剧在文化批评教学中所扮演的作用。具体来说，本文探讨岭南大学的本科生在文化批评课程中如何通过教育戏剧得到提高；即，在课堂中引进戏剧，如何可能有利于提高学生通过写作过程与公众和想象性读者的——在写作话语中体现的——思考、参与和交流。并且，我们相信这个研究与文化研究的教育性直接相关——即文化研究作为一种教学项目，致力于生产出一种能够应对社会变化的批判性话语和智性话语，同时培养能够自我教育和自我转变的批判性主体。

作为写作教学教育的戏剧和文化评论

相应地，我们将写作及其学习过程都视为形成文化批判的有效阶段。在课堂上，我们应用戏剧教学法［英国、澳大利亚、欧洲的实践者称之为“教育中的戏剧（drama in education）］”[2]，让学生学习如何将写作作为一种公共批评话语模式，扮演必要的角色和立场。与各种戏剧和剧场相同的是，教育戏剧从审美和批判性上锻炼学生的想象力和思维能力。因此，写作班上的扮演使得学生可以在现实或虚拟的情境中思考、活动、反应，使他们能够将想象和现实联系起来，发展反思性和分析性的理解思维。教育戏剧与真正的表演活动不同，它没有演员，没有剧本，因此具有参与性和（自我）转变性；它倡导学生学习戏剧元素，如角色、空间、张力、时间、隐喻，超越戏剧形式认识批判性问题，并就其发表观点。

关于教育戏剧及其在基础教育写作课中的效果的研究，已经表明戏剧作为一种教学法可以为学生提供一种情境，学习以多种形式、为了各种各样的目的、从各种角度进行想象的、有效的写作（Schneider & Jackson 2000）。学生对戏剧世界的探索能提高他们的同理心和理解力，从而使戏剧与写作相互借力，激发个人化的反思性写作（Neelands et al. 1993）。戏剧性的“共同空间”给潜在的作者提供了独特的机会，使他们可以在写作过程——从拟定概念、制定计划，到起草、修改——当中利用可用的文化资源。戏剧教学法帮助年轻作者在将自己的想法整合进文本中的写作过程中去形塑和商讨不同的意义（Crumpler 2005）。戏剧的过程与写作过程的共同因素，包括创作活动、数据搜集、修辞的应用、叙事和框架、形塑形象或想法，感官感受的表达，以及一轮又一轮的修改、编辑和校对。批判性贯穿于整个学习过程，它激发学生的创作，激活学习者的潜在智识，帮助他们创造影像、行为，以适应不熟悉的场景（Wagner 1985）。

在我们的文化批评课程中，教育戏剧是参与性的，让学生投入即兴表演活动、在真实或想象情境中角色扮演，他们得以重新领会，甚至重新组织在戏剧/批评过程本身中体会到的经验。对于学生来说，其挑战在于获得学习经验、将批判性探究策略应用到自己首选的写作模式中。我们通过一系列研讨会、工作坊、指导课、个人咨询等形式，以及写作项目，聚焦于批评性文章的实际操作，学生学习如何通过写作来表达自我、对日常生活或社会现实进行批判。这一教学法的目的就是使学生可以培养一种对写作的自我意识，通过写作发展作为作者的潜力，通过写作的过程形成主体性，从而打开表演性的空间。

因此，在课程这个层次，叙事和表演作为相互区别却又互相作用的活动再现另一世界。对于这个呈现出来的世界来说，叙事和表演都涉及故事的人物与社会身份的对话。在叙事中，无论是口述还是笔述，学生都必须学习讲述（或倾听，视乎情况）与某个选定的社会情境有关的一个人（自己或他人）的故事，处在表演行为中（无论是戏剧表演还是写作）他们都不得不面对动态变化的社会世界，他们对故事的看法在叙事结束时就转化、传递和转移到读者身上。学生作者的叙事具有表演性，不是因为他们与戏剧的关系，而是它旨在关心另一个世界的读者转化，通过叙事所打开的根本的交流过程。因此，它表现出一种独特的批判性和对话功能，使读者能够与叙述者、作者以及相互之间在中介性的作品——即写作本身——中相通。

在香港的教育环境中，将英文写作能力作为交流的有效形式，对于学生来说有很大的挑战。在学校里，英文课上的写作教学整体上被认为是语言教学，具体来说是属于第二语言教学。实际上，学生写作的意愿很低。这是因为英文写作课堂变成了评估主导，要求文法上的准确性和掌握纯熟的语言技巧。因此学生缺乏听众的感觉，无法形成现实世界语境的对话。这给写作教学带来了严重的问题，学生觉得很难有效地掌握将公共批判作为文化批评的分析模式和对话式的发言方式（许宝强 2007）。

在香港本地，很少对戏剧在教育中的作用，展开系统和深入的研究。刘诚等（Lau 2007）对 1998 到 2004 年学前、小学和中学教学中的戏剧的研究，包括 56 个由政府资助的戏剧相关项目。这一研究评估课堂使用戏剧的有效性，同时评估培养学生个人成长和他们普遍的“思维能力”的评估工具的效果。然而，在教学和学习批判性写作方面缺乏相关的研究，在大学层次也没有类似的研究。因此，我们在岭南大学文化研究的本科课程中，学生通过三篇论文[3]循序渐进地调动他们自己在当下和过去的个人经验，与周围世界的日常联系，与现实“切片”的个人关系，等等。务求本科生用英语写作时，心存一个广泛的读者群，努力地进行批评性交流，将自我探究和发现与对社会的语境分析联系起来，文化评论在这个课程中被理解成一种公共写作模式，而教育戏剧（如很多艺术和文学课堂上的教学者）被视为教学法和自我转化的过程。用保罗·弗莱雷的解放教育和对话式实践的概念来说（Freire 2000），在这个初步研究计划中，我们想要给教育的解放工作提供一个丰富的环节，通过学生写作和戏剧的中介作用带来特定的转变。

个案研究

教育戏剧和剧场技术在学校内外都做过很多解放和治愈方面的尝试，比如学校的冲突管理（O'Toole and Burton 2002），遭遇身边人故世的咨询辅导（Pillay 2000），被虐儿童幸存者辅导（Dobson et al. 2000）等。将戏剧作为一种教学法用于香港大学本科生文化批评课程的做法则是实验性质的。在研究个案中，我们探讨教育戏剧帮助学生在香港的语境中用英语作为第二语言，书写面向公共的文化批评的功能、作用和价值。我们的关注点一方面在于大学层次的文化批评写作教育模式中采用戏剧作为教学方法的假设和策略，另一方面是观察学生的写作和概念发展。这个课程所采取的戏剧形式包括过程戏剧[4]，剧场游戏，影像戏剧技巧。

2009年1月—5月之间，我们做了一个深入的个案研究，选出5位参加文化批评写作实践课程的本科生。[5]我们采用课堂观察的方法记录他们在实践课上的参与，对他们进行了采访，了解：(1) 他们过去的写作经验与过程；(2) 他们感受到的戏剧在批判性和创造性写作中的效果；(3) 他们对完成本课程写作的整体看法。我们采用个案研究方法，是为了深入检视这些学生如何在戏剧工作中商谈意义。这使得我们可以理解写作的组成过程——尤其是知道学生在学习批判写作的过程中，意义生产过程如何与教学材料、指导和情境相互作用。为了实现这一点，我们必须近距离观察学生在课程各层面上的参与，细致、复杂地理解他们通过写作的中介对批判立场的采用和对特定文化批评的发言。我们想要评估教育戏剧的中介，通过学生的叙事和表演行为所展现的，可能有助于形塑和表达批判性想法和观点，因此，表明写作对批判性交流的公共模式的过程和影响。参与个案研究的本科生全部都是文化研究系下的本科学生。他们各自带着过去在高中的写作经验（他们在英文写作方面的经验大部分都是负面的）、大学其他本科课程中的学习，以及他们自己作为作者的感受，来上这门批判性写作课程。

奈特和埃莉诺都用中文写博客，但各自的目的不同。对于奈特来说，写作就是对地方事务和问题交流想法的方式。他写作不仅是为了给别人的阅读，而且也是厘清自己的想法和思考的方式。写作是激发和挑战自己去发现他自己对某件事务想法的方式。而埃莉诺则将写作当作自我表达的一种行为，她喜爱写一些小短篇。她发现在高中毕业以后就没有什么有效的方式能够提高自己的写作能力了。对于她来说，批评写作课程中思考写作中的叙事框架、表达模式、作者-读者关系等一系列要求，既陌生又有挑战。这些写作要求为自己的写作、文化评论和两者的关系带来了全新的方法。

在个人访谈以及他们自己的反思日志中，奈特和埃莉诺都大谈他们在戏剧环节中的由所扮演的角色获得的体验。那一节课运用了一个 45 分钟的过程戏剧，由“莎莉说了什么”（Cisneros 1984）这节短文作为前文本出发，讲的是关于一个叫莎莉的女孩有一天没有上学，有线索显示她是家庭暴力的受害者。在这节课中，学生扮演多重角色，包括莎莉的同学、莎莉本人或她的母亲，还有与莎莉最好的朋友由婉芬扮演的布里对话。之后，我们请他们每一个人写下两个东西做批判的自我反思：一是以莎莉同学为角色视点写一篇日记，记录有关他/她在布里带着有关莎莉的消息来到时所看到的，一是在莎莉收拾行李离家出走的当晚，以莎莉或是她的妈妈的角色视点写一个便条给莎莉或是她妈妈。

重要的是，我们将会看到，比起更传统的正式和分析的批判模式，通过过程戏剧这一中介，批判性写作的实践让这些年轻作者更多地探索和介入情感。奈特在回忆这次课堂戏剧和他自己在戏剧中的感受：

> “莎莉说了什么”模仿（主人公莎莉的）课堂场景，*后续作业*（角色日记写作作业）*与戏剧活动配合地很好……*我自己选择做班长这个角色，收集同学的作业……嗯，事实上，在活动开始的时候，我只是想做旁观者。*但是我站在椅子*（表示莎莉在课堂中的座位）*很近的地方，你*（婉芬）*就在我旁边，当时的感受好真实，就好像整个事情就发生在我身边一样……感觉好真实……然后我想要当班长的角色，说着班长会说的话……*到了两个日记写作

作业的时候，我开始理解观点是如何产生的……班长如何看待一个同学？从这个视角，是什么促使了他对这个同学除了收作业之外的关心？不仅仅回想到莎莉的朋友进到课堂，（我的日记作业）还包括收莎莉的作业有多难等等事情……（斜体部分译自奈特访谈时的粤语口述，2009 年 4 月 14 日）

由空椅子象征莎莉在场（同时又缺席），布里出现在房间里激发了奈特与婉芬之间的各种联系，促使他根据戏剧情境中的班长角色去行动。这个以角色视点的书写是一种表演行为，使奈特进入了互动交流的批判性对话空间，与他作为作者的自我和角色的视角和关注之间进行对话，因此为叙事写作加上了一个表演的维度（Maclean 1988）。在这个层面上，戏剧让学生实际地操演了叙事性写作。在另一个层面上，借由过程戏剧为中介，奈特的创作活动在这个意义上可以看成是“表演性的”，他一直在与他的写作任务和角色视角互动、商讨和相遇。（Nicholson 2005）

批判性交流的舞台

对于一般意义上的戏剧，和我们所说的过程戏剧来说，表演包括自己的行动以及和在场所有人的互动，其社会性为学习者提供集体和个人化（自我）批评和追询的学习机会。对于这个教学空间中的很多年轻作者来说，批判性立场并不是一种具体的知识，一套被标记为“批判”（也可以读作“进步”）的理念或立场，而是一种特定的“批判性”棱镜，看待事物的各种角度或视角，它们深深植根于我们的日常生活中。埃莉诺说：

我（以前）从来没听说过这种练习（扮演成莎莉的同学，莎莉或者莎莉的母亲）会有所帮助，我也没有发现它们的用处。

我有很多收获，比如：

1. 有很多版本的莎莉，莎莉妈妈眼中的她和同学眼中的她。
2. 如果有足够的信息和描述，我会很容易进入角色。
3. 这是产生不同观点的很好的方式。

（摘自埃莉诺的反思日志，英文，2009 年 3 月 24 日）

埃莉诺所看到的莎莉和她妈妈的不同观点，是在她和同学在写作任务开始之前所表演的戏剧活动产生的。这个过程戏剧中，他们把自己与象征着莎莉的空座位联系起来，用画画表现莎莉收拾的行装，使得学生演员能够将埃莉诺和其他同学的观点实物化和视觉化，从而有效地为他们的批判性干预建立起背景。戏剧空间打开了，各人的视角形成了，或者对某个视角的观点角度，……用一种身临其境的方式使奈特和埃莉诺掌握"观点"等抽象概念。表演性戏剧体验在另外三个参与这个研究项目的学生——宇治，琳达和比阿特丽斯——身上也产生了共鸣。

表演的效果通过叙事得到传达，"说明了叙事行为与叙事者、文化背景之间的关系"（McDonald 2009，摘要）。在莎莉的过程戏剧这个个案中，学生首先阅读"莎莉说了什么"文本中主人公莎莉的糟糕生活，阅读后通过身体力行的即兴戏剧呈现莎莉的故事。这个第二层的故事通过课堂的集体表演得到叙事性的展现，使得学生在准备艰巨的写作任务、整合自己混乱的思维和感受时，具有体验性经历、叙事化的观察和评论的基础。写作，无论是在戏剧行为的过程中还是之后，都起到帮助学生整合自己从戏剧体验中产生的感受和思维的作用（如奈特和埃莉诺那样），并且能够展现出在通过线性话语-叙事与潜在读者交流观点中的批判性视角。

批判性交流活动常常是通过叙事而实现，叙事性活动在社交-交流背景中功能强大。一个潜在的作者在将自己的想法组织进文本、将各种故事的意义整合进去的过程中，会利用各种能够得到的文化资源，从而通过给思维和感受赋予形式，使其"内容"叙事化。叙事架构和视角在此成为学生处理日常生活事物的批判时的关键转折点。通过研究英国的中小学课堂中戏剧对写作实践的影响，尼兰兹（Neelands 1993）表明，对于学生来说，语境对他们想象读者来说有着重要的意义；因此，"想象观众"成为他们个人写作活动中的一个关键部分。对于学生来说，他们需要将自己放入与发言对象（"公众"，或其中一部分）之间交流的关系中。他们的叙事行为是表演性的，因为它创造了一个世界，打开了一个交流语境，催生了作者与读者之间的对话。这正是学生在文化批评写作中所需要掌握的内容，需要有共同的具体社会、文化环境。因此，他们通过采用某种能够使自己与公众实质性交流的写作方式而学习批判性。

显然，作为社会实践和文化批评的特定教学法的写作活动是一种独特的语境化叙事活动。这对于宇治来说很有挑战，她是本个案中唯一一位一年级本科学生。宇治在中学里读写作的体验仍然对她有所影响；她坦承自己基本上是为了完成作业才写作。在英文写作中，句型结构和词汇对她来说最重要，这就使她无暇顾及思想交流，更不可能进行批判性思考和对话了。她在写作中从来没有思考过其潜在读者会如何接受她的写作所传达的想法，更不会从别人的角度思考当一个人写作时会怎样构思。写作从来就不是交流传播活动。这使得文化研究课成为最具挑战性的课程，要求学生"承担公共文化批评的任务，并使之成为一种可以为更多公众所接受的自我反思的方式"（摘自文化研究课程大纲）。

当问到课程中的哪个戏剧活动给她留下的印象最深、带给写作的帮助最大时，宇治提到了"莎莉的过程戏剧"，又强调剧场游戏中的体验，使得她第一次探究"去熟悉化"作为一种批判性表演行为。她在自己的反思日志中有一个详细记述：

> 接下来我们玩的游戏是一个"丝巾游戏"，这也帮助我们理解"去熟悉化"：将事物抽离出其正常和通常的背景来看待。我们每个人都要用一个丝巾，把它变成某个物件或者有用的东西，比如，一件饰物，医疗器材（包扎伤口的绷带），一件武器，某个人的象征物……，等等。从这个游戏中我意识到一个物体依据特定的环境可以有很多使用方式。说实话，我总是在自己熟悉的语境中看待每一样东西，觉得它们都只有自己唯一的用途。把这些东西放到不同的环境中去发掘它们不同的用处，使我对日常生活有了新的看法，懂得了"陌生化"这个技巧的用处。（摘自宇治的反思日志，英文，2009 年 3 月 10 日）

通过想象和表演这种体验，宇治将身边的物体语境化、并将戏剧和教学体验在熟悉的场景中"重新语境化"，使它们更加容易形成面对公众的个人观点。她学习到了第一步：在写作面对公共领域的批评文本中批判性原则的重要性。戏剧表演及其教学视角给学生提供了一个话语空间，给他们提供了展现和发掘自我的空间，使之批判性地理解社会和集体，从而塑造了将写作任务作为表演的条件，同时也是一门批判性交流的艺术。

作为表演性活动的写作

对我们所采访的学生来说，写作作为一种叙事性表演，也是贯穿始终的。其中存在着社会性和批判性维度。它帮助构成故事的主体（讲故事者），表达他们对社会现实各个方面的观点。琳达就是这样。她发现文化批评课程的写作与她从高中以来所习惯的常用写作练习完全不同，与她本科时所学的文化研究的其他课程也不一样，在那里她努力学习学术写作和理论表达。对她来说，文化批评写作还包括叙事创造的维度。

它对读者公众的影响来自讲故事的力量，通过这种力量传达和分享批判性思维。

> 这就像演戏剧，当你写作时，就像在表演一样。这就更加容易进行想象。也就是说，如果我要写一个关于某人的故事，我会在写作时扮演那个人的角色。如果那个人不完全像我一样，那么你就会表演，成为一个不像你的人。作为一个作者，我必须扮演那个人的角色，以便更好地写作，将自己想象成那个人，即成为那个时刻的某个人。（翻译自粤语口语，琳达2009年4月7日的采访）

对于这个主题，写作的行为是为作者构成故事叙事的表演。例如，在她的文章"不可分割"（"Undivided"）中，琳达邀请她的同学——她的目标读者——重新思考印刷信件在信息通信技术时代的地位。她通过一个拟人化图书馆书籍的故事重新思考对知识的看法。这本书的使命就是给读者传授知识，但通过与主流图书馆用户的亲密接触，它遗憾地而认识到自己的使命其实无法实现（参见附录中琳达的文章摘录）。

对于琳达来说，选择将同学们（即隐含读者）所熟悉的大学图书馆中的学术书籍进行拟人化，将之作为叙述故事的主体，这是刻意对熟悉的环境进行陌生化的操作，是一种重要的表演行为。对于作者来说，这个过程需要对自己作为图书馆用户的经历"去语境化"，并且要思考她通过这种特定的文化批评工作想要传达的内容，以便让那些可能并不会具有该立场的人也能够分享她的想法，并开始在这种情况下重新审视自己。

琳达的文化批评工作利用各种语用语言技巧和修辞策略（表征，情节框架，观点，叙事框架和对话）来发展与读者沟通的文化写作模式，从而叙事在此成为一个互动的场所：它是表演性的，因为"意义和语法本身是不够的，还需要产生个人互动所需的选择和组合"（Maclean 1988：xi）。叙事的表演性质远不止它所涉及的故事，而且暗示了作者与自己之间，作者与读者之间以及作者与作者发现的社会文化背景之间的积极关系。作者，叙述者和语境之间的这种行为和互动帮助琳达想象了一个除了教师评估者之外的读者，并且能够将之表现为她的同伴和同学。从而：

> 当你表演戏剧时，你自己就是读者，你会思考你想要如何表现自己的想法。比方说，我不像莎莉，我将如何定位自己，以及如果我是一名读者，我将如何看待这种定位。我认为读者已经在我的内心了。这会帮助我写作。你不可能每次写作都去问读者，但你可以想象自己就是读者。（翻译自粤语口

语，琳达 2009 年 5 月 19 日的采访）

表演性行为在教学中的潜力使琳达的读者感超越了课堂教师作为主流写作训练当中的评估者的地位。它推动了交际语境对我们的另一位受访者埃莉诺“公开”，她在戏剧背景下考虑到观众的存在，这一点可与写作中的读者相媲美。

> 我觉得戏剧活动最具启发性和思想性的是探索作者-读者之间的关系（使用图像影院技术展示两个不同的“权威”图像）。你会意识到除了作者之外，实际上还有读者。你要在写作中考虑到这群人，而不仅仅是你自己——作者。我记得，在表演中我们得根据搭档的姿势做一些调整，以讲述一个不同的“权威”故事。以这种方式进行调整会让你意识到必须将读者考虑进来。写作也是如此。（翻译自粤语口语，埃莉诺 2009 年 4 月 20 日的采访）

批评性话语中的表演行为可以使作者与潜在的读者进行对话，并允许文化批评的实际工作为不同观点的表达和交换搭建平台。然而，并非所有接受采访的本科生在想象与观众进行“内在辩论”时都会感到这样的力量（Needlands et al. 1993）。通常，缺乏能够感知与作者自我对话的读者的感觉，这对于批判性写作的新手学习者来说很成问题，因为缺乏这样的体会往往使得公共批评的发言无效，无论是文化话语的分析模式还是对话模式。（Britton 等 1975；许宝强 2007）。

比阿特丽斯是另一位参与我们这项研究的本科生，她也不例外。她承认，英语写作对于她来说一直是一种痛苦的体验。她会严格按照写作教师——作业评估者——的指导进行写作。评估标准，诸如词汇、句子和文章形式的用法构成了比阿特丽斯和她的高中老师之间共享的教学背景。

> 我在中学时代确实也经常考虑到读者。……其实现在也是一样，因为给写作打分和修改的还是老师。学生可能不会完全遵循修改痕迹，但他/她肯定会猜测老师喜欢什么。……但是，对我来说，现在不像以前那样想遵循老师了。比起老师是否喜欢这个想法，他/她如何评论这个句子，现在我会更加关注这会给读者带来什么影响，我写信只是想表达我想说的话。（翻译自口语粤语，比阿特丽斯于 2009 年 4 月 14 日接受采访）

上文化研究的课程，特别是那些探讨日常生活中的权力关系和表征问题的课程，让学生开始思考如何将写作作为表达思想的手段。渐渐地，比阿特丽斯开始将写作视为一种批判性交流的形式，而不是为了满足教师或课程的要求而写作。对她而言，文化批评课程中的各种教学手法，包括专业研讨会，小组讨论，写作研讨会，辅导演示和个人辅导，都为写作教学提供了很大便利。其他能够增强学习过程的方法还有期刊论文写作，戏剧和戏剧活动，文本分析和批评性评论集，等等。看来比阿特丽斯作为一名作者的新奇感觉，以及她对作者自我的塑造超越了她习惯的写作环境的范围，这是她深入参与课程所伴随的写作练习以及其中的叙事和表演行为所带来的结果。

通过辅导工作和向课程导师的个别咨询，文化批评工作的个体研究过程得到了增强。在讲师的辅导下，学生个人将仔细阅读他们自己选择的文本，语境框架和叙事效果。他们首先接触到故事，然后引入对塑造他们的社会和集体的理解。因此，学生既参与解释所选文本的叙事行为，也参与在观众面前重述文本的表演行为。在个别咨询期间，学生-作者将生成一个“清单”来选定和展开论文的构思。奈特采用的是以下方式：

> 当我和斯蒂芬（课程导师）就论文构思进行个别咨询时，我开始浏览我们在讲座讨论或教程中一直被要求思考的问题清单：我的读者是谁？我从什么角度和立场进行写作？为什么别人想读我的文章？我为什么要写这个以及怎么写？……写作完成后，我会仔细检查这个核对清单，看看问题是否得到了解答。（翻译自粤语口语，奈特于 2009 年 5 月 21 日的采访）

在构思的早期阶段，学生-作者最初将材料以个人记忆和过去的经历的形式带到与同伴的分享会，然后与教师进行个别咨询。学生在小组活动和写作研讨会上进行互动，互相充当值得信赖和具有批判性的读者。另一方面，叙事表演的运用有助于学生整理他们的材料，并培养批判性写作所需的关键能力。强调将方法论、分析工作和实际写作整合为一个过程，使他们能够在关键项目的工作中积极接受文本 / 场景和对话交流思想。

结论

这个实验性的研究探讨教育戏剧在将写作作为一种公共话语的教学中的媒介作用。这使学生整合过去的写作经验和教育戏剧对他们的影响，采取恰当的叙事视角和对话模式，通过写作进行文化批评。我们已经表明，写作作为一种批评性交流，使得学习者即写作者进行自我追询和自我挖掘，同时用对社会的语境分析去强调他们的工作。学生在写作课程的构思中学到了如何处理叙事观点，从各种不同的角度去看待日常生活中的事物。我们在岭南大学进行的文化批评教学中所采用的独特方式表明，本科生的批判性思维和想象力都受到写作课上的教育戏剧的启发。戏剧探索产生和形塑了不同的批评角度和观点，这些思维方式与我们帮助学生所建立的文化批评写作紧密相关。正如所有的戏剧和剧场形式一样，教育戏剧在调动学生的美学和想象力方面卓有成效，由此，他们得以运用自己的批判能力进行独立思考，并在智力上为任何实际的或虚拟的行动做好准备（Bundy 2003）。学生借助课堂中的表演行为弥合了想象和现实之间的差距，同时学习概念化和关注他们的写作任务。通过身体活动的运用，学生展现了交流的多种能力和方式。他们变得更具反思性地发展自己的批判性观点和能力，因为他们在写作中将分析性的理解带入情感探索。

正如这里所描述的那样，叙事和表演最大限度地互相配合，为写作作为一种文化批评模式的有效学习和教学提供了背景，并且，我们已经在课堂上进行了实践。学生在此以各种形式从不同的角度进行或想象的或务实的写作，他们有着不同类型的目标读者——有课堂教师（如比阿特丽斯），有作者自己（琳达），或者一个更广泛的互联网和当地社区（如奈特）的读者群。叙事和表演在作为公共话语模式的写作教学中能够使学生从写作中重新发现自我。

> 在课程结束后，我意识到自己可以成为一名作家……感到更自信了……我意识到自己善于处理叙事类型的写作，但在要求逻辑论证的学术写作方面相对较弱。写叙事作品时可以容许有一些情感的流露，可以更为自由地使用形容词和动词，就像我们在课程中读到的《过于喧嚣的孤独》这本书一样，动词可以以各种方式使用。我喜欢那种写作，喜欢这个课程让我们进行构思的方式。嗯，除了创意写作，很少有学术写作可以这样。（翻译自粤语口语，琳达 2009 年 5 月 19 日的采访）

无论是通过教学过程中实操性、批判性的参与，还是教师/辅导员所引导的多层次教学环境，或者是在叙事和表演行为的交互效果中，学生都能够通过将写作作为批判性交流的媒介，以各种方式得到自我的发展并有所产出。随着学生重新发现作者-自我，他们比以前更有信心（琳达），更加注重并愿意通过选择叙事框架和观点（比阿特丽斯）来思考写作的影响。批判性话语中的这些思考会激发作者自己与读者的对话性思维，并将潜在读者扩展到作为评估者的课堂教师之外。

叙事表演为写作提供了另一种方法，即通过个人经历和反思来写作。情感和叙事世界打开了自我对现实的批判性认知，同时邀请读者思考和感受。

> 课程让我用故事来讨论这些话题。重要的是，在撰写这三篇论文时，它将我自己的经验重组了，而不是像一个旁观者那样进行讨论。我想，作为一名作者，学习使用我们自己的经验来写作是很有价值的。在这个课程结束后，我现在想要做的是使用邻里之间共享的文字或事物来提出大家关注的问题。好吧，根本没有必要一直引用学者的话。这就是我希望在这个课程之后实现的。（翻译自粤语口语，奈特 2009 年 5 月 21 日的采访）

通过在写作教学中运用教育戏剧，叙事和表演行为为我们提供了另一种方式去理解学生-作者在学习中的关键问题和概念的形成过程，也为我们提供了提高学生的文化批评实践能力的方法。因此，用公共话语模式进行写作扩大了叙事话语的范围：一方面是“规范性”的批判性写作实践（就像奈特那样），另一方面，也是一种创造性写作形式，学生的想象力在飞舞（像琳达那样）。

这项关于教育戏剧在文化批评教学中的媒介作用的研究将文化批评作为一种写作方式。我们认为，通过选择用文字来展现叙事和表演进行批判活动，学生可以更容易地进行写作，从而可以确定他们喜欢的方式。我们的研究揭示了叙事和表演在创作过程中的教学潜力，通过写作模式调动学生的批判性思维和想象力。因此，它为教师和学生提供了一个初步的框架，以理解作者-读者之间对话关系的细微差别，并在文化批评的实际写作中重新审视语境的作用。

基于我们之前在本地教育行动研究方面的工作（陈清侨等 2009），本项目侧重于通过戏剧作品的结构分析戏剧与写作之间的相互关系。在这里，我们研究了个体学生-作者如何架构对生活的批判性干预的有关问题。根据 Neelands 等人（1993）在研究中得出的观点，观众、目的和背景在学生“想象观众”当中至关重要，因为他们将用批判性作品和发言进行“内部辩论”。我们试图寻找和概述一个理论框架，该框架将确定学生在写作过程中的需求，确定他们如何为多层次的写作过程和戏剧背景分析受众、目的和背景的概念做准备。这项尝试对于香港最新的中学改革中的通识教育和本地学校科目有参考性，对促进文化批评的实际发展尤为重要和有用。通过这种方式建立的框架将用于组织和开发教学材料和教学指导，以便更有效地进行课程规划。

因此，目前的研究为未来的研究开辟了可能性。首先，有必要将个案研究作为开展纵向研究的基础，系统地研究叙事和表演对个人发展的影响。这种方法可以帮助研究人员在长期的实践和实验周期中重新发现作者-自我，从而使他们看到学生-作者如何摆脱通常的教育计划所提供的主流的形式化公式化写作，将书面媒体作为一种生动的、引人入胜的批评话语形式，即使对于将英语作为第二语言的年轻作者来说也是如此。

关于写作的教学法，进一步的研究可以探索借用戏剧的写作教学法，以及观众、目的和背景的动态作用，这将使我们能够开发新的训练和评估方法，使写作活动超越传统的强调语言（语法，词汇和准确性）的层面。关于教育戏剧在高中写作教学中的潜力，我们在高中人文课堂上已经从事过相关活动研究。这项工作旨在确定戏剧性干预的教学点，并对中学通识教育背景下的本科批评课程中所开发的教学干预进行。事实上，这方面的研究工作已经被用来研究这种戏剧的教学实验如何开辟一种新的视野，以理解中学课程中批判性分析写作的潜力（陈清侨、罗婉芬 2012）。

最后，在作为批判性交流平台的写作领域，学生-作者将自己的自我探究和发现与日常经验的社会维度结合起来，创造了一个有巨大潜力的研究领域，用于研究社会调查的戏剧模式如何让学生使用虚构、表演和叙事的方式探讨他们自己感兴趣的问题。这一工作可以为研究文化写作的批判和教学法提供一个重要的实证基础，从而为教育者提供更好的基础，让他们看到戏剧作为教学法可以为本地中学提供什么样的人文教育（Law 2012）。

（翻译：张淳　校对：罗婉芬）

附录：《不可分割》摘录——琳达：

这位教学助理带我回到他的办公室，这间办公室让我想起了我父亲的书房——书架和桌上都摆满了书，还有成排的笔记。当这位助理回到办公室时，他迫不及待地想要读我，他翻开我的目录页浏览目录，然后立即翻到我的第三章并开始阅读。他逐字逐句地研究我，但从第三章开始读，他能真正理解我的想法吗？我很想弄清楚，但我仍然可以发现他的眼睛像我的父亲那样闪闪发光，这个愿景让我感到温暖。当读到本章的最后一行时，他打开一台机器，把我塞进这台机器的嘴巴，一片亮光扫过我，在我的第三章的每一页上重复。光线太强了，它不像眼睛的闪光，这种光线让我很痛。在被机器折磨后，我的身体就像燃烧过一样，他让我回到书架上，让我休息。第二天，他把我带回图书馆，根本没有将我的第三章与其他章节联系起来的想法。

第一次，有人没有读完我就离开，我感到非常不舒服，但后来我意识到这其实很常见。我第二位顾客的表现也是一样，甚至更加无情，所以才会在借书时限的最后一个晚上才想起我。那天晚上我的梦魇就来了，那是一个雨夜，她正在电脑上看一个叫"Facebook"的书，在她更新了她的个人主页内容之后打开了我的目录页，开始阅读我的目录，翻了几页，停在我的结论部分，她读着，但她的眼睛里没有闪光。外面的雨很大，她的眼光和冰山一样冷，当她读完我的结论部分，用指尖压在我的身体上，用另一只手蜡烛我的结论页面开始用力撕扯！我非常努力地紧紧抓住自己的身体，不想让她拿走任何一页，这会杀了我，我坚强的意志一定会赢。但是，我的页面边缘被一个尖锐的东西划破了，我的思绪崩溃了。外面正在下雨，我大声哭泣。我的眼泪和痛苦交织在一起，我的知识和思想被分裂了。我脑子里失去了什么，但我怎么也不记得它是什么，我又是谁……

注释：

[1] 详细课程目的和内容，请参阅香港岭南大学文化研究系课程大纲：http：//www.ln.edu.hk/cultural/programmes/undergraduate/OCUS203.pdf。

[2] 教育戏剧是一种戏剧的形式，它没有剧本，是参与性的，使用戏剧的因素，例如角色、空间、张力、时间和隐喻，超越形式本身来解决问题，达到教育目的。通常情况下，学生是通过戏剧的体验来学习，而不是排练一个特定的作品以供演出。

[3] 有关这三个批判性论文项目的详细信息请参考以下网站的课程大纲：http：//www.ln.edu.hk/cultural/programmes/undergraduate/OCUS203.pdf。

[4] 过程戏剧是教育戏剧的一种形式，在非脚本化和即兴性的基础上展开。它所唤起的戏剧世界需要所有在场者的共识才能得以维持和运作。其戏剧性的过程从一个"前文本"或开始戏剧行动的"初步框架"中吸取灵感（O'Neill 1995：19）。

[5] 2008—2009 年的春季学期，一共有 35 名二年级的本科生选修了文化批评写作实践课程。为了研究性学习的目的，所有学生在课堂上的参与程度和语言能力都被观察和记入课程日志。为了组织对整个学期的深入分析，选取五名学生进行半结构式访谈，根据其不同级别的参与程度和他们不同的英语熟练程度，进行进一步的后续考察。这五个学生中，四人处于大学学习的第二年，一人是一年级。他们的个人身份在课上并未公开，在本论文中采用了化名。

参考文献

Britton, James, Tony Burgess, Nancy Martin, Alex McLeod, and Harold Rosen. 1975. *The Development of Writing Abilities (11 - 18): A Report from the Schools Council Project on*

Written Language of 11 - 18 Year Olds. London：Macmillan.

Bundy，Penny. 2003. "Aesthetic Engagement in the Drama Process." *Research in Drama Education* 8 (2)：171 - 181.

Burton，Bruce. 1991. *The Act of Learning: The drama-theatre continuum in the classroom*. Melbourne：Longman Cheshire.

Chan，Stephen，Choi Po King，and Hui Po Keung 陈清侨，蔡宝琼、许宝强.2009. *Integrated Humanities and Liberal Studies: A Critical Assessment* 盘点 IH，认真通识. Hong Kong：Kwan Fong Cultural Research and Development Program，Lingnan University 岭南大学琼芳文化研究及发展部。

Chan，Stephen，and Law Muriel. 2012. "Learning to Write Critically：Drama as Pedagogy and the Implications for Cultural Criticism." *Journal of Drama and Theatre Education in Asia* 3：69 - 92. Based on a paper first presented at the World Conference 2009 on Drama and Education in Chinese Communities，organized by the Hong Kong Academy for Performing Arts and Hong Kong Drama/Theatre and Education Forum，Hong Kong.

Cisneros，Sandra. 1984. "What Sally Said." *The House on Mango Street*，92 - 93. New York：Vintage Books.

Crumpler，Thomas. 2005. "The Role of Educational Drama in the Composing Processes of Young Writers." *Research in Drama Education* 10 (3)：357 - 363.

Dobson，Warwick，Goode Tony，and Boyd Alice. 2000. "Knowing Who We Are [and That We Are Not Alone]." In *Drama for Life: Stories of Adult Learning and Empowerment*，edited by John O'Toole and Margret Lepp，189 - 198. Brisbane：Playlab.

Freire，Paulo. 2000. *Pedagogy of the Oppressed*. New York：Continuum.

Hui，Po Keung 许宝强. 2007. "Learning Experience in Public-Exam-Oriented 'Liberal Studies'：An Analysis of AS Liberal Studies Examination Reports (1994 - 2005)" "公开考试主导下的'通识教育'学历经历-高级程度通识教育科会考（1994—2005）考试报告分析." *Hong Kong Teachers' Centre Journal* 香港教师中心学报 6：30 - 40。

Hunter，Ian. 1997. "After English：Toward a Less Critical Literacy." In *Constructing Critical Literacies: Teaching and Learning Textual Practices*，edited by Sandy Muspratt，Luke Alan，and Peter Freebody，315 - 334. Cresskill，NJ：Hampton Press.

Lau，Sing，Simon Wong，Anna Hui，and Apple Au.刘诚，王添强，许娜娜，欧颂茵，et al. 2007. *Drama in Education Projects Handbook* 戏剧教育计划资料册.Hong Kong：Ming Ri Institute of Arts Education，and the Centre for Child Development，Hong Kong Baptist University 明日艺术教育机构，香港浸会大学儿童发展研究中心编制。

Law，Muriel. 2012. "Drama as Method：Recontextualizing Project Learning for Hong Kong Secondary Schools." Unpublished PhD diss.，Department of Cultural Studies，Lingnan

University.

Maclean, Marie. 1988. *Narrative as Performance: The Baudelairean Experiment*. London: Routledge.

McDonald, Henry. 1994. "The Narrative Act: Wittgenstein and Narratology." *Sources* 4. http://www.pum.umontreal.ca/revues/surfaces/vol4/mcdonald.html.

Neelands, Jonathan, David Booth, and Suzanne Ziegler. 1993. *Writing in Imagined Contexts: Research into Drama-Influenced Writing*. Ontario: Research Department, Toronto Board of Education.

Nicholson, Helen. 2005. *Applied Drama: The Gift of Theatre*. Basingstoke, UK; New York: Palgrave Macmillan.

O'Neill, Cecily. 1995. *Drama Worlds: A Framework for Process Drama*. Portsmouth, NH: Heinemann.

O'Toole, John. 1992. *The Process of Drama: Negotiating Art and Meaning*. New York: Routledge.

O'Toole, John, and Burton Bruce. 2002. "Cycles of Harmony: Action Research into the Effects of Drama on Conflict Management in Schools." *Applied Theatre Researcher* 3. http://www.griffith.edu.au/__data/assets/pdf_file/0011/54974/cycles-of-harmony.pdf.

Pillay, Kriben. 2000. "The Stick in the Funeral Pyre." In Drama for Life: *Stories of Adult Learning and Empowerment*, edited by John O'Toole and Margret Le. pp.137-145. Brisbane: Playlab.

Schneider, Jennifer, and Jackson Sylvia. 2000. "Process Drama: A Special Space and Place for Writing." *The Reading Teacher* 54 (1): 38-51.

Wagner, Betty. 1985. "Elevating the Written Word through the Spoken: Dorothy Heathcote and a Group of 9 to 13-Year-Olds as Monks." *Theory into Practice* 24 (3): 166-172.

学做工：研究所的论文指导与学术工作[①]

● 蔡如音[②]

《学做工：研究所的论文指导与学术工作》是我在当菜鸟助理教授阶段的文章。当时，做研究算是得心应手的，教学再怎么说，也不会完全陌生。论文指导，由于在独立研究所任教，没有大学部学生的缘故，责任比重相对高，有质也有量的压力。直接面对的，就是如何衡量自己能收多少学生、收怎样的学生，指导怎样的论文题目，和如何指导？

这些问题没有标准答案。论文指导介在服务与教学之间，是自由度极广、注重互动性的“工作项目”（是工作吗？一开始我不怎么确定，文章写完后就肯定了。）前辈们总轻描淡写地说，“由指导老师自行决定如何带领学生找到论文方向，直到论文产出毕业”。就这样，这事好像又回到一个 case by case，关起门说话的状态。

既然没有 SOP（其实有些老师是有的。但当时除了缺少经验之外，我可能还认为像指导论文这么高度异质化的事不适合套进什么标准流程），我也只能边指导边理出头绪，遇到困顿便写进工作笔记。起初，我并没有打算把这个经验写成研究，考量到过程的高度个人化，无论是沟通接收指导，研究过程，或人生状态，其实是两方的变数，是身为指导老师的我跟学生在特定时期的关系。即使没有保密协定，也有某种程度上的互信，如此个人化的经验，面对的甚至不是学理、学术的问题，该如何公开呈现、再现？这么做的意义又是什么？

先回答意义的问题。

第一层意义是个人主体的发展，是学作大学老师、认同劳动的一个过程。

---

① 本文来源：*Inter-Asia Cultural Studies*，Vol 9（3），2008.

② 蔡如音，台湾师范大学大众传播研究所。

教学、研究、行政与服务是大学老师皆会面对的工作大项，但促成这些工作的劳动硬软体条件则南橘北枳，如同我前面提到独立研究所的特性，小环境的生态，会受大环境（公立体系、私校、教务方针、国际化等）支配影响。我认为，主动去留下纪录，从自己与机构、结构与文化的关系中获得反身性洞悉，会是支撑自己能不能继续走学术这一行的关键。

大学老师授课、演讲很平常，但论文讨论“瞇挺”（meeting）现场却很难观察参与。我选择关注论文指导，就是因为它是相对隐形的教学工作，但却又实实在在地占据了脑力、心力与时间，它产出的不仅是论文，还有人与人的关系。写出来或许琐碎，但公开、再现带来了第二种意义：社群与对话。虽然一开始，我单纯地只想在教师社群中取暖，但慢慢地，我的对话对象变成了研究生，我把这篇文章放入了像是研究方法或是质性研究课程，让写论文跟指导论文的经验可以直接在课堂上讨论，而非只是私下询问与径自不安。或许这种公开学与教的过程，能带来一点点支持的力量，写论文是需要支持网络的。

接下来，回到如何再现论文指导的提问。

“老师，给签吗？”（告白中）

“其实不是你，是我……”

论文指导的过程里，学生与老师两方都可能充满各种内心小剧场。我常下意识地闪躲着这些个人情绪，总认为自己应该维系专业形象，把守情绪劳动的准则。但如果我拒绝正视自己的情绪，我能理解学生所面临的状态吗？我又如何带领他们进入以理解、人本为主的研究世界里？我想再现的不是客观咨询，而是有主体声音的互动。

我决定找几位刚毕业的学生进行访谈，回顾他们成长、研究与书写论文的经过。聆听与对话的当下，他们不再是我的指导生身份，我也不再是论文指导老师，这个对话让我们都跳出原来的身份位置，重新诠释当初的经验。

就书写策略来说，我聚焦我与三个学生的互动，从访谈资料中发现我们之间的张力，再运用剧本、短篇等虚构手法重新编排，透过这个方法再现论文指导的情境与台前台后的小剧场。

有学生问我十年前跟现在的论文指导方法有不同吗？我说，现在我比较直话直说，没那么多内心戏、小剧场了。跟写这篇文章有关吗？其实是有的。

写这篇文章让我发现，在指导论文的路上，理解我的学生是怎样的人是重要的。这样我才知道如何跟他沟通，如何同理他的出发点，但又激励他踏出舒适圈，将论文作为与他人沟通之路。

写这篇文章也让我有些惭愧的发现，我对自我的再现，似乎太工整了，这让我格外想投入实际的学术劳动现场，把握跟学生相处时的碰撞与灵感。这么难得的教师成长机会，我何必在乎某种高来高去的形象呢?

最后，写这篇文章对我来说，让我找到甘愿劳动的内在力量。这件事情其实没有那么理所当然，因为，热情热血在新自由主义社会里很容易就被消磨掉。过劳的学术劳动体制下，我们可以很轻易地将自己异化为螺丝，或是将自己抛入激化的竞技场里，寻求认可。后菜鸟的时代，虽然不再莫名热血，但我知道再生热血的根源与必要，也就是与新世代面对面。

实在是非常感谢这篇文章有机会能以华文与新读者见面，这一直是我多年来的梦想。也敬请指教。

* * * * * * * * * * * * * * * * * * * *

我刚开始在台湾师范大学教书没多久，就有一位研究生跑来我尚简陋的办公室，问我是否能成为他的论文指导。他对台湾夜店文化的场景感兴趣，而我既然是因为文化研究的职缺而被雇用，应该是合适的讨论对象。打从我接受这份教职，我就知道指导研究生是工作的一部分，但当时我有些惶恐，自己的博士论文才刚出炉没多久，就要开始指导别人写论文，而且，我需要一些时间适应“跳伞”（parachute）回到“故乡领土”的生活。所以，我拒绝了，而该学生也未能完成学业。

我觉得我有职责，但是我仍旧依照自己的节奏，以比较自在的步调进行论文指导。在头三年的教学中，指导生的平均毕业率是一年一位。到了第四年，总共有六个学生排队等着毕业。我曾经同时间指导 12 位学生，分别来自我的大学与其他机构。这个数目让我很困扰，又与当时的两个状况有关：第一是结构性的原因，论文指导等服务性工作，理论上不应像教学与研究占据一样的时间与精力，尤其对于刚起步的教授更是如此，但是当时我的大学并未提供配套制度，例如以指导研究生学位论文折抵授课时数。第二个原因是社群支援系统的缺口，教学、指导经验的对话，普遍来说缺乏，而且人际之间的相处是论文指导的特性，这使得指导的经验，甚至不太能公开讨论。例如，教师与学生如何在关起门的办公室内、电子信件往来中，或者利用越来越常见的即时通讯科技如 MSN Messenger 等进行沟通？在硕士论文计划的不同阶段，教授的期望是什么？相关的资讯与谣言会在研究生的私下讨论圈流传，但这也只是证实了论文写作过程所经历的私人挣扎，是多么地个人而无法公开。而且，如果这种迷思双方都有呢？也就是说，如果导师也与导生的感受一样，对论文工作过程感到如此不确定呢？学生私下讨论圈之所以重要，因为它中介了学院制度性及个人与导师的个别互动。但是导师不是阅读的机器，没有身体、感受或灵魂，究竟论文指导老师能够做什么、应该做什么，而且要做些什么的问题，我们是否可以追求更具互为主体性的答案？

在更大的脉络下，数字带给我的困扰可以启动劳动意识的认识。带动经济全球化的新自由主义力量，对台湾的大学教育有着深远的影响。最显见的转变，就是台湾在90年代早期暴增的大学数量，随即就业市场上大学学历泛滥，使得研究所成为许多大学毕业生预设的选项。大众传播研究所与媒体产业息息相关，吸引了许多来自人文与社会科学背景的学生，其中部分学生会到补习班补充学识，不过一旦学生被师大录取了，他们似乎就被迫要扮演顺从与不能分心的学生，将经济的本能与需求抛在脑后。如果在研究所投身于质性研究与文化研究上，功利的思维更是会被抛在后头，暂时被停止。

如何调度永远有限的时间、精力、资源，是研究所学习与教学的一部分。为了克服过度延伸而难以言说状态，我决定透过“情感”（affect）来理解我在大学的劳动，以挑战数字的“限制”游戏。依照安东尼奥·内格里（Antonio Negri）的观察，全球与后现代经济下的劳动力，现在已超出了古典马克思关于使用价值或货币测量的谈法（Negri 1999）。来自“上面”或“外面”的价值已经难以与情感竞争，因为情感是一股力量，带起行动、改变，以及生产出作为最高劳动形式的生命政治状态。情感精准地命名了我在研究所教学与学习的经验与欲望，无论这些情感是发生在教室、走廊、电子邮件或即时通讯，或者在我贴满海报的办公室的杂乱堆中。

保罗·威利斯（Paul Willis）在其1997年的著作《学做工》（Learning to Labor）中，指出了英国政府延长义务教育的规定，加深社会阶级向上流动的迷思，同时，工人阶级文化内，有股支持劳动、反教育的文化力量。在新自由主义、全球化思维环境中教书的我们，顺从地生产与劳动，是制度下再自然不过的行为。只是，将经验放置在劳动的制度性、社会性与全球性的关系之里，“学做工”有无可能发展成类似工人阶级文化当中的抵抗意义。以下各节，我首先将概述“情感劳动”（affective labor）作为全球与区域知识生产的内在状态，情感劳动意识的培养，在工会制度失能的环境里是重要的。接着我会讨论如何再现大学老师学术工作的议题。我以质性研究角度，写下三篇虚构的文本，以诠释论文指导的经验，希望借由这种教学与学习的实验性再现，来与学生及老师互动，并重新将学术工作视为是智性、身体、情感与想象的重新整合。

大学工作者与情感劳动

萨义德（Edward Said）开始教书时，一位资深的同事告诉他，学术生活很枯燥、附庸风雅、斯文客气的，但是“绝对比工作好”（Said 1996：224）。一回，在一场满席、无空位的研讨会上，我搬了张椅子入场，同行的朋友开玩笑说：“大学教授应该多多劳动。”为何大学老师对自身的劳动状态常常轻轻带过？除了抱怨讨拍一点也不“酷”，以玩笑带过挫折是一种维系自尊的策略，还有知识分子自我治理的特性，根据布尔迪厄（Pierre Bourdieu），对于阶级意识的形构而言，可以说有结构化／被结构的双重障碍：

> 好的学徒会适应体制的节奏，知道何时他是迟到或早到，举止进退会掌握分寸；同样地，好的教授是在适当的年龄时进入教职，知道何时他是太年轻或太老了，而无法申请或要求一个位置、一个帮忙或一个特权。（Bourdieu 1984：143－144）

采取客观的、技术性的、批判的语言，知识分子时常表达出一种有缺陷的普世阶级意识。知识分子或许会以一种进步的姿态介入研究的主题，并在写作中使用抵抗的语言，但是其专业态度与生命经验之间又是什么关系？这群学术工作者透过怎样的社会关系，去触及社会现实与采取劳动的语言？

把劳工组织起来是个可能。然而，大学教师作为劳动阶级的一分子，其定位必须从在地的物质与意识脉络中进行考量，而非被视作一种普世通行的实践或目标。自2004年起，对学术剥削的批判，例如批判新实施的学术评鉴方法，已揭露台湾与其他亚洲大学教师的代工地位，这套大学教师代工，热衷于内化美国的学术框架（反思会议工作小组 2004），却很少有批判性的反省，直接针对教学如何在知识生产的工作中能够扮演一定的角色。

2005年的一个五月天，我遇到了一个典型的难题：该工作，还是该与劳动者站在一起？当天，约有六千名劳工聚集在台北的街头，抗议临时雇佣，并要求组织工会、集体谈判、薪资协商的权利。小学、中学与大学教师都动员起来，与移工、有障碍的劳工、兼职劳工，还有其他各种劳工一起游行。这是个大晴天，是适合游行的大好天气，但同时也是个珍贵的周日时光，原本可以从事研究与写作，我却与约二十名大学老师加入游行。与各行各业的劳工站在一起时，我能够超越老师是一些附庸风雅（男性）学者的传统形象，并想象大学老师也是劳工。我也开始思考，我如何能够清楚地勾勒出大学老师工作场域的特定经验。

台湾作家兼传播科系教授柯裕棻在给一般读者的书上，有一段学术同侪劳工的声音：

> 这件事之于大学教授的职业生涯而言，正如同开车之于计程车司机，送信之于邮差，记账之于会计小姐，推销技巧之于业务代表，洗头之于发廊小妹一样。写论文这件事要是做不好，就会失去职业同行的认可，受同侪轻视，绩效评量低落，自我信心破损，哪儿都抬不起头来。这种压力长久累积下来，即使是个大学教授，一样会有忧郁症和职业倦怠症，一旦开始忧郁和倦怠，其症状和其他职业一样，记忆减退，无精打采，易怒，不喜欢上班。（柯裕棻 2003：82）

柯裕棻开玩笑的口吻，传达出大学老师习惯的情绪焦虑。她对学术工作情绪的关注，揭示了“情感劳动”的概念。经济全球化的趋势里，“情感劳动”已经成为最主要且非物质性的劳动形式（Hardt 1999）。事实上，随着电脑化的趋势，人际接触的情感劳动，最能形容诸如医疗照护业、娱乐业、教育等后现代服务产业中的非物质性劳动特质。非物质性劳动所制造的产品是难以触摸的，它们是“自在、安康、满足、兴奋、热情的感受——甚至是一种连结或社群感”（Hardt 1999：96）。在大学的环境中，这种情感劳动在多重方向上作用。“教授常常试图引出与他们互动的人的情绪，这涉及了他们对自己情绪表达的管理。”（Bellas 1999：97）

但是情感劳动的意义，或许比情绪劳动（emotional labor）还要有更广的政治意涵。首先，情感劳动不只是各种有待被“管理”的非理性力量的集合。如果是，它被进一步的生产目的所引导、组织、规训。随着大学教育越来越被整编入全球资本主义经济之中，情感劳动只会变得更加与学术工作结合。虽然教学不是新的职业，但是为了满足结构性的需求，其经验已有所转变，这些需求除了提供新的知识以外，还包括提供关怀、培力与成长。研究、教学、服务是学术工作传统的类别，这三者皆需要不同程度的情感劳动。进入到网路、社群通讯时代，情感劳动甚至成了随时，同时必然会模糊了这三个广泛类别的界线。例如，指导学生很少被认为是“教学”，而是被当作是“服务”。但是在我的经验里，与研究生密集的互动，使我不得不去探索我对学术工作的想象，而大量的情感劳动，就成为我学术工作的特征。

在这里，我想邀请我的读者们，特别是师大的学生与同事们，以及亚洲其他的大学工作者，透过普遍的情感劳动经验来理解学术工作，扩大劳动意识与动能。事实上，愿意认可复杂的情感活动伏流，使我们能够理解学习与教学是一件政治性、变革性的计划，而不是知识的教化灌输。这个观点对我们这些在大学从事批判与文化研究的人而言尤其重要，因为我们领域对批判性的承诺，可能会因忽视或背叛带来更大的伤害。

批判与文化研究认可培力与欲望中的情感关系。然而，如果情感并未被当作资源，用于生产知识与意义，那么它只是服务于情绪的话语，而且如同林沃森（Lynn Worsham）指出，情绪的话语已经进入学校教育最主流的课程（Worsham 2001）。例如，研究生提出文化研究中政治正确的问题其实并不困难，像是“抵抗”（resistance）与“培力”（empowerment）等概念，太快地被学习与轻易地被使用，但是如果这些概念类别不是用来回应真实生活的迫切问题，那么这些概念就还是抽象无感的。我们需要提醒自己，“真实生活”的迫切问题，并不只有“远方的边缘族群”才有的经验。有时候，这些问题发生在大学里，是学生与老师们皆以真实的身体与感受互动的地方。

教室里的学生与老师们都是“工作的身体”（working bodies）（Hooks 1994）。如果我们不能谈论我们的身体经验，那么我们即错失挑战校内权力关系的机会。此论述权利对大学教师来说并非自然可得，因为我们很可能在长久的学校制度经验而内化了当中情绪的结构。我在教书教了很多年之后，才明白学生与我一直以来的互动，似乎“缺乏身体”，而总是专注于抽象知识、智性的辩证。师大是间声誉良好的大学，学生们相当自律与奋发向上，但自某个时刻，我开始感到在教室中僵固无法动弹，理想型的学习样态，开始变成是象征暴力的表现，一而再地扼杀了学生文化与经验的欲望。在一场讨论中，学生们表达了对师大在传播领域中不怎么有名的忧心，其中一位研究生在课堂里对我说：“虽然你毋需担心这个，但是我们仍旧活在一个充满世俗成见的世界。”学生没多说，但世俗成见指的就是（竞争的）机构排名、（中产）阶级的举止仪态、（学术的）谈吐、（消费者文化的）品味、（都会有型的）外表、（纤细的）体态、在人生不同阶段（应该有的）成就。这些感受与布尔迪厄对学术界自我导向（self-direction）的批评不谋而合。这些感受也深深影响了我与学生彼此互动的方式，以及我看待自身教学、学习、劳动的身体。

再现教学与学习

“预计投入多少百分比的时间在这个计划上?”

“百分之百”（科学委员会［现“科技部”］研究经费补助申请程序的固定提问与我曾经给予的回答）。

对学术工作者而言，说明研究与教学既是义务也可能是角力。上述的问题，就是明显的例子，突显了以科学治理的主管机构，如何量化学术劳动的投入，因此有了我讽刺无力的答案。台湾近年来关于学术评鉴的辩论，已经导致新的合理化措施，例如期刊索引、大学排名、奖助纪录等。机构之外，也曾经有取暖、培力的想象与连结，像是2006年在中坜举办的文化研究教学研习营，承认了大学教师劳动条件的改变与压缩的身份。这些另类的空间提供重要的能量，鼓舞我从教学经验中创造意义。以下我进一步描述哪些知识资源，引发我想启动学术劳动的再现政治。

质性研究的传统中，关乎研究者经验的调查通常与再现的方式息息相关。在《玩耍的天地：建立学术生涯》（*Fields of Play: Constructing an Academic Life*）这本具有高度实验性质的书中，女性主义者与社会学家罗瑞·李察森（Laurel Richardson）将学术工作的合作与反思过程（例如访谈、写作、会议交流等），改由戏剧、诗、个人叙事的方式拼凑呈现（Richardson 2007）；这些创作文本强调研究者对真实的主张是建构出来的，并且历史化李察森所处的社会学领域，无论是特定的场景或认识论的时刻。卡洛琳·艾利斯（Carolyn Ellis）与阿瑟·波舒那（Arthur P. Bochner）的自传式民族志方法，采用了对话的方式呈现（Ellis & Bochner 2003），使得研究者的调查，成为具有诗意与解决问题的一件事。对我而言，回台湾教学头四年最迫切的问题，一直在于如何进入“不断延长的（大学）学校体验”。教书之前，我不确定我是否真的想要当老师或是学者，我也不晓得如果我当了老师或学者，我要当哪一种。然而，一旦我的互动结构很快地把我放在老师/学者的位置时，长出主体性变成是每日实践下相当急迫的一件事。

阅读贝尔·胡克斯（Bell Hooks）的书时，我松了一口气。在《教学越界》（*Teaching to Transgress*）一书中，她写道：“我的教学方式从根本上已经被我从来不想成为学者的事实所构造，所以我对我自己当教授没有任何幻想，在我踏入教室之前，这已经在我的想象中运作。”（Hooks 1994：132）我很高兴得知学习不一定是如存款与提款般的运作，胡克斯在理论与实践之间转换自如的方式，鼓励了教师连结成主动而具体的主体。台湾所熟知的大学教师样貌，是性别与阶级化的绅士学者与照顾周到的教师，但是为了突破这些模式的限制，我开始搜集、共同创造、分析各种可以帮助我理解我在学院主体化的资料。例如，在工作第一年尾声时，我与学生展开非正式的调查、焦点团体访谈、小型会议，评量我中英文沟通上的效果。我持续将课堂上发生的事记录在日志中，尤其是个人与政治交叠的时刻。循着胡克斯、艾利斯、波舒那借着与教师同侪交手而获得洞见的方式，我定期与两个亚洲的大学教师战友互通电子邮件，分享建议与参考观点，彼此鼓励。

除此之外，有两个学术会议使我能够与不同的教师群体接触，但这些教师通常是以研究者的身份为彼此所知，而非教师身份。第一个大会是在台北举行的2005年中华传播学会年会，会议上有几个场次回应各式各样的教学议题，从课程设计到学术及专业论述之间的张力。由于这些场次表达了对台湾新闻与传播教育的关注，因此重点放在该教什么与如何教等问题上，突显了这个领域技术专业化的倾向。不过惊喜的是，就在闭幕场次上，大会安排不同阶段的教师，分享他们申请升等的经验，可能是因为他们自具体的人生脉络中发言，这个时刻带来难得的温度与真挚感。

带着“大学教师如何与其他人讨论教学”这个未解的问题，我于2006年1月参加了为期五天的文化研究教学研习营。该活动举办的目的，很明确地是为了让来自亚洲各类不同机构、年资、国籍、地域、学科背景的文化研究教师，能够“互相取暖”、“交帮结派”。这个研习营达成了这个目的，首先，是因为各个教师有充分的时间聆听彼此与表达自己的想法，分享各自是在什么样的历史节点上，接触到文化研究这门学科（蔡如音 2006）。参加者分享了个人的历史与强烈推动在自己家乡重新打造文化研究的欲望，他们显露出教师、知识分子，有时是社会运动者的身份，这些都是他们身上不可分割的一部分，他们阐述文化研究不能化约且动态的脉络。这种再现教学与学习的方式，引起研习营参与者的共鸣。接下来我想要分享自己教学经验中一个迫切的脉络：研究生。

研究生劳动

如果再现之所以有意义，是因为意义一部分来自再现所意指的听众，那么我希望接下来关于论文指导的再现，除了老师之外，也包括研究生。为了不让学生只是我叙述中的被动角色，我与我指导的六个研究生，在他们学业结束离校前，进行了个别的“离校面访”，我请研究生回顾他们进入研究所、写论文、与我相处的重要转折，并请他们针对访谈逐字稿提出建议与回应。简言之，我的学生是分析材料与意义的共同创作者，我则透过不同的文本形式来促成多元的声音。

在所有的教学经验中，为何着重在这些高度个人化的互动呢？除了对学术劳动中质性面向的关注，我之所以强调论文指导，是因为从中强烈感受到学生面对高等教育“教学暴力”（pedagogic violence）时的挣扎。在现行台湾的脉络中，“教学暴力”可以指涉技术性知识造成的解放——包括“激进”与“批判”的知识也可以有一样的功能。这个价值已经被受到西方训练影响的大学教育者所正式认可。其衍生的后果可以从阶级等级制度的再生产与身体-知识分裂的存在中感受到。为了发展他们个人的计划，我的研究生常常要与这样的“教学暴力”搏斗。在指导论文时，我共享了他们个人化的过程，这个过程也使我对自己参与学术工作的情感劳动关系更为敏感。

以下我将呈现两篇短篇故事与一出剧本，作为三位研究生 YC、GR、M 与我的论文讨论再现。这三个文本的素材，有离校面访的内容，以及其他相处的记忆与纪录，如课堂的经验和论文提要口试笔记。YC、GR、M 花了大约三年到四年的时间完成他们的硕士学位。以下文本的作用，并非忠实重现我们的互动，而是表达内在于学生论文研究经验与我的教学角色主体化过程中的特定旅程、两难矛盾与情绪张力。每篇文本结尾，借着将这些互动坐落回教学与学习的脉络中，我将提出每个故事的寓意。

“玊”轨

YC 甚至在进入初审名单之前，就知道自己会考上研究所。那是她花了 7 个月的时间在南阳街与其他 200 名学生一起奋斗而来的结果。那年她打败了超过 400 位的考生，被公立大学录取的消息，看来就能证明她的实力，YC 的本科毕业于一间私立大学，虽然没有明讲，她家人对此总有些失望。这回，翻身的机会来了。她正通往更高教育殿堂的道路，有出去留学的机会，也有中产阶级价值的认可。

但是很快地，YC 明白，研究所只是逃避、延后了无可避免的事，也就是做着一份无趣的工作。她早有工作经验，大学时代，她从事几份兼职工作，接连的兼职使她期待能做份“真正”的工作，从中得到不同、更好的经验。大学毕业后，她在高科技公司当过短暂的上班族，这让她想要寻求办公室文化以外更为充实的经验，但研究所似乎同样令人失望。由于大学学历的贬值，研究所成为合理必然的选择，对很多人来说，研究所并无法回应全球化下工作变动的意义与状态。师大是个建立在相信教育可以带来向上流动的保守大学，学生被期待专注在学术工作上；但是，课业结束后等着他们的究竟是什么呢？从事初阶的新闻工作、公关、市场行销等故事一直有所闻，媒体传播界有名的雇主，则毫不隐藏他们就是比较偏爱较顺从与成本较低的本科生。媒体之外，也不是每个人都想进入研究与教书的工作。当这些焦虑隐隐约约越变越大时，其实不可能只把研究所想象为一个单纯学习的空间。然而师大的气氛，时常强化了学习与经济、文化活动等领域之间的区分，如何进入学术角色，成了研究生的课题。

YC是个机伶、善于沟通的年轻女性，虽然兼差、工作的事情在所上无法大声张扬，她从未觉得讲述她从事的经济活动有什么困难。她清脆的笑声与略带鼻音的声音，过去常响彻走廊。但是在她修完两年的课后，她的指导教授V突然只听到了寂静。YC是V在美国求学多年后回台湾教书的第一批学生。大多数的学生，包括YC，都对V相当包容，即便她是新来的老师，且常常因为密集的英文解释把学生都搞混了。而每当YC拜访V时，她总是拉把椅子面对她的导师，而非坐在老师桌子对面的矮沙发上。虽然V不习惯在她狭小的办公室中，与她的学生坐得如此靠近，但是她习惯了YC充满活力的性情，欣赏她活泼开心的出现。

V的办公室中，YC讨论着以多层次传销为主题的论文计划，特别是关于年轻多层次传销销售员入行后遭遇到的面子问题。她说着自身逐渐参与传销公司的小故事，以及个人与文化上纠结的两难矛盾，V鼓励YC处理个人经验与知识政治的无可分割之关系。但是无疑地，V并没有预料到YC会接着消失了七个月。

YC回来后，邀请V到学校附近热闹的餐馆共进午餐，她告诉V她在该公司进行参与式观察时，已经成为多层次传销的传销人员。YC边吃着午餐，边表达她的担忧，她担心她的新身份可能干扰了她的研究者身份。

一时间，V以为应该谈论的是“研究者如何影响了她所研究的文化”，但是这个教科书式的提醒似乎文不对题。从YC在公司内的互动比较自在，并且与研究所缺乏沟通等状态判断，V不认为YC是对“告知与同意”的意义有疑惑。她不动声色，咀嚼着盘子里的鳗鱼，此时YC正在形容在多层次传销中，其实与在学术圈一样，如何“丢脸/给面子”都是挑战，可是学术圈对学生，倾向于只允许一种不复杂、正当的身份。所以，是怎么样一个出身精英制度、有自尊心的人，会想踏入一个靠个人网络、像是寄生虫一样维生的行业？在家中，YC的父母与亲戚认为她（再度）偏离了“正轨”，他们情愿相信她做这行只是为了研究的合理目的而已。

V一口气无间断地完成了学业，深知“正轨”是什么意思，但是她也相信她教授的主题，已经打开足够的空间，允许学生探索人性的广阔。V表达了对YC的支持，她告诉YC，她认为多层次传销对一个硕士研究者而言，并不是一个“不光彩”的工作。接着YC说：

“但是我以为研究者意味着要尽量保持批判与客观?!”

V记忆中的质性研究典范，并非都是保持客观与批判的。但是马上替YC补一堂研究方法的课，无助于解决她的焦虑与“消失”的事实。况且，直到她清光她的午餐后，V才知道“告知与同意”已有了不同的意义，它原本指的是告知与并从研究社群得到研究的同意，而YC从未完全自在地认同学术社群，更别说代表这个社群发话。在这案例中，V所代表的学术社群，似乎才是YC正在告知与取得同意的对象。

“‘王’轨”笔记

“‘王’轨”从一个全知的观点，唱着两个音调相互缠绕的旋律，越唱越走音。这故事始于一个聪颖的研究生被迫离开了研究所，结束于她的导师不情愿但也得承认她所代表的学术权力。YC与V各自对她们自己所占据的“正轨”有着高度的希望，亦即文凭证照社会中的尊敬与有效的研究生教学。但是“学术身份”并非像是一顶帽子可以轻松戴上或脱掉。事实上，对于绝大多数刚进研究所的研究生来说，学术社群的运作是个尚待了解的主题。尤其当中国台湾、大陆亚洲各地的高等学位生产主要是替新自由主义式的国家服务时，这更是如此。

这里有对新生“要有研究生的样子”的结构性期待，“要有研究生的样子”确切的意思，各校可能都不一样。即便如此，师大与其他类似排名及有地域优势的大学一样，皆倾向鼓励特定的信仰体系，例如向上流动、自律、精英领导。故事中，当YC在田野探索着多层次传销销售员身份时，她的经验体现了作为研究生，“走入当地”的期间，如何感受到学术文化的高高在上。作为老师，我期待我的学生能接受研究者的角色，我所有的教学内涵，像是研究告知与同意的伦理，也唯有每个人进入状况了才可能发生作用。

然而，YC的研究者身份，为什么直到她多层次传销销售员的角色被允许成长后，才得以完全具体成形？改善我的研究方法教学方式，或干脆对学生的选择保留我的评价，都是明显的解决方法，但并不是一直有效。可是除此之外，眼前还有两个根本的问题。第一，在我们的社会与教育系统中，“智性”与“逐利”的力量之间有着难以贯穿的矛盾，这个问题需要更明确的公开承认。第二，研究所不是个用来宣教、让人改变信仰的地方。老师必须学习接受，虽然研究所期间学生被期待当一个“好学生与勤勉的研究者”，但是学生可能会发现、成为其他的身份。在 YC 的案例中，多层次传销比起研究所教育，可能还要来得开放与给予支持。其他经济身份与主体的类型，仍尚未在实际层面上被同属于世界一部分的学术界所承认。

手提式乡愁

第一幕：相扑比赛

（七月，台北。V 没有窗的办公室，空调大力运转着。GR 无精打采地坐在 V 办公桌对面的蓝色沙发上。会谈下午三点钟开始，现在是四点十五分。）

V：说说吧，你目前收集的“台客　热潮”资料中，有多少是来自过去几个月举办的演唱会与宣传活动？

GR：很多……我认为大概有 60%或 70%。

V：短时间内这样真的很多。

（V 暂停，将她的椅子转向一边，盯着天花板。）

很明显，你的分析有两个部分。第一个部分，浮现歧视台客的结构性条件，例如阶级、语言、地域差异。那部分真的很完整，已经有呈现出历史的感觉。

（GR 挺直了背脊，安静地吸了一口气。）

V：但你也想谈台客的出现是一种文化力量，是多方角力的焦点？

GR：流行音乐在传达边缘族群的感受上特别重要。

V：但是如果大部分这些都只是发生在过去几个月，当中几乎是受到媒体的夸耀，而你已经在这计划上做了……

GR：现在差不多两年。

V：我……我只是不确定你能够或应该在这么短的时间内就评估这个局面。

GR：……

（V 的内心独白：我以为这次会谈应该会很快且没什么痛苦，我很想去厕所。）

（GR 的内心独白：我们已经定好了论文提要的时间了，为什么我们现在卡住了？

我不懂。）

V：这只是个建议。或许你应该考虑把第二个部分删除。

GR：……

（V的内心独白：拜托，表达一下意见。你的斗魂跑哪去了？过去你都让我用尽所有的精力回应，但现在这个房间的气氛好僵。）

（GR的内心独白：我必须马上决定吗？这真的让我难受极致。）

第二幕：别管市场了！

场景一

（师大附近一间小酒吧。八月底10:20 pm。GR与同学M邀请V去喝一杯。M也在V指导下写论文，坐在酒红色皮革的沙发上放松，GR则是以她一贯高、快、轻的声调说着话。）

GR：所有的情况已经改变了。过去几年台客是综艺节目嘲弄的对象，接着它变成在网路上攻击别人的方式。现在，他们却有一个台客摇滚演唱会。

M：改变还真大。

GR：那是坏消息。我一点也不想要这种炒作出来的。这和我的论文一点关系也没有。

（V拿起高脚杯饮了一口）

V：这未必不好吧？你知道你的研究真的碰触到一些关键的东西，引发很大的反应，这不是挺让人兴奋吗？

GR：但是，我总是对一夜之间变成主流的事物感到怀疑，改变的速度实在是太惊人了。而且一想到我最爱的歌手居然支持台客演唱会。然后所有特刊的文章都在讲什么是台客、如何成为台客、谁比较台。台客现在变成流行的代表。什么样的人都可以当台客。这到底是怎么了!?

V：这或许只是开始而已。

GR：我知道这受到人们瞩目，但这不是我做研究的原因。你还记得两年前我刚进研究所的第一份报告吗？我就是写这个主题！那时大众媒体对台客连瞧一眼都没有。现在大家却都在利用这个赚钱。

（M向V及GR示意了一下，要他们瞧瞧房间另一头。在那个角落的黑色桌子上，有一只坐立不安的黑色兔子。第二只黑色兔子被一位年轻女子从篮子里抱起。GR转过去看，但马上就转回来了。）

GR：我真的很担心这种歌颂台客的流行趋势与态度，会遮蔽了结构性的问题。如果这推翻了我的假设呢？

V：别管市场了！最初是什么推动你接触这个主题的？

场景二

（隔年四月。一场关于台客的文化政治的学术会议。GR 与 V 站在走廊透透气。）

V：有九篇台客的研究论文！几个月前这题目只是个会议场次，现在却变成整个研讨会的主题！

GR：气氛太过严肃了。我懂这是“学术”会议，但是在这种理性讨论台客的方式下，有些东西消失了。我真希望人们把那些理性讨论留在草稿里，真心来这里对话。我投入了我的灵魂，你知道我在讲什么吧？

V：有种共感？

GR：情感紧密的连结！与你正在谈论的对象站在一起。我在这里真的觉得不舒服，但是我不太确定为什么。

V：或许这是因为这些发表人的现实生活，与这些他们谈论的对象没有什么关系？

GR：台客是关于一般大众。每个人都想要当中的一部分。例如我弟，他就在晚餐时批评，他觉得我在做的事就是将台客当作理性的知识研究，但是他却与真的台客一起混，他们才不管学者办了什么关于他们的会议。正是因为每个人都有一些看法，你才需要使用简单易了的语言。

V：我了解你的意思。不过我还是好奇，你的共感是从哪里来的？

第三幕：只有在台北

（六月底天空明朗的夜晚。GR 与 V 坐在大安森林公园的草坪上。她们手上各有一罐啤酒。远处小丘上是摇滚乐的现场表演。）

V：那台客是怎么找到你的，如果你弟觉得你不够“真诚”？同样的问题在你的论文大纲考试时也出现过，你的口试委员“误认”你出生在台北并在台北长大。

GR：谈到误认，那反过来的状况呢？有一次我们几个在六楼找到一台钢琴，我说我会弹，但没有人相信我。她们要我证明给她们看，我就证明给她们看。古典钢琴——为什么我的同学不愿意相信我就是会弹古典钢琴？

V：因为你有乡下的背景？在台湾中部小镇长大的？

GR：如果这真的是“血统出身”的问题，那为什么在我大学搬到台北时，我还是觉得有需要隐藏我的台中腔？而且，乡镇并不只是一大片草原。事实上，我一直都知道我在乡镇里的优越位置。我爸爸是小学校长。

V：所以你与台客的关系，就是既处于内在但又非核心。

GR：我决定要写台客几乎是来自一种补偿的心态，他们是我生活中活生生的人。但是电视上，他们就成了笑柄。我才刚知道台客，他们就被转变为最新的流行风潮，甚至被那些一开始拒绝他们的人认领。但最初他们拒绝台客，就是因为各种负面隐含意义的联想：廉价、仿造、本土。

V：那你还会想回家吗？

GR：一点也不，我不能回家！我或许无法完全认同台北，但是我在这里比较自在。我知道在这里我是谁、我的位置在哪。而且，如果不是因为台北的话，我不可能完成这个论文计划，人只有一离家才会想家，台北把那些情绪都带出来了。我不能回家，我只能把思乡的情绪扛在肩上，继续往前。

（哼着伍佰的歌《下港人在台北市》）

“手提式乡愁”笔记

借剧本的方式述说 GR 的故事，一部分原因是为了再现我们互动之间多元的场景，也是希望突显 GR 鲜明的个性。不同的场景上演了 GR 与导师 V 之间仿佛是“相扑比赛”的讨论过程，依据个别学生的不同感受，他们对我的推、举、拍、绊、抛有着不同的反应。第一幕重建了 GR 与我最难忘且最艰难的会面之一，接下来的场景将 GR 的研究主题放在市场力量之中，描绘出她独特的个人特质。市场力量一方面指的是关于特定议题的论述扩张，另一方面指的是研究生圈子里一个主题的流行。尽管剧中 V 说“别管市场了”，但要做到还是很难。

这出剧显示了文化研究的关切，可以因为各种市场力量而变得复杂，这使得学生多少感到他们需要在有限的时间内理解这些新的力量，需要随时衡量新发展的相关性与她们研究目的的有效性。这出剧也显示了硕士论文的生产，发生在竞争、区隔追求与资源分享的环境中。研究生对研究主题可能瓦解这件事非常敏感，尤其是当不同研究者有着紧密交流的时候。所以为了能够发展她们的研究计划，在幽微而脆弱的状态，她们同时需要有所察觉与把握。

随着台客逐渐商业化并引起学术界的兴趣，GR 便努力占据一个特别的发言空间，此时我刚好也是Lady的导师，Lady是另一所大学的研究生，正在从不同的角度研究台客现象。我们一起工作超过两年。当Lady回忆起我们的会面时，她说她总是带着希望与动力离开我的办公室（2006年6月19日访谈）。然而，Lady最终会在其他导师下完成论文。我努力地想要厘清这个指导“失败”的原因，起初我以为是因为我忽视议题性带来的压力，也就是我过度在乎如何给GR与Lady相对自主的空间来发展他们个别的兴趣，而忘记了“相对自主”并非是我个人可以给予的，研究毕竟还是在社会与文化环境中进行。这个后见之明变得清楚，是在Lady成功通过论文答辩之后，我们进行了一次相当投缘的毕业面谈，当时，Lady回顾她撰写论文所碰到的问题，与多人投入这个议题的“市场性”没什么关联，而是在于如何发展出谈论的动能。在我两年的指导下，Lady曾经希望从区域认同的角度，讨论台客与“台湾意识”兴起的连结，她参考了比较文学中论述台湾身份认同的文献，并且有一个难得的机会来测试她的解释。她访谈了一位自认为是台客的人，对方不但质疑她几年来所建立的所有理论假设，同时还因为他们之间性别、阶级、地域的距离，让她觉得备受羞辱与心力交瘁。

擦干眼泪后，带着更为聚焦的目标，Lady修正她的研究计划，转而分析电视再现台客的修辞。在离开面谈中，我想起她对台客的兴趣起于更为日常的脉络，在这个脉络中，时常有台湾文化的自我批判，台湾人缺乏主体性的观察，促使Lady选择台客作为分析的目标。台客在大众文化引起的风潮，以及引起的批评，具体呈现了这种矛盾。虽然针对身份认同的辩论有着汗牛充栋的资料，这似乎对Lady来说是合理的参考资源，但是这些辩论无法连结Lady关注的现实。最后，她针对流行电视节目的扎实分析，使她能够回答她原先所提出的问题。再者，她的研究很有说服力地指出，主流媒体其实屈从于较为诚实且自信的台客精神。

虽然GR与Lady看似在相互竞争，但是她们彼此真的只是在努力建立起独特的研究声音，而且她们各自都在市场中找到利基。

百科全书M及不受控知识的案例

第一次见到M时，她惊人的记忆与某种毫无畏惧的举止让我印象深刻。有M的课堂是非常有趣的，总是充满了观点与事实的辩论，不停来回交手，当中从未有过沉闷发呆的一刻，通常她对她提出的事实与意见相当有把握。我们常常一起散步与聊天。

在她身旁，我时常觉得我像是那些儿童怪诞故事中无关紧要的成人角色，这些故事的主角，通常是像侦探男孩百科布朗（Encyclopedia Brown）或名侦探柯南等聪慧独立的少年。M有她想要解决的“真正的”案子。

一天下午，M走进我的办公室，直接坐到沙发上，白色皮质包包依然紧抱在胸口，她看起来有些生气。

“怎么了?”我问。

“我想不通。我收集了所有的故事，但是我就是无法用一个理论把它们套在一起。你想知道过去两个月以来我的生活是怎么过的吗?”

“我会全神贯注听你说。”

“起床，整天都穿同一件衣服，晚上睡前冲个澡，但我只是换上另一件运动裤而已，我的衣橱在流泪了！我不仅是没离开房间，而且我只有在2×2公尺的正方形空间活动，而且几乎是垂直的活动！我的电脑就在上层床铺下!”

“这样根本没法过活……虽然我记得我在写博士论文的时候也有类似的经验。”我说，回想起我在爱荷华市一个由车库改装成的公寓里写论文的日子。

“一天就这样开始，又这样过去了，我一起床就带着一个想法：今天，就是我解开它的日子。接着我马上起身，像发疯似地快速翻阅我的笔记与参考资料。我整个都找寻了一遍，但我的脑子就只停留在一点，只有那一点——今天我一定要搞定分析的框架！我快发疯了！我从来没经历过这种我几乎无法掌控的状况。”

“有时候我认为我写了三百页的论文，只是为了学习面对不确定感。”我将脸颊倚在桌上的手。

“你意思是你也遇过焦虑来袭?”

“那是一定的，只是我从来就不相信有绝对可以解释所有事物的理论，理论对于我来说就是一种解释，而所有的解释都有特定时空意义，包括研究过程本身。的确，无论我们得出什么样的理论，就不是要包含世界的所有一切，但是我们仍必须尊重那些让我们在特定时刻得以思考的人们、资料与想法等。”

M放下她的包包，瞧向她身旁咖啡桌上的糖果篮，她拿出一颗抹茶糖果，就糖果发表意见：

“你重新补货了。”

“拜托，我超爱吃甜食的。”

“唉，我一个月后就放弃一直寻找了。”

“那你誊录了你的访谈资料吗?”

“你怎么知道?”

“刚好猜到的。”我眨了眨眼。

“我把超过一万字的内容都誊出来了，但这变成这个让人看不清楚的‘巨兽’。”

“你大学的时候都没遇过这样的事吗?”

M确定地摇摇头，把一颗糖塞到嘴巴里，接着说；

“嗯，其实我一直以来都将知识把握得很好，我对知识能收能放，这是个人优点的最终评判。”

“你是否曾经遇过**难以驾驭**的知识?”

“干嘛这样问? 曾遇过，”M说，没有需要定义，“我叫那个‘窍门’。大众传播这个专业领域，充满这类技术性的‘窍门’，就好比诠释时尚杂志的能力来自大量阅读它们。”

“听起来你对这件事没有太认真。”

“我能够处理它，但那种具体的知识形成来自正确的环境与投资，这是文化与经济资本的效果。”M毫无痕迹地运用布尔迪厄的理论作为她的解释。她继续说：“至于理论，人总能依赖理论。”

“除非有一天这些理论受到像是经验等其他形式的知识质疑，这种挑战一直都在发生。你还记得你论文纲要口试时发生的事吗? 一位评委甚至在你进行发表前，就先挑战你的‘天真’。”

“我怎么可能忘记? 那一瞬间的事情。”

“确实，我一踏进教室时血压就迅速飙高，我认为在那个点上挑战你的经验是不太公平的，要不然，作研究的目的是要干嘛? 你不就应该要走出去，和人聊聊，寻找超越你想象经验的可能性?”

“潜在可能性?”

“换个说法，就是不保证。”

M停顿下来，整整十秒钟完全地进入自己的思考中。接着她突然大笑，宛如发现珍宝。

“V，那些受访女性的经验真的超乎我的想象，当我浏览一遍所有访谈时，我非常不明白她们为何会跟我透露这么私密的事情。”

“有些研究者会利用她们半权威、半陌生人的位置。”

“那或许是以前的我。但是不同于教科书主张的人道主义，当我在进行访谈时，我才是那个接受治疗的人。”

“你的意思是什么呢？”

M双手交叠说道：“曾经有那么一刻，我觉得我不需要任何人帮我完成研究。更糟的是，我以为我拥有绝对的权力，去判定什么是值得研究的主题，但我从未想过我才是受到他们善心援助的！”

“这就是你为什么会认为这个世界绝对可以找到解释一切的理论吗？”

“或许是。”M露出她真诚的年轻笑容。

我离开椅子，接着说，“来吧，陪我走到电梯”。

按了电梯按钮，M告诉我，“V，我需要跟你告解。我其实有阵子对你很不满”。

“真的吗？为了什么事？”

“因为你不直接给我答案。我们几个同学常问彼此：到底V的立场是什么?！我很肯定你是主张后现代主义、后结构主义，以及任何后学，但是其他同学有不同的结论。”

“我很少说，‘你错了’或是‘你不能做哪些主题’。”

“对！”M几乎要尖叫出来。“V是否真的相信任何事都是不确定的吗？”

电梯楼层显示停在数字7 1/2。我踏进去，看着仍旧站在电梯外的M。

“V是航行（Voyage）的V。下次再见。”

M点点头，消失在关上的电梯门后。

“百科全书M及不受控的知识案例”笔记

这则故事并没有透露学生研究的实质内容，借着这则故事，我想回应这个问题：“导师可以做些什么？”每个学生都会问这个问题，这也是我随时都在问自己的问题。在这些离开面谈的过程中，我所指导的学生们让我注意到，“与Eva会面”就像是尝试理解一个神秘的事物一样，尽管我可以列出一串我的“服务”清单——从一般咨询、任务导向的麻烦解决，到情绪支持——以便使我的“使用功能”更为清楚明确，但是我宁愿描绘出我的指导风格，而不是内容。其中一个原因是，并非所有的问题都是在面对面会谈的情境中得到解决，其他接触的类型，像是在校园里或线上互动中的闲聊，通常会产生一些指点的效果，连带着帮助学生解决问题。另一个希望超越功效观点的原因，是因为绝大部分的时候，我更像是个学习者，而非学生研究主题的专家。这个可以产生出具有原创性的研究议题与方法，同时带来了高度的焦虑，不知如何处理未知与毫无规则的事物。

所以我可以替我的导生做些什么？实际上有很多事情是我无法替她们做的。我无法拯救她们的失眠、挫折、停滞，这些都是分析与写作过程中主要的一部分。但是，我可以当个共鸣板，解释与扩大我所收到的讯号。如果可以，我也可以拿起乐器，一起与他们演奏一阵子。通常，我们越是一起练习，我们发出的声音就越好，就算最后演出的曲调更像是对位旋律，而非协奏。

漂流与挪出一个空间

2002 年，日本富士电视台制播的科幻电视剧《漂流教室》，对于学习的所在与老师的职务，提出了有意思的隐喻。这部改编自楳图一雄 1972 年漫画的电视剧（2002），描述一群高中学生与老师，连同校舍校地，突然间从她们的郊区家乡，被迫移到 2021 年的未来。未来是个荒芜的世界，其中仅存的人类，在环境与道德受到破坏的状态下彼此战斗。电视剧中有一群年轻、脆弱、牺牲奉献的老师们，试图带领学生克服这个困难。然而，在漫画原著里，故事是设定在国小，老师们不是早死，就是显露出他们最邪恶的一面，抛下 800 多名学生自己找路回“家”。我提出这个改编非常多的文本的用意，是因为现今学习与教学的环境，呼应了故事中进退两难的困境：被迫离开与不确定的返家可能。我脑海中所想的，不是那些经常受邀跨国客座的大学教授，而是台湾的“流浪教师”，以及任何难以将大学当家、却实际上与大学息息相关的人。

《漂流教室》中虚弱与邪恶的老师们，因为无法掌控情况，所以失去他们的权威。而有学生们突然被期待在陌生的时空里照顾彼此与发展资源，这提醒了我们需要与任何我们可以学习的对象进行结盟的急迫性。这篇文章记录下我的“学做工”，透过制约的学术劳动，我得以与我的学生们结盟。透过重视生活经验与再现政治的实验性写作（Bochner & Ellis 1996；Ellis and Flaherty 1992），我企图认可情感劳动的生命政治形式。反身性与互为主体的写作，替我从事的教学工作，创造了意义与想象的空间。为了面对自己的主体性、语言与情感，我以指导者、老师、学习者等多个身份书写。如同安东尼奥·内格里所言：“……尚且不提我们的生产性生活，我们的社会生活，被行动的无能、无法创造的挫折感，以及我们正常想象的阉割所淹没。”（Negri 1999：88）去创造与去想象将不会带我们任何人回家，但是以这一路上所产生的情绪作为基础，或许刚刚好能够替我们和其他人挪出一个空间，让我们得以继续。

（翻译：郑亘良　校对：蔡如音）

参考文献：

反思会议工作小组编（2004），《全球化与知识生产：反思台湾学术评鉴》，台北：台湾社会研究季刊社。

柯裕棻（2003），《青春无法归类》，台北：大块文化出版股份有限公司。

陈冠如（2006），《“台客”：台湾社会的阶级再生产与文化争霸的可能性》，台湾师范大学硕士论文。

蔡如音（2006），《文化研究教学营之驱魔取暖笔记》，《台湾社会研究季刊》第62期：269-277。

赖以婷（2006），《媒体建构的台客幻想世界：以两代电力公司为例》，辅仁大学硕士论文。

Marcia L. Bellas（1999），“Emotional labor in academia：the case of professors”，*Annals of the American Academy of Political and Social Science*，561（January）：96-110.

Arthur Bochner and Carolyn Ellis（1996），“Talking over ethnography”，*Composing Ethnography: Alternative Forms of Qualitative Writing*，Walnut Creek：AltaMira Press，13-45.

Pierre Bourdieu（1984），*Homo Academicvs*，P. Collier（trans.），Stanford：Stanford University Press.

Carolyn Ellis and Arthur P. Bochner（2003），“Autoethnography，personal narrative，reflexivity：researcher as subject”，in Norman Denzin and Yvonna Lincoln（eds），*Collecting and Interpreting Qualitative Materials*，2nd edn，Thousand Oaks：Sage Publications，199-258.

Carolyn Ellis and Michael C. Flaherty（1992），“An agenda for the interpretation of lived Experience”，in Carolyn Ellis and Michael C. Flaherty（eds），*Investigating Subjectivity: Research on Lived Experience*，Newbury Park：Sage Publications：1-13.

Michael Hardt（1999），“Affective labor”，*Boundary* 2，26（2）：89-100.

Bell Hooks（1994），*Teaching to Transgress: Education as the Practice of Freedom*，New York：Routledge.

Antonio Negri（1999），“Value and affect”，*Boundary* 2，26（2）：77-88.

Laurel Richardson（1997），*Fields of Play: Constructing an Academic Life*，New Brunswick，New Jersey：Rutgers University Press.

Edward Said（1996），“Identity，authority，and freedom：the potentate and the traveler”，in Louis Menand（ed.），*The Future of Academic Freedom*，Chicago：The University of Chicago Press，

214－228.

Eva Tsai（2003），“Decolonizing Japanese TV drama：syncopated notes from a ‘sixth grader’ researcher relocated in Taiwan”，*Inter-Asia Cultural Studies* 4（3）：503－512.

Paul Willis（1977），*Learning to Labor: How Working Class kids get Working Class Jobs*，New York：Columbia University Press.

Lynn Worsham（2001），“Going postal：pedagogic violence and the schooling of emotion”，in Henry Giroux and Kostas Myrsiades（eds），*Beyond the Corporate University: Culture & Pedagogy in the New Millennium*，Boulder：Rowman and Littlefield Publishers，229－265.

图书在版编目(CIP)数据

反戈一击：亚际文化研究读本/罗小茗编. —上海：上海书店出版社，2019.3

ISBN 978-7-5458-1756-0

Ⅰ.①反… Ⅱ.①罗… Ⅲ.①文化研究—亚太地区—文集 Ⅳ.①G13-53

中国版本图书馆CIP数据核字(2019)第031703号

责任编辑 顾 佳

封面设计 刘 睿

反戈一击：亚际文化研究读本

罗小茗 编

出 版 上海书店出版社
(200001 上海福建中路193号)

发 行 上海人民出版社发行中心

印 刷 上海商务联西印刷有限公司

开 本 720×1000 1/16

印 张 36

版 次 2019年3月第1版

印 次 2019年3月第1次印刷

ISBN 978-7-5458-1756-0/G・143

定 价 128.00元